GAODENG FAXUEYUANXIAO JINGPIN JIAOCAI XILIE

# 高等学校法学精品教材系列编委会

## 总主编简介

**朱崇实**，1982 年 2 月毕业于厦门大学经济系，获经济学学士学位；1990 年 5 月毕业于南斯拉夫贝尔格莱德大学国际经济系，获经济学博士学位。厦门大学原校长、厦门大学法学院教授、经济法学专业博士生导师，兼任中国法学会经济法学研究会副会长。主要著作 9 部（含合著），发表论文 40 余篇。主持或参与国家级、部省级科研课题 10 项，科研成果先后获"孙冶方经济科学奖""国家首届人文社科优秀成果奖"和"福建省社会科学优秀成果奖"等。

## 执行总主编简介

**朱福惠**，湖南娄底人，1961 年 7 月生。武汉大学法学博士，现为厦门大学法学院教授，宪法与行政法专业硕士生、博士生导师，中国宪法学研究会副会长、中国法学会比较法学研究会理事。主要学术成果有：《宪法与制度创新》（法律出版社 2000 年版），《宪法至上——法治之本》（法律出版社 2000 年版），《宪法专论》（与刘连泰、周刚志合著，科学出版社 2007 年版），《宪法学原理》（主编，厦门大学出版社 2011 年版）。

## 主编简介

**林旭霞**，福建师范大学法学院教授，博士生导师，法学一级学科带头人。获享受国务院政府特殊津贴专家、百千万人才省级人选，福建省首届哲学社会科学领军人才、福建省十大法治人物等荣誉称号。兼任福建省法学会副会长、中国法学会民法学研究会理事、福建省人民政府法律顾问、福建省委法律专家库成员、福建省人大专家咨询委员。林旭霞教授长期从事民商法教学、科研工作。先后主持 3 项国家社科基金项目及多项省部级项目，专著《虚拟财产权研究》等 3 项研究成果获福建省社会科学优秀成果一等奖，多篇论文发表于《中国法学》等法学类权威刊物，提出的立法建议获中央领导同志批示。带领学院研究生教学团队，获福建省高等教育省级教学成果一等奖。

**杨垠红**，教授，法学博士，法学院副院长（主持工作）。国家一流专业建设点（法学）负责人。美国加州大学伯克利分校和维克森林大学访问学者。入选百千万工程省级人才、省高校新世纪优秀人才支持计划等。担任福建省法学会民商法研究会会长，福建省人大常委基地（地方立法评估与咨询服务基地）常务副主任，福建省教育政策与法治研究中心主任等。主持并完成 2 项国家社科基金项目、1 项国家级一流课程，主持多项省部级（含重大）项目等研究，参与多项国家级重大或重点项目研究。在法学权威核心刊物上发表论文 80 余篇。获省教学成果奖一等奖等多项省部级奖励。多篇建言献策被中宣部采纳。在国内外重要会议上用中（英）文做主题报告或发言。

高等学校法学精品教材系列

OBLIGATION LAW

# 债权法

【第六版】

主　编 ● 林旭霞　杨垠红
副主编 ● 朱炎生

撰稿人：（以撰写章节先后为序）
林旭霞　杨垠红　林翠秀　郑丽清
朱炎生　刘清生　兰仁迅

厦门大学出版社 XIAMEN UNIVERSITY PRESS
国家一级出版社
全国百佳图书出版单位

**图书在版编目(CIP)数据**

债权法/林旭霞,杨垠红主编.—6版.—厦门:厦门大学出版社,2022.7
(高等学校法学精品教材系列/朱崇实总主编)
ISBN 978-7-5615-8462-0

Ⅰ.①债… Ⅱ.①林… ②杨… Ⅲ.①债权法—中国—高等学校—教材 Ⅳ.①D923.3

中国版本图书馆CIP数据核字(2021)第270127号

**出 版 人** 郑文礼
**策划编辑** 施高翔
**责任编辑** 甘世恒
**封面设计** 李嘉彬

**出版发行** 厦门大学出版社
**社　　址** 厦门市软件园二期望海路39号
**邮政编码** 361008
**总　　机** 0592-2181111 0592-2181406(传真)
**营销中心** 0592-2184458 0592-2181365
**网　　址** http://www.xmupress.com
**邮　　箱** xmup@xmupress.com
**印　　刷** 厦门市金凯龙印刷有限公司

**开本** 787 mm×1 092 mm 1/16
**印张** 33.75
**插页** 2
**字数** 700千字
**版次** 2007年10月第1版 2022年7月第6版
**印次** 2022年7月第1次印刷
**定价** 79.00元

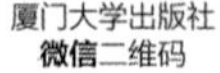
厦门大学出版社
微信二维码

厦门大学出版社
微博二维码

# 《债权法(第六版)》编委会

**主　编**　林旭霞　杨垠红

**副主编**　朱炎生

**参　编**

刘清生　福州大学法学院教授

郑丽清　福建师范大学法学院副教授

兰仁迅　华侨大学法学院副教授

林翠秀　福建江夏学院法学院副教授

**顾　问**

段思明　福建省高级人民法院(原)法官

刘炳荣　福建省高级人民法院法官

于宁杰　福建省律师协会会长律师

# 第六版修订说明

本书第五版出版至今已逾五年,在过去的五年里该书被多所法学院校所采用,成为普通高等院校法学专业主要的债权法教材之一,得到广泛好评,也获得了福建省本科优秀特色教材奖。在此期间,我们有幸收到使用本书作为教材的师生以及其他同行专家学者的一些意见和建议,这极大裨益于本书的修改。而且这四年内我国大量法律法规被修改或颁布,许多司法解释纷纷出台,其中最重要的是《中华人民共和国民法典》(以下简称《民法典》)及其相关司法解释的颁布。加之,法学理论不断推陈出新,故有必要对本书第五版进行新一轮的修订。

相对于第五版,第六版有较全面的更新。主要体现在:

1.反映了新颁布或修改的法律法规及其司法解释的内容。例如,在全面依法治国不断深入推进的背景下,《民法典》颁布并于 2021 年 1 月 1 日开始实施。它是我国历史上第一部以“法典”命名的法律,其颁布具有里程碑的重要意义。与此同时,《中华人民共和国民法总则》《中华人民共和国物权法》《中华人民共和国婚姻家庭法》《中华人民共和国继承法》《中华人民共和国侵权责任法》等也同时废止。随后相关司法解释亦作了修订。本书回应了民法典时代的要求,结合新法律法规和司法解释作出了理论与判例的阐释。

2.扎根中国、融通中外,融入新近的中外理论研究成果。随着我国法学理论研究的日渐深入以及域外先进理论成果的不断引入,一些原有学说被质疑淘汰,一些学说进一步完善发展,一些创新性学说被提出。本书第六版修正了陈旧的观点,体现了新兴的学说。例如,关于自甘风险和好意同乘,我国之前基于多种原因并没有从立法上作出规定。本书根据《民法典》规定,阐释了两者作为特殊抗辩事由的具体适用。再如,《民法典》侵权责任编严格区分侵害与损害、绝对权请求权与侵权损害赔偿请求权,并将《侵权责任法》第二章“责任构成”内容整合进侵权责任编第一章“一般规定”中,将“责任方式”内容独立为侵权责任编第二章“损害赔偿”。可见,对于长期争议的侵权责任法的性质,立法者给予了较明确的回答,即从民事责任法调整为侵权损害赔偿法。本书章节体例与内容的安排也体现了这一变化。

3.理论阐述与判例分析相互渗透,理论与实践有机结合。我国虽然属于成文法国家,但判例在司法实践中一直起着重要的作用。战国时期荀子曾曰:“有法者以法行,无法者以类举,听之尽也”;秦律中详细记载了供判案依据的各种案例;汉朝有一种法律形式，是用来比照断案的典型判例，被称为比（或决事比）；在唐代，判例性法源也作为正式性法源存在；在宋朝，以例代格、以例破律的现象十分普遍；明清时，律历并存；民国时期判例也有一定的约束力；当前，判例也具有一定的指引作用。本书不仅向学生阐释法律知识，同时引导学生理解法院（尤其是最高人民法院）的裁判要旨，从而提高学生理解法律与运用法律的能力。

此外，考虑到法学学生参加法律职业资格考试的需要，本书第六版更新了“真题链接”的内容，补充了近两三年的司法考试或法律职业资格考试真题，以便学生们在每一章节学习中有针对性地了解此类考试的出题类型与重点，更好地应对法律职业资格考试的挑战。

本书的作者由本省多所法律院校的教师组成，都具有债权法教学的经验，具体的写作分工如下（以撰写章节先后为序）：

林旭霞　法学博士，福建师范大学法学院教授、博士生导师、法学一级学科带头人。撰写第一章、第二章、第三章、第十三章（第三节除外）。

杨垠红　法学博士，福建师范大学法学院副院长（主持工作）、教授。撰写第四章、第六章、第七章、第九章、第十章。

林翠秀　法学硕士，福建江夏学院法学院副教授。撰写第五章、第八章、第十二章第七节。

郑丽清　法学博士，福建师范大学法学院副教授、硕士生导师。撰写第十一章、第十二章（第七节除外）、第十三章第三节。

朱炎生　法学博士，厦门大学法学院教授、硕士生导师。撰写第十四章、十五章。

刘清生　法学博士，福州大学法学院教授。撰写第十六章、第十七章、第十八章。

兰仁迅　法学硕士，华侨大学法学院副教授、硕士生导师。撰写第十九章、第二十章。

由于时间与精力有限，本书难免有疏漏或不尽如人意之处。欢迎读者，尤其是使用本书作为教材的老师和同学们，提出批评意见和建议，以便进一步修改和完善。

**林旭霞　杨垠红谨识**

**2022 年 3 月 28 日于福建师范大学人文楼**

# 总 序

中国的改革开放要求建立一个法治社会。与这样的一个宏伟目标相适应,自1979年以来中国的法学教育蓬勃发展,截至2006年,全国已经成立了法律院校600多所,在读大学生数十万人(尚不包括大中专及夜大、成人教育的学生人数)。应该承认,我国法学教育在迅速发展的同时也存在教育质量参差不齐、不能完全适应社会发展需要等方面的问题。因而,积极推进教学方式改革,促进法学课程体系的完善,努力培养"宽口径、厚基础"的复合型法律人才,已经成为法学教育界的共识。为达成此种目的,法学教育中的课程建设及其相关的教材编写,在当前法学教育大调整的格局中显得尤其重要。基于上述考虑,我们特组织福建省各高等法律院校的主要学术骨干编写了这套教材,各部教材的主编均是福建省高等学校法学院的主要学科带头人。例如,《国际经济法》主编廖益新教授、《民法总论》主编蒋月教授、《环境法》主编陈泉生教授、《宪法学》主编朱福惠教授、《刑法总论》主编陈晓明教授和《法理学》主编宋方青教授等,都是在本学科领域颇有建树,得到同行认可并深受学生喜爱的优秀教师。其他参与教材编写的也都是教学第一线的中青年骨干教师,具有良好的法学教育背景,许多人兼通中西法学。由于众多优秀教师参与编写,使这套教材的质量有了可靠的保障。

厦门大学法学院在编写这套教材中发挥了积极的作用。厦门大学是国内最早开设法科的高校之一,从事法学教育已经有八十多年的历史。改革开放以来,法学院在1986年即获得博士学位授予权,2006年获得法学博士授权一级学科,现设有国际法、经济法、民商法、宪法与行政法、诉讼法、法理学和刑法学七个博士点,拥有法学博士后流动站。国际法是国家重点学科,民商法、经济法、宪法与行政法是福建省重点学科。在学科建设取得重大成就的同时,法学院适应我国法制发展的需要,为国家和社会培养了大批优秀的法律人才,成为我国重要的法学研究和人才培养的基地。为了推动我国法学教育事业的发展,厦门大学法学院联合福建省各主要高校的法学院系编写了这套教材,其目的在于整合福建省高校法学教学资源,加强各高校法学教师的联系,总结教学经验,为福建省乃至全国的法学教育作出更多有益的贡献。

这套教材具有如下几个特色：

第一，依据法学本科教育的特点和规律，吸收我国法学理论界近年来最新的、较为成熟的研究成果。我们认为，本科教学以培养初级法律人才为直接的教育目标，因而必须注重基本概念、基本原理与基本制度的讲解与传授，而不能一味求新求奇，更不能以个别专家的学术观点取代理论界已经形成的共识。我国处于社会转型时期，改革开放事业日新月异的发展，国家的法律制度的变革十分迅速，法学理论的发展更有"一日千里"之势。为了确保本科教育的培养质量，我们在教材内容的甄选方面，努力做到既注重基本知识、理论共识，又注意吸纳理论界近年来最新的、较为成熟的研究成果。

第二，依据法律人的思维范式编撰教学内容，寓"德育"于法律知识教育之中。如前所述，法学教育的总目标在于培养社会主义法治国家的"治国之才"。新时代的法律人才不仅应当具备扎实的法学知识理论功底，而且还应当具有牢固的法律信仰和优秀的道德品质。法律人所具有的这种独特的信仰和道德，与其独特的知识背景和思维范式联系在一起，共同构成法律人所特有的人文精神。如欲培养法律人的道德品质，空洞的道德说教无济于事。唯有依据法律人独特的思维范式、将公平正义的法律理念融汇在教学内容中，学生才能在学习的过程中逐渐自觉地确立法律信仰，法律道德的培养才能初具成效。基于这种认识，我们依据法律人的思维范式编撰教学内容，力图寓"德育"于法律知识教育之中。

第三，依据当代中国社会对于法律人才的要求，努力建构完善的课程体系与教学内容体系。要培养合格的法律人才，建构完善的法学课程体系至关重要。我们根据本科教学的要求，首先组织编写十四门核心课程的教材，对法学上的基本概念和基本原理作了较为清晰的阐释。除此之外，还组织编写了房地产法、证券法、公证与律师制度和知识产权法等与市场经济发展密切相关的法学教材。希望我们这一套教材能够为本科法学教材体系的发展作出微薄的贡献。

由于我们的水平有限，缺点和错误在所难免，敬请读者批评指正。

2007 年 8 月 1 日

# 目　录

## 第一编　总　论

# 第二编 合同之债

## 第一分编 合同总则

## 第二分编　合同分则

## 第三分编　准合同



# 第三编　侵权之债

Law

# 第一编 总论

LAW

# 第一章　债与债权法概述

**【引　例】**

原告诸暨市某建材有限公司和被告浙江某某建设集团有限公司订立合同，约定原告为被告承建的工程供货电缆、管道材料等，货物已全部交付。合同履行过程中被告张某某和三赵某某分别在《电缆购销合同》和结账单上签字。后经原告多次催要，三被告未支付分文。2016 年 12 月 26 日，原告诉至法院请求判令三被告立即向原告支付拖欠的货款 567971 元，并支付该款自 2016 年 7 月 1 日起至付清之日止按每天 3‰计算的补偿金，并互负连带责任。

## 第一节　债的概述

### 一、债的概念与特征

#### （一）债的概念

债是特定当事人之间请求为一定行为或不为一定行为的权利义务关系。债的法律关系从权利方面而言，称为债权关系，从义务方面而言，称为债务关系，所以债的关系又称为债权债务关系。在债的法律关系中，享有权利的一方当事人为债权人，他所享有的权利称为债权，其内容是债权人有权要求债务人为特定的行为或不为特定的行为；负有义务的一方当事人为债务人，他所负担的义务称为债务，其内容是债务人应按债权人要求为或不为一定的行为。

债的概念来源于古罗马。在《法学阶梯》中，债（Deobligationibus）为法锁，指约束我们根据我们城邦的法偿付某物，它有四个来源，即出于契约的，出于准契约的，出于非行的和出于准非行的。[①] 意大利学者彼得罗·彭梵得在其所著的《罗马法教科书》中详细地阐述了债的概念："债是这样一种法律关系：一方面，一个或数

① ［古罗马］优士丁尼：《法学阶梯》，中国政法大学出版社 2005 年版，第 215 页。

个主体有权根据它要求一定的给付即要求实施一个或一系列对其有利的行为或者给予应有的财产清偿，另一方面，一个或数个主体有义务履行这种给付或者以自己的财产对不履行情况负责”“债的本质，不在于我们取得某物的所有权或获得役权，而在于其他人必须给我们某物或者做或履行某事”。罗马法债的历史起源产生于对私犯的罚金责任，在起源时期，无论是私犯者还是债务人首先均以自己的人身负责并陷于受役使状态，债的标的可以说是债务人的人身；后来法律规定只有在债务人不履行债务时，债权人才可以通过执行方式对其人身采取行为。此时，债第一次获得了新的意义即财产性意义。

大陆法系国家沿用了罗马法关于债的概念，但它们逐渐摒弃了其中对人身采取强制措施的救济方式。德国法学家首先提出了关于债的一般学说。德国民法典鉴于债的特殊性，将债权与物权加以区分，专设了债的关系一编，其第 241 条规定，根据债务关系，债权人有向债务人请求给付的权利，给付也可以是不作为。[①] 债务关系可以在内容上使任何一方负有顾及另一方的权利、法益和利益的义务。法国民法典中没有关于债的一般概念，它的债主要包括契约之债和非经约定而发生的债，包括准契约、侵权行为与准侵权行为。日本民法典中也没有关于债的一般概念，其债的发生原因包括契约、侵权行为、无因管理和不当得利。

在英美法上，没有与大陆法系债相当的概念。英美法中的 obligation 仅是指法律义务，而没有大陆法系债中所包含的债权的内容，大陆法系的债相当于英美法系上的 credit（债权）和 debt（债务）。虽然英美法一直没有债权法这样一个独立的法律部门，但它们承认债的各种发生原因，如合同、侵权行为、准合同以及信托等。

关于债的概念，我国法律承袭了大陆法系国家的传统。《中华人民共和国民法典》（以下简称《民法典》）第 118 条第 2 款规定：“债权是因合同、侵权行为、无因管理、不当得利以及法律的其他规定，权利人请求特定义务人为或者不为一定行为的权利”。

### （二）债的特征

第一，债是特定主体之间的民事法律关系。它体现在三个方面：其一为主体的特定性。民事法律关系可以发生在特定当事人与不特定当事人之间，也可以发生在特定当事人与特定当事人之间，前者如物权关系，债的关系则属于后者。债的关系的各方当事人都是特定的，因而除非法律另有规定或合同另有约定者，否则应由债务人履行债务，债权人不能要求债务人之外的他人履行义务，即使此人与债务人有血缘关系或其他债务关系。其二为内容特定性。在债的法律关系中，债权人享有什么样的债权，债务人应如何履行义务，是特定的亦是相对的。这在《民法典》合同编中得到最为明显的表现。在合同之债中，当事人通过协商订立了合同，约定了

① 《德国民法典》，陈卫佐译注，法律出版社 2006 年第 2 版，第 83～84 页。

双方当事人的权利和义务，当事人得依合同约定的内容来主张权利和履行义务，而不能超过合同的约定。其三，责任的特定性。若债务人的履行不符合合同的约定，则债权人只能要求债务人承担相应的责任，该责任可以是当事人约定的，也可以只是法律规定的。例如在合同关系中，即使债务人的违约是由于合同外第三人不履行造成的，债权人也只能要求债务人承担责任，而不能向其他人主张权利。

第二，债是与财产流转有关的法律关系。债的关系建立在债权人与债务人之间的利益关系基础上，这种利益关系表现为通过债的关系，一方当事人将财产转移于另一方当事人，即一种财产流转关系。它是一种动态的法律关系。在合同关系中，一方当事人根据合同约定将合同标的交付于对方当事人，实现了一种财产流转。在侵权关系中，如果行为人侵害他人的物权、知识产权甚至是债权并导致损害的发生，行为人应对受害人承担的最主要的责任便是损害赔偿，即通过向受害人给付损害赔偿金的方式试图使受害人回复到侵权行为没有发生之前的状态，所以侵权之债也是财产流转的重要工具。

第三，债是实现当事人特定利益的法律保障手段。债的制度的基本功能是为当事人实现合法的利益提供法律后盾，债借助国家的强制力保证了债权的合理实现和债务的全面履行，从而平衡当事人之间、当事人与社会之间的利益关系。例如，在侵权之债中，行为人因其行为侵害了他人的绝对权或相对权，造成了他人人身、财产损害或严重精神损害，则需要承担相应的法律责任，这为当事人的合法权益提供了有效保障。

## 二、债权及其与其他民事权利的区别

### （一）债权的概念与特征

债权是请求特定人为特定行为或不为特定行为的权利，债权具有三项权能：一是给付请求权，即债的关系有效成立后，债权人有请求债务人履行一定给付的权利。二是给付受领权，即债务人根据合同的约定履行义务时，债权人有权予以接受，并持有所得的利益。三是保护请求权，即当债务人不履行债务时，债权人可向法院主张此等权利，以期获得救济。债权的这三项权能从不同的角度保护了债权的实现：给付请求权是债权人提出主张的依据，它具有形式上的意义；给付受领权是债权人可以接受并保有的权利，具有实质性的意义；保护请求权则是债权人借助国家强制力实现债权的法律武器。有学者指出，债的这三种权能在债的效力上分别表现为债权的请求力、保持力和强制执行力。从广义而言，债权的内容还包括对债权的处分权能，如抵销、免除、债权让与、权利质押等。债权一般都具有上述权能，称为完全债权；在例外情形下，债权欠缺某项权能，称为不完全债权。不完全债权有时是处分权能的排除，如破产企业失去对其财产的处分权，有时是强制执行力的排除，如超过诉讼时效的债权。

债权具有如下特征：

1.债权具有相对性

债权债务关系发生在特定的当事人之间，所以债权人只能向特定的债务人主张权利，在法律没有特殊规定或合同没有特别约定的情形下，债务人以外的第三人没有义务为债务人向债权人履行相应的义务。但这也不意味着第三人可以任意侵害债权，若第三人不法侵害债权的，应负相应的民事责任。

2.债权具有平等性

数个债权人对同一债务人先后发生数个普通债权，无论其成立的先后顺序如何，其效力一律平等，不因成立的顺序而有先后优劣之分。例如，当债务人破产其财产不足以清偿同一顺序数个普通债权时，只能根据债务人的财产总额，按债权比例在数个债权人之间进行分配。再如，一个债权人为保全债权，行使代位权或者撤销权所取得的财产，应当加入债务人的责任财产，作为债务人对所有债权人的债权担保，而不能从中优先受偿。

3.债权具有兼容性

在同一标的物之上，可以同时存在两个或两个以上内容相同的债权，此数个债权之间能够互容而不会相互排斥。双重买卖就是一个典型的例子，一物二卖的两个买卖都可以有效成立，虽然最终只能有一个债权得到实现，只有一个债权人获得物的所有权，但其他债权并不因此无效，只不过因不能履行而转化为违约金请求权或者损害赔偿请求权。

4.债权是请求权

请求权的性质决定了债权人只能通过请求债务人为特定行为或不为特定行为使其设立债权的目的得以实现，而不能直接支配债务人的人身或财产，也不能直接支配债务人的行为。虽然在某些特殊情况下，债权人享有代位权、撤销权、解除权等，但这并不影响债权作为请求权的性质。债权不等于请求权，请求权不仅包括债权请求权，还包括物上请求权等其他请求权；而且请求权仅是债权的权能之一，债权的权能还包括受领权、保护请求权、处分权等。

5.债权具有期限性

债权可因法律规定、当事人约定等原因归于消灭，如清偿、时效届满。债权是对债务人人身或财产的约束，在性质上不允许永久存在。债权的存续期限，可以是当事人双方约定的，亦可以是法律规定的。在意定之债中，合同约定的履行期届满时，债务人应履行债务，债务人不履行债务或者履行债务不符合约定的，债权人有权诉请法院要求债务人实际履行或者要求其承担违约责任，但该请求权应在诉讼时效的期间内提起。在法定之债中，债权人请求权的行使同样受到诉讼时效的限制，超过时效则会丧失诉讼上的保护。

## （二）债权与其他民事权利的区别

1.债权与物权的区别

债权与物权是民法财产权的两个最基本的类型。债权反映的是动态的财产流转关系，如买卖、出借等；物权反映的是静态的财产关系，如占有、所有关系。

（1）债权具有相对性，物权具有绝对性。债的关系发生在特定的当事人之间，债务人是特定的，因为债权只在特定的当事人之间发生效力，所以债权不需要公示方式。物权则具有对世性，物权关系发生在不特定的当事人之间，任何其他人均不得非法干涉或侵犯权利人所享有的物权，其义务主体是不特定的。因为物权会涉及不特定的义务人，所以物权需要加以公示，其公示方式可以是占有，也可以是登记。

（2）债权具有平等性，物权具有优先性。对同一债务人发生的数个普通债权，不论其成立的先后顺序或数额大小如何，其效力都是平等的，债权人应平等受偿。物权的优先性表现在：物权优先于债权。如在破产程序中，有担保的债权可以优先从担保物中受偿。再如，在同一物上成立数个物权时，成立在先的物权优先于成立在后的物权。

（3）债权具有兼容性，物权具有排他性。在同一标的物上可以同时或先后成立数个普通债权。但在同一标的物上不能同时存在两个或两个以上不相容的物权。例如，根据“一物一权”的原则，在同一个标的物上不能成立两个或两个以上的所有权，即便是数个人共有一个物，这一所有权在性质上仍为单一的所有权即共有权，而非数个所有权的集合。

（4）债权是请求权，物权则为支配权。请求权的性质决定了债权人只能请求债务人为或不为一定的行为，债权的对象是特定债务人的行为，债权人不能对债务人的人身或财产实施直接的支配。而物权是权利人直接支配物并排除他人干涉的权利，物权的对象是物，物权人在实现自己的利益时不需要他人积极行为的配合，他只要不特定的相对人不妨碍其行使权利即可。

2.债权与知识产权的区别

（1）债权与知识产权的区别和债权与物权的区别有部分相似。债权是请求权，具有相对性、兼容性，而知识产权是绝对权，具有支配性、排他性。其他任何人负有不侵害权利人权利的消极义务，如任何人不得未经许可实施他人的专利，不得剽窃、篡改他人的作品。知识产权人可以不需要他人积极行为的协助而行使对智力创作成果的权利。知识产权作为一种专有权利，具有排他性，如对同一内容的发明创造或者设计，国务院专利行政部门只能依法授予一个专利权。

（2）两者的客体不同。债权的客体是特定债务人的行为。知识产权的客体是智力创作成果，是一种无形财产。该智力创作成果必须具有创造性，当然，对于不同类型的知识产权，法律所要求的创造性程度亦不同。如发明、实用新型的专利权之取得需要具备新颖性、创造性和实用性，而对于外观设计的专利权之取得只需新颖性；著作权的取得则不需要像专利权那样的创造性，只要是自己创作完成的作品，而非抄袭、剽窃的即可获得著作权。

(3)两者的主体不同。债权的主体资格没有什么特别的限制，任何自然人或法人都可以成为债权人。而知识产权人仅限于特定的人，如著作权人只能是创作该作品的人，商标权人只能是获得该注册商标专用权的人。债权人一般要求具备相应的行为能力，是否具备行为能力会影响债权的效力。而法律对知识产权人的行为能力没有作出严格的限制，如著作权，任何人只要以自己的创作完成一定的智力成果，即可成为著作权人，无须具备完全行为能力。

(4)对程序性要求不同。债权的设立、变更或消灭以当事人意思自治为主，无须履行一定的行政程序。这在合同关系中最为明显，即使在侵权、无因管理或不当得利中，债权人也可以与债务人达成和解，变更债务的内容或消灭债务。知识产权的取得带有一定的行政干预性，它一般须由有关国家机关依照法律规定或法定程序加以确认或授予。虽然在我国著作权的取得不需要经过法定程序，但在某些国家著作权的取得要求有关机关的授予。

## 三、债务与责任

### (一)债务的概念与特征

1.债务的界定

债务是指根据法律的规定或当事人的约定，义务人所负有的应为特定行为或者不为特定行为的约束。在债的关系中，债权和债务是相对应的，是债的两个方面，两者相互依存。同一行为，就权利人方面看为债权，就债务人方面看为债务。没有债权，也就无所谓债务；没有债务，债权也不可能存在。债务包括两种类型：其一为民事债务(obligation civile)，其二为自然债务(obligation naturelle)。前者具备完全的法律效力，即直接请求效力和国家强制力；后者则仅有直接请求效力，丧失了国家强制力。如果未作特别说明，本书所指称的债务是指民事债务。

2.债务的特征

债务是法律课加于当事人应作为或者不作为的拘束，是债务人负担的不利益。债权人权利的实现需要债务人履行债务的积极协助行为，而债务人履行债务的结果，一方面使债权人权利得以实现，另一方面又使债务人失去利益，处于不利益状态。[①] 这种不利益状态有时是基于法律规定而产生的，如侵权之债的债务人赔偿他人因其侵害行为而遭受的损失，有时是基于当事人约定而产生的，如合同之债。

① 张广兴：《债法总论》，法律出版社1997年版，第29页。

由于多数合同是双务有偿的，因此这种不利益可以通过对方当事人的对待给付，使双方当事人的利益趋于平衡。

债务的内容包括作为和不作为两方面，多数情况表现为作为的债务，如债务人应交付标的物、应支付相应的款项、应提供适当的服务等，但也不尽然，有时债务也表现为不作为的方式，如债务人负有不泄露商业秘密的义务、不得为有害给付的义务等。

债务具有强制性。债务在履行过程中受到法律的拘束，但其强制性突出表现在债务人不履行的情形。债务人不履行或不适当履行债务的，债权人可以诉请法院要求债务人按合同的约定继续实际履行，或赔偿债权人因此遭受的损失，这种强制性是以国家强制力作为后盾的，明显有别于道义上或宗教上的义务。

### （二）债务与责任的关系

罗马法未对债务与责任加以区别，债的侧重点是法律约束、法锁。罗马法将“法锁”视为债的本质所在，在债的关系中，或在由“法锁”确定的特定当事人双方相互联结的关系中，“约束力”仍然是关键因素。[①] 在罗马法中“债务与责任合而成为债务之观念，责任常随债务而生，二者有不可分离之关系”。[②] 德国普通法时代仍沿袭罗马法思想，不对义务和责任加以区别。根据德国著名学者萨维尼的观点，债权为债权人自然的自由的扩大，债务为债务人自然的自由的限制，债务人自愿履行其债务为债权的自然进行状态，债务人不履行债务由债权人强制履行为债权的不自然进行状态（这类似于现代的民事责任），这一不自然状态包含于债务的效力之中。在英美法中，Wesly Newcomd Hohfeld 教授认为，权利（right）和责任（duty）是关联名词（correlatives），有权利必有责任，无责任必无权利，可见，英美法对债务与责任不加区分，两者属同义语。这并非因为其债权法理论不发达，而在于其认为没有必要加以区分。确立债务与责任区分的观念是德国日耳曼法的功劳，该法认为债务属于法的“当为”，不包含法的强制性，而责任是债务人当为而不为给付时，应服从债权人的强制取得的关系，其性质上是一种给付代价。这种强制取得的责任关系，附加于债务，债务才有拘束力，从而实现债的目的，责任乃具有担保的作用。[③]

将债务与责任相分离是日耳曼法对现代民法的巨大贡献。受日耳曼法的影响，现代大陆法系民法严格区分债务与责任。如《法国民法典》第 1142 条规定，一切作为或不作为之债，在债务人不履行之场合，均引起赔偿损害责任；《德国民法典》第 241 条（基于债务关系而发生的义务）规定，根据债务关系，债权人有向债务

---

① 江平、米健：《罗马法基础》，中国政法大学出版社 2004 年版，第 280 页。

② 史尚宽：《债法总论》，台湾荣泰印书馆股份有限公司 1978 年版，第 3 页。

③ 林诚二：《民法债编总论》，中国人民大学出版社 2003 年版，第 216 页。

人请求给付的权利。第 280 条(因违反义务而发生的损害赔偿)规定,债务人违反基于债务关系而发生的义务的,债权人可以请求赔偿因此而发生的损害。义务违反不可归责于债务人的,不适用前句的规定。我国《民法典》亦区分债务与责任,并在立法体例上表现了对债务和责任的区分。《民法典》第 118 条第 2 款规定,债权是因合同、侵权行为、无因管理、不当得利以及法律的其他规定,权利人请求特定义务人为或者不为一定行为的权利。可见债中不包含对债务人的强制。《民法典》在民事责任一章中规定了违反债的责任的承担。我国民法不仅对义务与责任严格区分,而且进一步实现了责任法的统一,使民事责任成为一项统一的民法制度,这属于中国民法之首创。

关于债务与责任的关系,我国台湾学者王泽鉴先生指出:债务,指应为一定给付的义务,责任指强制实现此项义务的手段,即履行此项义务的担保。在现行法上债务与责任相互结合。原则上两者是相伴而生,如影随身,难以分开。负债务者,不仅在法律伦理上负有当为义务,而且也承担其财产之一部或全部将因强制执行而丧失的危险性,否则不能保障债权的实现。[①] 郑玉波先生将民事责任的意义分为两种:第一种意义,民事责任是指某人对他人的权利或利益,不法地加以侵害,而应受民法上的制裁;第二种意义,民事责任是债务人就其债务,应以其财产为之担保。我国大陆有学者认为应当严格区别债务与责任,两者在本质上存在差异。债务为当事人必须为一定作为或不作为的法律义务,而责任则是债务人不履行义务时发生的不利的法律后果,或者是被强制履行义务,或者是被要求承担损害赔偿等不利后果。债务本身不具有法律上的强制性,而责任才具有这种强制性。债权只是一种请求权,债权人不能直接对债务人的人身、财产实施强制,所以没有责任作为后盾的义务,将难以得到切实的履行。责任是债权人请求权的担保,也是诉权得以发生的法律基础。因此,大多数国家除规定债务外还另规定债务不履行的责任承担。但也有学者认为债务与责任在本质上是一样的,没有必要加以严格区分。无论债务还是责任都是对债的保障,债务是第一层次的保障,债权人借此可以要求债务人履行为或不为一定的行为的义务;责任是第二层次的保障,当债务人不履行义务时,债权人可以借此要求债务人承担继续履行或其他补救责任,甚至是赔偿损害。而且从广义上说,责任也是一种债务,它是一种特殊形式的债务,因为责任的实质与债务的实质相同,它也是债权人与债务人之间的一种请求与被请求的关系,债权人要求债务人承担责任,债务人必须承担责任。

本书认为,严格区别债务与责任没有什么重要的意义,因为两者是紧密联系,不能割裂的。债权为请求权,债权人不能直接支配标的物及义务人,仅能请求义务人履行义务。在债务人不为给付时,只能借助责任强制债务人为给付或赔偿损害。正是由于责任的存在,债权才具有此法律上的力。责任是债务实现的法律保障,债

① 王泽鉴:《债法原理(第一册)》,中国政法大学出版社 2001 年版,第 28～29 页。

务只有与责任相结合，债权才受到责任关系的保护，使之得到切实的实现。

## 四、债的发生原因

各国民法对债的发生原因规定各有不同。在罗马法上，债的发生原因包括契约、准契约（包括无因管理、不当得利、监护、遗嘱等）、私犯和准私犯四种。法国民法典基本承袭罗马法的规定，规定债的发生原因有四类：契约、契约之外的原因（包括无因管理和不当得利）、侵权行为和准侵权行为。德国民法典则规定了契约、广告、无因管理、不当得利和侵权行为。瑞士债务法规定了契约、不当得利和侵权行为，无因管理则被认为是一种准委任。日本民法典规定了四种原因，即契约、无因管理、不当得利和侵权行为。1964 年的苏俄民法典的规定则散见于债权编各章之中，包括计划指令所生之债、合同、悬赏征求、致人损害、不当得利、因抢救社会主义财产所生之债等。我国台湾地区“民法”规定了债的发生原因包括契约、缔约过失、悬赏广告、代理权的授予、不当得利、无因管理和侵权行为。我国《民法典》第 118 条把债的发生原因分成五类，即合同、侵权、不当得利、无因管理和法律规定。其中，法律规定之债包括物权编第九章“所有权取得的特别规定”中规定的拾得物归还（第 314 条）和总则编第八章“民事责任”中规定的因防止、制止不法行为而受到损害（第 183 条）以及正当防卫超过必要限度（第 181 条）、紧急避险措施不当或超过必要限度（第 182 条）。[①]

### （一）合同

合同又可称为契约，是民事主体之间设立、变更、终止民事法律关系的协议。合同中所约定的当事人的权利义务，即合同之债的关系中的债权债务。在当今交易发达、意思自治得到充分尊重的社会中，人们常常通过合同交换取得各种资源，合同是人们为满足生产、生活需要而进行社会、经济交往的主要手段，所以合同是债发生的最为常见也是最为重要的原因。

合同之债的特点在于：第一，它是由当事人的法律行为产生的。单纯的事实行为不能引发合同之债，非法的行为亦不能导致合同之债，只有合法的以意思表示为核心的行为才能引起合同之债。第二，它是双方或多方当事人意思表示一致的结果。单方的行为不会产生合同之债，交叉的意思表示或不真实的意思表示都不能形成合同。第三，它的任意性较强。当事人可以自由地选择合同当事人；只要不违反法律和社会公共利益，当事人可以自行商定合同的内容；合同编关于合同成立、形式、内容、违约金等的规定多是属于任意性的规定，当事人可以约定排除其适用。

合同之债必须以有效合同为根据。合同被宣告无效或被撤销后，虽然会发生

---

① 张广兴：《债法总论》，法律出版社 1997 年版，第 47 页。

返还原物、损害赔偿等效果,但这些并不是合同之债的法律效力的体现,而是依缔约过失规定引发的另一类债的法律效果。从世界范围看,就合同的有效条件,大致有三种立法例:一是明确规定合同的有效要件,不符合合同有效要件的,不发生应有的法律效果,如《法国民法典》第1108条规定。二是消极地规定合同无效的条件,未触及无效要件且无可撤销原因的合同即为有效合同,如日本民法典第一编第四章的规定。三是既规定合同有效的要件又列举合同无效的情形,如我国《民法典》。我国《民法典》第143条规定了民事法律行为包括合同应当具备的要件,即行为人具有相应的行为能力、意思表示真实、不违反法律规定和公序良俗;其第144条、第146条、第153条、第154条列举了四种民事行为无效的情形,第506条规定了合同免责条款无效的情形;其第145条、第147条、第148条、第149条、第150条、第151条还规定了六种可撤销的民事行为的类型。我国还区分了合同的全部无效和部分无效。合同全部无效的,该合同自始当然地不发生合同的效力,不能成立合同之债;合同部分无效不影响全部效力的,合同之债就有效的部分成立。

(二)侵权行为

侵权行为是指侵害他人人身或财产权益而依法应承担侵权责任的行为,以及根据法律特别规定应当承担侵权责任的其他损害行为。一旦发生侵权行为,根据法律规定,受到侵害的人享有请求加害人赔偿损失的权利,加害人负有赔偿受害人损失的义务。因为这种侵权行为而在特定当事人之间发生的权利义务关系,就是一种债的关系,即侵权责任。需要一提的是,我国民法典将侵权责任单独成编,从应当承担民事责任的角度规定了侵权行为引起的法律后果,突出了对不法行为的制裁后果。但这种民事责任是建立在侵权人应对受害人承担损害赔偿义务的基础上,所以它是一种债发生的根据。

侵权责任的特点是:第一,它主要是由不法行为所引起的,合同则是由合法行为所引起的。法律出于对人权的保护和对社会安定和发展的保障,赋予人身、财产等权益不可侵犯性,一旦侵犯了合法权益,则该行为会受到法律的否定评价,法律规定了侵害人或法律规定的特定主体与受害人之间因侵权而发生的债权债务关系,课加于侵权者或特定主体赔偿损害的义务。第二,侵权行为不是法律行为,不存在双方意思表示一致的问题。一般情况下,它是由侵权人的单方行为造成的,受害人只是被动地承担不利的后果。第三,侵权责任法的强制性因素比较多,不像合同编那样多为任意性规范。侵权责任是法定之债,它的产生是基于法律的规定,侵权责任的构成要件、责任的形式和内容都是法律规定的,当事人不能以事先的约定来排除侵权责任的承担。

在现代民法中,侵权责任的发生,一般至少需要具备三要件:加害人存在过错;受害人损害结果的发生,这种损害可以是人身上的损害、财产上的损害甚至是精神上的损害;加害人的行为或物与损害结果的发生之间有因果关系。此外,在法律规

定的特殊情形下，纵使加害人没有过错，但造成了损害后果的，仍会产生侵权责任。这一般发生在因产品缺陷引发的损害、环境污染引起的损害、高度危险的行为造成的损害等情形下。侵权责任的内容一般是由法律直接规定的。各国民法都规定了损害赔偿，但对损害赔偿的额度规定不同，有的仅是所受损失全部赔偿，有的则包括惩罚性赔偿。有些国家的民法中还规定了消除影响、赔礼道歉、赔偿损失等。

（三）不当得利

不当得利是指没有法定或约定的合法根据而取得利益，使他人遭受损失的事实。当不当得利的事实发生时，由于一方利益的取得既没有合法的根据，而另一方却因此受到损害，故法律基于平衡当事人之间的利益所需，规定遭受损失的一方享有请求不当得利人返还不应得之利益的权利，不当得利人负有返还此等不应得之利益的义务，当事人之间即发生债权债务关系。因不当得利所发生的债称为不当得利之债。

不当得利可以因人的行为引起，包括受损人的行为、不当得利人的行为或第三人的行为，也可以因自然事实引起，如台风将树上的果实卷入他人的土地。从实质上说，不当得利引起债的发生是一种法律事实，所以即使这种事实是因为人的行为而发生的，行为人有无行为能力均不影响不当得利的构成。法律规定不当得利之债的目的，在于消除这种无法律上的原因而取得的利益，平衡当事人间的利益关系，而不在于制裁受益人的得利行为。

不当得利的理论基础为衡平观念，各国民法关于不当得利制度的规定，都是基于这一观念。如果某项利益变动有违社会的公平正义，则法律赋予该项利益变动中的受损人以不当得利请求权，并课加其中的受益人以返还不当得利的义务，从而实现当事人之间的利益恢复平衡。这种衡平思想符合人类社会的道德观念，体现了现代法的实质精神。

一般来说，不当得利的构成要件有四个：没有合法的根据、取得利益、致人损失、受损与得利之间具有因果关系。无合法根据指无法律规定或合同约定等依据，罗马法称为无原因，德国民法、瑞士民法、日本民法和我国台湾地区“民法”中称为无法律上的原因。取得利益是指因一定的法律事实而使财产利益的积累得到增加，它包括财产利益的积极增加和财产利益的消极增加两个方面。财产利益的积极增加指因权利增强或义务减弱而扩大了财产范围，财产利益的消极增加指财产利益本应减少而未减少。致人受损包括使他人遭受直接损失或间接损失，直接损失即积极损失，指导致他人现有财产的减少，间接损失即消极损失，指财产利益应当增加而没有增加。在因果关系的认定上，采非直接因果关系说为宜，即取得利益和他人受损之间的因果关系不以产生于同一事实为限，即使取得利益和他人受损产生于不同的事实，如果社会观念认为二者之间有牵连关系，则可认为二者之间存在因果关系。

不当得利发生债的承担形式可以包括返还原物和因原物而取得的其他利益，如果不当得利人受领的利益，依性质或其他原因不能返还时，不当得利人应当偿还该利益的价额，返还的范围因其善意或恶意而不同。若不当得利人为善意，他只需返还在受害人提出返还请求时尚存的利益；若不当得利人为恶意，其返还范围包括受领时所得利益、受领利益的利息以及对受损者的损害赔偿。

（四）无因管理

无因管理是指无法定或约定的义务，自愿管理他人事务，使他人免遭损失的行为。管理他人事务的人为管理人，受管理人管理事务的人为本人，又称受益人。因事务的管理在管理人和本人之间发生的债权债务关系，为无因管理之债。无因管理的现象在社会生活中是一种十分常见的现象，大到救人性命，小到替人照料物件、收取衣物，凡是为了维持他人利益或使他人利益免受损失的管理行为，都可成立无因管理。我国在《民法典》的第三分编规定了无因管理之债。

通说认为，无因管理的法律性质是一种事实行为，非法律行为。虽然法律要求管理人要有为他人管理事务的意思，但此意思仅指管理人的主观意图是使无因管理产生的利益归属于本人，并不是发生某种法律后果的意思。无因管理之债是法定之债，其内容是由法律直接规定的，无论管理人或本人是否追求这种法律规定的后果，这种法律后果都会发生。因此，无因管理中不要求管理人有追求某种法律后果的意思，也不要求管理人具备完全的民事行为能力，无民事行为能力人、限制民事行为能力人都可以成为管理人。但无因管理中要求管理人有为维持他人利益或避免他人利益遭受损失而管理他人事务的意思，因而管理人须有意思能力。

法律确认无因管理制度，有以下几个方面的意义：第一，有利于倡导助人为乐的道德风尚。法律充分尊重当事人的意思自治，所以一个人不得无端干涉他人的事务，否则构成侵权行为。社会中存在着友好协助、见义勇为等自愿帮助他人的行为，这是保障社会安定和促进社会发展的有利因素，所以这些行为不应作为侵权行为处理，反而应加以提倡。无因管理便是其中一种，它亦属自愿帮助他人的合法行为，法律通过赋予无因管理人享有管理费用返还请求权，鼓励人们互帮互助，发扬社会美德。第二，有利于平衡双方利益。管理人主动管理他人的事务，可以有效地避免本人免受不必要的财产损失，甚至对本人的利益有所增进。但同时管理人应因此支付相当的费用，所以法律在权衡管理人和受益人的利益得失后，要求因管理事务而得益的受益人应偿付管理人支出的必要的费用，从而实现双方利益的平衡和维护社会公平正义。

无因管理有四个构成要件：无法定或约定的义务、管理他人事务、管理人有为他人利益进行管理的意思、不违反本人意思。无因管理中的无因是指没有法律规定的或合同约定的义务。管理人管理他人的事务是无因管理成立的客观要件，包括一切可以满足本人生产、生活利益所需的事项。管理人的行为，可以是法律行

为，也可以是事实行为，可以是带来经济利益的行为，也可以是不带来经济利益的行为。但对非法事务或必须由本人亲自实施的事务的管理，不视为无因管理行为。管理人有为他人利益进行管理的意思，是无因管理的主观要件。管理人在实施管理行为时主观意识是他自愿为他人利益进行管理，从管理中最终产生的利益将归属于他人而非自己。对主观意识的判断应结合本人对事务的管理要求、事务管理的社会常识、管理人所具备的管理知识水平等几个方面综合考察。不违反本人意思，包括不违反本人明示的意思和本人可推知的意思。本人可推知的意思指从事务所处的状态可以推定本人欲管理该事务。

无因管理行为发生后，会产生两个方面的法律效力，即阻却违法的效力和管理人与本人之间的债的效力。由于无因管理的管理行为是有利于他人的行为，可以减少社会资源的浪费，符合社会公共利益，因而具有阻却违法的功能，使无因管理成为合法的行为。无因管理行为发生后，在管理人与本人之间产生法律上的权利义务关系。自无因管理行为开始时起，管理人应尽到适当管理、及时通知本人、继续管理和报告、计算的义务。管理人未尽到这些法定义务的，属于债的不履行，应承担相应的法律后果；管理人因故意或者重大过失不法侵害本人权利的，应负侵权责任。本人应于无因管理行为结束后或在事务管理过程中支付管理人必要的费用等，管理人在管理过程中，因管理事务所受的损害，本人应予赔偿。

### （五）其他债的发生原因

除了上述四种债常发生的原因外，正如前文所述还有其他多种债发生的原因，《民法典》第 471 条规定："当事人订立合同，可以采取要约、承诺方式或者其他方式。"本书主要介绍的单方允诺视为第 471 条之中而作为"其他方式"，成为日益被重视的债发生的原因。

1.单方允诺的概念

单方允诺是指表意人向相对人作出的为自己设定某种义务，使相对人取得某种权利的意思表示。单方允诺又被称为单独行为或单务约束。

单方允诺可以引起债权债务关系的原因是民法的意思自治原则。民事主体在不违反社会公序良俗和法律禁止性规定的前提下，可以任意处分自己的权利，这种处分应当受到法律的承认和保护。民事主体完全可以出于满足自己物质上或精神上的需要，为自己单方面设定义务，放弃向他方当事人索求给付对价的权利。民事主体一旦作出允诺的意思表示，他应恪守信用，自觉受其约束，不得任意地撤回允诺或不履行允诺，否则他将对因此给他人造成的损害承担损害赔偿责任。

单方允诺是表意人的单方行为，他一旦作出意思表示，不需要任何人的意思表示即发生法律效力，表意人负有了其给自己所设定的义务。现代许多国家民法中都有关于单方允诺的规定，如《意大利民法典》将"单方允诺"单列一章，与契约、不当得利、无因管理并列作为债的发生原因，其第 1987 条至第 1991 条详细规定了单方允诺的相关内容。再如,《德国民法典》也在第二编"债的关系法"中对作为单方允诺的典型形式——悬赏广告作了明确的规定。

2.单方允诺的特征

(1)单方允诺是表意人单方的意思表示

单方允诺不需要相对方对其意思表示进行承诺,一旦表意人一方作出意思表示,则允诺即告成立,它不同于赠与合同。赠与合同虽然也是一方当事人单方为自己设定义务,而无须对方的对待给付,但是赠与合同毕竟是一种合同,合同是双方当事人意思表示一致的结果,仅有一方的意思表示合同不可能成立,所以如果一方当事人无偿为自己设定给予对方当事人某项财产或某种利益的义务,而对方当事人没有表示接受赠与,双方当事人没有形成合意,则合同没有成立。

(2)单方允诺的对象一般是社会上不特定的人

单方允诺一般是由表意人向社会上不特定的人发出的,凡是符合单方允诺中所列的条件的人,都可以成为相对人,取得表意人所允诺的权利。如市政府明文规定,年满60周岁以上的老年人可以免费搭乘公交车,那么所有符合这一条件的老年人都可以免费搭乘公交车。

(3)单方允诺的内容是表意人为自己单方设定某种义务,使相对人取得某种权利

单方允诺的内容体现了民法的意思自治原则。法律允许民事主体根据自身的需要,为自己设定单方义务并自愿承担由此发生的法律后果。单方允诺不需要相对人付出任何对价,相对人无义务为或不为一定的行为。

(4)单方允诺之债在相对人符合条件时才发生

单方允诺虽为表意人单方的意思表示,但单方允诺之债并不是在表意人作出表意时即成立。通常情况下,表意人仅在其意思表示中指明相对人取得权利的条件,所以在表意人作出意思表示时,相对人是不确定的。由于债的关系的主体都应是特定的,因而在相对人尚未确定前单方允诺之债并不成立。单方允诺之债为附条件的债务,当具备条件的相对人出现时,单方允诺之债才在双方当事人之间发生法律效力。

3.单方允诺与单务合同、附获奖机会的合同的区别

(1)单方允诺与单务合同

单务合同是与双务合同相对应的合同分类,在单务合同中,合同的当事人双方并不互相享有权利和负担义务,仅有一方负担给付义务。单方允诺与单务合同存在相似之处,单方允诺中仅表意人为自己设定某种义务,单务合同中也仅一方当事人负担义务,但二者有较大的区别:第一,两者成立的时间不同。单方允诺为单方法律行为,表意人作出意思表示时即告成立;而单务合同是双方法律行为,须双方当事人意思表示一致才能成立合同。第二,相对人意思表示的作用不同。单方允诺之债中,表意人作出意思表示之时,该意思表示就对表意人产生一定的约束力,

而不论相对人的意思表示如何；而单务合同在性质上是一种合同关系，只有双方当事人意思表示一致合同才能成立，仅有一方的意思表示无法成立单务合同之债。

(2)单方允诺与附获奖机会的合同

附获奖机会的合同，是指当事人一方以意思表示，允诺与自己建立特定合同关系的对方当事人在向自己支付基本合同关系的对价后，将有机会获得某种奖品或者一定数额的奖金。[①] 附获奖机会的合同在社会生活中比较常见，比如有奖销售、有奖办卡、有奖观看比赛、有奖贺年卡等。单方允诺与附获奖机会的合同的不同在于：第一，单方允诺为单方法律行为，而附获奖机会的合同是双方法律行为。第二，单方允诺不以当事人存在特定的合同关系作为承兑允诺的条件，单方允诺中不要求相对人具备合同当事人的"身份"，只要相对人符合表意人在允诺中所提出的条件，即可取得请求权；而附获奖机会的合同须以当事人之间存在特定的合同关系作为相对人取得获奖机会的基础，与表意人之间不存在合同关系的人，不能成为相对人，也就不可能取得获奖的机会。

4.悬赏广告

悬赏广告是最为常见、最为重要的单方允诺的形式。《民法典》第 499 条规定："悬赏人以公开方式声明对完成特定行为的人支付报酬的，完成该行为的人可以请求其支付。"因此，悬赏广告是指以广告的方式公开表示给予完成一定行为的人报酬的意思表示。[②] 悬赏广告古而有之，在现代市场经济条件下，悬赏广告可见于社会生活的方方面面，如寻找遗失物、寻找失踪人、征询犯罪嫌疑人线索、有奖征集徽标或广告词、有奖竞猜、有奖问答等。

(1)悬赏广告的法律性质

关于悬赏广告的法律性质，各国和地区立法及司法解释适用依据不同，学者们对此亦持有不同的观点，大体上有两种学说，即单方允诺说和合同说。单方允诺说认为，悬赏广告是广告人一方的意思表示；债权债务的发生以一定行为的完成为条件，即此特定行为的完成并非对悬赏广告所作的承诺，而是债务发生的条件。瑞士、德国、意大利、日本以及我国台湾地区的相关法律或多数学者采此观点。比如，瑞士最高法院曾指出，依悬赏广告的内容，如不知广告而完成指定行为亦得请求报酬者，应解释为系单独行为；《德国民法典》第 657 条规定，以公开的广告的方式，对于实施某一行为特别是对于引起某一结果而悬赏的人，有义务向实施了该行为的人支付报酬，即使行为人未顾及悬赏广告而实施行为，亦同。《意大利民法典》也采

---

① 张广兴：《债法总论》，法律出版社 1997 年版，第 58 页。

② 对于悬赏广告的性质，理论界与实务界均有争议。我国立法未对此作出明确界定，但我国有判例认为悬赏广告是合同之债。如"天津李铭诉朱晋华、李绍华悬赏广告酬金纠纷案"(《最高人民法院公报》1995 年第 2 期)、"辽宁鲁瑞庚诉东港市公安局悬赏广告纠纷案"(《最高人民法院公报》2003 年第 1 期)。

此说，其第1989条规定，向公众作出向处于特定情况下之人或者完成特定行为之人以给付的允诺，一经向公众作出立即受到约束。与单方允诺说相对应的是合同说，它主张悬赏广告不是独立的法律行为，而是对不特定的人的要约，必须与完成指定行为的人的承诺相结合，契约才能成立；如果无人完成悬赏广告所指定的特定行为，则悬赏广告合同未有效成立，广告人没有义务履行广告所指定的特定给付义务，日本及我国台湾地区部分学者均持此观点。

在英美法国家，学者一般认为悬赏广告为一种单方契约或针对大众性之要约，又称悬赏契约，是要约人于其要约内，指定不特定的相对人，完成一定行为后而给予报酬的契约。英美法系学者一般对悬赏广告采契约说。在英美契约法上，悬赏广告分为两种类型：一种是"为私人目的所为之悬赏"，即为满足自身利益而为的悬赏，这种悬赏广告须行为人知晓具有悬赏的存在，而后完成指定行为才能请求奖赏；另一种是"政府依法令所为之悬赏"，即当政府为行使公权力，从维护社会治安目的，依照法律而为悬赏时，如追捕恶性重大逃犯、毒犯、走私犯、贩卖人口的罪犯时，虽行为人不知有悬赏的存在而完成行为的，亦有权请求赏金。后一种非契约性质无须约定的权利义务的悬赏，类似于大陆法系上的单独行为。

将单方允诺说与合同说加以比较，就可看出单方允诺说的优越之处。

第一，有利于维护当事人的利益平衡。悬赏广告中广告人所追求的目标是特定行为的完成。采用单方允诺说，不仅可以使限制民事行为能力人、无民事行为能力人在完成一定的行为时可以享有报酬请求权，也可以使不知有广告存在而完成一定行为的人有权要求广告人支付一定的报酬。这既有益于保障行为人获得合理的利益，也有益于广告人目的得到迅速有效的实现。但如果采用合同说，当行为人为限制民事行为能力人或无民事行为能力人时，因为他们不具有缔约能力，所以无法以自己的行为缔结合同之债，这显然不利于有行为能力缺陷者获得应有的奖励；况且现实生活中某些悬赏广告的应征对象就是未成年人，如幼儿有奖绘画大赛、中小学生有奖征文等，这时若采用合同说，不仅可能阻却广告人目的的实现，而且行为人亦无法主张报酬请求权。此外，若行为人在知晓广告前完成符合广告要求的一定行为，广告人只可以以行为人不知悬赏广告的存在为由，拒绝支付相应的报酬，此时合同说无法切实地保护行为人的利益。

第二，有利于维护交易安全、提高交易效率。依合同说，在何种情形下才构成有效的承诺，学说上意见不一致，有认为在着手实施一定行为前有意思表示者，即为承诺的；有认为着手实施一定行为即为承诺的；有认为在一定行为完成后才为承诺的；有认为在一定行为完成后尚需有意思表示才为承诺的；还有的学者认为须将完成的行为结果交与广告人才为承诺的。在审判实践中，法院意见分歧亦很大，在争议论辩中耗费了大量资源，也给交易的安全性带来疑问，采用单方允诺说则可以较好地解决这一问题。悬赏广告人所负担的债务于符合要求的一定行为完成时即成立，易于判断，避免了不必要的争议，节约了解决纠纷的成本，如诉讼费用等，同

时简洁明确的判断标准，有利于保障交易的安全性，维护经济秩序。

第三，更加符合民法的诚实信用、公平正义原则。社会主义市场经济应当是信用经济。只有高度发达的社会信用体系才能够增强债的履行效力，有效利用社会资源，减少交易成本，促进利润最大化。为了发展社会信用资本，有必要从各方面进行制度设计，从法制上看，法律制度的设计符合保护信用资本的要求。合同说仅仅从维护债制度的完整性出发，将悬赏广告纳入合同制度调整范围之内，这固然照顾了债制度的体系完整，却没有考虑到市场经济主体只是有限理性的经济人。在市场利润的诱惑下，市场主体就会为获得高额利益而不惜代价，他们会设计种种借口，利用合同制度的漏洞进行恶意抗辩。悬赏广告的合同说为恶意广告人提供了钻营的机会。广告人一方面可以撤回要约，另一方面也可以以对方是无民事行为能力人或限制民事行为能力人进行抗辩。相对人只有举出充分的证据，才能获得补偿。博弈中便会浪费大量的时间和精力，可能丧失更多市场机会，最终还可能导致不公平的结果。而采用单方允诺说，有效地制约了广告人的行为，可以增强市场主体的诚信责任感，公平地保障当事人的利益，充分发挥债制度的规范作用，体现现代债法的多元发展趋势。

(2)悬赏广告的构成要件

第一，广告人须以广告的方式，公开向不特定的任何人作出意思表示。所谓以广告的方式，应从广义来理解，包括面向不特定的大众，以书面(如在报刊上登载广告、张贴布告)、言词(如通过电视、广播等媒介告知)或其他形式广而告之。告知的对象为不特定的人，可以是一般大众，也可以是特定行业中的不特定的人。

第二，广告人须有对完成一定行为的相对人给付一定报酬或奖金的意思表示。报酬的种类，不仅仅包括财产上的利益，精神上的利益如荣誉称号的授予也可作为报酬。广告人可以在广告中确定具体报酬数额，也可以在广告中不规定具体数额而只规定数额的确定方法。

第三，广告中须明确指明要求相对人完成一定的行为。该一定的行为，或为提供某种线索，或为寻找到某物，或为提交某件作品，或为提供某种建议等。该行为一般是有利于广告人的行为，但有时在表面上也可能是对广告人不利，如给予指出其服务不完善并提供积极建议的人一定的奖励，虽然这从表面上看是指出了广告人服务的缺陷，但实质上是有益于促进广告人的改进。

(3)悬赏广告的效力

悬赏广告的效力是指广告人的悬赏行为在法律上产生的后果。悬赏广告的发布仅对广告人发生一种法律上的约束力，广告人不能随意撤销悬赏广告。但悬赏广告的债权债务关系的发生以行为人完成广告中所指定的行为为条件。行为人只有完成广告中所指定的行为，才享有报酬请求权。如《德国民法典》第 657 条规定，以公开的广告的方式，对于实施某一行为特别是对于引起某一结果而悬赏的人，有义务向实施了该行为的人支付报酬，即使行为人未顾及悬赏广告而实施行为，亦同。

《日本民法典》第529条规定，以广告声明对实施一定行为人给予一定报酬者，对完成该行为的人，负给付报酬的义务。无论行为人完成行为时是否知道有悬赏广告的存在，都有权利请求广告人给付报酬。指定行为完成后，行为人死亡的，则其继承人可以继承该报酬请求权。

当数人完成指定行为时，应区别情况予以对待：第一，数人分别先后完成指定行为的，最先完成行为者享有报酬请求权。如果广告中规定完成指定行为还得通告广告人的，则以通告最先到达者为报酬请求权享有者。如果广告限定了完成指定行为的时间，则以在该期限内最先完成指定行为者为报酬请求权享有者。第二，数人同时分别完成指定行为的，他们按比例平等地分享报酬。若报酬性质为不可分，有的国家或地区则采用抽签方式决定，如《德国民法典》第659条规定，行为被两人以上同时实施的，每人有权获得报酬的相等部分。报酬因其性质而不可分，或按照悬赏广告的内容，报酬应仅为一人取得的，用抽签方式决定之；有的国家和地区运用连带债权的规定，如我国台湾地区“民法”第165—3条规定，被评定为优等之人有数人同等时，除广告另有声明外，共同取得报酬请求权。第三，数人协力完成指定行为，除非广告人明确表明禁止协同完成，则此数人为对于一债务的多数债权人。报酬可分的，行为人可按约定分割，没有约定或协商不成的，按各自对完成行为的作用力大小进行分配。但如果广告中明确指明仅允许由一人单独完成指定行为而禁止协同完成，则协同完成人均无报酬请求权。

(4)悬赏广告的撤销

出于对平衡双方利益的考虑，许多国家法律规定，悬赏广告可以在广告中的指定行为完成以前用与悬赏广告相同的方式撤销。如广告人为寻找失踪的宠物发布悬赏广告，在无人通知其下落之前，宠物自己回家，则广告人可以以同样的方式撤销悬赏广告。撤销悬赏广告应具备以下条件：第一，撤销悬赏广告须在行为人完成指定行为之前作出。第二，撤销悬赏广告须以与原广告相同的方式作出。第三，撤销悬赏须广告人没有明示或默示地抛弃撤销权。明示的方式如广告人在悬赏广告中明确说明其抛弃撤销权。默示的方式如广告人指定了完成行为期限，则可以推定其在此期间内抛弃撤销权。已抛弃撤销权者，不得再行行使。

悬赏广告被撤销后，不发生悬赏广告的法律效力，犹如自始未存在悬赏广告。行为人在广告人撤销悬赏广告之前已着手实行广告中指定的行为，并已支付了必要的费用的，可以获得适当的补偿。因为悬赏广告被撤销使得债权债务关系不成立，行为人没有报酬请求权，但行为人支出的必要费用是因为信赖悬赏广告而引起的，属于信赖利益损失，可以向广告人请求给予补偿，但补偿数额以预定的报酬或奖金的数额为限。

(5)关于优等悬赏广告

优等悬赏广告，是指只就完成广告所指定行为的人中，对被评定为优等者给予报酬的广告。为解决学术上或技术上的问题，以及参加竞赛等，常存在优等悬赏广告。优等悬赏广告与一般悬赏广告的不同在于其报酬请求权的成立不仅以指定行为的完成为前提，而且其行为必须是优等的。对于优等悬赏广告，原则上可适用悬赏广告的规定，但也应注意：优等悬赏广告人的意思表示，须声明只对被评定为优等者给予报酬，并且当若干行为人完成行为时，由于优等归属尚未确定，行为人此时只取得一种期待权，广告人负有评定优等的义务。由于债权人尚未确定，此时悬赏广告虽然成立却未发生法律效力。优等悬赏广告只有在优等者的评定完成时才发生法律效力。正如史尚宽先生所说，“以优等者之评定，为效力之发生要件，而非成立要件”。

优等悬赏广告的报酬请求权归被评为优等者。如果数人的行为同时被评为优等，则数人各以平等的比例享有报酬请求权。当优等悬赏广告中指定行为的结果成立专利权、著作权等时，权利应属于行为人，但广告人在广告中有明确的意思表示使权利属于自己的除外。

5.其他单方允诺的情形

单方允诺除以悬赏广告为主要类型外，还有设定幸运奖。

在市场竞争中，一些民事主体出于某种利益的需要，如通过吸引顾客、吸引观众来扩大影响、获得更多的利润等，设定幸运奖项，通过随机的方式选取特定的人并向其给付一定的奖品或奖金。例如，电视台以抽取手机号码的方式或者以舞台聚光灯随意定格的方式选定幸运观众、旅游局设定当年第一百万位出国旅游者为幸运奖获得者、大型超市或酒店以某一天的第十位顾客为幸运奖获得者等。

设定幸运奖与附获奖机会的合同不同。设定幸运奖中设奖人与相对人之间不需要存在合同关系，而附获奖机会的合同则需要两者之间事先存在合同关系才有得奖的可能性。设定幸运奖与悬赏广告也不相同，设定幸运奖中，获奖人不需要完成一定的行为，他之所以能够取得奖金或奖品，是设奖人单方随意选定的结果；而悬赏广告中，行为人必须完成广告人所指定的行为是其取得报酬请求权的条件。

当选定幸运奖的获得者后，在设奖人与获奖人之间便产生了以给付奖品或奖金为内容的债权债务关系，设奖人有给付奖品或奖金的义务，获奖人有取得奖品或奖金的权利。当设定奖项为奖品时，设奖人所交付的奖品应当符合相关产品质量的规定，该奖品质量不合格的，获奖人有权要求更换或支付同等数额的价金；若因奖品质量不合格造成获奖人或他人的人身或财产损害的，设奖人应负侵权民事责任。

## 第二节 债权法概述

### 一、债权法的概念和特征

债权法包括形式意义上的债权法和实质意义上的债权法。形式意义上的债权法即狭义的债权法，是指一个国家民法典中债权法编的规定或有关债的法典，前者如《日本民法典》第三编债权法、《意大利民法典》第四编债权法、《德国民法典》第二编债务关系法等，后者如瑞士的债务法等。实质意义上的债权法即广义的债权法，是指调整债权债务关系的法律规范的总称，它包括狭义的债权法，还包括有关债方面的单行法、其他法律中有关债方面的规定、有约束力的判例或司法解释，以及为该国所承认和适用的国际公约、国际惯例中的相关内容等。在大陆法系国家，债权法主要表现为有关债的法典、民法典中的一编或单行法的形式；在普通法系国家，债权法主要表现为判例法和单行的制定法。

债权法的名称，各国多有不同，有的称为债务法，有的称为债权债务关系法，也有的称为债权法。但就其实际内容而言，都是用以规范平等主体之间的财产流转关系的。从民商法所调整的财产关系来看，主要有两大部分：一部分是财产的归属关系，一部分是财产的流转关系。传统民法将调整财产归属关系的法律称为物权法，但由于“物权法”中的“物”原则上是指有体物，所以无法容纳随社会发展而出现的知识产权这一无形财产，因此又诞生了知识产权法以调整知识产权的归属。财产流转关系是财产从一主体移转于另一主体的关系，它是债权法调整的对象。无论无形财产抑或有形财产，其流转关系都由债权法加以调整。需要特别指出的是，物权、物权法、债权、债权法都是民法的概念，普通法系没有债权法这一概念，大陆法系中债权法的相关内容则分别体现为合同法、侵权行为法等。由于我国《民法典》立法体例上的原因，我国债权法形成的立法格局是：(1)债法总则的一般性规定包含在合同编的通则之中；(2)合同编的第一分编和第二分编主要规定的是合同之债；(3)合同编的第三分编规定的是无因管理之债和不当得利之债；(4)侵权之债规定在民法典第七编即侵权责任编。

债权法作为民法的一部分，具有民法的私法性、权利法等共性。但它作为财产流转关系的法律又具有其独特性，并在整个社会经济生活中发挥着重要的作用。

第一，债权法是财产法中的交易法。债权法的调整对象是财产流转关系，即一种动态的财产关系，这种关系主要是因为交易而发生的，所以债权法是一种交易法。它不同于物权法，物权法是以静态的财产关系作为调整对象。债权法的主要功能则在于保护财产动态交易的有序进行，促进交易的繁荣，维护公平的社会经济机制。

第二，债权法是任意法。所谓任意法是指债权法上的规范多为任意性规范，当事人可以在不违背法律强制性规定的范围内，根据自由的意志选择合同当事人缔结合同、确定合同的主要内容、变更合同的内容、选择解决合同纠纷的方式等。"私法自治""契约自由"的精神在债权法中得到充分的体现。

第三，债权法具有很强的可移植性，具有国际化统一趋势。在现代化市场经济条件下，世界经济出现全球化的趋向，财产交易早已突破了国与国的界限，一方面，它促使国与国进行法律交流和相互借鉴，特别是债权法相互吸收，其共性日益增多；另一方面，它要求各国努力消除债权法上的冲突，建立统一的债权法规则，由此出现不少国际条约或国际惯例，出现了债权法国际化的倾向，如《联合国国际货物买卖合同公约》《国际商事合同通则》等得到包括我国在内的许多国家的承认并作为合同立法的参考。

## 二、债权法的历史沿革

在民法史上，债权法的产生一般晚于物权法，它由商品经济的迅速发展所促成。最初，人们在交易过程中形成了一些交易习惯和交易规则，后来这些习惯和规则逐渐被赋予法律形式，构成了早期的调整财产流转关系的债权法。在商品经济较发达的城邦或国家中，产生了较为丰富的债权法规范。随着经济的发展，债权法的规定也随之越加详细，条文数量也日趋增多。但到了中世纪，封建主经济阻碍了商品经济的发展，债权法的发展也停滞下来。直到资本主义社会的建立，随着法国、德国、瑞士等国家的民法典或债权法法典的颁布，现代意义上的债权法才渐渐形成。从世界范围来看，债权法的发展历程大致经过了三个阶段：古代债权法、近代债权法和现代债权法。

### （一）古代债权法

古代债权法是指近代资本主义社会确立之前简单经济时期的债权法，它包括奴隶社会和封建社会的债权法。在商品经济比较发达的国家制定的早期法典中，债权法的规定相对详细。古罗马的《十二表法》、优士丁尼的《民法大全》、古巴比伦的《汉谟拉比法典》中，已经有比较详尽的有关债方面的规定。从这些规定来看，古代债权法主要有以下几个特征。

1.债的主体受到严格的限制。法律承认家长等少数符合严格条件的人具有债的主体资格，奴隶被视为财产，是交易的客体；家子、家女、妻子都是家长的财产，一般情况下无权处分财产，不能成为债的主体。

2.合同成立采取形式主义。古代债权法侧重于保护交易的安全，订立合同必须经过严格的程序和仪式。例如罗马法早期的铜块和秤式的合同形式，买卖当事人应运用铜块和衡器的形式，并宣读法定词句，才能完成一项买卖。

3.侵权责任认定上以结果责任为主。所谓结果责任是指只要行为人造成他人的损害，就要承担相应的责任，而不论行为人是否有过错。在古代社会公权力还不是很强大，法律技术尚不发达的情况下，采用结果责任可以确保社会不会因为家族或者氏族之间的纷争而崩裂。

4.责任承担的残酷性。债务人不履行合同时，一方面国家会对他实施刑事制裁，另一方面债权人也可以对债务人予以私力惩罚。例如早期罗马法曾规定债务人不履行债务时可能沦为债奴，在人身上受役使，甚至还可能被杀戮。

### （二）近代债权法

资产阶级革命胜利之后，商品经济得到迅猛发展，天赋人权、自由平等的观念颇为盛行，债权法也发生了根本性变化，逐渐废除了古代债权法的形式主义和残酷性，确立了意思自治、过错责任等重要原则。随着法国、德国、瑞士等国的法典化进程的加快，债权法也日趋成熟。这一时期债权法的主要特点如下。

1.债的主体的扩大化。在人人生而平等的观念下，任何具有相应行为能力的自然人、法人等都可以成为债之法律关系的主体。无行为能力人或限制行为能力人可以通过代理或事后追认来完成一定的债行为，不再存在不同的人格的人之区分。

2.合同自由得到彰显。近代社会奉行的是权利主义本位，意思自治的精神在合同法中得到充分的体现。《法国民法典》第 1134 条规定，依法订立的合同在当事人之间相当于法律。合同被赋予了相当于法律一样的效力。

3.侵权法采取过错责任原则。为了促进资本主义经济的迅速发展，鼓励人们行为的积极性和创造性，法律课加一个人侵权责任以主观过错为条件，受害人无法举证侵害人主观有过错的，不能得到救济。

### （三）现代债权法

资本主义进入垄断时期后，社会矛盾发生了新的变化，对债权法提出了新的挑战，如垄断企业与个人的实力的差异，要求对合同自由加以一定的限制；雇主责任、环境责任、产品责任如果仍采取过错原则，则会对受害人不公或不利于保护社会公共利益。所以债权法改变了过去放任的状态，渗入了国家干预的因素。

1.债权法理念由个人本位向社会本位转变。在近代社会盛行的个人本位主义，个人的自由得到充分的尊重，但随着社会的发展，人们逐渐意识到个人不能脱离社会而存在，个人依赖于社会的安定而生存，依赖于社会的繁荣而发展。为了社会公共利益，在一定条件下得对个人权利加以限制，现代债权法中的诚实信用原则、公序良俗原则等应运而生。

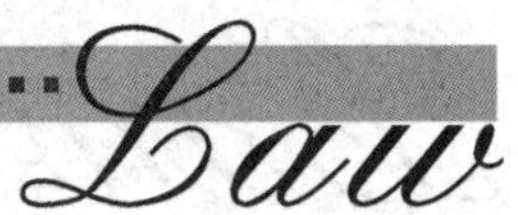

2.对合同自由加以限制。在资本主义初期,个体条件相近,实力相当,个体可以平等地缔结合同,所以自由原则的贯彻有利于促进经济的发展。但到了垄断阶段,财富日益集中,许多大企业纷纷出现,处于优势地位的企业与作为弱者的个人之间无法实现平等的沟通和磋商,格式合同的运用则成为强加不平等条款的盾牌。因此,各国债权法都对合同自由予以限制,以维护公平的交易秩序。

3.过错责任和无过错责任并存。在机器大工业时代,工作场所发生的侵权、产品质量发生的侵权、环境污染产生的侵害等,如果采取过错归责原则,由受害人举证证明对方存在过错相当困难,所以受害人的利益往往得不到保护,法律遂在某些领域引入了无过错责任原则,为受害人的利益提供有效的保护。

## 三、债权法的意义和作用

债权法是民法的一个重要组成部分。民法调整的对象包括人身关系和财产关系,其中财产关系又包括静态的财产关系和动态的财产关系,前者由物权法来调整,后者由债权法加以调整。随着社会交往的增加和日益频繁,动态的财产关系越来越多且越来越复杂,所以相应的债权法也日益丰富和细致化,债权法在现代社会中的作用也日渐凸显。债权法不仅实现了特定的当事人之间利益的平衡,而且对整个社会具有积极的作用。

1.为经济活动和社会生活提供法律保障。债权法中的交易关系法(合同法)规定了财产交易的常见法律形式,规定了交易主体的权利、义务和责任,为民事主体进行交易活动提供适当的引导、加以一定的限制和给予有利的救济,有利于维持市场秩序,促进市场经济有序地发展。债权法中的非法行为(侵权行为)要求个人或法人因其行为造成他人损害时根据法律规定承担相应的侵权责任。它使受害人损害得到了全面的补偿,同时又对侵害人具有惩戒作用,有利于维护社会的安定与和平。

2.有利于实现和维护社会公平正义。现代法律的一个重要功能就是要实现社会的公平正义,债权法也不例外,而且债权法较其他民法制度更能体现这种公平正义的法律价值。在债权法上,平等自由、诚实信用、公平等原则贯穿债权法始终,且被最为普遍和经常地使用。例如,合同法上对格式条款的限制,就是为了避免处于优势地位的企业利用这种地位损害处于弱势地位的个人的利益,平衡双方当事人之间的利益。再如,侵权法上的公平责任的设立,就是为了在无法查明何人有过错的情形下,给予受害人一定的补偿,以实现社会资源的公平分配。

## 真题链接

1.甲将某物出售于乙,乙转售于丙,甲应乙的要求,将该物直接交付于丙。下列哪一说法是错误的?(2012 年)

A.如仅甲、乙间买卖合同无效,则甲有权向乙主张不当得利返还请求权

B.如仅乙、丙间买卖合同无效,则乙有权向丙主张不当得利返还请求权

C.如甲、乙间以及乙、丙间买卖合同均无效,甲有权向丙主张不当得利返还请求权

D.如甲、乙间以及乙、丙间买卖合同均无效,甲有权向乙、乙有权向丙主张不当得利返还请求权

2.下列哪一情形产生了不当得利之债?(2013 年)

A.甲欠乙款超过诉讼时效后,甲向乙还款

B.甲欠乙款,提前支付全部利息后又在借期届满前提前还款

C.甲向乙支付因前晚打麻将输掉的 2000 元现金

D.甲在乙银行的存款账户因银行电脑故障多出 1 万元

3.甲的房屋与乙的房屋相邻。乙把房屋出租给丙居住,并为该房屋在 A 公司买了火灾保险。某日甲见乙的房屋起火,唯恐大火蔓延自家受损,遂率家人救火,火势得到及时控制,但甲被烧伤住院治疗。下列哪一表述是正确的?(2014 年)

A.甲主观上为避免自家房屋受损,不构成无因管理,应自行承担医疗费用

B.甲依据无因管理只能向乙主张医疗费赔偿,因乙是房屋所有人

C.甲依据无因管理只能向丙主张医疗费赔偿,因丙是房屋实际使用人

D.甲依据无因管理不能向 A 公司主张医疗费赔偿,因甲欠缺为 A 公司的利益实施管理的主观意思

4.甲遗失其为乙保管的迪亚手表,为偿还乙,甲窃取丙的美茄手表和 4000 元现金。甲将美茄手表交乙,因美茄手表比迪亚手表便宜 1000 元,甲又从 4000 元中补偿乙 1000 元。乙不知甲盗窃情节。乙将美茄手表赠与丁,又用该 1000 元的一半支付某自来水公司水费,另一半购得某商场一件衬衣。下列哪些说法是正确的?(2015 年)

A.丙可请求丁返还手表

B.丙可请求甲返还 3000 元、请求自来水公司和商场各返还 500 元

C.丙可请求乙返还 1000 元不当得利

D.丙可请求甲返还 4000 元不当得利

# 第二章 债的分类

【引 例】

A 房地产公司因为资金周转困难,拖欠 B 公司建筑工程款 200 余万元一直未能偿还。双方经过协商,达成了一项以房抵债协议,约定:“A 公司给付 B 公司三套房屋抵债,房屋的面积应该在 100 平米以上”。但是,这个协议并没有进一步约定用作抵债的房屋的具体位置、户号、产权证号以及详细面积。

协议签订之后,A 公司没有按照约定给付三套房屋,B 公司将 A 公司诉至法院,要求法院确认 A 公司与 B 公司签订的以房抵债协议有效;并判令 A 公司按照协议约定给付三套房屋。法院经过审理,确认 A 公司与 B 公司之间的以房抵债协议合法有效。但是,驳回了 B 公司要求给付三套房屋的诉讼请求。

## 第一节 法定之债与意定之债

按照债的设定及其内容是否可以由当事人自由决定,可以将债分为法定之债和意定之债。这是债的分类中最基本的分法。

### 一、法定之债

法定之债是指债的发生及其内容均由法律予以直接规定的债。法定之债的法定有两层含义:其一,债的发生由法律直接规定,不问当事人有无发生债的意思。在法定之债发生之前,当事人之间并没有确定的债权债务关系,一旦发生法律规定的事由,法律规范调整社会关系的作用得以体现,便直接在相关当事人之间形成法律规定的权利义务关系,即使当事人没有此种意思,或者当事人事先约定不发生债的关系,在这一法律规定的事由出现时,债的关系不顾当事人意愿如何而当然地发生。其二,债的内容由法律明确加以规定。在法定之债中,债权人的权利和债务人的义务之内容均由法律具体加以规定,强制适用于相关的当事人,当事人不得通过自行协商加以排除。例如,在侵权责任之中,当过错侵害他人人身的事实发生时,侵害人与受害人之间便发生了侵权损害赔偿之债,受害人有权请求侵害人赔偿其医疗费、误工损失费、必要的交通费等,若造成受害人残疾的,还应赔偿残疾者生活补助费、受其扶养的人的生活费等。无因管理之债、不当得利之债,都属于法定之债。法律规定这些债为法定之债的理由各不相同。在债的关系发生之后,债权人在解决纠纷时,可以依法自由处分自己的实体权利与诉讼权利,可以全部或部分地放弃自己的请求权,但这属于债形成之后的履行、变更及法律救济等问题,并不会改变债的内容的法定性。

## 二、意定之债

意定之债是指债的发生及其内容完全由当事人依其自由意思加以决定的债。法律承认意定之债的效力体现了法律对私法自治精神的尊重和保护。通常认为,当事人是自己利益的最佳判断者,他最为关注自己的利益并最能根据情况妥善进行处理,因此当事人基于自由意思而设定的债权债务关系,能够最大限度地满足各自的需求、实现各自的利益。只有在自由设定的债权债务违反了社会公共利益或造成利益严重失衡之时,法律才介入到这种债权债务关系中。

合同之债和单方允诺之债都属于意定之债。在合同之债中,当事人的意思自由性表现在,在不违背社会公序良俗、社会公平正义和法律强制性规定的情况下,他可以自由选择交易的对象,可以自由决定合同的内容,可以自由地变更、解除合同,可以自行约定违约金的数额,等等。但在下列情形下,存在意思表示不自由的问题:第一,当事人在他人的欺诈或胁迫或乘人之危等不当影响下作出意思表示,如当事人为了抢救病危的父亲不得不以明显大大低于市场水平的价格将自己的房屋出卖。第二,当事人处于劣势,不得不接受处于优势包括垄断地位的对方当事人提出的条件,如虽然明知在格式合同中存在严重不利于自己利益的条款,非制定方因其弱者地位只得接受这样的合同。第三,法律出于对社会弱者的保护,规定某些特定的主体不具有依其意思表示建立合同之债的关系的能力,如未成年人或精神病人。未成年人由于心智尚未成熟,所以他们不能对自己的利益作出最为合理的判断;精神病人更是如此,在发病期间,他们无法像正常人那样进行理解和作出判断。在单方允诺之债中,当事人的意思自由表现为只要表意人一方的意思表示即可发生法律效力,表意人应受自己意思表示的约束,当特定的人完成了单方允诺中的行为时,单方允诺之债便在特定的当事人之间发生。

需要特别强调的是,意定之债中的意思自由不是任意的毫无约束的自由,在当今追求实质公平正义的社会,这种自由必然要受到一定的合理的限制,不允许当事人借意思自由之名利用优势地位等手段破坏当事人之间的利益平衡。19 世纪初期,意思自治原则一度被奉为最高原则,在社会舞台上得到充分的展现。但随着科技的进步、财富的聚集,个人的力量难以与大企业抗衡,高技术的产品结构难以为

普通民众知晓，可能出现大企业或掌握专业技术者借助自己的优势地位利用意思自由的形式平等，实现实质上的不公平，所以法律为维护社会实质公平正义对意思自由加以合理的限制。

## 第二节　主债与从债

按照两个并存的具有牵连关系的债相互之间的效力，可以将债划分为主债和从债。

### 一、主债

主债是指在两个并存的债中，居于主要地位，并能够决定债的结果的一种债。主债是相对于从债而存在的，所以它只能发生在两个相互牵连的债并存的情形中。能够引起两个债并存的情形，或者是基于法律的规定，或者是基于当事人的约定。例如，建设承包、金钱借贷合同为主债，为主债履行提供担保的保证合同、抵押合同、质押合同则为从债；储户在银行存款，存取本金的债为主债，支取法定利息的债为从债。

主债不同于主给付义务。主给付义务亦可称为主义务，是指在一个债的关系中，债务人所负担的主要的义务，这种义务决定着债的性质。主义务是与从给付义务（亦可称为从义务）相对应的义务的一种分类。所谓从给付义务，是指在主给付义务之外、不具有独立意义的、仅能辅助主给付义务发挥功能的义务。例如在买卖合同中，交付标的物、转移标的物的所有权是卖方的主义务，支付相应款项是买方的主义务，而交付与标的物有关的凭证为从义务。主义务虽然可以单独请求履行，但它并不是一种独立的债，它只是债的关系中债务人所负的一种义务，所以它与单独存在的主债不同。

### 二、从债

从债是指在两个并存的债中，效力居于从属地位的债。从债虽然在效力上居于从属地位，但在性质上从债仍然为单独的债，有一定的独立性。它不同于从义务，亦不同于附随义务。它与从义务的区别的理由和主债与主义务的区别的理由相似。就从义务与附随义务的区别来看，附随义务是指随着债的关系的发展，依据诚实信用原则，为维护对方的利益，而要求当事人负有的为或不为一定行为的义务，如告知义务、标识义务、照顾义务、说明义务、忠实义务、保密义务等等。这类义务附随主债而存在，不可单独请求履行，但义务人不履行此等义务而给对方当事人造成损失的，义务人应承担此等损害赔偿责任。

## 三、区分主债与从债的意义

主债与从债是两个单独的债，但由于其具有牵连性，从债的效力依附于主债的效力。区分主债与从债有三层含义：其一，从债的发生来看，主债是从债发生的根据，或者说主债是从债得以发生的基础，没有主债，就不可能发生从债。其二，从债的效力来看，主债的效力决定从债的效力，主债不成立从债也不成立，主债因瑕疵而被宣告无效或者被撤销时，从债也随之失去效力。但当从债不成立、无效或者被撤销时，主债的效力不受其影响。[①] 其三，当主债因清偿等原因消灭时，从债也随之消灭。

# 第三节 特定之债与种类之债

按照债的标的物在债成立时是否特定化，可将债划分为特定之债与种类之债。

## 一、特定之债

特定之债是指在债成立时，以特定物为标的物的债。标的物的特定化可以是因物的性质而特定，如某年代的某一名人的某一国画，某年代的某一宫廷玉器；也可以是因当事人的意思具体指定的物，如商店里的某一辆自行车、某一房地产公司所开发的某一户型的某一套商品房等。标的物一经确定，当事人不得任意变更，必须按照该标的物履行。物的特定，有时在债的关系成立时即已确定，有时是在债成立时虽不确定，但在履行时，经当事人具体确定标的物，此时债也变更为特定之债。特定之债发生在给付形态为交付财物的债权债务关系中，它具有以下几个特点。

第一，特定之债的标的物被约定或指定后，债权人或债务人原则上不得变更。

---

① 从债无效时，主债效力不受影响，但当事人应根据相关法律规定承担相应的民事责任。参见判例《农银财务有限公司与广东三星企业(集团)公司车桥股份有限公司担保合同纠纷案》，载《最高人民法院公报》2007 年第 2 期。该案的争议焦点是未经审批的外汇担保合同是否有效？在主合同有效而担保合同无效的情形下，担保方是否需承担赔偿责任？该案的判决要旨是：外汇担保是指以自有外汇资金向境外债权人或境内的外资及中外合资的银行或外资、中外合资的非银行金融机构承诺，当债务人无法偿付外汇债务时，由担保人用外国货币履行偿付义务的保证。我国《境内机构对外提供外汇担保管理办法》规定，外汇担保须经外汇管理部门审批、管理及登记。违反此规定未经审批的外汇担保应认定为无效。我国《最高人民法院关于适用〈中华人民共和国担保法〉若干问题的解释》第 7 条规定，主合同有效而担保合同无效，债权人、担保人有过错的，担保人承担民事责任的部分，不应超过债务人不能清偿部分的二分之一。据此规定，在主合同有效而担保合同无效的情形下，如果债权人和担保人都存有过错，那么担保方就需要承担连带赔偿责任，但数额不能超过债务人不能清偿的 1/2。

债务人有义务交付此特定物，债权人只能请求债务人交付特定物。

第二，特定之债的标的物灭失时，当然发生履行不能。如标的物因发生不可抗力而灭失，则债务人的给付义务消灭；如标的物因可归责于债务人的原因而灭失，则债务人交付特定物的义务转化为损害赔偿义务。

第三，移转标的物所有权的特定之债，当事人双方可以约定自债的关系成立时起所有权即移转于债权人，这时标的物意外毁损灭失的风险负担也自债成立时起转移于债权人。

## 二、种类之债

### （一）种类之债的概念及特点

种类之债是指债成立时以未予以特定的种类物为标的物的债，其标的物一般是一定种类的物中一定数量的物。现实生活中，买卖、消费借贷等合同大多以不特定物为标的物，如合同中约定由债务人向债权人交付某品牌、某一规格的洗衣机若干台，某一国家某一品种的水果若干千克等，均为种类之债。种类之债具有以下几个特点。

第一，种类之债是以种类定给付标的物。种类是指以物的共同属性，抽象地概括某一类事物的全体的名称。因而种类之债的标的物，通常为可代替物。但种类之债的标的物须以可以加以确定给付的范围为标准，可以为一般交易参与人所能确认，否则会因为债的标的无法确定而使债归于无效。例如，当事人约定交付油漆若干桶，而油漆有许多种类与品牌，所以对方当事人无法确定给付标的物，此债的约定无效。

第二，种类之债只有在标的物特定之后才能履行。种类之债的标的物为某种类物的一部分，所以当事人不仅要确认标的物的品种，还要规定它的数量或确定数量的方法。特定化前的债与特定化后的债仍保持同一性，债的内容并不发生变化。

第三，种类之债的标的物为某一种类物中的一部分，在交付前不能将其与其他部分分开，因而标的物的所有权不能于债的关系成立时即移转于债权人，而是在交付时转移于债权人，但法律另有规定或当事人有特别约定的除外。

第四，种类之债通常不发生全部履行不能。由于种类之债的标的物具有可替代性，因而在传统民法理论上，种类之债不发生全部履行不能。即使种类物一部分灭失，债务人仍有履行该债务的能力，债务人至少可以用自己的财物换取所需数量的种类物以履行给付义务。只有当该种类物被法律列为禁止流通物或在社会生活中已不存在时才发生履行不能，否则债务人仍应根据合同约定交付一定的种类物。

由于这种理论对债务人过于苛刻，所以现代民法基于公平和效益原则认为当债务人的该全部种类物灭失时则发生全部履行不能，债权人可以要求债务人赔偿损失。债权人可以自行从市场上购进同种类物以满足其债权，他因此所受的损失由债务人承担，这既能实现设立债权的目的，又能避免债务人购置后再转交于债权人过程中发生的不必要的费用。

### （二）种类之债的特定化

种类之债必须加以特定化，否则债不能得以履行。种类之债特定化的方法有如下两种。

1.依债务人的行为予以特定化

因债务人交付物的地点有所不同，种类物的特定化亦有差别。

（1）在债权人的营业地或住所地交付标的物的，债务人将种类物中的特定部分运至债权人营业地或住所地并提出交付时，标的物即为特定。在此之前，标的物尚未特定化，因而在此期间标的物意外灭失的风险责任，应由债务人负担，即使该标的物已脱离债务人的监管而处于运送过程中。如果债务人交付时债权人明确表示拒绝接受或者债务人的履行须有债权人协助，债务人将交付的意思通知债权人时，种类之债的标的物即被特定化。

（2）在债务人的营业地或住所地交付标的物的，债务人将标的物从种类物中分离出来并通知债权人时，标的物即被特定化。标的物的分离时间不一定就是债务人通知债权人的时间，但债务人通知债权人进行交付时，标的物必须已经分离。当债权人因地址变动或下落不明致使债务人不能及时通知时，债务人将标的物分离并使它处于可识别的状态，如在标的物上贴上收货人为债权人的提货单，标的物则被特定化。

（3）债的履行地为上述之外的地点的，如果根据合同约定应由债务人将标的物运至该地点的，则在该地点债务人向债权人提出交付时，标的物即被特定化；如果根据合同约定债务人没有义务将标的物运至该地点，而是基于债权人的请求债务人将标的物交给第三人由第三人承运的，则当债务人将物交至承运方时，标的物被特定化。

2.依当事人的合意予以特定化

（1）在债权债务关系发生后，当事人又达成合意（如以补充条款或新的合同）以约定的方式直接指定给付的标的物，标的物即被特定化。但仅有当事人单纯的合意是不够的，还须事实上将标的物与种类物的其他部分区分开来才能实现债的标的物的特定化。

（2）当事人约定将标的物的指定权授予一方当事人或第三人的，指定权人指定时，标的物即被特定化。此外，根据我国民事诉讼法的规定，当债务人不履行生效的法律文书中确定的义务时，债权人有权申请强制执行。债权的标的物为种类物的，当人民法院对不特定物采取强制措施时标的物即被特定化。

(三)特定的效力

种类之债一经特定,即变更为特定之债,其效力与原发的特定之债相同。但种类之债的特定化与选择之债的选择不同,特定化的效力不具有溯及力,特定化后仅向将来生效,而不溯及于债权发生之时,但选择权行使后则发生溯及既往的效力。在种类之债的标的物特定后,债权人有权请求债务人给付特定的标的物,债务人也负有义务给付此特定的标的物,债务人原则上不得变更此标的物。当因不可归责于债务人的原因发生标的物毁损灭失时,债务人可以减轻或免除给付义务,但毁损灭失发生在标的物特定之前的,债务人通常不能减轻或免除给付义务。

## 三、区分特定之债与种类之债的意义

将债分为特定之债与种类之债的法律意义主要在于:

1.以转移财产所有权为目的的特定之债中,当事人双方可以约定标的物的所有权自债成立时起发生转移,但是通过种类之债的方式取得所有权的,在标的物特定化之前不能发生所有权的转移。通常标的物的所有权只能自交付时起发生转移,或依双方当事人的特别约定自标的物特定化之时起转移。

2.在特定之债中,标的物在债的关系成立时就是确定的,是不可替代的,因此当此债的标的物发生全部或部分毁损灭失时,债的全部或部分履行不能;而在种类之债中,标的物是不特定的,是可替代的,所以当债务人的种类物仅发生部分毁损灭失而非全部灭失时,则不发生履行不能的问题。

# 第四节 简单之债与选择之债

根据债的标的是否为单一的、是否具有选择性,可以将债分为简单之债和选择之债。

## 一、简单之债

简单之债是指债的标的是确定、单一的,债权人只能请求债务人就该确定的标的履行,债务人也仅能就该标的履行债务,没有进行选择的余地。由于简单之债的当事人没有选择的机会,因而又称为不可选择之债。简单之债的当事人只能就某一标的履行债务,否则将构成债的不履行。在简单之债中,当事人之间的权利义务关系相对简单、明晰,一般不容易因标的的问题发生争议。

## 二、选择之债

### (一)选择之债的概念

选择之债是指债的关系成立时有数个标的,享有选择权的当事人在请求给付或履行给付时有权从数个标的中选择其一要求履行或实施履行的债。选择之债可以表现为给付的标的不同,例如双方当事人约定,债务人可以交付一定数量的洗衣机或立式空调;也可以表现为给付的形式不同,例如双方当事人约定,债务人可以以支付一定的价金或者提供劳务的方式履行债务,再如根据特定的商品的"三包"制度,当出售的商品质量不符合规定时,买受人与出卖人之间就发生选择之债,债权人可以从修理、更换、退货等几种方式中选择一种要求债务人履行;又可以表现为给付手段不同,例如在商店购物时,购买者可以选择用现金或信用卡方式予以支付;还可以表现为履行期限不同,例如,从公园售票处购买了门票,购买者可以选择不同的时间游玩。凡物或者行为、特定物与不特定物以及债务履行期限、地点、标的物的数量等,在选择之债中均可用于选择。

### (二)选择之债的特征

1.选择之债与种类之债既有区别又有联系。两者的共同之处在于:当债成立时,两者的标的均未被特定化,但属于可特定的范围。两者的区别主要有:其一,选择之债的数个给付各有其特性,各不相同,而种类之债的标的物为同一种类物中的某一部分,该部分与其他部分相同,没有差别。其二,选择之债的数个给付必须分别一一加以确定,而种类之债的标的物只需确定某一种类。其三,选择之债因选择行为而最终确定一个债的标的物,因而选择权的归属和行使方法关系到当事人的重大利益,而种类之债的特定化不存在给付选择的问题。其四,选择之债中的选择具有溯及既往的效力,而种类之债的特定化不存在溯及力的问题。其五,选择之债的数个给付中有特定物时,可能发生履行不能的问题,而且有可能因给付不能而发生债的特定化,而种类之债中因为标的物是不特定的种类物,所以一般不发生履行不能,即使发生履行不能,也不会发生债的特定化。

2.选择之债区别于请求权的并存。选择之债是一个债权,当事人只是在数个给付中选择其中之一进行履行。而两个以上的请求权并存时,各请求权的发生原因不同,所形成的债的性质不同,请求权人可选择一个请求权行使,同时其他请求权消灭,其他请求权消灭的真正原因并非当事人选择权的行使,而是债的目的的实现。

（三）选择之债的特定化

选择之债的特定化是指从选择之债的数种给付中最终确定一种给付。在选择之债关系成立时，其标的是不确定的数个给付，所以只有经过特定化后，债务才能得到履行。因而选择之债的特定化，对于双方当事人极为重要。选择之债的特定化主要有三种方法：一是因合意选择而特定，二是因行使选择权而特定，三是因给付不能而特定。

1.因合意选择而特定

双方当事人协商一致从数个给付中选择一个给付作为债的标的，选择的结果使数个给付转变为一个给付，这时给付得以明确，选择之债转变为简单之债。

2.因行使选择权而特定

在选择之债中，享有选择权的人行使选择权，从数个给付中确定一种给付，使选择之债成为简单之债。选择权的行使可以使选择之债变为简单之债，所以选择权是一种权利；一方当事人依其意思单方行使选择权即可发生选择的效果，所以选择权亦是一种形成权。选择权属于当事人其中之一的，它可以继承或移转，是一种非专属权，但选择权属于当事人之外的第三人时，它是一种专属权，当事人不能或不愿行使时，不能继承或移转。选择权依附于债权，随债权的转移而转移，不能单独让与他人。

（1）选择权的归属

选择权可以归属于债权人、债务人或第三人。大多数国家民法规定，除法律另有规定或当事人另有约定外，债务人享有选择权。我国民法典第515条第1款规定：“标的有多项而债务人只需履行其中一项的，债务人享有选择权；但是，法律另有规定、当事人另有约定或者另有交易习惯的除外。”也就是说，在选择之债中，法律有特别规定选择权归属的，依法律的规定；当事人有约定选择权归属的，依当事人的约定；法律既无特别规定且当事人亦无具体约定的，为维护债务人及债权人的双方利益的平衡及保证债的顺利履行，法律推定选择权属于债务人。当事人约定选择权归于第三人时，如果第三人不能或不愿选择，选择权亦归于债务人。

在双务合同中，一方当事人既是债权人又是债务人，所以应根据具体情况决定选择权归于何方。如果仅一方有数个给付可供选择，选择权归该方当事人；如果双方当事人都有数个给付可供选择，只要一方当事人作出选择则发生双方当事人给付的特定化，所以选择权的归属根据当事人的意愿、交易习惯和其他与合同有关的情况加以确定。若仍不能确定时，以先提出请求对方履行的当事人为债权人，对方当事人为债务人，选择权归于债务人即对方当事人。

（2）选择权的行使

我国民法典第516条规定：“当事人行使选择权应当及时通知对方，通知到达对方时，标的确定。标的确定后不得变更，但是经对方同意的除外。可选择的标的发生不能履行情形的，享有选择权的当事人不得选择不能履行的标的，但是该不能履行的情形是由对方造成的除外。"因此，债权人或债务人行使选择权，应以意思表示向对方为之。当意思表示到达相对人时即发生选择的效力，而不需要相对人的承诺。但若是由第三人行使选择权的，多数国家法律规定第三人必须向债权人和债务人都为意思表示，有的国家法律如日本民法规定第三人向债权人或债务人中的一人为意思表示即可。第三人作出相同内容的意思表示，该意思表示同时到达债权人和债务人的，同时发生选择的效力；该意思表示非同时到达债权人和债务人的，后一意思表示到达时始发生选择的效力。第三人所作的两个意思表示内容相异，无论同时抑或先后到达债权人和债务人，均不发生选择的效力。

选择既为意思表示，则必然适用民法关于意思表示的规定。当意思表示有瑕疵时，如错误、欺诈、胁迫等，可导致选择无效或可变更、可撤销。选择权人为选择的意思表示时，可以采用明示的方式，也可以采用默示的方式。选择的意思表示一经到达当事人即发生选择的效力，不得随意撤销或变更。由债权人或债务人行使选择权的，其撤回或变更应征得相对人的同意；由第三人行使选择权的，其撤回或变更应征得债权人和债务人双方的同意。

(3)选择权的转移

选择权在性质上为权利而非义务，因而选择权人并非必须行使选择权，对方当事人也无权强制选择权人行使选择权。但是，当选择权人不愿或不能行使选择权时，会导致选择之债因给付不能确定而无法履行，因此各国法律均规定，若依法律规定或当事人约定，选择权人应在一定期间内行使选择权，不行使选择权的，选择权归于对方当事人。我国民法典第 515 第 2 款规定："享有选择权的当事人在约定期限内或者履行期限届满未作选择，经催告后在合理期限内仍未选择的，选择权转移至对方。"选择权应当在约定期限内或者合同履行期限内行使，否则的话，无选择权的当事人可以催告有选择权的当事人在一定合理期限内行使。经过催告，有选择权的当事人仍未选择的，选择权将转移至催告的当事人。如果第三人拥有选择权，在第三人明确表示自己不愿进行选择的情况下，当事人并不需要进行催告即可获得选择权。

(4)选择的效力

经过选择，选择之债成为简单之债，但不一定是特定之债。如果所选定的给付物是种类物，其履行仍然需要根据种类之债的有关规定加以特定化。

选择的效力不仅向将来发生，而且溯及债的关系发生之时。债权人有选择权的，如果因为可归责于债务人的事由导致给付不能，债权人仍有权选择已经不能履行的给付，请求债务人赔偿因给付不能而遭受的损失；债务人有选择权的，如果因为可归责于债权人的事由导致给付不能，债务人仍有权选择已经不能履行的给付，从而免除其债务。

3.因给付不能而特定

给付不能对选择之债的影响主要有下列几种情况:第一,如果数个给付中发生一个给付不能,而剩余的给付仍有数个可供选择,则选择之债仍存在于剩余的数个给付之上,且不失为选择之债;第二,如果数个给付不能导致仅存一种给付,由于已无从行使选择权,该选择之债转变为简单之债;第三,如果数个给付全部陷于给付不能,则适用法律关于履行不能的规定加以处理。因给付不能而导致选择之债特定的,属前述第二种情形。

给付不能存在自始不能和嗣后不能之别。在自始不能的情形下,如果选择之债的数个给付均不能,则债的关系无效;如果数个给付中一个或几个不能,其他人给付仍有可能的,债的关系存在于其他可能的给付之上,可能是简单之债亦可能是选择之债。如果一方当事人在缔约时知道或应当知道存在给付不能,则发生缔约过失责任,他应赔偿对方当事人因其过错而遭受的损失,而且他不能因为其他给付为可能而免除赔偿责任。需要注意的是,选择之债的数个给付应全部合法,如果一个给付违反强制或禁止法规或因欠缺法定方式而无效,则法律行为全部无效,如果有一个给付违反公序良俗,则法律行为也全部无效。[①]

在给付嗣后不能的情形下,存在三种情况:其一,其中一个给付不能履行时,如果是因为不可归责于双方当事人的事由造成的,债的关系存在于其他可能的给付之上。如果是因为可归责于选择权人的事由造成的,若选择权人为债务人,他不得选择已经是履行不能的给付为债的标的,否则会因为他的过错而使债务变更为损害赔偿之债;若选择权人为债权人,他可以在剩余的数个给付中选择其一作为债的标的,他选择已经是履行不能的给付为债的标的的,债务人因此免除给付的义务。如果是因为可归责于无选择权人的事由造成的,若无选择权人是债务人,债权人可以在剩余的数个给付中选择其一作为债的标的,也可以选择已经是履行不能的给付作为债的标的,这时他可请求损害赔偿;若无选择权人是债权人,债务人可以以履行不能的给付,使自己免除义务,他也可以从剩余的给付中选择其一进行履行,并就不能的给付要求债权人赔偿损失。其二,数个给付全部不能时,如果是因为不可归责于双方当事人的原因造成的,债务人是选择权人的,债务人可免除给付义务;债权人是选择权人的,债权人对各个不能给付的代偿请求权享有选择权。如果全部给付因可归责于选择权人的事由而履行不能,债权人是选择权人的,债务人免除给付义务;债务人为选择权人的,债务人对给付不能承担责任,并可选择其一为赔偿。其三,如果是因为可归责于无选择权人的事由导致全部给付不能,债权人是选择权人的,债务人免除给付义务;债务人是选择权人的,债权人可选择其一请求赔偿。

---

① 史尚宽:《债法总论》,中国政法大学出版社 2001 年版,第 277 页。

### 三、区分简单之债和选择之债的意义

第一，简单之债的标的是单一的，比较简单、明确，当事人不容易发生歧义；而选择之债的标的有数个，只有在标的特定化后才能履行，相对简单之债而言，选择之债比较复杂，也容易产生纠纷。

第二，简单之债的标的一旦无法履行，即为履行不能，发生履行不能的法律后果。而正如前文所述，选择之债中，在履行不能情形下可能发生履行给付或损害赔偿或免除义务，情况十分复杂。例如，选择之债的某一给付发生履行不能时，当事人可在其他给付中选择其一履行，只有在所有的给付均发生履行不能时，才发生履行不能的法律后果。

## 第五节　货币之债与利息之债

在以金钱作为标的物的债的关系中，按照主债与从债的关系，可以分为货币之债和利息之债。

### 一、货币之债

货币之债是指以支付一定数额的货币为给付标的的债，有的学者称之为金钱之债。在日常生活中，货币之债比较常见，它不仅发生在借贷合同之中，而且发生在一般双务合同之中，如买卖、租赁合同均会产生货币之债。在侵权行为之债、无因管理之债或不当得利之债中，其标的物通常也是一定数额的货币，它们亦会产生货币之债。

货币按其流通力的不同，主要可分为通用货币和外国货币两种。通用货币是指法律规定的具有强制通用力的货币，又称为法定货币。在我国，通用货币为人民币。外国货币，目前在我国尚不能自由流通，但可作为具有涉外因素的债的关系的标的物或者作为兑换、储蓄合同的标的物。此外还有特殊的货币即特种货币，它是一种已经失去流通力的货币，如古代货币、纪念币等，一般只用作收藏，虽可作为合同的标的物，如买卖合同或互易合同的标的物，但它已失去一般等价物的特征，只能成立普通的特定之债或种类之债，不能成立货币之债。因而在理解货币之债时，应从狭义的角度来理解，即仅指以支付一般等价物的货币为标的的债。货币之债亦不包括交付代表一定金额的货币的票据的债，支付代表一定金额的货币的票据的债应依票据法的规定处理。

货币之债与其他债相比，有如下显著的特点：第一，货币之债不可能发生履行不能，不适用民法关于履行不能的有关规定。因为货币是一种特殊的种类物，其使

用价值就在于它具有交换价值，作为一般等价物的货币较其他物品更具流通性，而且其他类型的债发生给付不能时，都可以转化为货币之债。货币之债本身不发生履行不能，但可能发生履行迟延。即使债务人可能一时陷于无力履行，但只发生以延期履行或分期方式加以履行，只有在债务人宣告破产时，才能部分或全部免除债务。第二，一般来说，货币之债不会因不可抗力而免责，不适用法律关于不可抗力的规定。第三，货币之债的债务人迟延履行时，无论他对于迟延履行有无过失，均应负担债务履行不当的责任，即使当事人对利息赔偿没有明确的约定，债务人也应当赔偿法定的利息。

## 二、利息之债

利息之债是指以支付原本债权的收益为标的的债。利息之债有广义和狭义两种理解，广义的利息之债除以金钱作为利息之外还包括物，如以动物作为利息；狭义的利息之债仅指金钱利息之债。本书采用狭义的理解，利息之债限于金钱利息之债。

### （一）利息之债的性质

利息之债除了具有货币之债的特点外，还有其特性，即它具有从属性。利息之债是以本债权的存在为前提，原本之债为主债而利息之债为从债。因而当原本债权不成立或因其他事由被宣告无效或被撤销时，利息之债即失去其存在基础，也不能存在；当原本债权转移时，利息之债也随之转移，当事人有特别约定或法律有特别规定的除外。在为原本债权设定担保时，其担保范围及于因主债所生的利息。

利息之债又有其相对独立性。在一定情况下，利息之债可以单独请求或让与，例如在存本取息的储蓄或者债务人迟延履行时，债权人可单独请求给付利息，此利息债权可以单独让与。利息之债可以单独消灭，例如当事人可以用合同方式减免对方的利息之债。利息之债的消灭时效与原本债权的消灭时效并不相同。

### （二）利息的类型

根据利息发生的原因不同，可将利息分为约定利息和法定利息两类。约定利息是基于当事人的约定而产生的利息。依照我国《民法典》合同编的规定，在自然人之间的借款合同中，当事人可以约定利息，但其利率不得违反国家有关限制借款利率的规定，即民间借款利率最高不得超过银行同期限的借款利率的四倍，超过的部分无效；如果合同当事人对支付利息没有约定或者约定不明确，法律推定为借款人无须支付利息。《最高人民法院关于审理民间借贷案件适用法律若干问题的规定》(2015 年 6 月 23 日最高人民法院审判委员会第 1655 次会议通过)（法释〔2015〕18 号）（以下简称《借贷案件司法解释》）对此作出了新的详细规范，即借贷双方没有约定利息，或者自然人之间借贷对利息约定不明，出借人无权主张借款人支付借期内利息；借贷双方约定的利率未超过年利率 24%，出借人有权请求借款人按照约定的利率支付利息，但如果借贷双方约定的利率超过年利率 36%，则超过年利率 36%部分的利息应当被认定无效，借款人有权请求出借人返还已支付的超过年利率 36%部分的利息。法定利息是依法律强行性规定而产生的利息，如存款人将钱存于银行，所获得的利息即为法定利息；银行放贷于某一建筑公司，其所收取的贷款利息即属法定利息；债务人在迟延清偿时还可能支付迟延利息。

（三）复利

复利是指将利息滚入本金而再生的利息，我国民间俗称"利滚利"。以利作本，将会使债权迅速增加，危及公平交易，因而各国法律都加以限制或禁止。法国民法、德国民法、瑞士债法都禁止复利，我国《民法典》未有明确规定，但《最高人民法院关于贯彻执行〈中华人民共和国民法通则〉若干问题的意见（试行）》（以下简称《民通意见》）第 125 条规定："公民之间的借贷，出借人将利息计入本金计算复利的，不予保护。"《借贷案件司法解释》亦指出："借据、收据、欠条等债权凭证载明的借款金额，一般认定为本金。预先在本金中扣除利息的，人民法院应当将实际出借的金额认定为本金。"

（四）利息之债的效力

利息之债虽然与本债之间有附从关系，但其仍为独立的一种债，可单独消灭，在一些情形下可以单独请求履行，也可以单独让与，在清偿时，利息之债应优先受偿。

当事人一方迟延清偿的，应向对方当事人支付迟延履行期间的利息，该利息的利率按照法定贷款利率计算，如当事人向银行贷款的，除应还本付息外，还应支付逾期利息。此外，按照我国《民事诉讼法》的规定，被执行人（债务人）未按判决、裁定和其他法律文书指定的期间履行给付金钱义务的，应当加倍支付迟延履行期间的债务利息，即在按银行同期贷款最高利率计付的债务利息上增加一倍利息。

## 第六节 按份之债与连带之债

按照债的多数主体之间的权利义务关系，可以将债分为按份之债与连带之债。债是特定主体之间的法律关系，债的主体都是特定的，但这并不意味着债的主体都是单一的。有时债权人和债务人都是一个人，有时债权人、债务人的一方或双方为两人或两人以上。学者将双方当事人均为一人的债称为单一之债，这种债的关系比较简单；将当事人一方或双方为两人或两人以上的债称为多数人之债，多数人之债较单一之债复杂，因为在多数人之债中，不仅存在着债权人与债务人之间的外部

关系，还存在着多数的债权人之间或多数的债务人之间的内部关系。各国民法对多数人之债的种类规定不尽相同。《法国民法典》规定了连带之债、可分之债和不可分之债；《日本民法典》规定了可分之债、不可分之债、连带之债和保证之债；我国《民法典》第 517 条和第 518 条分别规定了按份之债和连带之债。

## 一、按份之债

### (一)按份之债的概念

《民法典》第 517 条规定："债权人为二人以上，标的可分，按照份额各自享有债权的，为按份债权；债务人为二人以上，标的可分，按照份额各自负担债务的，为按份债务。按份债权人或者按份债务人的份额难以确定的，视为份额相同。"因此，按份之债是指两个或两个以上的债权人或债务人各自按照一定的份额分享债权或分担债务的债，无论此份额是相等的还是不相等的。其中，两个或两个以上的债权人各自就自己的债权份额所享有请求给付和接受清偿的权利，称为按份债权；两个或两个以上的债务人各自就自己的债务份额所承担的清偿义务，称为按份债务。

### (二)按份之债的成立要件

按份之债的成立通常是基于法律行为而产生，如数人合买一堆钢材，按约定的比例各自支付价金并按这一比例享有钢材的份额；数人合伙经营一家小食店，约定按一定的份额享有权利负担义务等。按份之债有时也可因债的转移而产生，如债权人部分转让债权，则债权人与受让人按比例享有权利。

按份之债的成立，必须具备下列几个要件。

1.债的一方当事人为两人或两人以上

在多数人之债中，无论是债的一方当事人为多数，还是债的双方当事人为多数，均可成立按份之债。当债权人为多数时，为按份债权，当债务人为多数时，则为按份债务。所以在按份之债中，可能是按份债权，也可能是按份债务，还可能是既存在按份债权，又存在按份债务。

2.给付须基于同一原因而发生

按份之债的发生须基于同一给付原因，比如基于同一法律行为而发生分享债权分担债务。在某些情况下，也会因为债的移转，如债权部分让与、债务部分承担或债权债务的部分概括移转，发生按份之债。

3.债的标的是可分的

作为债的标的的给付，可以分为数个给付，而不损害其性质或价值。当给付为物时，标的物须为可分物，如 10 吨苹果，一批装修用的油漆；当给付为行为时，此行为须可以分解为由数个人分别或共同完成的行为，如数个老师约定组织一个司法考试培训班，每个人负责一门或几门不同课程，各位老师均可对自己讲授的部分负责。不可分的给付，不能成立按份之债。这里的"不可分"包括法律规定不可分、给付性质上不可分和因当事人约定不可分三种情形。给付性质上不可分是指债的标的依其自身性质不具有可分性。当事人约定不可分是指当事人通过协商约定某一债的标的不可分，例如数个当事人共同购买一套公寓，约定只能整体出售，不得分别出售。

4.当事人按照一定的份额享有债权或负担债务

在债的关系成立时，数个债权人按照一定的份额享有债权，数个债务人按照一定的份额负担债务。如果在债的关系成立之时，此份额不能确定，例如当事人对份额约定不明，则在当事人之间只能成立共同债权或共同债务，但是，在债的关系成立之后，如果当事人又通过协商确定了各自享有的债权份额或者应承担的债务份额，此时即成立按份之债。

### （三）按份之债的效力

1.按份之债的主体仅在自己的份额内享有权利或承担义务。在按份之债中，每一个按份债权人只能就自己所享有的债权份额要求债务人履行债务，而无权要求债务人向自己清偿全部债务；每一个按份债务人也只就自己所负担的债务份额履行清偿义务，无义务清偿其他债务人所负担的债务份额。

2.在按份债权中，如果一个债权人受领的履行超过自己应受领的份额，若无正当原因，则就其超过部分构成不当得利，他应向对其履行债务的债务人承担返还不当得利的责任。在按份债务中，如果一个债务人履行的债务超过了自己应负担的份额，若无正当原因，就其超额清偿部分，他有权依不当得利请求权要求接受清偿的债权人返还，其他债务人的债务并不因此受到影响。

3.就某一债权人或者某一债务人发生的事项，如履行不能、履行迟延、不完全履行、拒绝履行、受领迟延等，对于其他债权人和债务人不产生影响；某一债权人或某一债务人作出的确认债的关系无效、撤销债的关系、免除债务、抵销以及某一债务人因不可抗力而消灭债务等事项，不影响其他债权人和债务人。

4.当按份之债是因合同而产生时，需要解除合同的，应当由一方全体当事人向对方当事人全体为之。因按份之债发生纠纷而提出诉讼时，全体债权人及全体债务人可作为共同诉讼人参加诉讼，实施诉讼行为。

## 二、连带之债

### （一）连带之债的概念

《民法典》第518条规定："债权人为二人以上，部分或者全部债权人均可以请

求债务人履行债务的，为连带债权；债务人为二人以上，债权人可以请求部分或者全部债务人履行全部债务的，为连带债务。连带债权或者连带债务，由法律规定或者当事人约定。”因此，连带之债是指两个或两个以上的债权人或债务人，对外享有连带债权或负有连带债务的债。在连带之债中，数个债权人连带分享以同一给付为标的的债权，其中的任何一个人都有权要求债务人清偿全部债务，这种连带关系称为连带债权；数个债务人连带分担以同一给付为标的的债务，其中的任何一个人都负有清偿全部债务的义务，这种连带关系称为连带债务。

法律规定连带之债的目的在于充分保护债权人的利益。在按份之债中，由于各个债务人仅就自己的份额向债权人承担清偿责任，即使其中一个债务人陷于无力清偿状态，其他债务人亦无清偿的义务，这就意味着每一个债务人仅以自己的责任财产作为履行债务的一般担保，而对于其他债务人的清偿能力无担保义务；而在连带之债中，每一个债务人对债务均负有全部清偿的义务，债权人有权要求任何一个债务人履行全部义务，因而所有债务人以其各自拥有的财产作为债权人债权实现的责任财产，即便其中一个债务人无力清偿债务，债权人也可以转向其他债务人提出清偿请求，可见，连带制度为债权人提供了多重担保保护。反之，对债务人而言，连带之债却加重了债务人之间的责任，每一债务人都承担着其他债务人无力清偿的风险，因而除非法律有规定或者当事人有特别约定，一般不适用连带之债。

### （二）连带之债的发生原因

连带之债发生的原因可以是法律的强行性规定，也可以是当事人之间的约定。

1.基于法律的规定而产生

根据我国现行的法律规定，这一类型连带之债的发生原因主要有以下几种：

(1)个人合伙债务。合伙组织的合伙人之间存在着连带之债的关系，法律另有规定的除外。每一个合伙人对于合伙组织对外所负的债务都负有连带责任，债权人可以要求合伙人中任一人全部清偿；同时，每一个合伙人对于合伙组织的对外债权都享有连带债权，任一合伙人都有权要求债务人为全部清偿。

(2)合伙型联营。联营各方虽然各自仍保持着独立的法人资格，但自各方共同出资另行成立联营组织后，该联营组织所获得的赢利由联营各方按出资比例或者协议的约定进行分配，其亏损由联营各方按照出资比例或者协议的约定，以各自所有的或者经营管理的财产承担民事责任。但依照法律的规定或者协议的约定负连带责任的，联营各方应承担连带责任。

(3)代理关系中的连带责任。它是指在代理关系的三方当事人中，其中两方当事人共同向另一方当事人承担民事责任，并且其中的任何一方当事人都负有承担全部责任的义务，债权人有权要求任一债务人承担全部责任。在相关的司法解释中规定了以下几种代理中的连带责任：其一，委托书授权不明时产生的连带责任，即委托书授权不明的，被代理人应当向第三人承担民事责任，代理人负连带责任。

其二,代理人和第三人串通产生的连带责任,即代理人和第三人串通、损害被代理人的利益的,由代理人和第三人负连带责任。其三,无权代理产生的连带责任,即第三人明知行为人没有代理权、超越代理权或者代理权已终止,还与行为人实施民事行为给他人造成损害的,由第三人和行为人负连带责任。其四,违法代理行为产生的连带责任,即代理人知道被委托代理的事项违法仍然进行代理活动的,或者被代理人知道代理人的代理行为违法不表示反对的,由被代理人和代理人负连带责任。

(4)连带保证中的连带责任。连带保证是在债务履行期限届满时,债权人既可以要求债务人履行债务,又可以要求保证人履行保证债务。连带保证人所负的债务具有连带性。

(5)共同侵权行为人的连带责任。例如,我国《民法典》第 1168 条规定:"二人以上共同实施侵权行为,造成他人损害的,应当承担连带责任。"根据《民法典》第 1169 条的规定,教唆、帮助他人实施侵权行为的人,为共同侵权人,应当承担连带民事责任。

2.基于当事人的约定而产生

连带之债发生的另一个依据是当事人的约定。从民法的性质来看,虽然具有公法的因素,但仍以私法性为主,它贯彻的是当事人意思自治原则,当事人有权通过明确的约定产生连带之债,但默示不能产生连带之债。

### (三)连带之债的效力

在连带之债中,因其既有债权人与债务人之间的债权债务关系,又有多数的债权人之间、多数的债务人之间的连带关系,前者称为连带之债的外部效力,后者称为连带之债的内部效力。

1.连带之债的外部效力

连带之债的外部效力是指连带之债在债权人和债务人之间发生的效力。

在连带债权的情况下,各债权人均有权向债务人请求全部给付,债务人也可以向任何一个债权人主动履行义务,一个债权人受领了债务人的全部给付时,其他债权人的债权即归于消灭。连带债权人之一所发生的事项,原则上对其他债权人不发生法律效力,但下列几种事项具有涉他的效力:(1)因债权人之一受领清偿或因抵销、混同、提存而消灭债权的,其他债权人的债权亦归于消灭;(2)债权人之一受领迟延的,迟延的效果及于其他债权人;(3)债权人之一免除债务人债务的,其他债权人则不得再向债务人主张其应分担部分的债权。

《民法典》第 520 条规定:"部分连带债务人履行、抵销债务或者提存标的物的,其他债务人对债权人的债务在相应范围内消灭;该债务人可以依据前条规定向其他债务人追偿。部分连带债务人的债务被债权人免除的,在该连带债务人应当承担的份额范围内,其他债务人对债权人的债务消灭。"因此,在连带债务的情况下,

每一个债务人均负有向债权人履行全部债务的义务，债权人有权要求连带债务人中的一人或数人履行债务，被请求的债务人不得主张因存在其他债务人而拒绝给付，也不得以债权人所为的请求超过其应分担份额而抗辩。债务人中的一人或数人履行全部给付时，连带债务消灭，其他债务人对债权人不再承担给付义务。在连带债务被全部清偿之前，全部债务人对未履行部分仍负连带义务，而不能将履行责任归结于一个或数个债务人。在连带债务中，下列事项具有涉他的效力，其他债务人将受其影响：(1)债权人对债务人之一的履行构成受领迟延的，该受领迟延的法律效果及于其他债务人，其债务人可以在债权人受领迟延范围内减轻责任。(2)因清偿、抵销、提存、免除而使债务人之一的债务消灭的，其他债务人可以免于承担其分担部分的债务。[①] (3)债务人之一获得法院有利判决，该判决不具有特定债务人与债权人之间人身专属性的，其他债务人亦可以援引该判决获得对其有利的效果。

2.连带之债的内部效力

连带之债的内部效力是指连带债权人之间或者连带债务人之间的权利义务关系。连带之债的效力，又可分为连带债权的内部效力和连带债务的内部效力。

《民法典》第519条规定："连带债务人之间的份额难以确定的，视为份额相同。实际承担债务超过自己份额的连带债务人，有权就超出部分在其他连带债务人未履行的份额范围内向其追偿，并相应地享有债权人的权利，但是不得损害债权人的利益。其他连带债务人对债权人的抗辩，可以向该债务人主张。被追偿的连带债务人不能履行其应分担份额的，其他连带债务人应当在相应范围内按比例分担。"连带债务的内部效力即各连带债务人之间的求偿关系，当一个债务人履行债务超过他应承担的债务份额时，对其他债务人享有求偿权，有权要求其他债务人偿还。根据我国《民法典》第521条的规定，履行了义务的人，有权要求其他负有连带义务的人偿付他应当承担的份额。债务人行使求偿权的范围包括超出该债务人应承担份额的部分、履行债务所必要的费用和非因该债务人个人原因所遭受的损失。求偿人有权分别向其他债务人请求补偿，其他债务人应根据其在连带债务中应承担的份额比例给求偿人以补偿。如果其中一个债务人丧失偿债能力，则各债务人应按照其承担的份额比例分担向该债务人追偿不能的风险。

在连带债权中，连带债权人的内部关系基本上同于连带债务人之间的内部关系。享有连带债权的每个债权人，都有权利要求债务人履行部分或者全部义务。某一债权人受领的给付超过自己应享有的份额的，应按债权人之间确定的债权比

---

①　参见《安昭宇与包义柱合伙协议纠纷上诉案——权利人免除部分连带债务人责任之效力》，载《人民司法·案例》2013年第22期。该案判决要旨是：合伙人一方在从事合伙事务中侵害他人合法权益的，其他合伙人应共同承担连带责任。被侵权人单方免除一方合伙人部分债务的，被免除债务的合伙人对剩余全部债务仍应当承担连带责任。其他合伙人偿还剩余债务后，可根据合伙人内部约定的按份责任向被免除债务的合伙人追偿，该合伙人不得以免除其债务为由对抗其他连带债务人向其行使追偿权。

例将超过部分交还于其他债权人，其他债权人也有权要求多受领给付的债权人予以返还。

## 真题链接

1.婷婷满一周岁，其父母将某影楼摄影师请到家中为其拍摄纪念照，并要求影楼不得保留底片用作他途。相片洗出后，影楼违反约定将婷婷相片制成挂历出售，获利颇丰。本案中存在哪些债的关系？（2008 年）

A.承揽合同之债　　B.委托合同之债

C.侵权行为之债　　D.不当得利之债

2.甲对乙说：如果你在三年内考上公务员，我愿将自己的一套住房或者一辆宝马轿车相赠。乙同意。两年后，乙考取某国家机关职位。关于甲与乙的约定，下列哪一说法是正确的？（2009 年）

A.属于种类之债　　B.属于选择之债

C.属于连带之债　　D.属于劳务之债

3.甲公司向银行贷款 1000 万元，乙公司和丙公司向银行分别出具担保函："在甲公司不按时偿还 1000 万元本息时，本公司承担保证责任。"关于乙公司和丙公司对银行的保证债务，下列哪一表述是正确的？（2011 年）

A.属于选择之债　　B.属于连带之债

C.属于按份之债　　D.属于多数人之债

# 第三章　债的效力

**【引　例】**

2015年4月13日，原告大骏物业公司、被告何某签订《房屋相赁合同》及《经营管理合同》，约定租赁期限为一年。然而，2015年9月13日，被告向原告提交退租申请一份，原告于次日将该店铺用布条封住。现本案讼争店铺已由原告出租给案外人。原告要求被告承担违约责任未果，遂成讼。

## 第一节　债的效力概述

### 一、债的效力的概念

债的效力是债的关系成立后所表现的法律上的力，是法律效力的一种，是法律效力在债的关系上的具体体现。债的效力在债的关系有效发生之时起便产生，并对债权人和债务人的行为产生约束力。从债权人方面看，债权人有权依法请求债务人履行债务、接受债务人的履行并保有履行利益，如果债务人不履行债务或不适当履行债务，债权人有权请求司法机关对其债权予以保护。从债务人方面看，债务人应按照债的内容全面履行其义务，否则法律则要求其承担不利的法律后果。从债权实现的目的和途径来看，债的效力包括两方面的内容：债权的效力和债务的效力，前者是法律赋予债权人以法律上的力，为债的积极效力，后者是法律对于债务人的约束，为债的消极效力。

#### （一）债权的效力

债权的效力指保证债权利益得以实现的效力。债权是一种权利，债权人可以自主决定是否实现其债权，法律并不会主动介入、要求债权人主张和实现其债权。但当债权人决定行使债权时，法律就为其提供相应的保障，从而使其权利能够得到顺利的实现。债权的效力为债权人提供的保障是多方面的，其主要表现在以下几个方面。

1.债权的请求力

债权的请求力是指债权人得请求债务人履行债务以实现其债权的效力。债权请求力有广义和狭义之分,广义的请求力包括诉讼上及诉讼外的请求力;狭义的请求力仅指诉讼外的请求力。诉讼上的请求力为诉权,诉讼外的请求力为请求权。此处的债权效力,属于广义上的请求力。

我国《民法典》第118条第2款规定:"债权是因合同、侵权行为、无因管理、不当得利以及法律的其他规定,权利人请求特定义务人为或者不为一定行为的权利。"这就是关于债权请求力的最基本的规定。同时,当债权人请求债务人履行债务时,还可能发生其他效果,如使诉讼时效发生中断;当事人未约定履行期限的,债权人提出请求,债务人不履行的,可构成迟延履行等。此外,有些债权因某种原因的发生而失去请求力,如已过诉讼时效的债权无请求力。

2.债权的执行力

债权的执行力是指当债务人不履行债务时,债权人有权请求法院对债务人强制执行的效力。若法律仅赋予债权人请求的效力,则在债务人仍不履行债务时,债权人只能束手无策,显然无法对债权实现提供有力保障。为此,法律还须赋予债权以执行效力,从而为债权的实现提供更为可靠的法律保障。

债权执行力是诉讼执行力的基础,但是我们不能将债权执行力与强制执行程序相混淆,因为债权的执行力是债权人依靠司法救济实现给付利益的效力,而强制执行程序是司法救济的程序和方法。

3.债权的保持力

债权的保持力,又可称为受领保持力,是指债权人有受领保持债务履行利益的效力。债权人依债权而受领债务人的履行,属于具有法律上的原因,债务人不能主张以不当得利予以返还,债权人有权永久保持因债务人履行而取得的利益。所有债权均具有保持力,即使是已过诉讼时效的债权,虽然它无请求力和执行力,但一旦债务人履行后,该债权即具有保持力,债务人又以超过诉讼时效力为由请求返还的,人民法院将不予支持。

在债权的三效力中,请求力是债权的主要效力,也是债权本质的体现;执行力是债权的请求力的必要补充,因为只有在债权的请求力不足以保障债权时,才有必要运用执行力;保持力体现了债的终极目标,因为债权人取得对方的给付后,最重要的是能合法地保持既得的利益,保持力能给予债权人这样的保障,这正是债权人追求的效果。

### (二)债务的效力

债务的效力是指债务满足债权的效果。债务是债务人的法定义务,所谓义务,债务人必须履行,无选择权,否则债务人将承担违反义务的法律责任。民法是权利之法,是以权利为中心的,因而民法对债务效力的规定主要是围绕着满足债权这一

目标而设计的。为此，债务的效力主要表现在以下几点：

1.债务人应根据合同的约定或法律的规定履行全部债务，此外，依据诚实信用原则，债务人还负有相应的附随义务，如注意义务、照顾义务、告知义务等。

2.债务人虽然履行了债务，但其履行存在瑕疵并给债权人造成损害的，应承担损害赔偿的责任，即加害给付的责任。

3.债务人能够履行而不履行时，债权人可以请求债务人实际履行，并可同时要求其承担损害赔偿等责任。

4.债的关系成立后，债务人的所有财产成为债的一般担保，债务人在其全部财产的范围内，对债务的履行负清偿责任。

## 二、债的效力的分类

### （一）债的对内效力和对外效力

按照债的效力是否会涉及第三人，可以将债的效力分为对内效力和对外效力。对内效力是指发生在债权人和债务人之间的效力，它表现为债权人有权请求债务人按照合同约定或法律规定履行债务，实现债权人的利益；债务人应当依照债权人的请求全面合理地履行其义务，以消灭债务；当债务人瑕疵履行、不履行、迟延履行或债权人受领迟延、拒绝受领时，当事人均应承担一定的违约责任。债权的对内效力是债的相对性的体现，是债的效力的主要方面。

债的对外效力是指发生在债权人和第三人之间的效力。债具有相对性，原则上只在特定的当事人之间发生法律效力，而不对当事人之外的其他人产生法律效力。但为了保证债权的顺利实现，现代许多国家的债法逐渐赋予债的对外效力，如债的代位权、撤销权等。

### （二）债的一般效力和特殊效力

按照债的效力是否在所有债的关系中都发生作用，将债的效力分为一般效力和特殊效力。债的一般效力又称为普通效力，是指所有类型的债都具有的共同效力。它最主要表现为“给付之强制执行与其利益之损害赔偿”。[①] 此外，它还包括债的关系成立后，债务人的财产即成为债的一般担保，债权人迟延受领可适当减轻债务人的责任，债权人或债务人有义务采取措施避免损害的进一步扩大等。

债的特殊效力是指某一具体的债所具有的特别的效力。它主要包括定金的没收或双倍返还、约定违约金的支付、同时履行抗辩权、先履行抗辩权和不安抗辩权等。

---

① 史尚宽：《债法总论》，中国政法大学出版社 2000 年版，第 328 页。

（三）债的积极效力和消极效力

根据债的效力内容的不同，可将债的效力分为积极效力和消极效力。积极效力是指债权人为实现其利益可以实施一定的行为的效力，如双方当事人没有明确约定履行时间时，债权人可以要求债务人在合理的时间内履行义务。消极效力是指债务人根据债的关系必须为或不为一定的行为，它表现为对债务人的约束力。例如，债务人应当以积极的履行行为以满足债权人利益所需，债务人不得为加害给付从而损害债权人的利益。

## 第二节 债务的不履行

债务不履行是指债务人未依债的内容全面履行其义务致使债权不能圆满实现的状态。在债务不履行时，债务人应承担对其不利的法律后果。近代绝大多数大陆法系国家，不论在债法上，还是泛泛地在民法中，均以过错主义为原则。[①] 也就是说，债务人承担债务不履行的责任时，应以债务人存在过错为构成要件。但随着社会的演进，现代债法对此有了松动。在现代债法中，合同之债、不当得利之债或无因管理之债，一般适用严格责任原则，而在侵权之债中，适用过错责任为主，无过错责任为补充的原则。债务不履行的具体形态主要包括履行不能、履行迟延、不完全履行和拒绝履行。

### 一、履行不能

（一）履行不能的概念

履行不能，又可称为给付不能，是指债务人由于某种原因，事实上已不可能履行债务，债权的目的无法实现。履行不能的原因很多，有时是因为标的物已灭失，如作为买卖标的物的房屋已经严重毁损；有时标的物虽然存在，但因为法律上的原因而不能交付，如标的物被依法规定为限制流通物；有时是因为债务人自身的原因不能提供原定的劳务，如在演出合同中，债务人因声带撕裂无法参加演出等。履行是否可能的判断依据，应是一般社会观念，而非仅依债务人的观念加以断定。依社会一般观念认为债务事实上已无法强制执行的，则属于履行不能。即使尚有履行的可能性，如果履行需要付出高额的极不适当的代价，或将会使行为人的生命安全受到严重威胁，或将违背伦理道德或其他更重大的义务，则依诚实信用原则，也应认定为履行不能。

① [德]迪特尔·梅迪库斯：《德国债法总论》，法律出版社2004年版，第235页。

## (二)履行不能的分类

1.事实不能与法律不能。事实不能是指由于不可抗力等自然因素而使债务履行不能,例如台风破坏了农作物,使得粮食买卖合同无法履行。法律不能是指因法律规定而使履行不能,例如因法律修改将买卖合同标的物规定为限制流通物,则该合同履行不能。

2.全部不能与部分不能。全部不能是指全部债务内容不能履行,部分不能是指仅部分债务内容不能履行,其余部分仍可履行。

3.主观不能与客观不能。主观不能是指由于可归责于债务人的原因而引发的履行不能。客观不能是指由于自然原因或债务的性质等不可归责于债务人的原因而导致的履行不能。

4.永久不能与一时不能。永久不能是指在债务的履行期限内及其宽限期内均未得以履行的履行不能。一时不能是指在履行期限内因暂时的障碍而导致的履行不能,障碍一旦消除则仍可继续履行。

5.自始不能与嗣后不能。自始不能是指债务成立之时履行已为不可能,例如甲和乙订立房屋租赁合同,但甲不知其房屋在订立合同之前已经损于一场大火。嗣后不能是指债务成立之后才发生的履行不能,例如双方签订了各地巡回演出的合同,在几场演出之后,该演出者因车祸死亡。

## (三)履行不能的法律后果

传统债法认为,自始履行不能与客观履行不能将导致法律行为无效的法律后果,现代债法已放弃了这一观点,自始履行不能与客观履行不能不再是债权债务关系无效的原因。在现代民法中,根据不能的原因的不同,履行不能的法律后果可分为因可归责于债务人的事由导致的履行不能、不可归责于债务人的事由导致的履行不能以及因第三人的原因导致的履行不能三种情况。

1.因可归责于债务人的事由导致的履行不能

(1)债务人免除履行原有的债务。如果为全部不能,则债务人可全部免除义务;如果为部分不能,则债务人免除不能部分的债务。对于可履行的部分,债务人应当履行,债权人亦可强制履行。如果为永久不能,则债务人不再负履行义务;如果为一时不能,则除非以后的履行对债权人已无任何益处,否则债务人仍不能免除履行义务。

(2)在合同之债中,债权人可因债务人的履行不能而解除合同,并要求对方承担违约责任。

(3)债务人应负因履行不能而产生的法律责任。在部分履行不能时,债权人有权就履行不能部分请求支付违约金、损害赔偿金;对其他部分,债权人仍有权要求实际履行。但若因部分履行不能使得其他部分的履行对债权人已毫无意义时,债权人有权拒绝接受该部分的履行，从而要求全部不履行的违约金、损害赔偿金。在全部不能、永久不能时，债权人有权要求解除合同，并要求债务人承担损害赔偿责任。

2.因不可归责于债务人的事由导致的履行不能

(1)免除债务人履行原债务的义务，且债务人不必承担违反债务的法律责任。这时债务人可永久性地免除债务，即使以后情况发生改变，债务能够被履行，债务人也没有义务再履行这一债务。在一时履行不能时，债务人在履行障碍消灭前不负履行迟延的责任，在履行障碍消除后仍应继续履行其债务；在部分履行不能时，债务人免除履行义务的范围仅限于不能的范围内。

(2)在双务合同中，债权人免除对待给付的义务；对待给付已经完成的，可依不当得利的规定请求返还。但如果履行不能因可归责于债权人的原因，债权人的对待给付义务不能免除。

(3)债务人应及时向债权人告知履行不能或者需要延期履行或部分履行的理由，并提供相关的证明。债务人未及时通知，致使债权人受到损失或者使其损失扩大的，债务人应就此部分负赔偿责任。

3.因第三人的原因导致的履行不能

如果债务人履行不能是因第三人的原因引起的，则产生债权人的代偿请求权。代偿请求权是指债务人基于与发生履行不能的同一原因取得给付标的的代偿利益时，债权人有权请求债务人偿还其代偿利益的权利。例如第三人利用债务人的疏忽、未尽合理的注意，非法损坏了标的物。因此，一方面，债务人对第三人享有损害赔偿请求权；另一方面，债务人应对债权人承担履行不能的责任。这时，债权人可要求债务人承担违反债务的责任，也可请求债务人让与他对于第三人的损害赔偿请求权或者已经取得的损害赔偿金。

代偿请求权的成立，必须具备以下几个要件：

第一，债务人发生履行不能，因为在可能履行的情况下，债权人可以请求继续履行，不可能发生代偿请求权。

第二，债务人因履行不能的事由的发生而获得利益。也就是说，债务人所得的利益与其履行不能的原因之间有因果关系。比如债权人与债务人约定以汽车作为债履行的标的物，债务人对汽车投了保险，在履行前汽车被他人恶意毁坏，债务人因此取得的保险金或保险金的请求权，均可作为代偿请求权的客体。而如果他人得知汽车被毁坏的事情，出于友情赠与他一些金钱，则此种赠与同发生履行不能的事由无直接的因果关系，债权人不能就此行使代偿请求权。

第三，债务人获得的利益具有可转让性。具有人身性质的赡养费请求权、扶养金请求权、人身损害赔偿请求权等，具有人身专属性，不具有可转让性，不能作为代偿请求权的客体。

第四，作为代偿请求权的标的，其利益应以原债权额为限，债权人的主张超过

原债权额的，超过部分债务人有权拒绝。

在双务合同中，因第三人的原因致使履行不能时，债权人不行使代偿请求权的，可以免除他对债务人的对待给付义务；债权人已经作出给付的，可以行使不当得利返还请求权。如果债权人行使代偿请求权，则应负有对待给付义务，但若行使代偿请求权不能实现其全部原债权，则债权人可就其所受领部分的价值，按比例减少对待给付。

## 二、履行迟延

### （一）履行迟延的概念

履行迟延，又可称为债务人迟延、逾期履行，是指债务已届履行期限，债务人能够履行而未履行的现象。履行迟延是实践中较常见的债务违反的形态。履行迟延的判断标准是债的履行期限届至时债务人是否履行债务，它与债务的履行时间具有十分密切的联系。

### （二）履行迟延的构成要件

1.存在合法有效的债务

这是履行迟延的前提条件。如果债务是非法的，则不具有可履行性，不可能构成履行迟延。如果是超过诉讼时效的债务，即自然债务，由于它已失去国家强制力的保障，亦不会发生履行迟延的问题。履行迟延的对象一般是财产性债务，因为履行迟延是一种财产性责任，所以非财产性债务不发生履行迟延的问题。如因侵权行为所发生的债，就其财产损害赔偿可能发生履行迟延，而对于赔礼道歉、恢复名誉等，即使债务人不按期履行，也不会发生履行迟延，而只能依其他方式处理。需要指出的是，附停止条件的债务，在条件成就前，债务并不发生，不会发生履行迟延。

2.债务有履行的可能

如果债务已经不能履行，履行迟延的问题当然无从谈起。在判断债务能否履行时，涉及的一个重要的问题，即以何时作为标准来判断履行是否具有可能性。理论上主要存在两种不同的看法：一种观点主张应以清偿期为标准，在清偿期届至时为可能即可；另一种观点则主张不仅在清偿期届至时可能，而且清偿期届至后仍为可能的，才为履行可能。本书认为前一种观点较为合理，只要清偿期届至时履行是可能的，即可认为债务有履行的可能，而后一种观点过于苛刻，不利于债权人实现债权目的。

3.债务已届履行期

债务人迟延履行则表明债务人违反了债务履行的时间约定，所以债务已届履行期是认定债务履行迟延的关键要件。债务定有履行期限的,债务人在特定的履行期限届满时不履行债务的,构成履行迟延。定有的履行期限,可以分为某一准确日期的履行时间和规定某一时间段内履行的履行期间。履行期限为准确日期的,该日期为债的履行期;履行期限为一段时间的,以该期限的最后一日为履行期届至日。如果是分期履行的债务,应以每一期债务是否按期履行来判断是否履行迟延。

债务未定有履行期限,且又不能从法律的规定、交易习惯、债务的性质或其他事项中确定履行期限的,债务人可随时向债权人履行义务,债权人也可以随时要求债务人履行,但应当给对方必要的准备时间。换言之,未定有履行期限的债务,债权人催告债务人在合理期间内履行债务,债务人仍不履行的,构成履行迟延。

4.债务人无正当理由未履行其债务

如果债务人有正当理由而未履行债务,如债务人有同时履行抗辩权、不安抗辩权、先履行抗辩权等,其不履行债务具有正当性,不构成迟延履行。当债务人的履行需要债权人的协助时,因债权人不积极履行协助义务而导致债务人未能在履行期限内履行义务的,不构成迟延履行。

5.迟延履行可归责于债务人

如果债务人不能在履行期限内履行债务是因为不可抗力等无法归责于债务人的原因造成的,则可以免除债务人迟延履行的责任。另外,依诚实信用原则,债务人突然患有严重疾病或其他突发事件客观上无法按时履行的,也可作为免责事由,但要由法官根据具体情况判定。在发生这种情形时,债务人应当及时通知债权人,怠于通知的,不能免除履行迟延的责任。①

### (三)履行迟延的法律后果

履行迟延的法律后果根据履行迟延的类型的不同,可以分为全部履行迟延的法律后果和部分履行迟延的法律后果两种情况。

1.全部履行迟延的法律后果

(1)请求实际履行

债权人要求债务人继续履行的,在可能的范围内,债务人应当继续履行。继续履行的同时,如果债权人受到其他损害,债务人还应对此承担赔偿责任。但依债务的性质、法律规定等不能强制履行的,债权人无权要求债务人实际履行。

(2)请求损害赔偿

在债务人迟延履行时,债权人有权要求债务人支付违约金及其他损害赔偿金。而且,根据我国《民事诉讼法》第253条的规定,债务人未按已生效的判决、裁定和其他法律文书指定的期间履行义务的,若是金钱给付义务,债务人应当加倍支付迟延履行期间的债务利息,履行其他义务的,也应支付迟延履行金。

---

① 张广兴:《债法》,社会科学文献出版社2009年版,第61页。

(3)拒绝受领

如果债的履行期限对于当事人而言十分重要,债务人迟延履行后,继续履行对债权人已没有实益,债权人可以拒绝受领而请求债务人承担赔偿责任。

(4)解除合同

在合同之债中,债务人迟延履行时,一般要经过催告程序,即经债权人催告,债务人在合理期限内仍未履行债务的,债权人有权解除合同。

(5)履行迟延时的加重责任

履行迟延时的加重责任主要发生在不可抗力、法律有特别规定的情形下。债务人履行迟延,由于不可抗力造成的标的物意外灭失的,应由债务人负担这一风险责任,除非债务人能够证明即使没有发生履行迟延损害仍会发生,这时应依风险负担的原则确定债务人是否应承担责任。例如,货物运输合同中,承运人迟延运输,在途中遇到山洪导致货物全部毁损,承运人对此应承担责任,但如果承运人能证明即使不迟延亦会在运输中遭遇山洪,则依风险负担原则来确定责任的归属。

法律有特别规定的情形,如合同执行政府定价或者政府指导价的,在合同约定的交付期限内政府价格调整时,按照交付时的价格计价。逾期交付标的物的,遇价格上涨时,按照原价格执行;价格下降时,按新价格执行。逾期提取标的物或者逾期付款的,遇价格上涨时,按新价格执行,遇价格下降时,按原价格执行。

2.部分履行迟延的法律后果

债务人部分履行迟延时,债权人可请求实际履行迟延的部分,并可请求因部分迟延所引致的损害赔偿。如果债务人部分履行迟延,导致该履行对于债权人已无实益,债权人有权拒绝受领,并要求债务人赔偿损失。如果因部分履行迟延使得整个债务的履行对于债权人而言已无实际利益,则债权人可拒绝部分履行,返还已受领的部分给付,并就全部不履行请求损害赔偿。履行有无实际利益,应根据具体情形,以诚实信用原则判断之。

## 三、不完全履行

### (一)不完全履行的概念

不完全履行,又可称为不完全给付、不良给付,是指债务人虽然履行债务,但其履行不完全符合债务的本旨或造成债权人损害的情形。债务人不完全履行所违反的债的关系上的义务,可以是主给付义务,也可以是从给付义务,还可以是附随义务,但违反附随义务的,债权人不得以此为由单独诉请执行。

不完全履行不同于履行迟延、履行不能。在不完全履行中,债务人有履行行为,但履行债务不符合债的目的;而在迟延履行中,债务履行期限届至时,债务人仍未履行债务。在不完全履行中,债务可履行且债务人已经履行了债务,只是不符合债的要求,而在履行不能中,债务人不可能履行债务。

(二)不完全履行的类型

按照不完全履行所造成的损害的不同,可以把不完全履行分为瑕疵给付和加害给付两大类。

1.瑕疵给付

瑕疵给付是指履行不符合规定或约定的条件,从而导致该履行的价值或效用减少或丧失。瑕疵给付所侵害的是债权人对完全给付所具有的利益,即履行利益。瑕疵给付在日常生活中较为常见,它包括给付的标的物的质量存在瑕疵、数量不符、给付方式不当、地点不当等,例如技术开发合同中研发方所提交的工作成果不合格;建筑物的承包方偷工减料使房屋存在较多质量问题,其价值减少;水果买卖合同中,水果数量不足等。另外,债务人不履行附随义务时,也可能构成瑕疵给付,如出卖人出售其科技产品时,疏于告知买受人在使用时应特别注意的若干事项,买受人依通常的方法使用,该产品发生严重故障并造成其他损害,此时对附随义务的违反构成不完全履行,出卖人因此应承担相应的责任。

2.加害给付

加害给付是指因债务人的履行行为有瑕疵,使债权人的其他利益受到损害。例如,债务人交付的热水器质量不符合标准,致使使用人在使用过程中遭受人身损害;债务人交付的饲料有毒性物质,导致债权人的其他家畜食用后大量死亡等。在加害给付中,债权人受到的损害,可能是财产方面的损害,也可能是人身权益方面的损害。

当加害给付使债权人其他利益受到损害时,债权人究竟以何种依据要求债务人承担赔偿责任,学者观点不一,主要观点有三种:一种观点认为,对于债权人因债务人瑕疵履行而受到原债务范围以外的损害,债务人有故意或过失的,才对此承担赔偿责任,因而债权人只能根据侵权行为的规定,请求损害赔偿。一种观点认为,如果瑕疵履行行为同时具备侵权行为构成要件,则债权人不仅可依债务违反请求损害赔偿,而且也可依侵权之债请求损害赔偿,债权人有权选择一种对自己更为有利的请求权获得赔偿。例如,以患有传染病的鸡交付于买受人,致使买受人原有的鸡也患疾病而死亡,应同时构成瑕疵履行与侵权责任。[①] 还有一种观点认为,瑕疵履行的损害赔偿,是将债权人的侵权行为责任转换为债务违反的责任,此时,债务人履行其债务时应尽到交易上的合理注意义务,以避免给债权人造成损害,如果债务人的履行存在瑕疵,应认为是基于履行上的过失而负有赔偿责任。我国多数学者认为在加害给付的情况下,应当允许受害人在侵权之诉或是违约之诉中作出选择。

---

① 王泽鉴:《民法学说与判例研究(第三册)》,中国政法大学出版社 2003 年版,第 96～97 页。

### (三)不完全履行的构成要件

1.债务人实施了履行行为

债务人有履行债务的行为是不完全履行的前提条件,如果没有履行行为,则可能构成履行不能或拒绝履行,而非构成不完全履行。不完全履行可能与其他违反债务的行为共存,例如债务人迟延履行而且履行还存在瑕疵。需要特别指出的是,这里所指的履行行为应是以履行债务为目的的行为;与履行债务无关的行为损害债权目的或造成债权人其他损害的,不属于不完全履行,而是一般的侵权行为。

2.债务人的履行不完全符合债的内容

债务人履行债务应力求使债权人的期待利益得以实现,同时债务人应保证其履行行为不会给债权人造成损害。这是法律对债务人履行行为最为基本的要求。而在不完全履行的情形下,债务人违反了这一要求,没有按照债务的本旨履行义务。债务人的履行不完全合乎债的内容,其表现形式是多种多样的,例如履行数量不足,标的物有隐蔽的缺陷,标的物的规格、型号、品牌、质地不符合约定,履行方式的不适当,包装不符合要求,违反附随义务,加害给付等。

3.不完全履行可归责于债务人

根据瑕疵履行和加害给付的不同,判断是否可归责于债务人的标准亦不同。在瑕疵履行中,无论债务人主观上是否存在故意或者过失,只要其履行行为存在瑕疵,债务人即应承担责任;在加害给付中,是因为债务人的履行行为造成债权人的其他利益的损失,所以只有在债务人未尽到合理的注意义务造成债权人的损害时,债务人才应承担责任。但对于债务人是否尽到注意义务,采用举证责任倒置,即债权人不承担举证责任,债务人证明自己已经尽了合理的注意义务的,才可免于承担责任。

4.债务人无免责事由

如果债务人履行不符合债务本旨,是由于不可抗力导致的,则债务人并不承担不完全履行的责任。此外,如果当事人对不完全履行约定了有效的免责条款,则债务人亦可以不承担不完全履行的责任。

### (四)不完全履行的法律后果

1.瑕疵履行的法律后果

债务人瑕疵履行的表现形式是多样的,其中有些瑕疵是无法补正的,如作为标的物的特定物宝石存在裂缝,对于债权人而言补正没有意义;有些瑕疵则可以通过债务人的补正行为转化为适当履行,例如,当标的物为种类物时,就可以通过更换的方法加以补正。由于存在的瑕疵能否补正的不同,导致瑕疵履行的法律后果也有所不同。

(1)瑕疵履行的补正

当债务人的瑕疵履行可以补正时,其法律后果为:

第一,债权人有权拒绝接受有瑕疵的履行,并要求债务人及时补正。因补正超过履行期限的,债权人不负受领迟延的责任。债务人能补正而不补正的,债权人可请求人民法院强制债务人予以补正,但依债务的性质或法律的规定不得强制执行的除外。

第二,因补正标的物导致债务人迟延履行的,债务人应承担迟延履行的责任,而且因此而给债权人造成损失的,债务人应承担赔偿责任。例如债务人没有在指定的履行地点即债权人所租用的仓库交付标的物,债权人要求其补正,债务人将标的物从非指定地点运输到指定的仓库,交付时已超过履行期限,则债务人不仅应对迟延履行承担责任,而且还应赔偿债权人因此而多给付的仓储费。

第三,当债务人交付的标的物的质量或数量,或提供的服务不符合约定时,债权人有权依据情况要求债务人减少价款或者报酬。也就是说,债权人不要求债务人补正,而是对待给付的相应减少。

第四,履行的瑕疵虽然可以补正,但补正对债权人已无实际利益的,债权人有权解除合同,并请求损害赔偿。例如,双方买卖一特定物——齐白石的画,在出售前该画被撕了一个小缺口,虽然可以修补这一缺口,但修补后的画对于债权人而言已不具有应有的价值,此时债权人有权解除合同,并要求赔偿因此遭受的损失。

(2)瑕疵履行的损害赔偿

当债务人履行上的瑕疵不能补正时,债权人有权拒绝受领标的物,解除合同,并要求损害赔偿。当然,债权人也可以同意受领该瑕疵履行,同时要求债务人按比例降低价款或者报酬。

2.加害给付的法律后果

在加害给付的情形下,无论债务人是给债权人或是与债权人有一定关系的第三人造成损害,该损害无论是财产上的损害或是人身上的损害,债务人均应承担相应的赔偿责任。我国《民法典》第 186 条明确规定:“因当事人一方的违约行为,损害对方人身权益、财产权益的,受损害方有权选择请求其承担违约责任或者侵权责任。”例如,医生未告知病人药物的副作用,导致病人因药物的副作用而旧病复发致死,在这种情形下,病人的家属有权要求医院承担违约责任或承担侵权损害赔偿责任。

## 四、拒绝履行

### (一)拒绝履行的概念

拒绝履行是指债务人能够履行债务而故意不履行债务。拒绝履行是严重违背

信用的一种侵害债权的行为，在债务不履行的形态中属于比较严重的一种。债务人拒绝履行债务可能发生在债务履行期限到来之前，也可能发生在债务履行期限到来之时；其表达方式可以是明示的，如债务人向债权人明确表示其将不履行债务，也可以是默示的，即以行为表明他将不履行债务，如债务人已将资产大量转移，不具备履行能力。

传统的债法理论认为，债务人享有期限利益，所以履行期限到来之前，债务人并不负有履行的义务，因而不会发生债务人不履行债务的责任。而债务履行期限到来时，有些学者主张债务人拒绝履行与履行迟延无异，债权人可依履行迟延要求债务人承担责任。有些学者则认为，若为一时的拒绝履行，可准用迟延履行的规定，若为永久的拒绝履行，可准用履行不能的规定。但现代债法则发生了重大的改变，一般认为拒绝履行是一种独立的违反履行义务的形态，它有别于迟延履行，因为在迟延履行中，债务人并无拒不履行债务的恶意，而在拒绝履行中，债务人根本不愿意履行。

### （二）拒绝履行的构成要件

1.存在合法有效的债务

这是拒绝履行的前提条件。如果某一债务关系是非法无效的，那么法律就不会保护这样的债权债务关系，债务人也无义务履行，也就无所谓拒绝履行的问题。

2.债务履行具有可能性

如果债务的履行已陷于不能，则为履行不能，只有在履行债务为可能的情况下，债务人拒不履行债务的，才构成拒绝履行。

3.债务人有拒绝履行债务的表示

债务人的拒绝履行的表示，可以以口头声明的方式、书面通知债权人的方式，或者是以某种行为的方式为之。无论采用何种方式，债务人向债权人所表达的不履行债务的意思都是明确、肯定的，债权人应知晓债务人拒不履行债务的意思。

4.债务人拒绝履行债务无正当理由

债务人没有正当理由不履行债务的，才能构成拒绝履行。如果债务人不履行债务是因为行使同时履行抗辩权、不安抗辩权、先履行抗辩权，或是因为债务履行期限未到，或是因为所附条件未成就，或是诉讼时效届满，则在这些情形下，债务人拒绝履行具有合理性、合法性，不构成拒绝履行。没有正当理由而不履行债务亦表明债务人主观上存在恶意。

### （三）拒绝履行的法律后果

1.债权人有权要求债务人继续履行债务。债务履行的目的是实现债权，在某些情形下，债权人追求的是债务履行后的状态，而非金钱的赔偿，况且有些债务的不履行是不宜以金钱赔偿来弥补的,所以法院在一定情形下会依债权人的请求强制债务人继续履行其债务。

2.债务人承担损害赔偿责任。债务人拒绝履行给债权人造成损失的,包括直接损失和间接损失,债务人应负赔偿责任。

3.债权人有权解除债权债务关系。债务人在履行期限届满前明确表明不履行债务的,则使债权的本旨无法实现,债权人可以解除债权债务关系。债务人在履行期限届满时不履行债务的,经债权人催告,债务人在一段合理的期间内仍不履行的,债权人有权解除债权债务关系。

4.在双务合同中,债务人表示拒绝履行后,不得再主张行使同时履行抗辩权,如果债权人有先履行义务,则债权人有权行使不安抗辩权拒绝自己的履行。

## 第三节　债权的受领

债务人履行债务,有时无须债权人的协助配合即可完成,如不作为的债务,只要债务人不实施积极的行为违反不作为的义务,即可视为完成了债务的履行。但在更多的情形下,债务人完成其履行行为需要债权人的积极配合或提供便利,如债务人提交标的物时,债权人予以验收、受领。这时,如果债务人得不到债权人的协助,就无法顺利地完成履行债务的行为。若此时一味追究债务人的迟延履行责任,则会造成不公平,所以有必要要求债权人负有受领和协助义务,债权人未为之,则构成受领迟延,从而为债务人合理的迟延履行提供救济。

### 一、债权人的受领义务

受领是指债权人接受债务人履行债务的行为。在债的关系中,债权人的权利的实现有赖于债务人债务的履行,当债务人履行债务时,债权人及时受领并保有履行利益,这样才能真正实现债权的目的,债权人才能切实地享有权利。受领是债权人永久保持债务人履行所带来的利益的必要前提,从某种程度上来说,债务人履行债务和债权人受领债务,对于实现债的目的具有同等重要的意义。

受领可表现为积极受领和消极受领。积极受领是指债权人及其代理人以积极的行为接受债务人的履行,如接受债务人给付的房屋、提供的服务或支付的金钱等;消极受领是指债权人仅有接受债务履行并保有其利益的意思,而无表示行为,如默认对不作为的债务的履行。

债权人在接受债务人履行的过程中,同时融合了自身的协助行为。因为根据诚实信用原则,对于进入债这一紧缩关系中的债权人与债务人而言,他们相互之间应负有相互配合、协作义务,因此无论是在债务人履行债务的过程中还是完成履行之时,债务人都需要债权人的协助,换言之,债权人对债务人负有协助的义务。债

权人的协助义务属附随义务，不得单独诉请执行。债权人的协助义务大致有以下几个方面。

1.债权人应为债务的履行提供合适的原材料，例如在来料加工合同中，债权人应向债务人提供符合合同要求的原材料。

2.债权人应提供适当的场地和设施以保证债务得以履行，例如雇佣合同中，雇主应为雇员工作提供安全的工作环境。

3.债权人应对债务人履行行为的开展作出明确的指示，例如加工承揽合同的定作人应向承揽人提交图纸及有关的技术资料。

4.在选择之债中，债权人享有选择权时，债权人应在合理期间内作出选择，否则债务人将无法履行债务。

5.债务人给付债务时，债权人应提供适当的方便以受领该给付，例如大型电器债务人负责送货上门安装的，债权人应给予便利。

6.债权人应与债务人共同办理法定的登记手续，例如买卖合同的标的物为法律规定应办理登记手续的车辆、房屋等，出卖方应及时与买受方一起办理过户登记手续，完成标的物所有权的转移。

7.在债务的履行过程中，债权人应负有某些不作为的义务，例如在接受理发服务的过程中，顾客应静坐，容忍一定时间内的人身不自由。

## 二、受领迟延

### （一）受领迟延的构成要件

受领迟延是指债权人对于债务人已经提供的给付，未为受领的事实。认定债权人受领迟延，应同时具备以下构成条件。

1.债务人的履行需要债权人的协助。无须债权人协助的债务履行，例如在不作为之债中，债务人可自行完成债务履行，债权人只要默认即可，不需有积极的协助行为，在这种情形下，也就谈不上受领迟延。

2.债务已届履行期。若有确定的履行期限，在履行期限届满前，债务人原则上不能提前履行，若提前履行的，债权人可以拒绝其履行，不构成受领迟延，但该履行不会损害债权人利益的除外。若无确定的履行期限，债务人虽然可以随时履行，但必须给对方必要的准备时间，否则，债权人有权拒绝受领，而不构成受领迟延。

3.债务人可以履行并提出履行。如果债务履行不能，债权受领也就不会发生了，亦就无所谓受领迟延。提出履行是指债务人已做好履行的准备并向债权人请求受领协助。

4.债权人不为或者债权不能受领。债权人不为受领，包括债权人拒绝受领和需要债权人协助而债权人不为协助两种情形。拒绝受领的方式可以是口头的，也可以是书面的，但均得让债务人知晓。债权不能受领指因为债权人自身的原因或其他原因导致客观上无法受领，债权人自身的原因例如债权人患病、外出不在履行地等，其他原因如意外事件发生、第三人行为的介入等。

### （二）受领迟延的法律后果

1.债务人的注意义务减轻

在债权人没有迟延受领的情况下，债务人应严格按债的内容履行债务，即使有轻微过失，原则上也应承担责任。而在债权人迟延受领时，一般不能免除债务人的履行义务，但可减轻债务人的注意义务，此时债务人仅就其故意或过失造成的损害承担责任。

2.债务人可自行消灭债务

债权人迟延受领后，债的标的物为动产的，债务人可以以提存的方式消灭债务。标的物不适于提存的或者提存费用过高的，债务人依法可以拍卖或者变卖标的物，提存所得价款。标的物为不动产的，债务人可以占有抛弃的方式消灭债务。但不动产的抛弃，应预先通知债权人。[①]

3.停止支付利息

债权人迟延受领后，由金钱债务所产生的利息债务，自迟延受领时起债务人无须再向债权人支付。

4.缩小孳息返还范围

依照债的内容，债务人有收取由标的物所生的孳息并将其返还给债权人的义务。但在债权人迟延受领后，债务人仅须返还已经收取的孳息，对标的物以后所生的孳息不负收取的义务；对已经收取的孳息，债权人仅在其存在故意或者过失时才对孳息的减少或者灭失负责。

5.赔偿责任

债务人有权请求债权人赔偿因债权人受领迟延而使他支出的标的物的保管费用和其他增加的必要费用，并赔偿债务人因此受到的其他合理损失。

6.债务人解除合同

债权人受领迟延发生在合同关系中时，债务人可以根据法律规定解除合同，例如我国《民法典》第 778 条规定："承揽工作需要定作人协助的，定作人有协助的义务。定作人不履行协助义务致使承揽工作不能完成的，承揽人可以催告定作人在合理期限内履行义务，并可以顺延履行期限；定作人逾期不履行的，承揽人可以解除合同。"

---

① 史尚宽：《债法总论》，中国政法大学出版社 2000 年版，第 440 页。

## 真题链接

1.甲公司与乙公司签订商品房包销合同，约定甲公司将其开发的10套房屋交由乙公司包销。甲公司将其中1套房屋卖给丙，丙向甲公司支付了首付款20万元。后因国家出台房地产调控政策，丙不具备购房资格，甲公司与丙之间的房屋买卖合同不能继续履行。下列哪些表述是正确的？（2012年）

A.甲公司将房屋出卖给丙的行为属于无权处分

B.乙公司有权请求甲公司承担违约责任

C.丙有权请求解除合同

D.甲公司只需将20万元本金返还给丙

2.甲乙约定卖方甲负责将所卖货物运送至买方乙指定的仓库。甲如约交货，乙验收收货，但甲未将产品合格证和原产地证明文件交给乙。乙已经支付80%的货款。交货当晚，因山洪暴发，乙仓库内的货物全部毁损。下列哪些表述是正确的？（2013年）

A.乙应当支付剩余20%的货款

B.甲未交付产品合格证与原产地证明，构成违约，但货物损失由乙承担

C.乙有权要求解除合同，并要求甲返还已支付的80%货款

D.甲有权要求乙支付剩余的20%货款，但应补交已经毁损的货物

3.下列债的履行中，属于适当履行的有？（2014年）

A.甲、乙、丙三人各出资3万元合伙办了一个玩具厂，不想经营失策，亏损12万元，债权人张某要求甲承担全部还款责任，甲只承担了属于自己份额的4万元

B.王某（画家）和某书店签订协议，王某将为该书店作画5幅，不料，王某生病了，遂委托其弟子代为作了5幅画

C.甲企业应付乙公司货款30万元，由于乙公司已经进入破产程序，遂把30万元的货款交给了清算组

D.某公司为办理变更登记聘请刘某代为办理，双方约定：在适当的情况下，可以由第三人代刘某办理此事。由于刘某出了车祸，遂委托张某（17岁的大学生）代为办理

# 第二编

# 合同之债

LAW

# 第一分编 合同总则

# 第四章 合同概述

【引 例】

原告朱某在2000年8月某日晚乘坐被告付某公司的出租车，打算前往北京朝阳区双井，但未讲明具体地点。在行车时，原告癫痫病突然发作，被告恐之，遂将原告弃于马圈而非双井，原告诉请法院要求被告赔偿其精神损失。

## 第一节 合同的概念和特征

### 一、合同的概念

合同以英文表达为"contract"，以法文表达为"congtrat"，以德文表达为"vertrag"。合同一词在拉丁文中的符号表现为"contractus"，该词是动词"contrahere"的过去分词，"con"从"com"而来，是表示"共同"的前缀；"trahere"表示拉紧。显然，contrahere的基本含义是"共同拉紧"，后演变为"限制""约束""缔结""订立"等意思。因此，作为"contrahere"的过去分词，"contractus"有两种含义：一是作为形容词的意思："有限的""狭小的""贫乏的""压紧的""经济的"等，二是作为名词的意思："收缩""拉紧""合同""契约"等。[①]

合同有时亦可称为契约。在民法学说史上，曾经将二者区别开来。合同是指当事人的目的相同，意思表示的方向也一致的共同行为，例如设立社团法人的行为；契约是当事人双方的目的对立，意思表示的方向相反的民事行为。20世纪上半叶，我国民法学说继受了这一观点，但新中国成立后"契约"一词逐渐被"合同"一词所替代且现在我们已经不对这二者作严格划分，合同即契约已成为通说。但在某些情形下，契约的表述仍不宜换为合同，如从身份到契约。

大陆法系和英美法系对合同的内涵存在着不同的看法。在大陆法系，传统观点一般认为合同是一种合意或协议。例如，在罗马法中，契约被定义为"得到法律

① 徐国栋：《民法基本原则解释》(增删本)，中国政法大学出版社2004年版，第45页。

承认的债的协议”[①]。《法国民法典》第1101条规定，契约为一种合意，依此合意，一人或数人对于其他一人或数人负担给付、作为或不作为的债务。而英美法学者大都认为合同是一种允诺，将合同归结为当事人承担债务的单方意思表示，与大陆法系合同定义存在着本质的区别，这是受英国的历史习惯和诉讼程序的影响而决定的。英美的一些学者已经注意到英美法合同定义存在着缺陷，因而力图将大陆法系合同概念移植到英美法系合同法中，把合同看作是产生债的双方当事人的合意。例如特内脱的《合同法》一书中的合同定义：“合同是产生由法律强制执行或者认可的债务之合意。”[②]

在合同定义上，我国民法理论基本上继受了大陆法系的概念，认为合同是一种合意或协议，即当事人意思表示一致。我国《民法典》第464条规定，合同是民事主体之间设立、变更、终止民事法律关系的协议。第2款则规定，婚姻、收养、监护等有关身份关系的协议，适用有关该身份关系的法律规定；没有规定的，可以根据其性质参照适用本编规定。

合同有广义和狭义之分。最广义的合同是指所有法律部门中确定权利、义务的协议，包括民法上的合同、行政法上的合同、劳动法上的合同等。次广义的合同是指凡以发生私法上效果为目的的合意行为，包括物权合同、准物权合同、债权合同、身份合同等。如周林彬先生认为，所谓合同不但包括所有以债之发生为直接目的的合同，也包括物权合同、身份合同（如婚姻合同）等等。[③] 王利明先生亦认为：“合同是平等主体的自然人、法人及其他组织之间设立、变更、终止民事权利义务的意思表示一致的协议，是反映交易的法律形式。”[④]狭义的合同是指以发生债权债务关系为目的的合意行为。主张狭义的学者如梁慧星先生，他认为应当把合同概念界定为旨在发生债权债务关系的民事法律行为。[⑤]

从法律条文规定来看，我国《民法通则》第85条规定：“合同是当事人之间设立、变更、终止民事关系的协议”，其文字表述本身暗示着我国合同概念应为广义。但是，《民法通则》把该条款放在债权一节中，并且在第84条明确规定合同为债发生的原因，究其立法原意，应认为合同为债权合同，采用狭义的合同概念。然而我国《合同法》的表述更具特色和模棱两可性，其第2条第1款规定：“本法所称合同是平等主体的自然人、法人、其他组织之间设立、变更、终止民事权利义务关系的协议。”第2款规定：“婚姻、收养、监护等有关身份关系的协议，适用其他法律的规定。”沿用了《民法通则》的文字表述，但其中的合同究竟是指广义的合同还是狭义

---

① [意]彼得罗·彭梵得著：《罗马法教科书》，黄风译，中国政法大学出版社2005年版，第232页。

② G.H.Treitel, *The Law of Contract*, 10th edition, London Sweet Maxwell 1999, p.7.

③ 周林彬：《比较合同法》，兰州大学出版社1989年版，第29页。

④ 王利明：《民法》，中国人民大学出版社2000年版，第327页。

⑤ 梁慧星：《论我国民法合同概念》，载《中国法学》1992年第1期。

的合同，应加以详细探讨。从合同法草案的背景来看，学者起草的合同法建议稿的第 2 条规定："合同是当事人之间设立、变更、终止债权债务关系的协议。"这采用的是狭义的合同概念。但颁布的《合同法》为何将"债权债务关系的协议"改为"民事权利义务关系的协议"？这是因为在起草过程中，有的委员、部门和专家提出，鉴于对债权债务关系一词容易产生不同理解，对《合同法》调整范围的表述还是用"民事权利义务关系"为好。[①] 仅从字面上考察这种改变，民事权利义务语义显然有别于债权债务关系，所以才存在替换的问题，民事权利义务范围大于债权债务关系，这表明《合同法》放弃了狭义的合同概念而采用了次广义的合同概念。这一观点亦可以从《合同法》第 2 条第 2 款的规定加以印证。该款将身份合同排除在第 1 款所指的合同之外，可见只有在第 1 款所指的合同包括债权合同、物权合同、准物权合同及其他合同的前提下，第 2 款的限制性规定才有必要。但是我们也需注意，《合同法》中合同的概念虽然蕴涵广义之意，然而《合同法》起草是围绕调整债权债务关系而进行的，这便决定了《合同法》的规定在骨架和血肉上都是以规范债权合同为中心的，所以尽管第 2 条采用了"民事权利义务关系"的提法，但这只不过给合同披上了一层宽松的轻纱，为其他与之类似的民事合同的准用留有余地。新出台的《民法典》第 464 条对合同概念的规定与《合同法》的规定基本一致，同样是在广义概念下主要围绕债权合同加以规范。因此，本书以债权合同为讲述重点。

## 二、合同的法律特征

### （一）合同是平等主体所实施的一种民事法律行为

民事法律行为是一种极常见并很重要的法律事实，它是民事主体通过意思表示实施的能够引起民事权利和民事义务产生、变更或终止的行为。合同作为一种同样以意思表示为要素的民事法律行为有别于事实行为。事实行为是指不以意思表示为要件而能发生民法上效果的行为，如侵权行为等。事实行为法律效力的发生不是基于当事人的意思表示而是依据法律的直接规定。合同当事人追求的是他们预期的目的，合同的效力主要依当事人的意思表示内容而发生。合同作为法律行为，其在本质上属于合法行为。也就是说只有在合同当事人所作出的意思表示符合法律要求时，合同才具有法律约束力，并受到国家法律的保护。若当事人的意思表示违反了法律规定，则不发生他们所期望达到的法律效果。

### （二）合同行为的当事人是平等主体的自然人、法人和其他组织

合同属于私法调整领域，所以合同行为主体是平等的，即合同是由作为平等主

---

① 胡康生：《中华人民共和国合同法释义》，法律出版社 1999 年版，第 3 页。

体的自然人、法人或其他组织所订立的，订立合同的主体在法律地位上是一律平等的，任何一方都不享有凌驾于他方之上的权利，不得利用自己的经济强势等向他方强加不合理条件。

### （三）合同是当事人意思表示一致的协议

合同是当事人合意的结果，所以它应具备如下几个要素：第一，合同的成立必须要有两方或多方当事人。第二，各方当事人须互相作出意思表示。换言之，当事人各自基于自身的利益而参与合同的订立，须作出交互的意思表示，从而成立合同。第三，各方意思表示是一致的，即各方当事人就合同的内容等要素达成了一致。这是合同区别于单方法律行为的重要标志。在单方法律行为中，只需要一方当事人的意思表示就可以发生法律效果。如订立遗嘱的行为，仅遗嘱人单方的意思表示即可成立法律行为，无须继承人或受遗赠人的意思表示的配合。

### （四）合同以设立、变更、终止民事权利义务关系为目的

所谓设立民事权利义务关系，是指当事人通过订立合同的方式在他们之间形成某种民事法律关系（如技术开发关系、培训关系），从而享有一定的民事权利、承担一定的民事义务。所谓变更民事权利义务关系，是指当事人在保持原合同关系效力的前提下，改变原合同关系的内容，从而使当事人之间的民事权利义务关系发生变化。如果变更行为使原合同关系消灭而产生一个新的合同关系，则不属于本书所指的合同变更的范畴。所谓终止民事权利义务关系，是指当事人借助相应的法律行为或事实行为，消灭原合同关系，使当事人间既有的民事权利义务关系归于消灭。无论当事人订立合同旨在达到何种目的，只要当事人间达成的协议依法成立并生效，就会对合同当事人产生法律效力，当事人也必须依照合同的规定享有权利和履行义务。①

## 第二节　合同的分类

合同的分类是指根据一定的标准将合同区分为不同的类型。合同是支持交易活动的重要工具，交易越复杂合同类型就越复杂。合同的分类有助于人们区分不同类型的合同的特征，掌握不同类型合同的成立要件和法律效力，从而有助于人们在社会生活中能较快速地选择、运用适当的合同，并能较好地解决现实当中出现的各种合同纠纷。一般而言，合同可以作如下分类。

---

① 王利明：《合同法研究（第一卷）》，中国人民大学出版社 2002 年版，第 15～16 页。

## 一、单务合同和双务合同

### (一)语义辨析

根据是否仅有一方当事人负有给付义务,可将合同分为单务合同与双务合同。

单务合同是指合同当事人中仅有一方负担给付义务的合同。也就是说,合同双方当事人之间并不是通常的互相享有权利和承担义务,而是仅由一方负担义务,而另一方并不负有相对的义务,例如在赠与合同中,仅仅由一方当事人负有给付义务。亦存在一种情形即虽然双方都负有义务,但一方负担主要给付义务,另一方负担次要义务,双方的义务不具有对价性,例如在借用、借贷合同中,借用人负有按约定使用并按期归还借用物的义务,出借人仅在故意或重大过失未告知借用物的瑕疵导致借用人受损的情况下,才承担责任(非诺成合同时)。

双务合同是指当事人双方互负对待给付义务的合同。在此类合同中,一方当事人负担履行义务的目的在于期待他方当事人为对待给付义务,也可以说是,一方当事人所享有的权利,即为他方当事人所负有的义务,例如买卖、租赁、有偿保管合同等均为双务合同。

双务合同区别于单务合同的重要特征是双方当事人的义务之间存在牵连关系。这种牵连关系可以体现为以下三种形式:(1)成立上的牵连关系,即一方的债务因无效或者撤销而归于消灭时,对方的债务亦因而消灭的关系,与此相关的理论问题为自始不能与缔约上过失。(2)履行上的牵连关系,即一方的债务的履行与对方的债务的履行在时期上或顺序上的关系,相应地发生同时履行与异时履行中的抗辩权问题。(3)存续上的牵连关系,即在一方的债务发生履行不能场合,对方的债务是归于消灭还是继续存在的问题,与此相关联的是风险负担问题。①

### (二)区分的意义

在法律上区分单务合同和双务合同具有以下几点意义。

1.可否适用履行抗辩权的问题

双务合同成立以后,当事人基于合同的约定各自负有对待履行义务,一方负担的义务是以他方负担的义务为前提的。因此当双方当事人履行时间没有先后顺序时,一方当事人在对方当事人未为对待履行或未提出履行以前,可以拒绝对方的履行请求。而在单务合同中,仅有一方当事人负担义务或者另一方当事人虽然负有义务但其所负的义务并不是主要的对待给付义务时,当不负有对待给付义务的一方当事人请求负有义务的一方当事人实施履行时,对方当事人无权主张同时履行

① [日]北川善太郎:《债权各论》,日本有斐阁 1995 年第 2 版,第 33～34 页。

抗辩权。由此可见，单务合同不适用同时履行抗辩权原则。同理，在双务合同中当事人享有的先履行抗辩权和不安抗辩权，单务合同的当事人也不享有这些权利。

2.有关风险负担的问题

在双务合同中，双方当事人的权利义务是互相依存、互为条件的，如果因不可归责于双方当事人的原因导致合同义务不能被履行时，则发生风险的负担。就风险负担的分配，我国《合同法》规定了两种方式：其一为《民法典》第 604 条所表明的交付主义，即标的物毁损、灭失的风险，在标的物交付之前由出卖人承担，交付之后由买受人承担，但是法律另有规定或者当事人另有约定的除外。其二为《民法典》第 858 条所表明的合理分担主义，即“技术开发合同履行过程中，因出现无法克服的技术困难，致使研究开发失败或者部分失败的，该风险由当事人约定；没有约定或者约定不明确，依据本法第五百一十条的规定仍不能确定的，风险由当事人合理分担。”而在单务合同中，如果因不可抗力等不可归责于双方当事人的原因而导致履行不能，则不会发生双务合同中的风险负担问题。

3.因一方的过错导致合同不履行的后果问题

在双务合同中，一方当事人违约时，如果非违约方已依约履行合同，则可以要求违约方实际履行合同或承担其他违约责任，甚至在满足一定条件下可以解除合同；如果非违约方要求解除合同则发生溯及既往的效力，非违约方对于其已经履行的部分有权要求违约方返还其已受领的给付。而在单务合同中，一般不存在上述情况。

在引例一案中，原告与被告之间已经形成了客运合同关系，它是一种双务合同关系，双方当事人都负有依合同约定加以履行的义务，而作为承运人的被告没有履行对旅客即原告的救助义务，应对此承担责任，赔偿原告的相应损失。

## 二、有偿合同与无偿合同

### （一）语义辨析

根据合同一方当事人作出给付是否能获得对价给付，可将合同分为有偿合同与无偿合同。

有偿合同是指双方当事人在从合同的缔结到债务的履行的整个过程中，均作出相互具有对价性质的付出（并不仅限于财产的给付，也包含劳务、事务等）的合同。[①] 也就是说，一方履行合同所约定的义务而给予对方某种利益，对方必须支付相应代价才能得到这一利益。如《法国民法典》第 1106 条规定：“当事人双方互相

---

① ［日］稻本洋之助、中井美雄等：《民法讲义 5 · 契约》，第 15 页，转引自韩世远：《合同法学》，高等教育出版社 2010 年版，第 27 页。

承担给付某物或做某事的义务时，此种契约为有偿契约。"有偿合同是反映交易关系的一种典型的合同，当事人之间存在着对价的交换，是商品交换最为典型的法律形式。在社会生活中，绝大多数体现交易关系的合同都是有偿的。例如买卖、租赁、承揽、建设工程、培训、旅游等合同。

无偿合同是指一方给付对方某种利益，对方取得该利益时并不作出任何给付或所作的给付不具有对价意义的合同。无偿合同并不是反映交易关系的典型合同，虽然一方无偿地给予另一方某种利益而没有取得任何对价回报，但这一类合同亦是基于双方合意产生，因此无偿合同也是一种合同类型，并受到合同法规范。虽然无偿合同是等价有偿原则在适用中所具有的例外情形，但在社会生活中还是存在不少。我国《民法典》所规定的赠与合同就是典型的无偿合同，在学理上，使用借贷合同亦为无偿合同。还有一些合同究竟为有偿合同或是无偿合同，得依合同是否约定了报酬、利息来判断，如委托、保管、消费借贷合同中，如果当事人约定应支付相应的报酬或利息，则为有偿合同，反之为无偿合同。[①]

有偿合同与无偿合同，与双务合同与单务合同相比较而言，它们是在对合同的全过程中经济的平衡与否加以考虑的基础上而作出的分类。两种分类并不必然一致对应，双务合同均为有偿合同，因为双务合同中，双方负有的债务具有对价关系。但有偿合同范围较之双务合同更广，有偿合同并非都是双务合同，有可能是单务合同，例如有偿的消费借贷合同。因此可以说，双务必系有偿，而单务原则上为无偿，例外亦有为有偿者。反过来说，无偿必系单务，而有偿原则上为双务，例外亦有为单务者。[②]

---

① 是否实际支付报酬或利息不影响对合同有偿与否的判断，如北京莲花物业管理有限责任公司与深圳市深开电器实业有限公司保管合同纠纷上诉案（北京市第一中级人民法〔2012〕一中民终字第 9661 号）。2011 年 6 月 11 日，驾驶人俞某发现停放在莲花物业公司管理的马连道依莲轩小区停车场中车牌号为粤××的小型越野客车发生毁坏，该车辆的所有人为深开电器公司。经查，车辆是第三人醉酒后毁坏。因深开电器公司无法提供有效的停车发票，莲花物业公司认为双方之间不能形成有偿保管合同关系。北京市第一中级人民法院认为，保管合同为实践性合同，保管物的交付是保管合同的成立要件。车辆停放人是否将车辆交付给场地提供者实际控制成为判断是否成立保管合同的关键。驾驶人在依莲轩小区门口领取计时停车卡，刷卡后驶入停车场，驶出停车场时需在小区门口刷卡，向莲花物业公司管理人员交费，且该停车场有明确的收费依据。依据上述停车模式可见，不从莲花物业公司管理人员处领取计时停车卡，车辆无法驶入，已达到实际控制的标准。当粤××小型越野客车的驾驶人领取计时停车卡时，双方达成了有偿保管合同的一致意思表示，未经莲花物业公司同意，该车辆亦无法驶出停车场，莲花物业公司已实际取得查验放行权，故深开电器公司与莲花物业公司之间形成的是有偿保管合同关系。虽然深开电器公司未能提供充分证据证明其交纳了停车费，但本案中是否交纳停车费并不能改变双方已达成的有偿保管合同的意思表示。

② 郑玉波：《民法债编总论》，三民书局 2004 年第 2 版，第 28 页。

（二）区分的意义

1.对价关系的确定

在有偿合同中，对价要求充分对应，而且，一方当事人在支付对价的时候有权要求对方当事人支付相应的对价，一方当事人不支付对价的，无权要求对方当事人支付相应的对价。而无偿合同不存在这一问题。所以显失公平现象主要发生在有偿合同中。

2.主体要求不同

订立有偿合同的当事人原则上应为完全行为能力人，限制行为能力人非经其法定代理人的同意，不能订立一些较为重大的有偿合同，但对于一些纯获利益的无偿合同，如接受赠与、劳动报酬等，限制行为能力人和无行为能力人即使未取得法定代理人的同意也可以订立该合同。但需注意的是，在负返还原物义务的无偿合同中，限制行为能力人和无行为能力人仍需取得其法定代理人的同意才能为之。

3.义务的轻重程度不同

在无偿合同中，利益的给予者一般仅承担较低的注意义务；而在有偿合同中，当事人所承担的注意义务显然较无偿合同中所承担之注意义务更重。根据风险收益相一致原则，收益的享有者有尽到合理的注意义务来防范风险的义务。在无偿合同中义务人没有从对方当事人处获得对价收益，所以法律所要求他尽到的注意义务程度相对低，仅当他存在故意或重大过失并造成损失时，才要求他承担责任。而在有偿合同中，各方当事人都从对方当事人处获得了相应的对价利益，所以法律一般要求他尽到具备通常认知的正常人所能尽到的合理注意义务，该注意义务程度高于无偿合同中当事人的注意义务程度。

4.成立条件不同

在有偿合同中，因为双方当事人合意相互负有义务，不允许当事人轻易反悔，所以法律一般把有偿合同定位为诺成合同，即当双方诺言取得一致时，合同即成立并发生法律效力。

而在无偿合同中，因为一方当事人给付财产或者劳务却没有获得相应对价，所以法律一般把无偿合同定位为实践合同，或者是有任意撤销权的诺成合同。其意义在于给无偿付出的一方以反悔权，鼓励人们实施无偿行为、助人为乐的行为。对于实践合同，当当事人交付标的物或者开始履行时，合同才成立或者生效，所以无偿合同的债务人可以在此之前通过不交付标的物或不实施履行合同的行为来行使反悔权。对于有任意撤销权的诺成合同（如赠与合同），赠与人（债务人）可以通过通知对方撤销来行使反悔权，就是说，在赠与的财产权利转移之前，赠与人可以任意撤销赠与合同，但法律有特别规定的除外。

5.法律准用的规则不同

对于有偿合同，法律无具体规定的，根据《民法典》第 646 条的规定，可参照适

用买卖合同的有关规定。而对于无偿合同则不能适用这一规定。

## 三、有名合同与无名合同

### （一）语义辨析

根据合同的名称与适用规则是否为法律所明文规定，可将合同分为有名合同与无名合同。

有名合同，又称为典型合同，是指法律上已明确规定了一定的名称及适用规则的合同。如我国《民法典》所规定的买卖合同，供用水、电、气、热力合同，赠与合同，借款合同，保证合同，租赁合同，融资租赁合同，保理合同，承揽合同，建设工程合同，运输合同，技术合同，保管合同，仓储合同，委托合同，物业服务合同，行纪合同，中介合同，合伙合同共 19 类；此外，《民法典》所规定的抵押合同、质押合同、定金合同，《保险法》所规定的保险合同等也都属于有名合同。对于有名合同的内容，法律通常设有一些规定，但这些规定大多为任意性规范，当事人可以自行约定，而无须严格采用法律的规定。

在合同类型自由主义的背景下，法律规定有名合同存在如下几点考虑：

第一，以任意性规定来弥补当事人自由约定的不足之处。当事人对于合同的要素（如买卖标的物及价金）必有约定，否则合同不成立，但对其他事项（如履行时间、履行地点、瑕疵担保、风险负担等），常有疏于注意的情形，法律为使合同内容臻于完善，从各种复杂的关系中，依从前的经验归纳出若干种典型合同并规定其一般的、合理的内容，作为解释合同的基准。[①] 法律上的示范可以为当事人订立合同提供参考，亦可以在当事人订立合同不尽完善时起到补充作用，从而减轻当事人订立合同的成本与负担。

第二，通过有名合同的规范，使得无名合同有准用的依据。法律就交易活动中经常发生的合同关系将之抽象化、类型化，形成有名合同。但由于法律自身的缺陷，它不可能穷尽社会活动所有的合同现象，不可能对千变万化的交易现象作出一览无余的规范，所以法律仅规定了部分合同类型，其他未作规定的合同可以参照有名合同加以调整。例如，我国《民法典》第 467 条规定：“本法或者其他法律没有明文规定的合同，适用本编通则的规定，并可以参照适用本编或者其他法律最相类似合同的规定。”这便为法律未作规定的合同提供了准用的依据。

第三，通过强制性规范对当事人之间的法律关系加以规制，从而维护当事人之间利益的平衡，保护国家、社会公共利益。法律以某些强制性规范向当事人课加一定的义务，例如《民法典》第 143 条规定了当事人实施民事法律行为时若想使民事

---

① 王泽鉴：《债法原理（第一册）》，中国政法大学出版社 2001 年版，第 109 页。

法律行为有效,应当具有相应的民事行为能力。这一规定一方面维护了作为民事法律行为的合同的当事人的交易安全,另一方面保护了未成年人等弱者的利益,由于他们在辨别能力、智力水平、意思能力等方面与成年人存在差距,所以排除他们在大多数情形下作为合同当事人的可能,从而避免对方当事人利用未成年人的弱势地位订立损害他们利益的合同。此外,法律亦通过强制性规范防止当事人通过自由约定而损害国家、集体或者第三人的利益。例如,《民法典》第 153、154 条规定了民事法律行为无效的情形,包括违反法律、行政法规的强制性规定的民事法律行为无效。但是,该强制性规定不导致该民事法律行为无效的除外;违背公序良俗的民事法律行为无效;行为人与相对人恶意串通,损害他人合法权益的民事法律行为无效。(《民法典》第 508 条规定:本编对合同的效力没有规定的,适用本法第一编第六章的有关规定。)通过对当事人约定效力的否定,法律为国家、集体或者第三人的利益提供了保障。

所谓无名合同,又称非典型合同,是指法律上尚未确定一定的名称与适用规则的合同。根据合同自由原则,合同当事人可以通过合意自由决定合同的内容,因此即使当事人订立的合同不属于有名合同的范围,只要不违背法律的禁止性规定和社会公共利益,也仍然是有效的。在现实生活中无名合同实属常态,且大量存在。一般来说,可以将无名合同归为三类:(1)纯粹无名合同,即以法律完全没有规定的事项为内容的合同,或者说,合同的内容不属于任何有名合同的事项。例如培训合同、美容整形合同等。(2)混合合同,即在一个有名合同中规定其他无名合同事项的合同,即当事人约定双方缔结属于法律所规定的某一典型契约,但一方当事人所提出之对待给付,却属于另一典型之给付义务[①]。如在买卖一件较为珍贵的收藏品时,双方约定买方以向卖方提供免费住房代替支付该出卖物的价款。(3)准混合合同,即在一个有名合同中规定其他无名合同事项的合同。例如,甲乙约定,乙出租房屋于甲,甲以给乙的儿子辅导功课的方式抵付租金。无名合同产生以后,经过一定时间的发展,其基本内容等已比较成熟,则可以上升到法律层面上,由合同法单独予以规范,使之成为有名合同。

### (二)区分的意义

有名合同与无名合同的区分意义主要在于两者适用的法律规则不同。有名合同应当直接适用合同法的相关规定,但对于无名合同,根据《民法典》第 467 条的规定,它应适用本编通则的规定,并可以参照本编或者其他法律最相类似合同的规定。详言之,首先应当考虑适用合同编的一般规则,其次,若无名合同的内容与某些有名合同相类似,则可比照类似的有名合同的规则或其他法律中与之最为类似的规定,考虑当事人的真实意思等进行处理。

---

① 王利明:《合同法研究(第一卷)》,中国人民大学出版社 2002 年版,第 25 页。

## 四、诺成合同与实践合同

### (一)语义辨析

根据合同成立或生效除意思表示一致外是否还要交付标的物或进行其他现实给付,可将合同分为诺成合同与实践合同。

诺成合同是指合同当事人意思表示一致即能产生法律效果的合同。这种合同的特点可概括为他诺即成。在现代法上,为便捷交易,许多合同都被定位为诺成合同。

实践合同又称要物合同、践成合同,是指除当事人意思表示一致以外尚需交付标的物或进行其他现实给付才能成立的合同。这类合同的特点在于,仅凭合同当事人的意思表示一致还不能产生一定的权利义务关系,还必须有一方当事人实际交付标的物或现实给付的行为,才能使当事人的合意产生法律效果。与诺成合同相比,实践合同数量较少。

诺成合同与实践合同的确定,通常应根据法律的规定及交易而定。例如根据传统民法理论,买卖租赁、雇佣承揽、委托等属于诺成合同,而使用借贷、保管、运送等属于实践合同。然而此种分类并非绝对不变。①

在我国《民法典》出台之前,《合同法》对实践合同的“要物”标准存有争议,究竟是成立要件上的“要物”还是生效要件上的“要物”,我国法律处于模棱两可的状态。例如,我国《合同法》第367条规定:“保管合同交付时成立,但当事人另有约定的除外。”可见,这一实践合同是成立要件上的“要物”,即以物的交付作为合同成立的要件,而《合同法》关于自然人借款合同的规定,自然人之间的借款合同于双方达成合意时成立,提供借款时生效。我国《担保法》第90条规定,定金合同从实际交付定金之日起生效。可以看出,在借款合同和担保合同这两种实践合同中,采用的是生效要件上的“要物”,即以物的交付作为合同生效的要件。故有学者质疑,从某种意义上说,借款合同和担保合同可视为诺成合同。于是新出台的《民法典》对法律规定造成的该分歧焦点进行了重新梳理,根据《民法典》第679条、586条的规定:“自然人之间的借款合同,自贷款人提供借款时成立。”“当事人可以约定一方向对方给付定金作为债权的担保。定金合同自实际交付定金时成立”。可以看出《民法典》统一将“要物标准”规定为成立要件上的“要物”。

### (二)区分的意义

1.合同成立或生效的时间不同

在诺成合同中,当双方当事人意思表示一致(即双方达成合意)时,合同即告成

① 王利明:《合同法研究(第一卷)》,中国人民大学出版社2002年版,第34页。

立或生效;而在实践合同中,在当事人达成合意之后,于当事人交付标的物或履行给付行为时,合同才能成立。所以实践合同的当事人可以通过不交付标的物或者不履行来行使反悔权。

2.当事人义务的确定不同

在诺成合同中,交付标的物或完成其他给付,系当事人的给付义务,违反该义务便产生违约责任。在实践合同中,交付标的物或完成其他给付,不是当事人的给付义务,而是先合同义务,违反它不产生违约责任,但可能构成缔约过失责任。[①]

## 五、要式合同与不要式合同

### (一)语义辨析

根据合同是否应以一定的形式为要件,可将合同分为要式合同与不要式合同。要式合同是指必须具备法律规定的特定方式而成立或者生效的合同。要式合同通常用于一些重要的交易,法律要求当事人必须采取特定的方式订立此类合同。例如,融资租赁合同、建设工程合同、技术开发合同等,其涉及的标的较大或法律关系较为复杂,法律要求当事人以书面形式订立。

不要式合同是指当事人订立的合同依法并不需要采取特定的形式,当事人可以采取书面形式,亦可以采取书面形式外的其他方式。除法律、行政法规有特别规定以外,合同一般均为不要式合同。因为根据合同自由原则,当事人有权选择合同形式,但这种自由不是绝对的,如果法律规定有特别的形式要件,则当事人应遵守法律的规定。

法律关于形式要件的规定是属于成立要件还是生效要件的规定呢?在《民法典》出台之前学界同样存在争议。例如《合同法》第 32 条规定:“当事人采用合同书形式订立合同的,自双方当事人签字或者盖章时合同成立。”可见,法律对这种合同的形式要件的规定属于成立要件而非生效要件的规定。在这种情况下,当事人未按照法律的规定采用一定的形式,则合同不能成立。但在某些法律规定下形式要件又属于生效要件,当事人若违反,则已成立的合同不能生效。例如原《担保法》第 41 条规定:“当事人以本法第四十二条规定的财产抵押的,应当办理抵押登记,抵押合同自登记之日起生效。”由此可以看出,形式上的要求被作为合同生效的要件。因此《民法典》的出台对上述争议焦点进行了修改回应,删除原《担保法》中对要式形式作为抵押合同的生效要件的有关表述,统一按照《物权编》第 214 条“不动产物权的设立、变更、转让和消灭,依照法律规定应当登记的,自记载于不动产登记簿时发生效力”的规定认定形式要件为不动产物权变动下合同的生效要件。

---

① 崔建远:《合同法》,法律出版社 2010 年第 5 版,第 32 页。

需要说明的是，合同法规定书面形式的合同不等于绝对的要式合同，因为《民法典》第490条规定："当事人采用合同书形式订立合同的，自当事人均签名、盖章或者按指印时合同成立。在签名、盖章或者按指印之前，当事人一方已经履行主要义务，对方接受时，该合同成立。"可以说，通过一方当事人的实际履行行为，另一方当事人受领的，该行为可以免受法定形式要件的约束，从而使该合同成立。

（二）区分的意义

要式合同与不要式合同区分的主要意义在于，判断合同成立或生效是否应以一定的形式作为要件。一些合同比较重要，法律关系亦相对复杂，法律要求当事人应比较慎重，故强制当事人采用书面形式。这样既可以提高当事人的注意程度，以谨慎的态度订立合同，从而避免或减少纠纷的产生，又可以为将来发生纠纷时举证提供便利，白纸黑字的方式更有利于辨明事实、判定责任。此外，有些合同可能涉及公共利益、社会利益等，国家行政力量需要介入，所以这些合同需要办理批准、登记手续。因此，在要式合同中，如果不符合形式要件，将会产生合同不成立，或其他法律效果，而这在不要式合同中是不会发生的。

## 六、主合同与从合同

（一）语义辨析

根据合同相互间是否存在从属关系，可以将合同分为主合同与从合同。

主合同是指不需要其他合同的存在即可独立存在的合同。这种合同具有独立性，不以其他合同的存在为前提。

从合同，又可称为附属合同，是以其他合同的存在为其存在前提的合同。例如，抵押合同、质押合同、保证合同、定金合同等。从合同是相对于主合同而言的，是要依赖主合同的存在而存在的。这种合同的主要特点在于其附属性，即它不能独立存在，必须以主合同的存在并生效为前提。

（二）区分的意义

主合同与从合同区分的主要意义在于厘清它们之间的制约与依存关系。

主合同与从合同是相对而言的，没有主合同就没有从合同，没有从合同，反过来也无所谓主合同。主合同不成立，从合同就无法有效成立；主合同被宣告无效或被撤销，从合同也无效或随之失效；主合同发生转让，从合同一般亦随之转让，从合同一般不能单独转让；主合同终止，从合同亦随之终止。尽管主合同的存在及效力对从合同的成立及效力会产生直接的影响，但由于主合同是独立存在的，并不依附从合同，因此从合同不成立或无效，通常并不影响主合同的效力。

## 七、本约和预约

### （一）语义辨析

根据合同之间手段与目的的关系，可以将合同分为本约与预约。

预约是指当事人之间约定将来订立一定合同的合同，又可称为预备合同。本约即为基于该预约在将来应当订立的合同，又称为本合同。预约是以订立另一个合同（本约）为内容。我国《民法典》第495条首次对预约合同作出了立法规定："当事人约定在将来一定期限内订立合同的认购书、订购书、预订书等，构成预约合同"。

预约不同于意向声明。意向声明是当事人意图订立合同的一种意向性陈述或说明。意向声明中可能会对未来合同作出具体描述，可能包括未来合同的主要条款，但声明人并没有作出明确的、肯定的预定将来订立合同的意思表示。这种声明一般不具有强制约束力，即使对方当事人对声明作出同意的意思表示也不成立合同。而预约作为一种合同，双方当事人都要受到约束。

当事人的意思表示究竟是预约还是本约，有时很难辨别，应探求当事人的真实意思来判断。订立预约在交易上系属例外，有疑义时，宜认定为本约。此外，当事人为订立合同，除预约外，尚有其他方式可资采用，包括(1)确定的要约，即订立较长的承诺期间，使相对人可以随时承诺而成立合同；(2)选择权合同，即赋予当事人可依其单方的意思表示，使一定合同发生效力的权利（形成权）；(3)订立附条件或期限合同。当当事人所订立的合同究竟属哪一种类别存有疑义时，应当通过解释当事人的意思及根据交易目的来认定。[①]

预约合同可否因情势变更而撤销呢？我国没有相关的规定，但可以借鉴《奥国民法》第936条的规定，即因情势变更致毁灭原有目的（明示的规定或依其情形可推知之目的）或一方对于他方丧失其信任时，失其拘束力。[②] 因为当发生情势变更时，继续订立本约将可能违背当事人缔约的初衷，或可能导致双方当事人之间获利显失公平，所以允许当事人撤销预约是符合公平正义、诚实信用原则的。

### （二）区分的意义

区分预约与本约的主要意义是认清预约的特殊法律效力。

预约虽然仅使当事人负有订约义务，但本身已是一种债权合同，它对当事人产生法律上的约束力，当事人违反预约则应承担相应的法律责任。本约在预约成立

---

① 王泽鉴：《债法原理》，北京大学出版社2013年第2版，第169页。

② 史尚宽：《债法总论》，中国政法大学出版社2000年版，第13页。

和生效时尚未存在，所以预约效力仅使当事人负有将来按预约规定的条件订立本约的义务。如果预约的一方当事人不履行其订立本约的义务，则另一方有权请求法院依照我国《民法典》第 495 条规定“当事人约定在将来一定期限内订立合同的认购书、订购书、预订书等，构成预约合同。当事人一方不履行预约合同约定的订立合同义务的，对方可以请求其承担预约合同的违约责任”强制其履行订约义务并承担违约责任。①

该内容在我国台湾地区及德国也有相关规定，在台湾地区“民法”与德国民法中，预约债务人负有订立本约的义务，权利人可诉请履行，法院应判令债务人为订立本约的意思表示，债务人不为该意思表示的，视同自判决确定时已为该意思表示。本约成立后，债权人即可享有请求给付的权利，基于诉讼经济原则，债权人可以合并请求订立本约及履行本约。②

## 八、束己合同和涉他合同

### (一)语义辨析

根据缔约人订立合同是否恪守合同相对性原则，可以将合同分为束己合同和涉他合同。

束己合同是指缔约当事人通过订立合同为自己设定权利和义务，使自己能直接享有某种利益并承担某种义务。由于当事人订立合同都是为了追求一定的利益，所以在绝大多数情况下，合同当事人订立合同都是为了给自己设定权利和义务，可以说，合同大都是订约人为自己订立的合同。为订约人自己订立的合同恪守合同相对性原则，合同仅为缔约的当事人设立权利和义务，第三人不会因此享有权利或承担义务，合同的效力仅发生在缔约的当事人之间。

---

① 虽然我国立法没有明确加以规定，但我国司法实践已认可了预约合同的效力。例如，郭志坚诉厦门福达地产投资有限公司买卖合同纠纷案(福建省厦门市中级人民法院〔2012〕厦民终字第 1277 号)。2007 年 10 月 5 日郭志坚与厦门福达地产投资有限公司签订了一份《意向书》，约定由郭志坚向福达地产有限公司购买福达里安置房的一个车位，具体车位地点待安置房落成后再给予确定；郭志坚同意按每个车位 15 万元的价格向该公司购买，该款项待安置房落成确定具体位置一次性付清。“福达里”改造项目施工完毕后，郭志坚已取得所属安置房，但福达地产投资公司未与其订立车位买卖合同。福达地产投资公司提出《意向书》仅为一项意向，对方并未支付分文对价，不享有任何预约或期待权利，且《意向书》指向对象不明，根本无法履行。厦门市思明区人民法院认为，《意向书》的法律性质为预约合同，系无名合同。预约的内容是可确定的，具备合同成立及有效的要件，福达地产投资公司作为预约债务人负有订立本合同的义务，郭志坚作为权利人有权诉请该公司履行义务。依法成立的合同对双方当事人均具有约束力，当事人应当本着诚信原则，全面、勤勉地履行合同确定的义务。

② 王泽鉴:《债法原理(第一册)》，中国政法大学出版社 2001 年版，第 150 页。

然而，在某些情况下，缔约当事人并非为了直接追求自身的利益，而是为增加第三人的利益或课加第三人的义务而订立合同，合同将对第三人发生法律效力，这就是所谓的涉他合同。它突破了合同相对性原则，对合同当事人以外的第三人发生法律效力。涉他合同主要包括两类合同，即"为第三人利益的合同"和"由第三人履行的合同"。

为第三人利益的合同，又可称为向第三人履行的合同。在这类合同中，当事人双方约定由债务人向第三人履行义务，第三人由此取得直接请求债务人履行义务的权利。由于这类合同中的第三人仅享有权利而不承担义务，因此该第三人也常常被称为"受益人"，其法律特征表现为以下几点。

1.第三人不是缔约当事人，不必在合同上签字或盖章，也不需要通过其代理人参与缔约。尽管第三人不是缔约当事人，却可以依据合同，请求债务人履行义务，并接受债务人的履行。如果债务人不履行义务，债权人可以要求其承担责任。但法律规定或者当事人约定第三人可以直接请求债务人向其履行债务，第三人未在合理期限内明确拒绝，债务人未向第三人履行债务或者履行债务不符合约定的，第三人可以请求债务人承担违约责任；债务人对债权人的抗辩，可以向第三人主张。尽管第三人可以独立享受权利，但他毕竟不是合同当事人，因此他无权变更、转让合同，即使存在合同可撤销的原因，第三人也不得主张撤销合同。

2.该合同只能给第三人设定权利，而不得为其设定义务。根据民法基本原理，未经他人同意，任何人不得给他人课加义务，擅自为第三人设定义务的合同是无效的。

3.合同一经成立，该第三人可以拒绝接受该权利，亦可以接受该权利。法律虽然允许合同当事人为第三人设定权利，增加其利益，但合同当事人无权强迫该第三人接受该权利。第三人有自由选择的权利，可以欣然接受，也可以不接受。第三人接受权利的意思表示，可以采用明示或默示的方式，若第三人未作出明确拒绝表示的，则视为接受该权利。第三人拒绝的，其拒绝表示应向合同当事人作出。此时，合同所设定的权利归为第三人利益订约的当事人自己享有。

由第三人履行的合同是指合同当事人为第三人设定了义务，第三人应向合同债权人履行该合同义务的合同。这类合同的典型例子是连环买卖合同，上游合同的买受人是下游合同的出卖人，他可以在下游合同中约定由上游合同的出卖人直接向下游合同的买受人交付买卖标的物。[①] 由第三人履行的合同具有如下法律特征。

1.第三人不是合同的缔约当事人，不需要在合同上签字盖章，也不需要委托代理人参与缔约。

2.该合同表面上似乎违背了民法基本原理——未经他人同意，不得擅自为他

---

① 韩世远：《合同法总论》，法律出版社 2004 年版，第 74 页。

人设定义务，但实际上合同的约定并没有增加第三人的负担，合同其实是以第三人既有负担的给付作为标的，而不是毫无依据地向第三人课加义务，施加负担。

3.合同的约定对第三人没有绝对的约束力，第三人可以拒绝这一义务的课加，也可以接受这一义务的负担。第三人拒绝的，履行合同的义务由合同债务人承担。[①]

（二）区分的意义

束己合同与涉他合同的区分体现了这两类合同所追求的目的的相异，前者是为了通过自己义务的履行而实现自身的利益，后者则是为第三人设定了权利或义务，增加他人收益或课加他人义务。这两类合同的区别亦表明了合同效力范围的差异。束己合同严格遵守合同相对性原则，涉他合同则大胆突破了这一限制，但是由于第三人并非为合同当事人，所以如果发生违约情况时，我国《民法典》原则上仍然要求债务人向债权人承担违约责任，债务人与第三人之间的关系另行处理。

## 九、格式合同与非格式合同

（一）语义辨析

格式合同是指由一方当事人事先拟定合同的内容并在拟定时对方当事人并无参与协商的合同，又可称为标准合同。例如铁路、航空运输合同，保险合同等。格式条款是格式合同的基础。所谓的格式条款，依《民法典》第 496 条第 1 款规定，格式条款是当事人为了重复使用而预先拟定，并在订立合同时未与对方协商的条款。格式条款的运用，可以免除当事人就同类问题进行重复的商讨，可以避免烦琐的程序，降低交易成本。格式合同并非完全由格式条款所构成，其中也可能包含非格式条款，比如保险合同中的保险金额、保险费率等空白条款，需要根据投保人和被保险人的具体情况来填写。非格式合同是当事人自由协商一致的合同，而没有采用事先拟定的固定条款。

（二）区分的意义

格式合同与非格式合同区分的主要意义是，由于格式合同在某些内容上排除了一方当事人参与协商的可能，所以法律对格式合同规定了一些特殊的规则，从而加强了对格式条款相对人的保护，平衡合同双方的利益。在非格式合同中，其内容是由当事人双方协商确定的，当事人基于各自的利益考虑在自由协商过程中充分斗智，所签订的合同一般使双方当事人利益都得到很好的满足，合法有效的合同符

---

① 韩世远：《合同法总论》，法律出版社 2004 年版，第 74 页。

合了等价有偿、自愿平等的原则,所以法律通常无须再作出特别的规定。而格式合同则不同,其合同中的一些内容是由一方当事人事先拟定好的,自然排除了一方当事人参与协商的机会,而且格式合同的拟定者一般是实力较为强大的经济主体,正因为如此,法律通常要对格式合同的相关问题作出特别规定,目的在于尽可能在保证公平的前提下,使处于弱势的相对人的利益得到切实保障。我国《民法典》第496条、第497条和第498条都对格式合同的问题作出了专门的规定。

## 十、一时性合同与继续性合同

### (一)语义辨析

根据合同给付义务的内容及其范围是否受到时间因素的影响,可以将合同分为一时性合同和继续性合同。

一时性给付合同,又可称为一次给付合同,是指当事人依合同的约定,一次给付即可完成履行的合同。在有偿合同中,若呈对价关系的两项给付分别一次完成,即使两项给付在时间上有距离,也仍可为最典型的一次性给付。

继续性合同,又可称为持续给付合同,是指当事人依合同的约定,在一定期间数次给付或给付不间断的合同。在此类合同中,时间要素在债的履行上起着十分重要的作用,给付时间的长度决定着总给付的内容。比如,在房屋租赁合同中,出租方提供住房,承租方支付租金,债的内容随时间的经过而增加,则是给付不间断的合同。应注意此类合同与分期给付合同的区别,分期交货合同属于分数次给付的合同,它仍可被看作一时性合同,因为合同的总给付是自始确定的,虽然采用分期交付的方式,但时间因素对债的内容及范围并没有产生影响。

### (二)区分的意义

1.合同的履行

原则上,在一时性合同中,合同债务一经履行,债权债务关系即归于消灭。而在继续性合同中,在合同履行期限内,履行行为呈现持续状态,债权债务关系不会因一次履行而消灭,且由于这种履行的时间性特征,使得双方当事人之间的信任关系较为重要。

2.合同无效或被撤销

对于一时性合同而言,合同被宣告无效或被撤销产生溯及既往的效力,根据《民法典》第157条的规定,民事法律行为无效、被撤销或者确定不发生效力后,行为人因该行为取得的财产,应当予以返还;不能返还或者没有必要返还的,应当折价补偿。而对于继续性合同,虽然民法典的规定并没有排斥对继续性合同的适用,但有的学者认为:“就一时性合同而言,其无效或撤销具有溯及力,即根据需要,在

当事人已为给付时,应予返还。但连续给付的合同无效或撤销则一般不具有溯及力。例如,雇佣合同无效或撤销后,雇主不可能要求已提供劳务的雇员返还其已领的工资;同样,在房屋租赁合同无效或撤销后,出租人不可能向使用其房屋的承租人返还已交付的租金。"[①]简言之,就继续性合同而言,应当限制无效或被撤销的溯及力,无效或撤销的主张仅向将来发生效力,过去已经产生的法律关系不因此受到影响。

3.合同解除

根据《民法典》第566条第1款的规定,"合同解除后,尚未履行的,终止履行;已经履行的,根据履行情况和合同性质,当事人可以请求恢复原状或者采取其他补救措施,并有权请求赔偿损失。"其中的"根据合同性质"包括对合同是一时性合同还是继续性合同的考查。一时性合同,如果被解除,可以恢复原状,故一般溯及既往地发生解除效力。而继续性合同被解除,或无法恢复原状,或不宜恢复原状,所以原则上不具有溯及力,已为的给付应当保持。解除仅向将来发生法律效力,过去的合同关系不受影响。

## 第三节　合同的内容与形式

### 一、合同的内容

合同的内容,可以从两方面理解:一是从民事法律关系方面来说,合同内容是指合同当事人享有的权利和承担的义务。[②] 即合同当事人根据法律规定和合同约定所设定的权利义务关系,简称合同权利和合同义务。二是从内在结构来说,合同的内容是指合同的各项条款。合同的条款是合同内容的固定化和体现,是确定合同当事人权利义务的凭据,若合同的条款存在含糊不清、自相矛盾的情形,则将会影响当事人法律关系的确定。本书主要介绍作为条款的合同内容。

#### (一)合同条款的特点

从合同条款的角度看,合同的内容具有以下几个特点。

1.合同的内容是当事人通过协商,经过缔约程序就合同条款达成一致的意思表示而形成的。当事人没有形成合意,或没有将设立民事权利和义务的内在意思表示出来,都不可能构成合同的条款。

合同内容是由要素、常素、偶素构成的。要素是合同所必须具备的条款。史尚

① 尹田:《法国现代合同法》,法律出版社1995年版,第11页。

② 孔祥俊:《合同法教程》,中国人民公安大学出版社1999年版,第49页。

宽先生认为,要素谓为该有名契约所必具之成分。因有关于其要素之意思一致,始得为该种之契约。[①] 常素是指行为人从事某种法律行为通常所应有的、内容完全等同的意思要素。[②] 也就是说,常素是根据交易惯例、常识等判断某一类合同应具备的条款,对于此类条款,如果当事人未明确予以排除,则通过法律推定它可进入合同之中。偶素是指依合同的性质并非应当具备的要素,而是由于当事人的特别约定而纳入合同中。

2.合同条款需要通过语言文字等符号予以表现,在这一过程中合同内容难免会发生模糊或欠缺,这时可以通过合同解释的规则予以弥补。由于当事人在订立合同时所使用的文字或语言的含义可能较为模糊,或未能准确地表示出当事人的意图,或存在多义现象,这将影响到当事人具体权利义务的确定以及当事人期待目的的实现,所以可以通过合同解释来明确当事人之间的权利义务关系,从而避免或减少因合同内容的不明确而引发的纠纷。

### (二)《合同法》规定的合同条款

《民法典》第 470 条规定了如下一些条款,为缔约人订立合同提供参考,使缔约人能够较快捷、较完整地订立相关合同。但这些条款只是起到提示性或建议性的作用,而非都是合同必须具备的条款。

1.当事人的名称或者姓名和住所。当事人是合同权利的享有者和合同义务的承受者,没有明确当事人,则合同的权利义务的规定相当于一纸空文,更无从谈起合同的履行。因此,订立合同首先必须具有当事人这一条款。依据债的性质,合同的当事人不可能是泛化的主体,当事人由其名称或姓名及住所加以特定化。所以,在订立具体合同条款时应当写清当事人的名称或者姓名和住所。

2.标的。标的是合同权利义务所指向的对象。合同标的的规定指明当事人订立合同的目的,若没有规定合同标的该合同就会失去意义,标的是一切合同的主要条款。标的条款必须清楚地写明标的名称,以便将标的特定化,否则当事人将无法履行。

3.质量和数量。标的的质量和数量是用以确定合同标的的具体条件,是该标的区别于同类其他标的的表征。标的的质量表明当事人对标的的质的要求,它应具体详细,如标的应达到的质量标准、技术指标、标的的具体规格等。标的的数量是当事人对标的的量的需求,它也应明确,其计量单位可选择国际或国家规定的标准,也可选择当事人双方共同认可的标准,并应同时确定其具体内涵。在大多数情形下,该数量要求并非十分精确地限定,允许存在合理的磅差或尾差。

4.价款或酬金。价款或酬金是有偿合同的主要条款。价款是针对取得标的物

---

① 史尚宽:《债法总论》,中国政法大学出版社 2000 年版,第 15 页。

② 王利明:《合同法研究(第一卷)》,中国人民大学出版社 2002 年版,第 350 页。

而言的，即取得标的物所应支付的代价，酬金是针对服务而言的，即获得服务所应支付的代价。价款通常指标的物本身的价款，由于取得标的物而支付的其他费用，如运输费、保管费、关税等，由当事人明确约定应由谁负担。当事人如果没有约定价款或酬金，并不影响合同的成立，可以通过《民法典》中合同的有关法律规定予以弥补。

5.履行的期限。履行期限是对当事人履行合同时间的规定，它直接关系到合同义务何时完成，涉及当事人的期限利益。履行期限可以是即时履行，也可以是将来某一具体时间的定时履行，还可以是在一定期限内一次性或是分批分期履行。如果为分期履行，应当写明每期履行的准确时间。当事人没有约定履行期限的，不会影响到合同的成立，当事人亦可以通过《民法典》中合同的有关法律规定来补充。

6.履行地点和方式。履行地点往往是确定验收地点的依据，也是确定运费由谁负担、风险由谁承担的依据，同时还是确定标的物所有权是否发生移转的依据。在涉外合同纠纷中，它也是确定法律适用的依据之一。因此履行地点在合同中显得十分重要。但对于大多数合同来说，它并非主要条款，当事人没有约定的，亦可以通过有关方式加以推定，合同即使欠缺该条款也不影响成立。

7.违约责任。违约责任是指当事人未按合同约定履行义务而应承担的责任。责任的课加可以促使当事人履行债务，弥补或减少非违约方遭受的损失，它与当事人的利益关系密切，当事人可以在合同中予以明确约定。然违约责任毕竟是一种法律责任，法律不会对当事人的违约行为视而不见，所以即使合同未作约定或约定不全，只要不属于法定免责事由，违约方就应当承担相应的违约责任。

8.解决争议的方法。解决争议的方法是指对于将来可能发生的合同纠纷，通过何种方式予以解决的方法。包括在发生争议时，运用诉讼方式还是仲裁方式，如何选择管辖的法院，适用何种法律，选择哪家鉴定机构等。

### （三）合同条款的分类

#### 1.合同的必备条款和非必备条款

合同的必备条款，有的学者亦称主要条款，是指根据法律规定、合同性质或当事人的约定所必须具备的条款，欠缺它，合同就无法成立。它对确定当事人各方权利义务的质与量起着相当重要的作用。我国《民法典》第470条所规定的合同条款，并非对于所有合同都是必备条款。一般说来，尽管每一个具体合同的必备条款可能有所差异，但是以下这些合同条款是大多数合同所必备的：(1)标的；(2)数量和质量；(3)价款或者酬金；(4)履行的期限、地点和方式。

合同的主要条款可以是法律直接规定的，当法律直接规定某种特定合同应当具备某些条款时，这些条款就是主要条款。如我国《民法典》第668条规定，借款合同应有借款种类、币种等的条款，则这一条款即为借款合同的必备条款。合同的主要条款可以由合同的类型和性质决定，例如有偿合同，其性质价款或者酬金条款即为合同的主要条款。合同的主要条款也可以由当事人约定产生，因为合同是当事人意思表示一致的产物，所以当事人有权决定哪些条款作为合同的必备条款。

合同的非必备条款，有的学者亦称普通条款，是指合同必备条款以外的其他条款。它包括以下类型：

(1)法律未直接规定，且非合同的性质所要求必须具备的，并且当事人无意使之成为必备内容的合同条款。

(2)当事人没有在合同中规定，但基于当事人的行为，或合同的明示条款，或法律的规定，本应存在的合同条款。它可以分为以下几个种类：其一，该条款对于实现合同的目的及发挥合同的作用是必不可少的，只有推定其存在，合同才能顺利地实现其目的。其二，根据公认的商业习惯或交易规则，该条款必然蕴涵于该合同之中。其三，合同当事人以往的交易惯有规则默认了这一条款。

当事人常有意将某些合同条款留待以后根据具体情况加以谈判商定，或由第三人加以确定，因为现实生活的情况是复杂多变的，当事人为将来的变化留有余地，特意在合同中预留这样的空间。

2.合同的明示条款和默示条款

合同的明示条款是指当事人以口头或书面等方式明确约定的条款。明示条款通常是以书面形式表现出来的，当事人在书面合同中所明确约定的条款都属于此类条款。当然，当事人也可以通过口头方式确定合同内容，形成明示条款，但当事人得承担发生争议时的举证责任。需要注意的是，明示条款并非没有争议的条款，它只是当事人明确约定的条款，即使当事人存在争议也不影响该条款性质的确定。

合同的默示条款是合同中当事人没有明示规定，但根据法律规定、当事人约定或交易习惯或法院推定，合同应当包括的条款。默示条款根据不同的标准可以分为三类：一为根据法律规定的默示条款。法律对合同当事人的权利义务作出规定，该规定将自动进入合同并成为合同的一部分，除非当事人在合同中有相反的约定。二为交易习惯所产生的默示条款。三为法院所推定的默示条款。法院可以根据具体情况推测出当事人所未明确表示出来的意图，由该意图而推导出合同本应包括的条款。

## 二、合同的形式

合同的形式，又称合同的方式，是当事人内心合意表现于外部的形式，是合同内容的外部表现和载体。

就我国现行立法的规定而言，合同的形式存在广义和狭义的两种概念。广义的合同形式概念，是指包括订立合同的方式以及缔结合同的特殊要件。订立合同的方式包括口头、书面或其他方式。缔结合同的特殊要件，如根据《民法典》第502条的规定："依法成立的合同，自成立时生效，但是法律另有规定或者当事人另有约

定的除外。依照法律、行政法规的规定，合同应当办理批准等手续的，依照其规定。未办理批准等手续影响合同生效的，不影响合同中履行报批等义务条款以及相关条款的效力。应当办理申请批准等手续的当事人未履行义务的，对方可以请求其承担违反该义务的责任。”可见，批准、登记等手续即为缔结合同的特殊要件。狭义的合同形式概念仅指订立合同的方式，即合同内容的外在表现形式。此为本书介绍的重点。

根据我国《民法典》第469条“当事人订立合同，可以采用书面形式、口头形式或者其他形式”的规定，狭义的合同形式可以分为口头形式、书面形式和其他形式。

### （一）口头形式

它是指当事人以语言对话进行意思表示从而订立合同的方式。口头方式包括电话交谈、面对面谈判等。法律没有强制当事人应采用书面形式或其他特定形式的合同的，当事人可选择口头形式。

采用口头形式的合同是一种不要式的法律行为，具有简便迅速的优点，其交易成本很低，日常生活中一些简单即时清结的交易常采用这一方式。但同时由于缺乏客观记载，一旦发生纠纷，日后不易取证，因此那些数额较大、内容比较繁多或不能即时清结的交易一般不采用这一方式。

在实践中，处理口头合同时应注意以下几个问题。

1.以口头形式订立的合同，当事人一方已经履行了全部或主要义务，另一方已经接受了履行，应当确认合同成立。因为这可以视为当事人以行为的方式订立了合同，一方当事人实施了履行行为且另一方当事人接受了该履行，表明当事人就此达成合意。该规则已为《民法典》第490条所承认。

2.合同采用口头的形式并不意味着不存在其他凭证。如双方当事人可以用录音或录像的方式记录下双方之间的交易过程。再如，人们到商店购物，有时也会要求商店开具发票或其他购物凭证，但这类文字材料只能视为合同成立的证明，不能作为合同成立的要件。[①]

3.当事人对合同关系的存在不存在异议，但对合同的内容发生争议时，得依情况而定。如果当事人对合同的大多数重要条款没有异议，仅对其他次要条款有争议，可以根据法律规定的方式予以填补漏洞。但如果当事人对合同的大多数重要条款存有大量争议，则不能认定合同已经成立。

### （二）书面形式

书面形式是指当事人通过文字表现合同内容的合同形式。在当前社会，随着科技的迅猛发展，文字的物质载体不限于纸张，还包括数据电文等多种多样的形

① 崔建远：《合同法》，法律出版社2003年第3版，第66页。

式。书面形式的优势在于，它可以促使当事人深思熟虑后才实施法律行为，将当事人的合意定型化和明确化，并保存于可见可查的载体，便于当事人日后举证，有助于预防和处理争议。常见的书面形式有以下几种[①]。

1.合同书

合同书是指当事人达成合意的纸面文书。其格式可以采取表格形式等事先已拟定好的格式，也可以由当事人自己拟定合同书的结构。

2.信件

信件是指合同当事人以传统的纸张为介质，就合同的内容进行往来协商的记载合同内容的信函。[②] 它通常运用于相隔较远的当事人之间，他们通过往返的信件协商方式而订立合同。它不同于本书下文将要提到的电子邮件，后者是通过电脑网络的媒介来传递信件。

3.数据电文

(1)电子数据交换(EDI，即 Electronic Data Interchange)，又可称为“电子资料连通”，是一种在企业之间传输订单、发票等商业文件进行贸易的电子化手段。它通过计算机系统和通信网络，采用国际公认的标准格式，完成与某一贸易活动有关企业和有关部门之间的数据交换和处理，从而进行以贸易为中心的活动的全部过程。

EDI 的应用可以减少甚至取消贸易过程中的纸面单证，因此被称为“无纸贸易”。以传统的买卖活动为例[③]，按照传统的方式是由买方向卖方发出使用订单，卖方按照订单发货，买方收到货物及发货票后开出支票给卖方，卖方到银行兑现。如果采用电子数据交换系统的话，则计算机就将按照预先设置的程序自动处理该订单，检查订单是否符合要求；通知安排生产；向供应商订购零配件；向运输部门预订集装箱；向保险部门申请保险单等，使整个交易过程在最短时间内准确完成。在这样的商业流程之中，不同的部门之间所传递的是一级电子数据，因此国际标准化组织将其描述为：“将贸易或者行政事务按照一个公认的标准形成结构化的事务处理或信息数据格式，从计算机到计算机的电子传输。”

EDI 可以缩短交易的时间，提高交易的效率，但其安全性是应用 EDI 过程中面临的主要问题，例如如何对电子数据进行保护，如何运用“电子签名”等都有待理论的深入和立法的完善。

(2)电子邮件(E-mail)是通过互联网系统来传递信息的一种方式。电子信箱系统中传递的信件与传统的信件不同，它的介质是电磁信号，其内容可以是各种电

---

① 崔建远：《合同法》，法律出版社 2003 年第 3 版，第 66 页。

② 陈小君：《合同法》，高等教育出版社 2003 年版，第 70 页。

③ 陈小君：《合同法》，高等教育出版社 2003 年版，第 71 页。

子文本格式的文本文件、数据文件以及传真、语音和图像文件等。[①]

4.其他可以有形地表现所载内容的形式

法律留了一个口袋条款,为现实生活中存在的纷繁复杂的书面形式或随社会发展将会出现的新方式之运用提供了灵活的空间。

(三)其他形式

1.推定形式

推定形式是指当事人通过一定有目的的积极行为将其内在意思表现于外部,他人可以通过基本常识、交易习惯或相互间的默契,推知当事人已作某种意思表示,从而使合同成立。如房屋租期届满后,承租人并没有搬出该房屋而是继续居住并交纳房租,出租人接受之,由此可推定双方当事人之间存在延长租期的合意。

2.沉默形式

沉默形式是指既无语言表示又无行为表示的消极行为,只有在法律有特别规定或当事人有特殊约定以及符合当事人之间的交易习惯的情况下,才可将当事人的沉默视为一种意思表示,从而使合同成立。通常情况下,内部意思表达于外部需要借助积极的表示行为,单纯沉默不是表示行为,不构成意思表示,不能成立合同。所以只有法律作出特别规定或当事人作出特殊约定以及当事人之间的交易习惯的情形下,当事人的消极行为才被赋予一定的表示意义,并发生缔结合同的法律效果。

## 真题链接

1.玩具协会举行展销会,朱某借用护卫舰公司营业执照申请云团公司殿会位置。甲购买玩具后发现云团公司销售的火牛公司生产的拼图少了一块,请问甲可以向谁主张赔偿?

A.玩具协会

B.护卫舰公司

C.云团公司

D.火牛公司

2.甲、乙双方达成协议,约定甲将房屋无偿提供给乙居住,乙则无偿教甲的女儿学钢琴。对于该协议,下列说法正确的是(　　)?

A.属于无名合同

B.属于实践合同

① 胡康生:《中华人民共和国合同法释义》,法律出版社1999年版,第20页。

C.应当适用合同法总则的规定

D.可以参照适用合同法关于租赁合同的规定

3.甲、乙签订货物买卖合同,约定由甲代办托运。甲遂与丙签订运输合同,合同中载明乙为收货人。运输途中,因丙的驾驶员丁的重大过失发生交通事故,致货物受损,无法向乙交付货物。下列说法正确的是(  )?

A.乙有权请求甲承担违约责任

B.乙应当向丙要求赔偿损失

C.乙尚未取得货物所有权

D.丁应对甲承担责任

# 第五章　合同的订立及成立

【引　例】

甲商场向乙企业发出采购100台电冰箱的要约，乙于5月1日寄出承诺信件，5月8日信件寄至甲商场，适逢其总经理外出。5月9日总经理知悉了该信内容，遂于5月10日电传告知乙收到承诺。请问承诺何时生效？

## 第一节　合同的订立

### 一、合同的订立及成立概述

缔约当事人就合同的主要内容达成合意时，合同成立。合同的成立意味着各方当事人的意思表示一致。

合同的订立是当事人谋求合意的过程，即合同成立的过程。合同订立，侧重讲的是订约的过程，就是一个讨价还价、互相协商，互相妥协的过程，用缔约术语表示即要约邀请、要约、反要约、承诺的过程，甚至在此过程中，要约、反要约循环进行直至承诺，达成了缔约的合意。在这个过程中的每一个环节，主体意志的自由性及主体地位的平等性，使得契约自由和契约正义相互协调。①

订立合同所追求的目标，就是成立合同，合同成立是订立合同的结果。当然，有订立行为，不一定就能导致合同的成立。

### 二、合同的成立条件

合同的成立是缔约各方利益协调的结果，成立合同一般必须具备如下条件。

#### （一）存在双方或多方缔约当事人

合同是一种双方或多方的民事法律行为，它必须具有双方或多方当事人，若只

① 李永军：《合同法》，中国人民大学出版社2020年版，第45页。

有一方当事人则根本无法成立合同。某一民事主体不能与自己订立合同,也不能委托他人与自己订立合同。合同必须存在着两个或两个以上利益不同的缔约主体。作为缔约当事人的,既可以是自然人,也可以是法人或者非法人组织。

### (二)缔约当事人就合同的主要内容达成合意

根据《民法典》第470条的规定,合同条款一般包括当事人的姓名或者名称和住所、合同标的、数量、质量、价款或者报酬、履行期限、地点和方式、违约责任、解决争议的方法等。该条规定使用了"一般包括"而不是"必须包括"的表达,表明上述条款并非合同成立所必备的条款。

合同必备的条款是指合同成立所必须具备的,决定合同的类型和当事人的基本权利、基本义务的条款。合同必备的条款来源于两种情形:一种是法律规定的合同必须具备的条款或者是由合同的类型及性质决定的合同必须具备的条款。另一种是缔约当事人要求合同必须具备的条款。无论是哪一种必备条款,当事人只要不能达成意思表示的一致,就不能成立合同。

合同成立,当事人必须对足以确定合同性质及当事人基本权利义务关系的条款,即合同必备条款达成一致意思表示,但并不要求当事人对合同的全部条款都形成合意。

比如,在上述条款中,"解决争议的方法"并不妨碍合同目的的实现,与合同成立与否没有关系。又比如,在无偿合同中,"价款或者报酬"条款就没有存在的必要。

另外,根据《民法典》第510条、第511条之规定,当事人就质量、价款或者报酬、履行地点等内容没有约定或者约定不明确的,可以协议补充;不能达成补充协议的,按照合同相关条款或者交易习惯确定。仍然不能确定的,按照第511条所提供的标准履行。由此可见,上述提示性条款的不确定,并不影响合同的成立和生效,可以在合同成立后由当事人继续协商。除非法律另有规定或当事人另有约定,一般来说仅当事人的姓名或者名称、标的和数量条款为合同主要条款,亦称为合同成立的"三要素"。

### (三)经过要约和承诺两个阶段

我国《民法典》第471条规定:"当事人订立合同,可以采取要约、承诺方式或者其他方式"。说明要约和承诺是合同订立的基本过程,一般而言也是合同成立必经的两个阶段。除此之外,由于合同的性质和类型的不同,一些合同的成立还须具备特殊的成立要件。合同的特殊成立要件,是指根据法律的规定或当事人的约定,合同成立所应特别具备的要件。例如,在实践性合同中,法律要求当事人交付标的物或完成其他给付时,合同才成立,所以交付标的物或完成其他给付行为构成实践合同的特殊成立要件。

## 第二节　要约

### 一、要约的概念及构成要件

要约(offer),又可称为发盘、出盘、发价或者报价等,是指一方当事人向对方当事人作出的希望与之缔结合同的意思表示。发出要约的一方称为要约人,接受要约的一方则称为受要约人、相对人或承诺人。要约是订立合同过程中的首要环节,或者说是始发阶段,没有要约就没有之后的协商开展,也就不存在承诺,合同也就无从产生。

大陆法系普遍认为,要约是当事人订立合同的意思表示,既非事实行为,也非法律行为,只是订约的意愿,是缔约一方向另一方发出的订立合同的动议。要约作为单方的意思表示,只是双方法律行为的要素,须与承诺相配合才能成立双方法律行为。

《联合国国际货物销售合同公约》第 14 条指出:"向一个或一个以上特定的人提出订立合同的建议,如果十分确定,并且表明发价人在得到接受时承受约束的意旨,即构成发价。"我国《民法典》第 472 条也采纳了要约属于意思表示的观点。

一项有效的要约应具备以下四个要件。

1.要约是由具有缔约能力的特定人作出的意思表示。要约的提出旨在向相对人表示愿意与之订立合同,并唤起相对人的承诺,所以要约人必须是订立合同的一方当事人。这里的特定人是指要约人是具体的人且应能为外界所确定。要约人还应当具有相应的缔约能力,无民事行为能力人或依法不能独立实施某种行为的限制民事行为能力人所作出的欲与他人签订合同的意思表示,不能产生要约的法律效力,其要约行为须通过其代理人进行。

2.要约必须向欲与之缔结合同的受要约人发出。要约人向谁发出要约,也就表明他希望与谁订立合同,要约人只有向这样的人发出要约才可能取得相对人的承诺。受要约人原则上也应是一个或数个特定人,但这并不意味着要严格禁止要约向不特定的人发出。比如,正在工作的自动售货机,它所针对的购买者是不特定的;在自选超市中,已标价由消费者自取的陈列商品也是针对不特定当事人发出的要约。

另外,《民法典》第 473 条第 2 款"商业广告和宣传的内容符合要约条件的,构成要约",也表明向不特定人发出的商业广告和宣传也可构成要约。2020 年修正的《最高人民法院关于审理商品房买卖合同纠纷案件适用法律若干问题的解释》对于商品房的销售广告和宣传资料亦作了类似规定。

在下列两种情形下受要约人可以是不特定的:其一,法律明确规定在某些特定情况下向不特定的人发出缔约的意思表示具有要约的效力。其二，本着合同自由原则，法律亦允许要约人表明他意图向不特定人发出要约，并自愿承担由此产生的后果。但是向不特定人发出要约，亦有一定的限制，必须符合两个要件：其一，当事人必须明确、不含糊地表示其提出的动议是一项要约而非要约邀请；其二，必须能够承担向多人发出要约的责任，尤其是要约人向不特定人发出要约后，应当保证其有能力在合同成立以后，向不特定的受要约人履行合同。在英国合同法中，它是允许要约向全世界人作出的，确立这一原则的经典判例是 1893 年的 Carlill v. Carbolic Smoke BallCompany 案。①

3.要约必须具有订立合同的意图。这是作为要约的关键。要约人发出要约的目的是和他人缔结合同，所以在要约中必须表明要约经受要约人承诺，要约人即受该意思表示约束。由于要约具有订约意图，这就意味着要约人愿意接受承诺的后果，故受要约人一经承诺，合同即告成立，要约人要受到拘束，不得再撤销要约。

4.要约的内容必须具体确定。根据我国《民法典》第 472 条的规定，要约的内容必须具体确定。所谓"具体"，是指要约的内容必须具有足以使合同成立的主要条款，即当事人的姓名或者名称、标的和数量条款。如果不能包含合同的主要条款，承诺人无法全面了解缔约的内容，无法作出承诺，即使作出承诺，也会因为该合意不具备合同的主要条款而使合同无法成立。所谓"确定"，是指要约的内容必须清楚地表示出当事人的意图，而不能含糊不清、模棱两可，否则受要约人不能了解要约人的真实意图，无法承诺。

具备上述四个要件的要约，才为一个有效的要约，并产生应有的拘束力。

## 二、要约邀请与要约的区别

### (一)要约邀请的概念

要约邀请，又可称为要约引诱，根据《民法典》第 473 条的规定，它是指希望他人向自己发出要约的表示。也就是说，要约邀请是当事人订立合同的前期准备行为，在发出要约邀请时，当事人仍处于订约的准备阶段。要约邀请只是引诱他人向自己发出要约，相对人即使作出同意的意思表示，也不能成立合同。发出要约邀请之后，要约邀请人撤回其邀请，只要没有给善意相对人造成信赖利益的损失，要约邀请人一般不承担法律责任。②

---

① Marnah Suff, *Essential Contract Law*, second edition, Wuhan University Press, 2004, p.3.

② 要约邀请人撤回其邀请，造成善意相对人在缔约阶段发生信赖利益的损失，应对善意相对人的实际损失承担缔约过失责任。参见《时间房地产建设集团有限公司诉浙江省玉环县国土资源局土地使用权出让合同纠纷案》，载《最高人民法院公报》2005 年第 5 期。

(二)要约和要约邀请的区别

两者具体可以根据以下方式进行区分。

1.依法律直接规定作出区分。法律如果明确规定了某种行为为要约或要约邀请,即应按照法律的规定作出区分。例如,根据我国《民法典》第473条的规定:“要约邀请是希望他人向自己发出要约的表示。拍卖公告、招标公告、招股说明书、债券募集办法、基金招募说明书、商业广告和宣传、寄送的价目表等为要约邀请。”“商业广告和宣传的内容符合要约条件的,构成要约”。由此可见,拍卖公告、招标公告、招股说明书、债券募集办法、基金招募说明书、寄送的价目表、一般的商业广告和宣传都属于要约邀请。

另外,挂牌出让公告与拍卖公告、招标公告相同,一般刊登在报纸之上,亦是向不特定主体发出的以吸引或邀请相对方发出要约为目的的意思表示,其实质是希望竞买人提出价格条款,其性质亦应认定为要约邀请。[①]

2.根据当事人的意愿来作出区分。此处所说的当事人的意愿,是指根据当事人已经表达出来的意思来确定当事人对其实施的行为主观上认为是要约还是要约邀请。表意人表示其为要约,或要约的引诱的(要约邀请),依其表示。[②] 由于要约旨在订立合同,因此,要约中应包含明确的订约意图。而要约邀请只是希望对方向自己提出订约的意思表示,所以,在要约邀请中订约的意图并不是很明确的。如当事人在订约的建议中标明“仅供参考”,其订约建议则只是要约邀请。相反,如果当事人明确指出“本意思表示为要约”,那么该动议就是要约。

3.根据订约动议的内容是否包含了合同的主要条款来区分。要约的内容中应当包含合同的主要条款,这样才能因承诺人的承诺而成立合同。而要约邀请只是希望对方当事人提出要约,因此,它不必包含合同的主要条款。但是仅仅以是否包含合同的主要条款来作出区分是不够的。即使表意人提出了未来合同的主要条款,如果他在动议中声明不受该意思表示的拘束,或提出需要进一步协商,或提出需要最后确认等,也都将难以确定他具有明确的缔约意图,因此不能认为该动议是要约。

4.根据交易的习惯来区分。交易习惯常常会体现缔约当事人的意愿,因此可以用于区别要约和要约邀请。例如,出租车司机将出租车停在路边招揽顾客,如果根据当地的规定和习惯,出租车可以拒载,则此种招揽是要约邀请;如果不能拒载,则认为是要约。

5.从是否具有拘束力角度来区分。要约人有受要约表示内容约束的意思,当

---

① 参见《时间房地产建设集团有限公司诉浙江省玉环县国土资源局土地使用权出让合同纠纷案》,载《最高人民法院公报》2005年第5期。

② 王泽鉴:《债法原理》,北京大学出版社2009年版,第123页。

相对人作出承诺时，合同即告成立，要约人反悔的，则构成违约；要约邀请人并无使自己受要约邀请内容约束的意图，相对人作出的意思表示仅为要约，此时要约邀请人处于承诺人地位，他有权决定是否要缔结此合同。

要注意的是，在区分要约和要约邀请时，不宜仅仅考虑一种因素，有时由于情况的复杂性或综合性，需要全面考察各种因素来区分要约与要约邀请。

### （三）生活中的常见现象分析

1.商业广告和宣传

我国《广告法》第 2 条规定："在中华人民共和国境内，商品经营者或者服务提供者通过一定媒介和形式直接或者间接地介绍自己所推销的商品或者服务的商业广告活动，适用本法。"从此条款内容不难得出商业广告的定义，即商品经营者或者服务提供者通过一定媒介和形式，直接或者间接地介绍自己所推销的商品或服务的商业广告活动。这种形式应该让潜在的受众群体直接了解产品或服务的品质、性能、质量等信息。

"宣传"一词起源于 16 世纪的反宗教改革时期，被用来表示通过无限制使用传播，来推广特定信仰和期望的行为。如今，宣传被广泛应用在各行业的广告、公共关系等品牌营销战略中，包括商业服务推广与商品服务市场营销。商业宣传指的是商品的生产者（经营者）或者服务提供者通过一定的媒介和形式直接或间接地介绍自己所推销的商品或者服务以及自身品牌形象、追求理念等内容的组织活动。商业宣传的常见形式有商业广告、商业展会、现场演示、现场体验、展示展览、试吃试用、品牌形象专题展示、商业新闻、企业官方微博动态、纪录片展播、悬挂横幅标语、商业新闻发布会、导购导医、公共事件营销、案例分享、橱窗展示、信息推送、信誉分享（成交量、用户评价）等。

对于商业广告和宣传是否为要约这个问题，应具体判断。一般情况下，二者为要约邀请。但是一旦商业广告和宣传的内容满足了前述要约的条件的，如"内容具体、确定"包含了将要缔结合同的主要条款的，同时又表明"受该意思表示约束"的，那么构成要约。我国学者也一般认为，如果广告或宣传中含有合同得以成立的确定内容，又含有广告人希望订立合同的愿望以及愿意承受约束的意旨，就应当视为要约。①

2.悬赏广告

悬赏广告，是以广告的方式公开表示对于完成特定行为的人给予报酬的意思表示。在现代社会，悬赏广告在报纸、网络中比比皆是，用途十分广泛。2018 年 5 月，轰动全国的郑州空姐遇害案，滴滴出行公司悬赏 100 万元缉拿凶手，就是典型的悬赏广告。对于悬赏广告的性质，学说上一直存在争议，主要有三大观点：第一，

---

① 王家福：《民法债权》，法律出版社 1991 年版，第 285 页。

要约邀请说。该观点认为悬赏广告在性质上属于要约邀请，行为人完成悬赏广告中所声明的行为，该行为在性质上属于要约。第二，契约说。契约说也叫做要约说，认为悬赏广告是向不特定的多数人发出的要约。第三，单方法律行为说。该说认为悬赏广告是附停止条件的单方法律行为。对比三大观点，要约邀请说不利于对悬赏人作出拘束，有违诚信，在比较法上极少被采用。而契约说和单方法律行为说相比，我们认为单方法律行为说更为合理，理由如下：

其一，从保护完成特定行为的人的角度考虑。完成特定行为的人可能是无民事行为能力人或者限制民事行为能力人，如果采用契约说，那么行为人将会因为不具备完全行为能力，不具备有效承诺的资格而导致无法获得报酬。相反，采用单方行为说，纵使完成悬赏广告中指定行为的人为无民事行为能力人，他仍然可以获得报酬请求权。①

其二，从完成特定行为的人是否知晓悬赏广告的内容角度考虑。悬赏人虽然以公开方式声明悬赏内容，但是完成悬赏广告中指定行为的人未必知晓该内容。如果采用契约说，那么行为人如果并未知晓悬赏内容而做出了特定行为，该行为也就不能认为是针对要约所作的承诺了。相反，单方行为说则没有这个障碍，行为人只需完成特定行为，悬赏人所负担的债务即发生。

从我国《民法典》第 499 条规定“悬赏人以公开方式声明对完成特定行为的人支付报酬的，完成该行为的人可以请求其支付”可见，《民法典》虽未明示悬赏广告的性质，但“完成该行为”即可以请求支付，故而解释为单方法律行为更为合理。

3.超市明码标价陈列的商品

商业社会，超市林林总总，数量繁多，超市里明码标价的商品，成为广大消费者自由选购的对象。通说认为超市货架上的标价商品应为要约，而消费者的购买行为视为承诺。值得注意的是，消费者的承诺并不是在挑选商品时就做出了，而是在付款时承诺才做出，合同关系才成立。故而，消费者在挑选商品未付款时还可以自由地选择，遇到更合意的商品可以将先前挑选的商品放回原处即可。

4.自动售货机的设置

自动售货机的出现方便了人们的生活，无论是英美法系国家或是大陆法系国家都普遍认为，自动售货机的设置为要约。自动售货机中装着待售货品，价格明确，它向不特定的人发出了出卖该货品的要约，人们只需在售货机中放入货币或者是扫码支付了特定商品的价格，买卖合同即告成立。至于售货机无货或出现故障无法正常运转，应视为未能履行买卖合同，需退回相应价金。

---

① 王泽鉴：《民法学说与判例研究（第一册）》，中国政法大学出版社 1998 年版，第 61～63 页。

## 三、要约的生效及法律效力

### （一）要约的生效

要约的生效时间，是指要约发生法律效力的时间。要约的形式不同，要约的生效时间亦有所不同。

以对话方式作出要约的，自相对人知道要约内容时方能发生法律效力，如果存在客观理解障碍，要约人未以合理方法予以排除的，要约便不能发生法律效力。

以非对话方式作出的要约的生效时间，学说上有两种主流观点：发信主义和到达主义。英美法系国家主要采取发信主义，即要约人将要约置于自己控制范围之外时，要约即告生效，如要约电报、电传、传真的发出等。大陆法系国家大多采用到达主义，到达主义又可称为受信主义，即要约必须于到达受要约人可控制范围内之时，才发生法律效力。

许多国家的法律都采纳了到达主义，我国也采纳了到达主义，并在《民法典》第474条和第137条规定了这一原则。同时，为顺应科学技术的发展需要，又特别规定："以非对话方式作出的采用数据电文形式的意思表示，相对人指定特定系统接收数据电文的，该数据电文进入该特定系统时生效；未指定特定系统的，相对人知道或者应当知道该数据电文进入其系统时生效。当事人对采用数据电文形式的意思表示的生效时间另有约定的，按照其约定"。值得一提的是，采用到达主义，"到达"成为要约生效的标准，但是"到达"并不意味着一定要实际交送到受要约人及其代理人手中，只要送达到受要约人所能够控制的范围（如公司的传达室、受要约人的信箱等）即为到达。

### （二）要约的法律效力

要约的法律效力即要约对当事人的约束力，主要表现在两个方面。

1.要约对要约人的拘束力

要约对要约人的拘束力，也可称为要约的形式拘束力，其实质是法律对要约人课加的义务。详言之，要约一经生效，要约人即受到要约的拘束，不得任意撤销或对要约加以限制、变更和扩张。法律之所以要求要约人负有此等义务，是为了保护受要约人的利益，保护受要约人与要约人之间的信赖关系，维护交易安全。故而我国《民法典》第476条虽然允许要约人撤销要约，但对此作出了限制。"要约人以确定承诺期限或者其他形式明示要约不可撤销""受要约人有理由认为要约是不可撤销的，并已经为履行合同做了准备工作"的属于除外情形。

2.要约对受要约人的拘束力

要约对受要约人的拘束力也可称为承诺适格，是指在要约发生效力时，受要约人取得依其承诺而成立合同的法律地位。一旦要约人向受要约人发出要约并发生法律效力，就必须给予受要约人承诺的权利，一旦受要约人作出承诺，要约人必须受到约束。因此，与其说是对受要约人的拘束力，不如说是对要约人的拘束力。它具体表现在以下三点：

第一，要约生效以后，只有受要约人才有权对要约人作出承诺，因为要约人选择了特定的相对人，确定了特定的受要约人，只有受要约人才有资格对要约人作出有效的承诺。如果第三人代替受要约人作出“承诺”，此种“承诺”只能视为对要约人发出的要约，而不具有承诺的效力。

第二，受要约人无权转让其作出承诺的权利。因为该权利是一种资格，它不能作为承诺的标的，也不能由受要约人随意转让，否则他人作出的“承诺”对要约人不产生效力。当然，如果要约人在要约中明确允许受要约人有权转让其承诺权，或者受要约人在取得要约人的同意后转让承诺权，则此种转让是有效的。

第三，承诺权是受要约人享有的权利，受要约人可以自行决定是否行使这项权利，也就是说受要约人可以接受该要约也可以拒绝该要约。承诺人在收到要约以后并不负有当然承诺的义务，即使要约人在要约中明确规定承诺人不作出承诺通知即为承诺，此种规定对受要约人也不产生效力。但如果受要约人按照法律规定或一般商业惯例负有承诺义务或通知义务，则受要约人应为承诺或予以通知。如有的国家法律规定，医生对病人请求治疗的要约，无正当理由的，不得拒绝承诺；有正当理由的，如该医院的医疗设施不能满足病人的要求，医生应及时通知该病人。再如，经常有业务往来并且订有预约的商人，依照商业惯例，无论哪一方提出要约，对方承诺与否均应通知要约人，怠于通知的，则其默示行为将视为承诺。

## 四、要约效力存续期间

要约效力存续期间，是指要约可在多长时间内发生法律效力。关于要约的期限问题完全由要约人决定，如果要约人没有确定，则只能以要约的具体情况来确定合理期限。具体来说，如果要约没有明确规定该要约的存续期限，则应区分如下两种情况：

其一，以对话方式发出的要约，如果要约中没规定承诺期限，那么受要约人应立即作出承诺，这样才能对要约人产生拘束力，否则要约将会失去效力。在双方当事人面对面地协商时，一方向他方提出要约而没有指出任何承诺时间的情况下，该他方当事人通常会得出的推论是，对方期待他立即答复。[①] “对话为要约者，非立时承诺，即失其拘束力”，此之所谓立时，系指尽交易上之可能，在对话关系终了前迅速为之而言。从而是否为立时承诺，应依一般社会观念客观解释之，不可拘泥于文字解为应紧接于要约生效后，即刻为承诺。职是之故，以电话为要约，电话突告中断，不久再行接通而恢复通话，于此时始为承诺者，或于餐会中提出要约，相对人于餐会结束离席前为承诺者，均应解为仍立时承诺。[②]

其二，以非对话方式发出的要约，如果要约人在要约中具体规定了存续期限，则该期限为要约的有效存续期限。如果要约中没有规定存续期限，则应以一段合理时间作为要约存续的期限。合理期限的计算主要考虑以下三项因素：要约到达受要约人的时间；作出承诺所需要的时间；承诺通知到达要约人所需要的时间。

关于要约效力的存续期间的计算，还需明确其起算点，我国《民法典》第 482 条规定：“要约以信件或者电报作出的，承诺期限自信件载明的日期或者电报交发之日开始计算。信件未载明日期的，自投寄该信件的邮戳日期开始计算。要约以电话、传真、电子邮件等快速通讯方式作出的，承诺期限自要约到达受要约人时开始计算。”

## 五、要约的撤回和撤销

### （一）要约的撤回

要约的撤回，是指在要约发出以后未到达受要约人之前，要约人有权取消要约。一般情况下，要约是可以撤回的，只要撤回的通知先于或同时与要约到达受要约人。允许要约人撤回要约，是充分尊重要约人的自由意志和利益的体现。由于撤回是在要约到达受要约人之前作出的，因此要约尚未生效时即被撤回，亦不会损害受要约人的利益。我国《民法典》第 475 条和第 141 条的规定确认了这一点，即“要约可以撤回”，但“撤回意思表示的通知应当在意思表示到达相对人之前或者与意思表示同时到达相对人。”

特别注意的是，对于以电子数据形式发出的要约而言，要约人在发出要约以后，通常是不可能撤回的。因为电子数据的传输速度非常迅速，要约人发出的要约马上就会到达对方的系统，所以不可能有其他的方式能够在要约到达之前便能够将撤回的指令到达对方的系统，所以在电子商务中，要约一般是不能撤回的。

---

① ［美］A.L.科宾：《科宾论合同》，王卫国等译，中国大百科全书出版社 1998 年版，第 76 页。

② 刘春堂：《民法债编通则（一）契约法总论》，三民书局有限公司 2011 年版，第 72 页。

（二）要约的撤销

要约的撤销，是指在要约到达受要约人并生效以后，要约人取消该要约，从而使该要约的效力归于消灭。我国《民法典》第476条规定“要约可以撤销”。第477条又接着规定“撤销要约的意思表示以对话方式作出的，该意思表示的内容应当在受要约人作出承诺之前为受要约人所知道；撤销要约的意思表示以非对话方式作出的，应当在受要约人作出承诺之前到达受要约人”。

撤销与撤回的共同目的都是取消要约，并且都只能在承诺作出之前实施，但两者存在一定的区别，主要有以下两点：

其一，撤回发生在要约未到达受要约人并生效之前，而撤销则发生在要约已到达并生效但受要约人尚未作出承诺的期限内。

其二，由于撤销要约时要约已经生效，因此对要约的撤销必须有严格的限制，如因撤销要约而给受要约人造成损害的，要约人应负赔偿责任。而要约的撤回是发生在要约生效之前，所以法律对要约的撤回并没有这些严格的限制。

我国《民法典》第476条对要约的撤销作了一定的限制。

1.要约人确定了承诺期限，则表明要约人在承诺期限内放弃了撤销权，不撤销该要约。例如，“请于7月8日前答复，逾期不候”。该要约表明了承诺的期限，7月8日就是承诺期限的最后一天，这种要约是不可撤销的。

2.以其他形式明示要约不可撤销的。例如，“在你方答复之前，我方将保持要约中列举的条件不变”“我方不可撤销该要约”等。

3.受要约人有理由认为要约是不可撤销的，并已经为履行合同做了准备工作。这一规定保护了受要约人的信赖利益。受要约人有理由认为要约是不可撤销的，这是从受要约人的主观方面来考虑，包括可能导致受要约人合理信赖要约人不会撤销要约的各种情形。已经为履行合同做了准备工作，这是从客观方面来考虑，例如，购买原材料，筹备货款，租用场地，购买车船机票等到要约人指定的地点去实施履行行为等。受要约人在收到要约以后，基于对要约的信赖，已为履行合同支付了一定的费用，如果要约人撤销该要约，则受要约人有权要求要约人承担赔偿责任。

## 六、要约失效

要约失效，是指要约丧失了法律效力，不再对要约人和受要约人产生拘束。要约失效以后，受要约人也丧失了作出承诺的资格或权利，即使他向要约人表示了“承诺”，也不能促成合同的成立。

要约失效的原因主要有以下几种。

1.拒绝要约的通知到达要约人。受要约人没有接受要约所规定的条件，并将这一意思表示传达给要约人。拒绝的方式有多种，既可以是明确表示拒绝，也可以是在要约规定的时间内不作答复而拒绝。一旦拒绝，则要约失效。

2.要约人依法撤销要约。在受要约人发出承诺通知之前，要约人可以根据法律的规定撤销要约。

3.承诺期限届满，受要约人未作出承诺。要约中明确规定了承诺期限的，则承诺人必须在该期限内作出承诺，超过了该期限，则要约自动失效。

4.受要约人对要约的内容作出实质性变更。所谓的实质性变更，根据《民法典》第488条的规定，是指有关合同标的、数量、质量、价款或者报酬、履行期限、履行地点和方式、违约责任和解决争议方法等的变更。受要约人对要约的实质内容作出限制、更改或扩张，既表明受要约人已拒绝了要约，同时受要约人又向要约人提出了一项反要约，在这一反要约中，原要约人成了承诺人。如果受要约人作出的承诺通知并没有更改要约的实质内容，只是对要约的非实质性内容予以变更，且要约人又没有在合理期间内表示反对，则此种承诺不应视为对要约的拒绝。但是如果要约人事先声明不得对要约作任何内容改变，则受要约人更改要约的非实质性内容，也会产生拒绝要约的效果。

另外，我国台湾学者多有主张如果依照契约的性质，特别注重当事人其人仅为要约人本身而订立，或以当事人间之信任为基础的要约，因要约人死亡或丧失行为能力，要约失效。比如，要约人定制供自己穿的西装，请人教自己英文或者病中雇人看护等。①

## 第三节 承诺

### 一、承诺的概念及构成要件

承诺，是指受要约人同意要约内容的意思表示，换言之，即承诺人所作出的同意接受要约的条件并基于此缔结合同的意思表示。承诺的法律效力在于，承诺一经作出并送达于要约人，合同便告成立。

由于承诺一旦生效，将导致合同的成立，因此承诺必须符合一定的条件。在法律上，承诺应具备以下条件，才能产生法律效力。

1.承诺必须由受要约人向要约人作出。由于要约是向受要约人发出的，因此只有接受要约的特定人即受要约人才有权作出承诺。如果受要约人是不特定的人，则不特定的人中任何人都可以作出承诺。承诺可以由受要约人本人作出，也可以由受要约人委托的代理人作出。承诺应当向要约人作出，对要约人本人及其代理人之外的第三人作出同意要约的意思表示的，不发生承诺的效力。

① 刘春堂：《民法债编通则(一)契约法总论》，三民书局有限公司2011年版，第74～75页。

2.承诺必须在规定的期限内到达要约人。承诺到达要约人才能生效,但承诺也有一定的期限限制。承诺的期限通常都是在要约中规定的,如果要约规定了承诺期限,则应当在规定的承诺期限内到达;在没有规定承诺期限时,如果要约是以对话方式作出的,承诺人应当即时作出承诺,如果要约是以非对话方式作出的,承诺应当在合理的期限内作出并到达要约人。合理的期限的长短应当根据具体情况来确定,一般应当综合考虑要约发出的时间、要约到达的时间和作出承诺所必要的时间、承诺通知到达所需要的时间。未能在合理期限内作出承诺并到达要约人,不能成为有效承诺。

3.承诺的内容必须与要约的内容一致。在承诺中,受要约人必须表明其愿意按照要约的全部内容与要约人订立合同。也就是说,承诺的内容必须与要约的内容一致,才构成意思表示的一致,从而使合同成立。承诺的内容与要约的内容一致,并不意味着承诺与要约的内容完全一样,丝毫不能变动。当代绝大多数国家法律允许承诺更改要约的非实质性内容,如果要约人未及时表示反对,则承诺有效。我国《民法典》也采用这一观点,承诺的内容与要约的实质内容相一致,而不得对要约的内容作出实质性更改,否则不构成承诺,应视为对原要约的拒绝并作出一项新的要约。承诺对要约的内容作出非实质性变更的,除要约人及时表示反对或者要约表明承诺不得对要约的内容作出任何变更外,该承诺有效,合同的内容以承诺的内容为准。

4.承诺的方式必须符合要约的要求。受要约人必须将承诺的内容通知要约人,受要约人应采取何种方式通知,原则上应根据要约的要求来确定。如果要约规定承诺必须以某种特定的方式作出,那么承诺人作出承诺时,必须符合所规定的承诺方式,在此情况下,承诺的方式成为承诺生效的特殊要件。如果要约没有特别规定承诺的方式,则该承诺为不要式的行为。在我国,承诺原则上应采取通知方式,但根据交易习惯或者要约表明可以通过行为作出承诺的除外。也就是说,在一般情况下,承诺应采用通知的方式,但如果根据交易习惯或者要约的内容可以采用行为方式作出承诺,则受要约人可通过一定的行为作出有效的承诺。例如,甲乙两公司之间存在着长期的交易关系,通常当甲公司向乙公司发出要约,表明需要一定数量的机床时,乙无须作出承诺通知,仅需将货直接发至甲公司,根据这样的交易习惯,乙公司对甲公司的要约可以采用行为的方式作出承诺。

行为方式的承诺,绝不同于单纯的缄默或不行动。缄默或不行动均指受要约人没有作任何意思表示,他人无法确定其具有承诺的意思,所以不属于承诺。在实践中,有的当事人在要约中规定沉默视为承诺,这种规定对受要约人不具有约束力。如:甲方向乙方以信函方式提出要约,“我书店将向您出售一套法律职业资格考试用书,您如不同意,请在 3 天内答复,否则视为接受”。对含有这种规定的要约,受要约人保持沉默,则构成对该要约的拒绝,而不发生该要约上所规定的法律效果。因为只在法律有特别规定时,沉默这一消极的行为才构成意思表示,要约人单方面的规定并不能赋予沉默行为以法律上的效力。

## 二、承诺的生效时间

根据我国《民法典》第483条的规定，“承诺生效时合同成立”，一旦承诺生效，合同便宣告成立，承诺的法律效力在于使合同成立。可见，承诺生效的时间对确定合同生效的时间具有重要的意义。

判断承诺生效的时间有发信主义和到达主义两种标准，英美法系国家多采用发信主义，而大陆法系国家多采用到达主义。它们的区别主要表现在以下三点：[①]

第一，在合同成立的时间方面。根据到达主义，要约人只有在收到承诺人的承诺通知时，承诺才能生效。在此之前，由于邮局、电报局及其他信差的原因而导致承诺通知丢失或延误，一律由承诺人承担此后果。同时因承诺通知的丢失或延误，承诺通知也不生效。但是根据发信主义，一旦承诺人将承诺信投进信箱或把承诺的电报稿交给了电报局，则承诺生效，不论要约人是否收到，都应受到承诺的拘束。至于承诺的通知因邮局或电报局的原因而丢失或延误，则应由要约人负责。由于在成立时间上的不同，所以根据发信主义所成立的合同，应比到达主义成立的合同，在时间上要早。

第二，在承诺的撤回方面。根据到达主义，承诺人发出承诺通知以后，可以撤回承诺的通知。只要撤回的通知先于或与承诺通知同时到达要约人，则撤回有效。而根据发信主义，承诺在承诺通知发送时即已生效，承诺人不可能再撤回他的承诺通知。承诺人只有一种撤回的可能性，即在发信之前撤回承诺，所以实际上发信主义已经剥夺了承诺人撤回的权利。

第三，在承诺的迟延方面。根据发信主义，只要受要约人将承诺的信件投入信箱或将承诺的电报移交给电报局则承诺已经发生效力，如因邮局、电报局的原因造成承诺延误，也不阻碍合同的成立。因此，根据发信主义，承诺迟延不影响合同的成立。根据到达主义，承诺必须在要约规定的期限内作出并到达要约人，在承诺迟延的情况下，要约人及时通知受要约人因承诺迟延不接受承诺的，合同不能成立。

从上述比较可以看出，大陆法系的规定侧重于保护交易安全，而英美法系的规定侧重于效率的实现，两者孰优孰劣难以定论。根据《民法典》第484条和第137条的规定，我国现行立法采纳了到达主义。所谓到达是指承诺的通知到达要约人可支配的范围内，如要约人的信箱、代理人处、营业场所等。无论要约人是否实际阅读和了解承诺通知，都不影响承诺发生法律效力。承诺通知到达要约人时，合同即宣告成立。如果根据交易习惯或者要约的要求，承诺不需要通知，可以采用行为方式，则受要约人作出承诺的行为时，承诺生效，合同即成立。

---

① 王利明：《合同法研究》，中国人民大学出版社2002年版，第239～240页。

用此理论来分析引例中所提及的问题，我国对于非对话的、对特定人发出的承诺意思表示的生效时间采取到达主义，承诺到达要约人时就生效了，到达应当理解为承诺的意思表示到达要约人可支配的范围之内，而不管其“总经理”是否知悉。该案例中，5月8日承诺的信件到达了要约人甲商场，已经进入了要约人可支配的范围内，所以承诺就生效了。

## 三、承诺迟延和承诺撤回

### （一）承诺迟延

承诺迟延，是指受要约人未在承诺期限内发出承诺。承诺的期限通常是由要约规定的，如果要约中未规定承诺时间，则受要约人应在合理期限内作出承诺。超过承诺期限作出承诺的，根据《民法典》第486条，“受要约人超过承诺期限发出承诺，或者在承诺期限内发出承诺，按照通常情形不能及时到达要约人的，为新要约；但是，要约人及时通知受要约人该承诺有效的除外。”迟延的承诺原则上不产生效力，但要约人可承认其有效，在这种情况下，要约人应及时通知受要约人。要约人亦可不承认迟延的“承诺”，则该迟延的“承诺”为新要约，原要约人则处于承诺人的地位。

值得注意的是，还有一种特殊的迟延情形，即受要约人在承诺的期限内发出承诺，按照通常情形能够及时到达要约人，但因其他原因承诺到达要约人时超过承诺期限。此时，根据《民法典》第487条的规定，除要约人及时通知受要约人因承诺超过期限不接受该承诺外，该承诺有效。例如，一般信件异地传递时间是3天。甲方以信件向乙方发出要约的时间是3月1日，承诺期限是15天，乙方接到要约的时间是3月4日，经过考虑，乙方于14日向甲方邮寄接受要约的信件。表示承诺的信件本应于承诺期限的最后一天，即3月16日到达甲方，但由于自然灾害或者邮局人员的工作失误，3月17日承诺才送达甲方。那么，甲方如果不接受迟到的承诺，必须及时发出否认的通知，否则承诺生效，合同成立。

### （二）承诺撤回

承诺撤回，是指承诺人在承诺通知发出以后，在承诺生效之前撤回其承诺，是承诺人阻止承诺发生法律效力的一种意思表示。

由于各国法律对承诺生效的时间规定不同，因此，对撤回承诺的做法也不同。大陆法系的多数国家采取到达主义，所以允许承诺人撤回承诺，但撤回承诺的通知必须于承诺生效前到达要约人；而英美法系国家对承诺生效采取发信主义，承诺一经发出即告生效，所以不存在承诺撤回的问题。我国民法允许承诺撤回，根据《民法典》第485条和第141条的规定，“承诺可以撤回。”撤回的通知必须在承诺生效之前到达要约人，或与承诺通知同时到达要约人，撤回才能发生法律效力。如果承诺通知已经到达要约人，合同则已告成立，受要约人当然不能再撤回承诺。

## 第四节　合同成立的相关问题

### 一、合同成立的其他方式

一般情况下，合同的成立要经过要约和承诺两个阶段，但是这并不排除采用其他方式达成合同。其他成立合同的方式主要有以下几种。

1.合同确认书

根据《民法典》第491条的规定，“当事人采用信件、数据电文等形式订立合同要求签订确认书的，签订确认书时合同成立”。当事人通过信件或数据电文等形式订立合同时，可以约定只有再行签订确认书后合同才成立。

合同确认书在于确定合同的成立，还是确定合同的内容？我国《民法典》第491条的立场很明确，“签订确认书时合同成立”。当然，双方异地签订确认书的，经签字的确认书相互送达后合同方为成立。[①]

那么确认书与承诺之间是什么样的关系呢？双方就合同的基本内容达成合意后，一方要求以其最后的确认书为准，这表明他所发出的确认书才是其对要约所作出的最终的、明确的承诺。确认书是承诺的重要组成部分，是判断是否作出承诺的要素。如果一方是以信件、数据电文等方式订约，并提出要以最后的确认书为准，则在他未发出确认书以前，双方达成的合意只不过是一个初步意向，对双方并无真正的拘束力。

并不是以任何形式订立合同，当事人都可以要求再签订确认书，并以此为准的。确认书仅适用于当事人采用信件、数据电文等形式订立合同的情况。因为在这种情形下，当事人身处异地，没有在同一份文件上共同签字，任何一方都有权提出签订确认书，以确认书作为最后的标准。当然，双方在达成初步意向以后，在签订确认书的过程中，一方过错，致使另一方遭受了信赖利益的损害，则有过错的一方应承担缔约过失责任。在承诺人已作出承诺之后，如果他又提出签订确认书的问题，则这并非合同成立的形式问题，实际上是想要推翻或否认已经成立的合同，这一行为已构成违约，应承担相应的违约责任。

2.交叉要约

交叉要约，是指合同当事人以订立合同为目的，同时相互提出两个独立但内容一致的意思表示，交叉要约通常发生在以书面方式为意思表示的情况。例如，甲向

---

① 关安平：《国际商务法操作》，海洋出版社1993年版，第233页。

乙以信件方式发出以一定价格购买某商品的要约，在该要约未到达乙的时候，乙向甲也发出以相同交易条件出售某商品的信件要约，双方当事人都有订立合同的愿望，要约的内容也一致，这就是典型的交叉要约。

关于交叉要约是否可以成立合同，主要有两种不同的观点：

一种观点认为，交叉要约本身不能成立合同，因为严格来说，双方当事人都处于要约人的地位，而没有真正的承诺人。况且，有可能当事人又拒绝对方所提出的要约。英美法传统观点亦持此观点，它认为，双方当事人缔约的基本条件是要经过要约和承诺阶段，仅有要约而无承诺，如果能构成合同，不但不合学理，甚至会引发商业上的许多问题。

另一种观点认为，双方当事人已发生了相同的意思表示，法律则可推定他们已经相互作出了承诺，可以成立合同。

我国《民法典》对此没有作出规定，本书认为交叉要约虽然在表面上看似双方意思表示的内容相同，但双方未就具体内容进行协商，未意识到另一相同意思表示的存在，双方的合意尚未形成，而且一方当事人有可能会撤销其要约，如果盲目地肯定交叉要约可以成立合同的效果，则相当于剥夺了当事人的撤销要约权，极易引发纠纷。

3.意思实现

意思实现，是指依照商业惯例或交易的性质或要约人预先声明，承诺无须通知，在相当时期内发生可推断其承诺意思的客观事实时，合同成立。受要约人虽然没有作出明确承诺的意思表示，但依据其客观事实，可推断其有承诺的意思。

我国《民法典》原则上采用承诺须通知的原则，但为简化、便利合同的成立，承认合同因承诺意思的实现而成立这一例外情形。但合同因意思实现而成立，不必通知，关系当事人的利益极大，所以一般仅限于以下特别情形：(1)依交易习惯，承诺无须通知。如向宾馆订房间、向酒店订酒席。(2)依事物性质，承诺无须通知。如附有“拆封视为购买”标签的现物要约。(3)依要约人要约时预先声明，承诺无须通知。如嘱托即刻发货之要约。[①]

4.强制缔约

强制缔约，是指民事主体负有应对方请求与其订立合同的义务，非有正当理由不得拒绝的合同订立方式。强制缔约不以双方当事人的合意为要件，只要一方当事人提出缔结合同的请求，另一方当事人就负有法定的与之缔结合同的义务。[②]强制缔约仍然采取要约和承诺的程序，只是一方当事人负有必须承诺的义务。

我国《民法典》第494条规定：“国家根据抢险救灾、疫情防控或者其他需要下达国家订货任务、指令性任务的，有关民事主体之间应当依照有关法律、行政法规

① 陈小君：《合同法》，高等教育出版社2003年版，第68页。

② 王利明：《合同法研究（第一卷）》，中国人民大学出版社2011年版，第278页。

规定的权利和义务订立合同。”“依照法律、行政法规的规定负有发出要约义务的当事人,应当及时发出合理的要约。”“依照法律、行政法规的规定负有作出承诺义务的当事人,不得拒绝对方合理的订立合同要求。”据此,强制缔约有三种情形:

其一,国家根据抢险救灾、疫情防控或者其他需要下达国家订货任务或者指令性任务的有关民事主体之间应当依照有关法律、行政法规规定的权利和义务订立合同。

其二,依照法律、行政法规的规定负有发出要约义务的当事人,应当及时发出合理的要约。

其三,依照法律、行政法规的规定负有作出承诺义务的当事人,不得拒绝对方合理的订立合同的要求。

在强制缔约的情况下,负有作出承诺义务的当事人对要约的沉默通常可以理解为默示承诺,缔约的内容有国家和行业标准的,依照该标准确定。没有标准的,按照合理的标准确定。缔约义务人在无正当理由情况下拒绝缔约,致对方损害的,应当承担损害赔偿责任。

## 二、合同成立的时间、地点

### (一)合同成立的时间

合同成立的时间取决于承诺实际生效的时间。可以说,承诺在何时生效,当事人就应当在何时受合同关系的拘束,享受合同上的权利和承担合同上的义务,因此承诺生效的时间具有极为重要的意义。

由于我国《民法典》采用到达主义,因此承诺生效的时间以承诺到达要约人的时间为准,即承诺何时到达要约人,则承诺便在何时生效。

关于合同成立的时间,还需要注意以下几种情况。

1.采用合同书形式订立合同的,自当事人均签名、盖章或者按指印时,合同成立。这里的当事人包括了自然人本人或者其委托代理人,企业法人或者其他经济组织的法定代表人、负责人或其委托代理人。另外,不只是签名,盖章或者是按指印也可以产生合同成立的法律效果。在我国广大农村地区,甚至在部分城市中许多人仍然习惯于按指印签约。根据意思主义原则,按指印与签名或者盖章都具有将意思表示的内容与意思表示的主体联结起来而确认合同主体的作用,因此,当事人在合同书上按指印应当具有与签名或者是盖章同等的法律效力。① 当事人采用合同书形式订立合同,只要具备了签名、盖章、按指印中的一个要件,合同即成立,

① 何志:《最高人民法院合同法司法解释精释精解》,中国法制出版社 2019 年版,第 11～12 页。

并不需要全部具备。但在司法实践中，有的当事人为了稳妥，往往约定“签名并盖章”合同才成立并生效，显然，基于意思自治原则，对其自主约定的效力应予认可。

2.采用数据电文形式订立合同的，如果要约人指定了特定系统接收数据电文的，则受要约人的承诺的数据电文进入该特定系统的时间，视为到达时间；未指定特定系统的，要约人知道或者应当知道该数据电文进入其系统时，视为到达时间。当事人对采用数据电文形式的意思表示的生效时间另有约定的，按照其约定。当事人采用信件、数据电文等形式订立合同要求签订确认书的，签订确认书时合同成立。

3.以直接对话方式作出承诺的，应以收到承诺通知的时间为承诺生效时间，如果承诺不需要通知的，则受要约人可根据交易习惯或者要约的要求以行为的方式作出承诺，一旦实施承诺的行为，则应视为承诺的生效时间。

4.以公告方式作出的承诺，公告发布时承诺生效。

5.对于要式合同，必须履行特定的形式合同才能成立。如果合同必须以书面形式订立，则应以双方在合同书上签名、盖章或者按指印的时间为承诺生效时间。如果合同必须经批准或登记才能成立，则应以批准或登记的时间为承诺生效的时间。然而，在实践中，当事人虽未履行特定的形式，但已经实际履行了合同，对方表示了接受，则可以从当事人实际履行合同义务的行为和对方当事人接受的行为中推定当事人已经形成了合同关系。因此，我国《民法典》第 490 条规定，采用合同书形式订立合同，在签名、盖章或者按指印之前，当事人一方已经履行主要义务，对方接受时，合同成立。法律、行政法规规定或者当事人约定采用书面形式订立合同，当事人未采用书面形式但是一方已经履行主要义务，对方接受的，该合同成立。

6.当事人一方通过互联网等信息网络发布的商品或者服务信息符合要约条件的，对方选择该商品或者服务并提交订单成功时，承诺生效，合同成立，但是当事人另有约定的除外。

### (二)合同成立的地点

合同成立的地点和时间常常是密切联系在一起的。由于合同的成立地是确定法院管辖权及选择法律的适用等问题的重要考虑因素，因此明确合同成立的地点十分重要。

合同的签订地不等同于合同的成立地，不可将两者混为一谈。合同成立地只有一个，而合同签订地，可能因当事人分处异地而有两个甚至多个。合同签订地中，可能其中之一是合同成立地，也有可能合同成立地在合同签订地之外的地方。

从原则上说，合同成立的地点是由承诺生效的地点来决定的，它因合同为不要式或要式而有所区别。不要式合同应以承诺发生效力的地点为合同成立地点，而要式合同则应以完成法定或约定形式的地点为合同成立地点。根据我国《民法典》第 493 条的规定，当事人采用合同书形式订立合同的，最后签名、盖章或者按手印的地点为合同成立的地点。又根据《民法典》第 492 条第 2 款的规定，采用数据电文形式订立合同的，收件人的主营业地为合同成立的地点；没有主营业地的，其住所地为合同成立的地点。当事人另有约定的，按照其约定。

对合同成立时间、地点可以归纳如下。

| 承诺方式 | 成立时间 | 条文 | 成立地点 | 条文 |
|---|---|---|---|---|
| 通知 | 送达时间 | 第 484 条第 1 款 | 送达地 | 第 492 条第 1 款 |
| 意思实现 | 做出行为时 | 第 484 条第 2 款 | 行为做出地 | 第 492 条第 1 款 |
| 数据电文 | 进入系统时 | 第 137 条第 2 款 | 收件人主营业地或住所地 | 第 492 条第 2 款 |
| 合同书 | 均签名、盖章或者按指印时 | 第 490 条 | 最后签名、盖章或者按指印的地点 | 第 493 条 |
| 确认书 | 签订确认书时 | 第 491 条第 1 款 | 签订地 | 无 |
| 互联网等信息网络 | 选择商品或服务并提交订单成功时 | 第 491 条第 2 款 | | |
| 行为替代书面形式 | 受领时 | 第 490 条 | 受领地 | 无 |

## 第五节　格式条款

### 一、格式条款概述

#### (一)格式条款的概念

格式条款，是指当事人为了重复使用而预先拟定，并在订立合同时未与对方协商的条款。格式条款也被称为定式合同、格式合同、标准合同、附合合同等。

对于格式条款，我们应当作广义的解释，它不仅包括那些篇幅巨大的条款作品，而且还包括一张附有预先印刷好的文句的普通收据；存放衣帽处张贴的“概不负责”的告示；或者机动车司机为排除责任要求搭乘者签字的表格。[①] 生活中的汽车票、火车票、飞机票、存款单、寄存物领取单等都是格式条款。

① ［德］迪特尔·梅迪库斯：《德国民法总论》，邵建东译，法律出版社 2000 年版，第 301 页。

那么，格式条款究竟是一种合同，还是合同中的条款呢？有学者认为格式条款有可能构成一个完整的独立的合同，也可能是合同中的一个条款，即在一个合同中可以将所有的条款分为两类，即格式条款和非格式条款。[①] 本书认同该观点。

### （二）格式条款的特征

1.格式条款是一方为了反复使用而预先制定的

格式条款是在订约之前就已经预先拟定出来，而不是建立在双方当事人反复协商的基础上，这是格式条款本质的特征之一。格式条款亦具有可反复使用性，但这只是格式条款的经济功能，并非其本质的法律特征。因为有的格式条款可能仅仅使用一次，并没有反复使用；而相反，有的经过双方当事人自由协商的普通合同条款，却在当事人之间被多次重复使用。当然，格式条款的制定其重要的功能还是在于它可以被重复使用，这有益于降低交易费用，节约交易成本。例如，在许多公共事业服务活动中，公共事业部门与相关主体之间此类的交易活动是不断重复进行的，则可以通过格式条款的方式将既定的要求事先拟定出来，便可使订约基础明确，避免大量的时间、精力的浪费，从而大大降低交易的成本。

值得注意的是，有时候格式条款并非出自订约的当事人，而是出自第三人。例如，有些格式条款可能出自行业协会，比如公证合同可能出自公证协会。又比如，有些地方政府也会为了规范市场而统一起草、印制并要求当事人在交易中使用的合同文本，如商品房交易过程中的“房屋预售合同”等。

2.格式条款的内容是定型化的

定型化是格式条款的内容的主要特点。所谓定型化，是指格式条款具有相对的稳定性和不变性，它对于一切要与起草人订立合同的不特定的相对人来说，都可以适用，而不因相对人的不同有所区别。相对人对合同的内容只能表示完全的同意或拒绝，而不能加以修改、变更。所以也可以说，格式条款的另一重要的特征在于它是订立合同时当事人不能协商的条款。格式条款内容的定型化还表现为，在格式条款的适用过程中，要约人和承诺人双方的地位也是相对固定的，而不像一般合同在订立过程中，要约方和承诺方的地位可以因情况改变而发生变化。

3.格式条款的相对人一般为弱势者

格式条款的相对人在订约中居于附从地位，因为他们并不参与协商过程，只能对一方制定的格式条款概括地予以接受或不接受，而不能就合同所规定的内容进行讨价还价，因而相对人在合同关系中处于附从地位。正是由于格式条款具有这一特性，使得合同自由受到限制，因而也极易造成对格式条款的相对人不公平的后果。格式条款中契约自由的褪色并不意味着交易必然不公，即便消费者不再有机会对合同条款进行个别化的磋商，但只要市场具有竞争性，消费者仍然可以四处寻

① 王利明：《合同法研究（第一卷）》，中国人民大学出版社 2011 年版，第 158 页。

找更好的交易机会。[1] 但是格式条款的制定者通常是一些大公司、大企业或从事公共事业服务的部门,它们有可能垄断一些经营与服务事业,如房地产开发商、水电等供应部门,而相对人通常则是势单力薄的个体,他们与格式条款的制定者进行交易时往往别无选择,只能被迫接受其提出的格式条款。法律是维护公平正义的工具,面对格式条款的此等弊端,法律需采用相应的措施加以规制,从而维护双方当事人之间利益的平衡。

### (三)格式条款的优缺点

格式条款使得提供格式条款的一方摆脱繁复的反复磋商、合同谈判,能够一次制定反复使用,有利于降低交易成本,提高效率。格式条款有利于国家干预经济,通过对格式条款固定条款的规制,贯彻国家对经济的态度,直接贯彻国家的经济政策。[2] 然而格式条款的缺点也是多为学者诟病的,格式条款一定程度上限制了合同相对人的合同自由。德国学者罗伯特指出:"一般交易条款(格式条款)曾被广泛地用来规避法律规则,制作由对方承担一切风险和不利益的契约形式。而对方当事人则通常无力抗拒这种单方面的风险转移,因为提出契约的一方几乎不可能就其一般交易条款另外进行个别商讨。银行的客户或电力的用户一般都没有力量坚持修改一般交易条款……只有那些具有同等或更强经济实力的当事人才有可能坚持签订特殊的契约。如果契约当事人中有一方可以利用其经济实力将不公平的单方面条款强加给对方,特别是有关违约的条款,那么一般交易条款赖以存在的基础,即契约自由就需要某种补充性的保护了。"[3]为了恢复平衡,法律必须对其进行规制。

## 二、我国《民法典》对采用格式条款订立合同的特别规制

格式条款的出现不仅改变了传统的缔约方式,而且对合同自由原则形成重大挑战,有的学者甚至发出了"契约的死亡"之感叹。[4] 据此,各国都纷纷对格式条款加以规制。格式条款需要规制已经是一种不证自明的论断,或者说格式条款需要规制正是市场需要规制在交易领域的一个投射。根据我国相关法律的规定,对采

---

① [美]弗里德里奇·凯斯勒等:《合同法:案例与材料》(上),屈广清等译,中国政法大学出版社 2005 年版,第 536 页。

② 詹森林:《民事法理与判决研究》(三)消费者保护法专论,元照出版公司 2003 年版,第 34 页。

③ [德]罗伯特·霍恩等:《德国民商法导论》,楚建译,中国大百科全书出版社 1996 年版,第 94 页。

④ [美]格兰特·吉尔美:《契约的死亡》,转引自梁慧星主编:《民商法论丛》第 3 卷,法律出版社 1995 年版,第 200 页。

用格式条款订立合同的特别规制主要有以下几个方面。

1.提供格式条款的一方应当遵循公平原则确定当事人之间的权利和义务。这体现了对相对人加以保护、实现公平正义的思想。法律要求有关格式条款事先得经过批准方能采用，或甚至由国家主管机构直接拟定相关的格式条款。在格式条款的内容上，法律为防止提供格式条款的一方滥用权利，规定提供格式条款的一方不合理地免除或者减轻其责任、加重对方责任、限制对方主要权利的，不发生其预期的法律效果。

2.要求提供格式条款的一方应尽到说明义务。说明义务的履行包括提示和说明两个环节，提示的作用在于引起相对人注意，而说明则是使相对人理解专业信息。一般认为，说明义务之目的更多在于对于专业知识性信息不对称的矫正，其通常施加于被推定为专家的一方当事人身上，通过向专家一方课以复杂条款的提示说明义务以推动专业信息向相对人流动，从而确保相对人的知情决策进而实现交易公平。①

根据我国《民法典》第 496 条第 2 款的规定："采用格式条款订立合同的，提供格式条款的一方应当遵循公平原则确定当事人之间的权利和义务，并采取合理的方式提示对方注意免除或者减轻其责任等与对方有重大利害关系的条款，按照对方的要求，对该条款予以说明。提供格式条款的一方未履行提示或者说明义务，致使对方没有注意或者理解与其有重大利害关系的条款的，对方可以主张该条款不成为合同的内容。"提供格式条款的一方应采取合理的方式提示对方注意免除或者减轻其责任等与对方有重大利害关系的条款，并按照对方的要求，对该条款予以说明。尤其是在免责条款存在的情况下，提供格式条款的一方很可能利用免责条款，改变双方当事人之间的责任分配，从而不合理地减轻甚至免除自己依法应承担的责任，让相对人承担加重的责任。所以法律要求提供格式条款的一方应主动提示对方当事人此等条款的存在，当对方当事人存有困惑时，应详细解释该条款的内涵，使之能了解、明白。"合理的方式"，即提供格式条款的一方对免除或者减轻其责任等与对方有重大利害关系的条款，应在合同订立时采用足以引起对方注意的文字、符号、字体等特殊标识，并按照对方的要求，对该条款予以说明。另外，提供格式条款的一方当事人违反"提示和说明义务"的法律后果，即对方当事人可以主张该条款不成为合同的内容。

3.规定某些不公平的格式条款无效。我国《民法典》第 497 条以列举的方式规定了格式条款无效的情形，它包括四种情形：

其一，格式条款具有一方以欺诈、胁迫的手段订立合同，损害国家利益；恶意串通，损害国家、集体或者第三人利益；违反法律、行政法规的强制性规定的；违背公序良俗的情形的，该条款无效。

---

① 马辉：《格式条款规制体系研究》，法律出版社 2019 年版，第 179 页。

其二，格式条款具有《民法典》第506条规定的情形的，即对造成对方人身伤害而免责的或因故意或者重大过失造成对方财产损失而免责的，该条款无效。

其三，提供格式条款一方不合理地免除或者减轻其责任、加重对方责任、限制对方主要权利的，该条款无效。

其四，提供格式条款一方排除对方主要权利的，该条款无效。

4.对格式条款的理解发生争议，应当按照格式条款的特殊解释规则予以解释，从而保障相对人的利益。

## 三、格式条款的解释

格式条款的解释是指基于有关的原则，根据一定的事实，对格式条款的含义作出说明。格式条款有时会存在模糊、内涵不明确、存有多种含义的情形，当事人从各自的利益出发会有不同的理解，因而发生争议，这时便涉及如何对该格式条款加以解释的问题。正如前述提到的，格式条款具有其特性，与普通条款差别较大，所以格式条款的解释所遵循的原则也具有其特殊性，具体体现为以下几点。

1.应当遵循通常理解加以解释

通常理解，即对于格式条款应当以合同当事人一般的、合理的、正常的理解进行解释。该解释规则是合同解释客观原则的体现。合同解释的客观原则是指探求当事人真意时，应依客观表示的规范意义加以确定。在格式合同解释中，该客观原则表现为解释资料客观化原则，就是说，除当事人有特别约定外，在进行解释时，不将合同缔结时的特殊环境以及当事人的特殊意思表示列入考虑因素，不可仅探求个别当事人的特殊意图，而应将该合同类型的一般共同真意作为解释依据。如果仅是某个可能订约的相对人不能理解某个条款所涉及的术语或知识，则仍可以通俗的、日常的、合理人的理解加以解释。

然而，“合同解释毕竟以个性化为本质特征，因而对格式合同条款之统一解释也只能是指以该条款所预定适用的特定或不特定某地域或某职业团体的平均的、合理的理解可能性为基础进行解释”。这一原则要求，对格式合同相对人群体中有特殊地位、知识、技能的人，仍应适用一般理解的解释，唯此才能真正实现格式条款的保障交易迅捷安全进行的优势。[①]

2.对条款提供方作不利解释原则

该原则来自罗马法的“有疑义应为表意者不利之解释”的原则，之后它一直为许多国家的判例和学说所接受。运用此项原则解释格式条款，主要是为了限制制定格式条款的一方利用其优势地位损害另一方当事人的合法利益。详言之，当格式条款有两种以上解释时，作出不利于提供格式条款方的解释。适用不利解释的

---

① 邢培泉：《论格式条款之解释》，载《经济经纬》2006年第6期。

原因在于格式条款一般作为一个行业或大企业的合同条款，经过多方专家和律师的精心研究起草而成，肯定经过仔细措辞，以尽可能地保护自己的利益，对方当事人通常没有能力修改和完全理解这些条款。因此，一旦格式条款的含义不清，双方当事人对条款用词的含义或解释出现争议，这时法院应当采取不利于格式条款提供方的解释，方显公正。[①]

3.格式条款与非格式条款不一致的，应采用非格式条款

该原则来自"特别规定优于普通规定"的法律解释原则。格式条款是格式条款制定者为了重复使用而预先拟定的，它是制定者根据通常情况可能遇到的问题进行规划的，是一般的普通规定的条款。非格式条款不是由一方当事人预先拟定的，而是由合同当事人之间通过特别商定而作出的条款，它可以是在缔约当时根据具体、个别情况而确定的条款，是特别规定的条款。如果格式条款与非格式条款不一致，可视为制定格式条款的当事人以非格式条款取代了格式条款，这是对当事人双方意思表示尊重的体现。因此，在同一合同中，特别商定的条款的效力优于格式条款的效力。

## 第六节 缔约过失责任

### 一、缔约过失责任的概念和特征

#### (一)缔约过失责任的概念

缔约过失责任是德国法学家耶林于 1861 年在《缔约上过失，缔约无效与不成立时之损害赔偿》一文中首先提出的，他指出："从事契约缔结的人，是从契约交易外的消极义务范畴进入契约上积极义务的范畴，其因此而承担的首要义务，系于缔约时善尽必要的注意。法律所保护的，并非仅是一个业已存在的契约关系，正在发生中的契约关系亦应包括在内，否则，契约交易将暴露在外，不受保护，缔约一方当事人不免成为他方疏忽或不注意的牺牲品。契约的缔结产生了一种履行义务，若此种效力因法律上的障碍而被排除时，则会产生一种损害赔偿义务。因此，所谓契约无效者，仅指不发生履行效力，非谓不发生任何效力。简言之，当事人因自己的过失致使契约不成立者，对信其契约为有效成立的相对人，应赔偿基于此信赖而产生的损害。"概言之，缔约过失责任，是指在合同订立过程中，一方因违背依诚信原则所应负的义务，致使对方信赖利益损失而应承担的责任。缔约过失责任的产生、内容以及责任范围等都是依法产生的，而不是当事人约定的，因此，缔约过失责任

---

① 王丽萍、李燕：《格式条款解释研究》，载《法制与社会发展》2001 年第 6 期。

在性质上属于法定之债的范畴。

### (二)缔约过失责任与其他责任的区别

缔约过失责任不同于违约责任,它发生在缔约人进入缔约阶段后、合同生效之前,而违约责任产生于合同生效后,所以缔约过失责任将合同责任范围拓展到合同有效成立之前,它“强调契约并非仅仅是当事人主观意志的合意,应将社会利益的衡量纳入契约的法律价值判断之中”。[①] 同时,缔约过失责任又有侵权责任无法涵盖的内容,它能弥补侵权行为法对当事人利益保障之不足。

第一,侵权责任赔偿的是一方因对方侵权行为而造成的损失,但一方因对方违反某些依诚信原则所产生的义务,如告知、通知、协助义务而造成信赖利益损失,在侵权法上得不到赔偿,只能借助缔约过失责任请求赔偿。

第二,侵权行为法只要求当事人尽到一般社会共同生活的注意义务,而由于缔约过失责任主体之间存在特殊的信赖关系,所以法律要求他们承担依诚信原则产生的特殊注意义务,其注意程度高于侵权行为法所要求的程度,这实际上减轻了受害人的举证责任,便于受害人获得赔偿。

第三,一些国家侵权行为法规定,只要雇主对雇员尽了必要的选任监督义务及相当的注意,雇主可以免责,仅由实施侵权行为的雇员单独承担责任。而雇员的财力通常弱于雇主,他对侵权责任的承担往往缺乏充分的保障。但若根据缔约过失责任,雇员代表雇主对进入交易的对方负有依诚信产生的义务,雇员过错违反该义务造成对方损失,应由雇主承担责任,从而保障受害人有充分的求偿权。

由此看出,缔约过失责任有它独立存在的价值,它与违约责任、违反后合同义务责任(即合同终止后,当事人违反依诚信原则所应负的义务而承担的责任)一起构成合同责任,与侵权责任并列,从而完善了民事责任体系。[②]

## 二、缔约过失责任的构成要件

1.缔约过失责任主要发生在合同订立阶段。这是缔约过失责任与违约责任的基本区别。缔约过失责任不是发生在合同成立以后,只有在合同尚未成立,或者虽然成立,但因故未生效,或因不符合法定的生效要件而被确认为无效或被撤销时,缔约人才应承担缔约过失责任。缔约过失始于当事人为订立合同而进行磋商之时,因为这时他们之间已产生一种特殊信赖关系,双方之间应负有诚信的义务,应尽到交易上必要的注意,一方违反这一义务给对方造成损失,应承担赔偿责任。

若双方无任何法律上的联系,在没有进入合同订立前的协商阶段时,如果因一

---

① 钱玉林:《缔约过失责任与诚信原则的适用》,载《法律科学》1999 年第 4 期。

② 杨垠红、朱晓勤:《论先合同过错责任》,载《学会》2002 年第 4 期。

方的过失致他方损害，此时则不能适用缔约过失责任，而应当适用侵权责任。例如，某人进商场时，刚推开门，商场玻璃门上的玻璃掉了下来，将其手划伤，商场是否构成缔约过失呢？本书认为，此种情形并不成立缔约过失之债，因为双方并没有实际的接触，即使某人在进入商场以后，因为商场里的路面很滑而摔伤，或者因为商场悬挂的物品掉下砸伤，也不能认为商场构成缔约过失，因为受害人进入商场并不意味着他已经和商场发生了缔约上的联系，其与商场并没有发生任何实际的接触，很难确定他具有明确的缔约意图。更何况进入商场的人很复杂，不能说任何进入商场的人都有与商场缔约的意图。如果双方没有实际的接触，一方对另一方不能产生一种信赖，也不会产生先合同义务。因此，此种情形应当适用侵权责任，而不能适用缔约过失责任。[①]

2.一方当事人违反了依据诚信原则所产生的义务。该义务有如下四个特点：首先，该义务是一种法定义务，是由法律规定并强制当事人遵守的义务，不由当事人任意约定。其次，它是由诚信原则派生出来的，如告知、保护、协助、保密及通知义务。再次，它是合同附随义务的一种，是发生在合同生效前的附随义务。当然，合同附随义务还包括履行合同中的附随义务和合同终止后的附随义务。作为一种附随义务，它不同于合同义务，不是当事人订立合同的主要目的。最后，它发生在特定的缔约当事人之间。只有在特定的缔约当事人之间才产生特定的信赖关系，法律才有必要要求一方对其违反该义务而造成对方信赖利益的损失承担赔偿责任。

3.缔约过失行为造成了他人信赖利益的损失。也就是说，缔约过失行为与信赖利益损失之间存在因果关系。即一方当事人的过失行为与另一方遭受的信赖利益损失之间存在必然的联系，否则即使出现了信赖利益的损失，当事人也不应承担责任。所谓信赖利益的损失主要是指一方对对方实施某种行为产生了合理的信赖(如相信其会订立合同)，并为此而支付了一定的费用或丧失了一些利益，而因对方违反诚信原则使该费用或丧失的利益不能得到补偿。

## 三、缔约过失责任的类型

### (一)我国《民法典》规定的缔约过失责任的类型

我国《民法典》第500条、第501条规定了承担缔约过失责任的如下情形。

1.假借订立合同，恶意进行磋商。我国《民法典》借鉴了《国际商事合同通则》的规定，即“(1)当事人可自由进行谈判，并对未达成协议不承担责任；(2)但是，如果一方当事人以恶意进行谈判，或恶意终止谈判，则该方当事人应对因此给另一方

---

① 王利明：《债法总则研究》，中国人民大学出版社2018年第2版，第291页。

当事人所造成的损失承担责任;(3)恶意,特别是指一方当事人在无意与对方达成协议的情况下,开始或继续谈判”。如甲就某项合同的订立与乙进行谈判,目的在于阻止乙与丙订立合同,或者使乙丧失其他商业机会。所谓“假借”,是指行为人根本无意与对方签订合同,与对方进行谈判只不过是个借口,其真实目的是损害对方的利益。只有行为人在主观上具有恶意,才承担此种缔约过失责任。所谓“恶意”,是指行为人主观没有缔约的意图,且有给对方造成损害的故意。

2.故意隐瞒与订立合同有关的重要事实或者提供虚假情况。故意隐瞒重要事实,是一种消极的不作为,即不告知对方与订立合同有重大关系的事实。故意提供虚假情况,是一种积极的作为,即故意向对方告知错误的情况,妨碍其作出正确的判断。这些都违背了当事人在缔约过程中依据诚信原则应履行的重要事实告知义务。在订约过程中,一方当事人故意实施上述行为,实际上已构成欺诈,因此给对方造成损失的,应当承担赔偿责任。

3.泄露或不正当地使用商业秘密或者其他应当保密的信息。这特别强调了对商业秘密或应当保密的信息的保护。商业秘密和其他应当保密的信息,对当事人具有重要的财产价值,一旦失密,将会造成重大损失。在谈判、缔约过程中,一方当事人可能会接触或了解到另一方当事人上述秘密,此时就必须负有保密义务。如果违反保密义务,向他人泄露该秘密或者自己不正当地使用该商业秘密或者信息,凡是给对方造成损失的,都应当承担损害赔偿责任。这种损害赔偿责任的性质,应当根据缔约或者合同发展的不同阶段确认。如果发生在缔约过程中,为缔约过失责任;如果发生在合同履行阶段,构成违约责任;如果发生在合同履行完毕之后,则构成后契约责任。

4.其他违背诚信原则的行为。这一兜底性条款为现实生活中复杂多样的违背诚信的缔约过失行为预留了规制的可能。我国《民法典》采用的列举和概括相结合的表述方法具有进步意义,既在一定程度上限制了法官的自由裁量权,又避免了因单纯列举产生遗漏的缺陷。

### (二)对其他违背诚信原则行为的列举

1.对于有效的可撤销要约,要约人变更、撤销要约时应承担缔约过失责任。因为要约一经合法有效作出,在其有效期限内对要约人具有约束力,要约人变更、撤销要约给受要约人造成损害的,应承担赔偿责任。

2.因一方过错使合同不具备法定的成立要件时,过错方应赔偿对方因信赖合同得以成立而受到的损失。例如,在订立合同时,由于一方当事人法律知识的欠缺或疏忽大意,致使合同缺少必备条款,导致合同不成立。

3.合同无效或被撤销(包括与限制民事行为能力人,没有代理权、超越代理权或代理权终止后的行为人订立的合同,善意相对人行使撤销权的情况)时的情形。因为合同无效或被撤销,合同自始无效,当事人之间不产生合同权利、义务关系,过

错方承担的赔偿责任实际上是缔约过失责任。对某些合同,法律规定或者合同约定必须履行必要的手续,但由于当事人一方的疏忽大意未履行,导致合同不发生效力,则过错方应承担缔约过失责任。

4.限制民事行为能力人、无代理权人(包括没有代理权、超越代理权或代理权终止后的情形)订立的合同属于效力待定的合同,因为效力待定的原因出现在缔约阶段,一般出于缔约方缔约能力瑕疵,所以若由于权利人拒绝追认而使合同无效的,无效原因可追溯自缔约阶段过错[①],因此限制民事行为能力人的监护人、无代理权人应承担缔约过失责任。

5.合同生效前未尽提请对方注意义务的情形。如根据《民法典》第 496 条的规定,"采用格式条款订立合同的,提供格式条款的一方应当遵循公平原则确定当事人之间的权利和义务,并采取合理的方式提示对方注意免除或者减轻其责任等与对方有重大利害关系的条款,按照对方的要求,对该条款予以说明。"若提供格式条款方未尽此义务,导致该条款不成为合同的内容,对于对方的损失仍应给予赔偿。

6.合同生效前未尽通知义务造成对方损失的情形。例如,受要约人应要约来看出租房,该房屋已被毁,但要约人却疏于通知,则要约人应承担受要约人因此遭受的交通费、误工费等损失。

## 四、缔约过失责任的赔偿范围

缔约过失责任的形式以损害赔偿为主,赔偿范围主要是信赖利益的损失,它主要包括缔约费用;准备履行或已履行合同所支付的费用;上述费用的利息损失;因信赖合同有效而丧失其他订约机会的损失;因当事人违反先合同义务造成对方人身的伤害;为救济损害、减少损失而支付的必要费用等。在具体确定时需要注意以下四个问题:

首先,信赖利益损失应以合理信赖为基础,采用社会标准,即一个通情达理的人在正常情况下信赖合同得以成立,因此受到的损失。非基于合理信赖而支付的费用不予赔偿。例如,甲和乙是老友,他们开始洽谈交易,乙仅表示同意考虑一下,而甲自信凭这交情,该合同能成立,并进行大量的准备工作,在这种情形下,他所支付的费用不能视为合理信赖利益的损失。

其次,从公平出发,借鉴美国《第二次合同法重述》第 349 条(以信赖权益为依据的损害赔偿)的规定,即"受损害的一方有权依其信赖权益得到赔偿,包括准备履行或履行合同的过程中支出费用,减去违约方能够用具有合理的确定性的证据证明的该受损害的一方在合同得到履行时也会蒙受的损失"[②],在进行信赖利益赔偿

---

① 叶建丰:《缔约过失概念析》,载《政法论丛》1999 年第 6 期。

② 王军:《美国合同法》,中国政法大学出版社 1996 年版,第 334 页。

时,应防止将本应由自己承担的损失转嫁给没有违反先合同义务的对方,即信赖利益赔偿应扣除违反先合同义务方能以确切证据证明的假如其未违反先合同义务时受害方亦会遭受的损失。例如,甲向乙订购服装,乙买布制衣时发现布价大幅度上涨使其交易亏本,但乙为履约仍高价买入布料,后来得知甲是无代理权人,乙行使撤销权,要求信赖利益赔偿。若甲赔偿乙全部信赖利益损失,等于将甲若有代理权时本应由乙自己承受的经营风险损失转嫁于甲,这显然有失公平。

再次,在计算信赖利益损失时可以适用过失相抵、损益相抵、减轻损失的原则来平衡双方之间的利益。过失相抵原则是指若信赖利益损失中含有受害人未尽注意义务的因素,可以适当减轻对方的责任。损益相抵原则是指赔偿权利人基于损害发生的同一赔偿原因获得利益时,应将所得到的利益从所受损害中扣除。[①] 例如,甲为履行合同而购进布料后因合同无效,甲出售该布料,适逢市场价格上扬,甲的获利应从信赖利益赔偿额中扣除。减轻损失原则即非违反先合同义务方有责任及时采取措施防止损害扩大,否则无权就扩大的损失要求赔偿。

最后,在确定"丧失其他订约机会的损失"时应注意:第一,信赖人应提供证据证明这种机会曾经真实地存在过,不是当事人主观臆断的产物。第二,这个机会能导致信赖人与第三人订立合同的结果。第三,这一机会在确定赔偿时已确实不存在,这时应根据不同情况确定损失范围:若第三人就相同标的与"第四人"订立了合同,可以以"第四人"依此合同获得的利润为参照;若第三人尚未与其他人签订相同标的合同并且不打算签订同种合同时,可以参照同行业签订相同标的物的合同通常可获得的利润来计算。

## 真题链接

1.甲隐瞒了其所购别墅内曾发生恶性刑事案件的事实,以明显低于市场价的价格将其转卖给乙;乙在不知情的情况下,放弃他人以市场价出售的别墅,购买了甲的别墅。几个月后乙获悉实情,向法院申请撤销合同。关于本案,下列哪些说法是正确的?(2016 年)

A.乙须在得知实情后一年内申请法院撤销合同

B.如合同被撤销,甲须赔偿乙在订立及履行合同过程当中支付的各种必要费用

C.如合同被撤销,乙有权要求甲赔偿主张撤销时别墅价格与此前订立合同时别墅价格的差价损失

D.合同撤销后乙须向甲支付合同撤销前别墅的使用费

---

① 王利明、杨立新:《侵权行为法》,法律出版社 1996 年,第 329 页。

2.庞某有房屋一套，愿意出租给好友洪某。两人遂订立房屋租赁合同，并在合同中约定："房屋租赁合同在行政机关备案后生效。"但房屋租赁合同签订后，庞洪两人均因工作繁忙，经常出差，未依照房屋租赁合同的约定去备案机关办理备案手续，庞某没有将出租房屋实际交付给洪某，洪某也没有向庞某支付约定的租金。关于房屋租赁合同的效力，以下说法正确的是？（2018年）

A.租赁合同已经生效

B.租赁合同因为没有备案而未生效

C.租赁合同即使未经备案，洪某仍有权请求庞某按照约定交付租赁的房屋

D.租赁合同违反《城市房地产管理法》，即使备案也无效

# 第六章　合同的效力

【引　例】

公民甲与房地产开发商乙签订一份商品房买卖合同，乙提出，为少缴纳契税可将部分购房款算作装修费用，甲未表示反对。后发生纠纷，甲以所付装修费用远远高于装修标准为由请求法院对装修费用予以变更。

## 第一节　合同效力概述

### 一、合同效力

#### （一）合同效力的概念

合同效力是指已经成立的合同在当事人之间产生了一定的法律约束力，即合同生效后所发生的法律效力。此处所说的法律效力并不是指合同能够像法律那样对任何人都产生约束力。虽然19世纪时曾有过合同神圣——合同在当事人之间相当于法律的观念，但现今这一观念已被放弃，合同本身并非法律，它只是当事人之间的合意，其约束力并非来源于当事人的意志，而是来源于法律的赋予。因为只有当事人的意志符合国家的意志和社会利益时，国家才赋予当事人的意志以法律约束力；当事人的意志不符合国家意志的，该合意将会被宣告无效或被撤销。合同生效后，合同当事人应全面履行合同。如果当事人履行不符合约定或法律规定，则当事人可以借助国家强制力请求违约方强制履行或承担其他违约责任。可见，合同生效与合同成立是两个不同但又密切相关的概念，前者介入了国家意志，是国家意志的体现，后者则侧重于当事人之间的合意，合同成立是合同生效的前提，但合同成立并不一定生效。下面将详细说明两者的关系。

#### （二）合同成立与生效的关系

合同的成立与生效常常是密切联系在一起的。当事人订立合同，就是意图在

他们之间产生合同上的约束关系，以此实现他们所期待的利益。如果当事人订立的合同，在内容和形式上都符合法律规定，则此等合同一旦成立便会依法产生约束力，正如我国《民法典》第502条所规定的"依法成立的合同，自成立时生效"。由此可见，合同生效是合同成立所追求的效果。但是，如果当事人虽然进行磋商，但最终没有订立合同，合同没有成立则合同生效就无从谈起，所以合同成立是合同生效的基础。

合同的成立与合同生效又是两个不同的概念，应将两者区分开来。合同成立着重的是当事人是否就合同必备条款达成了一致的意思表示，一旦当事人根据特定合同的性质要求而就必备条款达成了合意，合同便宣告成立。合同的成立只是解决了当事人之间是否存在合意的问题，并不能表明已经成立的合同是否可以产生法律上的约束力。即使合同已经成立，但不符合法律规定的生效要件，则仍然不能产生法律效力。依法成立的合同从合同成立时起就具有法律效力，而违反法律强制性规定的合同即使成立也不发生法律效力。由此可见，合同成立后并不是当然生效的，合同是否生效，主要取决于其是否符合国家的意志和社会公共利益，而非取决于当事人的意思表示。

合同的成立和生效的要件也是不同的。就合同的成立要件来说，主要包括存在双方或多方缔约当事人；缔约当事人就合同的基本内容或者说是主要条款达成合意；一般要经过要约和承诺两个阶段。至于当事人是否具有相应的缔约能力，当事人的意思表示是否真实，是否受到欺诈与胁迫，当事人的合意是否违反法律规定或有悖于社会公共利益，则是合同效力是否发生要考虑的因素。如果当事人订立的合同违反了法律、行政法规的强制性规定或损害了社会公共利益，则该合同自始无效，即该合同自订立之时起就没有发生法律效力。

合同不成立或合同无效时，处理的方式不同。一般而言，当事人欠缺合意而导致合同不成立时，当事人之间不存在法律责任承担，但当事人违反诚信义务应承担缔约过失责任的除外。而且法律为鼓励交易的达成，亦采取推定及其他方法来补救使合同得以成立。对于合同无效，法律则采取不同的对待。无效合同，法律不允许采取其他措施来补救，而无效合同的违法性，决定了法律不仅要使这些行为不发生法律效力，让当事人承担返还财产、赔偿损失等民事责任，而且若当事人因无效合同获利，严重侵害了为法律所保护的国家利益或社会公共利益，当事人可能还会因此承担其他法律责任。

## 二、合同效力的内容

合同的效力包括对内的效力和对外的效力。

### （一）对内的效力

对内的效力是指生效的合同在合同当事人之间所发生的法律效力。根据《民法典》第 119 条的规定，“依法成立的合同，对当事人具有法律约束力。”合同的效力主要体现在对当事人的约束力上。它包括合同权利和义务两个方面。

从合同权利方面来说，合同当事人依据法律规定或合同约定所享有的权利受到法律保护。该权利包括请求债务人履行债务的权利、履行中的抗辩权、接受并保有债务人的给付的权利，以及在一方当事人违约时而获得救济的权利等。当事人合理行使这些权利而获得的利益，亦受到法律的保障。

从义务方面来说，一方面，通过合同约定而给当事人课加的义务具有法律的强制性。根据《民法典》第 509 条的规定，“当事人应当按照约定全面履行自己的义务”，当事人拒绝履行、不适当履行、迟延履行或受领迟延，都视为违背了法律，在本质上属于违法行为。另一方面，当事人违反合同义务的，则应当承担相应的违约责任。也就是说，如果一方当事人不履行其应负的合同义务，另一方当事人可以借助国家的强制力要求履行义务或者承担赔偿责任等。法律责任为合同义务的履行提供了后盾和保障，如果没有合同责任的存在，合同义务则难以对当事人产生真正的约束力。

### （二）对外的效力

对外的效力是指合同对合同当事人之外的第三人产生的法律效力。根据合同相对性的原则，只有合同当事人才能享有基于合同所产生的权利并承担根据合同所产生的义务，当事人一方只能向对方当事人行使权利并要求其承担义务，不能要求第三人履行合同上的义务，第三人也无权向合同当事人主张合同上的权利。从这个意义上说，合同不对第三人产生约束力。但是合同相对性观念已被突破，依法成立的合同还对第三人产生了约束力，以排除第三人的非法干预和侵害。因为在实际生活中，合同的履行常常受到第三人的不当影响，例如第三人采用非法手段诱导债务人不履行合同义务从而损害合同债权人的利益，此时有必要赋予合同当事人排除第三人非法干预和侵害的权利，对侵害债权的行为加以惩治，从而保证合同的正常履行和交易目的的正常实现。

合同对第三人的拘束力还表现在为合同的保全，法律允许债权人在特定的情况下行使代位权和撤销权，例如我国《民法典》第 535 条规定：“因债务人怠于行使其债权或者与该债权有关的从权利，影响债权人的到期债权实现的，债权人可以向法院请求以自己的名义代位行使债务人对相对人的权利，但该权利专属于债务人自身的除外。代位权的行使范围以债权人的到期债权为限。债权人行使代位权的必要费用，由债务人负担。”《民法典》第 538 条规定：“债务人以放弃其债权、放弃债权担保、无偿转让财产等方式无偿处分财产权益，或者恶意延长其到期债权的履行

期限，影响债权人的债权实现的，债权人可以请求人民法院撤销债务人的行为。”《民法典》第539条规定，“债务人以明显不合理的低价转让财产、以明显不合理的高价受让他人财产或者为他人的债务提供担保，影响债权人的债权实现，债务人的相对人知道或者应当知道该情形的，债权人可以请求人民法院撤销债务人的行为。”《民法典》第540条规定，“撤销权的行使范围以债权人的债权为限。债权人行使撤销权的必要费用，由债务人负担。”

这些保护措施都可对第三人产生约束力，对于保障债权的实现具有重要的意义。

## 三、合同的生效要件

合同生效要件是判断合同是否具有法律效力的标准。根据《民法典》第143条条的规定，合同的一般生效要件包括以下几项。

### （一）行为人具有相应的民事行为能力

这一要件在学理上又被称为主体适格原则。合同是一种法律行为，以当事人的意思表示为基础，并以此产生一定的法律效果为目的的，因此，行为人是否具备正确理解自己的行为性质和后果、独立地表达自己的意思的能力，对于该行为能否产生法律效力是至关重要的。只有缔约者能够正确理解其缔结合同行为的性质及可能产生的后果，他才具有缔约的相应的民事行为能力。主体是否适格的考察有利于保护当事人的利益，维护正常的交易秩序。缔结合同的主体可以为自然人，也可以为法人，亦可以为其他组织。

1.自然人的缔约能力

根据我国《民法典》的规定，年满18周岁且能完全辨认自己行为的人，则是完全民事行为能力人。16周岁以上不满18周岁的自然人，以自己的劳动收入为主要生活来源的，视为完全行为能力人。完全行为能力人可以自主地进行民事活动，具有完全的缔约能力。

8周岁以上的未成年人和不能完全辨认自己行为的精神病人是限制民事行为能力人。他们只能实施某些与其年龄、智力、精神状况相适应的民事活动，其他的活动必须由其法定代理人代为实施或在征得其法定代理人同意后才能实施。限制民事行为能力人的缔约能力也受到一定的限制。他们只能从事与其年龄、智力、精神状况相适应的缔约行为。

8周岁以下的未成年人和完全不能辨认自己行为的精神病人是无行为能力人，不能独立进行民事活动，他们所需要从事的民事活动应由其监护人代理进行。无行为能力人不具有缔约能力。

但限制民事行为能力人和无民事行为能力人在纯获法律上的利益而不承担法

律义务的合同中,可以作为合同当事人,具有缔约能力。因为法律限制无民事行为能力人和限制民事行为能力人的缔约能力,是为了保护他们不因智力、精神状况等因素影响而处于不利地位,而在纯获利益的合同中,无行为能力人和限制行为能力人只取得利益,而不承担义务,不会遭受不利的后果,所以法律无限制的必要。

2.法人的行为能力

法人的行为能力是一种特殊的行为能力,过去我国的司法实践认为,法人应当在其核准登记的生产经营和业务范围内活动,其缔约能力也以此为限。法人在其经营范围和业务范围外所缔结的合同,属于无效合同。这一做法存在着不合理性,所以它已逐渐改变。

20 世纪之前奉行严格的越权无效规则,法人从事章程所规定的目的事业外的行为均无效,即使全体股东的事后追认也不能使之发生效力,除非该行为是包括于权能之内的行为或附随于权能的行为。但是自 20 世纪以来,这一规则有了新发展,许多大陆法国家的公司法均规定,公司的缔约行为超越章程范围时,如不能证明相对人为恶意则合同仍为有效,在此情况下,仅发生有关负责人对公司的民事责任。我国也逐渐采用了这一观点。1993 年 5 月最高人民法院印发的《全国经济审判工作座谈会纪要》中指出:合同约定,仅一般违反行政管理性规定,例如,一般地超越经营范围,违反经营方式等,而不是违反专营专卖及法律禁止性规定,合同的标的物也不属于限制流通物的,可按照违反有关行政管理规定进行处理,而不因此确认合同无效。这实际上是对法人民事行为能力限制的一种放宽,可以说,超越经营范围所订立的合同违反了行政法的规定,应承担一定的行政责任,但不能因此就认定合同本身无效。这为承认超越经营范围所订立的合同效力开了一个口。

我国《民法典》亦承继了这一观点,《民法典》在关于“合同的效力”的规定中没有将法人超越经营范围而订立的合同规定为无效合同。而且其第 504 条和第 505 条承认法定代表人超越权限所订立的合同在多数情形下是有效的,也就表明若法定代表人超越经营范围的权限限制而订立相关合同,合同有效。

但需要强调的是,越权订立合同的行为如果违反了国家强制性规定,则应认定无效。

3.其他组织

其他组织是指不具有法人资格但可以以自己的名义进行民事活动的组织,又可称为非法人组织。其缔约能力,应区分两种情况看待,未领取营业执照的非法人组织,不得以自己的名义独立从事民事活动,而只能以法人的名义订约;拥有营业执照的非法人组织,可以对外签订合同。因为依据我国现行法律的规定,允许领取营业执照的非法人组织对外从事经营活动,民事经营活动的范围是很广的,其中最为重要的是缔约活动,倘若无订立合同的能力则之后的交易等就无法进行,所以这实际上是允许非法人组织对外订立合同。当然,非法人单位如果不能独立清偿民事债务,则应当由设立该组织的法人或投资人等承担。

（二）意思表示真实

意思表示真实是指表意人的表示行为应当真实地反映其内心的效果意思。表示行为是指表意人将其内心的效果意思表达于外部的行为，效果意思是指表意人内心所想要发生一定法律效果的意思。意思表示真实是合同生效的重要构成要件。因为从本质上，合同是当事人之间的一种合意，基于意思自治原则，当事人只受自己真实的意思表示约束，法律赋予这种真实的意思表示以及在此意思表示基础上形成的合意以法律效力。

在大多数情况下，行为人表示于外部的意思同其内心真实意思是一致的，但有时会出现不相符合的情况，这称为“意思表示不真实”或“非真实的意思表示”。在意思表示不真实的情况下，对于如何确定行为人所作出的不真实的意思表示的效力，各国立法和学说有意思主义、表示主义和折中主义三种不同的观点。意思主义主张，应以行为人的内在意思为判断标准。因为内心意思是意思表示的来源，外在的表示是以内心的意思为基础的，没有内在的意思，外在的表示则为无本之木，因而这种外在表示应为无效，从而保护表意人的自由意志和合法利益。表示主义认为应以行为人外部表示为依据，因为行为人内心真实意思是什么，外人无法推测，只有通过表见于外部的行为才能推知表意人的意思。所以应赋予由外部状态所推定的当事人的意思表示以法律效力，从而保护交易相对人的信赖，维护交易安全。折中主义认为，在意思表示不真实时，应考虑行为人的内心意思和外部表示，结合具体情况，作出判断，这样才可以兼顾双方当事人的利益。也就是说，以意思主义为原则，以表示主义为例外，或以表示主义为原则，以意思主义为例外。

本书认为折中主义较为合理，在意思表示不真实的情况下，既不能仅考察行为人表示于外部的意思，而不考虑行为人的内心意思；也不能仅以行为人的内心意思为标准，而不考虑行为人的外部表示。因为意思主义仅以内心意思为依据，而人的内心真实意思是难以探求的，一般要通过见诸外部的行为才能推知表意人的意思，从这一角度说，表示主义有其合理性。但表示主义过于强调外在行为给相对人的一种信赖性，把保护第三人利益放在首位，而忽视了对表意人真意的考察。折中主义则较为科学，因为它结合具体情况，采用主客观相配合的方法，既注意到了表意人的内在真意，又考量了外在的行为表示，调和了双方当事人的利益，有利于交易的顺利进行。

当某一意思表示被认定为不真实时，其所产生的合同效力应如何认定？一般来说，如果当事人作出的意思表示违反了法律、行政法规的强制性规定或社会公共利益，那么应当确认此种意思表示无效，由此产生的合同也应认定无效。但如果不真实的意思表示并未违反现行法律、行政法规的强制性规定或社会公共利益，那么原则上可将此种意思表示不真实的合同作为可撤销的合同对待，这样更有利于保护相对人的利益，维护交易安全和交易秩序。

(三)不违反法律、行政法规或不违背公序良俗

合同之所以能产生法律效力,其原因在于当事人的意思表示符合法律的规定。对合法的意思表示,法律赋予其法律上的约束力,而不合法的合同法律不予以保护,也就无法产生当事人预期的法律效果。这里的法律、行政法规主要是指法律的强制性规定,而不包括任意性规定。因为合同领域,强调的是当事人意思自治,合同法的大多数规定为任意性规定,当事人可以通过合意加以变更,当事人的特别约定可以排除任意性法律的适用。合同不违反法律、行政法规,主要是指合同的内容合法,即合同的全部条款应符合法律、行政法规的强制性规定,这样,合同的内容才能产生法律效力。如果仅仅是部分条款违法,部分条款无效不影响其他部分的效力的,则可以仅确认该部分条款无效。

规定合同不违背公序良俗,旨在以公序良俗的强大包容性来弥补成文法规定的不足,而且将公序良俗作为衡量合同生效的要件,有利于维护全体社会成员的共同利益,维护社会公共伦理道德。

(四)必须具备法律所要求的形式

合同自由中就包括了当事人有选择合同的形式的自由。但是,如果法律对合同的形式作出了特殊规定,当事人必须遵守法律规定。例如,依照法律规定,有一些合同当事人在签订合同后还必须办理批准、登记等手续,方为有效。

## 四、附条件和附期限的合同

合同所附条件和期限,又称为附款,设置附款的目的在于将当事人的动机转化为合同条件,引导当事人为特定的行为,从而在当事人之间分配一定的风险,实现双方利益的平衡。

(一)附条件的合同

1.条件的特征

并不是合同中约定的任何条件都可以成为附条件合同中的“条件”。该“条件”应符合下列几个特征。

(1)应该是尚未发生的事实。既成的事实不能被设定为条件,因为既成的状况不具有借助条件来控制合同效力的意义。假设条件在订立合同时已经成就,如果是停止条件,相当于合同没有条件;如果是解除条件,该法律行为为无效。如果在合同订立时,已经确定条件不能成就,当条件为停止条件时,合同为无效;当条件为解除条件时,则相当于合同未附条件。

(2)应该以是否发生尚不确定的事实为条件,一定会或者一定不会发生的事实

不能作为条件。如果以一定成就的事实作为条件，等于只是延缓了合同生效的时间或合同失效的时间，因此这一事实非条件，而是期限。如果以必定不能发生的事实作为条件，则该条件若为停止条件，合同无效；该条件若为解除条件，合同相当于"太阳从西边出来"在客观上是不可能发生的事实，所以不能作为附条件合同中的条件。

(3)必须是合法的事实，违法或违反社会公共利益的事实不能作为条件，如约定"如杀死赵某某，赠现金 10 万元"，这一违法事实不得作为条件，再如约定"终身不结婚，可得赠现金 100 万元"，这一事实亦不得作为条件。

(4)应是当事人约定的事实。法律规定或者行为性质决定的事项，不能作为条件。例如，房屋买卖合同中，在房地产部门办理过户登记手续后房屋买卖才生效，这里过户登记是房屋买卖发生效力的法定条件而非约定性条件，因此不能将办理过户手续看作是合同所附条件。再如，政府机关对有关事项或合同审批或者批准的权限和职责，源于法律和行政法规的规定，不属于当事人约定的范畴。当事人将上述权限和职责约定为合同所附条件，不符合法律规定。①

2.条件的种类

(1)生效条件和解除条件

根据我国《民法典》第 158 条的规定，合同中所附的条件可以分为生效条件和解除条件。

生效条件，也可称为延缓条件、停止条件，是指限制合同发生效力的条件。如果合同附有生效条件，则合同在成立以后还不能立即发生法律效力，只有在生效条件成就时，合同才能产生效力，合同才在当事人之间产生实际约束力。解除条件，也可称为消灭条件，是指限制合同失效的条件。如果合同附有解除条件，则合同成立时已经实际发生效力，当解除条件成就时合同则失去法律效力。

在附条件的合同成立以后，在条件未成就以前，任何一方当事人均不得为了自己的利益，以不正当的手段促成或阻止条件的成就，而应让作为条件的事实自然发生，不应在其中介入人为的不正当的原因。所谓的不正当手段包括行为人违反法律规定、道德规范或诚信原则，采取作为或不作为的方式促成或阻止条件的成就。当事人采用此等不正当的手段的，法律对此给予否定的评价，即当事人为自己的利益不正当地阻止条件成就的，视为条件已成就；不正当地促使条件成就的，视为条件不成就。例如，房屋租赁合同中，双方约定如果甲方的亲戚出国回来需要居住，则房屋租赁合同终止，乙应及时搬离。乙方听说甲的亲戚已回国欲前来住宿，则采用恐吓手段阻止该亲戚到来，乙的行为已构成以不正当的手段阻止条件成就，应视为条件成就。

---

① 参见青岛市崂山区国土资源局与青岛南太置业有限公司国有土地使用权出让合同纠纷案(最高人民法院[2004]民一终字第 105 号)。

(2)肯定条件与否定条件

根据约定条件是为发生还是为不发生的客观事实,可以将所附条件分为肯定条件与否定条件。

肯定条件,又可称为积极条件,是指以发生某种客观事实为其条件的内容,所附事实发生,则条件成就;所附事实不发生,则条件不成就。例如,甲和乙的女儿约定如果乙的女儿各门期末考试成绩都在80分以上,甲就同意乙的女儿参加其主办的培训班,该培训合同就是附肯定条件的合同。

否定条件,又可称为消极条件,是指以不发生某种客观事实为内容的条件,所附事实不发生,则条件成就;所附事实发生,则条件不成就。例如,甲和乙约定如果明天不下雨,甲就借乙3万元钱,该借款约定则为附否定条件的合同。

### (二)附期限的合同

附期限的合同是指当事人在合同中约定一定的期限,并将该期限的到来作为合同发生效力或丧失效力的根据。

合同中所附的期限与合同中所附的条件一样,都是合同的附款,都能对合同效力的发生或消失起到限制作用,但作为条件的事实是否发生是不确定的,而期限却为确定的事实,其到来具有必然性。在附期限的合同中,合同是否生效受到一定时间或期间的到来的限制,因而只有尚未到来且必然到来的时间或期间,才可以作为附期限的合同中的期限。

期限可以分为两种:一是生效期限,又可称为延缓期限或始期,在附生效期限的合同中,合同的效力自期限到来时才发生,在期限到来之前,合同虽已成立但尚未生效。例如,双方当事人约定合同自某年某月某日起发生法律效力。二是终止期限,也可称为解除期限或终期,在附解除期限的合同中,合同的效力自期限到来时消灭,在期限到来之前,合同一直发生效力。

所附的期限可以是准确确定的期限,也可以是不完全确定的期限。例如,甲乙双方约定,合同成立后的第一场大雨下过之后,甲向乙出售一套雨后登山设备。

## 第二节 无效合同

### 一、无效合同的概念和特征

无效合同,是相对于有效合同而言的,它是指合同虽然已经成立,但因欠缺法定生效要件,使得当事人订立的合同不能被法律赋予法律效力的一种状态。无效合同是法律对合同的否定性评价,是国家意志对合同自由的一种限制,它具备以下几个特征。

1.无效合同具有违法性。无论何种无效合同，都具有违法性。所谓违法性，是指法律给予否定性的评价，典型表现为违反了法律、行政法规的强制性规定以及国家或社会公共利益。这里强调的是违反法律或行政法规的强制性规定，而非仅是违反了法律和行政法规的任意性规定。对社会公共利益的考量，是因为社会公共利益体现了全体社会成员的共同利益，对它的违反可谓是冒天下之大不韪，即使没有违反法律的明文规定，亦是无效的，国家强制力是不会保障此等合同的。

2.无效合同体现了国家的干预。合同被确认无效，是国家对私人合同自由进行控制的手段，从而满足国家某种经济社会政策需要。国家干预主要体现在，有关国家行政机关可以对一些无效合同进行查处，追究无效合同有关当事人的行政责任；在当事人请求确认合同无效之前，法院和仲裁机构可以主动依职权审查合同是否无效。依法被确认为无效的合同，当事人即使愿意继续履行该合同或追究一方的违约责任，法律也不允许，因为合同已被宣告无效，体现了国家强制力的因素，当事人的意愿不能使之有效。

3.无效合同自始无效、当然无效。“自始无效”是指该合同自始不发生法律约束力，合同一旦被确认无效，便产生溯及力，使合同自订立之时起就不具有法律效力，也不因为之后法律的修改或废止使之转化为有效合同。“当然无效”是指任何人都可以主张合同是无效的，即使当事人不愿主张，其他无须与合同有密切关系的人均可以要求宣告该合同是无效的。

4.无效合同具有不得履行性。所谓无效合同的不得履行性，是指当事人在订立无效合同以后，不得根据合同的约定实际履行，已经履行的，应返还财产或折价补偿，尚未履行的，不得履行，也不承担不履行合同的违约责任。

值得注意的是，合同存在无效的原因，并不等于合同全部无效，有时可能只是部分无效。根据我国《民法典》第 156 条的规定，当合同仅有部分存在无效的原因，且该部分又不影响其余部分时，其余部分仍然有效。详言之，在由若干部分组成或在内容上可以分为若干部分的合同中，如果有效部分和无效部分可以独立存在，一部分无效并不影响其他部分的效力，那么无效部分被确认无效后，有效部分继续有效存在。但是，如果无效部分与有效部分有牵连关系，确认部分内容无效将影响其他部分的效力，或者根据合同的性质或诚实信用原则，剩余的有效部分对于当事人已无意义，则合同应被全部确认为无效。

## 二、无效合同的类型

根据我国《民法典》的规定，无效合同的类型主要包括以下几种。

### （一）恶意串通

《民法典》第 154 条规定：“行为人与相对人恶意串通，损害他人合法权益的民事法律行为无效。”恶意串通的合同是指双方当事人非法串通在一起，通过共同订立某种合同，来损害国家、集体或第三人利益的行为。例如，在招标投标过程中，投标人之间恶意串通，以压低标价从而损害招标人的利益；或者投标人与招标人恶意串通，以达到排挤其他投标人的目的；等等。

恶意串通合同的主要特点包括：

1.当事人出于恶意。即当事人双方都希望通过订立合同损害国家、集体或者第三人的利益，也就是说，当事人明知其行为会损害国家、集体或者第三人的利益，仍为之。

2.当事人之间互相串通。互相串通，可以表现为事先共谋的方式，即双方当事人事先达成协议，也可以是一方当事人作出意思表示，对方当事人明知其目的非法而用默示的方式接受。相关当事人具有上述主观上的串通后，在具体实施上，可以是双方当事人分工相互配合，也可以是双方共同实施某一行为。

3.损害国家、集体或者第三人的利益。所造成的利益损失可以是积极利益的损失，即既有利益的丧失；也可以是消极利益的损失，即应该增加的利益而没有增加。

### （二）虚假的意思表示

《民法典》第 146 条第 1 款规定，“行为人与相对人以虚假的意思表示实施的民事法律行为无效。”虚伪行为，又称“通谋虚伪表示”或“双方虚假行为”，指表意人与相对人通谋而为的虚假意思表示。

成立虚伪行为，其要件有三：其一，须为有相对人的意思表示（否则不能形成“通谋”）。其二，表意人的表示与内心真意不符。其三，须表意人与相对人通谋。所谓“通谋”，指表意人为虚伪表示，相对人表示同意，即“双方一致的恶意思是表达出来的意思不在双方之间生效。”

在当事人间，因当事人无受其拘束的意思，故虚伪表示订立的合同无效。虚伪表示的无效，不得对抗善意第三人。例如，虚假协议离婚的，不得对抗善意第三人，善意第三人有权主张虚假的协议离婚有效。

同时，《民法典》第 146 条第 2 款规定，“以虚假的意思表示隐藏的民事法律行为的效力，依照有关法律规定处理。”隐藏行为，指隐藏于虚伪表示中依表意人的真意意欲发生效力的法律行为。隐藏行为与虚伪表示如影随形。

被隐藏的事实，对隐藏行为的效力不产生影响，隐藏行为不因被隐藏的事实而无效。所以被隐藏的合同不当然无效，其效力依据适用法律关于该隐藏行为的效力规则判断。

### （三）违背公序良俗

违背公序良俗的合同无效这一规定体现了对全体社会成员共同利益的特别保

障。违反社会公共利益或公序良俗的合同无效，这是各国立法普遍确认的原则。公序良俗是一个内涵不确定、外延较宽泛的范畴，它包含了公共秩序和善良风俗的概念。按史尚宽先生的看法，“公共秩序，谓为社会之存在及其发展所必要之一般的秩序，而个人之言论、出版、信仰、营业之自由，乃至私有财产、继承制度，皆属于公共秩序。善良风俗，谓为社会之存在及其发展所必要之一般道德，非指现在风俗中善良者而言，而系谓道德律，即道德的人民意识”。凡是订立合同危害国家公共安全和秩序、损害公共秩序、善良风俗的，无论当事人是否主张无效，法院和仲裁机构都可以主动宣告合同无效。例如，以从事犯罪或帮助犯罪作为内容的合同，规避课税的合同，危害社会秩序的合同，对婚外同居人所作出的赠与和遗赠等违反道德的合同，赌博合同，违反人格尊严的合同，危害家庭关系的合同，限制经济自由的合同，违反公平竞争的合同，违反劳动者保护的合同等，均应无效。

### （四）违反法律、行政法规的效力性强制规定

无效合同都具有违法性，而违反法律、行政法规效力性强制规定的行为，在违法性方面较之于其他无效合同更为显而易见，所以此类合同属于最明显的无效合同。此处所说的法律是指由全国人大及其常委会制定的法律，行政法规是指由国务院制定的法规，违反这些全国性的法律和法规的强制性规定的行为是当然无效的。

## 三、无效的免责条款

### （一）免责条款的概念和特征

免责条款是指当事人在合同中事先确立的限制或者排除某一方合同当事人未来责任的条款。它一般具有如下几个特征。

1.免责条款一般是当事人明示约定的条款。免责条款是当事人经协商后约定的，而非是法律规定的，例如，不可抗力免责是法定免责事由。免责条款一般仅限于当事人的明示约定，默示的方式或推定的方式不能订立免责条款。

2.免责条款的主要目的是事先限制或排除一方当事人未来的民事责任。这是一种事先的限制或排除责任的方式，而不同于事后的限制或排除，事后当事人约定减轻或免除一方当事人的责任，则属于当事人处分其权利的行为。

3.免责条款所针对的是合同履行过程中所产生的责任。免责条款具有一定的附从性，它以一定的合同关系存在为前提，与合同履行过程中所发生的责任相联系。

### （二）无效免责条款的类型

根据《民法典》第506条的规定，“合同中的下列免责条款无效：(一)造成对方

人身伤害的；(二)因故意或者重大过失造成对方财产损失的”，无效的免责条款分为两类：其一，为对人身造成伤害的免责条款，无论该侵害行为是故意的，还是过失的，规定此类行为免责的条款一律无效，这彰显了人文主义精神，体现了对人的生命权、健康权、身体权的尊重和重视。其二，为对财产权侵害的免责条款，采用了限制无效的原则。仅规定对故意或重大过失责任的事先免责条款为无效。可见，在人身权的保障与财产权的保障上，法律采取了不同的标准。

此外，对于一些特殊的合同关系，法律还专门规定了免责条款无效的情形，例如，《消费者权益保护法》规定，经营者不得通过格式合同、店堂告示等免除责任。

## 第三节 可撤销的合同

### 一、可撤销合同的概念和特征

可撤销合同，又称为可撤销、可变更的合同，是指当事人在订立合同时，因意思表示存在瑕疵或不真实，撤销权人有权通过行使撤销权而使已经生效的合同归于无效。可撤销合同的法律特征表现为如下几点。

1.可撤销的合同主要是意思表示不真实的合同，例如，当事人存在重大误解而订立的合同，一方当事人乘人之危而订立的合同，其意思表示不具有违法性，没有损害国家或社会公共利益，所以在这一点上，它不同于无效合同。但是可撤销合同并不仅是意思表示不真实的合同，还包括合同当事人之间权利义务显失公平的合同。

2.欲撤销合同，得由撤销权人主动行使撤销权。法律赋予撤销权人是否主张撤销的权利的选择权，撤销权人可以自由决定是否撤销合同，法院对此采取不告不理的态度。而无效合同是当然无效，无论当事人是否主张合同无效，法院或仲裁机构都可以主动干预，宣告合同无效。

3.对于可撤销合同，撤销权人可以请求予以撤销，也可以不要求撤销。可撤销合同在未被撤销以前仍然是有效的，而无效合同是自始无效的，当事人亦不得履行。而且当撤销权人仅要求变更合同内容的情况下，合同仍然是有效的，法院不得作出撤销的判决。而在无效合同中，当事人无权在变更合同与要求确认无效之间随意作出选择。

### 二、可撤销合同的类型

#### (一)因重大误解订立的合同

重大误解是指合同当事人因自己的过错而对与合同有关的情势产生误解，致

使该行为结果与自己的内心意思相悖,并造成较大损失的情形。

重大误解常见的类型有:(1)对行为性质的误解,例如,误把借用当作赠与,误把出租当作出售;(2)对对方当事人的误解,例如,把甲公司误认为乙公司而与之订立合同;(3)对标的物的种类、质量、规格、数量的误解,例如,误把镀金制品当纯金制品,误把藏玉的石头当普通的石头;(4)对价金的误解,例如,误以人民币计价当作美元计价;(5)对标的物的包装、履行方式、履行地点、履行期限等内容的误解,例如,误将异地履行当作本地履行。而对行为动机的误解,在行为动机未作为合同条件提出时,他人难以了解,法律也难以作出评价,因此原则上不属于重大误解的范围。但是,如果当事人在订立合同时已经把动机作为合同条件提出,且对此误解会造成较大损失时,则应当将其视为对合同内容的重大误解。

因为重大误解将对当事人的权利义务产生重大的影响,所以重大误解的构成要件是较严格的,主要有以下几个要件。

1.当事人是对合同的内容等产生了重大误解。当事人对关涉合同的重要内容产生误解,方为重大误解。若仅仅是对合同一些次要的、不重要的条款产生误解且对当事人的权利义务影响不大,则不作为重大误解处理。

2.误解是由表意人自己的过失造成的,不能是表意人的故意行为所造成的,否则不能构成误解。如果表意人在订立合同时故意保留其真实的意思,或者明知自己对合同产生了误解而仍然与对方签订合同,则表明表意人希望追求其意思表示所产生的效果,不能以重大误解来处理。如果误解是因为受他人的欺诈行为造成的,则构成欺诈而非重大误解。

3.表意人因为误解作出了意思表示。表意人作出了意思表示,这种意思表示是由误解造成的,误解与表意行为之间存在因果关系。误解与表示错误不同,在表示错误情形下,当事人的内心意思不存在缺陷,只是表示发生错误,如错将标的物的数量50架写为500架。而在误解的情形下,当事人内心真实意思发生了缺陷,而外部表示与内心意思是不一致的。

4.误解方因此遭到较大损失。

### (二)显失公平的合同

显失公平是指双方当事人在订立合同的过程中,一方当事人利用对方处于危困状态、缺乏判断能力等情形,致使双方权利义务的分配明显不对等,使一方明显处于不利的地位。

我国合同法规定,在订立合同时显失公平的,当事人可以行使撤销权。这体现了法律对公平原则的贯彻和实现,尤其是对程序公平的一种保障。法律要求当事人在为订立合同而进行协商过程中,双方应是平等的,能够自由地表示其内心真实的意思,而不受其他不当的影响。一方借助其优势地位,利用对方处于危困状态、缺乏判断能力等情形而与之订立明显有利于自己的合同,使双方利益明显失衡,此类合同违背了公平原则，所以法律允许当事人予以撤销。显失公平的合同主要具有以下法律特征。

1.这种明显不公平主要发生在合同订立时，合同已经成立、生效后，因客观情势发生变更使得当事人利益严重失衡时，可能发生情势变更原则的运用，而非主张显失公平的运用。

2.双方当事人利益严重失衡，一方获得的利益超过了法律所允许的限度。正如《国际商事合同通则》所指出的，“即使价值和价格之间相当失衡，或其他因素扰乱了履行与对应履行之间的平衡，尚不足以允许宣告合同无效或修改合同。这种不平衡必须是非常严重的，以至于破坏了正常人所具有的道德标准”。[①] 如若标的物的价格仅比当时当地的同类物品交易价格有所上涨，应属于当事人应当预见的商业交易风险，不应认定为利益严重失衡，双方显失公平。[②]

3.一方当事人在订立合同时利用了对方处于危困状态、缺乏判断能力等情形。所谓危困是指由于一时的紧迫，大多数为经济上的窘境，而需要他人提供实物或金钱。缺乏判断能力是指未能按照理性的动机形式或正确评价双方的给付，以及交易在经济上的结果。

### （三）因欺诈、胁迫而订立的合同

因欺诈、胁迫订立的合同应分为两类，一类是以欺诈、胁迫的手段订立合同而损害国家利益的，应作为无效合同处理，另一类是一方以欺诈、胁迫的手段订立合同虽没有损害国家利益，但是损害了集体或是损害了第三人的利益，对于这类合同应作为可撤销合同还是应作为无效合同对待，存在着两种不同的观点。

一种观点为撤销主义说。这种观点主张欺诈、胁迫合同作为可撤销的合同对待即可，无须当作无效合同处理。理由在于，一方因受欺诈、胁迫而订立合同，主要是意思表达不真实或存在着瑕疵的问题，而非具有违法性。一方在受到欺诈、胁迫的情况下进行意思表示是不自由的，所作出的意思表示是不真实的，为了充分地维护当事人的意志自由，同时为制裁实施欺诈、胁迫的一方，法律赋予被欺诈人、受胁迫人以撤销权，由被欺诈人、受胁迫人决定瑕疵意思表示的效力，让他们能在充分考虑其利害得失以后，作出是否撤销合同的决定。

另一种观点为无效主义说。这种观点认为欺诈、胁迫合同应属于无效合同。这一观点认为确认此类合同无效有利于有关行政机关或司法机关对此进行干预，从而维护社会公共秩序和公共道德，而且这能够更有力地制裁实施欺诈、胁迫行为的人，有效地防止欺诈、胁迫行为的发生。

---

① 国际统一私法协会:《国际商事合同通则》，法律出版社 2005 年版，第 63 页。

② 参见福建三木集团股份有限公司与福建省泉州市煌星房地产发展有限公司商品房预售合同纠纷案(最高人民法院[2004]民一终字第 104 号)。

我国大多数民法学者认为撤销主义更为合理，这一观点亦为我国立法所肯定。理由主要有三：首先，撤销主义更能充分尊重被欺诈方、受胁迫方的意愿，将选择权交予他们，充分体现了民法的意思自由原则。其次，有时某些欺诈、胁迫行为给被欺诈人、受胁迫方所造成的损失可能是轻微的，受害人可能仍认为该合同对自己是有利的，并愿意接受该合同的约束。再次，在许多情况下，对于受害人来说，责令实施欺诈、胁迫行为的当事人承担违约责任，要胜于责令实施欺诈、胁迫行为的当事人承担合同被宣告无效后的责任。

欺诈不同于显失公平。其一，欺诈是一方故意制造假象使对方陷入错误，对方在此错误的基础上作出不真实的意思表示；而在显失公平的情况下，一方并没有欺诈他人，只是利用了对方的无经验、轻率等。其二，在欺诈的情况下，受害人在主观上并没有选择的自由，受欺诈人订立对其不利的合同是因对方的欺诈行为所导致的；而在显失公平的情况下，受害人在主观上具有一定的选择自由，而由于自己的无经验、轻率等而与对方订立合同，可以说，在许多情况下受害人自身存在一定的过错。

欺诈亦有别于重大误解。首先，在欺诈的情况下，受欺诈的一方陷入错误认识是由于欺诈行为造成的，而非是自己的过错造成的。在重大误解的情况下，误解方陷入错误认识源于自己的过失，并非受到他人的欺诈。其次，在欺诈的情况下，不管欺诈是否给受欺诈方造成较大的损失，受欺诈方都有权基于对方欺诈的事实而行使撤销合同的权利。在重大误解的情况下，误解方遭到较大损失则是重大误解的构成要件，误解方未受较大损失的，则不能行使撤销权。

## 三、撤销权的行使

可撤销合同的撤销权是指撤销权人依其单方的意思表示即可使合同效力自始消灭的权利。撤销权是一种形成权，通常只由因意思表示不真实而受有损害的一方当事人享有。具体言之，在因重大误解而订立的合同中，误解人享有；在显失公平的合同中，由受到重大不利的一方当事人享有；在因欺诈、胁迫而订立的合同中，由被欺诈方、受胁迫方享有；在乘人之危的情形中，由身处危难境地的人享有。

根据《民法典》第 147 条至第 151 条的规定，因重大误解订立的合同；在订立合同时显失公平的合同；一方以欺诈、胁迫的手段或者乘人之危，使对方在违背真实意思的情况下订立的合同，受损害方有权请求人民法院或者仲裁机构变更或者撤销。所以在我国，撤销权的行使，必须通过诉讼或仲裁的方式，由法院或仲裁机构对合同是否符合撤销条件进行审查，在符合条件时才支持当事人的请求，宣告合同被撤销。撤销权人主动向对方作出撤销的意思表示的，不能直接发生撤销合同的后果。

撤销权人可以在撤销合同与变更合同中作出选择，不主张撤销仅请求变更合同也是撤销权人享有的一项权利。根据我国《民法典》的规定，如果当事人仅提出了变更合同的请求而没有要求撤销合同，该合同仍然是有效的，法院或仲裁机构不得撤销该合同。尽管变更权与撤销权存在着密切联系，但两者是有差别的。当事人行使撤销权，将会使合同溯及既往地消灭，即自始不发生效力；而当事人行使变更权，并不会导致合同效力的消灭，而只是对合同的部分条款作一变动，不会动摇该合同的效力。

由于撤销权的行使会使合同效力归于消灭，所以为了稳定交易关系，使合同当事人之间的权利义务关系不处于不确定的状态，法律要求撤销权人必须在规定的期限内行使撤销权，否则无权再行使此等权利。我国《民法典》规定，享有撤销权的当事人应当自知道或者应当知道撤销事由之日起一年内行使撤销权，该一年的期限是除斥期间的规定。享有撤销权的当事人可以以明示或默示的方式放弃该权利，换言之，撤销权人在知道撤销事由后明确表示或者以自己的行为放弃撤销权的，撤销权不可撤回地消灭。

## 第四节 效力待定的合同

### 一、效力待定合同的概念和特征

效力待定合同是指合同虽然已经成立，但由于其欠缺合同生效的某些要件，因此其效力能否发生尚未确定的合同。效力待定的合同一般须经有权人加以追认才能产生当事人预期的法律效力，如果权利人在规定的期间内不予追认，则合同归于无效。

效力待定合同具有如下特征。

1.效力待定合同，其效力处于一种不确定的状态，既非完全有效，亦非完全无效。此类合同在被追认之前，其效力不同于有效合同，因为它的效力尚不确定，亦不是无效合同，因为无效合同是自始无效的；它也非可撤销合同，因为可撤销合同在被撤销之前是具有法律效力的。

2.效力待定合同已经成立，但因欠缺某些合同生效要件而没有完全发生法律效力。效力待定的合同严格区分了合同成立与合同生效。合同成立强调的是当事人意思表示的合意，只要当事人就合同的基本内容达成一致的意思表示，则合同即告成立。但合同生效渗入了国家意志的考量，它是在合同成立的基础上，再符合一定的生效要件，法律才可赋予其法律效力。效力待定的合同正处于合同已经成立但尚未完全生效这一阶段，虽有当事人的合意，但不完全具备合同的全部生效要件，所以法律尚未赋予其完整的效力。

3.效力待定合同是否可发生法律效力，尚无法确定，有待于其他行为或事实的

发生加以确定。能够使效力待定合同效力得以确定的法律事实包括两类:其一是事件,如无权处分合同中,因无权处分人通过继承、受赠等方式取得所有权或相应的处分权,该效力待定合同成为有效合同。其二是行为,行为主要包括真正权利人追认权的行使和善意相对人撤销权的行使。前者使效力待定合同发生法律效力,后者则使此类合同归于无效。

效力待定合同不同于无效合同及可撤销合同,它们的区别在于:其一,引发的原因不同。此类合同并不具有违法性,当事人并未违反法律的强制性规定及社会公共利益,而且此类合同当事人也不存在意思表示不真实,其效力尚未确定主要是因为欠缺某些生效要件,如有关当事人缺乏缔约能力、没有相应的处分能力、不具备订立合同的资格等。其二,法律效力不同。效力待定的合同可以因为权利人的承认而发生法律效力,这样既有利于促成更多的交易,也有利于维护相对人的利益;而无效合同是自始无效、当然无效的,当事人不得履行这样的合同;可撤销合同当事人具有选择权,如果权利人请求撤销合同,则合同效力自始归于消灭,如果权利人请求变更合同,则合同仍有效,但当事人须对合同权利义务作出变更。

效力待定合同亦不同于其他普通的有效合同,其最突出的特点是此类合同须经过权利人的承认才能生效。所谓承认,是指权利人表示同意无缔约能力人、无代理权人、无处分权人与他人订立的有关合同。权利人的承认与否决定着效力待定合同的效力。在权利人尚未承认以前,效力待定合同虽然已经订立,但并没有实际生效。所以,当事人双方都不应作出实际履行,尤其是相对人如果知道对方不具有代订合同的能力和处分权,则不应当作出实际履行,否则构成恶意,将导致其不能依善意取得制度而取得权益。

## 二、不适格主体订立的合同

### (一)限制民事行为能力人依法不能独立订立的合同

根据我国法律规定,限制民事行为能力人可以实施某些与其年龄、智力和健康状况相适应的民事行为,其他民事活动由其法定代理人代理,或在征得其法定代理人同意后实施。因此限制民事行为能力人可以订立纯获利益的合同或与其年龄、智力、精神状况相适应的合同,在此之外,此类主体订立合同得由法定代理人代理进行,或者得到法定代理人的事先允许。此类主体未征得法定代理人的同意,而独立签订了其依法不能独立订立的合同,则由于其缔约资格的缺陷而使该合同效力待定。

对于此等效力待定合同,法定代理人可以加以追认,追认后,合同发生完全的法律效力。法律没有明确规定行使追认权的期间,但为了避免这一法律关系长期处于一种不确定的状态,相对人的权利得不到保障,法律赋予相对人催告权。相对人可以催告法定代理人自收到通知之日起30日内予以追认。在这一期间内,法定代理人应作出明确的表态,或追认该合同或拒绝追认。这一期间为除斥期间,期间届满,法定代理人仍未作表示的,追认权消灭,法律推定其拒绝追认。

追认权的设置保护了限制行为能力人的权益,让他们有机会通过事后的补救实现订立合同的目的。但是在订立合同时,难以从外观很准确地判断某人是否处于限制行为能力状态,而且有时限制行为能力人亦会采取隐匿的手段使相对人相信其有缔约能力。所以为了平衡双方当事人的利益,给予相对人合理的保护,法律在赋予限制行为能力人的法定代理人撤销权的同时,亦赋予善意的相对人撤销权,即在合同被追认之前,善意相对人有撤销的权利。所谓善意相对人是指在订立合同时不知道或不应当知道与其订立合同的当事人处于限制行为能力状态,而相信其为具备适格的缔约能力的人。相反,如果该相对人是恶意的,他明知或应当知道当事人不具有相应的缔约能力,而仍然与之订立合同,或者甚至想利用这一状况,则他无权撤销该合同,只能等待限制行为能力人的法定代理人的决定。撤销权的行使将使双方的权利义务关系发生重大的改变,所以法律要求善意的相对人应当以通知的方式作出撤销。

#### (二)无民事行为能力人依法不能独立订立的合同

我国《民法典》第144条规定:“无民事行为能力人实施的民事法律行为无效。”故无民事行为能力人依法不能独立订立合同。

### 三、无权代理人订立的合同

#### (一)无权代理人订立的合同

无权代理是指行为人没有代理他人的资格却以他人的名义进行民事活动的行为,简言之,是指欠缺代理权的代理。广义的无权代理主要有三种情况:根本无权代理、超越代理权范围所为的代理、代理权消灭以后的代理。这些行为虽然具有代理行为的表面特征,但由于行为人不具备有效的代理权,因而并不符合有权代理的要件。

无权代理人以本人名义与他人订立合同,是一种效力待定的合同,而不是绝对无效的合同。此类合同的瑕疵是可以通过本人的行为予以修补的,本人的追认可以使无权代理行为发生法律效力。法律没有将此类合同打入绝对无效合同范围,是因为:其一,无权代理行为并非都对本人不利,有些无权代理活动有利于本人实益的增加。如果一概认定无权代理而订立的合同无效,则当本人愿意订立这样的合同时,却还要进行新一轮的磋商、谈判,这无疑将会增加合同交易成本,不符合效率原则。其二,无权代理行为也具有代理的某些特征,只是实际上没有代理权限,但如果本人事后予以追认,实则属于事后补授代理权,可以使代理行为有效。当

然，如果本人认为无权代理行为对其不利，自然可以不予追认。可见，这一灵活的做法更有利于维护本人及相对人的利益，更有利于实现双赢。

对于此类效力待定合同，法律赋予本人追认权来确定该合同效力。本人予以追认的，本人成为合同的当事人，受到合同约定的约束；本人不予追认的，该合同对本人不发生法律约束力，无权代理人则应承担相应的责任。详言之，本人一旦作出追认，便具有溯及既往的效力，使因无权代理所订立的合同从成立之时开始即产生法律效力。然追认权是一种形成权，当事人可以行使亦可以不行使，由于其行使与否决定其合同关系或其他责任的确定与否，所以法律要求当事人在一定期限内作出，即在相对人催告被代理人自收到通知之日起30日内作出，本人未作表示的，亦为拒绝追认。

本人拒绝追认的，则无权代理行为自始无效，因无权代理所订立的合同不能对本人产生法律效力，而由行为人承担责任。我国《民法典》没有对责任作出进一步详细的规定，依学理解释，该责任包括两种类型：一为合同有效情形下的责任。无权代理人借代理为伪装的意思表示，则成为自己的意思表示，该合同的主体发生变更，即为该无权代理人与相对人。因此，该无权代理人作为合同当事人应承担合同的履行责任，若他没有履行能力或履行不符合约定，则应承担违约责任。二为合同无效情形下的责任。如果无权代理人没有缔约资格或其他原因导致合同无效，合同不发生法律效力，无权代理人应承担缔约过失责任。

为了保护相对人特别是善意相对人的权益，法律亦赋予相对人以催告权，赋予善意的相对人以撤销权。相对人有权催促本人在合理的一定期限内明确表示其是否追认无权代理行为，催告的意思必须向本人或其法定代理人作出。作为善意的相对人，他还有权在本人作出追认的意思表示之前行使撤销权，因撤销涉及当事人之间权利义务的消灭，对当事人有重大的影响，所以法律要求撤销应当以通知的方式作出。

### （二）表见代理人订立的合同

有可能存在这样一种情形，无权代理人的外观行为使善意相对人产生一种确信，相信该无权代理人有代理权，此时，无权代理人与相对人之间产生的法律关系则不同于前面所提到的无权代理而产生的法律关系，而是一种新的法律关系，即表见代理法律关系。

表见代理不同于一般的无权代理，它是指无权代理人的行为客观上使相对人相信其有代理权，且相对人主观上是善意且无过失的，因而该行为的法律效果直接由被代理人承担。表见代理的构成要件有以下几点：(1)无权代理人并没有获得本人的有效授权。在表见代理的情况下，行为人或者根本没有代理权，或者超越了代理权限，或者代理权已经终止，而以本人的名义实施民事行为。正是从这个意义上说，表见代理与广义的无权代理有相似之处。(2)表见代理人的行为使相对人有理由相信其有代理权。代理人虽然没有代理权，但其行为从表面上可以使他人产生一种合同的信赖，相信行为人具有合理代理权，即具有权利的外观。所谓权利外观，是指本人的授权行为已经在外部形成了一种表象，即能够使第三人有合理理由相信无权代理人已经获得了授权。[①] (3)相对人主观上须为善意且无过失。所谓主观善意，是指相对人不知道或不应当知道无权代理人实际上没有代理权。所谓无过失，是指相对人的这种不知道并不是因为自身的疏忽大意或懈怠造成的。相对人若存有过失，则不构成表见代理。[②] (4)无权代理行为的发生与本人存在一定的关系。法律要求本人直接对表见代理人的行为承担责任，在一定程度上考虑到表见代理行为的发生大多与本人自身的过错行为有一定的关系，例如，由于本人自身疏于管理，而让他人有机可乘，冒用其公章、空白合同等与相对人订立合同。(5)无权代理人与相对人所订立的合同，本身并不包含无效和应被撤销的内容。

在构成表见代理的情况下，这种无权代理的行为被视为有效，本人应受无权代理人订立的合同的约束，但这种无权代理的性质将会影响无权代理人与本人之间的内部关系。

### (三)由代表行为订立的合同

代表行为有别于无权代理行为，它是一种具有特殊性质的代理行为。法人或其他组织的法定代表人、负责人以该法人或组织的名义从事经营活动、订立合同时，无须再获得该法人或组织的特别授权，因为法律推定他们全权代表该法人或组织，其所有行为包括越权行为的后果均应由该法人或组织承担，除非相对人知道或应当知道该法定代表人或负责人订立合同的行为超越了权限。我国《民法典》对此亦作出类似的规定，法人或者其他组织的法定代表人、负责人超越权限订立的合同，除相对人知道或者应当知道其超越权限的以外，该代表行为有效。

## 四、无处分权人订立的合同

### (一)无处分权人订立的合同的概念与特征

无权处分的行为是指无处分权人以处分他人财产为目的而订立的合同。无处分权人订立的合同具有以下特征。

---

① 王泽鉴:《债法原理(第一册)》，中国政法大学出版社 2000 年版，第 358 页。

② 我国司法实践亦认可此观点。如中国银行合肥市桐城路分理处诉安徽合肥东方房地产有限责任公司借款、抵押担保合同纠纷案(最高人民法院[2000]经终字第 220 号)。法院认为构成表见代理应同时具备行为人具有代理权的客观表象和相对人善意无过失两个方面的要件，相对人存在疏忽懈怠的重大过失的，不构成表见代理。

1.无处分权人实施了处分他人财产的行为。此处所说的“处分”是指法律上的处分,包括处分财产所有权、债权或其他财产权利,如出售或赠与财产、转让债权、免除债务,也包括限制财产权或在财产上设定抵押等负担的行为,但不包括事实上的处分。

2.行为人无处分权,却以自己的名义实施了处分行为。无处分权包括两种情形,其一为根本没有处分权,其二为虽然有处分权,但处分权受到一定的限制,如共有人对共同共有的财产的处分权。无处分权人是以自己的名义来处分他人的财产,如果是以他人的名义来处分他人的财产,则构成无权代理行为,而非无处分权的行为。

3.行为人在处分他人财产时与相对人订立了合同。无权处分行为涉及两种法律关系,三方主体。两种法律关系包括行为人处分财产的行为和为实现处分结果而实施的与相对人订立合同的行为,三方主体包括无处分权人、权利人和相对人。

### (二)无处分权人订立合同的法律关系

此类合同属于效力待定合同,可以通过权利人追认使之发生法律效力。这里的追认是指权利人作出的同意该处分行为的意思表示。这种意思表示可以直接向相对人作出,也可以向处分人作出。但如果相对人要求追认,则权利人应向相对人为意思表示,否则相对人可能行使撤销权。此类合同也可以通过无处分权人事后取得处分权来使合同发生法律效力,例如,在与相对人签订合同之后,权利人将该财产赠与无处分权人使之成为财产所有权人,无处分权人取得财产所有权的行为使该合同自始有效。

若权利人不予追认或行为人在合同成立之后未取得处分权,三方主体间的法律关系应区分不同的情形对待,下面以处分财产所有权的行为为例加以分析:(1)如果无权处分合同的相对人主观上是善意的,不知道或不应当知道对方无处分权,而且已经根据合同受领了标的物,则依善意取得制度,该相对人有权取得该物的所有权。这时便会产生一个矛盾,在权利人不予追认或行为人在合同成立之后未取得处分权时,无处分权人与相对人订立的合同无效,但根据善意取得原则,相对人却可以获得物之所有权。本书认为,物权制度具有优先性,合同的无效不得对抗善意取得的效力。权利人有权要求无处分权人返还已经收取的价款。(2)如果无权处分合同的相对人主观上是善意的,但尚未根据合同取得标的物,则不得适用善意取得制度,相对人尚未取得标的物的所有权。此时无处分权人与相对人之间的合同归于无效,相对人可以要求无处分权人承担缔约过失责任。(3)如果相对人主观上存在恶意,明知对方没有处分权,则无权取得标的物的所有权。若相对人已经受领了标的物,则权利人可以行使物上返还请求权。

## 第五节 合同无效或被撤销的法律后果

合同被确认无效或者被撤销后，合同自始不发生法律约束力，不能产生当事人预期达到的合同目的。合同被确认无效或被撤销，具有溯及既往的效力，即合同自成立之日起就是无效的，而不是从确认合同无效或被撤销之时起无效。

一旦合同被确认无效或被撤销，合同关系便不复存在，当事人无权基于该合同而主张任何权利。合同被确认无效或被撤销以后，虽不能产生当事人所预期的法律效果，但并不是不产生任何法律后果。由于无效合同具有违法性，可撤销合同当事人存在意思表示不真实的缺陷，所以这两类合同都可能损害到合同一方当事人的利益，第三人的利益，集体的利益，甚至是国家的利益。因此，法律要求对合同被确认无效或被撤销负有责任的当事人承担相应的法律后果，从而保护交易活动参与者的合法权益，保护集体和国家的利益，维护良好的交易秩序。我国《民法典》所规定的合同无效或被撤销的法律后果主要有以下几项。

（一）返还财产

一方当事人在合同被确认无效或被撤销以后，对其已交付给对方当事人的财产享有返还请求权，已经受领对方所交付的财产的当事人则有义务将该财产返还对方。根据《民法典》第 157 条的规定，合同无效或者被撤销后，因该合同取得的财产，应当予以返还；不能返还或者没有必要返还的，应当折价补偿。关于这一点，应注意以下几个问题。

1.从返还财产的目的来看，返还财产旨在使双方当事人的财产关系回复到合同订立前的状态，而不是使当事人处于合同被履行后的状态，即不可能满足当事人订立合同所欲达到的目的，仅是使当事人回复到合同订立前的原始状态。

2.如果原物尚存在，则物之所有权人基于物上返还请求权，可以要求受领人返还原物，该返还财产具有物权的效力，可以优先于其他普通债权。但如果原物已经不存在，返还财产请求权则为不当得利返还请求权，仅具有债权的效力，与债务人的其他普通债权一样平等受偿。

3.返还财产的范围区分原物返还抑或不当得利返还而有不同。返还原物仅限于原物及因原物所产生的孳息。原物存在时，应返还原物，不能以货币或其他形式的实物来代替该原物。不当得利返还目的在于将受益人所获得的一切不正当的利益返还于受损害方，所以返还的范围包括实际受有的利益、因原物的占有或权利的取得而获得的收益，因原物被毁损而取得的保险金或赔偿金等。受领人主观是善意还是恶意会对返还利益的范围有所影响。

4.返还财产存在单方返还与双方返还两种情形。单方返还一般适用于一方当事人故意违法的情形和一方当事人已履行合同主要义务而另一方尚未履行的情

形。在前一种情形下，故意违法方应将从非故意方处所取得的财产返还于对方，而非故意方则将从对方处获得的财产上缴国库。在后一种情形下，已接受履行的当事人应当将财产返还于对方。双方返还主要适用于合同被撤销的情形，双方当事人应各自将从对方处获得的财产返还于对方。

5.当事人行使返还财产的请求权原则上不应当考虑对方是否具有过错的问题。也就是说，一方如果接受了对方交付的财产，只要该财产仍然存在或能够返还，则负有返还财产的义务，而不论其在主观上是否存在过错。

6.如果财产不能返还或者没有必要返还，则采用折价补偿的方法。所谓不能返还包括事实上不能返还和法律上不能返还。事实上不能返还主要是指因某些客观事实而致使财产无法返还，如特定的标的物被大火完全烧毁；法律上不能返还主要是基于法律规定使得财产不能被返还，如第三人依善意取得制度已取得财产的所有权。没有必要返还主要有三种典型的情形：第一种情形是受让、使用知识产权的问题，知识产权是无形的，当事人无法返还已使用的部分，只能按获得利益的标准进行折价补偿。第二种情形是接受劳务的情形，已受有的劳务在性质上无法返还，则可以根据提供相关劳务的报酬标准予以补偿。第三种情形是返还财产虽有可能但在经济上极不合理，此时亦不宜适用返还财产方式，而应以折价补偿来替代。

### （二）赔偿损失

合同被确认无效或被撤销以后，也会产生损害赔偿的责任，根据《民法典》第157条的规定，有过错的一方应当赔偿对方因此所受到的损失，双方都有过错的，应当各自承担相应的责任。从其法律性质上看，该责任属于缔约过失责任的范畴。

该损害赔偿的构成要件如下。

1.有损害事实的存在，当事人因合同无效或被撤销而遭受了一定的损失。

2.赔偿责任人具有过错。责任人的过错可以分为两种情形：其一为一方有过错，另一方无过错，则过错方对违法后果的责任承担，不影响他还应对无过错方承担赔偿责任。其二为双方均有过错，则适用过错相抵原则，根据双方过错程度的大小来确定各自应承担的责任范围。

3.过错行为与损失结果之间存在因果关系。

### （三）非民法上的法律后果

在合同被确认无效或被撤销以后，当事人除应承担相应的民事责任以外，还可能因其违法行为而应承担行政甚至刑事的责任，如当事人恶意串通，损害国家、集体或者第三人利益的，因此取得的财产收归国家所有或者返还集体、第三人。当事人还可能被吊销营业执照、被责令停产整顿等。

## 真题链接

1.甲公司在城市公园旁开发预售期房，乙、丙等近百人一次性支付了购房款，总额近8000万元。但甲公司迟迟未开工，按期交房无望。乙、丙等购房人多次集体去甲公司交涉无果，险些引发群体性事件。面对疯涨的房价，乙、丙等购房人为另行购房，无奈与甲公司签订《退款协议书》，承诺放弃数额巨大的利息、违约金的支付要求，领回原购房款。经咨询，乙、丙等购房人起诉甲公司。下列哪一说法准确体现了公平正义的有关要求？（2011年）

A.《退款协议书》虽是当事人真实意思表示，但为兼顾情理，法院应当依据购房人的要求变更该协议，由甲公司支付利息和违约金

B.《退款协议书》是甲公司胁迫乙、丙等人订立的，为确保合法合理，法院应当依据购房人的要求宣告该协议无效，由甲公司支付利息和违约金

C.《退款协议书》的订立显失公平，为保护购房人的利益，法院应当依据购房人的要求撤销该协议，由甲公司支付利息和违约金

D.《退款协议书》损害社会公共利益，为确保利益均衡，法院应当依据购房人的要求撤销该协议，由甲公司支付利息和违约金

2.关于意思表示法律效力的判断，下列哪些选项是正确的？（2011年）

A.甲在商场购买了一台液晶电视机，回家后发现其妻乙已在另一商场以更低折扣订了一台液晶电视机。甲认为其构成重大误解，有权撤销买卖

B.甲向乙承诺，以其外籍华人身份在婚后为乙办外国绿卡。婚后，乙发现甲是在逃通缉犯。乙有权以甲欺诈为由撤销婚姻

C.甲向乙银行借款，乙银行要求甲提供担保。丙为帮助甲借款，以举报丁偷税漏税相要挟，迫使其为甲借款提供保证，乙银行对此不知情。丁有权以其受到胁迫为由撤销保证

D.甲患癌症，其妻乙和医院均对甲隐瞒其病情。经与乙协商，甲投保人身保险，指定身故受益人为乙。保险公司有权以乙欺诈为由撤销合同

3.下列哪些情形属于无效合同？（2012年）

A.甲医院以国产假肢冒充进口假肢，高价卖给乙

B.甲乙双方为了在办理房屋过户登记时避税，将实际成交价为100万元的房屋买卖合同价格写为60万元

C.有妇之夫甲委托未婚女乙代孕，约定事成后甲补偿乙50万元

D.甲父患癌症急需用钱，乙趁机以低价收购甲收藏的1幅名画，甲无奈与乙签订了买卖合同

4.甲用伪造的乙公司公章，以乙公司名义与不知情的丙公司签订食用油买卖合同，以次充好，将劣质食用油卖给丙公司。合同没有约定仲裁条款。关于该合

同，下列哪一表述是正确的？（2013 年）

A.如乙公司追认，则丙公司有权通知乙公司撤销

B.如乙公司追认，则丙公司有权请求法院撤销

C.无论乙公司是否追认，丙公司均有权通知乙公司撤销

D.无论乙公司是否追认，丙公司均有权要求乙公司履行

5.杜某拖欠谢某 100 万元。谢某请求杜某以登记在其名下的房屋抵债时，杜某称其已把房屋作价 90 万元卖给赖某，房屋钥匙已交，但产权尚未过户。该房屋市值为 120 万元。关于谢某权利的保护，下列哪些表述是错误的？（2014 年）

A.谢某可请求法院撤销杜某、赖某的买卖合同

B.因房屋尚未过户，杜某、赖某买卖合同无效

C.如谢某能举证杜某、赖某构成恶意串通，则杜某、赖某买卖合同无效

D.因房屋尚未过户，房屋仍属杜某所有，谢某有权直接取得房屋的所有权以实现其债权

# 第七章 合同的履行

【引 例】

2021年1月10日,A公司与B公司签订棉纱买卖合同。合同约定:“A公司供给B公司21支棉纱100吨,1.83万元/吨,总计价款183万元,合同签订之日B公司预付货款50万元,A公司应于同年1月20日送货至B公司,B公司验货付款100万元,余款同年3月底前付清。”合同签订后,B公司交付了50万元预付款,A公司按约将货送至B公司指定地点。此时B公司没有筹集到足够的钱款,却要求卸车验货。A公司拒绝卸货,等候3日,B公司仍未筹到100万元,A公司将货拉回。此后,B公司诉至法院要求A公司返还50万元预付款,并偿付违约金7.5万元。A公司辩称其不构成违约,并要求B公司赔偿运输费用等经济损失2.6万元。

## 第一节 合同履行的原则和规则

### 一、履行的原则

合同的履行是指合同当事人按照合同的规定履行各自义务的行为。合同履行的前提是合同有效存在,不是依法有效存在的合同,不会对合同当事人产生法律上的约束力,就谈不上合同的履行问题。合同履行的原则是指债务人履行合同时应当遵守的基本准则。《民法典》第509条规定:“当事人应当按照约定全面履行自己的义务。当事人应当遵循诚实原则,根据合同的性质、目的和交易习惯履行通知、协助、保密等义务。当事人在履行合同过程中,应当避免浪费资源、污染环境和破坏生态。”虽然不同类型的合同有不同的特点,但此条规定了合同履行一般原则中的两项原则。

合同履行的原则通常包括以下几项。

#### (一)全面履行原则

全面履行原则又称为适当履行原则或正确履行原则,是指按照合同当事人的

约定，由适当的履行主体在适当的时间、适当的地点，以适当的方式，按照合同中约定的数量和质量，全面完成合同中约定的义务。这项原则包括五个方面的具体要求：一是履行主体适当，即除非当事人另有约定或法律另有规定，当事人应亲自履行合同义务或接受他方义务的履行，不能任意由第三人代为履行合同义务或代为接受义务的履行。二是标的适当，即当事人所交付的标的物或所提供的服务应符合有关法律的规定、合同的约定或相关的交易习惯。三是履行时间适当，即合同约定履行期限的，当事人应当按照合同的约定履行，不得迟延履行或受领；合同未约定履行期限的，当事人可随时提出或请求履行，但必须给对方合理的准备时间。四是履行地点适当，即当事人应当在合同约定的地点履行自己的义务，若当事人未在合同约定的地点履行，即使其他条件都符合合同要求，也不能发生清偿的效力。五是履行方式适当，当事人应当按照合同约定的方式或根据合同性质所要求的方式履行自己的义务。

（二）经济合理原则

经济合理原则是指合同当事人在履行合同过程中，应符合经济效益，力求以最小的成本取得最佳的合同利益。在市场经济环境中，交易主体是追求自身利益最大化的理性主体。因此，如何以最小的缔约成本和履约成本获得最大的合同履行利益，是合同当事人共同追求的目标，所以交易主体在合同履行中遵循经济合理原则是不言而喻的。这项原则在合同法中有很多体现，如《民法典》第 591 条规定："当事人一方违约后，对方应当采取适当措施防止损失的扩大；没有采取适当措施致使损失扩大的，不得就扩大的损失要求赔偿。当事人因防止损失扩大而支出的合理费用，由违约方承担。"《民法典》第 913 条："保管人对入库仓储物发现有变质或者其他损坏，危及其他仓储物的安全和正常保管的，应当催告存货人或者仓单持有人作出必要的处置。因情况紧急，保管人可以作出必要的处置，但事后应当将该情况及时通知存货人或者仓单持有人。"

（三）诚实信用原则

诚实信用原则可简称为诚信原则，从字面上理解，它要求人们在进行民事活动时诚实不欺诈、信守诺言，不损害他人的利益或社会的整体利益；从内涵上来说，它要求人们在不损害他人或社会利益的前提下，追求自身的利益，实现当事人之间利益的平衡和当事人与社会之间利益的平衡。它原本是一种道德原则，上升为法律原则后，体现为对一种实质上的利益平衡和公平正义的追求。鉴于其内涵的模糊性和外延的不确定性，法官可利用诚信原则进行创造性的司法活动，在法无明文规定或法律规定模糊时据此作出公正判决。它在债法中发挥着十分重要的作用，正如台湾地区学者邱聪智所言，债的关系，以当事人之间信赖关系为基础，而社会生活关系本极为复杂琐碎，非有限条文及当事人意思可预先完全容纳，有此情形，其有着问题之妥善解决,非诉诸诚实信用之运用,难勘圆满达成。[①] 在合同法中它主要是要求合同当事人不仅应按法律的规定、合同的约定履行义务,而且还应在法律没有规定或规定模糊、合同也未约定或约定不明的情况下,根据诚信原则合理地履行义务,以实现对方当事人订立合同的目的。诚信原则在合同法中体现最为典型的是附随义务的履行。附随义务(Nebenpflicht)是大陆法系合同关系发展过程中有关义务的一个相当重要的理论。它是由德国学者在探讨合同给付义务及其履行时首先提出的,是指合同当事人依据诚实信用原则,根据合同性质、目的和交易习惯所应当承担的非由法律规定或合同约定的通知、协助、保密等义务,由于这种义务是附随于主给付义务的,因此,称为附随义务。合同法规定的附随义务包括:(1)通知义务,如一方当事人由于客观情况发生根本变化而难以继续履行合同或因不可抗力不能履行合同时,应及时通知对方当事人,以便对方当事人可以及时采取措施从而避免损害的发生或防止损害的扩大;(2)协助义务,是指当事人在履行合同过程中要互相配合、积极合作,一方当事人在全面履行自己的义务的同时,应根据实际情况合理地配合对方当事人的义务履行,使其义务能顺利履行,双方当事人的利益都可以得到充分的实现,如债务人履行合同时,债权人应创造必要的条件,为债务人履行义务提供便利;(3)保密义务,一方当事人无论是在缔约过程中还是在履约过程中获知对方当事人的商业秘密,应负有保守此等秘密的义务,即使是在履约完成之后,如企业的员工不得任意使用、泄露或让他人使用其所掌握的与企业相关的秘密,即使是在离职之后,也应当在合理的时间内继续负有保守相关秘密的义务;(4)防止损失扩大,是指在合同履行过程中当事人遭受损失的,双方都应积极采取适当的措施防止损失的进一步扩大,即使这一损害后果不是自己造成的;(5)保护义务,一旦当事人进入磋商阶段,一方应对对方的人身或财产安全尽到合理的注意义务,防止对方遭受不应有的损害,若损害已发生应积极救护以防止损害的扩大。

从合同缔约、订立到履行完毕过程来看,诚信原则可以体现为以下几方面。

1.依诚信原则进行合同磋商和缔约。在有关当事人为订立合同而进行磋商时,虽然他们之间尚未形成合同关系,但他们之间的关系显然不同于普通陌生人之间的关系,在他们之间产生一种源于希望订立合同的愿望而坦诚沟通的信赖关系,所以诚信原则要求一方对相对方尽到一些先合同义务,如提供缔结合同所必需的信息,对所得知的相关商业秘密尽到保守义务,不得任意撤销要约等。

2.依诚信原则履行合同。合同有效成立后,双方当事人应按照合同的约定严格履行合同义务,在合同没有约定或约定不明时,根据合同的性质、当事人期望达到的目的、交易习惯等适当地履行义务,这是诚信原则的基本要求。例如:(1)如果债务人所提供的标的物存在质量差异,但没有超出合同约定的允许范围,则债务人

---

① 邱聪智:《新订民法债编通则》(下),中国人民大学出版社 2004 年版,第 254 页。

不得故意选择质量较差的标的物进行交付。(2)如果债务人给付的数量存在轻微的不足,但并未使债权人遭受严重或明显的损害,债权人不得以此为借口拒绝此等履行,亦不得行使同时履行抗辩权拒绝支付相应的款项。(3)如果合同中约定了履行的期限但没有明确限定具体的时间,债务人应尽量选择方便债权人受领的时间履行,而不得故意选择不恰当的时间要求债权人受领其履行,如特地深夜上门提出履行或在营业时间之外要求企业接受其履行。(4)如果合同中约定由卖方代为托运但未明确约定具体的运输方式和运输路线,债务人应本着最有利于债权人的原则在可供选择的多种运输方式和路线中作出合理的选择。

3.依诚信原则尽到合同履行完毕后的义务。合同约定的权利义务终止后,并不意味着合同当事人之间不存在其他义务,当事人还应遵循诚信原则,根据相关的交易习惯等履行通知、协助、保护、保密等义务。如租赁合同终止后,如果承租方继续居住而出租方未表示异议,则他们之间的承租关系继续有效,只是这种承租合同是不定期的租赁合同。

### (四)情势变更原则

《民法典》第533条:“合同成立,合同的基础条件发生了当事人在订立合同时无法预见的,不属于商业风险的重大变化,继续履行合同对当事人一方明显不公平,受不利影响的当事人可以与对方重新协商,在合理期限内协商不成的,当事人可以请求人民法院或者仲裁机构变更或者解除合同。人民法院或者仲裁机构应当结合案件的实际情况,根据公平原则变更或者解除合同。”情势变更原则是指合同有效成立以后,若非因双方当事人的原因而构成合同基础的情势发生重大变更,致使继续履行合同将导致显失公平,则当事人可以请求变更或解除合同。实际上,这项原则亦是源于诚实信用原则,但它已形成一套独立的理论或一项独立的制度,从作为上位原则的诚信原则中脱离而出,以诚信原则的特殊下位规范[①]的姿态在合同法中独立发挥着积极的作用。

1.情势变更原则的适用条件

(1)必须存在情势变更的客观事实。情势是指作为合同成立基础或环境的一切客观事实;情势变更是指此等事实在客观上发生了异常的变动。情势变更是一个很难确定其具体内涵的概念,可以参考国外相关学说判例作一探讨。国外相关学说判例主要有两种观点,其一为“客观行为基础”,它包括等价关系的失衡和合同目的的无法达到。前者的典型表现为因国家政策调整或通货膨胀等致使一方给付与对待给付之间的不等价,这正是我国情势变更原则的主要适用情形。与后者相对应的是我国合同法所规定的“不能实现合同目的”的情形,但我国民法典对此规定了法定解除权,而非适用情势变更原则。其二为“主观行为基础”,德国学者认为

---

① 邱聪智:《新订民法债编通则》(下),中国人民大学出版社2004年版,第254～257页。

它主要是指合同当事人共同的动机错误。而我国民法典将此作为意思表示瑕疵来处理,当其构成重大误解时,当事人方可主张撤销合同。

(2)情势变更发生在合同成立生效以后,履行终止以前。一方面,当情势的变更发生在合同订立时,如果当事人已认识到该事实,但仍以对自己不利的已变更的情势作为合同的内容,则表明当事人自愿承担由此产生的风险,因此事后的救济是没有必要的;如果当事人未认识到这一事实,该情势的变更导致合同的履行对一方当事人显失公平,则可以运用重大误解的规则来解决这一问题。另一方面,如果在合同履行完毕后才发生情势变更,由于此时合同关系已经消灭,之后所发生的情势变更与合同无关,所以不应适用情势变更原则。

(3)情势变更的发生是双方当事人缔约时所不可预见的。如果当事人在缔约时能够预见,则表明当事人愿意承担这一事件发生的风险,因此不适用情势变更原则;如果当事人对情势变更客观上应当可以预见而没有预见,那么他仍然不可主张适用情势变更原则。

(4)情势变更的发生不可归责于双方当事人。也就是说,双方当事人对于情势变更的发生没有过错,当事人无法控制情势变更的发生。不可归责于当事人的事由可分为不可抗力、意外事件和其他事件三种,如国家经济政策的调整、全球性或区域性的金融危机和罢工等。

(5)因情势变更而使原合同的履行显失公平。情势变更发生后通常造成当事人之间的利益失衡,如果继续履行合同,显然会造成双方当事人之间利益的明显不公平,有悖于诚实信用原则和公平原则。这里有一个"度"的衡量,即情势变更必须造成当事人之间的利益极不平衡,如果仅是对当事人之间的利益造成轻微的影响,就不能适用这一原则。

2.情势变更原则适用的法律后果

《民法典》第533条:"合同成立,合同的基础条件发生了当事人在订立合同时无法预见的,不属于商业风险的重大变化,继续履行合同对当事人一方明显不公平,受不利影响的当事人可以与对方重新协商,在合理期限内协商不成的,当事人可以请求人民法院或者仲裁机构变更或者解除合同。人民法院或者仲裁机构应当结合案件的实际情况,根据公平原则变更或者解除合同。"

情势变更原则的效力主要体现在以下两个方面:

(1)当事人可以要求变更合同,从而使原合同可以在公平的基础上得以继续履行。这主要表现为增减履行标的的数额,运用此方法时,必须解决好增减的限度问题,这就需要确定合理的标准来准确评估双方的价值比例关系,消除显失公平现象;同时还应避免发生使一方当事人免受损害的同时,另一方当事人却承担了不必要的经济负担的情形。此外,还有延期或分期履行、拒绝先为履行、变更标的物等方法。

(2)当事人可以请求解除合同,从而彻底消除显失公平的现象。如果采用变更

的方式不足以消除显失公平的后果，或者一方当事人认为合同的变更有悖于缔约目的，那么就只有通过解除合同的方式来消除显失公平的后果。

## 二、履行的规则

### （一）约定不明合同的履行规则

如果合同约定不明，则势必给当事人履行合同造成困难，为了鼓励交易、节约交易成本，法律会采取措施尽量予以补充，以使合同具有可履行性。根据《民法典》第 510 条、511 条的规定，约定不明合同的履行规则有如下几点。

1.当事人协议补充规则

根据《民法典》第 510 条的规定："合同生效后，当事人就质量、价款或者报酬、履行地点等内容没有约定或者约定不明确的，可以协议补充"。由此可以看出，这项原则是指当事人对没有约定或者约定不明确的合同内容可以通过协商的办法订立相关的补充协议，使合同的内容具体化和明确化，为当事人履行合同提供明确依据，减少纠纷的发生。

2.参考合同有关条款或交易习惯规则

约定不明合同在履行中产生纠纷时，先由当事人协议补充，当事人不能达成补充协议的，可以按《民法典》第 510 条后段规定的"按照合同有关条款、合同性质、合同目的或者交易习惯确定"的原则进行确定。其中，按照合同有关条款确定是指结合合同的其他方面内容加以判断，从而使合同的内容具体化和明确化。因为合同是一个整体，如果当事人在某一具体条款对自己的相关意图作了明确表示，当在其他条款中涉及这一问题时，就可以根据该条款加以确定。按照交易习惯确定是指按照人们在同样或类似的交易中通常奉行的惯例来确定合同中未明确约定的内容，使合同得以准确地履行。因为在长期的国内交易或国际交易中，人们都已形成了许多被默示遵守的交易习惯或规则，当合同未对交易习惯或规则所涉及的事项作出具体约定时，人们完全可以根据这些交易习惯或规则来全面地履行合同。

3.法定补充规则

当事人对于合同有关内容约定不明确，在适用上述规则仍不能确定时，可以适用法定补充规则。法定补充规则，又可称为合同的补缺规则，是用以弥补当事人所欠缺或模糊、不确定的意思，从而使合同内容具有明确性、可履行性的法律条款。这一规则主要适用于欠缺合同主要条款或合同条款约定不明确，但并不影响效力的合同。法定补充规则是法律对长期经济活动中形成的一些规则的总结，体现了法律对商业习惯、交易惯例和经济活动一般准则的确认。《民法典》第 511 条规定："当事人就有关合同内容约定不明确，依据前条规定仍不能确定的，适用下列规定：(1)质量要求不明确的，按照强制性国家标准履行；没有强制性国家标准的，按照推荐性国家标准履行；没有推荐性国家标准的，按照行业标准履行；没有国家标准、行业标准的，按照通常标准或者符合合同目的的特定标准履行。(2)价款或者报酬不明确的，按照订立合同时履行地的市场价格履行；依法应当执行政府定价或者政府指导价的，按照规定履行。(3)履行地点不明确的，给付货币的，在接受货币一方所在地履行；交付不动产的，在不动产所在地履行；其他标的，在履行义务一方所在地履行。(4)履行期限不明确的，债务人可以随时履行，债权人也可以随时请求履行，但应当给对方必要的准备时间。(5)履行方式不明确的，按照有利于实现合同目的的方式履行。(6)履行费用的负担不明确的，由履行义务一方负担。”因债权人原因增加的履行费用，由债权人负担。此即法定补充规则的法律依据。

### (二)执行政府定价或指导价合同的履行规则

买卖标的的价格通常由当事人按照市场供需等情况的变化加以商定，但在执行政府定价或指导价的合同中，当事人必须按照政府定价或指导价确定价格，而不能另行约定价格。合同在履行过程中，如果遇到政府定价或指导价作调整，此时合同履行的基本规则为侧重于保护按约履行合同的一方当事人，而作出不利于违约方的处理。根据《民法典》第513条的规定，具体可以包括以下三个方面。

1.双方当事人均如期履行合同的，在履行中遇到政府定价或指导价作调整时，应按交付时的政府定价或指导价计价，即按新价格执行，交付货物时，货物提价的，按已提高的价格执行；降价的，按已降低的价格执行。例如，甲公司与某石油公司签订购油合同，在签订合同时90＃汽油的政府指导价是1800元/吨，但在履行合同给付义务时，汽油的价格发生了变动，如果此时汽油价格上涨到2500元/吨，那么当事人应按交付时的2500元/吨计价；如果此时汽油价格下降到1500元/吨，那么当事人应按交付时的1500元/吨计价。

2.在当事人逾期交付标的物的情形下，标的物的政府定价或指导价提高的，按原定的价格执行；价格降低的，按已降低的价格即新价格执行。例如，甲公司向某石油公司签订购油合同，签订合同时90＃汽油的价格是2000元/吨，但在履行合同给付义务时，石油公司因暂时缺货故推迟交货的时间，如果交货时汽油价格上涨到2300元/吨，那么当事人仍应按2000元/吨计价；如果交货时汽油价格下降到1600元/吨，那么当事人应按1600元/吨计价。这表明了法律对违约的一种否定评价，将违约者置于一种不利的地位。

3.在当事人逾期受领标的物或逾期付款的情形下，标的物的政府定价或指导价提高的，按已提高的价格即新价格执行；价格降低的，按原定的价格执行。例如，甲公司向某石油公司签订购油合同，签订合同时90＃汽油的价格是2000元/吨，但在履行合同给付义务时，甲公司因自身原因未能及时受领货物而导致逾期提货，如果此时汽油价格上涨到2300元/吨，那么当事人应按2300元/吨计价；如果此时汽油价格下降到1600元/吨，那么当事人仍应按2000元/吨计价。这同样体现了

法律对违约行为的否定态度，违约者显然应承受市场风险所带来的损失。

### （三）债务人提前履行债务或部分履行债务的处理规则

1.债务人提前履行债务的处理规则

债务的提前履行必将涉及期限利益得失的问题。期限利益是指在履行期限届满以前，因债务人履行或者债权人要求履行而使相对人失去的利益。依据我国《民法典》第 530 条，债权人可以拒绝债务人提前履行债务，因为在债权人享有期限利益的情形下，为了保护自己的期限利益不受损害，债权人有权拒绝债务人提前履行债务，以给自己受领标的物提供一个充分的准备时间。但如果债务人的提前履行不损害债权人利益，即债务人此等行为不会影响债权人的期限利益，则债权人不得拒绝债务人的履行。此外，若债务人提前履行债务给债权人增加了费用，增加的费用应当由债务人负担。如甲向乙购买 500 台机床，合同约定乙在 2007 年 1 月 11 日将机床送到甲租用的仓库内，乙却提前 3 天送货，导致甲多支付了仓库租金和其他相关费用，这部分多付的租金和费用就是增加的费用，应当由乙来承担。

2.债务人部分履行债务的处理规则

债务人的部分履行将涉及债权人期待利益的实现，期待利益是指债权人所能期待的在债务人履行合同以后可以得到的积极利益。由于部分履行债务往往会使债权人的合同目的不能真正实现，所以债权人可以拒绝债务人部分履行债务，以使自己的期待利益得到完全的实现。但如果部分履行不损害债权人利益，则法律不允许债权人滥用拒绝权，债权人不得拒绝债务人的部分履行。因为增加费用的产生与债务人的部分履行行为之间具有因果关系，故由此增加的费用应由债务人承担。我国《民法典》第 530 条亦对此作出规定："债权人可以拒绝债务人部分履行债务，但部分履行不损害债权人利益的除外。债务人部分履行债务给债权人增加的费用，由债务人负担。"部分履行的构成要件是：(1)部分履行是在履行期限内的履行，如果在履行期限之前履行就是提前履行，在履行期限之后履行就是迟延履行。(2)部分履行的合同标的物是可分的，如买卖合同的标的物是 500 千克苹果，苹果的分次履行不影响其性质和作用，所以部分履行是可实施的，但如果买卖合同的标的物是整套设备，债务人就不得将整套设备拆开分次履行，因为这样会影响设备功能的实现。(3)部分履行有两种情况：一是债务人在履行期限内将应当一次履行的债务采用分批履行的办法全部履行，二是债务人虽然没有分批履行但履行标的物的数量不够。

### （四）涉及第三人合同的履行规则

根据合同相对性原则，合同仅约束合同当事人，而对合同当事人之外的第三人并不产生约束力。但是随着社会经济关系的复杂化和多样化，合同相对性原则逐渐被突破。它表现为合同一般只能为合同当事人设立权利和义务，但是在某些特殊的情况下,合同的效力也会涉及第三人。也就是说,合同当事人约定合同债务人向第三人履行义务或者由第三人向合同债权人履行义务。这样的合同也被称为涉他合同,它包括为第三人设定权利的合同和为第三人设定义务的合同。在为第三人设定权利的合同中,第三人可以接受为其所设立的权利,也可以放弃该权利。第三人放弃权利的,该权利由合同当事人享有。在为第三人设立义务的合同中,合同当事人的约定不会对第三人产生约束力,第三人不履行该义务或履行的义务不符合要求的,由债务人向债权人承担违约责任。我国《民法典》第 522 条、第 523 条、第 524 条对此作了规定:"当事人约定由债务人向第三人履行债务的,债务人未向第三人履行债务或履行债务不符合约定,视同债务人对债权人违约,由债务人向债权人承担违约责任。法律规定或者当事人约定第三人可以直接请求债务人向其履行债务,第三人未在合理期限内明确拒绝,债务人未向第三人履行债务或者履行债务不符合约定的,第三人可以请求债务人承担违约责任;债务人对债权人的抗辩,可以向第三人主张。""当事人约定由第三人向债权人履行债务的,第三人未向债权人履行债务或履行债务不符合约定,视同债务人对债权人违约,应当由债务人向债权人承担违约责任。""债务人不履行债务,第三人对履行该债务具有合法利益的,第三人有权向债权人代为履行;但是,根据债务性质、按照当事人约定或者按照法律规定只能由债务人履行的除外。债权人接受第三人履行后,其对债务人的债权转让给第三人,但是债务人和第三人另有约定的除外。"

## 第二节　双务合同履行中的抗辩权

抗辩权是指双务合同的一方当事人在法定条件下对抗另一方当事人的请求权或否认对方权利主张,拒绝履行债务的权利。按照抗辩权功能的不同可将抗辩权分为消灭抗辩权和延缓抗辩权。前者行使的效果是使请求权归于消灭,使请求权永久地不能行使,所以它又可称为永久抗辩权,如时效届满的抗辩权。后者行使的效果是仅使请求权效力延期,使请求权在一段时间内不能行使,而不会使对方请求权归于消灭,所以又可称为一时抗辩权,如同时履行抗辩权。一时抗辩权是当事人在合同履行中行使的一项可有效保障当事人利益、预先防范损失的权利,它对于摆脱我国经济流转中不良债权的长期困扰,具有重要的现实意义。

《民法典》第 525 条、第 526 条、第 537 条对双务合同履行中的抗辩权作出了明确的规定,它包括同时履行抗辩权、先履行抗辩权和不安抗辩权。当事人可以根据对方违约的不同情形,选择适当的抗辩权,从而维护自身的合法权益,避免损失。

## 一、同时履行抗辩权

### (一)同时履行抗辩权的概念和性质

同时履行抗辩权,又可称为不履行抗辩权,是指在双务合同中,双方当事人未约定哪一方先为履行的,一方当事人在对方未为对待给付时,可以拒绝履行自己的义务的权利。《民法典》第525条对此作出了规定:“当事人互负债务,没有先后履行顺序的,应当同时履行。一方在对方履行之前有权拒绝其履行要求。一方在对方履行债务不符合约定时,有权拒绝其相应的履行要求。”这里的同时履行是指合同没有约定,法律也没有规定,根据交易习惯也不能确定双务合同的哪一方当事人应先履行义务时,双方当事人应当同时履行合同义务。

同时履行抗辩权在性质上属于延期抗辩权,而不是永久抗辩权;它的法理基础是诚实信用原则;其法律根据是双务合同的牵连性,即在双务合同中,给付与对待给付具有不可分离的关系,所以当一方不履行其合同义务时,另一方有权拒绝履行自己的义务。

同时履行抗辩权是大陆法系的概念,大陆法系国家往往在民法中规定这一制度,如《日本民法典》第533条的规定和《德国民法典》第320条的规定。英美法系中没有同时履行抗辩权的概念,但有相对应的制度即“对流条件”(concurrent conditions),它指合同中的条件,一方当事人对其允诺内容的履行是以对方当事人履行其允诺为条件的;换言之,它们是使合同得到同时履行(performed simultaneously)的共同条件(mutual conditions),如果一方当事人已做好履行准备或提出履行,则另一方当事人亦须履行,否则构成违约。[①]《美国合同法精义诠解》第267条规定将下列四种情形视为对流条件的前提:第一,为双方当事人规定了同一履行时间;第二,只为一方当事人规定了履行时间;第三,没有为任何一方当事人规定履行时间;第四,规定当事人应在一段时间内履行。如果合同中对履行时间作了上述规定,则任何一方当事人在对方履行其义务前,可以拒绝履行自己的义务。[②]

### (二)同时履行抗辩权的构成要件

1.必须发生在同一双务有偿合同中,双方互为给付义务。首先,双方当事人应当因同一合同互负债务,在履行上存在关联性,像单务合同(如借用合同、赠与合同)双方当事人之间没有互为给付的关系,就不存在同时履行抗辩权的问题;其次,当事人互负的债务应基于同一双务合同,如甲向乙购买5吨钢铁,同时甲又卖给乙

---

① 《元照英美法词典》,法律出版社2003年版,第277页。

② 陈安:《涉外经济合同的理论与实务》,中国政法大学出版社1994年版,第191页。

10台机床，那么甲就不能以乙未交钢铁为由拒交机床；再次，互负的两项债务间应有对价关系，所谓对价关系是指一方履行与他方对待履行互为条件，相互依存，具有牵连性。如当事人约定了定金条款，一方当事人未交付定金，由于对定金的约定是主合同的从债务，它与主债务间没有对价关系，所以一方当事人就不能以对方不支付定金作为抗辩理由不履行主债务。

2.必须没有履行时间的先后顺序，当事人应为同时履行。在双务合同中，按法律的规定、当事人的约定或交易习惯，双方当事人的履行顺序，大多是有先后之别的。当法律对当事人的履行顺序没有规定，或当事人没有约定或者约定不明确，且依交易习惯也不能确定时，当事人应当同时履行合同。但这种同时履行也不意味着分秒不差地同时履行，例如"一手交钱，一手交货"的交易是同时履行，但非当事人在履行时间上完全一致。

3.双方债务必须均已届清偿期。履行期限到来之前，对方的请求权尚未成立，一方有权拒绝对方的履行请求，但这并非行使同时履行抗辩权的效果。

4.对方当事人必须未履行债务或未提出履行债务。只有在对方当事人未履行或未提出履行债务时，一方当事人才可以行使同时履行抗辩权，拒绝履行己方债务。若对方当事人履行了自己的债务，同时履行抗辩权就消灭了。如果对方已作出履行但为部分履行，且数量严重不足或质量存在严重缺陷，被请求方有权拒绝受领并行使同时履行抗辩权以拒绝自己的履行；如果对方履行的数量仅有轻微不足或质量存在很小的偏差，被请求方不得以同时履行抗辩权来拒绝履行全部义务，而应为相应的履行。

5.对方当事人的对待给付必须是可能履行的。如果对方当事人的债务已丧失了履行的可能性，如作为合同标的物的房屋已完全烧毁，那么双方通过行使同时履行抗辩权也就无法实现债务履行的目的，此时可能发生合同的解除，而不存在行使同时履行抗辩权的问题。

### （三）举证责任和法律效力

一方当事人行使同时履行抗辩权时，无须证明对方当事人未履行或提出履行合同义务；而对方当事人如果主张自己已履行了合同义务，则应负举证责任。但如果行使同时履行抗辩权的一方当事人主张对方当事人仅进行了部分履行或履行不适当，则他应负举证责任。

行使同时履行抗辩权的效力表现为使一方当事人在对方当事人未及时履行义务时，可以暂时也不履行自己的义务，但这并不能消灭对方当事人的请求，也不能消灭自己所负的债务，只是暂时停止履行义务；当对方当事人提出履行时，同时履行抗辩权的效力终止，当事人必须履行自己的义务。

从引例来看，解决本案的关键在于判断A公司是否可以主张同时履行抗辩权，如果可以主张，则不构成违约。A公司与B公司签订的棉纱买卖合同是一个

双务合同，双方基于这一合同产生了具有相互依存关系的权利和义务。B公司未按合同约定筹足货款，A公司拒绝交付货物，是基于B公司未履行债务，A公司有权根据《民法典》第525条的规定行使同时履行抗辩权，当事人行使同时履行抗辩权致使合同延迟履行的，由对方当事人承担延迟履行的责任。

## 二、先履行抗辩权

### （一）先履行抗辩权的概念和性质

先履行抗辩权，又可称为后履行抗辩权或先违约抗辩权，是指双务合同约定有履行的先后顺序的，负有先履行义务的一方当事人未依照合同约定履行债务，后履行义务的一方当事人可以因此拒绝对方当事人履行请求权的一种抗辩权。《民法典》第526条对此作出了规定："当事人互负债务，有先后履行顺序，先履行一方未履行的，后履行一方有权拒绝其履行请求。先履行一方履行债务不符合约定的，后履行一方有权拒绝其相应的履行请求。"先履行抗辩权在性质上也属于延期抗辩权，而非永久抗辩权。

### （二）先履行抗辩权的适用条件

1.当事人必须基于同一双务合同互负债务。关于这点的理解与同时履行抗辩权相同，在此不再赘述。

2.当事人义务的履行必须存在先后顺序。这种履行不是同时履行，而是一方履行在先，一方履行在后，这是它与同时履行抗辩权的最大区别。这一履行先后顺序可以是由法律规定的，或当事人约定的，或由交易习惯确定的。当先履行方不履行或不适当履行时，后履行方才可行使先履行抗辩权。可见，并非合同双方当事人都享有先履行抗辩权，先履行抗辩权仅赋予后履行义务的一方当事人。

3.先履行一方必须不履行合同义务或者履行合同义务不适当。在异时履行合同中，先履行方应先履行其合同义务，若履行期限届至时，先履行方未履行则构成违约，后履行方有权拒绝先履行方的履行请求。若先履行方的履行不符合合同的约定，则后履行方仅可以拒绝相应的履行请求，即与先履行方履行债务不符合约定部分的相应部分。先履行抗辩权的行使实质上是对先履行方违约的抗辩，是在不终止合同效力的条件下，后履行方为保护自己的利益而采取的事前预防措施，既可以防止自己在履行义务后合法权益受到损害，又有利于降低成本。

4.先履行方应先履行的债务必须是可能履行的。如果先履行方的债务已经无法被履行，这时可能发生合同的解除，则后履行一方行使先履行抗辩权就没有意义。

### （三）先履行抗辩权的法律效力

先履行抗辩权的效力，在于阻止先履行方请求权的行使，它不能消灭先履行方的请求权；而当先履行方完全履行了己方的合同义务时，先履行抗辩权就消灭了，后履行方必须履行自己的合同义务。后履行方因行使先履行抗辩权致使合同迟延履行的，先履行方自己承担由此所导致的损失。

## 三、不安抗辩权

### （一）不安抗辩权的概念和性质

不安抗辩权，又可称为保证履行抗辩权，是指当事人互负债务，且履行有先后顺序的，先履行方有确切证据证明后履行方丧失履行债务能力时，有中止履行合同义务的权利。根据《民法典》第527条的规定，应当先履行债务的当事人，有确切证据证明对方有下列情形之一的，可以中止履行：(1)经营状况严重恶化；(2)转移财产、抽逃资金，以逃避债务；(3)丧失商业信誉；(4)有丧失或者可能丧失履行债务能力的其他情形。当事人没有确切证据中止履行的，应当承担违约责任。不安抗辩权的性质与同时履行抗辩权、先履行抗辩权一样都属于延期抗辩权，而非永久抗辩权。

### （二）不安抗辩权的适用条件

1.必须基于同一双务合同而互负债务，这两个债务之间存在对价关系。对此理解与同时履行抗辩权、先履行抗辩权一样，在此不再赘述。

2.当事人义务的履行必须存在先后顺序。对这一点的理解与先履行抗辩权相似，但在不安抗辩权中，仅是先履行方才有权行使，这点恰好与先履行抗辩权相反。也就是说，负有先履行义务的一方当事人，在对方当事人有不能为对待给付的现实危险时，有权暂时中止履行己方给付的行为，以免因对方当事人之后不能为对待给付而遭受不合理的风险或损失。

3.先履行义务的一方当事人必须有确切证据证明对方当事人丧失或可能丧失履行合同义务的能力。根据我国《民法典》的规定，后履行方丧失或可能丧失履行合同义务的能力的情形包括：

(1)后履行一方经营状况严重恶化。这种情况并不是当事人恶意造成的，而是在经营中力所不能及，或者经营不善而造成经营状况严重恶化的后果。此时后履行一方很有可能无力清偿债务，因此先履行一方可以行使不安抗辩权。

(2)后履行一方转移财产、抽逃资金，以逃避债务。这种行为的恶意是十分明显的。此时先履行一方如果仍按合同约定先履行给付义务，就有可能使自己的债

权不能实现,造成自己的损失,因此先履行一方可以行使不安抗辩权。

(3)后履行一方严重丧失商业信誉。商业信誉是商家的生命,也是其经济能力的具体表现,是履约能力的具体体现。严重丧失商业信誉的商家,它的履约能力必然受到影响,构成先期履约危险,因此先履行一方可以行使不安抗辩权。

(4)后履行一方有丧失或者可能丧失履行债务能力的其他情形。即只要后履行一方表现出丧失或者可能丧失履行债务能力的情形,先履行一方就可以行使不安抗辩权。这是一条弹性规定,扩大了不安抗辩权的适用范围,以适应市场经济发展的需要。

### (三)行使不安抗辩权当事人的附随义务

《民法典》为了兼顾合同双方当事人利益,实现公平保护,在赋予先履行方不安抗辩权的同时,又要求其承担两项附随义务。

1.通知义务。行使不安抗辩权的先履行方应当及时通知对方,因为不安抗辩权的行使只取决于权利人一方的意思,而无须征得对方的同意。为了避免对方因为不知道先履行一方中止履行的情形而遭受不必要的损失,法律要求先履行方在行使不安抗辩权时应及时通知对方当事人,这样也便于对方在获知后采取对应措施,或及时履行合同或提供充分担保,从而消灭不安抗辩权。

2.举证义务。为了防止不安抗辩权的滥用,主张行使不安抗辩权的先履行方应当举出对方存在不能履行债务或者不能履行债务可能的情形之确切证据,这是行使权利方应当负有的义务。能否恰当地举证对先履行方至关重要,因为有确切证据证明的,不安抗辩权主张成立,先履行方有权中止履行合同义务;没有确切证据证明的,不安抗辩权主张不能成立,先履行方的行为构成违约。

### (四)法律效力

《民法典》第528条规定:“当事人依据前条规定中止履行的,应当及时通知对方。对方提供适当担保的,应当恢复履行。中止履行后,对方在合理期限内未恢复履行能力且未提供适当担保的,视为以自己的行为表明不履行主要债务,中止履行的一方可以解除合同并可以请求对方承担违约责任。”此条规定了行使不安抗辩权的法律效力。

1.暂时中止履行合同债务。不安抗辩权在性质上也是一种延期抗辩权,所以它仅是使合同义务暂时中止履行或延期履行,而并非终止或消灭合同义务。如果后履行一方提供了适当担保或作了对待履行,不安抗辩权就消灭了,当事人就应当恢复履行自己的债务。

2.解除合同。也就是终止或消灭合同关系或合同之债。在先履行方行使不安抗辩权后,对方仍未在合理期限内恢复履行能力且未提供适当担保的,先履行方有权解除合同,消灭对方的请求权。

## 真题链接

1.甲与乙公司签订的房屋买卖合同约定:“乙公司收到首期房款后,向甲交付房屋和房屋使用说明书;收到二期房款后,将房屋过户给甲。”甲交纳首期房款后,乙公司交付房屋但未立即交付房屋使用说明书。甲以此为由行使先履行抗辩权而拒不支付二期房款。下列哪一表述是正确的?(2015年)

A.甲的做法正确,因乙公司未完全履行义务

B.甲不应行使先履行抗辩权,而应行使不安抗辩权。因乙公司有不能交付房屋使用说明书的可能性

C.甲可主张解除合同,因乙公司未履行义务

D.甲不能行使先履行抗辩权,因甲的付款义务与乙公司交付房屋使用说明书不形成主给付义务对应关系

2.2011年5月6日,甲公司与乙公司签约,约定甲公司于6月1日付款,乙公司6月15日交付“连升”牌自动扶梯。合同签订后10日,乙公司销售他人的“连升”牌自动扶梯发生重大安全事故,质监局介入调查。合同签订后20日,甲、乙、丙公司三方合意,由丙公司承担付款义务。丙公司6月1日未付款。下列哪一表述是正确的?(2011年)

A.甲公司有权要求乙公司交付自动扶梯

B.丙公司有权要求乙公司交付自动扶梯

C.丙公司有权行使不安抗辩权

D.乙公司有权要求甲公司和丙公司承担连带债务

3.甲对乙享有2006年8月10日到期的6万元债权,到期后乙无力清偿。乙对丙享有5万元债权,清偿期已届满7个月,但乙未对丙采取法律措施。乙对丁还享有5万元人身损害赔偿请求权。后乙去世,无其他遗产,遗嘱中将上述10万元的债权赠与戊。对此,下列哪些选项是正确的?(2010年)

A.甲可向法院请求撤销乙的遗赠

B.在乙去世前,甲可直接向法院请求丙向自己清偿

C.在乙去世前,甲可直接向法院请求丁向自己清偿

D.如甲行使代位权胜诉,行使代位权的诉讼费用和其他费用都应该从乙的财产中支付

4.甲公司在2011年6月1日欠乙公司货款500万元,届期无力清偿。2010年12月1日,甲公司向丙公司赠送一套价值50万元的机器设备。2011年3月1日,甲公司向丁基金会捐赠50万元现金。2011年12月1日,甲公司向戊希望学校捐

赠价值100万元的电脑。甲公司的3项赠与行为均尚未履行。下列哪一选项是正确的？（2012年）

A.乙公司有权撤销甲公司对丙公司的赠与

B.乙公司有权撤销甲公司对丁基金会的捐赠

C.乙公司有权撤销甲公司对戊学校的捐赠

D.甲公司有权撤销对戊学校的捐赠

# 第八章　合同的保全

【引　例】

A拖欠B债务200万元到期无力归还，同时又为转移资产，A串通C以高出市场价3倍的高价从C处受让厂房一套，B能否向法院请求撤销A以高价受让厂房的行为？

## 第一节　合同保全的概述

### 一、合同保全的概念和特点

合同保全，也称为债的保全或责任财产的保全，它是指债权人为了确保债权获得清偿而防止债务人的责任财产的不当减少或不增加给其债权造成损害的一种法律制度。

债的保全制度起源于罗马法上的撤销之诉。近现代民法上债的保全制度得到比较普遍的确认，并发展为债权人代位权和债权人撤销权两种制度。[①] 在我国，自1999年《合同法》始就规定了债权人的代位权和撤销权两项制度，构成了债的保全体系。其中，代位权针对的是债务人不行使财产权利，消极不作为地任由财产减少的情况，此时债权人基于保护债权的需要代其行使权利。而撤销权则是针对债务人积极地减少其责任财产危害债权人的债权实现的情况，债权人得请求法院予以撤销。

合同保全的特点主要有：

第一，它体现了债的相对性的例外。依照债的一般原理，债权为相对权，债的关系具有相对性，仅在特定的债权人和债务人之间发生效力。但是合同保全制度却允许债权人享有代位权或撤销权，这两种权利都会对第三人产生效力，是典型的债的相对性的例外表现。

① 李双元、温世扬：《比较民法学》，武汉大学出版社1998年版，第565页。

第二，它存在的目的是保护债务人的责任财产，进而保护债权人的债权。在履行债务的过程中，债务人在自己的全部财产范围内负责清偿其债务，从而保障债权的实现。换言之，债务人是以其全部财产作为全部债务履行的担保，债务人的所有财产则构成债务人的责任财产。债务人责任财产的变动与债权人债权的实现具有密切的关系，债务人责任财产发生减少或者该增加而不增加，会影响到债权人债权的实现。因此，为了保障债权的顺利实现，法律赋予债权人保全债权的权利，维持债务人的责任财产，防止债务人减少责任财产而危害债权的正常实现。

### 二、合同保全在《民法典》中的地位及适用

我国《民法典》没有债法总则，因而“保全”这一部分的内容只有规定在合同编中。虽然合同编将债权人代位权制度和债权人撤销权制度从原本合同法中“合同的履行”一章中独立出来作为一章“合同的保全”加以规定，但是该章所有条文都没有使用“合同”“当事人”等表述，而是使用“债权”“债权人”“债务人”“相对人”等表述。这就表明该章尽管标题是“合同的保全”，放在《民法典》合同编中，但实际上在体系上的定位是“债的保全”，是适用于一切债之关系的通用性制度。[①]

## 第二节　债权人的代位权

### 一、债权人代位权的概念和特点

债权人代位权，是指当债务人怠于行使其债权或者与该债权有关的从权利，影响到债权人的到期债权的实现时，债权人得以自己的名义代位行使债务人对相对人的权利的权利。

代位权作为债的保全手段之一，具有如下特点：

第一，如上节所述，债权人的代位权是债的相对性的突破。

第二，代位权针对的是债务人怠于行使权利的行为，即债务人应当行使且能够行使，但却不行使的行为，这是代位权与撤销权的重大不同之处。在债务人不积极行使权利而危及债权人权利时，才得行使代位权。债权人的代位权是为保全债权而设立的，当债务人怠于行使自己的权利而导致其本应增加的责任财产未能够增加时，债权人恐其行为会造成债务的无法清偿，才能行使代位权以保障自身合法利益的实现。如果债务人已积极行使了自己的权利，债权人的债权不会受到不合理的威胁，则此时法律没有必要赋予债权人以代位权。

---

① 龙俊：《民法典中的债之保全体系》，载《比较法研究》2020 年第 4 期。

第三,代位权是债权人以自己的名义行使的权利。债权人的代位权是债权人代债务人的地位对债务人的相对人,即次债务人行使权利,因而债权人的代位权是债权人以自己的名义行使这一权利的,而不是作为债务人的代理人来行使的。所以,债权人代位权不同于债务人的代理人的代理权,代位权的行使无须债务人的授权。

第四,代位权属于实体法上的权利。尽管传统代位权行使必须向人民法院提出请求,通过诉讼的方式行使,然而代位权实际上并不是一种诉权,也不是程序法上的权利。它是由实体法所规定的,由债权人所享有的一种债权的权能,是依附于债权人的债权,并与债权不可分割的权利。[①]

## 二、债权人代位权成立的条件

根据我国《民法典》第 535 条、第 536 条之规定,以债权人的债权是否到期,将债权人的代位权分为两种类型,其成立条件也并不相同。

### (一)债权人的债权到期的代位权

此种代位权为传统代位权,一般情形下,没有特殊说明,代位权指的是传统代位权,其成立须符合下列条件。

1.债权人对债务人的债权,债务人对相对人的权利均合法

在代位权成立中须有两重债的关系存在,债权人对债务人的债权合法,是债权人得以行使代位权的首要前提。有了该合法债权,才有所谓采取措施保全该债权,若该债权本身不合法,也就没有保全的必要性。同时,只有当债务人对相对人也享有合法的债权或者与该债权有关的从权利时,债权人的代位才有标的。

2.债务人怠于行使其债权或者与该债权有关的从权利

所谓“怠于行使”是指能行使而不行使。只有当债务人对相对人享有的权利到期了而不行使,才称得上怠于行使。关于怠于行使的判断,学说上有不同的看法,主流的观点有两种:一种认为,怠于行使是指应当行使且能够行使却不行使,其表现主要是根本不主张权利或迟延行使权利。[②] 另一种认为,怠于行使是指债务人能够通过诉讼或者仲裁的方式向其相对人主张权利,但却一直未主张权利。我们认为,后一种观点较为科学合理,理由有二:其一,债务人是否怠于行使权利,需要有一个客观明确的标准来判断。诉讼或仲裁具有客观性。反之,债务人是否通过诉讼或仲裁以外的方式主张了权利,往往仅凭债务人一家之言,债权人对此难以举证反驳。其二,代位权的成立,对于债务人的相对人而言通常是不

---

① 王利明、房绍坤、王轶:《合同法》,中国人民大学出版社 2009 年第 3 版,第 172 页。

② 江平:《中华人民共和国合同法精解》,中国政法大学出版社 1999 年版,第 61 页。

利益的，故而相对人也可能编造证据说明债务人曾向其主张权利，债权人同样难以举证反驳。基于上述两点，债务人是否行使了诉讼或仲裁的方式主张权利，作为判断是否"怠于"，更有利于债权人利益的保护，否则，债权人享有的代位权将会落空。

3.影响债权人到期债权的实现

债务人虽然怠于行使权利，但是如果其自身所拥有的责任财产仍足以清偿债务，债权人即可直接请求债务人为履行，并不需要突破债的相对性而代位行使债务人对第三人的权利。只有当债务人的怠于行使使得债权人的到期债权发生不能实现的可能时，债权人才有保全债权的必要。台湾学者认为，保全债权之必要，对于一般债权，是以债务人已陷于无资力为判断要件。无资力，亦称欠缺支付能力，意指债务人负债超过资产（包括信用力），不能清偿其债务。对于特定物债权，若债权人行使损害赔偿请求权，其性质与一般债权无异，仍须以无资力为要件；若债权人请求给付特定物，则不以无资力为必要，只要特定物给付发生障碍，即认为有保全必要。①

4.债务人的权利不是专属于债务人自身的权利

债权人可以代位行使的权利，必须是非专属于债务人的权利，对于专属于债务人的权利不得代位。专属于债务人的权利主要有基于扶养关系、抚养关系、赡养关系、继承关系产生的给付请求权和劳动报酬、退休金、养老金、抚恤金、安置费、人寿保险、人身伤害赔偿请求权等权利。代位权的行使，目的在于保护一般债权，其标的必须是能够进行强制执行的权利，而专属于债务人的权利，不适于强制执行，不能作为代位权的标的。

### （二）债权人债权到期前行使的代位权

此种为《民法典》新增设的，称为紧急代位权，其成立须符合下列条件。

1.紧急代位权须发生在债权人的债权到期前。如果债权人的债权已经到期，那就成为上述的传统代位权了。

2.其行为是为了将来债权实现做准备，而不是债权本身马上得到实现。

3.权利有受侵害之虞，有代位保全的必要。如果不进行保全，权利将失效或者消灭。比如，债务人的权利诉讼时效即将届满或者未及时申报破产债权等情形，会影响债权人债权的实现。紧急代位权对债务人不仅没有不利益，而且还可以保全其利益进而有利于将来债权人债权的实现。

---

① 邱聪智：《新订民法债编通则》（下）新订二版，承法数位文化有限公司 2014 年版，第 94～95 页。

## 三、债权人代位权的行使

### (一)代位权的行使主体

根据《民法典》第535条之规定,债权人以自己名义行使代位权。所以代位权行使的主体为债权人,若有多个债权人,多个债权人可以作为共同原告提起诉讼。同时,因为代位权是债权人以自己名义向债务人的相对人行使权利,而不是直接向债务人行使权利,所以代位权诉讼中应当以债务人的相对人为被告。债务人在代位权诉讼中以第三人的身份参与,这样既有利于查明事实,也有利于债务人合法利益的保护。

### (二)代位权的行使客体

代位权行使的客体为债务人的"债权或者与该债权有关的从权利"。《民法典》第535条所称的"债权",不限于"金钱债权",特定物债权也可以作为代位权的客体。值得说明的是,该条用的是"与该债权有关的从权利"而非"债权的从权利"的表述,也就是说,客体范围包括但不限于"狭义之债的从权利","广义之债的从权利"也被囊括其中。不仅担保物权(狭义之债的从权利)可以作为代位权的客体,而且基于合同产生的解除权等形成权(广义之债的从权利)也可以作为代位权的客体。[①]

### (三)代位权的行使方法

两类代位权行使方法上略有不同。

传统代位权的行使,须以向法院提起诉讼的方式进行。我国《民法典》第535条明确提出,代位权的行使,应向人民法院提出请求,而不能通过诉讼外的方式进行。这一规定,有助于防止债权人借保全债权的名义,采用不正当的手段侵占债务人的财产。另外,从债的相对性角度考量,代位权毕竟突破了债的一般规则,涉及债务人的相对人的利益保护,理应更加慎重,采用诉讼方式无疑是更好的选择。

紧急代位权的行使则不同,可以根据保全的需要采取不同的方式,例如,向债务人的相对人请求其向债务人履行、向破产管理人申报或者作出其他必要的行为。后两种方法,超出了传统债权人代位权的范围,但其目的仍然是保全债务人的财产以保护自己的债权,是针对实际情况所作的新规定,对于保全债权人的债权具有重要意义。

---

① 龙俊:《民法典中的债之保全体系》,载《比较法研究》2020年第4期。

### （四）代位权行使的效力

1.对债权人的效力

代位权的行使主体是债权人，当债务人存在多个债权人时，原则上多个债权人在符合法律规定的条件下均可以行使代位权。但是，当多个债权人的代位权客体重合时，法院则应当将多个代位权诉讼合并审理。

债权人行使代位权之后，能否就行使代位权的结果直接获得清偿，学理上有争议。该争议归纳起来主要是两大规则。

第一，简易债权回收规则，也称优先受偿规则。即一旦人民法院认定代位权成立，由债务人的相对人向债权人履行义务，债权人接受履行后，债权人与债务人、债务人与相对人之间相应的权利义务终止。简易债权回收规则，允许次债务人直接向债权人履行债务，有利于减少诉讼环节，实现诉讼经济，符合效率原则，而且有利于鼓励债权人提起代位权诉讼。[①]

第二，入库规则。“库”即是债务人的责任财产。入库规则认为，债权人行使代位权之后，效果直接归属于债务人，债权人并不能因此直接获得清偿。支持该规则的学者，多秉持着维护债权平等性的原则，认为如果让债权人直接接受债务人的相对人的履行，会使得该债权人事实上拥有了一个优先效力，使得代位权行使后，债务人的其他债权人无法与行使代位权的债权人竞争，从而权利受损。

两大观点的争议，实质上就是“平等性”和“效率性”之争。严格恪守债权简易回收规则，违反了债权平等性，而入库规则仅在表面上维护了债权的平等性。按照入库规则，行使了代位权的债权人，好不容易把债务人的财产拿回来却要被其他债权人瓜分，辛苦一场却“为他人做嫁衣裳”，使得“在权利上沉睡的人”搭了便车，这不利于鼓励债权人积极维护自己的权利，是缺乏效率的制度。

综合上述两大规则，我国《民法典》采用了简易债权回收规则与限定性入库规则相结合的立法模式。所谓的“限定性入库规则”是指特定情形下才承认的入库规则。《民法典》第537条规定：“人民法院认定代位权成立的，由债务人的相对人向债权人履行义务，债权人接受履行后，债权人与债务人、债务人与相对人之间相应的权利义务终止。债务人对相对人的债权或者与该债权有关的从权利被采取保全、执行措施，或者债务人破产的，依照相关法律的规定处理。”该条规定一定程度上平衡了效率和公平的关系。在债务人尚未进入破产、强制执行等程序时，赋予行使代位权的债权人简易回收债权的功能。当其他债权人也已经采取了相关的主张权利的措施，如已经查封扣押了债务人的财产，甚至已经起诉债务人获得胜诉判决，进入强制执行阶段了，在这种情形下，由于其他债权人已经采取了相关的措施，而未怠于行使其权利，甚至可能相较于代位权人更早地行使了权利，因此，在这些

---

① 谢鸿飞：《合同法学的新发展》，中国社会科学出版社2014年版，第320页。

情况下，代位权人不应当享有优先受偿的权利。只有这样才能与强制执行法中的参与分配制度相衔接，避免出现效果上的矛盾。[①]《民法典》第537条后半段的规定，即采取了此种观点。当行使代位权的债权人和债务人的其他债权人真正形成生死相搏时，直接通过法定形式否定了在强制执行程序以及破产程序当中代位权行使后果的优先效力。既避免了无限度地搭便车，又在最重要的关头维护了债的平等原则。

另外应特别注意的是，债权人行使代位权之后未获得全部清偿的，仍有权向债务人主张债权。

2.对债务人的效力

一旦法院判决债权人的代位权成立，债务人就不能对其被债权人代位行使的权利作出处分，也不得妨碍债权人行使代位权。债务人的相对人向行使代位权的债权人为履行后，债务人与相对人之间相应的权利义务终止。

3.对相对人的效力

对于债务人的相对人而言，债权人行使代位权，与债务人行使权利具有相同的地位。因此相对人对债务人的所有抗辩权，都可以向债权人主张。我国《民法典》第535条第3款规定："相对人对债务人的抗辩，可以向债权人主张。"

### （五）代位权行使的范围及费用负担

《民法典》第535条第2款规定："代位权的行使范围以债权人的到期债权为限。债权人行使代位权的必要费用，由债务人负担。"该款明确了以下两点内容。

第一，代位权的行使范围，仅以债权人的到期债权为限。此处的"债权人"应为"行使代位权的债权人"，而不应包括未行使代位权的债务人的其他债权人。在简易债权回收规则之下，由于行使代位权的债权人直接接受相对人的履行，故而其行使代位权时，应以其债权为限。如果有多个债权人同时对债务人的权利主张代位，在合并审理之下，应将参与分配的总债权额作为行使代位权的范围。

第二，代位权行使的必要费用，由债务人负担。行使代位权后，会涉及行使代位权的必要费用的承担问题。关于费用的负担，学者的看法不一：一种观点认为，债权人行使代位权只是债的保全的一种措施，债权人在行使代位权过程中产生的费用，可以视为是债务人清偿债务的过程中的费用，此种费用本来就应当由债务人支出。[②] 另一种观点认为，从诉讼的角度出发，债务人不是作为代位权诉讼的被告出现的，所以由债务人承担费用存在不合理的地方。

我们认为，代位权行使的必要费用，应该从实现的债权中优先支付，但最终应

---

① 潘重阳：《论债权人代位权制度之存废——以实体与程序交叉为视角》，载《大连海事大学学报(社会科学版)》2015年第3期。

② 王利明：《债法总则研究》，中国人民大学出版社2018年第2版，第709页。

由债务人承担费用。从诉讼的角度出发，债权人代位权胜诉，表面上是由次债务人(相对人)来支付诉讼费用的，但是该笔费用是从实现的债权中优先支付的，由此，"债权人与债务人，债务人与相对人之间相应的权利义务终止"，其中并不包含该笔费用的扣除。代位权行使的原因是债务人怠于行使其债权或者与该债权有关的从权利，可以说次债务人不能向债务人及时作出清偿以及债务人不能及时清偿债权人的债务，主要的过错在于债务人而不在于次债务人。① 最终将诉讼费用确定由债务人承担，才是公平合理的。

## 第三节　债权人的撤销权

### 一、债权人撤销权的概念和特点

#### (一)债权人撤销权的概念及性质

债权人的撤销权，是指在债务人实施不当处分其财产或者其他权利的行为，影响到债权人的债权实现时，债权人得请求人民法院撤销该行为的权利。撤销权与代位权共同构成了债权的保全制度，但是二者的保护倾向并不相同：代位权是对债务人消极地不行使权利而使责任财产减少，从而害及债权人的债权的行为的救济；而撤销权则是对债务人的积极地不当处分财产或行使其他权利使其财产减少从而害及债权人债权的行为的救济。

在民事立法上，存在与债权人撤销权相似的制度。

第一，可撤销民事行为的撤销权。我国《民法典》总则编在"民事法律行为的效力"章节规定了可撤销民事行为中的撤销权。该撤销权与债权人撤销权之间主要有以下几点区别：

(1)发生原因上，可撤销民事行为的撤销权通常是因当事人意思表示的不真实而发生，具体包括欺诈、胁迫、乘人之危、重大误解和显失公平等；而债权人撤销权主要是基于债务人不当处分财产及行使其他权利从而害及债权的事实而发生。

(2)行使方式上，可撤销民事行为的撤销权须向法院或仲裁机构行使，既可以讼诉也可以仲裁；债权人撤销权则只能以诉讼的方式行使。

(3)行使时间上，可撤销民事行为的撤销权因撤销事由的不同，有不同的起算点及"一年""九十日""五年"多种除斥期间；而债权人撤销权则有两个时间上的规定，"一年"(自知道或应当知道之日起算)和"五年"(自行为发生之日起算)。

---

① 王利明、房绍坤、王轶：《合同法》，中国人民大学出版社 2009 年第 3 版，第 178 页。

(4)行使效果上,可撤销民事行为的撤销权撤销的是当事人之间的民事行为,体现了相对性原则;而债权人的撤销权如果成立,撤销的则是债务人与其相对人的行为,体现了债的相对性的例外。

第二,效力待定民事行为之善意相对人的撤销权。我国《民法典》第145条、第171条分别规定了在行为能力瑕疵和代理权瑕疵情形下善意相对人的撤销权。该撤销权与债权人撤销权的区别点主要在于:

(1)性质上,善意相对人的撤销权为形成权;债权人撤销权兼有形成权和请求权的双重属性。

(2)行使方式上,善意相对人的撤销权以通知的方式作出即可;债权人的撤销权需以诉讼方式行使。

关于债权人撤销权的性质,虽然行使撤销权必须由债权人向人民法院起诉,通过诉讼程序进行,但学者一致认为,撤销权属于实体上的权利而非诉讼上的权利。至于撤销权在实体上究竟属于何种权利,通说认为,撤销权不是单纯的请求权,而是兼有请求权和形成权的双重性质:一方面,债权人撤销权是债权人依自己的意思表示,使债务人和第三人的行为归于无效,故撤销权具有形成权的性质;另一方面,债务人与第三人的行为一旦撤销,第三人所取得的财产利益即应返还,因而,撤销权行使的效果具有给付内容,撤销权具有请求权的性质。①

### (二)债权人撤销权的特点

撤销权作为债的保全手段之一,具有如下特点:

第一,债权人的撤销权与代位权一样,是债的相对性的突破。

第二,债权人撤销权针对的是债务人的积极地不当处分财产或者其他权利,影响债权人债权实现的行为。债权人通过行使撤销权旨在恢复债务人的财产。②

第三,债权人撤销权不是独立的民事权利,而是依附于债权的从权利。撤销权必须依附于债权而存在,不得与债权相分离而进行处分。当债权转让时,撤销权也随之发生转让;当债权消灭时,撤销权也随之消灭。

此外,债权人撤销权与代位权一样要通过诉讼的方式行使,但却是实体性的权利而非程序性的权利。

## 二、债权人撤销权成立的条件

债权人撤销权的行使,直接废止了债务人与相对人之间的法律行为,具有"侵

---

① 房绍坤:《民法》,中国人民大学出版社2020年第5版,第244页。

② [日]我妻荣:《新订债权总论》,王燚译,中国法制出版社2008年版,第154页。

略性”，足以引起现有秩序的不安。有鉴于此，法律必须严格其成立和行使的条件。[①]

《民法典》第538条规定：“债务人以放弃其债权、放弃债权担保、无偿转让财产等方式无偿处分财产权益，或者恶意延长其到期债权的履行期限，影响债权人的债权实现的，债权人可以请求人民法院撤销债务人的行为。”本条规范了债务人无偿处分其财产影响债权人的债权实现时，债权人行使撤销权的问题。第539条规定：“债务人以明显不合理的低价转让财产、以明显不合理的高价受让他人财产或者为他人的债务提供担保，影响债权人的债权实现，债务人的相对人知道或者应当知道该情形的，债权人可以请求人民法院撤销债务人的行为。”该条则是调整债务人诈害的有偿处分其财产影响债权人的债权时，债权人有权撤销的事项。由此可见，在债权人撤销权的标的方面，《民法典》借鉴传统民法的思路，沿用了《合同法》无偿行为和有偿行为二分法的做法，并对无偿处分和有偿处分分别设立不同的成立要件。

### （一）债务人无偿诈害行为成立债权人撤销权的条件

1.债务人实施了无偿诈害行为

《民法典》第538条列举了债权人可以撤销的债务人无偿处分财产的行为类型，包括“放弃其债权、放弃债权担保、无偿转让财产”三大主要类型，同时恐挂一漏万，加上了“等”字。这就表明，列举是起到了指引方向的作用，但是未列举到的，与债务人“放弃其债权、放弃债权担保、无偿转让财产”类似的，会“影响到债权人债权实现的”行为，也应允许债权人撤销。

另外，值得一提的是第538条还列举了一种情况，即债务人“恶意延长其到期债权的履行期限”。这类行为是对原合同约定事项的改变，是债务人与其相对人就原定履行期限的延长所达成的合意，属于合同变更的范畴。但是，单从法律条文看，这种情形不能仅做无偿之判断，故而应视具体情况而言：如果该延长没有相对人提供对价，则该延长行为为无偿行为；如果该延长已由相对人提供对价，则该延长行为属于有偿行为。属于后者的比较鲜见。[②] 如果属于有偿的情形，则适用第539条债务人有偿诈害行为成立债权人撤销权的情形。

2.影响到债权人债权的实现

这是债权人行使撤销权的原因所在。债务人的行为导致其财产减少，会使债务人资力减弱而出现危及债权人债权实现的可能。即如果债务人在处分其财产后便不具有足够资产清偿债权人的债权，就认定该行为影响债权人的债权实现，债权人可行使撤销权。如果债务人在处分其财产后仍有清偿债权人债权的资产，就不能认为该行为有害债权。

---

① 崔建远：《论债权人撤销权的构成》，载《清华法学》2020年第3期。

② 崔建远：《论债权人撤销权的构成》，载《清华法学》2020年第3期。

另外,债务人还可能进行财产的变形,如买卖等,只要有相当的对价,就不一定导致债务人资力的减少,也就不属于影响债权人债权实现的行为。无论从合同的相对性出发,还是从维护市场交易安全考虑,债权人都无权撤销另外两方市场主体的正常交易行为。

债务人就现存债务为清偿,固然产生减少积极财产的结果,但同时也减少消极财产,对于债务人的资力并无影响,难谓影响债权人的债权实现,故不得将之认定为诈害行为,不许债权人行使撤销权。[①]

### (二)债务人有偿诈害行为成立债权人撤销权的条件

1.债务人实施了有偿诈害行为

《民法典》第539条列举了三种债权人可以行使撤销权的情形"债务人以明显不合理的低价转让财产、以明显不合理的高价受让他人财产或者为他人的债务提供担保"。

债务人有偿处分自己财产的行为,原本与债权人的利益无关,但是债务人为逃避债务,恶意处分财产,就危及了债权人的债权。债务人以明显不合理的低价转让财产,即债务人以明显低于正常的合理价格转让自己的财产。债务人以明显不合理的高价受让他人财产,即债务人以明显高于正常的价格受让他人的财产,这就相当于债务人变相转移自己的资产。

那么"明显不合理的低价"和"明显不合理的高价"判断的标准是什么?在判断上有"客观等值原则"和"主观等值原则"之说:"客观等值原则"以客观的市场标准或理性之人的标准来判断当事人之间的给付与对待给付是否等值,也可以说对价合理与否;"主观等值原则"系以当事人的主观意愿来判断,纵使以市场标准或自理性之人的角度衡量并非等值,但只要当事人具有真实的合意,在主观上愿意以自己的给付换取对方的给付,那么对双方而言就是公正的,也可以说对价合理。[②] 我们认为,在合同领域一般应采纳"主观等值原则"为宜,乃基于合同意思自治之考虑。然该对价涉及第三人的利益时,则应该适用"客观等值原则"方能体现公平。在上述两种情形下,也应该采用"客观等值原则",不能允许债务人借口"我认为对价合理"来维持其诈害行为的效力,导致其责任财产的减少,影响到债权人的债权实现。转让价格达不到交易时交易地的指导价或市场交易价70%的,一般可以视为明显不合理的低价;转让价格高于当地指导价或市场交易价30%的,一般可以视为明显不合理的高价。

债务人为他人的债务提供担保的情形,是《民法典》中新增加的类型,《合同法》

---

① 邱聪智:《新订民法债编通则》(下),中国人民大学出版社2004年版,第315页。

② 崔建远、戴孟勇:《合同自由与法治》(上),戴孟勇执笔,载高鸿钧等:《法治:理念与制度》,中国政法大学出版社2002年版,第312页。

以及相关的司法解释均没有规定这种情形。我们认为，债务人为他人的债务提供担保，如果是债权性质的担保如设立定金、保证金的担保，债务人的责任财产不足以清偿债权人的债权的，债权人撤销权可能成立。如果是设立了担保物权，如抵押权、质权的，那么担保物权的效力优先于债权人的债权就极容易影响债权人的债权的实现，亦可成立债权人撤销权。

2.影响到债权人债权的实现

债务人在应当履行对债权人的债务情形下，实施了上述三种情形任一种，都将减少自己承担债务的财产资力。当然，实际上是否影响债权人的债权实现，取决于债务人的责任财产是否足够清偿债权。

3.债务人、债务人的相对人须有恶意

债权人撤销权是否要以主观过错为必要，因无偿诈害行为和有偿诈害行为而有区别。通说认为，如果债务人与其相对人的行为是无偿的，因为相对人取得债务人的财产利益是无偿的，撤销该行为，本质上不会对相对人有额外损害，所以只要该行为影响债权人债权的实现，债权人就可以行使撤销权。但是，如果债务人与相对人的行为是有偿的，相对人为取得债务人的财产是支付了对价的，那么，撤销权的行使就可能害及相对人过巨，所以在主观上有必要加以限定，即债务人与相对人均有主观恶意，方可主张撤销。

(1)债务人的恶意

债务人的恶意以其实施诈害行为时，预见其行为可能引起或增加其无资力状态为已足，不以有积极损害的期望为必要，仅消极的有此认识为已足。[①] 债务人的代理人在实施行为时，其有无恶意，应以代理人的主观状态判断，对代理人的恶意视为债务人的恶意，同样具备主观要件。[②]

(2)债务人的相对人的恶意

《民法典》将债务人的相对人的恶意界定为其“知道或者应当知道”诈害行为影响债权人债权的实现。在“知道”的基础上增加了“应当知道”，这在实务操作上具有重要的意义。要求债权人举证证明相对人在取得一定的财产或者财产利益时，已经“知道”债务人所实施的处分财产的行为有害于债权人的债权，这对债权人来说，实在困难，几乎证明不了。因为债权本身具有非公示性，债权没有公示，就很难推定相对人完全知道债权人和债务人之间的债权债务的内容。而“应当知道”在举证证明上已经客观化，债权人举证证明相对容易。这样一来，债权人撤销权制度可以发挥实际功效，不再是束之高阁的欣赏品。[③]

从撤销权的构成要件来分析引例中的案情，A 以高出市场价 3 倍的价格从相

---

① 孙森焱：《民法债编总论(第一册)》，法律出版社 2006 年版，第 544 页。

② 杨立新：《债法》，中国人民大学出版社 2018 年版，第 110～111 页。

③ 崔建远：《论债权人撤销权的构成》，载《清华法学》2020 年第 3 期。

对人C处受让厂房的行为，属于《民法典》第539条规定的以明显不合理的高价受让他人财产，影响债权人债权实现的情况，并且C对此等情形知晓，因此B能够请求法院撤销A高价受让厂房的行为。

## 三、债权人撤销权的行使

### （一）撤销权的行使主体

债权人撤销权行使的主体是债权人，故债权人为撤销权之诉的原告。如果债权人为数人，则数个债权人可以分别行使撤销权，也可以共同行使撤销权，但是撤销权的行使结果对全体债权人都发生效力。

债权人撤销权之诉的被告为何人？学说上有不同见解，通说认为分为两种情况：如果处分行为只达成协议而未实际转移占有时，该诉的性质为形成之诉，被告为处分行为的债务人。如果处分行为已实际转移占有时，撤销权以返还原物的请求权性质为主，该诉的性质为给付之诉，以债务人及受益人为共同被告。

### （二）撤销权的行使客体

撤销权行使的客体为行为，而非客观事实，并且只有法律行为才能成为债权人撤销权的行使客体。事实行为，无论是作为还是不作为，都无从撤销。具体而言，可以由债权人撤销的法律行为，既可以是合同（如无偿转让财产的赠与合同，明显不合理的低价转让财产的买卖合同等），也可以是单方行为（如债务的免除，放弃债权担保等）。另外，无效的法律行为当然无效，无须撤销，是不能成为撤销权的客体的，债权人只需要主张无效就已经足够。

### （三）撤销权的行使方法

债权人撤销权的行使对债务人的相对人产生重大影响，其是否成立，直接关乎相对人权益，故而《民法典》第539条规定，债权人撤销权应向法院为请求，即应该以诉讼的方式进行。

### （四）撤销权行使的时间

《民法典》第541条规定："撤销权自债权人知道或者应当知道撤销事由之日起一年内行使。自债务人的行为发生之日起五年内没有行使撤销权的，该撤销权消灭。"由此可见，债权人撤销权的行使有时间的限制，超过规定的时间不行使，则权利消灭，因而不管是"1年"还是"5年"都是除斥期间，不同之处在于起算点不一样。

### （五）撤销权行使的效力

依据《民法典》第542条规定，债务人影响债权人的债权实现的行为被撤销的，

自始没有法律约束力。该条对于撤销权的效力范围没有明确表述，学说上有两种观点：一是相对无效说，认为撤销的效力虽然为自始无效，但效力范围，以保全债权人的权利范围为标准，超出其保全范围的部分仍然继续有效；二是绝对无效说，即债务人行为被撤销后，对于相对人的全部行为视为自始无效。从《民法典》第540条的规定“撤销权的行使范围以债权人的债权为限”看，采纳相对无效说更为合理。

1.对债权人的效力

债权人撤销权的行使具有恢复债务人责任财产的效果，恢复的财产实行“入库规则”，用以清偿债务人的全部债务，行使撤销权的债权人并没有享有优先受偿的权利。

2.对债务人的效力

撤销判决确定之后，债务人处分的财产应当返还给债务人；债务人因此而取得受益人的财产的，亦应予以返还。这就意味着，如果财产没有交付或者设立负担的，当然恢复原状。已经交付或者设立负担的，债务人负有恢复原状的义务。

3.对债务人的相对人的效力

撤销判决确定之后，相对人因为债务人的行为取得的财产，应当返还给债务人，不能返还的，折价赔偿。相对人支付了对价的，对债务人享有不当得利返还请求权。

### （六）撤销权行使的范围及费用负担

债权人撤销权的行使范围以债权人的债权为限。债权人行使撤销权的必要费用，由债务人负担。学说上也有主张，若相对人有过错的，应当适当分担必要费用。

## 真题链接

1.甲对乙享有2006年8月10日到期的6万元债权，到期后乙无力清偿。乙对丙享有5万元债权，清偿期已届满7个月，但乙未对丙采取法律措施。乙对丁还享有5万元人身损害赔偿请求权。后乙去世，无其他遗产，遗嘱中将上述10万元的债权赠与戊。对此，下列哪些选项是正确的？（2010年）

A.甲可向法院请求撤销乙的遗赠

B.在乙去世前，甲可直接向法院请求丙向自己清偿

C.在乙去世前，甲可直接向法院请求丁向自己清偿

D.如甲行使代位权胜诉，行使代位权的必要费用应该从乙财产中支付

2.甲公司对乙公司享有5万元债权，乙公司对丙公司享有10万元债权。如甲公司对丙公司提起代位权诉讼，则针对甲公司，丙公司的下列哪些主张具有法律依据？（2012年）

A.有权主张乙公司对甲公司的抗辩

B.有权主张丙公司对乙公司的抗辩

C.有权主张代位权行使中对甲公司的抗辩

D.有权要求法院追加乙公司为共同被告

3.甲公司在2011年6月1日欠乙公司货款500万元,届期无力清偿。2010年12月1日,甲公司向丙公司赠送一套价值50万元的机器设备。2011年3月1日,甲公司向丁基金会捐赠50万元现金。2011年12月1日,甲公司向戊希望学校捐赠价值100万元的电脑。甲公司的3项赠与行为均尚未履行。下列哪一选项是正确的?(2012年)

A.乙公司有权撤销甲公司对丙公司的赠与

B.乙公司有权撤销甲公司对丁基金会的捐赠

C.乙公司有权撤销甲公司对戊学校的捐赠

D.甲公司有权撤销对戊学校的捐赠

4.乙向甲借款20万元,借款到期后,乙的下列哪些行为导致无力偿还甲的借款时,甲可申请法院予以撤销?(2016年)

A.乙将自己所有的财产用于偿还对他人的未到期债务

B.乙与其债务人约定放弃对债务人财产的抵押权

C.乙在离婚协议中放弃对家庭共有材产的分割

D.乙父去世,乙放弃对父亲遗产的继承权

# 第九章　合同的变更、转让及终止

**【引　例】**

甲公司对外负债200万元，另有50万元的货款未予追回（欠款人为丁公司）。1997年3月，甲公司经全体股东同意分立为乙、丙两家公司。乙公司与丙公司约定，由乙公司享有原甲公司对丁公司的50万元债权。同年5月，丙向法院起诉丁，要求其归还50万元货款，丁辩称丙无权起诉，只有乙才可以提出请求。

## 第一节　合同的变更

### 一、合同变更的概念及类型

#### （一）合同变更的概念

合同的变更有广狭义之分。广义的合同变更，包括合同的主体变更、合同的客体变更与合同的内容变更。因为合同的客体的变更与合同的内容的变更是联系在一起的，所以客体变更必然发生内容的变更，而内容的变更也必然引起客体的变更。如在交付标的物的合同中，应交付的标的物的数量的增减，也就是合同债务范围的变更，这也引起了合同客体的变更。所以，合同的变更主要是指合同内容的变更与合同主体的变更。合同主体的变更即合同内容并不发生改变，仅是一方当事人将合同的全部或部分权利义务转让给第三人，又称合同的转让。合同内容的变更是指当事人不变，只有合同的内容发生变化。狭义的合同变更仅指合同的内容的变更。本节仅讨论合同内容的变更，即狭义的合同变更。

#### （二）合同变更的类型

合同的变更，从原因与程序上看，主要有以下几类。

1.法定变更,即基于法律的直接规定变更合同。例如,债务不能履行,而债务人又不具有免责事由,则履行合同的债务变为损害赔偿债务。

2.裁判变更,即基于法院判决或仲裁机构的裁决使合同内容发生变更。例如在情势变更使合同履行显失公平的情况下,当事人可以请求法院变更合同内容。

3.依法律行为或其他行为变更,其可以分成依单方行为变更和依双方行为变更两种。前者如形成权人行使形成权使合同变更,后者如当事人各方协商同意变更合同。

## 二、合同变更的条件

### (一)原已存在有效的合同关系

合同的变更是改变原合同关系,没有原合同关系就没有变更的对象,因而合同变更的前提条件是有既存的合同关系。同时这种合同关系必须是有效的,因为无效的合同自其成立时起就不具有法律效力,并不发生变更问题。

### (二)合同内容发生变化

我国法律对合同变更采取狭义说,仅指合同内容的变更,不包括合同主体的变更,因此,合同内容发生变化是合同变更不可或缺的条件。合同内容的变更主要包括以下几种。

1.标的物的变更,包括标的物数量的增减、标的物品质的改变等。

2.价金的变更,即价款或酬金的增减、利息的变化等。

3.履行条件的变更,包括履行期限的变更、履行地点的改变、履行方式的改变、结算方式的改变等。

4.所附条件和期限的变更,如期限的延长或缩短、所附条件的增添或除去等。

5.其他内容的变更,如担保的设定或撤销、违约金的变更、裁判机构的变更。

### (三)合同的变更应以当事人的约定、法律的规定或法院和仲裁机构的裁决为依据

当事人协商一致变更合同是以新的合意来变更原来的合同,是合同自由原则的体现,这是合同变更的主要形式。这种变更协议由于是属于一个新的合同,应当符合有关合同成立和生效的规定,否则不能发生变更合同的效果。根据法律的直接规定而变更合同,法律效果可以直接发生,不以当事人协议或法院的裁决为必经程序。此外,我国法律对合同因适用情势变更而导致变更的,均需法院、仲裁机构的裁决。

（四）当事人应遵守法定形式

对合同的变更法律明确要求采取一定方式的，当事人须遵守此种要求。例如，我国《民法典》第 502 条第 2 款规定，依照法律、行政法规的规定，合同应当办理批准等手续的，依照其规定。第 3 款规定，依照法律、行政法规的规定，合同的变更、转让、解除等情形应当办理批准等手续的，适用前款规定。

### 三、合同变更的效力

（一）合同的变更原则上仅向将来发生效力

合同变更原则上仅对合同未履行的部分发生效力，对已履行的部分没有溯及力，已经履行的债务不因合同的变更而失去法律效力，但法律另有规定或当事人另有约定的除外。这样任何一方均不得因合同的变更而要求对方返还已经所为的给付。

（二）合同变更对权利义务的影响

合同的变更，以原合同关系的存在为前提，变更部分不超出原合同关系，原合同关系有对价关系的仍保有同时履行抗辩权。原合同债权所有的利益与瑕疵仍继续存在，然而在增加债务人负担的情况下，未经保证人书面同意，保证不发生效力；若未经物上保证人同意，物的担保不及于扩张的债权价值额。

（三）合同的变更不影响当事人要求赔偿损失的权利

《民法典》第 566 条第 1 款规定："合同解除后，尚未履行的，终止履行；已经履行的，根据履行情况和合同性质，当事人可以请求恢复原状或者采取其他补救措施，并有权请求赔偿损失。"至于何种类型的合同变更与损害赔偿并存，应视具体情况而定。例如基于情势变更原则而变更合同，不存在损害赔偿；因重大误解而成立的合同予以撤销，在相对人遭受损失的情况下，误解人应赔偿相对人的损失。

## 第二节　合同的转让

### 一、合同转让概述

（一）合同转让的概念

合同转让，即合同的主体变更，是指在债的内容与客体保持不变的情形下，债的主体发生变更。它实际上是合同权利义务的转让，合同当事人一方依法将合同权利、义务全部或部分地转让给第三人，使第三人成为合同的新债权人、债务人。它包括债权的让与、债务的承担和债权债务的概括移转。

(二)合同转让的特征

1.合同转让是以合同权利义务关系的存在为前提

合同转让是合同主体的变更，这就决定了它必然以合同权利义务的存在为前提，因而合同变更不同于合同的发生。合同发生是指原来不存在合同权利义务关系而新产生合同权利义务关系。合同转让就其受让人来说，因也是在自己原不享有合同权利或不负担合同义务的情况下而新取得合同权利或负担合同义务，所以可以说是产生了合同权利或合同义务，但该合同权利义务并非新发生的，而是原来就已存在的，只不过从一主体移转到另一主体。因此依合同转让而成为债权人或债务人的，可称为合同的继受主体，而非合同的原始主体。

2.合同转让为合同主体的变更

合同主体包括债权人与债务人，不论是债权人一方发生变更还是债务人一方发生变更都为合同转让。债权人一方变更，债务人一方不变的，为债权让与；债务人一方变更而债权人一方不变的，为债务承担。若因债权人一方或债务人一方所参与的债都发生债权主体或债务主体变更而发生合同转让，则为债的概括移转。

3.合同转让不改变合同的内容与客体

合同转让仅为广义的合同变更中的主体变更，因而合同转让并不改变当事人间的权利义务关系，合同权利义务并未发生改变，所以合同转让与合同变更(狭义的合同变更)不同。合同变更是债权人与债务人间的权利义务的内容与标的发生改变，但债权人与债务人并没有发生改变。

4.合同转让前后权利义务保持同一性

合同转让并不引起新的债权债务关系的出现。合同转让后的债权债务与移转前的债权债务保持其同一性。因此，合同转让不同于合同的更改。合同的更改，又称为合同的更新或合同的更替，是指在原合同的基础上成立一个新合同以代替原合同。例如，将赠与关系更改为买卖关系。一般认为，合同的内容变更后与原来的内容具有同一性的，为合同的变更；若无同一性，则为合同的更改。但有些学者主张，我国民法上无规定合同的更改之必要，关于合同的变更也不必要求变更后的合同须与原合同有同一性；即使不具有同一性，亦不妨成立合同的变更。[①]

(三)合同转让的原因

合同转让的原因是指引起合同主体变更的法律事实。引起合同主体变更的具

---

① 王家福:《中国民法学·民法债权》，法律出版社 1991 年版，第 65 页。

体原因是多种多样的，但从其性质来看，可分为三种。

1.法律的直接规定

基于法律的直接规定而发生的合同转让，称为合同的法定转让。在这种情形下，一般多是合同权利义务的概括移转。例如，在法定继承中，被继承人的包括合同权利义务在内的遗产均由其法定继承人承受；企业法人发生分立或合并时，其属于原企业的合同权利义务由新的企业承担。

2.法院的裁决

债也可因法院的裁决而发生移转，基于此种原因发生的合同转让称为裁判上的移转。

3.法律行为

合同转让亦可因法律行为而发生。这是现实生活中最常出现的合同转让方式，它包括双方法律行为和单方法律行为。如果通过双方法律行为转让合同，合同转让须有让与人与受让人间的合意才能发生。如果通过单方法律行为转让合同，合同转让不需要双方的合意，只需一方的行为即可发生。例如，因遗赠发生的合同转让。依法律行为而发生的合同转让，既可以是仅将合同权利或合同义务的全部或部分让与他人承受，也可以是将其全部合同权利义务一并让与他人概括承受，即概括移转。

## 二、债权的让与

### （一）债权让与的概念和方式

债权让与即合同权利主体发生变更，它有广义与狭义之分。广义的债权让与，是指债权人的债权由第三人承受，即第三人加入债的关系而成为新的债权人。这种意义上的债权让与既包括因法律规定或裁判而发生的债权让与，也包括因当事人之间的合意而发生的债权让与。狭义的债权让与仅指基于法律行为而发生的债权转让，而不包括依法律的直接规定而发生的债权转让。它常依合同的方式为之，所以狭义的债权让与一般是指在不改变合同内容的前提下，债权人通过与第三人的协议将其债权转让给第三人。债权人与第三人订立的关于转让债权的协议称为债权让与合同（或契约）。让与债权的一方当事人称为让与人，受让债权的一方当事人称为受让人。

债权让与可分为全部让与和部分让与。债权的全部让与是指债权人将其合同债权全部转让给第三人，转让生效后，受让人成为合同债权人。债权的部分让与是指债权人将债权的一部分转让给第三人，转让生效后，原债权人与受让人共同成为合同债权人。如果转让协议中约定了转让的合同债权份额，则原债权人与受让人按照约定的份额享有合同权利，成立按份债权；若协议中没有约定让与的合同债权份额,则原债权人与受让人连带享有债权,成立连带债权。

### (二)债权让与的条件

这里主要讨论基于让与人与受让人之间的转让协议而发生的债权让与的情形,因为它是现实生活中最为普遍的情形。债权让与合同的发生须具备以下条件才能生效。

1.存在有效的债权

债权让与合同的目的是转让债权,因而必须以有效债权的存在为基本前提。转让人不享有有效债权的,其让与合同当然无效。债权是否有效,应以何时为准,应具体分析。例如,让与的债权为可撤销的债权的,在所让与的债权未被撤销前,该债权为有效,因此,在其未被撤销前让与的,该让与合同有效。让与的债权为将来发生的债权的,虽然在让与合同成立时该债权尚不存在,但这并不等于它将来不能有效成立,若当事人约定于债权人取得债权时债权移转于受让人,则该让与合同也应为有效。对于超过诉讼时效的债权,即自然债权是否可让与,理论界颇有争议,存在不同的观点。通说认为,自然债权也可以进行让与。

2.当事人之间就债权让与达成合意

让与人与受让人应订立债权让与合同进行债权的转让。该债权让与合同应具备合同成立和生效的要件。如让与合同存在无效的因素,则让与合同自始无效。让与合同存在有可撤销或可变更的事由的,若当事人请求撤销该合同,则让与合同溯及成立时无效。值得注意的是,债权让与是权利的处分行为,要求让与人对该债权具有处分能力和处分权限。无处分权人让与他人债权的,除非经真实债权人追认,其行为无效。

3.所让与的债权应具有可让与性

债权为一种资本化的财产权,一般有很强的可流通性,具有可让与性。债权人可以将其债权让与他人,但是并非所有的债权都具有可让与性。根据法律规定或当事人约定,某些债权虽具有可让与性,但债权人不得转让该债权。按照《民法典》第 545 条的规定,下列情形下的债权不得让与。

(1)依债权性质不得让与的债权。这类债权主要包括:其一,以特定身份为基础的债权。例如,亲属间的扶养请求权,抚恤金请求权,受遗赠人的给付遗赠请求权等。其二,以与特定债权人相联系的债权。例如,以特定人为对象提供劳务的债权,不得转让。对特定人提供家教服务的债权。其三,基于当事人间特别信赖关系的债权。例如,雇佣、委托、借用关系中的债权,原则上不得让与,因为这类债权具有强烈的人身信任关系。其四,属债权的从权利原则上不得单独让与。因为从权利随主权利的转移而转移,性质上不能与主权利分离而单独让与。但当从权利可以与主权利分离而单独存在时,该从权利可以让与,如已产生的利息债权可以与本金债权相分离而单独让与。其五,不作为债权原则上不得让与。

(2)合同当事人约定不得转让的债权。在不违反法律的强行性规定的前提下，债权人与债务人可以约定任何一方不得转让其债权。当事人关于不得让与债权的意思表示，可以于债权成立时为之，也可以在债权成立后为之，但须在债权让与之前作出。在债权让与后才作出的禁止让与债权约定，此意思表示无效。当事人可以约定禁止向任何人转让债权，也可以约定禁止向特定人或特定范围的人转让债权。

在当事人禁止转让债权的约定发生何种效力问题上，有三种立法例。一为此种特殊约定在当事人之间有效，但对于第三人为无效，如德国法；二为此种特殊约定有效，但不得对抗善意第三人，如日本法；三为此种特殊约定无效，如法国法。我国法律对此没有明确规定，学者对此所持观点不同。本书认为，采日本立法例为宜，当事人间订有这种特殊约定的，其约定有效，债权不得让与，但这一约定不能对抗善意第三人。

(3)依照法律规定不得转让的债权。这里的“法律”应作广义的解释，它包括我国民法和其他强行性法律规范的规定。例如，我国《民法典》规定，最高额抵押的主合同债权不得转让；我国《民事诉讼法》规定，被扣押的财产不得让与。对于依法律规定应由国家批准的合同债权，其让与仍应经原批准机关批准，否则不能发生让与的效力。

4.当事人应通知债务人

债权让与合同为转让人与受让人间的意思表示一致的协议，因此，债务人不是债权让与合同的当事人，未经通知无从知晓债权让与的相关内容。从法律行为的一般原理上说，债务人的意思不影响债权让与合同的效力。但因债权转让合同所转让的债权与债务人有一定关系，在转让生效后，债务人应向受让人履行债务，所以债权让与合同是涉及债务人的合同，债权人应及时通知债务人。《民法典》第546条第1款规定，债权人转让债权，未通知债务人的，该转让对债务人不发生效力。依此规定，债权让与虽不以债务人的同意为生效要件，但以通知债务人作为对债务人发生效力的要件，换言之，债务人未收到债权让与通知的，则该让与对债务人不发生效力，债务人向原债权人为清偿的，其清偿有效。

### (三)债权让与的效力

债权让与的效力是指债权让与在让与人、受让人及债务人之间所发生的法律效果，可分为内部效力与对外效力两个方面。

1.债权让与的内部效力

它是指债权让与在转让人与受让人之间发生的法律效果。

(1)合同主权利及非专属于债权人的从权利转让于受让人。债权让与的基本效力是受让人取得受让的债权，即债权从转让人转移于受让人所有。除法律另有规定或者当事人另有约定外，自债权让与合同成立之时起债权转移于受让人，受让人即成为新的债权人。《民法典》第 547 条规定："债权人转让债权的，受让人取得与债权有关的从权利，但是该从权利专属于债权人自身的除外。受让人取得从权利不因该从权利未办理转移登记手续或者未转移占有而受到影响。"依此规定，主债权发生转移时，从权利随之一并转移于受让人。例如，担保权、利息债权、违约金债权、损害赔偿请求权等随主债权一同转移于受让人。但专属于原债权人自身享有的从权利，例如撤销权、解除权等形成权，不因债权的转移而当然地转移于受让人。

(2)让与人应使受让人能够行使债权。债权的转让人负有使受让人能够行使债权的义务，因此，让与人应将所有足以证明债权合法有效的文件，如债权证书、票据、往来电报等交付于受让人；让与人应向受让人告知主张债权所必要的资料，如债务人的住所、债务人的联系方式、债务人可能主张的抗辩、债务的履行方式等；有担保权的，让与人应将担保文书一并交付给受让人；占有担保物的，应将相关占有部分或全部移转给受让人。这些义务的性质属于依诚信原则所产生的合同从给付义务或附随义务。

(3)让与人对让与的债权负瑕疵担保责任。让与人对其所让与的债权应负瑕疵担保责任，使受让人所受让的债权不被第三人追索。但是，除让与合同另有约定外，让与人不对债务人的履行能力负担保责任。在让与合同成立时，受让人知道债权有瑕疵而受让的，让与人不负瑕疵担保责任。

2.债权让与的对外效力

它是指债权让与对债务人、第三人发生的法律效果。如上所述，债权让与自当事人双方的意思表示一致时起成立，只有在向债务人为债权让与的通知时，才能对债务人发生效力。债权让与的通知可以是口头、书面或其他方式。债务人收到债权让与的通知，有异议的，可以向对方提出，并要求向原债权人即让与人清偿债务；债务人未提出异议的，债权让与即对其发生效力。这一效力主要体现在以下几个方面。

(1)债务人应向受让人履行债务。债权让与对债务人生效后，如果是债权的全部让与，债务人应向受让人清偿债务，而不再向让与人清偿债务。债务人仍向让与人清偿的，除构成向第三人履行外，其清偿无效，不能对抗受让人，而只能依不当得利向受清偿的让与人要求返还。

(2)债务人对原债权人的抗辩权可以向受让人行使。受让人的地位不能优于让与人，其权利不能大于让与人原有的权利，因此，凡债务人可以对抗原债权人即让与人的抗辩权，同样也可以用来对抗受让人。《民法典》第 548 条明确规定："债务人接到债权转让通知后，债务人对让与人的抗辩，可以向受让人主张。"这样的抗辩权包括基于被让与的债权而产生的实体法上的抗辩权，如合同未成立、无效的抗辩，同时履行的抗辩和不安抗辩，还包括基于被让与的债权而产生的程序法上的抗辩权，如债权已过诉讼时效的抗辩等。

(3)债务人可以主张以其债权与让与的债权抵销。《民法典》第549条规定：“有下列情形之一的，债务人可以向受让人主张抵销：(一)债务人接到债权转让通知时，债务人对让与人享有债权，且债务人的债权先于转让的债权到期或者同时到期；(二)债务人的债权与转让的债权是基于同一合同产生。”

## 三、债务的承担

### (一)债务承担的概念

债务承担指的是债务主体的变更，即在不改变合同内容的前提下，原债务人的债务移转于新债务人承担。

债务承担可因法律的直接规定而发生，也可因法律行为而发生。依当事人之间的合意而发生的债务承担最为常见。因此，一般所说的债务承担仅指依当事人间的合意，将债务人的债务移转于承担人即新债务人承担。当事人间关于移转债务的合意即为债务承担合同。

债务承担包括免责的债务承担与并存的债务承担。免责的债务承担是指由第三人即承担人代替债务人承担其全部债务，成为合同的新债务人，而原债务人脱离合同关系。并存的债务承担，是指第三人加入债的关系与债务人共同承担债务，原债务人并不脱离合同关系，仍为债务人。狭义的债务承担仅指免责的债务承担。

### (二)债务承担的要件

《民法典》第551条规定：“债务人将合同的义务全部或者部分转移给第三人的，应当经债权人同意。”依此，债务承担须具备以下要件。

1.存在有效的债务。债务承担合同所转移的应是有效的债务，若债务并不存在或无效或已消灭，则债务承担合同不能有效。所移转的债务为将来发生的债务的，仅在该债务有效成立时，债务承担合同才能发生法律效力。处于诉讼中的债务也可以由第三人承担，这时，法院针对该债务的判决对承担人具有拘束力。

2.存在以债务承担为目的的有效合同。例如当事人间订立的合同不是以移转债务为目的或者虽以由第三人承担债务为目的，但合同存在无效的事由的，均不能发生债务承担的后果。债务承担合同可由债权人与第三人订立，也可由债务人与第三人订立。由债务人与第三人订立债务承担合同的，须经债权人同意方能有效。因为合同关系通常建立在债权人信任债务人的履行能力的基础上，如果未经债权人同意而将债务转移于第三人，债权人对第三人是否具有足够的履行能力并不了解，所以为了保护债权人的利益，各国民法均以债权人同意作为其债务承担合同的生效要件。

3.所移转的债务应具有可移转性。下列三种类型的债务不具有可移转性：

(1)性质上不能移转的债务,如与债务人人身具有不可分割的关系;(2)债权人与债务人约定不得移转的债务;(3)法律直接规定不能移转的债务。有的债务从性质上虽然不能移转,但若经债权人同意也并非绝对不可以移转,例如,在特定人提供劳务的合同中,劳务提供的债务经债权人同意可以移转。

#### (三)债务承担的效力

1.债务全部移转的,承担人取代原债务人的地位而成为新债务人。原债务人脱离债的关系,而不再负担债务。债务人的债务部分转移给第三人的,第三人加入合同关系,与原债务人共同承担债务。

2.新债务人可援用原债务人基于合同权利义务关系所享有的抗辩权。《民法典》第553条规定:"债务人转移债务的,新债务人可以主张原债务人对债权人的抗辩;原债务人对债权人享有债权的,新债务人不得向债权人主张抵销。"债务承担为无因行为,新债务人基于债务承担合同所取得的对于原债务人的抗辩事由,不得以之对抗债权人。

3.非专属于原债务人的从债务一并移转于承担人承担。《民法典》第554条规定:"债务人转移债务的,新债务人应当承担与主债务有关的从债务,但是该从债务专属于原债务人自身的除外。"例如,附随于主债务的利息债务、违约金债务等除当事人另有约定外,也一并由新债务人承担。又如,担保债务并不能随主债务的移转而移转,第三人为原债务人提供担保的,在债务承担时除担保人同意继续担保外,债务移转时,担保随之消灭。

### 四、债权债务的概括移转

#### (一)债权债务概括移转的概念

债权债务的概括移转是指原合同当事人一方将其合同权利义务一并移转给第三人,由第三人概括地继受这些权利义务。

债权债务的概括移转,可以是基于当事人之间的法律行为而产生的,被称为意定概括移转;也可以是基于法律的规定而产生的,被称为法定概括移转。

债权债务的概括移转,可以是合同权利义务全部由出让人移转至承受人,即全部移转;也可以是合同权利义务的一部分由出让人移转至承受人,即部分移转。一部分债权债务概括移转时,出让人和承受人有约定其各自享有的债权和承担的债务的份额的,双方按约定的比例享有权利和承担义务;双方没有约定或约定不明的,视为连带之债。

#### (二)债权债务概括移转的类型

1.合同承受。它是指合同一方当事人将其合同上的权利和义务全部移转给第

三人，由承受人在移转范围内享受合同权利并负担合同义务。合同承受须有合同一方当事人和第三人合意，并取得对方当事人的同意。

2.企业的合并与分立。企业合并指两个或两个以上的企业合并为一个企业，包括吸收合并和新设合并两种。企业分立是指一个企业分立为两个及两个以上的企业。《民法典》第67条规定："法人合并的，其权利和义务由合并后的法人享有和承担。法人分立的，其权利和义务由分立后的法人享有连带债权，承担连带债务，但是债权人和债务人另有约定的除外。"运用此规定可以很好地解决引例中的纠纷。甲公司分立为乙、丙两家公司，就对外关系言之，乙、丙两个公司对外概括承受甲原有的债权债务，对原有债权享有连带债权，对原有债务负担连带债务。所以丙有权作为连带债权人之一要求丁归还50万元货款。而乙、丙之间的协议仅在两人之间发生法律效力，不得对抗第三人。

### （三）债权债务概括移转的效力

根据《民法典》第556条规定："合同的权利和义务一并转让的，适用债权转让、债务转移的有关规定。"债权让与和债务承担产生的法律效力，如从权利或从债务的一并移转，抗辩权的随之移转等，也同样适用于合同的概括移转。但债权债务的概括移转不等于债权让与和债务承担的简单相加。在债权让与和债务承担中，由于第三人并非原合同的当事人，因而与原债权人或原债务人利益不可分离的权利并不随之移转于受让人或承担人。但在债权债务概括移转的情形下，由于承受人完全取代了原当事人的法律地位，合同内容亦全部移转于新当事人，所以依附于原当事人的一切权利和义务，如解除权和撤销权等，都移转于承受人。

# 第三节　合同权利义务的终止

## 一、合同的解除

### （一）合同解除的概念和特征

合同解除是指在合同有效成立以后，当具备解除条件时，因当事人一方或双方的意思表示，使合同自始或仅向将来消灭的行为。在我国现行的民事立法中，合同解除是导致合同关系终止的原因之一，它主要包括协议解除、约定解除、法定解除和司法实践中所认可的基于情势变更制度的裁决解除。

合同解除具有如下法律性质。

1.合同解除以有效成立的合同为标的

合同有效成立之后，在履行过程中所遇到的情形是复杂多变的，由于某些主客观情况的变化使得合同履行成为不必要或者不可能,如果继续让合同发生法律效力,约束当事人双方,对其中一方甚至双方均有害无益,甚至会妨碍市场经济的顺利发展;只有允许有关当事人解除合同,或者赋予法院适用情势变更原则的权力,才会使局面改观。这正是我国《民法典》设置解除制度的目的。由此可见,合同的解除制度是要解决有效成立的合同提前消灭的问题。

2.合同解除必须具备解除的条件

合同一经有效成立,就具有法律效力,当事人双方都必须严格遵守,全面履行,不得任意变更或解除,这是我国合同法律方面的重要原则。当主客观情况发生变化使合同履行成为不必要或不可能时,合同继续存在已失去积极意义,将造成不利的后果,此时应允许解除合同。这不仅是解除制度存在的依据,而且表明合同解除必须具备一定的条件。否则,就会导致解除制度的滥用,不利于当事人订立合同目的的实现。我国法律对合同解除的条件作了比较详尽的规定,如《民法典》第563规定了适用于一切合同的解除条件,学说称之为一般法定解除条件;第610条和第731条规定了仅仅适用于特别合同(如买卖、租赁诸合同)的解除条件,学说称之为特别的法定解除条件。此外,《民法典》还承认了约定解除。

3.合同解除原则上必须有解除行为

解除的条件只是合同解除的前提,由于我国法律并未采取当然解除主义,因此当解除的条件具备时,合同并不必然解除,欲使它解除,一般还需要解除行为。解除行为是当事人的行为,不过,适用情势变更原则的解除则由法院根据具体情况裁决,不需要解除行为。解除行为有两种类型:一是当事人双方协商同意,二是解除权人一方发出解除的意思表示。

4.解除的效果是使合同关系消灭

合同解除的法律效果是使合同关系消灭,但其消灭是溯及既往,还是仅向将来发生,各国立法不尽相同。在我国,解除的效力如何,法律尚无直接规定,有人认为解除无溯及力。本书认为,不能一概而论,应该根据具体情况来判断是否使合同解除具有溯及力,在某些情况下,合同解除具有溯及力;而在某些情况下,合同解除仅向将来发生法律效力。

### (二)合同解除与有关制度的辨析

1.合同解除与合同终止

合同解除与合同终止之间的关系,不同国家和地区立法不同,其观点亦不同。德国立法曾把合同终止作为合同解除的一种类型,后来将二者区分开来。合同终止是由当事人一方为意思表示,使继续性合同关系向将来消灭的行为,它是与合同解除并列的一种法律制度。合同终止的原因不限于违约,终止的效果是继续性合同自终止之日起向将来消灭,因此它不出现恢复原状的问题。而合同解除仅以违约为发生原因,在效力上溯及合同成立之时,它必然恢复原状。因此,合同解除与

合同终止是截然不同的制度。这一区分为其他大陆法系国家立法所仿效。

在我国，合同解除与合同终止的关系如何呢？合同终止概念的含义不尽一致：有时与合同消灭同义，这种意义上的合同终止便成为合同解除的上位概念；有时为合同解除的一种类型；有时则是与合同解除并列的概念。本书认为，根据我国现行法律规定，合同终止是合同解除的上位概念，合同解除是导致合同权利义务关系终止的原因之一。

2.合同解除与合同撤销

合同解除和合同撤销虽然都是合同权利义务关系消灭的制度，但两者并不相同。其一，从适用范围来看，合同撤销的适用范围比较广泛，不仅适用于欠缺有效要件的合同领域，而且适用于有瑕疵的意思表示及民事行为场合；而合同解除仅仅适用于有效成立的合同提前消灭的情况。其二，从引起两者的原因来看，撤销的原因是由法律直接规定的，而解除的原因可以是法律直接规定的(如不可抗力造成合同不能履行)，也可以是当事人约定的。其三，从发生的效力看，合同撤销具有溯及力，《民法典》第155条规定，被撤销的合同自始没有法律约束力；而合同解除则可以有溯及力或没有溯及力，如当事人有特别约定或法律有特别规定及解除的对象是继续性合同时，合同解除无溯及力。

3.合同解除与附解除条件

附解除条件是指解除条件成就时，民事权利义务关系终止。就此看来，合同解除与它有共性，但二者更有差异：其一，附解除条件原则上可以附加于一切民事法律行为及意思表示，并不限于合同，但合同解除则只适用于合同领域。其二，在民事法律行为中附解除条件，目的是限制民事法律行为的效力，满足当事人特定的需要，它相当于当事人对民事法律行为加一附款；合同解除不是合同的附款，它的发生可以基于当事人的约定，也可以基于法律的规定。其三，解除条件成就，附解除条件的民事法律行为当然且自动地消灭，无须当事人进行意思表示或采取某种行为；在合同解除的情况下仅仅具有解除的条件还不能使合同消灭，必须有解除行为才能使合同实际解除。其四，解除条件成就，附解除条件的民事法律行为一般是向将来失去效力；合同解除则既有向将来发生效力的，也有溯及合同成立之时的。

### (三)合同解除的类型

1.单方解除和协议解除

单方解除是指解除权人行使解除权将合同解除的行为。它不必经过对方当事人的同意，只要解除权人将解除合同的意思表示直接通知对方，或经过人民法院、仲裁机构向对方主张，即可发生合同解除的效果。在德国民法上，合同解除指的就是单方解除，解除权产生的原因即一方发生违约行为。在我国，合同解除不仅包括单方解除，还包括协议解除，并且单方解除的条件也不以一方违约为限。协议解除是指当事人双方通过协商合意解除合同的行为。其解除行为并不是对解除权的行使。理论认为协议解除具有与一般解除相同的属性,同时也有其特点,如解除的条件为双方当事人协商同意,解除行为是当事人的合意行为,但当事人的合意不得损害国家利益和社会公共利益。

2.法定解除和约定解除

法定解除是指法律直接规定合同的解除条件,解除权人在条件具备时行使该权利解除合同的行为。有的法律规定可适用于所有合同的解除条件,称为一般法定解除;有的法律仅规定适用于特定合同的解除条件,称为特别法定解除。约定解除是指当事人在合同中约定为一方或双方保留解除权的解除。保留解除权的合意即解约条款,它可以在当事人订立合同时约定,也可以在以后另订立保留解除权的合同时约定。合同当事人约定的解除权产生条件,遵循合同自由原则。只要其约定不违反法律或行政法规禁止性规定,不损害国家利益或社会公共利益,均可发生法律效力。我国《民法典》第 562 条第 2 款承认了约定解除,值得肯定。因为约定解除是根据当事人的意思表示产生的,其本身具有较大的灵活性,在复杂的事物面前,它可以更确切地适应当事人的需要。当事人采取约定解除的目的虽然有所不同,但主要是考虑到由于主客观上的各种障碍出现时,可以从合同的约束下解脱出来,给废除合同留有余地,以维护自己的合法权益。作为一个市场主体,为了适应复杂多变的市场情况,有必要把合同条款规定得更细致、更灵活、更有策略性,其中应包括保留解除权的条款,使自己处于主动而有利的地位。[①]

### (四)合同解除的条件

因解除有法定解除与约定解除之分,所以合同解除的条件有法定解除的条件和约定解除的条件之别(约定解除及其条件在前面已述)。就法定解除而言,它有一般法定解除和特别法定解除的条件之分。特别法定解除的条件因合同的种类和性质而千差万别,难以在此一一详述,本节仅讨论一般法定解除的条件。民法典规定的一般法定解除条件大致有三大类型:一是不可抗力致使不能实现合同目的,二是实际违约行为,三是预期违约。

1.不可抗力致使不能实现合同目的

不可抗力致使不能实现合同目的,该合同已无法履行,应予以消灭。但通过什么途径消灭,不同国家和地区立法并不一致。德国法通常通过风险负担的方式来解决,当发生不可抗力使合同目的不能实现时,合同当然且自动消灭,由债务人承担风险。英美法系通过合同落空原则(frustration)来解决,合同落空是合同解除的原因之一,当由于后发的环境变化而使合同履行成为不可能或合同的商业目的

---

① 崔建远:《合同法》,法律出版社 2003 年第 3 版,第 193 页。

被剥夺时，发生合同落空。[①] 根据我国《民法典》第 563 条第 1 项的规定，允许当事人通过行使解除权的方式解除合同。在发生不可抗力解除合同时，当事人双方应当互通情况，互相配合，采取积极的措施，尽量避免或减轻损失。

2.实际违约行为

(1)迟延履行

迟延履行是指债务人能够履行，但在履行期限届满时却未履行债务的情况。当根据合同的性质和当事人意思表示，履行期限在合同的内容上并非十分重要时，即使债务人在履行期限届满后履行，也不致使合同目的不能实现。在这种情况下，原则上不允许债权人立即解除合同，但若债权人向债务人发出履行催告，并规定了一个宽限期，债务人在该宽限期届满时仍未履行的，债权人有权解除合同。根据合同的性质和当事人的意思表示，履行期限在合同的内容上特别重要，在这一期限内债务人未履行合同，就会使当事人无法实现其期待目的。在这种情况下，债务人未在履行期限内履行，债权人可以不经催告而径直解除合同。

(2)拒绝履行

拒绝履行是指债务人能够履行却无正当理由不履行合同义务。拒绝履行一般表现为债务人明确表示不履行其债务，有时也以其行为表示不履行债务的意思，如债务人将应交付的特定物又转让于他人。拒绝履行作为合同解除的条件，应具备三个要件：一是债务人存在过错，二是债务人无正当理由拒绝履行，三是债务人具备履行能力而不履行。当债务人拒绝履行时，债权人可否不经催告而径直解除合同，我国理论界与司法界意见不一致。本书认为，根据《民法典》第 563 条第 2 项的规定，债权人可径直解除合同。

(3)不完全履行

不完全履行是指债务人虽然以适当履行的意思进行了履行，但其履行不符合法律的规定或者合同的约定。不完全履行可分为量的不完全履行(标的物的数量有所短缺)和质的不完全履行(标的物存在质量方面的瑕疵)。在发生量的不完全履行时，一般情况下只能要求债务人补充履行，使之符合合同目的，但在某些情况下，如果债务人不进行补充履行，或者补充履行也不能达到合同目的，债权人就有权解除合同。当发生质的不完全履行时，通常应多给债务人一定的宽限期，使之消除缺陷或另行给付。如果在此期限内未能消除缺陷或另行给付，债权人可解除合同。《民法典》第 563 条第 4 项关于“其他违约行为致使不能实现合同目的”可以解除合同的规定，可以认为法律认可将不完全履行致使不能实现合同目的作为解除条件。

3.预期违约

预期违约导致法定解除的发生，主要包括两种类型：

---

① Marnah Suff, *Essential Contract Law*, second edition, Wuhan University Press, 2004, p.107.

(1)根据《民法典》第 563 条第 2 项的规定,在履行期限届满之前,当事人明确表示或以自己的行为表明不履行合同主要义务的,对方当事人可以解除合同。在履行期限届满之前是指合同当事人所约定的或法律所规定的履行期限尚未届至。当事人不履行合同主要义务可以采取明示的方式,即明确表达他将不履行合同主要义务,也可以采取默示的方式,即以行为表明他将不履行合同主要义务。

(2)根据《民法典》第 527 条、528 条的规定,先履行义务人有确切证据证明对方经营状况严重恶化;转移财产、抽逃资金,以逃避债务;丧失商业信誉;有丧失或者可能丧失履行债务能力的其他情形的,可以中止履行,并及时通知对方。对方在合理期间内未恢复履行能力并且未提供适当担保的,中止履行的一方可以解除合同。

### (五)合同解除的程序

合同解除的条件只是解除的前提,即使条件具备,合同也不当然且自动地解除,还必须经过一定的程序。解除的程序应有三种,即协议解除的程序、行使解除权的程序和法院裁决的程序。

1.协议解除的程序

协议解除的程序,是当事人双方经过协商同意,将合同解除的程序。合同的解除取决于当事人双方意思表示一致,而不是基于当事人一方的意思表示,是以一个新的合同解除原合同,并不需要有解除权。由于协议解除程序是通过合同的方式,所以要使合同解除有效成立,必须有要约和承诺两个阶段,解除合同的要约的内容是要消灭既存的合同关系,解除合同的承诺是完全同意要约内容的意思表示。

协议解除是否必须经过法院或仲裁机构的裁判?法国民法规定,凡是解除都必须经过法院的裁判,这种程序比较复杂。我国法律未作这样的要求,允许当事人进行选择,当事人可以通过法院或仲裁机构作出裁判,也可以直接达成解除合同的协议。

采取协议解除程序,何时发生解除的效力?一般情况下,双方当事人达成解除合同的合意之时就是合同解除生效之时,或者以双方当事人约定的解除生效的日期为合同解除生效日期。若合同解除需经有关部门批准,有关部门批准解除的日期即为合同解除的日期。

2.行使解除权的程序

行使解除权的程序必须以当事人享有解除权为前提。解除权是一种形成权,它一经行使即发生解除合同的法律效果,它不需要经过对方当事人的同意,只需解除权人单方的意思表示,就可以解除合同。解除权人主张解除合同的,应当通知对方。合同自通知到达对方时解除。对方有异议的,可请求人民法院或者仲裁机构确认解除合同的效力。法律、行政法规规定解除合同应当办理批准、登记等手续的,依照其规定。

解除权的行使存在一定的期间的限制。若法律规定了或者当事人约定了解除权行使期限，当事人在期限届满前不行使的，该权利消灭。若法律没有规定或者当事人没有约定解除权的行使期限，经对方催告后权利人在合理期限内不行使的，该权利消灭。

3.法院裁决的程序

这里所说的法院裁决的程序，不是指在协议解除的程序和行使解除权的程序中当事人诉请法院来解除合同，而是指在适用情势变更原则解除合同时，由法院裁决合同解除的程序。当发生情势变更时，当事人无解除行为，合同是否可以解除，是由法院根据案件的具体情况和情势变更原则的法律要件加以判断裁决的。因此，对这种类型的合同解除只能适用法院裁决的程序。

### （六）合同解除的效力

1.合同解除与溯及力

合同解除有溯及力是指解除使合同关系溯及既往地终止，合同如同自始未成立。合同解除无溯及力是指合同解除仅仅使合同关系向将来消灭，解除之前的合同关系仍然有效。在《合同法》颁布之前，合同解除是否具有溯及力存在着很大的争议，《合同法》颁布之后对合同解除是否具有溯及力作了比较灵活的处理，应根据具体情况分析有无溯及力。根据《合同法》第 97 条、《民法典》第 566 条的规定："合同解除后，尚未履行的，终止履行；已经履行的，根据履行情况和合同性质，当事人可以要求恢复原状、采取其他补救措施，并有权要求赔偿损失。判断违约解除有无溯及力，至少应考虑两个方面：

其一，当事人是否请求恢复原状。合同解除后，当事人可以要求恢复原状，也可以不要求恢复原状，这取决于当事人自己的意志。

其二，根据合同的性质与种类判断合同解除是否具有溯及力。

(1)非继续性合同的解除原则上有溯及力。非继续性合同又称为一时性合同，是指履行为一次性行为的合同。就非继续性合同的性质而言，当它被解除时能够恢复原状，已完成的给付可以返还于给付人。恢复原状是解除有溯及力的效果及标志。非继续性合同作为解除的标的，为解除具有溯及力提供了一种可能性。这种可能性能否变成现实性，还要受其他因素制约，如溯及力的运用是否可以给予非违约方充分的救济。

(2)继续性合同的解除原则上无溯及力。继续性合同是不能通过一次给付完结履行，履行必须在一定继续的时间内完成的合同。如租赁合同、仓储合同、借用合同、保管合同等均属此类。继续性合同常以使用、收益标的物为目的，已经被受领方享用的标的物效益，不能返还的，也就无法恢复原状。在这种情形下，给付人只能请求对方返还相应的价金，在双方为相应的给付时，承认溯及力除了增加不必要的迂回曲折外，并没有给当事人带来实益，因此规定这些合同的解除无溯及力为宜，除非当事人有相反的约定。此外，委托合同的解除不能有溯及力，主要是因为委托合同解除溯及合同成立时消灭，会使受托人进行的代理行为全部失去法律根据，从而变成无效。这样，就会损害到通过该代理人的行为而与委托人成立法律关系的第三人的合法利益，危害社会交易秩序的稳定性。所以为保护善意第三人的合法权益，稳定社会经济秩序，不宜主张委托合同的解除具有溯及力。

2.合同解除与恢复原状

恢复原状是合同解除有溯及力所具有的直接效力，是双方当事人基于合同所产生的债务全部免除的必然结果。在合同尚未履行时，解除具有溯及力，合同的债权债务关系全部溯及地消灭，当事人当然恢复原状，不存在适用恢复原状义务的必要。所以恢复原状义务只发生于合同部分或全部履行的情况。由于合同自始失去效力，所以当事人受领的全部给付丧失合法的依据，应返还于给付人。

恢复原状在效力及范围上有自己的特性。在效力方面，由于我国法律未承认物权行为独立性和无因性理论，因此给付人请求受领人返还给付物的权利是所有物返还请求权，它优先于普通债权得到满足。在范围方面，它以给付时的价值额为标准进行返还，受领人获得利益多少，在所不问。①

3.尚未履行的债务免除与不当得利返还

合同解除无溯及力时，解除前的合同关系仍有效，因此解除前所为的给付是有法律根据的，只是自合同解除之时起尚未履行的债务被免除。这样，就产生了如下的问题：当事人一方已经部分或全部履行了债务，对方却未履行对待给付，或者虽然也履行了债务，但双方各自的履行在数量上不对等。对于这一问题，如果采用物上返还请求显然不妥，因为给付人在合同解除后仍未取得给付物的所有权。较为合理的做法是运用不当得利制度加以解决，即受领人将其多获得的利益按不当得利规则返还于对方当事人。不当得利返还在效力方面不属于物权的效力，而属于债的效力，其返还的范围与受领人主观为善意抑或恶意有关，受领人主观为善意时，其返还范围仅以现存的利益为限，而主观为恶意时，则不受此限。

4.合同解除与赔偿损失

《民法典》第566条规定："合同解除后，尚未履行的，终止履行；已经履行的，根据履行情况和合同性质，当事人可以请求恢复原状或者采取其他补救措施，并有权请求赔偿损失。合同因违约解除的，解除权人可以请求违约方承担违约责任，但是当事人另有约定的除外。"主合同解除后，担保人对债务人应当承担的民事责任仍应当承担担保责任，但是担保合同另有约定的除外。据此，当事人在合同解除前已获得的损害赔偿请求权不因合同解除而丧失。

---

① 陈小君：《合同法》，高等教育出版社2003年版，第222页。

## 二、合同终止的其他原因

### (一)清偿

1.清偿的概念

清偿是指债务人按照合同约定向债权人履行义务,实现合同目的的行为。清偿与履行的意义相同,因为从债务人方面说,清偿也就是其按照合同约定的条件全面正确地履行自己的义务,而合同履行的结果就是清偿债务,实现债权。但二者侧重点不同,履行是从合同的动态方面而言,而清偿是从合同的消灭方面而言。

清偿为实现债的目的的行为,是债消灭的最主要和最常见的原因。债务人履行债务的行为为清偿行为,第三人为满足债权人目的而为给付的行为,也属清偿。此外,依强制执行或实现担保权而使债权满足的,亦为清偿。

2.清偿人

清偿人在一般情况下是债务人,但不以债务人为限,具体包括以下两类。

(1)债务人

债务人负有清偿义务,必须为清偿,否则债权人的利益难以得到满足。这里的债务人,包括连带债务人、保证债务人在内。如果债务履行行为为法律行为,则债务人应有完全民事行为能力;如果债务履行行为为事实行为,则债务人无行为能力的限制。

当然,债务人基于自身时间、精力等限制,可以委托其代理人为其进行清偿,除法律规定、当事人约定或者性质上须由债务人本人履行的债务除外。

(2)第三人

第三人清偿,是指第三人为消灭债务,以自己的名义向债权人为清偿。债务清偿无非在于满足债权人的利益,若第三人的给付能够使债权人利益得到满足,同时又对债务人并无不利的,原则上第三人的清偿应为有效。

第三人充当清偿人,与债务人的代理人清偿是不同的。第三人为清偿时,是第三人以自己的名义清偿;而债务人的代理人清偿时,则是以债务人的名义为清偿。因而第三人清偿时,应向债权人说明。如果第三人误认为他人债务为自己的债务而为清偿,则不属于债的清偿,可依不当得利的规定请求返还。

第三人为清偿时,必须符合以下条件:其一,合同性质适宜第三人清偿。并非所有的债务均可以由第三人清偿。具体而言,下列两种债务不得由第三人清偿:一是债权人与债务人有特别约定,不得由第三人清偿的债务。二是依债的性质须由债务人亲自履行,不得由第三人清偿的,如以债务人本身的技能为标的的债以及基于债权人与债务人的特别信任而成立的债,原则上须由债务人履行,不得由第三人清偿。其二，第三人的给付行为必须达到债的清偿的效果。第三人代为清偿需要按法律规定或当事人约定的时间、地点、方式进行；第三人代为清偿虽不以债务人或债权人的同意为前提，但债权人必须未拒绝其清偿，或未因债务人异议而拒绝其清偿。其三，第三人必须具有为债务人清偿的意思。这有别于债务承担，因为在债务承担中，承担人是为自己的债务清偿，缺乏为债务人清偿的意思，就不构成第三人清偿。

第三人清偿的法律效力在于：第三人清偿全部债务的，债务人免除其债务，债的关系消灭；第三人清偿部分债务的，债务部分消灭，未消灭的债务部分仍归债务人。此外，第三人清偿后，在第三人与债务人之间通常还会发生求偿的关系，但如果第三人以赠与为目的而代债务人清偿，则第三人对债务人无求偿权。

3.清偿受领人

清偿受领人，即受领清偿利益的人。清偿须向有受领权的人为之，并在其受领后，债的关系消灭。清偿受领人包括：

(1)债权人以及债权人的代理人。债权人是当然的清偿受领人；债权人的代理人也可以基于代理关系受领清偿。

(2)破产财产的管理人。在我国，依照《破产法》及《民事诉讼法》的有关规定，在破产还债程序中，由清算组织受领清偿。

(3)收据的持有人。收据的持有人所持收据应为真实的，其持有原因在所不问。

(4)行使代位权的债权人。债权人在符合法律规定的条件时，得行使代位权。当债务人的债务人向债权人清偿债务时，债权人有权接受清偿。

(5)债权人与债务人约定受领清偿的第三人。

4.清偿标的

(1)债务人依债的内容为给付行为。在债的关系成立后，债务人应依债的内容为给付行为。由于债的内容并不一致，有应交付财物的，有应移转权利的，有应提供劳务的，有应完成工作成果的，也有以不作为为债的标的的。无论债的内容如何，债务人均应依债的内容履行债务，以满足债权人的利益。

(2)代物清偿。代物清偿是指债务人以他种给付代替其所负担的给付，从而使合同关系消灭的现象。它必须符合以下条件：

其一是必须有债务存在，而不论原合同标的如何。不仅如此，无因管理、不当得利和侵权行为所产生的债务也可为代物清偿。

其二是必须以他种给付代替原定给付。给付的形态有支付金钱、交付财物、移转权利、提供劳务、提交成果、不作为等。以一种给付代替他种给付，才为代物清偿。即使在同一形态的给付中，也可成立代物清偿，如以大米代替玉米，以牛代替马等。

其三是必须有当事人之间的合意。由于代物清偿改变了原债中的给付，因而

须债权人、债务人合意才能成立，否则不产生代物清偿的法律后果。

其四是必须清偿受领人现实地受领他种给付。债权人与债务人所达成的代物清偿契约为要物契约，须清偿人现实地为给付行为并经清偿受领人受领，才发生代物清偿的效力。

代物清偿的效力主要表现在三个方面：其一是合同关系消灭，债权的从权利也随之消灭。其二是当原债基于有偿契约而发生时，产生瑕疵担保责任，即如果代替给付具有权利上或者物的品质上的瑕疵时，适用瑕疵担保责任的有关规定。其三是对代物清偿中差额部分的处理，即在代物清偿中，原定给付与他种给付的价值并不一定相等。如果原定给付的价值高于他种给付的价值，则债务人应一并履行他种给付少于原定给付的差额；如果原定给付的价值低于他种给付的价值，则债权人应补偿或者退回他种给付超出原定给付的差额。

5.清偿地

清偿地，是清偿人履行债务的场所。在清偿地履行债务的，发生清偿的效果，在清偿地外履行债务的，因不符合债的履行要求，不发生清偿的效果。

清偿地依下列方法确定：

(1)依当事人的约定而确定。当事人可以在合同成立时进行约定，也可以在合同成立后、履行前进行约定。

(2)依法律规定而确定。当法律对于债的履行地点有规定时，应从其规定。根据我国《民法典》第511条的规定，履行地点不明确，给付货币的，在接受给付一方的所在地履行；交付不动产的，在不动产所在地履行；其他标的，在履行义务一方的所在地履行。

(3)依习惯而确定。清偿地还可以依习惯做法而确定。如在车站、码头寄存物品的，依习惯在寄存场所履行债务。

(4)依债务的性质而确定。如不动产权利转移的，应在不动产权利登记机关所在地办理登记手续，转移权利。

6.清偿期限

清偿期限为债务人履行债务的期限。关于清偿期限的确定，若当事人有明确约定的，从其约定；若法律有明确规定的，从其规定。对于有确定的履行期限的债务，债务人应在期限到来之前履行。债务人提前清偿的，债权人有权拒绝受领，但如果期前清偿对债权人并无不利、债务人放弃期前利益的，债权人依诚实信用原则也应受领。对于没有明确的履行期限的债务，债务人可以随时履行，债权人也可以随时要求债务人履行，但应当给对方必要的准备时间。

7.清偿费用

清偿费用是指清偿所需的必要费用。如物品交付的费用、金钱邮汇的费用，通常清偿费用包括运送费、包装费、汇费、登记费、通知费用等。关于清偿费用的承担，若当事人有约定的，则从其约定；若法律有规定的，则从其规定。当关于清偿费用的负担不明确时，由履行义务的一方负担。但是在合同成立后，由于债权人一方变更住所或者其他行为导致履行费用增加时，增加的费用应由债权人一方负担。

8.清偿抵充

清偿抵充是指债务人对同一债权人负担数宗同种类债务，而债务人的履行不足以清偿全部债务时，决定该履行抵充某宗或某几宗债务的现象。因为在数宗债务中，可能附利息，也可能不附利息；可能附担保，也可能不附担保；可能附期限，也可能不附期限。这时债务人的履行消灭哪一宗债务，对于债权人和债务人以及担保人来说都会有不同的法律后果。我国现有立法未对清偿抵充作出规定，但一般而言，如果当事人之间就债务人的履行，系抵充何宗债务有约定的，从其约定；如果当事人之间没有约定，则债务人有权单方面指定其履行系清偿何宗债务。如果债务人没有指定，则可以依下列顺序抵充债务：(1)债务中有已届清偿期和未届清偿期的，应尽先抵充已届清偿期的债务。(2)均已届清偿期的债务，或者均未届清偿期的债务，以债务无担保者或者担保最少者先抵充；担保相等的，以债务人因清偿获益最多者尽先抵充；获益相等者以先到期的债务尽先抵充。(3)债务人因清偿获益相等而清偿期均相同者，各按比例抵充一部分。

### (二)免除

免除，又可称为债务免除，是指债权人抛弃债权，从而使债务全部或部分消灭的意思表示。至免除成立后，债务人不再负担被免除的债务，债权人的债权也就不再存在，债即消灭，因此免除债务也为债消灭的原因之一。《民法典》第575条规定："债权人免除债务人部分或者全部债务的，债权债务部分或者全部终止，但是债务人在合理期限内拒绝的除外。"可见，债务免除是债权人的单方行为，无须征得债务人的同意，债权人向债务人作出免除债务的意思表示就可发生免除的效力。

免除债务的行为为无因行为，债权人或者其代理人免除债务的原因何在，在所不问。债务免除为无偿行为，其不以债权人取得相应的对价为条件。债务免除是不要式行为，即债务免除的意思表示无须特定形式，口头形式或书面形式均可。

债务免除的成立必须具备以下条件：其一是免除的意思表示应向债务人作出，从该意思表示到达债务人时起生效，而债权人向第三人为免除债务的意思表示，不发生免除的法律效力，但向债务人的代理人所为的免除债务的意思表示发生免除的效力。其二是债权人必须有处分能力，对于法律禁止抛弃的债权，债权人免除债务的意思表示无效，不发生债消灭的效果。其三是不应损害第三人利益，免除债务会损害第三人利益的，债权人不能免除。

免除的效力是使债消灭。债权人免除债务人的全部债务的，债务人的全部债务消灭，有债权证书的，债务人可以请求返还债权证书；债权人免除债务人的部分债务的，债务人的部分债务消灭。主债务因免除而消灭的，从债务也随之消灭。保证债务的免除不影响被担保债务的存在，被担保债务的免除则使保证债务消灭。

债权人免除连带债务人中某一债务人的债务的，其他人的债务是否也免除呢？对此可参考《法国民法典》第1285条的规定，即“债权人为连带债务人中的一人的利益而以契约免除或解除其债务时，其他连带债务人的债务亦被免除或解除，但债权人明示保留其对其他连带债务人的权利者，不在此限”“前款的后一种情形，债权人所能请求清偿的债权，仅为减去其已免除债务人原应负担部分后的债权。”

(三)抵销

1.抵销的概念及其分类

抵销，是指当事人双方互负同种类的给付，将两项债务相互充抵，使其债务在对等额内消灭。抵销债务，也就是抵销债权。用于抵销的债权，为主动债权或能动债权，亦即抵销权人的债权；被抵销的对方当事人的债权，为被动债权或反对债权，亦即被抵销人的债权。

用抵销方式消灭债，可方便当事人双方，节省交易成本。因为在当事人双方相互负有同种类给付的债务时，若各方均须履行自己的债务，双方就要相互交换给付，势必增加给付的费用。同时，抵销还具有公平的作用。因为双方互负同种类债务时，若其中一方的资力恶化，另一方向其履行，就有可能得不到相反的履行，这样就会损害另一方的利益，从而显得不公平。但若实行抵销，则另一方即使不能履行债务，他方的利益也可得到保障。正是由于抵销可以起到方便与公平的作用，所以成为法律所确认的独立的债权消灭原因之一，也是自罗马法以来一直为各国民法所承认的一项制度。

抵销可分为法定抵销与合意抵销。法定抵销，是指在具备法律所规定的条件时，依当事人一方的意思表示所为的抵销。我们通常所说的抵销即是指法定抵销。《民法典》第568条规定：“当事人互负债务，该债务的标的物种类、品质相同的，任何一方可以将自己的债务与对方的到期债务抵销；但是，根据债务性质、按照当事人约定或者依照法律规定不得抵销的除外。当事人主张抵销的，应当通知对方。通知自到达对方时生效。抵销不得附条件或者附期限。”此即为我国法定抵销的明确规定。合意抵销是指根据当事人双方意思表示一致所为的抵销，又称为契约上抵销。《民法典》第569条规定：“当事人互负债务，标的物种类、品质不相同的，经协商一致，也可以抵销。”此处规定的就是合意抵销。合意抵销对于标的物的种类、品质没有特别要求，对于双方所负债务是否届履行期限也无要求，只要不违背法律的强制性规定和禁止性规定，原则上都可以合意抵销。

2.抵销的要件

一般而言，抵销应当具备以下要件：

(1)须双方互享债权、互负债务。由于抵销是通过冲抵债务，使双方的债权在同等数额内消灭，为此抵销必须以当事人双方相互享有对立的债权、负有对立的债务作为前提。若当事人一方对另一方仅有债权而不负债务，或者仅负债务而不享有债权，当然也就不可能发生抵销。抵销人用以抵销的债权应是自己所享有的债权，对于他人的债权，即使他债权人同意，也不得用以抵销。此外，用以抵销的两个债务必须均具有合法性，如果一个是合法债务，另一个是不合法债务，则不得主张抵销，因为不合法的债务不受法律保护。

(2)须双方债务的给付为同一种类。抵销的功能之一就在于节约交易费用，免去不必要的交易行为。如果双方互负债务的标的物种类不同，双方各有其经济目的，即不得抵销，否则会导致一方当事人或双方当事人的交易目的难以实现。为此，只有给付的种类相同时，当事人双方的经济目的才一致，通过抵销才可满足当事人双方的利益需要。在实践中，适于抵销的一般为金钱和种类物。

(3)须双方的债务均届清偿期。抵销具有相互清偿的功能，因而当事人双方所负的债务均须到清偿期才可抵销。对未届清偿期的债务，若允许债权人以其债权与对方的债权相抵销，也就等于请求债务人提前清偿。当然，当事人自愿放弃期前利益，并且对对方当事人并无损害的，则法律自无限制的必要，自然也应允许抵销。此外，如果两项债务都没有规定清偿期，则因为债权人都可随时要求债务人履行，则可以抵销。

(4)须双方的债务均为可抵销的债务。一般而言，多数债务都可以抵销，但有些债务或因双方约定或因性质使然或因法律规定而不能抵销。具体而言，不得抵销的债务包括以下几种：其一是依双方约定不得抵销的债务不得抵销；其二是依债的性质不得抵销的债务，如不作为的债务、提供劳务的债务、抚恤金债务、抚养费债务等，不得抵销；其三是依法律规定不得抵销的债务，如禁止强制执行的债务、故意侵权而产生的债务、约定应向第三人给付的债务等。

3.抵销的效力

抵销的效力主要表现在以下方面：

第一，双方当事人所负债务全部或者部分消灭。双方的债务数额相等的，双方的债权债务全部消灭；双方的债务数额不等的，数额少的一方的债务全部消灭，另一方的债务于与对方债务相等的数额内消灭，其余额部分仍然存在，债务人对此部分债务余额仍负有清偿责任。

第二，因抵销双方债务的消灭为绝对消灭，除法律另有规定外，任何人不得主张撤销抵销。若对已经抵销的债务再为清偿的，则发生不当得利。

第三，抵销具有溯及效力。尽管我国法律中并没有明确规定抵销的溯及力，但通常认为，抵销具有溯及力。具体而言，债务自得为抵销时就消灭，不再发生利息债务；自得为抵销时起，不再发生迟延责任；在得抵销的情形发生后，就一方当事人所发生的损害赔偿及违约金责任，因抵销的溯及力而归于消灭。

（四）混同

混同，是指债权与债务同归于一人，使债的关系消灭的事实。法律上的混同，有广义与狭义之分。广义的混同，包括权利与权利的混同；义务与义务的混同；权利与义务的混同。这里所说的混同仅为狭义上的混同，即权利与义务的混同。

混同的原因大致可分为两种：一是概括承受，即债权债务概括转移于债权人或者债务人。例如，企业合并，合并的企业之间原互有债权债务的，合并后债权债务同归于一个企业，从而导致债的消灭。债权债务的概括承受为混同的主要原因，概括承受是发生混同的最主要原因。二是特定承受，指因债权让与或债务承担而承受权利义务。例如，债务人从债权人处受让债权，债权债务就因同归于一人而发生混同。

《民法典》第 576 条规定："债权和债务同归于一人的，债权债务终止，但是损害第三人利益的除外。"因此，混同的效力是导致债的关系绝对消灭，并且主债消灭，从债也随之消灭，如利息债权、违约金债权、担保债权等同归消灭。但在涉及第三人利益的情形下，虽发生混同，债也不消灭。例如，债权为他人质权的标的时，为保护质权人的利益，债权不因混同而消灭。

（五）提存

1.提存的概念

提存，是指债务人于债务已届履行期时，将无法给付的标的物提交给提存机关，以消灭合同债务的制度。

提存涉及提存人（债务人）、提存机关和债权人三方当事人，涉及三方法律关系，即提存人与提存机关、提存机关与债权人、提存人与债权人之间的关系。其中提存人与债权人之间的法律关系为私法上的债权债务法律关系。而提存机关与提存人之间以及提存机关与债权人之间的关系，有不同的观点。我们认为，提存虽然发生在提存人与提存机关之间，但提存关系的建立是为债权人利益的，因此，提存人与提存机关之间的关系性质具有为第三人利益合同的性质；而由于提存后，提存标的物就归债权人所有，提存机关仅仅是为债权人保管标的物，因此债权人与提存机关之间的关系性质具有保管合同的性质。

2.提存的条件

提存必须具备以下条件：

(1)提存人具有行为能力。提存人是债务人或债务人的代理人，由于提存是法律行为，因而他必须具备相应的行为能力。

(2)提存的合同之债合法有效且已届履行期。无效债权不能履行，当然也不能提存；而合同债务虽然有效，但未届履行期时，债务人也不能提存，否则就属于提前履行，构成违约。

(3)标的物适于提存。提存标的物是提存人交付提存机关保管的物,原则上债务人交付的物应适于提存。适于提存的标的物包括:货币;有价证券、票据、提单、权利证书;贵重物品;担保物(金)或者其代替物以及其他适宜提存的物。此外,根据《民法典》第570条的规定,标的物不适于提存或者提存费用过高的,债务人依法可以拍卖或者变卖标的物,提存所得的价款。

(4)有法定的提存原因。提存的目的在于消灭合同权利义务关系,是以向提存机关交付标的物来代替向债权人的履行,因此,只有在法定情形下才可提存,而不能由债务人任意提存。根据《民法典》第570条的规定,有下列情形之一,难以履行债务的,债务人可以依法办理提存:

其一是债权人无正当理由拒绝受领。在债务人现实地履行债务时,债权人无正当理由,以书面或者口头形式拒绝受领,债务人可以将标的物提存。如果债务人未现实地提出给付,则不构成提存原因。此外,在债务人履行不适当的情况下,债权人拒绝受领有正当理由的,债务人也不能提存。

其二是债权人下落不明。债权人下落不明,是指债权人离开住所没有音讯,包括债权人不清、债权人地址不详、债权人失踪又无财产代管人等情况,债务人通过正常途径无法得知,从而无法向债权人履行的情形。如果债权人虽然下落不明,但债务人仍可履行债务的,如债务人可向债权人的代理人或第三人履行,那么债务人就不能提存。

其三是债权人死亡未确定继承人、遗产管理人,或者丧失民事行为能力未确定监护人。

其四是法律规定的其他情形。除以上原因外,凡法律规定其他可以提存的情形,当事人提存的,就是有合法的提存原因。

3.提存的程序

提存必须按法定程序进行:第一,先由提存人提出提存申请,并提交身份证明、据以履行义务的文书、存在提存原因的证明、提存受领人情况等相关材料。第二,提存机关在收到提存申请后,根据申请人的申请审查是否受理提存,经审查认为符合提存条件的,提存机关作出予以提存的决定,验收提存物并登记存档,指定提存人将提存物交有关的保管人保管,制作提存证书并交给提存人,若经过审查不符合提存条件,提存部门应当拒绝办理提存。第三,标的物提存后,提存机关应按规定将提存的事实通知提存受领人,通知无法送达的,应公告送达。

4.提存的效力

因提存涉及三方当事人及三方面的法律关系,因而提存在不同的当事人之间产生不同的效力。

(1)在债务人与债权人之间。债务人在将标的物提存后,无论债权人受领与否,依法均发生债消灭的效力,债务人不再负清偿责任;提存物的所有权转归债权人,标的物毁损、灭失的风险由债权人承担;提存期间,标的物的孳息归债权人所有。

(2)在提存人与提存机关之间。提存机关有保管提存标的物的权利和义务。提存机关应采取适当的方法妥善保管提存标的物,对于不宜保存的、提存受领人到期不领取或者超过保管期限的提存物品,提存机关可以拍卖,保存其价款。提存人可以凭法院的判决、裁定或者提存之债已经清偿的公证证明,取回提存物。提存受领人以书面形式向提存机关表示抛弃提存物的,提存人可以取回提存物,但应负担提存费用,提存人未支付提存费用前,提存机关有权留置价值相当的提存标的。

(3)在提存机关与提存受领人之间。《民法典》第 574 条规定:"债权人可以随时领取提存物。但是,债权人对债务人负有到期债务的,在债权人未履行债务或者提供担保之前,提存部门根据债务人的要求应当拒绝其领取提存物。债权人领取提存物的权利,自提存之日起五年内不行使而消灭,提存物扣除提存费用后归国家所有。但是,债权人未履行对债务人的到期债务,或者债权人向提存部门书面表示放弃领取提存物权利的,债务人负担提存费用后有权取回提存物。"提存机关未按法定或者当事人约定条件给付提存标的物,给当事人造成损失的,提存机关应负赔偿责任。此外,标的物在提存后,其意外灭失的风险责任由债权人承担,因而在提存后因不可归责于提存机关的原因致使提存标的物毁损灭失的,提存机关不负责任,但如果由于提存机关的故意或者重大过失所致,债权人有权请求提存机关赔偿。

## 真题链接

1.喜好网球和游泳的赵某从宏大公司购买某小区商品房一套,交房时发现购房时宏大公司售楼部所展示的该小区模型中的网球场和游泳场并不存在。经查,该小区设计中并无网球场和游泳池。下列哪些选项是正确的?(2008 年)

A.赵某有权要求退房

B.赵某如要求退房,有权请求宏大公司承担缔约过失责任

C.赵某如要求退房,有权请求宏大公司双倍返还购房款

D.赵某如不要求退房,有权请求宏大公司承担违约责任

2.关于合同解除的表述,下列哪一选项是正确的?(2009 年)

A.赠与合同的赠与人享有任意解除权

B.承揽合同的承揽人享有任意解除权

C.没有约定保管期间保管合同的保管人享有任意解除权

D.居间合同的居间人享有任意解除权

3.甲向乙借款 300 万元于 2008 年 12 月 30 日到期,丁提供保证担保,丁仅对乙承担保证责任。后乙从甲处购买价值 50 万元的货物,双方约定于 2009 年 1 月 1 日付款。2008 年 10 月 1 日,乙将债权让与丙,并于同月 15 日通知甲,但未告知

丁。对此,下列哪些选项是正确的?(2010年)

A.2008年10月1日债权让与在乙丙之间生效

B.2008年10月15日债权让与对甲生效

C.2008年10月15日甲可向丙主张抵销50万元

D.2008年10月15日后丁的保证债务继续有效

4.甲公司对乙公司享有10万元债权,乙公司对丙公司享有20万元债权。甲公司将其债权转让给丁公司并通知了乙公司,丙公司未经乙公司同意,将其债务转移给戊公司。如丁公司对戊公司提起代位权诉讼,戊公司下列哪一抗辩理由能够成立?(2011年)

A.甲公司转让债权未获乙公司同意

B.丙公司转移债务未经乙公司同意

C.乙公司已经要求戊公司偿还债务

D.乙公司、丙公司之间的债务纠纷有仲裁条款约束

5.甲将其对乙享有的10万元货款债权转让给丙,丙再转让给丁,乙均不知情。乙将债务转让给戊,得到了甲的同意。丁要求乙履行债务,乙以其不知情为由抗辩。下列哪一表述是正确的?(2012年)

A.甲将债权转让给丙的行为无效

B.丙将债权转让给丁的行为无效

C.乙将债务转让给戊的行为无效

D.如乙清偿10万元债务,则享有对戊的求偿权

# 第十章　违约责任

**【引　例】**

甲为经营针织品的外贸公司，乙为文登市某刺绣厂。2006 年 2 月，乙的业务员王某带样品到甲处推销纯棉提花枕套，甲向乙订购了该类枕套 2 万件。双方签订了买卖合同，甲预付一半货款，并将枕套样品封存。2 月底，乙向甲交付了全部 2 万件枕套。收到货物后，甲携带样品与日本商人签订了 2 万件提花枕套的买卖合同。次日，甲向日方交货，日方收货时发现甲实际交付的提花所用线与样品不同，拒绝收货，要求甲及时补正并赔偿延期造成的损失。甲派人鉴定，发现情况属实。遂将乙告上法庭，要求乙赔偿因履行不当造成的所有损失。

## 第一节　违约责任概述

### 一、违约责任的概念和特征

违约责任又称为违反合同的民事责任，是指合同当事人不履行合同义务或者履行合同义务不符合约定时所应承担的民事责任。违约责任在合同法中占有极其重要的地位，违约责任的约定可以对当事人形成一定的威慑力，促使当事人积极合理地履行合同义务，同时也为非违约方提供必要的救济，所以合同法对违约责任规定了相当多的条款。

违约责任具有以下法律特征：

1.违约责任是一种财产责任，是民事责任的一种形式。违约责任具有经济内容，当合同一方当事人不履行或者不完全履行合同义务时，就应以经济利益为内容的违约责任加以补救。随着人类社会法律文明的演进，违约责任经历了一个从兼具人身性和财产性的双重属性到仅具财产性的发展过程，早期的债奴制度已被废除。在我国合同法上，违约责任包括支付违约金、损害赔偿、强制履行以及解除合同等形式，这些责任形式均属于财产责任范畴。我国通说亦认为违约责任不包括非财产的损害赔偿，但有学者主张在某些合同如提供服务的合同中，违约行为可能同时造成当事人精神上的损害，当事人可以就精神损害要求赔偿。

2.违约责任是合同当事人不履行或不完全履行债务时产生的民事责任。违约责任虽是民事责任的一种形式，但它是以合同债权债务关系的存在为前提，这是它不同于其他民事责任如侵权责任的重要特征。合同责任的发生是以合同有效成立为条件，而侵权责任的发生不以加害人与受害人之间存在合同关系为条件。

3.违约责任具有一定的任意性。合同当事人可以在法律允许范围内，对一方的违约责任作出事先安排，如可事先约定违约金的数额或幅度，可事先确定损害赔偿的数额或计算方法。如我国《民法典》第 585 条第 1 款规定："当事人可以约定一方违约时应当根据违约情况向对方支付一定数额的违约金，也可以约定因违约产生的损失赔偿额的计算方法。"而侵权责任则为一种法定责任，当事人无法事先约定。

4.违约责任具有相对性。违约责任一般只能发生在特定的当事人之间，而不涉及合同关系以外的人。因为违约责任是合同一方当事人违反双方之间的合同约定而对另一方当事人所承担的民事责任，而不是向第三人承担的法律责任，第三人也不对合同当事人负违约责任。违约责任的相对性作为债的相对性的重要体现之一，构成了近代合同法的基石。但在社会发展的推动下，这一规则出现了例外。现代合同基于公平正义的考虑，承认在某些情形下对合同相对性的突破，如第三人利益的合同，附保护第三人利益的合同等。

5.违约责任主要具有补偿性，同时也具有一定的制裁性。法律确定违约责任的重要目的之一是补偿非违约方因违约行为所遭受的损害，保护非违约方的合法权益的实现，因此违约责任具有补偿性。一般通过支付违约金、赔偿金和其他方式来体现，使受害人的实际损失得到合理的补偿。为了维护交易秩序，保障市场经济正常发展，违约责任还应具备制裁违约的功能，以促使债务人履行债务，保证债权实现。

## 二、违约责任的构成要件

不同的归责原则，其构成要件不同。归责原则是指确定当事人责任所依据的原则。对于我国合同法确立的归责原则，学术界存在着很大争议，本书主张以严格责任为基础，以过错责任为补充的归责原则。

### （一）严格责任原则下违约责任的构成要件

严格责任原则下，无论当事人是否存在过错，当事人一旦存在违约行为，即应承担违约责任，除非有免责的事由。据此，其构成要件主要有两个：其一为违约行为，其二为无免责事由。

1.违约行为

《民法典》第 577 条规定:“当事人一方不履行合同义务或者履行合同义务不符合约定的,应当承担实际履行、采取补救措施或者赔偿损失等违约责任。”这里的“不履行合同义务或者履行合同义务不符合约定”就是违约行为,所以违约行为是违约责任的基本构成要件。

违约行为是指合同当事人不履行或者不适当履行合同义务的客观事实。违约行为的发生以合同关系有效存在为前提。违约行为是构成违约责任的最为重要的条件,无违约行为即无违约责任。违约行为主要具备两个特征:第一,违约行为的行为人是合同当事人,这是由合同相对性规则决定的。第二,违约行为违反了合同约定的义务或法律规定的义务。当事人一旦违反其在合同中明确约定的义务,则构成违约行为。当合同没有明确约定时,如果当事人违反了法律明文规定的义务或根据诚实信用原则产生的附随义务,也会构成违约行为。

就违约行为发生的时间而言,违约行为可以分为预期违约和实际违约。预期违约是指在合同有效成立之后至履行期限届满之前,当事人一方明确表示或者以自己的行为表明不履行合同的主要义务。实际违约是指合同履行期限届满后发生的违约。根据违约行为的性质和特点,可以将违约行为分为履行不能、迟延履行、不完全履行、拒绝履行和受领迟延。关于违约行为的形态将在本章第二节中详细介绍。

2.不存在法定和约定的免责事由

仅有违约行为这一积极要件还不足以构成违约责任,违约责任的构成还需要具备另一消极要件,即不存在法定或约定的免责事由。《民法典》第 590 条规定:“当事人一方因不可抗力不能履行合同的,根据不可抗力的影响,部分或者全部免除责任,但是法律另有规定的除外。因不可抗力不能履行合同的,应当及时通知对方,以减轻可能给对方造成的损失,并应当在合理期限内提供证明。当事人迟延履行后发生不可抗力的,不免除其违约责任。”这里的“不可抗力”就是最主要的法定的免责事由。不可抗力是指当事人无法预见、无法避免和无法克服的客观事件,如风暴、强台风等。除法定的免责事由外,当事人还可以约定免责事由,当约定的免责事由发生时,相关当事人亦可以不承担违约责任,当然,这要求当事人所约定的免责事由是合法有效的。

### (二)过错责任原则下违约责任的构成要件

在过错责任原则下,只有在当事人存在过错时,其违约行为始引致违约责任。据此,其构成要件与严格责任原则下违约责任的构成要件相比,则多了过错这一要件。故下面主要阐述过错。

过错是指违约人有违约故意或者过失。我国《民法典》主要适用严格责任原则,但若《民法典》中有具体规定时,应适用过错责任原则。

1.《民法典》第660条规定:"依据前款规定应当交付的赠与财产因赠与人故意或者重大过失致使毁损、灭失的,赠与人应当承担赔偿责任。"因为赠与是无偿付出,所以只有故意或者重大过失致使赠与财产灭失的,赠与人才承担责任。这种责任多为嗣后履行不能产生的违约责任。

2.《民法典》第714条规定:"承租人应当妥善保管租赁物,因保管不善造成租赁物毁损、灭失的,应当承担损害赔偿责任。"保管不善表明承租人存在过错,未尽必要的注意义务,所以承租人所承担的责任是过错责任。

3.《民法典》第784条规定:"承揽人应当妥善保管定作人提供的材料以及完成的工作成果,因保管不善造成毁损、灭失的,应当承担赔偿责任。"承揽人责任的承担以其未尽妥善保管义务为前提,可见,承揽人所负的责任是以其存在过错为前提的。

4.《民法典》第824条第1款规定:"在运输过程中旅客随身携带物品毁损、灭失,承运人有过错的,应当承担损害赔偿责任。"在运输过程中,旅客随身携带的物品是由旅客自己保管的,毁损或者丢失让承运人承担责任显然不公平,所以此条明确规定承运人有过错的,才承担责任,无过错的,不承担责任。

5.《民法典》第841条规定:"因托运人托运货物时的过错造成多式联运经营人损失的,即使托运人已经转让多式联运单据,托运人仍然应当承担赔偿责任。"因托运人最了解其委托运输的货物的性质,所以因其过错而导致承运人损失的,应承担过错责任。

6.《民法典》第897规定:"保管期内,因保管人保管不善造成保管物毁损、灭失的,保管人应当承担赔偿责任。但是,无偿保管人证明自己没有故意或者重大过失的,不承担赔偿责任。"由于此类保管合同的无偿性,所以法律不会课加保管人过重的义务,保管人仅就其故意或重大过失所造成的损失才承担违约责任。

7.《民法典》第929条第1款规定:"有偿的委托合同,因受托人的过错造成委托人损失的,委托人可以请求赔偿损失。无偿的委托合同,因受托人的故意或者重大过失造成委托人损失的,委托人可以请求赔偿损失。"在无偿的委托合同中,受托人仅就其故意或重大过失所导致的损失承担责任的分析,同《民法典》第897条的分析。

8.《民法典》第962条第2款规定:"中介人故意隐瞒与订立合同有关的重要事实或者提供虚假情况,损害委托人利益的,不得请求支付报酬并应当承担赔偿责任。"居间人仅提供媒介或报告服务,无法很深入地了解各方面的情况,所以法律规定居间人仅在其故意隐瞒与订立合同有关的重要事实或者提供虚假情况时,对委托人所遭受的损失才承担赔偿责任。

## 第二节　违约行为形态

本节主要介绍根据违约行为发生的时间不同而划分的两类违约行为形态，即预期违约和实际违约。

### 一、预期违约

#### （一）预期违约的概念和特征

预期违约（anticipatory breach of contract）又可称为先期违约、事先违约、预期毁约，是指在合同规定的履行期到来之前，当事人一方以明示或者默示的方式表示其将不履行合同，由此在当事人之间发生一定的权利义务关系的一项合同法律制度。

预期违约制度是英美法系从判例中发展而来的制度。这项制度的确立有利于使非违约方在对方有违约的先兆时及时采取补救措施，或解除合同，另订其他补救合同，或直接要求赔偿损失，从而实现其所期望的经济利益。它可以使双方当事人的实际损失降低到较低限度，符合法律的公平正义原则。所以，不仅美国的《统一商法典》明确规定了预期违约制度，1980 年《联合国国际货物销售合同公约》也规定了预期违约制度。我国《民法典》亦吸收和借鉴了英美法中的预期违约制度，在第 578 条作出了规定："当事人一方明确表示或者以自己的行为表明不履行合同义务的，对方可以在履行期届满之前请求其承担违约责任。"

预期违约行为具有以下几个特征：(1)预期违约行为发生在合同有效成立之后，履行期限届至之前。(2)预期违约行为表现为未来不履行义务，而不表现为现实地违反义务。(3)预期违约行为侵害的是期待债权，而不是现实的债权。因为合同当事人享有期限利益，在合同履行期到来前，债权人不能请求债务人提前履行债务，以提前实现自己的债权。(4)预期违约在救济方式上有别于实际违约。在明示毁约中，即使对方已明确表示不履行合同义务，但由于合同履行期限尚未届满，所以债权人为了争取对方继续履行合同，可以对对方的毁约表示置之不理，等待对方的履行，履行期限到来后对方仍不履行，那么预期违约转化为实际违约，此时债权人可主张采用实际违约的救济方式。

#### （二）预期违约的种类及构成要件

1.明示毁约。它是指当事人一方明确表示他将不履行合同的主要义务。其构成要件包括：

第一，毁约方必须是在合同有效成立后且合同履行期到来以前，作出拒绝履行义务的表示。如果在履行期到来后才提出毁约,就构成实际违约。

第二,毁约方必须向对方作出不履行债务的明确表示。毁约方所作的意思表示必须明确包括不履行合同义务的清晰确定的意图,而不能仅仅是表示履行的困难和不太愿意履行,希望提高报酬。表示的方式既可以是口头的,也可以是书面的,在性质上是一种将不履行合同义务的意思通知。表示的内容既可以是直接拒绝履行合同义务,如通知其不打算履行,也可以是以其他借口拒绝履行合同义务,如以合同不成立、无效为借口不履行合同的义务。

第三,毁约方表示的内容必须是不履行合同的主要义务。由于毁约方不履行的是合同的主要义务,这会使另一方当事人订立合同所期望达到的目的无法实现,导致其合同目的落空,严重损害其期待利益,因此毁约方应当承担违约责任。如果仅仅是拒绝履行合同的部分内容,并且不妨碍债权人订立合同所追求的目的,就不能构成预期违约。

第四,明示毁约必须无正当理由。如果提出毁约有正当理由,就不能构成明示毁约。正当理由可以包括合同关系根本未成立;合同本身具有无效因素;债务人享有法定的解除权;债务人因合同具有显失公平的原因而享有撤销权;因不可抗力致使合同不能履行等。

2.默示毁约。它是指当事人一方有足够的证据表明对方将不履行或不能履行合同的主要义务,而对方当事人又未提供必要担保的。其构成要件包括:

第一,一方预见另一方在履行期到来时,将不履行或不能履行合同的主要义务。一方是根据另一方的行为或资产情况作出合理判断的,我国《民法典》在合同的履行有关条文中提供了几个考虑因素,如经营状况严重恶化,转移财产、抽逃资金以逃避债务,丧失商业信誉等。

第二,一方有确切的证据对自己的预见加以证明。一方预见另一方在履行期到来时不会或不能履约,毕竟只是一种主观臆断,为了防止滥用权利,主张对方毁约的一方当事人必须提供确切有效的证据来证明自己判断的恰当性。

第三,被认为存在预期违约可能的一方不能在合理期间内提供充分的担保。若一方认为另一方将不履行或不能履行合同的,在行使违约救济之前,必须通知对方并要求该方提供履行担保,并且只有在对方在合理期间内未提供担保的情况下,一方当事人才可要求对方承担默示毁约的责任。①

## 二、实际违约

实际违约包括以下几种违约行为形态。

① 当前有学者对于债务人是否需要提供担保提出了质疑,他们认为提供担保只影响默示预期违约的效力,而不应成为其构成要件,因为我国《民法典》第 578 条及第 563 条均未要求债务人提供担保。参见李开国主编:《合同法》,法律出版社 2005 年版,第 263 页。

（一）履行不能

履行不能是指债务人由于某种原因不能履行其债务。根据不同的标准，可将履行不能分为以下不同的类型：(1)根据履行不能发生时间的不同，履行不能可以分为自始不能和嗣后不能。前者是指债务成立时即不能履行，且这种履行不能是永久的；后者是指债务成立后才发生履行不能。(2)根据是否可归责于债务人的标准，履行不能可以分为主观不能和客观不能。前者是指因可归责于债务人的事由而引致的履行不能，后者则指因不可归责于债务人的事由而引致的履行不能。(3)根据导致履行不能的事实性质的不同，履行不能可以分为法律不能与事实不能。前者是指因法律上的原因而使债务人不能履行，后者是指债务在事实上发生履行不能。(4)根据履行不能持续的时间不同，履行不能可以分为一时不能和永久不能。前者是指合同履行期限届满时因暂时的阻碍而导致的履行不能，后者是指合同履行期限届满时而发生的永远都无法履行合同的履行不能。(5)根据履行不能的范围大小不同，履行不能可以分为全部不能和部分不能。前者是指合同债务全部不能履行，后者是指仅是合同部分债务无法履行。

（二）拒绝履行

拒绝履行亦可称为履行拒绝、给付拒绝，是指履行期届满时，债务人无正当理由表示不履行合同义务的行为。拒绝履行的构成须包括以下几个要件：第一，它以合法有效的债务存在为前提。如果是对方误认为有而实际并不存在的债务，或者合同被确认为无效或被撤销，债务人在对方提出履行请求时予以拒绝，属于正当行使权利，不构成拒绝履行。第二，必须有拒绝履行的意思表示。该意思表示可以采用明示或默示的方式。第三，债务人在履行期到来后才作出拒绝履行的意思表示。如果债务人拒绝履行的意思表示是在履行期到来前作出，则属于预期违约的范畴。第四，拒绝履行必须无正当理由。如果因债务履行期限尚未届至，或合同约定的条件尚未成就，或债务人行使同时履行抗辩权等而拒绝履行，则存在正当理由，并不能构成拒绝履行。

（三）迟延履行

迟延履行是指债务人无正当理由，在合同规定的履行期届满时，仍未履行合同债务或是合同中未约定履行期限的，在债权人提出履行催告后仍未履行债务。其构成要件包括以下五点：第一，它亦是以合法有效的债务存在为前提。第二，履行必须是可能的，否则就是履行不能，不会产生迟延履行的问题。第三，债务人违反了履行期限的规定。判断是否迟延的最重要的标准是看债务人履行债务是否超过了履行期限，超过履行期限的才构成迟延履行。第四，履行期届满，债务人没有履行债务。如果债务人仅履行了部分债务，可能构成部分履行、部分履行迟延。第五,债务人迟延履行必须无正当理由。

### (四)不完全履行

不完全履行又可称为不完全给付或不适当履行,是指债务人虽然以完全给付的意思为给付,但给付不符合债务本旨。构成不完全履行应符合如下几个要件:第一,必须有给付行为。不完全履行是部分给付,否则,构成履行不能或履行迟延。第二,履行的内容不符合合同约定或法律规定。第三,不完全履行的原因可归责于债务人。

不完全履行主要包括:(1)数量瑕疵的不完全履行,如交付的标的物在数量上不足,还有部分未交付;(2)质量瑕疵的不完全履行,如债务人所作的履行不符合合同规定的质量标准,甚至因交付的产品有缺陷而造成他人人身、财产的损害;(3)履行地点不当的不完全履行,如债务人在合同履行中擅自变更其履行地点;(4)履行方法不当的不完全履行,如本应一次履行完却分期或分批履行。

### (五)受领迟延①

受领迟延是指债权人对于债务人的履行应当受领而不为或不能受领。其构成要件如下:(1)须有合法有效的债权的存在;(2)债务人的履行需要债权人的协助,如果债务的履行不需要债权人的协助,则债务人完全可以自行履行义务而消灭债务,不发生受领迟延的问题;(3)债务已届履行期,在合同约定的履行期限届满前,债务人一般不得提前履行,若提前履行,债权人可以拒绝其履行,因而不发生受领迟延问题,若合同未约定履行期限,债务人提出履行应给对方一个合理的准备期间,未提出一个合理的履行期限而径行向债权人履行的,债权人可以拒绝其履行,亦不发生受领迟延问题;(4)须债务人已经实际或提出履行,只有债务人已实际履行或提出履行时,标的物方处于可受领状态,债权人未及时受领的,则构成迟延受领;(5)债权人不为或不能受领,债权人不为受领表现为拒绝受领或债务人需要协助时未提供协助,债权人不能受领是指因可归责于债权人自身的原因而客观上无法受领;(6)债权人的迟延受领无正当理由。

## 第三节 违约责任的承担

违约责任的形式是指违约方承担违约责任的具体方式。根据我国《民法典》的规定,它主要包括实际履行、采取补救措施、赔偿损失、支付违约金等形式。

---

① 我国学说大多不把提前履行作为违约的一种形态,但提前履行仍可构成违约责任,因为它剥夺了债权人的期限利益且可能导致额外费用或其他损失的发生。当然,如若债权人接受了提前履行,则可视为变更了合同的履行时间,不以违约处理。

## 一、实际履行

### （一）概念和特征

实际履行又可称为继续履行、强制实际履行、特定履行，是指当事人一方不履行合同义务或者履行合同义务不符合约定时，另一方当事人可要求其在合同履行期届满后继续按照原合同的约定完成合同义务。它具有以下特征：

1.实际履行是一种违约责任的形式。实际履行是在当事人未能按照合同约定履行义务时，由法律强制其实际履行义务，因此属于违约责任的范畴。但它是一种独立的违约责任形式，不需要以其他违约责任是否能够适用为前提条件。

2.实际履行的内容是强制违约方按照合同的约定继续完成其合同义务。现实生活是复杂、多变的，不履行或不完全履行合同的现象在所难免，如果实现合同履行的目的对于合同当事人来说是至关重要的，任何的金钱赔偿都无法加以弥补，此时实际履行就不失为一项有效保障合同当事人利益的措施。

3.实际履行可以与违约金、赔偿损失、定金罚则并用，但不能与解除合同并用。解除合同导致合同关系不复存在，债务人也不再负履行义务，因此解除合同与实际履行是完全对立的补救方法，两者不能并用。

### （二）金钱债务违约的实际履行

金钱债务又叫货币债务。当事人未履行金钱债务的违约行为，即未支付价款或报酬的行为，包括完全未支付价款或报酬、不完全支付价款或报酬、迟延支付价款或报酬。《民法典》第 579 条规定："当事人一方未支付价款、报酬、租金、利息，或者不履行其他金钱债务的，对方可以请求其支付。"由于金钱是具有可代替性的种类物，不存在履行不能的问题，无论当事人违约行为的形态如何，非违约方都有要求违约方支付相应价款或报酬的权利。

### （三）非金钱债务违约的实际履行

非金钱债务如提供货物、提供劳务、完成工作，不同于金钱债务，其债务标的往往更具有特定性和不可替代性，所以非金钱债务的履行更加强调实际履行。当事人未履行非金钱债务的违约行为，包括拒绝履行、迟延履行和不完全履行非金钱债务。非违约方一般有权请求违约方实际履行。

### （四）对非金钱债务违约的实际履行的适用条件

对于非金钱债务的违约，债权人向债务人提出实际履行的请求的，必须符合下列几种条件：

1.实际履行必须客观可行。如果实际履行合同义务存在法律上或者事实上不能,如标的物是特定物,因债务人的过失导致标的物的灭失,那么在这种情况下,强制债务人履行义务是不可能的。

2.实际履行不违反合同的性质及法律规定。一般而言,基于人身信赖关系而产生的合同、提供个人服务的合同都是不可强制履行的,否则将对他方人身权利构成侵害或妨害。对于此类合同,非违约方只能采用支付违约金或赔偿损失等救济方法。实际履行亦不得违反法律规定。如债务人已进入破产清算程序,如果强制其履行与某一债权人签订的合同,则相当于赋予这一债权人不同于其他债权人的特权,使其优先于其他债权人得以受偿,这显然有悖于破产法的规定。

3.实际履行应具有经济上的合理性。也就是说,实际履行的费用不宜过高,不宜让债务人因此而遭受重大的损失。所谓经济上不合理,一般指造成经济上的重大浪费和损失。如果采取实际履行的方式需要花费大量的人力、财力,而采取损害赔偿等方式可以充分弥补债权人的损失,如债权人可以用赔偿金从市场上购买与合同标的近似的替代物,这时就没有必要采用实际履行的方式。

4.债权人应在合理期限内请求实际履行。法律没有明文规定合理期限的,可根据标的物的性质和商业习惯而定。例如,如果标的物是季节性商品,债权人应在一个较短时间内及时提出请求;如果标的物是非季节性商品,债权人提出请求的时间要求应稍微宽松些。

## 二、采取补救措施

采取补救措施主要适用于质量不符合约定的情况。根据《民法典》第582条的规定,“履行不符合约定的,应当按照当事人的约定承担违约责任。对违约责任没有约定或者约定不明确,依照本法第五百一十条仍不能确定的,受损害方根据标的的性质以及损失的大小,可以合理选择要求对方承担修理、更换、重作、退货、减少价款或者报酬等违约责任”,即可以合理选择法律推定的责任形式,具体包括:

1.修理。它必须满足两个要件,其一有修理的可能性,其二债权人需要对方加以修理,它主要适用于买卖合同、承揽合同等。

2.更换。适用更换的情形是:没有修理的可能性,或修理费用过高或耗时过长,它多适用于买卖合同。

3.重作。当标的物具有不可更换性时,当事人为获得令其满意的标的物,他会要求对方重新制作标的物,如在建设工程承包合同、承揽合同中,工作成果不符合相关要求时,由债务人重作工作成果。

4.退货。退货就意味着解除合同,只有在卖方提供的标的物存在较严重的瑕疵致使合同目的不能实现时,买方才可选择退货的救济方式。

5.减少价款或者报酬。

## 三、赔偿损失

### （一）赔偿损失的概念和特征

赔偿损失也称违约损害赔偿，是指合同当事人由于不履行合同义务或者履行合同义务不符合约定，给对方造成损失时，由违约方以支付一定金钱的方式弥补对方所遭受的损失的一种违约责任形式。这是世界各国所一致认可的也是最重要的违约救济方法，是违约责任中的一种重要形式。《民法典》第583条规定了赔偿损失适用的场合，即“当事人一方不履行合同义务或者履行合同义务不符合约定的，在履行义务或者采取补救措施后，对方还有其他损失的，应当赔偿损失”。第584条规定了赔偿损失的方法，此外，在第591条、第592条和第593条也有相关规定。

一般而言，违约损害赔偿具有以下几个特征：

1.它是违约方违反合同义务所产生的责任形式。违约赔偿损失的前提是当事人之间存在合法有效的合同关系，并且违约方违反了合同约定的义务或法律规定的义务。

2.它原则上仅具有补偿性而不具有惩罚性。违约赔偿损失的目的主要是弥补债权人因违约方的行为而受到的损失，它具有补偿性。这一补偿性是符合等价交换的交易原则的，因为任何人造成他人财产损害，都必须以等额的财产予以补偿，损害与赔偿之间具有等价性。但在一定情形下，惩罚性赔偿亦会被适用。

3.它具有一定的随意性。合同法允许合同当事人事先对违约赔偿损失的计算方法予以约定，或者直接约定违约方付给非违约方一定数额的金钱，体现了合同自由的原则。

4.它以赔偿非违约方受到的实际全部损失为原则。这一原则即完全赔偿原则，非违约方因合同当事人一方的违约行为所遭受的直接财产损失和可得利益的损失，都应当得到赔偿。

### （二）损害赔偿的种类

1.约定损害赔偿和法定损害赔偿。约定损害赔偿是指在合同当事人订立合同时预先约定一方违约时损失赔偿额的计算方法。在这种情况下，合同当事人一方违约造成损失的，其赔偿数额的计算方法不是基于法律规定，而是按照合同当事人的约定。法定损害赔偿是指合同当事人一方违约时，对于因此给非违约方所造成的损失，直接根据法律的规定来确定赔偿损失数额的责任。

2.信赖利益的赔偿与期待利益的赔偿。这是英美法系中常用的对损害赔偿的一种分类。期待利益，它是合同中估算损失的传统基础。期待利益的赔偿目的是在金钱可能补偿的前提下，使请求赔偿人处于与合同得以履行相同的地位。信赖利益，是指民事法律行为为无效或者可得撤销，相对人信赖较为有效，却因无效或者撤销的结果所蒙受的不利益，又称为消极利益或者消极合同利益。消极利益赔偿结果，即如同合同未曾发生一样。不过，在德国法上，其赔偿以履行利益为最高界限。[①]

3.直接损失赔偿和间接损失赔偿。关于直接损失与间接损失的划分标准存在着分歧，一般采用的标准是根据损害与违约行为之间的直接和间接因果关系来区分。如果损害是由违约行为直接引起的，并没有介入其他因素，那么就是直接损失；如果损害并不是因为违约行为直接引起的，而是介入了其他因素，那么就是间接损失。

（三）确定赔偿的原则

1.完全赔偿原则。它是指违约方应赔偿非违约方因其违约行为而遭受的全部损失。违约方赔偿的范围不仅包括对方因其违约而引起的现实财产的减少，而且包括对方因合同履行应当得到而未得到的利益。前者即为积极损失，后者即为消极损失。这是对受害人利益实行全面的、充分的保护的有效措施。从公平和等价交换原则看，非违约方因违约行为而遭受的损害，违约方应以自己的财产赔偿全部损害。当然，这种赔偿应限制在法律规定的合理范围内。

消极损失具有以下特点：(1)未来性。可得利益不是现实的利益，而是一种未来的利益，它必须是经过合同违约方履行后才能获得的利益，而在违约发生时当事人并未实际享有。(2)期待性。可得利益是当事人订立合同时可以预见的利益，可得利益的损失也是合同当事人能够预见到的损失。(3)一定的现实性。尽管可得利益并非订立合同时就可实际享有的利益，但这种利益并不是臆想的，它具备实现的条件，如果合同当事人并未违约，则非违约方可以得到此等利益。积极损失也即实际损失，是现存利益的损失，它与消极损失的区别在于：(1)前者是现实的利益损失，包括现有财产的减少、相关费用的支出。后者是非现实利益的损失，是未来期待的利益。(2)前者较后者更为确定。一般而言，违约方对全部的积极损失应予赔偿，法律没有作出明确的赔偿限制，而消极损失在一定程度上具有不确定性，法律规定了一些原则对此加以限制。(3)两者追求的目的不同。前者的赔偿目的是使受害人的状态似处于合同订立前的状态，违约使非违约方所处的现实状态与订约时其所处的状态之间的差距即为违约方应赔偿的积极损失的范围。后者是使受害人处于合同如同被履行后其应处的状态，违约使非违约方所处的现实状态与若合同被履行后其应处的状态之间的差距即为违约方应赔偿的消极损失的范围。

2.合理预见原则，又叫可预见性原则，是指违约方所承担的赔偿责任范围不得超过他在订立合同时应当预见的损失范围之原则。它是两大法系所共同认可的限

① 魏振瀛主编：《民法》，北京大学出版社 2017 年版，第 484 页。

制赔偿范围的原则，我国《民法典》亦作出规定，其第584条规定："当事人一方不履行合同义务或者履行合同义务不符合约定，造成对方损失的，损失赔偿额应当相当于因违约所造成的损失，包括合同履行后可以获得的利益；但是，不得超过违约一方订立合同时预见到或者应当预见到的因违约可能造成的损失。"这一原则主要包括以下内容：(1)预见的主体是违约方。(2)预见的时间是合同订立时。(3)预见的内容是违反合同可能造成的财产损失的范围。(4)判断违约方能否预见的标准采用主观和客观相结合的标准，即通常以处于类似情形下的合理人的预见能力为标准，并结合合同相关当事人的具体情况作出综合性的判断。

3.减轻损害原则(principle of mitigation)。它也可以表述为采取适当措施避免损失扩大原则，是指在一方违约行为发生并造成损害后，受害人必须采取合理措施以防止损害的扩大，否则，受害人应对扩大部分的损害承担责任，违约方亦有权请求从损害赔偿金额中扣除本可避免的损害部分。这一原则要求非违约方负有减轻损害的义务，并以此限制违约方的赔偿责任。《民法典》第591条对此作出了明确规定："当事人一方违约后，对方应当采取适当措施防止损失的扩大；没有采取适当措施致使损失扩大的，不得就扩大的损失请求赔偿。当事人因防止损失扩大而支出的合理费用，由违约方承担。"减轻损害原则的构成要件是：(1)损害的发生由违约方所致，受害人对此没有过错；(2)受害人未采取合理措施防止损害扩大；(3)受害人的不当行为造成损害扩大。但是受害人不必采取超出合理范围以外的措施来减轻损失，如在 British Westinghouse v. Underground Electric Railway Co.(1912)一案中，法院认为原告没有必要采取危险的法律行为来减轻自己的损失，但他亦不得采取可能增加其损失的措施。①

4.损益相抵原则。它是指受害人基于损害发生的同一原因而减少支出或获得利益时，应从所受损害中扣除其减少的支出或所受的利益，从而确定损害赔偿范围。这是确定赔偿责任范围的重要规则。《德国民法典》第324条规定："其因免除给付义务所节省的或由其劳力移作他用而取得的，或故意怠于取得的利益，应扣除之。"虽然我国《民法通则》《合同法》以及《民法典》都没有明确规定损益相抵原则，但基于诚实信用原则和公平原则的考虑，有必要确立这一原则。主要理由有二：其一，可以防止受害人获得双重利益，也就是说，受害人因他人的违约行为而受有利益时，他不得就受益部分再请求赔偿；其二，违约损害赔偿的目的是补偿受害人所遭受的损失，并非使受害人因此而受益。由于同一违约行为既使受害人遭受损失，又使受害人获得利益，如不将利益予以扣除，就等于让受害人因违约行为而受益，这是违反违约损害赔偿的本意和目的的。所以根据这一规则，当违约既使受害人遭受了损害，又使受害人获得了利益时，法院应责令违约方赔偿受害人全部损害与

---

① Marnah Suff, *Essential Contract Law*, second edition, Wuhan University Press, 2004, p.122.

受害人所得利益的差额，这才是净损失、真实损失。

损益相抵原则的构成要件包括：(1)违约损害赔偿之债已经成立。这是适用损益相抵原则的前提条件。只有违约损害赔偿之债成立时，才有必要确定损害赔偿范围，而损益相抵恰恰是限制损害赔偿范围的考虑因素之一。(2)违约行为同时造成了损害和收益。损害和收益是同一违约行为的不同结果。

5.过失相抵原则。它亦可称为与有过失原则，通常是指就损害的发生或者扩大，请求赔偿方有过失时，法院可以减轻赔偿数额或免除赔偿责任。它亦是诚实原则和公平原则在合同法中的体现。该原则可以适用于所有的损害赔偿请求权，包括违约损害赔偿、侵权损害赔偿、缔约过失的损害赔偿。正如《民法典》第592条所规定的："当事人都违反合同的，应当各自承担相应的责任。当事人一方违约造成对方损失，对方对损失的发生有过错的，可以减少相应的损失赔偿额。"

过失相抵原则的构成要件：(1)请求赔偿方存在过失。如果请求赔偿方可以预见到其行为的危险性，且这种危险性是可以回避或缩减的，却未预见或没有采取措施避免这种危险性，则请求赔偿方存在过失。(2)请求赔偿方的行为促成了损害发生或扩大。请求赔偿方的行为和赔偿义务人的行为共同促成的损害的发生或扩大，但哪一原因在先，哪一原因在后，抑或同时存在皆在所不问。

6.经营欺诈惩罚性赔偿原则。损害赔偿的一般特征是补偿性，但在某些情形下法律会要求对恶意违约方进行一定的惩罚，例如，针对交易中的欺诈行为，特别是出售假冒伪劣商品产生的欺诈行为，《消费者权益保护法》第55条明确规定："经营者提供商品或者服务有欺诈行为的，应当按照消费者的要求增加赔偿其受到的损失，增加赔偿的金额为消费者购买商品的价款或者接受服务的费用的三倍；增加赔偿的金额不足五百元的，为五百元。法律另有规定的，依照其规定。"这就在法律上确立了经营欺诈惩罚性损害赔偿制度。

经营欺诈惩罚性赔偿原则的构成要件：(1)经营者提供商品、服务有欺诈的行为。常见的欺诈行为有出售假冒伪劣商品的行为；加工承揽过程中偷工减料、偷换原材料的行为；在修理服务中偷换零件、虚列修理项目、增报修理费的行为等。(2)消费者因欺诈行为受到损害。首先，受损害者只能是消费者；其次，存在消费者受到损害的事实。(3)消费者要求经营者承担惩罚性赔偿责任。

### (四)赔偿损失与其他责任形式的关系

1.与实际履行的关系。实际履行是实现合同目的的有效方式，即通过实际履行使一方订立合同的目的得以实现。而在此过程中非违约方可能早已受有损失，这是实际履行方式所难以救济的，这时损害赔偿则能为非违约方所遭受的损失提供补偿，所以实际履行与赔偿损失可以并用，以全面地保护非违约方的合法权益。

2.与解除合同的关系。解除合同使双方之间的权利义务关系终止，但它并不影响当事人请求其因合同解除而受到的各种损失，如期待利益的损失、已支付相关

费用的损失等,所以解除合同与赔偿损失可以并用。我国原《民法通则》第 115 条规定:"合同的变更或者解除,不影响当事人要求赔偿损失的权利";同时《民法典》第 566 条第 2 款也作出规定:"合同因违约解除的,解除权人可以请求违约方承担违约责任,但是当事人另有约定的除外。"

3.与修理、重作、更换的关系。修理、重作、更换实际上是对瑕疵给付的补正,修理、重作、更换后,非违约方仍有损失的,违约方还应承担损害赔偿责任。从引例来看,合同生效后,当事人应该依照约定的或法定的标的物质量标准及时履行合同义务,违反该义务,造成标的物价值减损的,构成不完全履行,它是实际违约行为的一种情形,应当承担违约责任。甲可以请求乙采取补救措施,交付符合样品质量要求的枕套,并承担因不完全履行给甲造成的损失。

## 四、支付违约金

### (一)违约金的概念和特征

依据我国《民法典》的规定,违约金是指不履行或者不完全履行合同义务的违约方按照合同约定,支付给非违约方的一定数量的金钱。它具有以下特征:

1.违约金条款既具有从合同的性质又具有其独立性。违约金的存在以主合同存在为必要条件,当主合同不成立、无效或被撤销时,约定的违约金条款亦不发生法律效力。主合同消灭,约定的违约金责任也随之消灭。但约定违约金也具有相对独立性,如当合同因一方根本性违约而解除时,非违约方仍可请求违约方支付约定的违约金。

2.约定违约金的主体只能是合同当事人。根据合同自由原则,合同当事人可以对违约发生时的赔偿问题进行协商,他们可以约定一方违约时应根据违约情况向对方支付一定数额的违约金。

3.违约金的数额是由当事人预先确定的。违约金必须在签订合同时或在违约发生前先予确定,当出现拒绝履行、迟延履行或不完全履行等违约行为时,非违约方可以按照合同对违约金的约定得到补偿。

4.违约金救济是一种违约后生效的责任承担方式。违约金条款是否适用,取决于合同当事人是否违约。当合同一方当事人违约时,违约金条款才能适用。合同当事人没有违约行为,违约金条款就不能适用。

### (二)违约金分类

1.约定违约金和法定违约金。合同双方当事人在合同中约定的违约金属于约定违约金。《民法典》第 585 条第 1 款明确规定,当事人可以约定一方违约时应当根据违约情况向对方支付一定数额的违约金,也可以约定因违约产生的损失赔偿额的计算方法。而直接由法律规定的违约金,属于法定违约金。我国《合同法》仅承认约定违约金,而没有规定法定违约金。

2.惩罚性违约金和赔偿性违约金。惩罚性违约金是由合同约定或法律规定由违约方支付一笔金钱,作为对违约行为的惩罚。而赔偿性违约金是合同双方预先估计的损害赔偿总额,违约方在承担违约金责任后,不再承担实际履行或损害赔偿等违约责任。我国合同法上的违约金究竟是何种性质,理论上一直存在着争议。本书认为,从《民法典》第585条的规定来看,违约金既有赔偿性违约金的性质,又有惩罚性违约金的性质,具体如何定性,要根据个案情况来分析:如果违约未给对方造成损害,那么此时违约金为惩罚性;如果违约给对方造成损害,那么此时违约金为赔偿性。在违约方迟延履行的情形下,若非违约方在寻求违约金的赔偿外还要求违约方实际履行合同义务的,则迟延履行违约金具有惩罚性。

3.对违约金责任的限制。对违约金的约定是合同自由的体现,但合同自由并非是绝对的、毫无限制的自由,为了维护双方利益的平衡,法律运用诚实信用原则和公平原则,对违约金责任作了必要的限制。虽然《民法典》第585条第2款规定:"约定的违约金低于造成的损失的,人民法院或者仲裁机构可以根据当事人的请求予以增加;约定的违约金过分高于造成的损失的,人民法院或者仲裁机构可以根据当事人的请求予以适当减少",但当事人不能主动调整违约金的数额。

### (三)违约金与其他责任形式的关系

1.与损害赔偿的关系。通常情况下,两者可以并用。违约金可视为约定的损害赔偿,如果违约金不足以弥补损害,那么当事人仍可以请求赔偿,这是完全赔偿原则所要求的。但违约金的适用不以损害发生为必要。

2.与实际履行的关系。通常情况下,两者可以并用。《民法典》第585条规定:"当事人就迟延履行约定违约金的,违约方支付违约金,还应当履行债务。"实际履行原则旨在实现当事人订立合同的目的,当事人不可以承担违约金来拒绝实际履行。

3.与解除合同的关系。解除合同与承担违约金责任不存在冲突,当一方已有违约行为时,即使合同被解除,也应承担违约金责任。

## 第四节　免责事由

免责事由又称免责条件,是指法律规定或者合同中约定的当事人对其不履行或者不适当履行合同的行为免于承担违约责任的条件。它通常包括不可抗力、债权人过错和免责条款。

## 一、不可抗力

### (一)不可抗力的概念和特征

不可抗力是当事人不能预见、不能避免并且不能克服的客观情况。可以说,不可抗力是当事人不可抗拒的外来力量,是不受当事人意志左右、支配的自然现象或社会现象。

不可抗力的特征有:

1.不可抗力是当事人不能预见的事件

当事人订立合同时不能预见不可抗力事件将会发生,这是构成不可抗力的主观要件。能否为当事人所预见应以合埋人的注意来衡量,即以一个处于合同当事人地位的普通的、通情达理人的预见程度来判断。只有尽到了合理的注意义务而仍不能预见,才能具备不可抗力的主观要件。如果某一客观事件的发生当事人能够预见,但由于疏忽大意或其他原因没有预见,则这一事件不能构成不可抗力。

2.不可抗力是当事人不能控制的事件

不可抗力必须是合同当事人不能避免并且不能克服的阻碍合同履行的事件,也就是说,对于某一事件是否发生、何时发生和产生怎样的后果,当事人都无法进行人为的控制,它不为当事人的意志所左右。如果当事人对于某一事件的发生能够避免或者虽然不能避免但能克服,那么就不存在履行合同的不可克服的障碍了。

3.不可抗力具有客观性、外在性

当事人可以约定不可抗力的范围,但不可抗力本身是当事人意志和行为以外的客观事件,或者说,不可抗力是独立于当事人意志和行为以外的事件。不可抗力的范围较广,包括自然灾害和社会原因引起的事件。

4.不可抗力是阻碍合同履行的客观事件

合同法理论中的不可抗力与合同履行具有密切的联系。不可抗力对合同履行的阻碍有三种情形:其一,导致合同全部不能履行;其二,导致合同部分不能履行;其三,导致合同不能如期履行。不可抗力作为一种外来事件,对合同的正常履行发生了直接的影响。

### (二)不可抗力事件的范围

构成不可抗力的事件繁多,法律不可能对不可抗力的事件一一列举。当事人可以在合同中自由订立不可抗力条款,将法律对不可抗力的规定具体化。当事人在合同中没有约定不可抗力条款的,法院可以根据事实认定是否构成不可抗力。

一般而言,不可抗力事件的范围包括自然灾害和社会事件。自然灾害比较容易判断,如火灾、水灾、旱灾、风灾、地震、风暴、强台风等等。我国学说对于哪些社会事件可以构成不可抗力并没有定论。本书认为可以构成不可抗力的社会事件包括但不以下列列举为限,在判断时可以根据不可抗力的特征作出综合判断。

1.法律的颁布和实施

通常来说,法律的制定和颁布需要经过一个相当严格的程序,无法受个别当事人的意志所支配,而且法律一旦生效之后,则具有普遍适用的效力,因此,对合同当事人来说,具有“不可克服性”和“不可避免性”。因法律的颁布和实施一般要经过较长时间的酝酿,如果当事人知道法律将颁布、实施而在合同中订立法律将要禁止的内容,有“预先规避法律”之嫌,此时对此不宜按不可抗力处理。

2.政策的贯彻和实施

政策与法律不同,具有个案性、针对性,往往根据当时的政治、经济形势颁布,对合同当事人来讲,一般是不可预见的。当政策致使合同不能履行时,应视为因不可抗力致使合同履行效力消灭。

3.罢工、骚乱的出现

罢工、骚乱属于偶发的阻碍合同履行的事项,罢工、骚乱是否能构成不可抗力,各国观点不同,大多数国家认为它们可以构成不可抗力。在法国,对此类情况的处理,大多数判例认定,当劳资争端由于政府的某个决定(如冻结工资调整的决定)而引起时,纠纷的解决显然取决于政府而非老板,因此这类罢工在合同订立时是不可预见的,在履行合同时是不可抵御的。[①] 在我国实践中很难找到罢工、骚乱构成不可抗力的情形,但理论界普遍认为它们可以构成不可抗力。

### (三)不可抗力免责的问题

根据《民法典》第590条的规定,“当事人一方因不可抗力不能履行合同的,根据不可抗力的影响,部分或者全部免除责任,但是法律另有规定的除外。因不可抗力不能履行合同的,应当及时通知对方,以减轻可能给对方造成的损失,并应当在合理期限内提供证明。当事人迟延履行后发生不可抗力的,不免除其违约责任”。不可抗力导致合同全部不能履行的,当事人可以全部免责;导致合同部分不能履行的,当事人就该部分不能履行免责;导致合同不能如期履行的,当事人就迟延免责。

主张不可抗力免责的一方当事人负有通知义务和举证责任。《民法典》通过第590条规定“因不可抗力不能履行合同的,应当及时通知对方,以减轻可能给对方造成的损失,并应当在合理期限内提供证明”,从而避免对方当事人因此遭受不必要的损失。对方当事人在接到通知后,应积极采取措施减少或避免损害。

---

① 尹田:《法国现代合同法》,法律出版社1995年版,第316页。

## 二、债权人过错

债权人过错是指债务人不履行合同或不适当履行合同可归责于债权人的原因。将债权人的过错作为免责事由体现了法律对债权人过错的谴责和非难。违约责任虽然实行严格责任，但是债权人的过错可以成为违约方全部或者部分免除责任的依据。如在约定检验期间的买卖合同中，买受人就标的物数量或者质量不符合约定的情形怠于通知出卖人，出卖人不承担违约责任。如《民法典》第823条规定："承运人应当对运输过程中旅客的伤亡承担损害赔偿责任，但伤亡是旅客自身健康原因造成的或者承运人证明伤亡是旅客故意、重大过失造成的除外。"再如，《民法典》第832条规定："承运人对运输过程中货物的毁损、灭失承担赔偿责任。但是承运人证明货物的毁损、灭失是因不可抗力、货物本身的自然性质或者合理损耗以及托运人、收货人的过错造成的，不承担赔偿责任。"该条规定列举了三种免责事由，其中包括了债权人过错这一免责事由。《民法典》第893条也规定："寄存人交付的保管物有瑕疵或者根据保管物的性质需要采取特殊保管措施的，寄存人应当将有关情况告知保管人。寄存人未告知，致使保管物受损失的，保管人不承担赔偿责任；保管人因此受损失的，除保管人知道或者应当知道并且未采取补救措施的以外，寄存人应当承担赔偿责任。"寄存人未告知的过错使保管人可以免除赔偿责任。

## 三、免责条款

免责条款是指合同当事人约定的排除或者限制其将来可能发生的违约责任的条款。一方当事人基于他方所应承担的民事责任而享有的权利属于民事权利，民法是私法，强调的是意思自治原则，民事主体可以依法放弃民事权利，免除他人的民事义务、民事责任。因此，当事人在订立合同时，可以通过协商约定具体的免责条款。当事人纵然有违约行为，但其行为属于免责条款约定的情形，则他无须承担违约责任。但是，并非任何任意约定的免责条款都受法律保护，法律亦有一定的限制性规定，如我国《民法典》规定合同中造成对方人身伤害、因故意或者重大过失造成对方财产损失的违约责任的免责条款无效，当事人对此类损害仍应当承担赔偿责任。这是法律人文主义的体现，它加强了对人身权的重视和保障，否定了恶意者对法律责任的逃脱。

## 真题链接

1.张某、方某共同出资，分别设立甲公司和丙公司。2013 年 3 月 1 日，甲公司与乙公司签订了开发某房地产项目的《合作协议一》，约定如下：“甲公司将丙公司 10%的股权转让给乙公司，乙公司在协议签订之日起三日内向甲公司支付首付款 4000 万元，尾款 1000 万元在次年 3 月 1 日之前付清。首付款用于支付丙公司从某国土部门购买 A 地块土地使用权。如协议签订之日起三个月内丙公司未能获得 A 地块土地使用权致双方合作失败，乙公司有权终止协议。”

《合作协议一》签订后，乙公司经甲公司指示向张某、方某支付了 4000 万元首付款。张某、方某配合甲公司将丙公司的 10%的股权过户给了乙公司。

2013 年 5 月 1 日，因张某、方某未将前述 4000 万元支付给丙公司致其未能向某国土部门及时付款，A 地块土地使用权被收回挂牌卖掉。

2013 年 6 月 4 日，乙公司向甲公司发函：“鉴于土地使用权已被国土部门收回，故我公司终止协议，请贵公司返还 4000 万元。”甲公司当即回函：“我公司已把股权过户到贵公司名下，贵公司无权终止协议，请贵公司依约支付 1000 万元尾款。”

2013 年 6 月 8 日，张某、方某与乙公司签订了《合作协议二》，对继续合作开发房地产项目做了新的安排，并约定：“本协议签订之日，《合作协议一》自动作废。”丁公司经甲公司指示，向乙公司送达了《承诺函》：“本公司代替甲公司承担 4000 万元的返还义务。”乙公司对此未置可否。

关于 2013 年 5 月 1 日张某、方某未将 4000 万元支付给丙公司，应承担的责任，下列表述错误的是？（2014 年）

A.向乙公司承担违约责任

B.与甲公司一起向乙公司承担连带责任

C.向丙公司承担违约责任

D.向某国土部门承担违约责任

2.顺风电器租赁公司将一台电脑出租给张某，租期为 2 年。在租赁期间内，张某谎称电脑是自己的，分别以市价与甲、乙、丙签订了三份电脑买卖合同并收取了三份价款，但张某把电脑实际交付给了乙。后乙的这台电脑被李某拾得，因暂时找不到失主，李某将电脑出租给王某获得很高收益。王某租用该电脑时出了故障，遂将电脑交给康成电脑维修公司维修。王某和李某就维修费的承担发生争执。康成公司因未收到修理费而将电脑留置，并告知王某如 7 天内不交费，将变卖电脑抵债。李某听闻后，于当日潜入康成公司偷回电脑。关于张某与甲、乙、丙的合同效力，下列选项正确的是？（2015 年）

A.张某非电脑所有权人，其出卖为无权处分，与甲、乙、丙签订的合同无效

B.张某是合法占有人，其与甲、乙、丙签订的合同有效

C.乙接受了张某的交付，取得电脑所有权

D.张某不能履行对甲、丙的合同义务，应分别承担违约责任

3.赵某从商店购买了一台甲公司生产的家用洗衣机，洗涤衣物时，该洗衣机因技术缺陷发生爆裂，叶轮飞出造成赵某严重人身损害并毁坏衣物。赵某的下列哪些诉求是正确的？（2015 年）

A.商店应承担更换洗衣机或退货、赔偿衣物损失和赔偿人身损害的违约责任

B.商店应按违约责任更换洗衣机或者退货，也可请求甲公司按侵权责任赔偿衣物损失和人身损害

C.商店或者甲公司应赔偿因洗衣机缺陷造成的损害

D.商店或者甲公司应赔偿物质损害和精神损害

# 第二分编　合同分则

# 第十一章　转移财产类合同

【引　例】

2013年2月10日，甲公司与乙公司签订一份购买1000台Ⅰ型热水器的合同，约定由乙公司于3月10日前办理托运手续，货到付款。乙公司如期办理了托运手续，但装货时多装了50台Ⅱ型热水器。甲公司于3月13日与丙公司签订合同，将处于运输途中的前述合同项下的1000台Ⅰ型热水器转卖给丙公司，约定货物质量检验期为货到后10天内。3月15日，上述货物在运输途中突遇山洪暴发，致使100台Ⅰ型热水器受损报废。3月20日货到丙公司。4月15日丙公司以部分货物质量不符合约定为由拒付货款，并要求退货。

如乙公司在办理完托运手续后即追请求甲公司付款，甲公司应否付款？为什么？

乙公司办理完托运手续后，货物的所有权归谁？为什么？

对因山洪爆发报废的100台热水器，应当由谁承担风险损失？为什么？

对于乙公司多装的50台II型热水器，应当如何处理？为什么？

甲公司能否拒付货款和要求退货？为什么？

## 第一节　买卖合同

### 一、买卖合同的概念和特征

买卖合同是指出卖人转移标的物的所有权于买受人，买受人支付价款的合同。依约定应交付标的物并转移标的物所有权的一方称为出卖人或卖方，应支付价款的一方称为买受人或买方。在我国，可以成为财产出卖人的主要有财产所有权人、财产经营权人、抵押权人、质押权人、留置权人、人民法院、行纪人等。买卖的标的物应当是法律规定可以流通的物。

买卖合同具有以下法律特征：

1.买卖合同是卖方转移标的物所有权、买方支付价款的合同。

买卖合同的出卖人负有交付标的物并转移其所有权于买受人的义务，买受人负有向出卖人支付价款的义务，这两项义务互为对价，构成买卖合同当事人所负担的主合同义务。这一特征使买卖合同区别于同属转移财产所有权但并不支付价款的赠与合同，以及转移财产使用权的合同，如租赁合同、借用合同。

2.买卖合同是诺成合同。

除法律另有规定或当事人另有约定外，买卖合同自双方当事人意思表示一致之时起成立，即双方达成协议之日起成立，并无须以一方当事人交付标的物作为合同的成立要件，因此，买卖合同为诺成合同。

3.买卖合同一般为不要式合同。

买卖合同可以采用口头形式、书面形式等多种形式，但其成立不以要式为要件。当然，在法律有明确规定或当事人明确约定的情况下，买卖合同应当采用法律规定或当事人约定的形式。

4.买卖合同是有偿、双务合同。

买卖合同是典型的有偿合同，任何一方要从对方取得物质利益，均须向对方支付相应的物质利益。同时买卖合同又是典型的双务合同，卖方负有转移买卖标的物所有权的义务，买方则负有交付价款的义务。

## 二、买卖合同的分类

### （一）一般买卖合同与特种买卖合同

依照《民法典》的规定，买卖合同可分为一般买卖合同与特种买卖合同。《民法典》第 595 条至第 633 条所规定的买卖合同即为一般买卖合同，是因当事人双方的意思表示一致而成立，出卖人负有转移标的物所有权的义务，买受人承担支付价款的义务，别无其他特殊情形。特种买卖合同是在一般买卖合同之外，在成立上，或内容上，或效力上，有其他特殊情形的买卖合同，如《民法典》第 634 条规定的分期付款买卖合同、第 635 条至第 636 条的凭样品买卖合同、第 637 条至第 640 条的试用买卖合同、第 644 条的招标投标买卖合同、第 645 条的拍卖合同以及第 647 条的互易合同。

### （二）自由买卖合同与竞争买卖合同

自由买卖合同是指双方当事人依其意思且没有第三人竞争参与缔约过程的买卖合同。一般买卖合同大都属于自由买卖合同。竞争买卖合同指有多数主体竞争参与缔约过程的买卖合同。招标投标买卖合同和拍卖合同属于此类。

(三)即时清结买卖合同与非即时清结买卖合同

即时清结买卖合同也称即时买卖合同,是指当事人双方在买卖合同成立的同时,即履行了转移标的物所有权、支付价款等全部义务。现实买卖合同即属此类。非即时清结买卖合同也称非即时买卖合同,是指当事人双方或一方,在买卖合同成立的同时,没有即时履行其全部义务,而于日后履行的买卖合同。如期货交易合同、预约买卖合同、分期付款买卖合同等属于此类。

(四)特定物买卖合同与种类物买卖合同

特定物买卖合同,是指以具体指定标的物作为买卖物的买卖合同。在此类合同中,标的物灭失构成合同的不能履行,当事人可以解除合同,而不继续履行。种类物买卖合同,是指仅以种类、品质和数量指定标的物作为买卖物的买卖合同。在此类合同中,出卖人不得以不能履行为由主张解除合同,除非所有标的物、不特定物均已灭失。

## 三、买卖合同当事人的权利义务

由于买卖合同是典型的双务有偿合同,一方当事人所负担的合同义务是对方当事人享有的合同权利,所以在论及买卖合同当事人的权利义务时,仅从当事人所负担的合同义务阐述。

(一)出卖人的义务

依照《民法典》的规定,买卖合同可分为一般买卖合同与特种买卖合同。《民法典》第595条至第633条所规定的买卖合同即为一般买卖合同,是因当事人双方的意思表示一致而成立,出卖人负有转移标的物所有权的义务,买受人承担支付价款的义务,别无其他特殊情形。

1.交付标的物的义务

在买卖合同中,出卖人应将买卖合同的标的物交付给买受人。出卖人交付标的物,在标的物有从物时,若当事人无另外的约定,应当随同交付从物。《民法典》第595条至第633条对买卖合同的卖方交付义务作了较为详细的规定。交付是指将标的物的占有转移,交付可分为现实交付和拟制交付。现实交付,是指出卖人将标的物置于买受人的实际控制之下,即转移标的物的直接占有。拟制交付又分为简易交付、占有改定、指示交付。简易交付是指买卖合同订立前,买受人已实际占有标的物的,自合同生效之时起即为交付。占有改定是指由双方当事人签订协议,使买受人取得标的物的间接占有,以代替标的物的直接占有的交付方式。指示交付是指在出卖物由第三人占有时,出卖人将对于第三人的返还请求权让与买受人,

以代替标的物的实际交付。

出卖人应当按照合同约定的标的物的品名、数量、规格、质量、地点将标的物交付给买受人，其中交付期限、交付地点、交付方式尤为重要。(1)交付期限。出卖人应当按照约定的期限交付标的物。约定交付期间的，出卖人可以在该交付期间内的任何时间交付，但应当在交付前通知买受人。出卖人提前交付标的物的，应取得买受人的同意，否则买受人有权拒收，但出卖人的提前交付不损害买受人利益的除外，因出卖人提前交付给买受人增加的费用，则应由出卖人负担。出卖人在约定的时间内未交付标的物的，则构成迟延履行，应承担相应的违约责任。当事人未约定标的物的交付期限或者约定不明确的，可以协议补充；不能达成补充协议的，按照合同有关条款或者交易习惯确定；仍不能确定的，可以随时交付，但应当给买受人必要的准备时间。(2)交付地点。出卖人应当按照约定的地点交付标的物。当事人未约定交付地点或者约定不明确，可以协议补充；不能达成补充协议的，按照合同有关条款或者交易习惯确定；仍不能确定的，适用下列规定：标的物需要运输的，出卖人应当将标的物交付给第一承运人；标的物不需要运输的，出卖人和买受人订立合同时知道标的物在某一地点的，出卖人应当在该地点交付标的物；不知道标的物在某一地点的，出卖人应当在订立合同时营业地交付标的物。(3)交付方式。如出卖人代办托运的，出卖人应以约定的运输方式和运输路线进行交付；没有约定或约定不明确的，应以有利于实现合同目的的履行原则确定交付方式。如合同约定分期交付的，出卖人应按约定的批量分批按时交付。如合同约定包装方式的，出卖人应当按照约定的包装方式交付标的物。对包装方式没有约定或者约定不明确的，可以协议补充；不能达成补充协议的，按照合同有关条款或者交易习惯确定；仍不能确定的，应当按照通用的方式包装，没有通用方式的，应当采取足以保护标的物的合理包装方式。

2.转移标的物所有权的义务

买受人进行交易的主要目的就是取得标的物的所有权，因此将标的物的所有权转移给买受人，是出卖人的另一项主要义务。标的物所有权的转移方法，依法律的规定而定。《民法典》第209条规定："不动产物权的设立、变更、转让和消灭，经依法登记，发生效力；未经登记，不发生效力，但是法律另有规定的除外。"《民法典》第224条规定："动产物权的设立和转让，自交付时发生效力，但是法律另有规定的除外。"法律规定标的物所有权的转移需办理登记、审批手续的，如船舶、航空器、车辆等特殊类型的动产以及不动产的买卖，当事人必须办理法律规定手续后才发生所有权的转移。

在当事人另有约定中，较为典型的是所有权保留制度，即当事人可以约定出卖人先行交付标的物，在买受人未履行支付价款或者其他义务之前，标的物的所有权仍归出卖人所有，以担保买受人合同义务的履行。

3.物的瑕疵担保义务

物的瑕疵担保义务是指出卖人就出卖的标的物的价值、效用、品质所存在的瑕疵对买受人所承担的一种担保责任。依据《民法典》第615条的规定,出卖人应当按照约定的质量要求交付标的物。出卖人提供有关标的物质量说明的,交付的标的物应当符合该说明的质量要求。这一义务即被称为物的瑕疵担保义务,又称为质量担保义务。实践中,在出卖人应对标的物的瑕疵负担保责任时,买受人可以根据标的物的性质以及损失的大小,合理选择请求修理、更换、减少价款或者解除合同,并可以主张损害赔偿等。

4.权利的瑕疵担保义务

权利瑕疵担保义务,是指出卖人必须承担将买卖标的物上的权利全部转移于买方的义务,即保证标的物上不存在任何第三人向买受人主张权利,《民法典》第612条对此作出了规定。如果在买卖合同订立时,买受人知道或者应当知道第三人对买卖的标的物享有权利的,则出卖人不负担该项义务。买受人有确切证据证明第三人对标的物享有权利的,可以在出卖人未提供适当担保时,行使合同履行的抗辩权,中止支付相应的价款。如果权利瑕疵业已存在且不能去除的,买受人可依债务不履行采取主张支付违约金、解除买卖合同或要求损害赔偿等救济措施。

5.交付有关单证和资料的义务

在买卖合同的履行中,出卖人交付的单证一般有两类:一类是提取标的物的单证,另一类是标的物的辅助单证和资料。这里指交付提取标的物的单证以外的单证,辅助单证和资料虽不如提取标的物的单证那样重要,但对于买卖合同的顺利履行也是必不可少的,这类单证和资料对于买受人行使对标的物的占有、使用、处分的权利有着十分重要的意义。我国《民法典》第599条明确规定,出卖人应当按照约定或者交易习惯向买受人交付提取标的物单证以外的有关单证和资料。在交易实践中,与买卖合同标的物相关的其他单证和资料主要包括保险单、保修单、普通发票、增值税专用发票、产品合格证、质量保证书、质量鉴定书、品质检验证书、产品进出口检疫书、原产地证明书、使用说明书、装箱单等。

6.特定标的物的回收义务

出卖人对特定标的物的回收义务是指,依照法律、行政法规的规定或者按照当事人的约定,标的物在有效使用年限届满后应予回收的,出卖人负有自行或者委托第三人对标的物予以回收的义务。此义务彰显了《民法典》的绿色原则,贯彻环保理念。

### (二)买受人的义务

1.支付价款的义务

按照约定的数额支付价款是买受人最重要的义务。出卖人的交货义务关系着买受人权利的实现,而买受人的付款义务则关系着出卖人权利的实现。买受人支

付价款应按照合同约定的数额、时间、地点进行。

(1)价款数额的确定。价款数额一般由单价与总价构成,总价为单价乘以标的物的数量。买受人应当按照约定的数额支付价款。对价款没有约定或约定不明确的,可以协议补充;不能达成补充协议的,按照合同有关条款或者交易习惯确定。如仍不能确定,该标的物有国家规定价格的按规定价格执行;没有国家规定价格的,按照订立合同时履行地的市场价执行。若标的物的价款执行政府定价的,在合同约定的交付期限内政府价格调整时,按照交付时的价格计价。逾期交货的,遇价格上涨时,按照原价格执行;价格下降时,按照新价格执行。逾期提货的或者逾期付款的,遇价格上涨时,按照新价格执行;价格下降时,按照原价格执行。

(2)价款的支付时间。价款的支付时间,依双方当事人约定。买受人应当按照约定的时间支付价款。对支付时间没有约定或者约定不明确的,可以协议补充;不能达成补充协议的,按照合同有关条款或者交易习惯确定。若上述方法仍无法确定的,则依照同时履行的原则,买受人应当在收到标的物或者提取标的物单证的同时支付价款。价款支付迟延时,买受人除继续支付价款外,还须支付迟延的罚息。

(3)价款的支付地点。价款的支付地点由双方当事人约定。买受人应当按照约定的地点支付价款。对支付地点没有约定或者约定不明确的,可以协议补充;不能达成补充协议的,按照合同有关条款或者交易习惯确定;仍不能确定的,买受人应当在出卖人的营业地支付,但约定支付价款以交付提取标的物的单证为条件的,在交付标的物或者交付提取标的物单证的所在地支付。

2.及时检验标的物并通知出卖人的义务

买受人对出卖人交付的标的物应当及时检验,并对发现的产品瑕疵及时告知出卖人。对于买受人的检验通知期间,需分情况区别对待。

如果当事人约定检验通知期间的,买受人应当在约定的检验期间内将标的物的数量或者质量不符合约定的情形通知出卖人。买受人怠于通知的,视为标的物的数量或者质量符合约定。但是依照《民法典》第 622 条的规定,如果约定的检验期限过短,根据标的物的性质和交易习惯,买受人在检验期限内难以完成全面检验的,该期限仅视为买受人对标的物外观瑕疵提出异议的期限。约定的检验期限或者质量保证期短于法律、行政法规规定的期限的,应当以法律、行政法规规定的期限为准。

如果当事人没有约定检验通知期间的,对于数量瑕疵和外观瑕疵,买受人应当在收货的同时检验并通知。[①] 对于隐蔽瑕疵,买受人应当在发现或者应当发现瑕疵之日起的合理期间内通知出卖人。"合理期限"由法院根据买卖合同的具体情况

① 《民法典》第 623 条规定:"当事人对检验期限未作约定,买受人签收的送货单、确认单等载明标的物数量、型号、规格的,推定买受人已经对数量和外观瑕疵进行检验,但是有相关证据足以推翻的除外。"

合理确定。[①] 同时，买受人还应当自收到标的物之日起二年内通知出卖人。但是，对标的物有质量保证期的，适用质量保证期，不适用该二年的规定。须注意的是：约定的质量保证期间短于法律、行政法规规定的质量保证期间的，以法律、行政法规规定的质量保证期间为准。

买受人违反及时检验通知义务的，如在前述检验期间、合理期间、二年期间经过后，买受人主张标的物的数量或者质量不符合约定的，人民法院不予支持，即买受人无权对出卖人主张违约责任。但是出卖人自愿承担违约责任后，不得以上述期间经过为由翻悔。

3.接受标的物的义务

《民法典》第 608 条规定："出卖人按照约定或者依据本法第六百零三条第二款第二项的规定将标的物置于交付地点，买受人违反约定没有收取的，标的物毁损、灭失的风险自违反约定之日起由买受人承担。"可见，买受人负有接受交付的标的物的义务。若出卖人不按合同约定条件交付标的物，如多交付的，买受人在接受时可以接受多交的部分，也可以拒绝接受多交的部分。买受人接受多交部分的，按照合同的价格支付价款；买受人拒绝接受多交部分的，应当及时通知出卖人。如出卖人提前交付，交付的标的物有瑕疵的，买受人有权拒绝接受，并向出卖人作出拒绝接受的意思表示。买受人对于拒绝接受的标的物，负有暂时保管的义务。

## 四、动产多重买卖所有权的转移规则

若买卖合同的标的物为动产，理论上，可将动产区分为特殊动产和普通动产，所谓特殊动产是指船舶、航空器、机动车等动产，除船舶、航空器、机动车等之外的动产即属于普通动产。当出卖人就同一标的物（即动产）进行多重买卖，各个买受人均要求转移标的物所有权时，究竟该如何处理？依照 2021 年 1 月 1 日实施的《最高人民法院关于审理买卖合同纠纷案件适用法律问题的解释》（以下简称《买卖合同解释》）第 6 条的规定，视动产的具体种类而定。

### （一）普通动产多重买卖

若标的物是普通动产，依照《买卖合同解释》第 6 条的规定，若出卖人就同一普通动产订立多重买卖合同，在买卖合同均有效的情况下，买受人均要求实际履行合

① 《买卖合同解释》第 12 条规定："人民法院具体认定民法典第六百二十一条第二款规定的'合理期限'时，应当综合当事人之间的交易性质、交易目的、交易方式、交易习惯、标的物的种类、数量、性质、安装和使用情况、瑕疵的性质、买受人应尽的合理注意义务、检验方法和难易程度、买受人或者检验人所处的具体环境、自身技能以及其他合理因素，依据诚实信用原则进行判断。民法典第六百二十一条第二款规定的'二年'是最长的合理期限。该期限为不变期间，不适用诉讼时效中止、中断或者延长的规定。"

同的，应当按照以下情形分别处理：(1)先行受领交付的买受人请求确认所有权已经转移的，人民法院应予支持；(2)均未受领交付，先行支付价款的买受人请求出卖人履行交付标的物等合同义务的，人民法院应予支持；(3)均未受领交付，也未支付价款，依法成立在先合同的买受人请求出卖人履行交付标的物等合同义务的，人民法院应予支持。

### (二)特殊动产多重买卖

若标的物是特殊动产，依照《买卖合同解释》第 7 条的规定，出卖人就同一船舶、航空器、机动车等特殊动产订立多重买卖合同，在买卖合同均有效的情况下，买受人均要求实际履行合同的，应当按照以下情形分别处理：(1)先行受领交付的买受人请求出卖人履行办理所有权转移登记手续等合同义务的，人民法院应予支持；(2)均未受领交付，先行办理所有权转移登记手续的买受人请求出卖人履行交付标的物等合同义务的，人民法院应予支持；(3)均未受领交付，也未办理所有权转移登记手续，依法成立在先合同的买受人请求出卖人履行交付标的物和办理所有权转移登记手续等合同义务的，人民法院应予支持；(4)出卖人将标的物交付给买受人之一，又为其他买受人办理所有权转移登记，已受领交付的买受人请求将标的物所有权登记在自己名下的，人民法院应予支持。

## 五、买卖合同中的保留所有权条款

### (一)保留所有权买卖的概念

在买卖合同中，当事人可以约定出卖人先行交付标的物，在买受人未履行支付价款或者其他义务之前，标的物的所有权仍归出卖人所有，以担保买受人合同义务的履行，此种买卖属于保留所有权买卖。保留所有权买卖仅适用于动产买卖，不适用于不动产买卖，因为不动产买卖仍以过户登记为所有权移转的生效要件。需要注意的是，所有权保留条款并非买卖合同的生效条件，而是所有权变动的条件。在买受人履行约定的义务之前，即所附条件成就前，买卖标的物的所有权仍归出卖人，买受人只享有期待权。

### (二)出卖人的取回权

根据《民法典》第 642 条的规定，当事人约定出卖人保留合同标的物的所有权，在标的物所有权转移前，买受人有下列情形之一，造成出卖人损害的，除当事人另有约定外，出卖人有权取回标的物：(1)未按照约定支付价款，经催告后在合理期限内仍未支付；(2)未按照约定完成特定条件；(3)将标的物出卖、出质或者作出其他不当处分。出卖人可以与买受人协商取回标的物；协商不成的，可以参照适用担保物权的实现程序。在下列两种情形下，出卖人不享有取回权：一是买受人已经支付标的物总价款的75%以上的；二是买受人实施无权处分后，受让人或第三人已经善意取得标的物所有权或者其他物权的。出卖人取回标的物的目的在于通过买受人回赎标的物，实现期待利益（如得到全部价款），因此，取回并不意味着出卖人解除了与买受人之间的买卖合同。当然，如果符合合同解除条件，出卖人享有解除权，又愿意解除合同，也可以解除该买卖合同。

### （三）买受人的回赎权

出卖人行使取回权取回买卖标的物后，买受人在回赎期内享有回赎权。回赎期由买卖双方当事人约定，不能约定的，由出卖人指定一个合理的期间。回赎的内容是：买受人消除自己的违约行为，换言之，消除出卖人取回标的物的事由。如买受人依约支付了相应的价款、完成了特定的条件、将无权处分的财产追回的，出卖人的取回权消灭，应当将标的物返还买受人。

### （四）出卖人的再次出卖权

根据《民法典》第643条的规定，买受人在回赎期限内没有回赎标的物的，出卖人可以以合理的价格将标的物出卖给第三人，出卖人出卖标的物的所得价款扣除买受人未支付的价款以及必要费用后仍有剩余的，应返还原买受人；依据《民法典》不足部分由买受人清偿。

## 六、买卖合同中标的物的风险承担与利益承受

### （一）买卖合同中标的物的风险承担

1.概念

标的物的风险负担，是指在买卖合同生效后，合同履行完毕前，标的物由于不可归责于双方当事人的事由毁损、灭失造成损失，该损失应由谁来负担的法律制度。如风险由出卖人负担，则失去了向买受人请求支付价款的权利；如风险由买受人负担，则买受人仍应向出卖人支付价款。“不可归责于”双方当事人，主要指由于不可抗力、意外事件、第三人的原因毁损、灭失。如果合同当事人对标的物毁损、灭失具有过错，应按违约责任或侵权处理，不再属于买卖合同风险负担问题。原则上，只有特定物的买卖才存在风险负担移转的问题，种类物买卖虽有风险负担问题，但不存在风险负担移转的问题。因此《买卖合同解释》第11条规定：“当事人对风险负担没有约定，标的物为种类物，出卖人未以装运单据、加盖标记、通知买受人等可识别的方式清楚地将标的物特定于买卖合同，买受人主张不负担标的物毁损、灭失的风险的，人民法院应予支持”。

2.风险负担及转移的原则规定

在标的物风险负担上大体有两种不同的观点。一种观点认为,风险随所有权的转移而转移,所有权归何方所有就由何方负担标的物灭失的风险,即所有人负担风险的原则。[①] 另一种观点主张,风险随标的物的交付而转移,交付前风险由出卖人负担,交付后风险由买受人负担,即交付转移风险的原则。[②] 我国有的学者认为,交付转移风险原则较为合理。因为标的物归谁占有,谁才有最大的便利去维护其安全和防止风险的发生。[③] 依我国《民法典》第604条的规定,买卖标的物的所有权一般自交付时起转移。标的物毁损、灭失的风险,在交付之前由出卖人负担,交付之后由买受人负担,但是,法律另有规定或者当事人另有约定的除外。

这里的另有规定或约定主要包括两种情况:一是在交付前标的物风险即由买受人负担,二是交付后的一段时间内标的物的风险仍由出卖人负担。在具体应用风险负担原则时,应注意:

(1)当事人未约定交付地点或者约定不明确的,标的物需要运输的,出卖人将标的物交付给第一承运人后,标的物毁损、灭失的风险由买受人负担。"标的物需要运输的",是指标的物由出卖人负责办理托运,承运人系独立于买卖合同当事人之外的运输业者的情形。

(2)出卖人根据合同约定将标的物运送至买受人指定地点并交付给承运人后,标的物毁损、灭失的风险由买受人负担,但当事人另有约定的除外。

(3)债务人依照法律规定提存标的物后,提存物毁损、灭失的风险由债权人承担。据此,出卖人依法提存后,风险移转由买受人承担。

(4)通过互联网等信息网络订立的电子合同的标的为交付商品并采用快递物流方式交付的,收货人的签收时间为交付时间。

3.风险负担的例外规则

(1)在途货物买卖。出卖人出卖交由承运人运输的在途标的物,除当事人另有约定外,毁损、灭失的风险自合同成立时起由买受人负担。但是,在途货物买卖中,若出卖人在合同成立时知道或者应当知道标的物已经毁损、灭失却未告知买受人,合同成立时不发生风险移转的效果。在途货物买卖的标的物系特定物,当然自合同成立时起,风险移转;在途货物买卖的标的物若为种类物,在特定化于该买卖合

---

① 《法国民法典》即采用所有人负担风险的原则。该法第1138条第2款规定:"自物件应交付之日起,即使尚未现实移交,债权人即成为所有人,并负担物件受损的风险,但如交付人迟延交付,物件受损的风险由交付人负担。"这种立法体例源于罗马法,依罗马法,自合同订立时,买受人负担风险。

② 《德国民法典》即采用交付转移风险的原则。该法第446条规定:"自交付买卖标的物之时起,意外灭失或意外毁损的危险责任转移于买受人。"

③ 孙美兰:《论国际货物买卖中货物损失风险的转移》,载梁慧星主编:《民商法论丛》(第8卷),法律出版社1997年版,第665页。

同中之前，即使合同已经成立，风险也不移转。

(2)一方违约。第一，买受人迟延受领。因买受人的原因致使标的物未按照约定的期限交付的，买受人应当自违反约定时起负担标的物毁损、灭失的风险。第二，买受人迟延提货。买卖双方当事人对交付地点没有约定或者约定不明确，标的物不需要运输的，出卖人和买受人订立合同时知道标的物在某一地点的，出卖人应当在该地点交付标的物；不知道标的物在某一地点的，应当在订立合同时出卖人的营业地交付标的物。因此，当出卖人在交付期限届至时将标的物置于该交付地点，买受人违反约定没有收取的，标的物毁损、灭失的风险自买受人违反约定之日起由买受人承担。第三，房屋买卖合同的买受人受领迟延。除非法律另有规定或者当事人另有约定，买受人接到出卖人的书面交房通知，无正当理由拒绝接收的，房屋毁损、灭失的风险自书面交房通知确定的交付使用之日起由买受人承担。第四，出卖人根本违约。出卖标的物的质量不符合要求，致使不能实现合同目的的，买受人有权拒绝接受标的物或者解除合同。如果买受人拒绝接受标的物或者解除合同的，标的物毁损、灭失的风险由出卖人承担。

### (二)买卖合同中的利益承受

利益承受是指标的物于买卖合同订立后所生的孳息的归属。标的物于合同订立后所生孳息的归属与标的物的所有权转移以及风险承担是密切相连的，遵循同一原则。因此在利益承受上，也是以交付时间作为界限，即标的物在交付之前产生的孳息，归出卖人所有，交付之后产生的孳息，归买受人所有，但当事人合同另有约定的，依其约定。

## 七、互易合同

互易合同是指当事人约定易货交易，是财产所有权的交换的合同，与买卖合同一样同属于有偿转移财产所有权类的合同。不同的是，互易合同中取得某一财产所有权的一方当事人以另一财产的所有权为对待给付，买卖合同中买方取得财产所有权是以支付金钱为代价的。所以，我国合同法规定互易合同参照买卖合同的有关规定。

## 八、特种买卖合同

### (一)分期付款买卖合同

分期付款买卖合同是指标的物交付给买受人后，买受人将其应付的总价款按照一定期限分批向出卖人支付的买卖。其基本特征在于：买受人受领标的物后分

期支付价款。依照《买卖合同解释》第27条的规定，所谓“分期付款”，是指买受人将应付的总价款在一定期限内至少分三次向出卖人支付。在分期付款买卖中，出卖人须先交付标的物，买受人于受领标的物后分若干次付款，出卖人有收不到价款的风险。为了保护出卖人的利益，当买受人未支付到期价款的金额达到全部价款的五分之一时，经催告后在合理期限内仍未支付到期价款的，出卖人可以请求买受人支付全部价款或者解除合同；损害买受人利益的，买受人也可以主张买卖合同无效。出卖人解除合同的，可以向买受人要求支付该标的物的使用费。使用费的支付，有约定的依约定，没有约定或约定不明确的，可以参照当地同类标的物租金标准。在交易实践中，当事人双方还常常出现以下特别约定：一是所有权保留条款，即在标的物分期付款买卖合同中，买受人虽先占有、使用标的物，但在双方当事人约定的特定条件成就之前，出卖人仍保留标的物所有权，待条件成就后，再将所有权转移给买受人。二是解除合同时扣留已受领价金条款。扣留已受领价金原则上不得超过标的物的使用费以及标的物的受损赔偿额。[①] 三是解除合同时损害赔偿金额条款。在解除合同时，当事人双方除了应将其从对方取得的财产返还给对方外，有过错的一方还应赔偿对方因解除合同所受的损失。

（二）样品买卖合同

样品买卖合同，又称货样买卖合同，是指当事人双方约定一定的样品，出卖人交付的标的物应与样品具有同一品质的买卖。其基本特征在于以样品来确定买卖的标的物，出卖人交付的货物必须与样品具有同一品质。其中，样品通常是由当事人选定的用以决定标的物品质的货物。

凭样品买卖的当事人应当封存样品，并可以对样品质量予以说明。出卖人交付的标的物应当与样品及其说明的质量相同。这是出卖人对标的物的质量所作的特别担保。若合同约定的样品质量与文字说明不一致，双方当事人发生纠纷又不能达成合意的，根据《买卖合同解释》第29条的规定，样品封存后外观和内在品质没有发生变化的，人民法院应当以样品为准；外观和内在品质发生变化，或者当事人对是否发生变化有争议而又无法查明的，人民法院应当以文字说明为准。此外，《民法典》第636条规定：“凭样品买卖的买受人不知道样品有隐蔽瑕疵的，即使交付的标的物与样品相同，出卖人交付的标的物的质量仍然应当符合同种物的通常标准。”可见现行法律除了“标的物与样品相同”这项特殊规则外，还确立了“通常标准”规则。因为在买卖合同中，出卖人的质量瑕疵担保责任是一项法定责任，当事

① 《买卖合同解释》第28条规定：“分期付款买卖合同约定出卖人在解除合同时可以扣留已受领价金，出卖人扣留的金额超过标的物使用费以及标的物受损赔偿额，买受人请求返还超过部分的，人民法院应予支持。当事人对标的物的使用费没有约定的，人民法院可以参照当地同类标的物的租金标准确定。”

人不能以约定来排除适用。[①]

### (三)试用买卖合同

1.试用买卖合同的概念

试用买卖合同,是指当事人双方约定,于合同成立时,出卖人将标的物交付买受人试验或检验,并以买受人在约定期限内对标的物的认可为生效条件的买卖合同。试用买卖合同的基本特征在于一是试用买卖合同约定由买受人试验或检验标的物,二是以买受人对标的物的认可为买卖合同生效的条件。在确认试用买卖合同时应特别注意双方约定的内容,若买卖合同中约定有以下情形之一的,则不应认定属于试用买卖合同:第一,约定标的物经过试用或者检验符合一定要求时,买受人应当购买标的物;第二,约定第三人经试验对标的物认可时,买受人应当购买标的物;第三,约定买受人在一定期间内可以调换标的物;第四,约定买受人在一定期间内可以退还标的物。

2.对买受人认可的确定及其法律效力

因试用买卖合同的生效是以买受人对标的物的认可为条件,因此,确定买受人的认可有着重要意义。试用买卖的当事人可以约定标的物的试用期间。[②] 买受人应在试用期内作出是否认可的意思表示。认可的方式可以是口头的,也可以是书面的,甚至可以是默示的。从《民法典》第638条的规定看,在下列情形下,买受人虽然未明确认可的表示,也视为认可:(1)试用期间届满,买受人对是否购买标的物未作表示的;(2)在试用期内买受人已经支付一部分价款的(另有约定的除外);(3)在试用期内,买受人对标的物实施了出卖、出租、设定担保物权等非试用行为的。试用期满,若买受人对标的物表示认可(包括推定认可),买卖合同即生效,双方当事人应按约定履行合同义务;若买受人拒绝认可的,该买卖合同不发生效力,买受人应返还标的物,但无须支付使用费。

### (四)招标投标买卖合同

招标投标买卖合同,是指由招标人向数人或公众发出招标通知或招标公告,在诸多投标中选择自己最满意的投标人并与之订立买卖合同的方式。招标投标买卖一般分为以下阶段:

一是招标阶段。招标是指招标人采取招标通知或招标公告的形式,向不特定的数人或公众发出的投标邀请。招标的法律性质为要约邀请,邀请投标人投标即发出要约邀请。但是,如果招标人在招标公告中已明确表示将与报价最优者订立

---

① 柳经纬:《债权法》,厦门大学出版社2005年版,第165页。

② 对试用期间没有约定或约定不明确的,可以协议补充;不能达成补充协议的,按照合同有关条款或者交易习惯确定;如仍不能确定,由出卖人确定。

合同，这一招标行为则已具备要约性质。

二是投标阶段。投标是指投标人按照招标文件的要求，在规定的期间内向招标人提出报价行为。投标的法律性质为要约。拟投标人必须在招标通知或招标公告规定的期限内，到指定地点索取招标文件，按该文件的规定和要求编制好有关文件、资料，做好参加投标的各项工作。

三是开标、定标阶段。开标是指招标人在召开的投标人会议上，当众启封标书，公开标书内容的行为。定标是招标人对有效标书进行评审，选择自己满意的投标人，决定其中标。该定标的法律性质为承诺。中标人在接到中标通知后，在约定的期间与地点同招标人签订合同书。至此，合同即告有效成立。

#### （五）拍卖合同

拍卖是指以公开竞价的方法，将标的物的所有权转移给最高应价者的一种买卖。拍卖一般分为以下阶段：

一是拍卖的表示。拍卖的表示是指拍卖人发出的对标的物进行拍卖的意思表示，它包括拍卖公告和拍卖师在拍卖开始时所作的拍卖表示。拍卖的表示在性质上属于要约邀请。

二是应买的表示。应买的表示是指参加竞买的竞买人发出的购买的意思表示。在拍卖时，是由参加购买的应买人竞争，由出价最高者购买。竞买人的应价在性质上属于要约，竞买人一经应价，不得撤回，当其他人有更高应价时，其应价即丧失效力。只有在拍卖人声明拍卖标的物无保留价时，拍卖的表示属于要约，竞买人的应价为承诺。即在无更高应价时，竞买人一经应价，买卖合同即告成立。

三是卖定的表示。《拍卖法》第 51 条规定："竞买人的最高应价经拍卖师落槌或者以其他公开表示卖定的方式确认后，拍卖成交。"因此，拍卖人关于卖定的表示应属于承诺，拍卖人作出卖定的表示，则买卖成交，竞争买卖结束。拍卖经拍板成交后，买受人和拍卖人应当签署成交确认书，签署成交确认书并不是订立合同，而是对经拍卖成立的买卖的一种确认。

## 第二节 供用电、水、气、热力合同

### 一、供用电、水、气、热力合同概述

供用电、水、气、热力合同，统称为供用合同，是指供方向用方提供电、水、气、热力，用方利用这些资源并支付报酬的合同。提供电、水、气、热力一方为供应人，利用电、水、气、热力一方为利用人。这类合同也是由一方向另一方提供商品，另一方支付价款的合同，所以也可以将其视为一种特殊的买卖合同。《民法典》合同编之

所以将其作为独立于买卖合同的一类合同加以规定，是由于这些合同具有与买卖合同不同的重要特征，表现在：

第一，公用性。供应人提供的电、水、气、热力的消费对象是一般的社会公众，而不是特殊的个人或群体。因此，供应人对于提出供应要求的利用人，负有强制缔约的义务，非有正当事由，一般不能拒绝利用人订立合同的要求。其目的在于使一切人均可以平等地享有与供应人订立合同，利用电、水、气、热力资源的权利。

第二，合同标的物的特殊性。供用电、水、气、热力合同的标的物为电、水、气、热力，这类商品不仅与人民生活息息相关，是人们日常生活和工作所必需的物质保障，还是国民经济中的重要能源。同时，这些商品是由相关单位垄断供用的，为此，为保障人们生产和生活的需要，必须对其予以特别规制。

第三，继续性。在供用电、水、气、热力合同中，由于能源的供应与使用是连续的，合同的履行方式始终处于一种持续状态，因此，这类合同为继续性合同。对于供应人一方而言，为向利用人供应资源，需要花费相当的代价铺设管道或架设电线，这显然不能只是为了一时的利用。对于利用人而言，一般也是为了长期生活的便利才利用这些管网设施提供的资源。

第四，合同终止的非溯及性。公共供用合同的标的物均为可消耗物，与其他买卖合同终止可将标的物返还不同，电、水、气、热力在一次利用之后，即不可能返还。所以，供用电、水、气、热力合同因各种原因终止之时，其效力仅能向将来发生，而无法溯及既往。

## 二、供用电合同的概念和特征

依据《民法典》第 648 条的规定，供用电合同是供电人向用电人供电，用电人支付电费的合同。同时第 656 条又规定，供用水、供用气、供用热力合同，参照适用供用电合同的有关规定。因此，下面仅对供用电合同进行阐述。

供用电合同具有以下法律特征：

1.合同一方主体的特殊性。供电人作为供用电合同的一方主体，应当是供电企业或者依法取得供电营业资格的非法人单位；其他任何单位和个人都不得作为供电人。用电方未经供电方授权，不得向其他单位或个人转供电力。

2.合同的标的物是一种无体物——电力。供用电合同实质上是一种买卖合同，它与一般买卖合同的主要区别在于：电力是一种特殊的、无形的物质，不是有形物，且具有危险性。

3.供用电合同一般按照格式条款订立。电力事业是具有社会公益性的公用事业，关系到整个社会的公共安全、经济发展，电力这种特殊商品本身又具有网络性和自然垄断性，这就使得电力企业对电能质量及电网的管理具有一定的强制标准。为保证安全用电而按照技术标准和行业规程拟定的条款，用电人仅有同意或不同

意的权利，而不能更改其内容。

4.电力的价格实行统一定价原则。电力的价格一般是由电网经营企业提出方案，报国家有关物价行政主管部门核准，国家对电价实行统一政策、统一定价，并实行分级管理。供用电双方都应遵守国家的电价制度，不得擅自提高或降低电价。

5.供用电合同为诺成、双务、有偿合同。供用电合同自双方达成协议时起生效，而不以电力的实际供应为合同的生效要件，同时按照约定和国家规定安全供电及交付电费是供用电各方的一项基本义务。

## 三、供电合同的效力

### (一)供电人的主要义务

1.按照国家规定的供电标准和合同约定安全供电的义务

依据《民法典》第651条的规定，供电人应当按照供电合同规定的供电电量、供电时间供电，并保证供电的质量符合国家规定的标准，安全供电是供电方的主要义务。供电人未按照国家规定的供电质量标准和约定安全供电，造成用电人损失的，应当承担损害赔偿责任。

2.供电人负有因故限电、停电的事先通知义务

供电人应当连续供电，不得中断。有正当理由需对用电人限电、停电的，供电人应事先通知对方。计划检修停电应当在7日前通知用电人；遇有紧急检修停电时，供电人应在6小时前通知用电人；执行电力分配机关指令的限电、停电应在24小时前通知用电人。未事先通知中断供电的，给用电人造成损失的，应当承担损害赔偿责任。

3.对事故断电的抢修义务

因不可抗力或意外事故造成供电设施毁坏，以致电力无法继续正常供应时，供电人应当按照国家有关规定及时抢修。未及时抢修，造成用电人损失的，应当承担损害赔偿责任。

4.强制缔约义务

向社会公众供电的供电人不得拒绝用电人合理的订立合同要求；《民法典》对此进行了明确规定。供电人向社会供电具有公共服务性质，有强制缔约义务。

### (二)用电人的主要义务

1.用电人有按时交付电费的义务

供电合同是有偿合同，电费是用电人取得电力的对价，是供电人出卖电力应得到的价款，因此，用电人应当按照国家有关规定和当事人的约定及时交付电费。用电人逾期不交付电费的，应当按照约定支付违约金。经供电人催告，用电人在合理

期限内仍不交付电费和违约金的，供电人可以按照国家规定的程序中止供电。在用电人补交电费及其迟延利息、支付违约金之后，供电人应恢复供电。

2.用电人有安全用电的义务

用电人能否安全用电，关系着其他用电人能否正常用电，关系到整个社会的用电安全，所以，用电人应当按照国家有关规定和当事人的约定安全用电。因特殊原因需要超负荷用电时，用电人应事先通知供电人。用电人未按照国家有关规定和当事人的约定安全用电，造成供电人损失的，应当承担损害赔偿责任。

3.用电人有正确使用供电设施的义务

保持用电设施处于安全状态，是保证用电安全的前提条件。因此，对于已经安全装设的用电线路和保险装置，用电人不得随意拆换，也不得在已检修合格的用电设施中再随意拉线，连接用电设施。用电人擅自改变供电设施的，应当恢复原状，给供电人造成损失的，应当赔偿。

此外，《民法典》第655条还规定用电人负有节约和计划用电的义务。此义务乃《民法典》新增加的内容，是绿色原则在供电合同的具体体现。

## 第三节 赠与合同

### 一、赠与合同的概念和特征

赠与合同是指当事人一方将自己所有的财产无偿转移给另一方所有，另一方表示接受的合同。其中转让财产的一方为赠与人，接受财产的一方为受赠人，此处的财产称作赠与物。

赠与合同具有以下法律特征：

#### （一）赠与合同为转移财产所有权的合同

赠与合同以赠与人将财产给予受赠人所有为内容，因此，赠与的结果发生财产所有权的转移。这是赠与合同与买卖合同、互易合同的相同之处，也是与租赁合同、借用合同的不同之处。同时，赠与是一种合同，要求双方当事人间存在合意，故赠与是双方法律行为，而非单方法律行为，在这一点上，赠与合同与遗赠显然不同，遗赠是被继承人在生前作出的将其财产在其死亡后赠与他人的单方意思表示。

#### （二）赠与合同为诺成合同

关于赠与合同是诺成合同还是实践合同，在各国立法上有不同规定，俄罗斯、东欧一些国家在民法典上一般将赠与规定为实践合同；《德国民法典》《日本民法典》则将赠与规定为诺成合同。我国学者中也曾有不同的主张，但自《合同法》开始

终将赠与合同规定为诺成合同，即自双方当事人意思表示一致时成立。同时，也规定赠与人在一定情形下享有撤销赠与的权利。

### （三）赠与合同为单务、无偿和不要式合同

在赠与合同中，仅赠与人负有给付赠与财产的义务，受赠人并无对待给付义务，受赠人取得赠与的标的物无须付任何代价，故赠与合同为单务、无偿合同。这是赠与合同与买卖合同、互易合同等的根本区别。我国《民法典》合同编未对赠与合同的形式作特别规定，因此，赠与合同为不要式合同。

### （四）赠与合同为经受赠人同意接受赠与而成立的合同

赠与属于一种施惠行为，不过为了尊重人的意愿，不得强制其接受施惠，所以赠与合同必须经受赠人同意方能成立。倘若一方当事人施惠并未经他方同意，则不成立赠与合同，可能成立其他法律关系，如债务的免除。若仅有债权人一方表示免除，而未经债务人同意的，则直接发生免除的法律效果，不构成赠与。若经过债务人同意而发生免除债务，则可以成立赠与，此时免除可视为赠与合同的履行行为。[①]

## 二、赠与合同的效力

赠与合同为单务合同，故赠与合同的效力主要是表现为赠与人所负担的合同义务。赠与人的义务主要有：

### （一）依照约定交付赠与物的义务

赠与人的主要义务就是依照合同约定的期限、地点、方式和标准将标的物交付给受赠人，并将赠与物的权利转移于受赠人。这是因为赠与合同是以使赠与财产的所有权归于受赠人为直接目的。赠与物的所有权一般经交付即转移于受赠人，但赠与的财产需要办理登记手续的，赠与物的所有权经登记方转移。

赠与合同系无偿合同，赠与人只在因故意或重大过失致使赠与的财产毁损、灭失的，赠与人才承担损害赔偿责任。

### （二）瑕疵担保义务

因赠与合同是无偿合同，原则上不要求赠与人承担赠与物的瑕疵担保义务。《民法典》第662条规定：“赠与的财产有瑕疵的，赠与人不承担责任。”但在附义务的赠与中，赠与的财产有瑕疵的，赠与人在附义务的限度内承担与出卖人相同的违

---

① 刘春堂：《民法债编各论》（上），台湾三民书局2008年版，第195页。

约责任。此外，赠与人故意不告知赠与物瑕疵或保证其无瑕疵，因此给受赠人造成损失的，应当承担损害赔偿责任。

## 三、赠与合同的终止

### （一）赠与合同的撤销

1.赠与合同的任意撤销

赠与合同的任意撤销是指在赠与财产的权利转移之前，得由赠与人依其意思任意撤销赠与。赠与人行使撤销权的时间界限是赠与合同成立之后，赠与财产权利发生转移之前。但是经过公证的赠与合同或者依法不得撤销的具有救灾、扶贫、助残等公益、道德义务性质的赠与合同，赠与人不得任意撤销。赠与合同被撤销后，赠与人当然无须交付赠与物，受赠人也无权主张赠与人承担违约责任。

2.赠与合同的法定撤销

赠与合同的法定撤销是指在具备法定事由时由享有撤销权的人撤销赠与。法定撤销与任意撤销的区别在于：法定撤销只要具备法定事由，不论何种赠与合同，也不论赠与财产的权利是否转移，撤销权人均可撤销；而任意撤销不需要有法定事由，但受到法律的限制。

根据《民法典》第663条的规定，赠与人可以撤销的法定事由主要有以下三种情形：

（1）受赠人严重侵害赠与人或者赠与人的近亲属的合法权益；

（2）受赠人对赠与人有扶养义务而不履行的；

（3）受赠人不履行赠与合同约定的义务的。

赠与人的撤销权，自知道或者应当知道撤销事由之日起一年内行使。超过这一期间，赠与人不得再行使撤销权。因受赠人的违法行为致使赠与人死亡或者丧失民事行为能力的，其继承人或法定代理人可以撤销赠与。赠与人的继承人或者法定代理人的撤销权，自知道或者应当知道撤销事由之日起六个月内行使。

### （二）赠与合同的法定解除

赠与人的经济状况显著恶化，严重影响其生产经营或者家庭生活的，可以解除赠与合同，不再履行赠与义务。赠与合同的解除，不发生溯及既往的效力，赠与人已履行的赠与，无权要求受赠人返还。

赠与人享有不再履行赠与义务的权利，学理上称为穷困抗辩权，或拒绝履行抗辩权。其构成要件有：其一，须赠与人的经济状况显著恶化。此时要求赠与人继续履行赠与义务，无疑是雪上加霜，有悖中国扶危济困的道德传统。其二，赠与人经

济状况的恶化须已严重影响其生产经营或家庭生活。只有在赠与人经济状况恶化到严重影响其生产经营或家庭生活时，才可以拒绝履行赠与义务。其三，须在赠与物财产权转移之前，发生上述情形。抗辩权是在相对人请求履行时行使，若赠与物财产权已经转移至受赠与人，表明合同履行已经完毕，已无履行请求，自然谈不上拒绝履行抗辩权的行使。

## 第四节 借款合同

### 一、借款合同的概念和特征

借款合同，是指借款人向贷款人借款，到期返还借款并支付利息的合同。其中向对方借款的一方称为借款人，出借钱款的一方称为贷款人。借款合同的标的物是金钱。借款合同依据贷款人的不同可以区分为金融机构借款合同和民间借款合同。

借款合同的法律特征主要有：

第一，借款合同的标的物是金钱。借款合同不同于传统民法中的借贷合同，借贷合同的标的为可消耗物，包括金钱和其他可消耗物。以金钱为标的的借贷合同称为借款合同，而以其他可消耗物为标的的借贷合同则称为消费借贷合同。

第二，借款合同是转移钱款所有权的合同。[①] 借款人取得钱款的占有后，并不仅仅限于拥有某一权能的行使，而是包括了占有、使用、收益和处分等权能。借款人既能使用该钱款，又可以处分该钱款。除非当事人另有约定，借款人将该钱款借给或赠与第三人，均无不可。在还款时，借款人只需归还同等数量的货币，而不必归还原货币。

借款合同与借用合同的主要区别表现在：第一，标的物不同。借款合同的标的物为金钱，而借用合同的标的物为不可消耗物。第二，所转移的权利不同。借款合同所转移的是金钱的占有、使用和处分权，而借用合同所转移的是标的物的占有和使用权。第三，是否有偿不同。借款合同通常是有偿的，而自然人之间借款合同也可以无偿，而借用合同一般是无偿的。第四，返还责任不同。借款合同返还的是等值的货币，而借用合同则需要返还借用物本身。

---

① 崔建远：《合同法》，法律出版社 2003 年版，第 362 页；柳经纬：《债权法》，厦门大学出版社 2005 年版，第 195 页。

## 二、金融机构借款合同

### (一)金融机构借款合同的概念和特征

金融机构借款合同,又称为贷款合同或信贷合同,是指办理贷款业务的金融机构作为贷款人一方,向借款人提供贷款,借款人到期返还借款并支付利息的合同。作为借款合同的一种,金融机构借款合同当然具有借款合同的一般特征。但金融机构借款合同与民间借款合同相比,又具有如下法律特征:

1.贷款人具有特定性

金融机构借款合同中的贷款人必须是经过中国人民银行及其分支机构批准,依法成立的政策性银行、商业银行、信用合作社或其他金融机构,其他单位和个人不得充当贷款人签订金融机构借款合同。民间借款合同的贷款人是非金融机构,可以是自然人、法人或其他组织。

2.合同的有偿性

金融机构发放贷款,除法律规定外,都必须收取一定的利息。贷款的利息是借款人取得和使用借款的代价。而贷款的利率由国家规定,中国人民银行统一管理。所以,金融机构借款合同为有偿合同。民间借款合同既可以是有偿合同,也可以是无偿合同。《民法典》第680条规定:“当事人对支付利息没有约定的,视为没有利息。”

3.合同的要式性

依据合同法的相关规定,金融机构借款合同应当采用书面形式,当事人未采用书面形式订立借贷合同的,当事人双方就该合同关系的存在产生争议的,推定合同关系不成立。如果一方当事人已经履行主要义务,对方接受的,则合同成立。[①] 而民间借款合同则不同,根据《民法典》第668条的规定,自然人之间的借款合同,当事人可以采用口头形式。可见,自然人之间的借款合同是不要式合同。再如,依据2020年12月29日修正、2021年1月1日实施的《最高人民法院关于审理民间借贷案件适用法律若干问题的规定》(以下简称《民间借贷司法解释》)第2条的规定,出借人向法院起诉时,可以借据、收据、欠条等债权凭证以及其他能够证明借贷法律关系存在的证据,予以证明。可见,并未要求以书面形式订立民间借款合同。

4.合同的诺成性

金融机构借款合同的成立,只要贷款人和借款人双方协商一致即可成立,无须交付标的物。贷款人交付贷款是这类合同生效之后,贷款人需要承担的合同义务,所以金融机构借款合同为诺成合同,而自然人之间的借款合同则是实践合同,该合同从贷款人提供借款时成立。

---

① 王利明、崔建远:《合同法》,北京大学出版社2004年版,第273页。

(二)金融机构借款合同的效力

金融机构借款合同的效力,是指生效的金融机构借款合同所具有的法律约束力,由于该合同是双务合同,一方当事人的权利即另一方当事人的义务,一方当事人的义务即另一方当事人的权利。

1.贷款人的主要义务

第一,按照约定的日期、数额向借款人提供贷款。贷款人最主要的义务就是按照约定的时间和数量向借款人提供贷款,未履行此项义务,造成借款人损失的,应负赔偿损失的责任。贷款人在提供贷款时,不得预扣利息。《民法典》第670条规定:“借款的利息不得预先在本金中扣除。利息预先在本金中扣除的,应当按照实际借款数额返还借款并计算利息。”贷款人预扣利息的行为是违法行为,但法律对此处理的原则是让借款人按照实际得到的借款数额承担返还本金和计算利息的责任。

第二,有检查、监督借款使用情况的义务。为了保证贷款的正常使用,促使借款人认真履行合同,贯彻国家信贷政策,维护贷款人的合法权益,金融机构应按照法律的规定通过信贷管理和结算管理,监督借款人是否按照合同约定的目的和用途使用贷款。

2.借款人的主要义务

第一,按照约定的用途使用借款。是否按约定的用途使用借款与借款人能否按期偿还借款、依约支付利息有着很直接的关系,贷款人是根据借款用途来确定借款人的偿还能力而同意贷款的,如果借款人擅自改变借款用途,可能导致当事人预期的收益变得不确定,增加了贷款人的经营风险。尤其是有些借款还是依据国家的宏观经济政策、信贷政策和产业政策发放的,如果借款人不按照约定用途使用借款,就会造成国家的政策调控失灵。因此,我国法律规定借款人须按照借款用途使用借款,不得挪作他用。借款人未按照约定的借款用途使用借款的,贷款人可以停止发放借款、提前收回借款或者解除合同。

第二,按照合同约定的期限和方式返还借款。借款人应当按照合同约定的期限和方式偿还借款。借款人未按照约定的期限返还借款的,应当按照约定或者国家有关规定支付逾期利息。但是,借款人可以在还款期限届满之前向贷款人申请展期,贷款人同意并办理了相应手续的,则应依据新确定的期限返还借款。

借款人提前偿还借款的,除非当事人另有约定,借款人有权按照实际借款的期间计算利息。合同法既考虑到借款人的利益,也兼顾到贷款人的利益,规定若提前还款损害贷款人利益的,贷款人有权拒绝借款人提前还款的要求。

第三,按照合同约定的期限支付利息。利息是金融机构借款合同作为有偿合同的最直接的表现,因此,借款人有义务按照约定的期限支付利息。双方当事人对支付利息的期限没有约定或者约定不明确的,可以协议补充,不能达成补充协议的,按照合同有关条款或者交易习惯确定。若仍不能确定的,借款期间不满一年的,应当在返还借款时一并支付;借款期间在一年以上的,应当在每届满一年时支付,剩余期间不满一年的,应当在返还借款时一并支付。借款人不按规定期限支付利息的,应负违约责任。

第四,容忍义务。根据合同约定,借款人应就借款的使用情况接受贷款人的检查和监督。为了配合贷款人的检查、监督,借款人应当定期向贷款人提供有关财务会计报表等资料。

## 三、民间借款合同

### (一)民间借贷的概念和特征

依据《民间借贷司法解释》第 1 条第 1 款的规定,民间借贷是指自然人、法人、非法人组织之间进行资金融通的行为。第 2 款规定:“经金融监管部门批准设立的从事贷款业务的金融机构及其分支机构,因发放贷款等相关金融业务引发的纠纷,不适用本规定。”据此,民间借贷的法律特征表现为:

1.民间借贷合同的主体是自然人、法人和非法人组织。凡是自然人、法人和非法人组织之间进行的借贷活动,都属于民间借贷。其中包括企业法人,以及不具有法人资格、作为其他组织出现的企业。不过,法人或非法人组织一定不属于金融机构。

2.民间借贷的性质是资金融通。民间借贷是一种资金融通行为,而不是其他民事活动。特别需要强调的是,《民间借贷司法解释》从法律上确认法人之间、非法人组织之间以及它们相互之间为生产、经营需要订立的民间借贷合同的有效性,法人、非法人组织之间的借贷行为属于民间借贷的资金融通,具有合法性,受到法律保护。

3.民间借贷的法律表现形式是民间借贷合同。民间借贷是资金融通的法律行为,其法律表现形式是民间借贷合同,民间借贷的内容是自然人与自然人、法人与法人、非法人组织与非法人组织之间,以及他们相互之间,在借贷活动中发生的权利义务关系,这是民间借贷合同的债权债务关系。

### (二)民间借款合同的生效时间

1.自然人之间借款合同的生效时间

自然人之间借款合同是实践性合同,自然人达成借款合同之时,合同尚未成立。根据《民法典》第 679 条的规定,自然人之间的借款合同,自贷款人提供借款时成立。为此结合《民间借贷司法解释》第 9 条作出了具体的解释,具言之,以现金支付的,自借款人收到借款时,借款合同成立;以银行转账、网上电子汇款等形式支付

的，自资金到达借款人账户时，借款合同成立；以票据交付的，自借款人依法取得票据权利时，借款合同成立；出借人将特定资金账户支配权授权给借款人的，自借款人取得对该账户实际支配权时，借款合同成立；出借人以与借款人约定的其他方式提供借款并实际履行完成时，借款合同成立。

2.其他民间借款合同的生效时间

首先，其他民间借款合同的效力。除自然人之间民间借款合同以外，法人之间、其他组织之间以及它们相互之间为生产、经营需要订立的民间借款合同，除存在《民法典》关于合同无效的相关规定，《民间借贷司法解释》第 13 条[①]规定的情形外，应当认定该民间借款合同为有效。法人或者非法人组织在本单位内部通过借款形式向职工筹集资金，用于本单位生产、经营，且不存在《民法典》合同无效的情形、《民间借贷司法解释》第 13 条规定的情形，应当认定该民间借款合同有效。可见，对法人、非法人组织之间的借贷仍然有所限制，主要体现在借款合同的有效要件上，既要求拆借资金的目的是生产、经营需要，而非其他目的；又要求拆借的是自有资金，以及向其他企业拆借的资金（不进行牟利）、向银行借贷的资金（不意图获取高利）；还要求不得违反法律、司法解释的强制性规定。符合上述要件要求的，合同有效，不符合上述要件要求的，合同无效。

其次，其他民间借款合同的生效时间。除自然人之间借款合同外，法人之间、非法人组织之间，以及自然人与法人、非法人组织相互之间发生的借款合同，依照《民间借贷司法解释》第 10 条的规定，除非法律、行政法规另有规定或者当事人另有约定的，为诺成性合同。即，原则上除了自然人之间的借款合同之外，法人之间、其他组织之间，以及自然人与法人、其他组织相互之间的借款合同是诺成性合同。其中例外的情形主要有：一是法律、行政法规规定为实践性合同的，应当认定为实践性合同，以贷款人提供借款的时间认定为借款合同生效时间。二是当事人另有约定，即约定为实践性合同的，也应当认定为实践性合同；或者当事人约定的是附条件或者附期限的借款合同，则应当适用附条件或者附期限的法律行为规则，确定生效时间。

### （三）民间借款合同的无效情形

民间借款合同符合《民法典》关于无效规定的情形的，应认定民间借款合同无效。此外，依照《民间借贷司法解释》第 13 条的规定，具备以下情形之一的，民间借

---

① 《民间借贷司法解释》第 13 条规定："具有下列情形之一，人民法院应当认定民间借贷合同无效：（一）套取金融机构贷款转贷的；（二）以向其他营利法人借贷、向本单位职工集资，或者以向公众非法吸收存款等方式取得的资金转贷的；（三）未依法取得放贷资格的出借人，以营利为目的向社会不特定对象提供借款的；（四）出借人事先知道或者应当知道借款人借款用于违法犯罪活动仍然提供借款的；（五）违反法律、行政法规强制性规定的；（六）违背公序良俗的。"

贷合同也应当认定无效。

第一，套取金融机构贷款转贷的。此类民间借款合同是以套取金融机构信贷资金转贷给借款人。与之前民间借贷司法解释规定不同，最新的解释不再强调是否高利转贷，以及借款人主观知情。

第二，以向其他营利法人借贷、向本单位职工集资，或者以向公众非法吸收存款等方式取得的资金转贷的。与之前民间借贷司法解释规定不同，最新的解释增加转贷资金的来源即"向公众非法吸收存款等方式取得的资金"，同时降低条件的要求，既不要求转贷的牟利性，也不要求借款人事先知情，只要是将上述来源资金转贷的民间借款合同均认定无效。

第三，未依法取得放贷资格的出借人，以营利为目的向社会不特定对象提供借款的。相较于之前的民间借贷司法解释，这是新增的无效情形，该类无效民间借款合同强调主体的不合格性，强调以营利为目的。

第四，出借人事先知道或者应当知道借款人借款用于违法犯罪活动仍然提供借款的。若出借人事先知道或者应当知道借款人的借款用途是为了违法犯罪活动，却仍然为其借款，相当于为违法犯罪活动提供资金，该民间借款合同当然属于无效合同。

第五，违反法律、行政法规强制性规定的。《民间借贷司法解释》第 13 条第 5 项实际上是对《民法典》中关于违反法律、行政法规的强制性规定的合同无效的相关规定进一步强调。

第六，违背公序良俗的。民间借款合同违背公共秩序或者善良风俗，当然属于无效的借款合同。例如通奸双方就通奸报酬达成的"借款协议"或者出具的"借据""借条"等，属于违背公序良俗的民间借款合同，当然无效。

### （四）对利率、利息等的特别规则

随着我国利率市场化改革进程的推进，以基准贷款利率的四倍作为利率保护上限的司法政策的变革势在必行。民间借贷利率上限究竟如何进行调整，采纳何种模式，固定利率上限标准如何予以确定，这一系列审判实践中的问题亟待回答。对此，《民间借贷司法解释》作出如下规范：

1.关于无利息约定与利息约定不明确

借贷双方没有约定利息，为无息借款，出借人无权主张借款人支付借期内利息。

但是，利息约定不明的，须区分自然人之间的借款合同和其他民间借款合同之间的界限。自然人之间借贷对利息约定不明，出借人主张支付利息的，人民法院不予支持。除自然人之间借贷的外，其他民间借贷双方对借贷利息约定不明，出借人主张利息的，人民法院应当结合民间借贷合同的内容，并根据当地或者当事人的交易方式、交易习惯、市场利率等因素确定利息。

2.关于最高利率限额

2015 年最高人民法院出台《关于审理民间借贷案件适用法律若干问题的规定》，对民间借贷利率作出规范，根据第 26 条规定，借贷双方约定的利率未超过年利率 24%，出借人有权请求借款人按照约定的利率支付利息，但如果借贷双方约定的利率超过年利率 36%，则超过年利率 36%部分的利息应当被认定无效，借款人有权请求出借人返还已支付的超过年利率 36%部分的利息。理论上将上述的规定形象地称为"两线三区"：两条线是 24%和 36%；三个利息债务区是合法利息之债区、自然利息之债区和违法利息之债区。即将我国民间借款合同的利息之债分为三种形态：一是合法利息之债。最高利率限额为 24%，在该限额之下（包括本数）的，为合法利息之债，依法予以保护。二是自然利息之债。超过 24%但未超过 36%利率之间的利息，为自然利息之债，债务人予以清偿的，法律不予制止，债权人请求强制履行的，法律不予支持。三是违法利息之债。超过 36%的那部分利息，即为违法利息之债，不仅不予保护，而且债务人已经实际支付了违法利息的，亦有权请求返还。

但最高院这一规定遭到了许多人的批评，认为借贷利率定为 24%过高，不符合中国的现实情况。因此，2020 年 8 月 18 日最高人民法院第一次修正《民间借贷司法解释》，根据第 26 条的规定，出借人请求借款人按照合同约定利率支付利息的，人民法院应予支持，但是双方约定的利率超过合同成立时一年期贷款市场报价利率四倍的除外。所谓的"一年期贷款市场报价利率"，是指中国人民银行授权全国银行间同业拆借中心自 2019 年 8 月 20 日起每月发布的一年期贷款市场报价利率。自此，以全国银行间同业拆借中心每月发布的一年期贷款市场报价利率的 4 倍作为上限代替了 2015 年司法解释以年利率 24%和 36%作为标准的三段论。以 2020 年 10 月 20 日发布的一年期贷款市场报价利率 3.85%的 4 倍计算为例，民间借贷利率的司法保护上限为 15.4%。上述的规定为 2020 年 12 月 29 日第二次修正的《民间借贷司法解释》第 25 条承继。

3.关于本金与利息

本金的认定，应当以借条、借据、欠条等借贷凭证载明的借款金额为准，凡是借条、借据、欠条上载明的借款金额，一般应当认定为本金数额。预先在本金中扣除利息的，人民法院应当按照实际出借的金额认定本金。

除借贷双方另有约定的外，借款人可以提前偿还借款，并按照实际借款期间计算利息。

4.关于复利

借贷双方对前期借款本息结算后将利息计入后期借款本金并重新出具债权凭证，如果前期利率没有超过合同成立时一年期贷款市场报价利率四倍，重新出具的债权凭证载明的金额可认定为后期借款本金，超过部分的利息不能计入后期借款本金。约定的利率超过一年期贷款市场报价利率四倍，当事人主张超过部分的利息不能计入后期借款本金的，人民法院应予支持。依此计算，借款人在借款期间届满后应当支付的本息之和，不能超过最初借款本金与以最初借款本金为基数，以一年期贷款市场报价利率四倍计算的整个借款期间的利息之和。出借人请求借款人支付超过部分的，人民法院不予支持。

5.关于逾期利率

对于民间借款合同的逾期利率，《民间借贷司法解释》第 28 条规定的规则是，借贷双方对逾期利率有约定的，从其约定，但以不超过合同成立时一年期贷款市场报价利率四倍为限。对于当事人未约定逾期利率或者逾期利率约定不明的民间借贷合同，人民法院可以区分以下两种情况处理：

其一，既未约定借期内的利率，也未约定逾期利率，出借人主张借款人自逾期还款之日起参照当时一年期贷款市场报价利率标准计算的利息承担逾期还款违约责任的，人民法院应予支持。

其二，约定了借期内的利率但未约定逾期利率，出借人主张借款人自逾期还款之日起按照借期内的利率支付资金占用期间利息的，人民法院应予支持。

6.关于逾期利率与违约金的竞合

依照《民间借贷司法解释》第 29 条的规定，借贷双方对逾期还款的责任，既约定了逾期利率，又约定了违约金或者其他费用，构成违约金与逾期利息的竞合，贷款人既可以选择主张逾期利息或者选择违约金或者其他费用，也可以一并主张逾期利息和违约金或者其他费用，但无论选择何种形式，均以最高利率为限，即总计不超过合同成立时一年期贷款市场报价利率四倍，超出的部分，法律不予保护。

## 第五节　租赁合同

### 一、租赁合同概述

#### （一）租赁合同的概念

租赁合同是出租人将租赁物交付承租人使用、收益，承租人支付租金并于期限届满时归还原物的合同。租赁合同中交付租赁物供对方使用、收益的一方为出租人，使用租赁物的一方为承租人。交付使用的物为租赁物，租金则为使用租赁物的代价。

#### （二）租赁合同的特征

租赁合同具有以下法律特征：

1.租赁合同的标的物只能是依法可租赁的非消耗物

租赁合同终止后，承租人必须把租赁的财产返还给出租人，这一性质决定了该

标的物只能是非消耗物。租赁物必须是特定化了的物，可以是动产，也可以是不动产。而且租赁合同的标的物应该是现行法律、行政法规规定的允许租赁的物。租赁合同的这一特征，使它与以消耗物为标的物的消费借贷合同区别开来。

2.租赁合同是转移财产使用权的合同

这是租赁合同区别于买卖等转移财产所有权合同的最根本特征。租赁合同以承租人使用、收益为直接目的，承租人仅取得租赁物的使用收益权，并不享有对租赁物的处分权。租赁期限届满，承租人需将原物归还给出租人。

3.租赁合同是诺成、双务、有偿合同

租赁合同的成立，只需出租人与承租人双方意思表示达成一致即可，不以租赁物的实际交付为合同的生效要件，故租赁合同为诺成合同。出租人承担交付租赁物供承租人使用、收益的义务，承租人取得租赁物的使用权须负担交付租金的义务，因此，租赁合同为双务、有偿合同。

4.租赁合同具有临时性

租赁合同的临时性特征是针对租赁合同的期限而言，出租人只是将其财产的使用权临时性转移给承租人，因此，租赁合同有一定期限的限制，具有临时性的特征，非永久性使用。各国和地区法律大都规定了租赁合同的最长存续期限。[①] 我国《民法典》第705条规定，租赁期限不得超过20年。超过20年的，超过部分无效。租赁合同租赁期限届满，当事人可以续订租赁合同，但是，约定的租赁期限自续订之日起不得超过20年。

### （三）租赁合同的分类

租赁合同根据不同的标准，可以作不同的分类，常见的有：

1.动产租赁合同与不动产租赁合同

以租赁合同的标的物为标准，可将租赁合同分为动产租赁合同和不动产租赁合同。以动产为标的物的租赁合同，为动产租赁合同；以不动产为标的物的租赁合同，为不动产租赁合同。动产租赁一般并无特别的程序上的要求，而不动产租赁法律上一般有特殊的要求。如登记备案等。

2.定期租赁合同与不定期租赁合同

以租赁合同是否定有期限为标准，可将租赁合同分为定期租赁合同和不定期租赁合同。定期租赁合同指双方在合同中定有明确期限的租赁。不定期租赁合同则包括当事人在合同中未约定租赁期限的租赁、约定租赁期限为6个月以上却未

---

① 例如，日本民法规定，租赁契约的存续期间不得超过20年，如果所订租赁契约比这个期间长的，要缩短为20年。意大利民法典规定，租赁不得超过30年，如果约定期间超过30年或者永久的，则将被减至30年。德国也规定30年。我国台湾地区“民法”规定，租赁契约之期限不得逾20年，逾20年者，缩短为20年。

采取书面形式的租赁以及默示更新后的租赁。[①] 不定期租赁除法律另有规定外，双方当事人均可随时终止合同，但是应当在合理期限之前通知对方。这是区分定期与不定期租赁合同的主要意义所在。

3.一般租赁合同与特殊租赁合同

以法律对租赁合同有无特别规定为标准，可将租赁合同分为一般租赁合同与特殊租赁合同。一般租赁合同指合同法上所规定的财产租赁合同；特殊租赁合同指特别法上所规定的租赁合同，如城市房地产法、海商法、民用航空器法所规定的租赁合同，包括房屋租赁合同、船舶租赁合同、航空器租赁合同等。特殊租赁合同应依特别法优于普通法的原则适用特别法，特别法无规定时，则适用普通法。

### (四)租赁合同订立的形式

租赁合同一般包括租赁合同的当事人、租赁物(名称、数量、用途等)、租赁期限、租金、租赁物维修等条款。《民法典》第 707 条规定："租赁期限六个月以上的，应当采用书面形式。当事人未采用书面形式，无法确定租赁期限的，视为不定期租赁。"可见，租赁合同是不要式合同，合同采用何种形式，可由当事人自由决定。但是，双方欲成立六个月以上的定期租赁合同，则必须采用书面形式加以订立。此外，对于特殊的租赁合同，法律规定应依法办理登记手续的，应当依法办理登记手续。

## 二、租赁合同的效力

### (一)出租人的义务

1.交付租赁物的义务

承租人承租租赁物的目的在于对租赁物的占有、使用和收益，而租赁合同是诺成合同，无须将标的物的交付作为合同的成立要件，因此为实现承租人的上述目的，出租人应按照合同约定的时间交付租赁物，此义务构成了出租人于租赁合同成立后的一项基本义务。依据《民法典》第 708 条的规定，出租人不仅应使租赁物在交付时符合约定的使用、收益状态，而且在租赁关系存续期间也应保持租赁物的这种符合约定的使用、收益的状态。

2.瑕疵担保义务

租赁合同的出租人如同买卖合同的出卖人一样，负瑕疵担保责任。出租人的

---

① 《民法典》第 734 条的规定："租赁期限届满，承租人继续使用租赁物，出租人没有提出异议的，原租赁合同继续有效，但是租赁期限为不定期。租赁期限届满，房屋承租人享有以同等条件优先承租的权利。"

瑕疵担保责任包括物的瑕疵担保责任和权利的瑕疵担保责任。

第一,物的瑕疵担保义务。

租赁物的瑕疵担保,是指出租人应担保所交付的租赁物能够为承租人依约正常使用、收益。如果出租人于交付租赁物前或交付时,使租赁物存在瑕疵的,承租人可以请求解除合同或者减少租金。如果租赁物可由出租人修理完善之后交付使用,或另换同类财产(符合租赁目的)交付使用,承租人可要求先行修理或更换租赁物。若承租人在订立合同时或租赁物交付时,明知租赁物存在瑕疵的,出租人可不负物的瑕疵担保责任。但是,若租赁物危及承租人的安全或者健康的,即使承租人订立合同时明知该租赁物质量不合格,仍然可以随时解除合同。

第二,权利的瑕疵担保义务。

权利的瑕疵担保,是指出租人应担保不因第三人对承租人主张权利而使承租人不能依约定为使用、收益。如因第三人主张权利,致使承租人不能对租赁物使用、收益的,承租人可以要求减少租金或者不支付租金。因此给承租人造成损失的,出租人还应负赔偿责任。需要注意的是,第三人主张权利须发生在租赁物交付之前,若发生在交付之后,则承租人的权利本身具有对抗第三人的效力,第三人的权利对于承租人仍为使用、收益不发生影响,故不发生出租人的担保责任问题。

第三,维修租赁物的义务。

《民法典》第712条规定:"出租人应当履行租赁物的维修义务,但是当事人另有约定的除外。"修缮既是为了保持租赁物符合使用、收益状态,又是出租人的一项权利,在出租人对租赁物进行修缮时,承租人应积极配合,不得妨碍其修缮。要使出租人负担修缮租赁物的义务,须具备下述条件:

首先,租赁物有修缮的必要。所谓租赁物有修缮的必要,是指租赁物发生毁损等情势,如不修缮则不能继续对租赁物进行使用、收益。如出租之房屋因时日长久,遇雨渗漏,承租人无法继续居住,或者出租之汽车驻车制动器损坏等。若租赁物虽有损毁但并不妨碍承租人正常使用、收益的,则租赁物无修缮的必要。

其次,租赁物有修缮的可能。所谓有修缮的可能是指损坏的租赁物在事实上能够修复,修缮成本也合理。若租赁物已经没有修缮的可能,或修缮本身耗费过大,从经济上考虑并不合算的,则无修缮的必要。如租赁物为房屋,而房屋被大火烧塌,除非重建,否则不能够继续供人居住的,即为无修缮的可能。

再次,承租人已为修缮的通知。承租人对于租赁物损坏的情况,应当及时通知出租人。现实占有租赁物并对其使用、收益的承租人,对租赁物的状态应当是最为了解的。而出租人则可能对此一无所知。因此,如租赁物损坏需要修缮而出租人又不知情时,承租人应当发出修缮的通知。

最后,当事人无另外的约定。当事人对租赁物发生损坏时的修缮问题另有约定的,应当依其约定处理。由于承租人占有租赁物,双方当事人可以约定由承租人负责租赁物的修缮工作,如此既可省去通知手续,节省时间,而且也可免去互相推诿的麻烦。

出租人负有修缮租赁物的义务时，出租人应当及时履行修缮义务，出租人不履行这一义务的，承租人可以要求其在合理期限内维修。出租人仍不履行的，承租人可以自行维修，维修费用由出租人负担。因维修租赁物影响承租人使用的，应当相应减少租金或者延长租期。但是若因承租人的过错致使租赁物需要维修的，出租人不承担维修义务。

（二）承租人的义务

1.支付租金的义务

租金是承租人取得租赁物的代价，收取租金是出租人将租赁物转移给承租人使用、收益的根本目的。支付租金也就成为承租人的一项主要义务。承租人应当依照约定的数额、期限和方式支付租金。当事人对支付期限没有约定或者约定不明确且事后又未能达成补充协议的，可依交易习惯支付；仍不能确定的，依我国《民法典》第721条规定，租赁期限不满一年的，应当在租赁期间届满时支付；租赁期限在一年以上的，应当在每届满一年时支付，剩余期限不满一年的，应当在租赁期限届满时支付。如果承租人无正当理由未支付或者延迟支付租金的，出租人可以要求承租人在合理期限内支付。此期限为宽限期，承租人逾期不支付的，出租人可以解除合同。

2.依约定方法或租赁物的性质使用租赁物的义务

承租人在占有租赁物后，应当依照约定的方法使用租赁物；对使用租赁物的方法没有约定或者约定不明确的，当事人双方应就租赁物的使用方法进行协商，协商不成的，应当按照租赁物的性质使用。确定承租人是否依约定的方法使用租赁物，是确定租赁物的损耗是否正常的标准，而损耗正常与否又直接关系着承租人的责任。如果承租人按照约定的方法或者租赁物的性质使用租赁物，租赁物损耗也是正常的，承租人不承担损害赔偿责任。如果承租人未依照约定的方法或者租赁物的性质使用租赁物，致使租赁物受到损失的，此时的损耗不属于正常损耗，出租人可以解除合同并要求赔偿损失。

3.妥善保管租赁物的义务

由于承租人在租赁期间虽对租赁物无所有权，但承租人实际占有租赁物，因此应由承租人对租赁物尽到妥善保管的义务。如果承租人保管不善，致使租赁物毁损、灭失的，应当承担损害赔偿责任。承租人未经出租人同意，不得擅自对租赁物进行改善或者增设他物，否则，出租人可以要求承租人恢复原状或赔偿损失。

4.不得随意转租或转让租赁权

(1)转租。转租是指承租人不退出租赁合同关系，而将租赁物出租给次承租人使用、收益。在转租中，次承租人与承租人之间是一种租赁关系，而承租人与出租人间的租赁关系仍然存在。转租分为合法转租与不合法转租。承租人经出租人同

意转租的，为合法转租。此时出租人和承租人的租赁关系继续有效，因次承租人的过错给租赁物造成损害的，承租人应向出租人赔偿损失。不合法转租，是指未经出租人同意所进行的转租。承租人未经出租人同意转租的，出租人有权解除合同，并得请求损害赔偿。当出租人解除租赁关系时，出租人可以直接向次承租人请求返还租赁物。若出租人不解除合同，次承租人的租赁权基于承租人的租赁权而发生和存在，在承租人有租赁权期间，次承租人对租赁物的占有和使用及收益并非不法，出租人不能依所有权直接向次承租人请求返还租赁物。

(2)租赁权的转让。租赁权的转让是指承租人将租赁权转移给第三人，承租人退出租赁关系，而租赁关系存在于受让第三人与出租人之间。可见，转租与租赁权的转让是不同的。租赁权的转让并不是仅仅为权利的转让，而是包括义务在内的一种法律地位的转让。《民法典》第555条规定："当事人一方经对方同意，可以将自己在合同中的权利和义务一并转让给第三人。"依此规定，租赁权的转让也须经出租人同意，只有经出租人同意，承租人才得以转让租赁权，此为合法转让，否则为不合法转让。在承租人不合法转让的情形下，出租人得解除合同，并得请求损害赔偿。

5.返还租赁物的义务

租赁关系终止后，承租人应当返还租赁物。返还的租赁物应当符合按照约定或者租赁物性质使用后的状态。承租人在租赁期间未经出租人同意，对租赁物进行改建、改装或者增加附着物的，于返还租赁物时，出租人有权要求予以拆除，恢复租赁物的原状。承租人的上述行为经出租人同意的，可不恢复租赁物的原状，并得向出租人请求偿还用益费用。承租人不及时返还租赁物的，应当负违约责任。

## 三、租赁合同的特殊效力

1.租赁权的物权化

随着社会经济的发展，民法学界逐渐地承认在房屋等财产的租赁关系中，租赁物所有权在租赁期间内的变动并不影响承租人的权利，原租赁合同对受让的第三人仍然有效，该第三人不得解除租赁合同。此即"买卖不破租赁"原则。这一原则突破了传统的合同相对性原则，使租赁权具有对抗第三人的效力。理论上称为"租赁权的物权化"。依照我国《民法典》第725条的规定，租赁物在承租人按照租赁合同占有期限内发生所有权变动的，承租人的租赁权可以对抗租赁物的新所有权人，承租人与出租人原来在租赁合同中所作的其他约定，租赁物的新所有权人也应一并遵循。如此规定对于保护承租人的利益，以及稳定社会关系都具有十分重要的意义。

2.房屋承租人的优先购买权

房屋承租人的优先购买权，是指当出租人出卖房屋时，承租人在同等条件下，依法享有优先于其他人购买房屋的权利。根据《民法典》第726条的规定，出租人出卖租赁房屋的，应当在出卖之前的合理期限内通知承租人，承租人享有以同等条件优先购买的权利。根据《民法典》第728条，若出租人在出卖之前不履行通知义务，致使承租人的优先购买权受到损害，承租人有权请求出租人承担赔偿责任。但是，出租人与第三人订立的房屋买卖合同的效力不受影响。

在房屋租赁合同中，承租人在租赁期间死亡的，与其生前共同居住的人或者共同经营人可以按照原租赁合同租赁该房屋，共同居住的人或者共同经营人取得了租赁权后，同样享有对该房屋的优先购买权。

## 第六节　融资租赁合同

### 一、融资租赁合同的概念和特征

融资租赁是出租人根据承租人提出的条件和要求，与供货商订立购买合同，买进承租人所需的设备，并与承租人订立租赁合同，在约定的期间内将租赁物交由承租人使用，出租人以收取租金的形式分期收回货款、利息和其他费用的合同。融资租赁与一般租赁不同，融资租赁具有融资、担保和使用功能，是一种贸易与信贷相结合、融资与融物相结合的综合性交易。融资租赁合同是指出租人根据承租人对出卖人、租赁物的选择，向出卖人购买租赁物，提供给承租人使用，承租人支付租金的合同。融资租赁合同具有以下法律特征。

#### （一）由三方当事人和两个合同构成

融资租赁合同由买卖合同（出租人与供货商签订）和租赁合同（出租人与承租人签订）构成，这两个合同互相对应、互相衔接，并互为存在的条件，两个合同的标的物是同一的。在合同的履行中，出卖人从出租人处得到货款，却直接向承租人发货，而租赁物的设备、规格、型号及交付时间均由买卖合同确定，所以买卖合同履行与否，将对租赁合同的履行产生直接影响。故买卖合同的履行是租赁合同履行的前提。在理论与实践中，均将买卖合同作为租赁合同的附件，买卖合同成为租赁合同的组成部分。

#### （二）承租人对租赁物享有使用权

融资租赁合同中租赁物的所有权在租赁期间内属于出租人，承租人以支付租金的方式取得租赁物的使用权，承租人不得擅自处分、变卖租赁物，故体现了租赁物的所有权与使用权相分离的特征。

（三）当事人的中途解除权受到严格限制

合同不得随意解除，是合同法的一般原则，但在融资租赁合同中，强调这一原则有其特殊意义。就出租人而言，其出租的租赁物是由承租人选定的，若允许承租人中途解约，出租人很难通过另行出卖或出租的方式来收回残存资金的相当金额，必将给出租人带来损失。就承租人而言，其向出租人支付的租金远比一般租赁合同的租金高得多，若允许出租人中途解约，收回租赁物，承租人欲再次购进同种租赁物是相当困难的，这对承租人是不公平的。[①] 故禁止在租赁期间届满之前解除合同，除非法律另有规定或当事人另有约定。

（四）融资租赁合同是诺成合同和要式合同

融资租赁合同的成立只需当事人达成一致的意思表示即可，交付标的物是当事人在合同成立生效后应履行的一项义务。故融资租赁合同是诺成合同。我国《民法典》第 736 条第 2 款规定："融资租赁合同应当采用书面形式。"融资租赁合同的内容一般包括租赁物的名称、数量、规格、技术、性能、检验方法，租赁期限，租金构成及其支付期限和方式、币种，租赁期间届满租赁物的归属等相关条款。因此，融资租赁合同是要式合同。

## 二、融资租赁合同与一般租赁合同的比较

融资租赁合同与一般租赁合同相比，二者有共同之处，如两者的标的物都是特定物；当事人之间转移的是财产的使用权，而不是所有权；转移财产使用权是有期限的；承租人均要支付租金等。但两者间的区别也是显著的，融资租赁合同不可能简单地划归一般租赁合同，它应该是一种新型的、独立的合同形式。[②]

第一，融资租赁合同是以融资为目的、融物为手段的合同，在承租人直接租入租赁物的同时，解决了购置租赁物所需的资金。一般租赁合同是以融物为目的。这是融资租赁合同与一般租赁合同的最本质区别。

第二，在融资租赁合同中，出租人是根据承租人的要求，从承租人选定的制造商或批发商购入承租人选择的租赁物，这一点与传统租赁合同是不同的，在一般租赁合同中，出租人出租的财产一般是根据自己的意愿拥有或购买的。

第三，在融资租赁合同中，承租人不得中途解约，租赁物因意外事故毁损灭、失的危险及维修义务由承租人承担，并且出租人享有瑕疵担保免责的权利。而一般租赁合同的情况则不同，出租人负有租赁物的瑕疵担保责任和维修义务，并负担租

---

① 俞宏雷：《论融资租赁合同的中途解除》，载《法学》1996 年第 10 期。

② 柳经纬：《债权法》，厦门大学出版社 2005 年版，第 189 页。

赁物因意外事故毁损、灭失的风险等。而承租人则在不继续使用租赁物时可以解除合同。

第四,融资租赁合同是要式合同,必须采用书面形式加以订立。而一般租赁合同是不要式合同,除非双方当事人欲订立 6 个月以上租期的定期租赁合同,法律要求须采用书面形式加以明确。

此外,融资租赁合同包含买卖合同和租赁合同,是卖方、出租人和承租人三方合同;一般租赁合同的当事人只有两个:承租人和出租人。融资租赁合同的租金是租金、融资费用以及其他费用的综合;一般租赁合同的租金是租赁物的使用费。融资租赁合同的租赁期限一般都是长期的,只稍低于设备的使用寿命(一般约占租赁物估计寿命的 75%以上)。租赁期满后,承租人有廉价购买租赁物的选择权。一般租赁合同的租赁期限则相对较短,且承租人在租赁期间届满时应返还租赁物。

## 三、融资租赁合同当事人的权利和义务

### (一)出租人的权利和义务

在融资租赁合同中,出租人的权利主要有:

1.在租赁期间,享有租赁物的所有权。根据《民法典》的规定,出租人在融资租赁期间享有租赁物的所有权,承租人在租赁期间只享有使用权和收益权。故出租人有权要求承租人保持租赁物的完整性,有权在不损害承租人利益的前提下转让租赁物或就租赁物设定抵押等。

2.收取租金的权利。按照合同的约定向承租人收取租金是出租人最主要的权利,也是出租人参与融资租赁关系收回融资成本和获取利润的唯一途径。融资租赁合同中的租金并非是承租人使用租赁物的代价,而是融资的代价。因此,只要承租人接受了出卖人交付的标的物,不论其是否使用,出租人均有权要求承租人按照约定交付租金。

3.免除相应责任的权利。出租人不应对承租人承担设备的任何责任,除非承租人由于依赖出租人的技能和判断以及出租人干预选择供应商或设备规格而受到损失。在通常情况下,作为出租人的租赁公司并不承担租赁物的瑕疵担保责任,不负担租赁物在租赁期间毁损、灭失的风险,免除其在租赁期间对租赁物的维修义务。这主要是由于租赁物是由承租人选择并由承租人直接从出卖人处取得,因选择错误而发生的责任如果由出租人来承担,未免有失公平。

4.收回租赁物的权利。在以下三种情况下,出租人有权收回租赁物:其一,在融资租赁合同期满后,如承租人没有选择留购或续租的,出租人有权收回租赁物;其二,对于融资租赁合同期满后,租赁物的归属,如果当事人没有约定或约定不明,又不能达成补充协议,也不能通过合同条款或交易习惯加以确定时,出租人可以依

法收回租赁物；其三，合同因解除而终止时，出租人也有权收回租赁物。

出租人的义务主要有以下几项：

1.购买租赁物的义务。出租人应当按照承租人对出卖人和租赁物的选择，以自己的名义与出卖人签订买卖合同而购买租赁物。这是出租人最基本的义务，也是融资租赁合同的目的得以实现的前提。出租人不履行购买租赁物的义务，应当向承租人负赔偿责任。另外，未经承租人同意，出租人不得变更与承租人有关的合同内容。

2.交付租赁物的义务。融资租赁合同是移转标的物的使用权的合同，因此，出租人在依约购得租赁物以后，必须将租赁物提供给承租人占有、使用和收益。但是，在融资租赁合同中出租人所负有的交付义务，并不是现实交付的方式，而是观念意义上的交付。因为在融资租赁中是由出卖人将租赁物现实交付给承租人，承租人只要于受领后向出租人发出已受领的通知，即视为出租人已履行其租赁物的交付义务。若出卖人交付的标的物存在瑕疵，承租人可依约定直接向出卖人主张索赔，此时，出租人有协助承租人向出卖人索赔的义务。

3.在租赁期间，确保承租人对租赁物的占有和使用的义务。承租人进行融资租赁交易的目的就在于获得租赁物的使用权，为此，出租人应当确保承租人对租赁物能够占有和使用，并排除出租人本人及他人对承租人租赁权的侵犯。无论出租人转让其合同中的权利、义务，还是将租赁物出售、抵押，都必须以保证承租人的租赁物使用权为前提。否则，给承租人的使用权造成侵害的，出租人应承担损害赔偿责任。

4.索赔、协助索赔的义务。承租人行使索赔权利的，出租人应当协助。若承租人行使索赔权利时，未及时提供必要协助，承租人有权请求出租人承担相应的责任。出租人怠于行使只能由其对出卖人行使的索赔权利，造成承租人损失的，承租人有权请求出租人承担赔偿责任。

### （二）承租人的权利和义务

在融资租赁合同中，承租人的权利主要有：

1.对租赁物和出卖人的选择权。这是融资租赁合同中承租人特有的权利。租赁物的买卖合同虽然是由出租人和出卖人签订的，但承租人是租赁物的直接占有、使用和收益者，租赁物的情况和出卖人的信誉以及其所提供的服务，关系到承租人的切身利益。由承租人依靠自身的专业知识、技能和经验选择租赁物的名称、规格、型号、性能、数量以及出卖人，更有利于实现合同的目的。

2.在租赁期间，对租赁物享有占有、使用和收益权。承租人承租设备的目的即是通过使用租赁设备而取得一定收益。所以，承租人在租赁期间，对租赁设备享有占有、完全充分的使用权以及获得因使用而产生的收益权。

3.享有对出卖人的请求权。这是融资租赁合同的又一个特征，也是承租人权利的体现。出租人通过合同，将出租人对出卖人的请求权让与承租人，承租人因此取得对出卖人的直接请求权。租赁设备如有瑕疵，或因出卖人原因迟延交付，承租人可行使买卖合同中买受人的一切权利，如对物的瑕疵担保请求权、损害赔偿请求权等。

4.租赁期间届满时，对租赁物归属的选择权。[①] 出租人和承租人可以约定租赁期间届满租赁物的归属。对租赁物的归属没有约定或约定不明确的，租赁期间届满时，承租人享有三种选择权：退租、续租、留购。其中，留购情形较为常见。实践中，由于租赁物是基于承租人的选择而购买，对出租人或第三人的意义并不大，且由于融资租赁合同租金构成的特殊性，在融资租赁合同期间届满时，出租人的投资和利润的全部或大部分已收回，租赁物经折旧后其价值已所剩无几，故此时承租人只需支付较小的代价即可取得租赁物的所有权，这对于承租人和出租人双方均有利。

5.向出卖人索赔的权利。《民法典》明确规定，出租人、出卖人、承租人可以约定，出卖人不履行买卖合同义务的，由承租人行使索赔的权利。如果出租人、出卖人、承租人三方未对索赔作出约定，结合《民法典》第 743 条的规定，出租人明知租赁物有质量瑕疵而不告知承租人，致使承租人对出卖人行使索赔权利失败的，承租人有权请求出租人承担相应的责任，可见在三方当事人未作特别约定的条件下，向出卖人索赔的权利应当归属承租人。

承租人的义务主要有：

1.对租赁物按时接受和验收的义务。在融资租赁合同中，出卖人直接向承租人交付租赁物，承租人对出卖人交付的租赁物应当进行接受，承租人无正当理由不得拒绝接受租赁物。承租人对其无故迟延受领或拒收而给出卖人造成的损失必须承担责任。承租人在接受租赁物后，应当及时对租赁物进行验收，并将验收的结果通知出租人。

2.支付租金的义务。支付租金是承租人最主要的义务，承租人应当按照合同约定的币种、数量、支付方式和时间向出租人支付租金。租金是出租人向承租人提供融资的对价，有着其特殊的构成。因此，在出租人依约购买了租赁物并交付承租人之后，承租人就应以租金的形式补偿出租人因该项融资租赁交易所投入的成本和资金，而不得以未对租赁物进行使用、收益或不继续对租赁物进行使用、收益为由主张免除该项义务。若承租人不按照约定支付租金的，经催告后在合理期限内仍不支付租金的，出租人可以要求承租人支付全部租金；也可以解除合同，收回租赁物。

3.妥善保管、使用和维修租赁物的义务。第一，承租人应妥善保管设备，负责租赁物的安全，防止租赁物毁损、灭失。因第三人的行为妨害租赁物时，得基于其占有权请求排除妨碍，或请求出租人基于其所有权排除妨碍。第二，承租人应当按照合同的约定或租赁说明书中规定的操作与使用的有关规程，以合理的方式使用

---

① 《国际融资租赁公约》第 9 条第 2 款规定："当租赁协议终止时，承租人除非行使购买权或行使凭另一租期的租赁协议而持有设备的权利，否则应以前款规定的状态把设备退还给出租人。"

设备并使之保持交付时的状态。未经出租人同意,不得移转租赁物的使用地点,不得改变租赁物的形状或装配其他附件,但合理损耗及各方商定的对设备的任何改装除外。第三,承租人还应当对租赁物负维修的责任,以维持租赁物的正常使用,维修的费用应由承租人负担。

4.返还租赁物的义务。如果承租人选择退租而放弃留购或续租的权利,在融资租赁合同期间届满时,承租人有义务将租赁物返还出租人。

### (三)出卖人的权利和义务

在融资租赁合同中,出卖人的权利主要就是向出租人收取价款。但与一般买卖合同不同,出卖人收取价款往往以履行交付出卖物的义务为前提。除当事人另有约定外,出卖人只有向承租人交付标的物并经验收后方可向出租人主张价款。

出卖人的义务主要是按照约定及时向承租人交付标的物,并对标的物的瑕疵负担保责任。当出卖人不履行合同义务时,根据出租人、出卖人、承租人间的约定,由承租人直接向出卖人主张索赔。出卖人对交付的标的物负瑕疵担保责任。

## 四、融资租赁合同的终止及后果

### (一)融资租赁合同解除的原因

融资租赁合同解除的原因包括一般原因和特殊原因。融资租赁合同可能因具备《民法典》第562条和第563条规定的一般合同解除的原因而解除。此外,"融资租赁合同"一章中也规定一般解除的原因,如第753条规定:"承租人未经出租人同意,将租赁物转让、抵押、质押、投资入股或者以其他方式处分的,出租人可以解除融资租赁合同。"如果按照这种原因解除合同的,适用《民法典》第565条至第567条规定的方式处理。此外,融资租赁合同可能因自身特殊的原因,根据《民法典》第754条的规定,融资租赁合同解除的原因主要有:

1.出租人与出卖人订立的买卖合同解除、被确认无效或者被撤销,且双方未能重新订立买卖合同的。

2.租赁物因不可归责于双方的原因意外毁损、灭失,且不能修复或者确定替代物的。

3.因出卖人的原因致使融资租赁合同的目的不能实现的。

### (二)融资租赁合同解除的法律后果

此处所指的法律后果,是指融资租赁合同以自身特殊的原因解除的法律后果。

1.融资租赁合同因买卖合同解除、被确认无效或者被撤销而解除,出卖人、租赁物系由承租人选择的,出租人有权请求承租人赔偿相应损失;但是,因出租人原因致使买卖合同解除、被确认无效或者被撤销的除外。

出租人的损失已经在买卖合同解除、被确认无效或者被撤销时获得赔偿的，承租人不再承担相应的赔偿责任。

2.融资租赁合同因租赁物交付承租人后意外毁损、灭失等不可归责于当事人的原因解除的，出租人可以请求承租人按照租赁物折旧情况给予补偿。

### （三）融资租赁合同终止后租赁物的归属

通常情况下，出租人、出卖人和承租人各自履行完毕自己应该负担的义务，租赁物的所有权应当归属承租人。但是在特殊情况下，融资租赁合同因特殊原因终止的，租赁物的归属问题应作如下处理：

1.出租人和承租人可以约定租赁期限届满租赁物的归属；对租赁物的归属没有约定或者约定不明确，依据《民法典》第510条的规定仍不能确定的，租赁物的所有权归出租人。

2.当事人约定租赁期限届满租赁物归承租人所有，承租人已经支付大部分租金，但是无力支付剩余租金，出租人因此解除合同收回租赁物，收回的租赁物的价值超过承租人欠付的租金以及其他费用的，承租人可以请求相应返还。

当事人约定租赁期限届满租赁物归出租人所有，因租赁物毁损、灭失或者附合、混合于他物致使承租人不能返还的，出租人有权请求承租人给予合理补偿。

3.当事人约定租赁期限届满，承租人仅需向出租人支付象征性价款的，视为约定的租金义务履行完毕后租赁物的所有权归承租人。

4.融资租赁合同无效，当事人就该情形下租赁物的归属有约定的，按照其约定；没有约定或者约定不明确的，租赁物应当返还出租人。但是，因承租人原因致使合同无效，出租人不请求返还或者返还后会显著降低租赁物效用的，租赁物的所有权归承租人，由承租人给予出租人合理补偿。

## 第七节 借用合同

### 一、借用合同的概念和特征

#### （一）借用合同的概念

传统的借贷合同是指当事人双方约定一方将金钱或物品转移于他方，他方在约定的期限内将同等种类、数量、品质的物返还的合同。以金钱为标的的货币借贷合同称为借款合同；以实物为标的的实物借贷合同分为使用借贷合同和消费借贷

合同，我国学者普遍将使用借贷合同称为借用合同，而仅将消费借贷合同称为借贷合同。[①] 目前我国《民法典》合同编未规定借用合同和借贷合同，仅规定了借款合同。借用合同是指出借人将某项财物无偿交给借用人使用，借用人在使用后按照约定将原财物返还给出借人的合同。借用合同的当事人是借用人和出借人，其中，交付财物由对方无偿使用的是出借人；取得借用标的物使用权的是借用人。借用合同的标的物即借用物。

### (二)借用合同的特征

1.借用合同是以使用他人财物为目的，转移的是标的物的使用权，且标的物是不可消耗的特定物。借用合同标的物的这一特性决定了借用物要被保持原状地使用，并在使用后归还。这一特征使得借用合同与消费借贷合同根本区别开来。

2.借用合同是一类无名合同。虽然借用合同在现实生活中普遍存在，是民事主体之间相互提供帮助的重要形式，但由于我国《民法典》及其他法律均没有明确规定该合同，因此借用合同属于无名合同。

3.借用合同是无偿、实践合同。借用人借用出借人的财物无论持续的时间多长，均不必支付代价。这与租赁合同的有偿性完全不同。通说认为，借用合同自出借人将财物交付借用人时成立，即借用合同表现出实践性的特征。

4.借用合同是单务、不要式合同。借用合同自成立之后，出借人无须承担任何义务，借用人在合同成立之后，承担妥善使用和到期返还标的物等义务。故借用合同是单务合同。法律对借用合同的形式没有作强制性的形式规定，借用合同双方当事人可以采用口头形式，也可以采用书面形式订立合同。故借用合同是不要式合同。

## 二、借用合同的效力

### (一)借用人的义务

借用合同生效之后，其效力主要体现为借用人的义务。

1.正当使用借用物的义务。借用人应按借用合同约定的用途或依借用物的性质所许可的方法使用借用物，这是合同法上的诚实信用原则对借用人的基本要求。

2.妥善保管和修缮借用物的义务。在借用人占有借用物的期间，借用人应像对待自己的物品一样妥善保管借用物，若因借用人保管不善导致借用物毁损、灭失的，借用人需承担损害赔偿责任。此外，借用人还负有维修借用物的义务，由于借用合同是无偿合同，因正常维护借用物所支出的费用，应由借用人承担。

① 郭明瑞、房绍坤：《新合同法原理》，中国人民大学出版社 1999 年版，第 466～467 页。

3.自己使用借用物的义务。借用人未经出借人的同意，不得将借用物出借或出租给第三人。这是基于出借人对借用人的相知与信任，借用人必须自己使用借用物。

4.返还借用物的义务。借用合同到期或没有约定期限的，借用人使用完毕后，应及时将借用物返还出借人，借用人返还的借用物应符合合同约定的或达到正常能够使用的状态。

### （二）出借人的义务

由于借用合同是单务合同，对于出借人而言，借用合同的效力表现为：出借人于约定的使用期限届满时请求借用人归还借用物的权利。借用合同是无偿合同，故出借人对出借物一般不负瑕疵担保责任。但出借人因故意或重大过失未告知借用物的瑕疵，致使借用人因此而受损害的，出借人应负担赔偿责任。[①]

## 第八节 消费借贷合同

### 一、消费借贷合同的概念和特征

消费借贷合同，是指出借人将一定量的可消耗物交给借用人使用、消费，借用人依约定期限还给出借人同数量、同品质的可消耗物的合同。消费借贷的当事人是贷与人和借用人，将可消耗物转移他方的是贷与人，取得标的物的处分权的是借用人。消费借贷与使用借贷的区别在于，前者的标的物为可消耗物，如食品等；后者的标的物为耐用品，即不可消耗物，如房屋、汽车、工具等。

消费借贷合同的法律特征可归纳为如下几个方面：

1.消费借贷合同是以对标的物的消费为目的，转移的是可消耗物的所有权。消费借贷是将借用物为消费使用，因此原物即已消灭，故需要转移标的物的所有权。使用后到期返还时，只能返还种类、品质、数量相同的物，而非原物。

2.消费借贷合同可以是有偿的，也可以是无偿的。合同双方当事人可以约定消费借贷的利息，也可以约定为无利息借贷，如果当事人对利息没有约定或约定不明确的，应视为无利息消费借贷。

3.消费借贷合同是不要式合同。消费借贷合同的形式，法律并无强制性规定，当事人可以采用口头形式，也可以采用书面形式订立合同，但当事人另有约定的除外。

---

① 柳经纬：《债权法》，厦门大学出版社 2005 年版，第 187 页。

4.消费借贷合同可以是诺成合同，也可以是实践合同；可以是单务合同，也可以是双务合同。若按约定须采用书面形式订立消费借贷合同，则该合同是诺成合同，从而表现出双务合同的特征；若采用口头形式订立消费借贷合同，则该合同是实践合同，从而表现出单务合同的特征。

## 二、消费借贷合同当事人的义务

### （一）贷与人的义务

1.有偿消费借贷合同。贷与人须承担标的物的瑕疵担保责任。因标的物有瑕疵，贷与人应负担保责任时，借用人可以终止合同或请求减少报酬。[①] 在诺成性消费借贷合同中，贷与人还须承担依约定的种类、数量、品质、期限、方式等交付标的物的义务。

2.无偿消费借贷合同。无论是诺成还是实践的消费借贷合同，贷与人均不承担标的物的瑕疵担保责任，只需依诚实信用原则如实告知标的物的实际情况。在无偿、诺成性消费借贷合同中，贷与人须承担依约定的种类、数量、品质、期限、方式等交付标的物的义务。

### （二）借用人的义务

不论消费借贷合同是有偿还是无偿合同，借用人均负返还与出借物种类、数量、品质相同之物的义务。借用人到期无法按照约定的要求返还的，经贷与人同意可以等值金钱或其他物品替代。若借用人不能依约返还出借物构成违约的，须承担违约责任。[②]

在有偿消费借贷合同中，借用人还承担支付约定利息的义务。

## 真题链接

1.甲以某商铺作抵押向乙银行借款，抵押权已登记，借款到期后甲未偿还。甲提前得知乙银行将起诉自己，在乙银行起诉前将该商铺出租给不知情的丙，预收了1年租金。半年后经乙银行请求，该商铺被法院委托拍卖，由丁竞买取得。下列哪一选项是正确的？（2017年）

A.甲与丙之间的租赁合同无效

---

① 黄立：《民法债编各论》（上），中国政法大学出版社2002年版，第368页。

② 吴合振等：《合同法理论与实践应用》，人民法院出版社1999年版，第487～488页。

B.丁有权请求丙腾退商铺,丙有权要求丁退还剩余租金

C.丁有权请求丙腾退商铺,丙无权要求丁退还剩余租金

D.丙有权要求丁继续履行租赁合同

2.甲、乙两公司约定:甲公司向乙公司支付5万元研发费用,乙公司完成某专用设备的研发生产后双方订立买卖合同,将该设备出售给甲公司,价格暂定为100万元,具体条款另行商定。乙公司完成研发生产后,却将该设备以120万元卖给丙公司,甲公司得知后提出异议。下列哪一选项是正确的?(2017年)

A.甲、乙两公司之间的协议系承揽合同

B.甲、乙两公司之间的协议系附条件的买卖合同

C.乙、丙两公司之间的买卖合同无效

D.甲公司可请求乙公司承担违约责任

3.2013年甲购买乙公司开发的商品房一套,合同约定面积为135平米。2015年交房时,住建部门的测绘报告显示,该房的实际面积为150平米。对此,下列哪一说法是正确的?(2016年)

A.房屋买卖合同存在重大误解,乙公司有权请求予以撤销

B.甲如在法定期限内起诉请求解除房屋买卖合同,法院应予支持

C.如双方同意房屋买卖合同继续履行,甲应按实际面积支付房款

D.如双方同意房屋买卖合同继续履行,甲仍按约定面积支付房款

4.居民甲将房屋出租给乙,乙经甲同意对承租房进行了装修并转租给丙。丙擅自更改房屋承重结构,导致房屋受损。对此,下列哪些选项是正确的?(2016年)

A.无论有无约定,乙均有权于租赁期满时请求甲补偿装修费用

B.甲可请求丙承担违约责任

C.甲可请求丙承担侵权责任

D.甲可请求乙承担违约责任

5.刘某欠何某100万元货款届期未还且刘某不知所踪。刘某之子小刘为替父还债,与何某签订书面房屋租赁合同,未约定租期,仅约定:“月租金1万元,用租金抵货款,如刘某出现并还清货款,本合同终止,双方再行结算。”下列哪些表述是错误的?(2014年)

A.小刘有权随时解除合同

B.何某有权随时解除合同

C.房屋租赁合同是附条件的合同

D.房屋租赁合同是附期限的合同

6.周某以6000元的价格向吴某出售一台电脑,双方约定五个月内付清货款,每月支付1200元,在全部价款付清前电脑所有权不转移。合同生效后,周某将电脑交给吴某使用。期间,电脑出现故障,吴某将电脑交周某修理,但周某修好后以

6200 元的价格将该电脑出售并交付给不知情的王某。对此，下列哪些说法是正确的？（2016 年）

A.王某可以取得该电脑所有权

B.在吴某无力支付最后一个月的价款时，周某可行使取回权

C.如吴某未支付到期货款达 1800 元，周某可要求其一次性支付剩余货款

D.如吴某未支付到期货款达 1800 元，周某可要求解除合同，并要求吴某支付一定的电脑使用费

7.2016 年 8 月 8 日，玄武公司向朱雀公司订购了一辆小型客用汽车。2016 年 8 月 28 日，玄武公司按照当地政策取得本市小客车更新指标，有效期至 2017 年 2 月 28 日。2016 年底，朱雀公司依约向玄武公司交付了该小客车，但未同时交付机动车销售统一发票、合格证等有关单证资料，致使玄武公司无法办理车辆所有权登记和牌照。关于上述购车行为，下列哪些说法是正确的？（2017 年）

A.玄武公司已取得该小客车的所有权

B.玄武公司有权要求朱雀公司交付有关单证资料

C.如朱雀公司一直拒绝交付有关单证资料，玄武公司可主张购车合同解除

D.朱雀公司未交付有关单证资料，属于从给付义务的违反，玄武公司可主张违约责任，但不得主张合同解除

8.甲融资租赁公司与乙公司签订融资租赁合同，约定乙公司向甲公司转让一套生产设备，转让价为评估机构评估的市场价 200 万元，再租给乙公司使用 2 年，乙公司向甲公司支付租金 300 万元。合同履行过程中，因乙公司拖欠租金，甲公司诉至法院。下列哪些选项是正确的？（2017 年）

A.甲公司与乙公司之间为资金拆借关系

B.甲公司与乙公司之间为融资租赁合同关系

C.甲公司与乙公司约定的年利率超过 24%的部分无效

D.甲公司已取得生产设备的所有权

9.冯某与丹桂公司订立商品房买卖合同，购买了该公司开发的住宅楼中的一套住房。合同订立后，冯某发现该房屋存在问题，要求解除合同。就冯某提出的解除合同的理由，下列哪些选项是正确的？（2017 年）

A.房屋套内建筑面积与合同约定面积误差比绝对值超过 5%的

B.商品房买卖合同订立后，丹桂公司未告知冯某又将该住宅楼整体抵押给第三人的

C.房屋交付使用后，房屋主体结构质量经核验确属不合格的

D.房屋存在质量问题，在保修期内丹桂公司拒绝修复的

10.甲公司借用乙公司的一套设备，在使用过程中不慎损坏一关键部件，于是甲公司提出买下该套设备，乙公司同意出售。双方还口头约定在甲公司支付价款前，乙公司保留该套设备的所有权。不料在支付价款前，甲公司生产车间失火，造

成包括该套设备在内的车间所有财物被烧毁。对此，下列哪些选项是正确的？（2016年）

A.乙公司已经履行了交付义务，风险责任应由甲公司负担

B.在设备被烧毁时，所有权属于乙公司，风险责任应由乙公司承担

C.设备虽然已经被烧毁，但甲公司仍然需要支付原定价款

D.双方关于该套设备所有权保留的约定应采用书面形式

# 第十二章　提供服务类合同

【引　例】

育才中学委托威龙服装厂加工500套校服，约定材料由服装厂采购，学校提供样品，取货时付款。为赶时间，威龙服装厂私自委托顺达服装厂加工100套。育才中学按时前来取货，发现顺达服装厂加工的100套校服不符合样品要求，遂拒绝付款。威龙服装厂拒绝交货。

## 第一节　承揽合同

### 一、承揽合同的概念和特征

承揽合同是承揽人按照定作人的要求完成工作，交付工作成果，定作人支付报酬的合同。其中，完成工作成果的一方称为承揽人，接受工作成果并支付工作报酬的一方，称为定作人。这里的工作成果既可以是体力劳动成果，又可以是脑力劳动成果，既可以是物，又可以是其他财产。

承揽合同是双务、有偿、诺成、不要式的合同，此外承揽合同还具有以下法律特征：

第一，承揽合同的标的是完成工作并交付工作成果。承揽合同的标的具有特定性，它是定作人要求承揽人完成并交付工作成果，同时，该工作成果又是由承揽人提供的特定的具体劳动决定。这种特定的劳动成果用来满足定作人的特殊需要，不能用其他一般财产代替。承揽合同具有完成工作的内容，但定作人的目的不是要工作过程，而是要工作的成果，这是与其他单纯提供劳务的合同的不同之处。只有在工作及其成果都符合合同的要求时，才能达到定作人的目的。

第二，承揽人独立完成工作。在承揽合同中，定作人之所以将某项工作任务交给承揽人承担，是与承揽人的技术水平、设备状况、信誉等因素分不开的，而承揽人的技术水平、设备状况、信誉等因素决定着工作成果的质量，最终决定着定作人的特殊物质利益能否得到保障的程度。因此要求承揽人以自己的设备、技术和劳力独立地为定作人完成工作任务。承揽人不经定作人同意，不得将所接受的工作任务转移给第三人，只有在定作人同意的情况下，才可将部分工作移交第三人承担。因此承揽合同的定作人一般与第三人没有关系。这一点与委托合同存在明显不同。委托合同中受托人为完成委托工作，往往需要与第三人发生联系，从而产生委托人与第三人的相关问题。引例中威龙服装厂将其承揽的主要工作未经育才中学同意，擅自交由第三人顺达服装厂完成。因此育才中学可以威龙服装厂擅自外包为由解除合同，或者根据合同支付400套校服的酬金，如不支付，威龙服装厂有权提起同时履行抗辩。《民法典》第772条规定："承揽人应当以自己的设备、技术和劳力，完成主要工作，但当事人另有约定的除外。"

第三，承揽人承担工作中的风险责任。承揽人在履行合同期间，对定作人的原材料及定作物负有管理、保护的责任，不仅要对完成工作的数量、质量、期限等负全部责任，而且要对因不可抗力或其他非因当事人双方的过错致使不能完成工作成果或工作物毁损灭失的风险承担责任。

第四，承揽人对定作物可行使留置权。依照《民法典》第783条之规定，定作人未向承揽人支付报酬或者材料费等价款的，承揽人对完成的工作成果享有留置权或者有权拒绝交付，但是当事人另有约定的除外。留置权是指权利人对合法占有的义务人之财物，在权利人的债权未获得清偿以前享有的扣留权。[①] 扣留期限届满，义务人如不履行合同义务，权利人有权依法变卖扣留财产，并从价款中优先受偿。承揽人留置定作物的这一担保方式是承揽合同的一个重要特征。在转移财产所有权的买卖合同中，卖方在交付标的物之前买方未交货款的，只可能产生履行抗辩权，而不存在留置权问题。

第五，定作人的任意变更和解除权。因为承揽合同是为定作人的特殊需要而订立的，如果定作人于合同成立之后由于各种原因需要变更或不再需要承揽人完成工作，则允许定作人中途变更或解除合同，但因变更或解除合同给承揽人造成损失的，定作人应当负赔偿责任。

## 二、承揽合同的种类

依承揽具体内容的不同，承揽合同有以下几个主要类型：

1.加工合同。加工合同是承揽人按照定作人的具体要求，使用定作人提供的原材料或半成品，加工制作出成品，定作人接受该成品并支付报酬的合同。如用定作人提供的衣料加工成服装，用定作人提供的木料加工成家具，为定作人装裱字画等。

2.定作合同。定作合同是指承揽人按照定作人的具体要求，使用自己的原材

---

① 刘景一:《合同法新论》，人民法院出版社1999年版，第715页。

料和技术制作出成品，定作人接受该成品并支付报酬的合同。如定作服装、定作家具等。定作合同与加工合同的区别在于：定作合同中原材料是由承揽人自备的，而不是由定作人提供的。

3.修理合同。修理合同是指承揽人按照定作人的要求，以自己的技术、工作修复损坏的生产工具、生活用具和设备等，定作人为此支付报酬的合同。如修理汽车、电视机、手表等。

4.复制合同。复制合同是指承揽人按照定作人的要求，制作与定作人提供的样品相同或类似的成品，定作人接受该复制成品并支付报酬的合同。如文件资料的复印，对画稿的临摹等。

5.测试合同。测试合同是指承揽人按照定作人的要求，利用自己的设备、技术等条件，对定作人指定的项目进行测试，定作人接受测试结果并支付报酬的合同。

6.检验合同。检验合同是指承揽人按照定作人的要求，利用自己的技术和仪器、设备等条件，对定作人指定的项目进行检验，定作人接受检验结果并支付报酬的合同。

此外，还存在包装、出版、印刷、设计、翻译、鉴定、测绘、广告等其他承揽合同。

## 三、承揽合同的效力

### （一）承揽人的义务

1.完成承揽工作的义务

承揽人的主要义务就是按照合同的约定，以自己的技术、设备和劳力完成所承揽的工作。当事人对于开始工作的期限有约定的按照约定，没有约定的，承揽合同成立后，承揽人一般即应着手工作，不得拖延。承揽人无正当理由未按时开始工作的，定作人可以请求其立即着手工作。

承揽合同的订立通常是建立在定作人对承揽人完成工作的条件和能力的信任基础之上的，因此，除当事人另有约定外，承揽人应当以自己的设备、技术和劳力，完成主要工作。这里的“主要工作”，是指对工作成果的质量起决定性作用的那部分工作，多数情况下是技术要求较高的部分。而“辅助工作”则是指主要工作以外的工作。在经过定作人许可的情况下，承揽人可以将其承揽的主要工作交由第三人完成；在未经定作人许可的情况下，也可以将辅助工作交由第三人完成。承揽人将其承揽的主要工作或辅助工作交由第三人完成的，都应当就该第三人完成的工作成果向定作人负责。

2.接受定作人提供材料或依约提供材料的义务

承揽工作中所需要的材料可以由定作人提供，也可以由承揽人自己准备。

依据当事人的约定由定作人提供材料的，承揽人应当及时接受定作人交付的材料，并及时对材料进行验收，如发现定作人提供的材料不符合约定的，应及时通知定作人更换或补齐或者采取其他补救措施。承揽人发现定作人提供的图纸或者技术要求不合理的，应当及时通知定作人。提供的材料符合约定的，承揽人应接受并开始工作，同时对定作人提供的材料负有妥善保管的义务。承揽人不得擅自更换定作人提供的材料，不得更换不需要修理的零部件。承揽人对定作人提供的材料必须合理使用。因承揽人的行为，导致定作人提供的材料浪费的，承揽人须负赔偿责任。

依据当事人的约定由承揽人自己提供材料的，材料要符合合同约定的质量标准。合同中对材料的质量标准没有约定的，可以按照《民法典》第 510 条以及第 511 条第 1 款的规定补充确定，仍无法确定的，可以按照定作物的性质及定作的目的来决定。定作人对承揽人选用的材料有权进行检验，如果依定作物的性质应当由定作人对材料进行检验，而定作人未在合理时期内对承揽人提供的材料进行检验的，则视为定作人对材料的质量没有异议。

3.交付工作成果的义务

承揽合同签订的目的在于定作人取得定作物的相关权利，因此，承揽人应按期将所完成的工作成果交付给定作人，并转移定作物的权利。承揽人交付工作成果应当按照合同中约定的数量、时间、方式和地点为之。交付可以采取承揽人送货、定作人自提以及委托运输部门或邮政部门代为运送等方式。工作成果的交付地点可以参照适用《民法典》合同编关于买卖合同的相关规定。[①] 但按照合同约定承揽工作的性质不需要特别交付的，例如维修房屋，则于承揽人完成工作之日即为交付之日。

定作人订立承揽合同的目的是取得工作成果的所有权，因此承揽人负有转移工作成果所有权的义务，但转移权利因材料的来源不同而不尽相同。由定作人提供材料的，材料及工作成果的所有权自始归定作人，不存在所有权的转移问题，交付仅为了转移占有；由承揽人提供材料的，材料及工作成果的所有权归承揽人，则承揽人须经交付将工作成果所有权转移给定作人；由双方当事人提供材料的，则需要依据提供的材料是否构成工作成果的主要部分进行分析，一般认为，只有在承揽人提供的材料构成工作成果的主要部分时，当事人之间方须进行所有权的转移。

4.工作成果的瑕疵担保义务

承揽人负有对工作成果的瑕疵担保义务。承揽人所完成的工作成果应符合合

---

① 《民法典》第 603 条规定：“出卖人应当按照约定的地点交付标的物。当事人没有约定交付地点或者约定不明确，依照本法第五百一十条的规定仍不能确定的，适用下列规定：（一）标的物需要运输的，出卖人应当将标的物交付给第一承运人以运交给买受人；（二）标的物不需要运输，出卖人和买受人订立合同时知道标的物在某一地点的，出卖人应当在该地点交付标的物；不知道标的物在某一地点的，应当在出卖人订立合同时的营业地交付标的物。”

同中约定的质量标准和要求。若不符合标准和要求的，或使工作成果的价值减少或不符合通常效用的，承揽人应承担瑕疵担保责任，定作人可要求承揽人承担修理、重作、减少报酬、赔偿损失等违约责任。如工作成果依其性质在短期内难以发现瑕疵，或者是工作成果存在隐蔽瑕疵的，定作人可于验收受领后的相当期限内请求承揽人承担责任。

5.接受检查监督的义务

承揽人在工作期间，定作人可以对承揽人的工作进行必要的检验和监督，承揽人不得拒绝其检验和监督。如果发现承揽人使用不合格的材料，承揽人有义务调换；如果发现定作物质量违反约定的，承揽人有义务依照定作人的要求采取补救措施。当然定作人不能因监督检查而妨碍承揽人的正常工作，若因此给承揽人造成损失的，应当承担赔偿损失的责任。

6.保密义务

定作人对承揽的工作提出保密要求的，承揽人有义务为其保密，在工作完成后，承揽人应将涉密的图纸和技术资料等一并返还定作人，不得留存，不得以任何方式泄露秘密，否则应承担违约责任。因其违反此义务给定作人造成损失的，定作人还可以向其请求损害赔偿。

### （二）定作人的义务

1.支付报酬的义务

向承揽人支付报酬是定作人最基本的义务。这里的“报酬”包括承揽人的工作报酬、承揽人提供材料时的材料费、定作人提供材料时或其迟延接受时承揽人的保管费用等。定作人应当按照约定的期限支付报酬。对支付报酬的期限没有约定或者约定不明确，依照《民法典》第510条的规定仍不能确定的，定作人应当在承揽人交付工作成果时支付；工作成果部分交付的，定作人应当相应支付。定作人迟延交付报酬的，应向承揽人支付迟延期间的利息。定作人拒不支付报酬的，除当事人另有约定外，承揽人对定作人完成的工作成果可以依法留置，或者有权拒绝交付工作成果。

2.协助义务

承揽工作需要定作人协助的，定作人有协助的义务。按照承揽合同的约定应由定作人提供材料、设计图纸、技术要求、样品、工作场所及承揽人完成工作所需的生活条件和工作环境的，定作人应当及时提供。如提供的材料有误、不符合要求，应及时更换、补齐。定作人不履行协助义务，构成违约行为的，承揽人可以确定合理期限催促其履行。如其逾期仍不履行的，承揽人有权解除合同。

3.受领工作成果的义务

定作人在受领工作成果的同时，有义务对工作成果进行验收，并接受符合合同约定的工作成果。定作人不得无故迟延受领，定作人如无正当理由受领迟延的，承揽人可请求其受领并支付相应的报酬和费用，包括违约金、保管费用等，也可以向公证机关提存工作成果。因受领迟延而发生工作成果毁损灭失的风险，应由定作人承担。

### 四、承揽合同中的风险负担

#### （一）材料的风险负担

材料的风险负担是指在承揽合同中，定作人或者承揽人所提供的材料一旦由于不可归责于双方当事人的事由毁损、灭失所造成的损失由何方负担。承揽合同中，材料毁损、灭失的风险负担原则上由材料的所有人负担，当事人另有约定的除外。即材料系由定作人提供的，发生意外灭失风险的责任由定作人承担；材料系由承揽人提供的，发生意外灭失风险的责任由承揽人承担。这一点与各国民法典的规定相一致，承揽人不承担定作人提供材料的意外风险。①

#### （二）工作成果的风险负担

工作成果的风险负担，是指承揽人已完成的工作成果一旦由于不可归责于双方当事人的事由毁损、灭失，工作成果本身所遭受的损失由何方负担。工作成果的风险负担应视工作成果是否需要实际交付而定。若工作成果须实际交付的，工作成果的风险在交付以前由承揽人承担，在交付以后由定作人承担，但因定作人的受领迟延导致工作成果未交付的，则工作成果的风险应由定作人承担。若工作成果无须实际交付的，工作完成之前发生的风险由承揽人承担，工作完成后发生的风险由定作人负担。但不管何种交付方式，若当事人对风险的承担有特别约定的，则按照合同的约定来承担风险。

## 第二节　建设工程合同

### 一、建设工程合同的概念和特征

建设工程合同，通常又称为基本建设工程合同，是指承包人进行工程建设，发包人支付价款的合同。建设工程合同依其内容不同，又分为工程勘察、设计、施工、监理合同。建设工程合同是在承揽合同的基础上发展起来的，两者具有一定的相

① 如《德国民法典》第 644 条第 1 款第 3 项规定："承揽人对定作人所供给材料的意外灭失或意外毁损，不负其责任。"

同的特征，如两者均为诺成合同、双务合同及有偿合同；都是当事人一方按照另一方的要求完成一定工作成果，并由另一方支付报酬的合同。因此，我国《民法典》第808条对建设工程合同的法律适用问题作出了规定，建设工程合同没有规定的，适用承揽合同的有关规定。但作为一种独立的合同类型，建设工程合同与承揽合同相比较仍有其特殊之处，表现在：

1.建设工程合同的标的是建设工程项目。建设工程合同的标的只能是基本建设工程而不能是其他的事物。通常是建筑物、地下设施、附属设施的建筑，以及对线路、管道、设备进行的安装建设等。正由于建设工程合同的标的是基本建设工程，而基本建设工程本身有着特殊的要求和意义，建设工程合同才成为与承揽合同不同的一类合同。

2.建设工程合同的主体应具备相应的条件。建设项目往往投资多，具有工作量大、技术复杂、综合性强等特点，因此，建设工程合同的双方当事人的主体资格是有限制的，发包人只能是经过批准建设工程的法人，承包人也只能是具有从事勘察、设计、建筑、安装资格的法人。承包人未取得建筑施工企业资质或者超越资质等级的或者没有资质的实际施工工人借用有资质的建筑施工企业名义的，其所订立的建设工程施工合同无效，2021年1月1日起施行的《最高人民法院关于审理建设工程施工合同纠纷案件适用法律问题的解释（一）》（以下简称《建设工程施工合同解释》）[①]对此做出明确规定。承揽合同的主体则没有限制，可以是公民个人，也可以是法人。故个人为建设个人住房而与其他公民或建筑队签订的合同，不属于建设工程合同，而是承揽合同。

3.建设工程合同具有较强的计划性和国家管理性。有的建设工程合同的标的物为国家的基本建设项目，由于基本建设项目本身的特殊性和在国民经济中的重要地位和作用，因此需要国家对建设项目实行计划控制。对于国家重大建设工程合同，应当按照国家规定的程序和国家批准的投资计划、可行性研究报告等文件订立。建设工程因涉及基本建设规划，承包人所完成的工作成果不仅具有不可移动性（其标的物一般为不动产），而且须长期存在并发挥效用，事关国计民生。因此，国家实行严格的监督和管理。对于承揽合同国家一般不予特殊的监督和管理。

4.建设工程合同的要式性和程序性。建设工程合同应当采用书面形式。这是国家对基本建设进行监督管理的需要，也是由建设工程合同履行的特点所决定的。因此，建设工程合同是要式性合同。建设工程合同应按照国家规定的程序进行，未

---

① 《建设工程施工合同解释》第1条规定："建设工程施工合同具有下列情形之一的，应当依据民法典第一百五十三条第一款的规定，认定无效：（一）承包人未取得建筑业企业资质或者超越资质等级的；（二）没有资质的实际施工人借用有资质的建筑施工企业名义的；（三）建设工程必须进行招标而未招标或者中标无效的。承包人因转包、违法分包建设工程与他人签订的建设工程施工合同，应当依据民法典第一百五十三条第一款及第七百九十一条第二款、第三款的规定，认定无效。"

经立项,没有计划任务书,则不能签订勘察设计合同;没有完成勘察设计工作也不能签订施工合同。总之各阶段的工作之间有一定的严密程序。而承揽合同是不要式合同,且并未对其程序作出特别的要求。

## 二、建设工程合同的订立

### (一)建设工程合同订立的方式

建设工程合同的订立,可以采取协议的方式,也可以采用招标投标方式。建设工程采用招标投标,有利于缩短工期,节省投资,有利于施工企业改进经营管理和确保工程质量,有利于建筑市场合理有序的竞争局面的形成和培育,有利于减少和防止国有资产的流失,故建设工程合同一般采用招标投标方式订立。[①] 法律规定必须采用招标投标方式订立建设工程合同的,任何单位和个人不得将此类项目化整为零或者以其他任何方式规避招标。建设工程必须进行招标而未招标或者中标无效的,建设工程施工合同无效。依据《民法典》合同编和《招标投标法》的规定,招标投标活动应当遵循公开、公平、公正和诚实信用的原则。

建设工程合同主要采取两种形式:(1)建设工程总承包合同。建设工程总承包合同是指发包方与承包方就整个建设工程从勘察、设计到施工签订总承包协议,由承包方对整个建设工程负责。(2)建设工程分别承包合同。建设工程分别承包合同是指由发包方分别与勘察人、设计人、施工人签订勘察、设计、施工合同,各承包方分别对建设工程的勘察、设计、建筑、安装阶段的质量、工期、工程造价等负责。发包人不得将应当由一个承包人完成的建设工程支解成若干部分发包给数个承包人,以保证工程的建设质量。

### (二)建设工程合同的主要内容

1.勘察、设计合同的主要内容

勘察、设计合同是勘察合同和设计合同的统称,系指工程的发包人或承包人与勘察人、设计人之间订立的,由勘察人、设计人完成一定的勘察、设计工作,发包人或承包人支付相应价款的合同。根据《民法典》第794条的规定,勘察、设计合同的内容大致包括:

---

① 《招标投标法》第3条规定:“在中华人民共和国境内进行下列工程建设项目包括项目的勘察、设计、施工、监理以及与工程建设有关的重要设备、材料等的采购,必须进行招标:(一)大型基础设施、公用事业等关系社会公共利益、公众安全的项目;(二)全部或者部分使用国有资金投资或者国家融资的项目;(三)使用国际组织或者外国政府贷款、援助资金的项目。前款所列项目的具体范围和规模标准,由国务院发展计划部门会同国务院有关部门制订,报国务院批准。法律或者国务院对必须进行招标的其他项目的范围有规定的,依照其规定。”

(1)建设工程名称、规模、投资额、建设地点。

(2)勘察人的勘察范围、进度、质量,设计人的设计要求、进度、质量、设计文件份数。

(3)勘察费、设计费的支付。

(4)建设单位提供基础资料的内容、技术要求及期限。

(5)双方相互协作条款。

2.建设施工合同的主要内容

建设施工合同是指发包人(建设单位)和承包人(施工单位)为完成商定的建筑施工工程,明确相互权利义务关系的协议。根据《民法典》第795条的规定,建设施工合同的内容大致包括:

(1)工程名称、地点。

(2)工程范围的内容。

(3)设计文件、技术资料等的提供。

(4)材料和设备的供应和进场期限。

(5)建设工期、中间交工工程的开工和竣工时间。

(6)工程造价、拨款和结算时间。

(7)工程质量要求及交工验收的办法。

(8)工程质量保修范围和质量保证期。

(9)双方相互协作条款。

3.建设工程监理合同的主要内容

建设工程监理制度开始于1988年,是我国保证工程质量的一项重要制度。建设工程监理,有利于保证工程质量、工期和成本的控制,实现建设速度与效益并举。目前,我国的建设工程监理包括政府监理、社会监理和建设单位自行监理三类。政府监理是指政府建设主管部门对建设单位的建设行为实行的强制性监理和对社会监理单位实行的监督管理,政府机构的监理行为是其履行职责的表现。社会监理是指社会监理单位(如工程建设监理公司或工程建设监理事务所)接受建设单位的委托,对工程建设实施的监理,社会监理的运用最为普遍。建设单位自行监理是指建设单位委派本单位和工作人员对工程建设亲自监督检查,建设单位自行监理是尽自身管理义务的表现。政府监理和建设单位自行监理均无须进一步采用合同形式予以约定。故建设工程监理合同主要是针对社会监理而言。

我国《民法典》第796条规定,建设工程实行监理的,发包人应当与监理人采用书面形式订立委托监理合同。发包人与监理人的权利和义务以及法律责任,应当依照本法委托合同以及其他有关法律、行政法规的规定。建设工程监理合同的内容大致包括:(1)工程名称。即发包人委托监理单位实施监理的工程的名称。(2)工程地点。即所监理的工程所在的具体位置、地点。(3)监理职责。即监理单位应对发包人承担的义务。(4)监理费用及其支付方式。监理合同双方应明确约定监理单位取得监理酬金的数额、时间、方式等。

### (三)建设工程合同的分包

建设工程合同的分包是指总承包人或者勘察、设计、施工承包人经发包人同意,将自己承包的部分工作交由第三人完成的行为。在建设工程合同分包中,分包人就其完成的工作成果与总承包人或者勘察、设计、施工承包人向发包人承担连带责任。在分包的过程中,还需注意:

(1)禁止承包人将工程分包给不具备相应资质条件的单位。

(2)禁止分包单位将其承包的工程再分包。

(3)禁止承包人将建设工程主体结构的施工任务分包。

转包与分包不同,转包是指承包人在承包工程后,又将其承包的工程建设任务转让给第三人,转让人退出承包关系,受让人成为承包合同的另一方当事人的行为。实践中,常见的转包行为有两种形式:一种是承包单位将其承包的全部建设工程转包给别人,另一种是承包单位将其承包的全部建设工程支解以后以分包的名义分别转包给他人即变相的转包。由于转包容易使不具有相应资质的承包者进行工程建设,以致造成工程质量低下、建设市场混乱,所以我国法律、行政法规均作了禁止转包的规定。不论何种形式,都是法律所不允许的,即承包人转包工程的行为无效。①

## 三、建设工程合同的效力

### (一)工程勘察、设计合同的效力

1.发包人的主要义务

第一,按照约定向承包人提供开展勘察、设计所需的基础资料、技术要求,并对提供的时间、进度和资料的可靠性负责。逾期不提供相关资料或提供的资料有误,致使勘察人、设计人不能按照约定完成工作的,勘察人、设计人不承担责任。

第二,按照约定和国家规定向勘察人、设计人支付勘察费、设计费。发包人未按合同约定的方式、标准、期限支付勘察费、设计费的,应当承担迟延付款的违约责任。

第三,按照约定提供必要的协作条件。勘察人和设计人进入现场作业或配合施工时,发包人应协助其工作并负责提供必要的工作条件和生活条件。

---

① 根据《建设工程施工合同解释》第1条第2款的规定,承包人因转包、违法分包建设工程与他人签订的建设工程施工合同,应当依据民法典第一百五十三条第一款及第七百九十一条第二款、第三款的规定,认定无效。

第四，维护勘察成果、设计文件。勘察成果和设计文件是工程项目建设的重要依据，发包人不得擅自修改。同时勘察成果和设计文件凝聚了勘察人和设计人的智慧创作，未经勘察人、设计人的同意不得擅自将勘察成果、设计文件转让给第三人使用，否则，构成对勘察人、设计人权利的侵犯。

2.勘察人、设计人的主要义务

第一，按照约定按期完成勘察、设计工作并向发包人提交勘察成果、设计文件。勘察人应当按国家规定和合同约定的标准、规范和技术条例，进行工程测量、工程地质和水文地质等勘察工作，并按照约定的进度和质量提交勘察成果。设计人应当按照批准的设计任务书或上一阶段设计的批准文件、有关设计技术协议文件、设计标准、设计规范、规程、定额等进行设计工作，并按约定的进度和质量完成设计任务。

第二，保证勘察成果、设计文件的质量。勘察人、设计人对其完成和交付的勘察成果、设计文件应负瑕疵担保责任。勘察设计的质量不符合要求，包括勘察设计的质量没有达到合同的要求或者勘察设计的质量不符合法律、法规的强行性标准，给发包人造成损失的，由勘察人、设计人继续完善勘察、设计；减收或者免收应得的勘察、设计费并赔偿损失。

第三，按照约定提供协助的义务。设计人对其所承担设计任务的建设项目应配合施工单位，进行设计交底，解决施工过程中有关设计的问题，负责设计变更和修改预算，参加试车考核及工程竣工验收等。

### （二）工程施工合同的效力

1.发包人的主要义务

第一，按照约定做好施工前的准备工作。施工前的准备工作是整个工程建设的重要组成部分，关系到工程建设能否顺利进行乃至工程质量的优劣。准备工作一般包括：办理正式工程和临时设施范围内的土地征用、租用；申请施工许可证执照和占道、爆破及临时铁道专用线接岔许可证；确定建筑物或构建物、道路、线路、上下水道的定位标桩、水准点和坐标控制点；接通现场水源、电源和运输道路，清理施工现场的障碍物；组织有关单位对施工图等技术资料进行审定，并将其提交给承包人等。发包人未按照约定做好施工前准备工作的，承包人可以顺延工程日期，并有权请求赔偿损失。

第二，做好施工中的协助工作。一方面，发包人按照约定的分工范围和时间向承包人提供材料和设备。发包人未按照约定的时间和要求提供原材料、设备，或提供的材料和设备存在瑕疵，致使承包人停工等料或者导致工程质量下降的，发包人应承担责任。另一方面，发包人应派驻地代表，对工程进度、工程质量进行必要的监督，检查隐蔽工程，办理中间交工工程验收手续，负责签证，解决应由发包人解决的问题及其他需要协助的事项。

第三，做好竣工后的验收工作。在工程完成时，发包人应当按照约定组织竣工验收，对验收合格的工程应及时接收。发包人对未经验收的工程提前使用和擅自动用的，发现质量问题的，由发包人自行负责。

第四，按照约定支付工程价款。发包人对竣工验收合格的工程，应当按照合同约定向承包人支付工程价款。发包人未按照约定支付价款的，承包人可以催告发包人在合理期限内支付价款。发包人逾期不支付的，除按照建设工程的性质不宜折价、拍卖的以外，承包人可以与发包人协议将该工程折价，也可以申请人民法院将该工程依法拍卖。该工程折价或者拍卖的价款应优先清偿建设工程的价款。其法律依据在于：《建设工程施工合同解释》第 35 条规定："与发包人订立建设工程施工合同的承包人，依据民法典第八百零七条的规定请求其承建工程的价款就工程折价或者拍卖的价款优先受偿的，人民法院应予支持。"《民法典》第 807 条规定："发包人未按照约定支付价款的，承包人可以催告发包人在合理期限内支付价款。发包人逾期不支付的，除根据建设工程的性质不宜折价、拍卖外，承包人可以与发包人协议将该工程折价，也可以请求人民法院将该工程依法拍卖。建设工程的价款就该工程折价或者拍卖的价款优先受偿。"承包人的该建设工程价款优先受偿权优于抵押权和其他债权。

2.承包人的主要义务

第一，做好施工前的准备工作。承包人应按照约定做好开工前的准备工作，具体包括：施工场地的平整，施工界区内的用水、用电、道路以及临时设施的施工；编制施工组织设计（或施工方案）；按照双方商定的分工范围，做好材料和设备的采购、供应和管理；向发包人提出应由发包人供应的材料、设备的计划。

第二，严格按照施工图与说明图进行施工，以确保工程质量。承包人应按照合同约定的开工时间开工。承包人应按照约定提出开工通知书、施工进度报告、施工平面布置图表等。在施工过程中承包人应提供月份作业计划、月份施工统计报表、工程事故报告等。在施工中，承包人须严格按照施工图及说明书进行施工，承包人对于发包人提供的施工图及其他技术资料，不得擅自修改。

第三，接受发包人的监督检查。工程的进度、质量对发包人的利益影响较大，故承包人有义务接受发包人对工程进度和工程质量的必要监督，在不妨碍正常作业的情况下，对发包人的监督检查应予以支持和协助，不得拒绝。在隐蔽工程隐蔽之前，承包人应当通知发包人检查。

第四，按期交工，并对建设工程质量承担瑕疵担保责任。承包人应当按照合同约定的时间如期完工并交付工程。承包人于竣工后、交工前应负责保管工程并清理施工现场，依照约定提交竣工验收技术资料，并通知发包人验收工程，办理工程竣工结算和参加竣工验收工作。承包人对承建的工程质量负有瑕疵担保责任。在工程质量保证期内，工程的所有权人或使用权人发现工程瑕疵的，有权请求施工人在合理的期限内修理或者返工、改建。

# 第三节　运输合同

## 一、运输合同的概念

### (一)运输合同的概念和法律特征

运输合同,又称运送合同,是指承运人将旅客或者货物从起运地点运输到约定地点,旅客、托运人或者收货人支付票款或者运输费用的合同。运输合同具有以下法律特征:

1.运输合同的标的是运送行为。运输合同属于提供劳务类合同,以运输货物或者旅客为直接目的,其标的不是被运输的货物或者旅客,而是运送行为本身。与承揽合同不同,运输合同提供的是运输服务,而不是完成某项工作成果。

2.运输合同通常是有偿合同。在运输合同中,承运人负有将旅客或货物运送到约定地点的义务,旅客或托运人负有按照规定支付票款或运费的义务,双方义务互为对价关系,故运输合同是有偿合同。但作为例外情形,运输合同也有无偿的情况,如允许未达到一定高度的小孩免费搭乘等。

3.运输合同多为格式合同。运输合同的承运人为从事客货运输营业的人。合同的主要条款、当事人的权利义务及责任基本上是由专门法规调整。合同的格式、旅客的车票、行李单、包裹单、货运单、提单等是统一印制的,运费一般也是执行统一的规定,因而,运输合同多为格式合同。当然,这并不排除有的运输合同不采用格式合同的形式,而由双方协商订立。

4.强制缔约性。根据《民法典》第810条规定,从事公共运输的承运人不得拒绝旅客、托运人通常、合理的运输要求。法律之所以这样规定,其目的是衡平作为弱者的社会公众与往往处于垄断经营地位的运输单位之间的利益。这表明,对从事公共运输的承运人而言,运输合同的缔结过程具有强制性,法律限制了从事公共运输的承运人可以自由承诺或不承诺的选择权利,只要旅客或托运人决定签订运输合同,公共运输的承运人无正当理由不得拒绝签订合同和提供服务。

### (二)运输合同的分类

运输合同范围广泛,种类繁多,采用不同的标准,可对运输合同作不同的分类。

1.以运输的对象为标准,可将运输合同分为旅客运输合同和货物运输合同。旅客运输合同也称客运合同,又可分为铁路客运、公路客运、水路客运和航空客运合同。货物运输合同又可分为普通货物运输,特种货物、危险货物运输合同。

2.以运输工具为标准,运输合同可分为铁路运输合同、公路运输合同、航空运输合同、水上运输合同、海上运输合同及管道运输合同等。

3.以运输方式为标准，运输合同可分为单一运输合同和联合运输合同。单一运输是以一种运输工具进行的运送。联合运输是以两种以上的运输工具进行的同一运送行为。

除上述分类外，还可按照运输的距离为标准，将运输合同分为短途运输合同、中途运输合同和长途运输合同等。

## 二、客运合同

### （一）客运合同的概念和特征

客运合同，又称旅客运输合同，是承运人与旅客关于承运人将旅客及其行李安全运送到目的地，旅客为此支付票款及运费的协议。客运合同为运输合同的一种，当然具备运输合同的一般特征，同时，客运合同又具有如下法律特征：

1.客运合同的标的为运输旅客的行为。旅客本身是运输合同的一方当事人。客运合同与旅游合同有许多相似之处，但其内容不尽相同。旅游合同的标的除了将旅游者运至一定地点的行为外，还包括向旅游者提供食宿、导游服务。

2.客运合同通常采用票证形式。客运合同的订立，往往是通过旅客的购票行为和承运人的售票行为结合而成，各种车票、船票、机票即为客运合同的表现形式。此时，客运合同自承运人向旅客交付客票时成立。但有时，按照当事人的约定或者依照交易习惯旅客先上车、船后买票（或补票），于此情形下，客运合同是自旅客上车、船时成立。

### （二）客运合同的效力

1.旅客的主要义务

第一，支付票价和行李运费的义务。旅客的这一义务往往于合同订立时即已履行完毕，但旅客于检票时须向承运人提交有效客票才能乘坐。旅客无票乘坐、超程乘坐、越级乘坐或者持失效客票乘坐的，应当补交票款，承运人可以按照规定加收票款。旅客不交付票款的，承运人可以拒绝承运。

第二，按照客票的详细规定落座。旅客应当按照有效客票记载的时间、班次和座位号乘坐。

第三，按照规定携带行李的义务。携带行李是旅客的一项权利，但旅客在运输过程中应当按照旅客运输规则的规定限量携带行李，超过限量携带行李的，应当办理托运手续。旅客不得随身携带或者在行李中夹带易燃、易爆、有毒、有腐蚀性、有放射性以及有可能危及运输工具上人身和财产安全的危险物品或者其他违禁物品。旅客违反上述规定的，承运人可以将违禁物品卸下、销毁或者送交有关部门。

旅客坚持携带或者夹带违禁物品的，承运人应当拒绝运输。[①]

第四，爱护运输工具和有关设施的义务。旅客应正确使用承运人提供的运输工具和相关设施，由于旅客的原因损坏运输设施的，旅客应承担赔偿责任。

2.承运人的主要义务

第一，按约定运送的义务。承运人应当按照客票载明的时间和班次运输旅客。承运人迟延运输的，应当根据旅客的要求安排改乘其他班次或者退票。承运人擅自变更运输工具而降低服务标准的，应当根据旅客的要求退票或者减收票款；提高服务标准的，不应当加收票款。旅客因自己的原因不能按照客票记载的时间乘坐的，应当在约定的时间内办理退票或者变更手续。逾期办理的，承运人可以不退票款，并不再承担运输义务。

第二，安全运送的义务。承运人应免费运送旅客携带的一名儿童。承运人负有安全地将旅客（包括其携带的儿童、行李）送达目的地的义务。对旅客（包括正常购票的旅客，按照规定免票、持优待票或者经承运人许可搭乘的无票旅客）在运输过程中的伤亡，承运人应承担损害赔偿责任，但伤亡是旅客自身健康原因造成的或者承运人证明伤亡是旅客故意、重大过失造成的除外。承运人在运输过程中对旅客自带物品的毁损、灭失有过错的，应当承担损害赔偿责任。

第三，告知和提供方便条件的义务。在旅客运输合同履行过程中，旅客对于该合同有关的事项或疑问，承运人应如实予以告知。承运人应当向旅客及时告知有关不能正常运输的重要事由和安全运输应当注意的事项。在运输途中，承运人有义务为旅客提供必要的设施和生活服务。如供水、供餐、供电、供卫生间等。

第四，救助的义务。承运人在运输过程中，应当尽力救助患有急病、分娩、遇险的旅客。如果承运人对患有急病、分娩、遇险的旅客不予救助，应当承担相应的民事责任。

## 三、货运合同

### （一）货运合同的概念和特征

货运合同，又称货物运输合同，是指承运人将托运人交付运输的货物运送到约定地点，托运人支付运费的合同。与客运合同相比，货运合同具有以下法律特征：

1.货运合同往往涉及第三人。货运合同由托运人与承运人双方订立，托运人与承运人为合同的当事人，但托运人既可以为自己的利益托运货物，也可以为第三人的利益托运货物。实践中，收货人往往是托运人以外的第三人，此时的收货人虽不是合同的当事人，却是合同的利害关系人。而客运合同的当事人一般只有承运

① 《民法典》第 817 条至第 818 条的规定。

人和旅客双方。

2.履行过程的特殊性。虽然货运合同与客运合同都是以承运人的运送行为为标的，但是，客运合同中承运人将旅客运输到目的地，义务即履行完毕；而货运合同中，承运人将货物运输到目的地，还须将货物交付给收货人，其义务方为履行完毕。

（二）货运合同的效力

1.托运人的主要义务

第一，如实申报的义务。申报有关货物运输情况是承运人履行义务的前提。故托运人办理货物运输，应当向承运人准确表明收货人的名称或者姓名或者凭指示的收货人，货物的名称、性质、重量、数量，收货地点等有关货物运输的必要情况。因托运人申报不实或者遗漏重要情况，造成承运人损失的，托运人应当承担损害赔偿责任。

第二，支付运费和其他相关费用的义务。托运人或者收货人应当承担按照约定支付运费的义务，国家对运费本身在较长时期内均有稳定的规定，运输合同应当执行统一规定的运费。承运人不得违反国家规定收取运费。另外，对货物运输中的杂费，也属于托运人或收货人应交付款额范围之列。除当事人另有约定外，托运人或者收货人不支付运费或者其他费用，承运人对相应的运输货物享有留置权。货物在运输过程中因不可抗力灭失，未收取运费的，承运人不得请求支付运费；已收取运费的，托运人可以请求返还，但法律另有规定的除外。

第三，按照约定提供托运货物的义务。托运人应当按照合同约定的时间和标准提供托运的货物，货物运输需要办理审批、检验等手续的，托运人应当将办理完有关手续的文件提交承运人。

第四，包装的义务。对于一般货物，托运人可按照约定的方式包装货物。对包装方式没有约定或者约定不明确的，应当按照国家包装标准或者行业包装标准进行，没有国家或行业包装标准的，应当按照能够使货物安全运输的方法进行包装。对于危险物品，如易燃、易爆、有毒、有腐蚀性、有放射性等危险物品的托运，托运人应当按照国家有关危险物品运输的规定对危险物品妥善包装，做出危险品标志和标签，并将有关危险物品的名称、性质和防范措施的书面材料提交承运人。托运人违反上述义务的，承运人可以拒绝运输，也可以采取相应措施以避免损失的发生，因此产生的费用由托运人承担。

2.承运人的主要义务

第一，将货物安全送达目的地的义务。承运人应按照约定的要求配发运输工具，将托运人的货物及时安全地运送到目的地并交付给收货人。承运人对运输过程中货物的毁损、灭失承担损害赔偿责任，但承运人证明货物的毁损、灭失是因不可抗力、货物本身的自然性质或者合理损耗以及托运人、收货人的过错造成的，不承担损害赔偿责任。至于货物的毁损、灭失的赔偿额，当事人有约定的，按照其约

定;没有约定或者约定不明确的,当事人可以协议补充,不能达成补充协议的,按照合同有关条款或者交易习惯确定。仍不能确定的,按照交付或者应当交付时货物到达地的市场价格计算。法律、行政法规对赔偿额的计算方法和赔偿限额另有规定的,依照其规定。

第二,及时通知的义务。承运人将货物运输到目的地后,承运人知道收货人的,应当及时通知收货人,以便收货人提取货物。在收货人领取之前承运人负有妥善保管货物的义务。若因承运人通知迟延导致货物毁损的,承运人应承担赔偿责任。若因收货人不明或收货人拒绝受领货物的,承运人应当请求托运人在相当的期限内就运输货物的处分给予指示。托运人在相当的期限内未给予指示或者其指示事实上不能实行时,承运人可以对托运货物予以提存。

3.收货人的主要义务

第一,及时提货的义务。收货人应当及时提货,提货时应当将提单或者其他提货凭证交还给承运人。收货人逾期提货的,应当向承运人支付保管费等费用。收货人无正当理由拒绝受领货物,承运人依法可以提存运输的货物,因提存所产生的权利义务及费用由收货人享有和承担。

第二,验货的义务。收货人提货时,有对货物及时进行验收的义务。收货人应当按照约定的期限检验货物。对检验货物的期限没有约定或者约定不明确的,当事人可以协议补充,不能达成协议的,按照合同有关条款或者交易习惯确定。仍不能确定的,应当在合理期限内检验货物。收货人在约定的期限或者合理期限内对货物的数量、毁损等未提出异议的,视为承运人已经按照合同约定履行了义务。

第三,按照约定支付运费的义务。运费通常是由托运人在发站向承运人支付,但若合同约定由收货人在到站支付或者托运人未支付的,则收货人应当支付。在运输中发生的其他费用,应由收货人支付的,收货人也必须支付。

## 四、联运合同

联运合同,又称联合运输合同,是指当事人约定由两个或两个以上的承运人通过衔接运送,用同一凭证将货物运送到指定地点,托运人支付运输费用而订立的协议。联运合同包括单式联运合同和多式联运合同。

### (一)单式联运合同

单式联运合同,是指当事人约定由两个以上承运人以同一种运输方式将货物运至约定地点,托运人支付运费的货物运输合同,两个以上承运人以同一运输方式联运的,与托运人订立合同的承运人应当对全程运输承担责任。损失发生在某一运输区段的,与托运人订立合同的承运人和该区段的承运人承担连带责任。

(二)多式联运合同

多式联运合同是指多式联运经营人与托运人订立的,约定以两种或者两种以上的不同运输方式,采用同一运输凭证将货物运输至约定地点的货物运输合同。签订多式联运合同须注意以下问题:

1.联运单据的签发和转让。多式联运单据是确认当事人权利、义务的重要依据,也是确定当事人联运合同关系的凭证。多式联运经营人收到托运人交付的货物时,应当签发多式联运单据。按照托运人的要求,多式联运单据可以是可转让单据,也可以是不可转让单据。因托运人托运货物时的过错造成多式联运经营人损失的,即使托运人已经转让多式联运单据,托运人仍然应当承担损害赔偿责任。

2.联运合同承运人的责任承担。多式联运经营人负责履行或者组织履行多式联运合同,对全程运输享有承运人的权利,承担承运人的义务。多式联运经营人可以与参加多式联运的各区段承运人,就多式联运合同的各区段运输约定相互之间的责任,但该约定不影响多式联运经营人对全程运输承担的义务。货物的毁损、灭失发生于多式联运的某一运输区段的,多式联运的经营人的赔偿责任和责任限额,适用调整该区段运输方式的法律规定。

## 第四节 保管合同

### 一、保管合同的概念

保管合同,又称寄存合同,是指一方当事人保管另一方当事人交付的物品,并按约定的期限返还该物品的合同。其中委托保管的一方称为寄存人,为其提供保管劳务的一方称为保管人。理论上,将保管合同分为一般的保管合同和仓储保管合同,但《民法典》的保管合同单指一般的保管合同,不包括仓储保管合同。本节介绍内容专对一般保管合同而言。保管合同具有如下法律特征:

第一,保管合同是以对物品的保管为目的。保管合同订立的直接目的是由保管人保管物品,而非以保管人获得保管物品的所有权为目的。因此,保管合同只需转移保管物的占有由保管人实际控制,不转移保管物的所有权。保管合同的标的表现为保管人的保管行为,保管人只对保管物进行保护、看管以及维持保管物的现状。除当事人事先约定外,保管人不得对保管物进行利用和改造。保管合同的这一特征使得保管合同与买卖、租赁、借用、赠与等合同区别开来。

第二,保管合同是实践合同。保管合同的成立不仅需要当事人双方一致的意思表示,且还需寄存人实际交付保管的物品于保管人,可见,保管合同为实践合同,交付保管物是保管合同的成立要件。作为例外,当事人可以约定保管合同自双方

意思表示一致时成立，此时保管合同为诺成合同。

第三，保管合同是不要式合同，可以是无偿也可以是有偿合同，是双务合同。法律和行政法规对保管合同的形式未作要求，故保管合同是不要式合同。在通常情形下，保管合同为无偿合同，但当事人可以对保管费用加以约定，在明确约定保管费的前提下，该保管合同即为有偿合同。不管保管合同是有偿合同还是无偿合同，保管合同的双方当事人均负一定的义务，即使在无偿保管合同中，保管人也仍须负担保管人因保管所支出的必要费用。故保管合同为双务合同。

## 二、保管合同的效力

### （一）保管人的义务

1.交付保管凭证的义务。根据《民法典》第891条的规定："寄存人向保管人交付保管物的，保管人应当出具保管凭证，但另有交易习惯的除外。"保管凭证起到证明保管合同成立的作用，也是寄存人届时领取保管物的书面凭证。因此，除另有交易习惯外，寄存人在寄存保管物品后，保管人须开具交付凭证。

2.保管保管物的义务。妥善保管是保管人承担的一项最基本的义务。法律规定保管人此项保管义务的含义主要表现在：第一，妥善保管保管物的义务。保管人应当妥善保管保管物，即对保管物应尽到相当的注意，应当与处理自己事务或保管自己物品的注意程度相同。若合同约定了保管场所或者方法的，除紧急情况或者为维护寄存人利益外，保管人不得擅自改变保管场所或者方法。保管期内，因保管人保管不善造成保管物毁损、灭失的，保管人应当承担赔偿责任，但如果保管是无偿的，保管人证明自己没有故意或重大过失的，不承担赔偿责任。第二，亲自保管的义务。保管合同的成立往往基于寄存人对保管人的信任，故保管人应当亲自为寄存人提供保管劳务，除当事人另有约定以外，保管人不得将保管物转交第三人保管。保管人将保管物品擅自转由第三人保管，造成保管物损失的，保管人应当承担赔偿责任。第三，不得使用或者许可第三人使用保管物的义务。保管合同只转移保管物的占有权能，而未转移使用权能，因此，保管人不得使用或者许可第三人使用保管物，但当事人另有约定保管人可以使用的情形除外。

3.危险通知的义务。当保管物因第三人或自然原因面临可能会失去的危险时，保管人应当及时将危险通知寄存人。若第三人对保管物主张权利的，除依法对保管物采取保全或者执行措施外，保管人应当履行向寄存人返还保管物的义务；若第三人提起诉讼或者对保管物申请扣押时，保管人应当及时通知寄存人，以便寄存人能够及时参加诉讼或对扣押提出异议，或请求其他保护方法。

4.及时返还保管物的义务。在保管合同期限届满或者终止时，保管人应及时将保管物归还寄存人。当事人对保管期间没有约定或者约定不明确的，保管人可以随时要求寄存人领取保管物;约定保管期间的,保管人无特别事由,不得要求寄存人提前领取保管物。但寄存人可以随时领取保管物,若因此给保管人造成损失的,寄存人应予以补偿。保管人在返还保管物时,应当将原物及其孳息一并归还寄存人。保管货币的,可以返还相同种类、数量的货币。保管其他可替代物的,可以按照约定返还相同种类、品质、数量的物品。

(二)寄存人的义务

1.支付保管费和偿还必要费用的义务。在无偿保管合同中,寄存人不承担给付保管费的义务。在有偿保管合同中,寄存人应当按照约定的期限向保管人支付保管费。当事人对支付期限没有约定或者约定不明确的,可以协议补充,达不成补充协议的,可以按照合同的有关条款或交易习惯加以确定,若无法确定的,寄存人应当在领取保管物的同时支付保管费。不论是有偿保管还是无偿保管,寄存人均应支付在保管期间保管人为保管寄存物而支出的必要费用。寄存人未按照约定支付保管费以及其他费用的,除当事人另有约定外,保管人可以留置保管物,并在宽限期届满后行使留置权以实现自己的利益。

2.告知和声明的义务。若寄存人交付的保管物有瑕疵或者根据保管物的性质需要采取特殊保管措施的,寄存人应当将有关情况告知保管人。保管物本身的性质是指保管物为易燃、易爆、有毒、放射性等危险物品或易腐烂物品的情形。寄存人未告知,致使保管物受损失的,保管人不承担赔偿责任。保管人因此受损失的,除保管人知道或者应当知道并且未采取补救措施的以外,寄存人应当承担赔偿责任。若寄存人寄存货币、有价证券或者其他贵重物品的,应当向保管人声明,由保管人验收或者封存。寄存人未声明的,该物品毁损、灭失后,保管人可以按照一般物品的价值予以赔偿。

## 第五节 仓储合同

### 一、仓储合同的概念

仓储合同,又称仓储保管合同,是指当事人双方约定由保管人储存存货人交付的仓储物,存货人为此支付仓储费的合同。其中,为他人储存货物收取仓储费的是保管人;货物被储存并支付仓储费的是存货人。仓储合同与保管合同具有相似的地方,如两者均是双务合同、不要式合同、只转移保管物的占有、保管人不得使用或许可第三人使用保管物、由保管人提供保管劳务等。但与保管合同相比,仓储合同具有以下法律特征:

1.仓储合同的保管人具有特定性。仓储合同的保管人可以是法人、个体工商

户、合伙或其他组织，但必须是经国家核准专门设立从事保管业务活动的组织。保管人具有能够满足储藏和保管物品需要的设施。这是仓储合同主体上的重要特征，也是法律对仓储合同主体的限制。而法律对保管合同的主体一般没有限制。

2.仓储合同是诺成合同。根据《民法典》第905条的规定，仓储合同自成立时生效，而仓储合同自双方意思表示一致时即成立，可见仓储合同不以交付保管的货物为成立要件，是诺成合同。而保管合同在没有特别约定的前提下为实践合同，交付保管物是保管合同的成立要件。

3.仓储合同是有偿合同。仓储保管人为存货人提供保管劳务，存货人则应向保管人支付保管报酬，故仓储合同为有偿合同。而保管合同一般为无偿合同，在当事人对保管合同没有约定有偿保管的情形下，均视为无偿保管，无偿是原则，有偿只是例外。

## 二、仓储合同的效力

### （一）保管人的义务

1.给付仓单的义务。仓单是表示一定数量的货物已交付的法律文书，是提取仓储物的凭证，属于有价证券的一种。存货人交付仓储物的，保管人应当给付仓单。仓单应记载下列事项：(1)存货人的名称或者姓名和住所；(2)仓储物的品种、数量、质量、包装及其件数和标记；(3)仓储物的损耗标准；(4)储存场所；(5)储存期限；(6)仓储费；(7)仓储物已经办理保险的，应记载其保险金额、期间以及保险人的名称；(8)仓单的填发人、填发地和填发日期。保管人应当在仓单上签字或者盖章，仓单方有效。仓单的效力表现在：其一，受领保管物的效力。在合同约定的领取期限内，提货人出示仓单，保管人应向其返还货物。其二，转移保管物的效力。仓单的性质为记名式的物权证券，可以通过背书转让。我国《民法典》第910条规定“存货人或者仓单持有人在仓单上背书并经保管人签字或者盖章的，可以转让提取仓储物的权利。”

2.验收入库的义务。保管人应当按照约定的时间和仓储量，向存货人提供仓位，接受存货人交付储存的货物。在接受仓储物时，应当按照约定的项目、方法、期限对入库仓储物进行验收。保管人验收时发现入库仓储物与约定不符合的，应当及时通知存货人，要求寄存人予以改正，寄存人在合理期限内不予以改正的，保管人可以拒收仓储物并可以解除合同，并要求赔偿因此造成的损失。保管人验收后，如果出现仓储物的品种、数量、质量不符合约定，保管人应当向存货人或仓单持有人承担赔偿责任。

3.保管仓储物的义务。保管仓储物是保管人的主要义务，此义务的含义主要表现在：其一，亲自保管的义务。保管人应将仓储物置于自己的控制之下，利用自己的场所，通过自己的工作，直接完成保管任务，除非遇到特殊情况，并经存货人的同意，才能将仓储物转交第三人保管。其二，妥善保管的义务。保管人应当按照合同约定的储存条件和保管要求，妥善保管仓储物。保管期内，因保管人保管不善造成仓储物毁损、灭失的，保管人应当承担赔偿责任。但因仓储物本身的自然性质、包装不符合约定或者超过有效储存期造成仓储物变质、损坏的，保管人不承担赔偿责任。

4.危险通知义务。保管人对入库的仓储物，一旦发现有变质或者其他损坏，危及其他仓储物的安全和造成正常保管的危险时，应当催告存货人或者仓单持有人作出必要的处置。保管人没有及时履行通知义务的，保管人应对仓储物损失的扩大承担赔偿责任。如果危险情况紧急的，保管人可以作出必要的处置，并在事后将该情况及时通知存货人或者仓单持有人。

5.返还仓储物的义务。在仓储合同的保管期限届满或因其他原因合同终止的，保管人应将仓储物返还给存货人或仓单持有人。但在仓储期间届至之前，保管人不得要求返还。仓储合同当事人对储存期间没有约定或者约定不明确的，存货人或者仓单持有人可以随时提取仓储物，保管人也可以随时要求存货人或者仓单持有人提取仓储物，但应当给对方必要的准备时间。

### （二）存货人的义务

1.说明的义务。存货人储存的是易燃、易爆、有毒、有腐蚀性、有放射性等危险物品或者易变质物品的，应当向仓储保管人说明该物品的性质，并提供有关资料。存货人未尽说明等义务的，保管人可以拒收仓储物，也可以采取相应措施以避免损失的发生，因此产生的费用由存货人负担。因此造成保管人或他人物品毁损、人身伤亡的，存货人应承担赔偿责任。

2.交付仓储费和偿还必要费用的义务。仓储合同是有偿合同，支付仓储费是存货人或仓单持有人的主要义务。保管人为寄存人提供了保管劳务，存货人或仓单持有人须按照仓储合同约定的数额、时间、方式、地点等向保管人支付仓储费。保管人在保管期间为保管仓储物所支出的必要费用，存货人或仓单持有人也应偿还，但如果当事人在合同中明确约定仓储费包括了必要费用的，存货人或仓单持有人不再另行承担。这一必要费用一般包括搬运费、修缮费、保险费、转仓费等。存货人或仓单持有人不按照约定支付上述费用的，保管人可以留置相应价值的仓储物。

3.领取仓储物的义务。仓储合同对储存期间有明确约定的，储存期间届满，存货人或者仓单持有人应当凭仓单提取仓储物。存货人或者仓单持有人逾期提取的，应当加收仓储费。存货人或者仓单持有人也可以提前领取仓储物，但仓储费和必要费用仍应照合同约定承担。仓储合同当事人对储存期间没有约定或者约定不明确的，存货人或者仓单持有人在通知并给对方必要准备时间的前提下，可以随时

提取仓储物。存货人或者仓单持有人不提取仓储物的,保管人可以催告其在合理的期限内提取,超过合理期限仍未提取的,保管人可以向提存机关提存。因此产生的费用和风险由存货人或者仓单持有人承担。

## 第六节 委托合同

### 一、委托合同概述

#### (一)委托合同的概念和特征

委托合同,又称委任合同,是指一方委托他方处理事务,他方允诺处理事务的合同。委托他方处理事务的人为委托人,允诺为他方处理事务的人为受托人。委托合同具有以下法律特征:

第一,委托合同是以处理他人事务为宗旨的合同。委托合同的宗旨在于通过受托人处理委托人事务来实现委托人追求的结果。因此,委托合同的标的是受托人处理委托事务的行为。委托合同成立后,受托人在委托的权限内以委托人的名义处理委托的事务,与相对人发生民事法律关系,其法律后果直接由委托人承担。受托人处理委托事务的费用也应由委托人负担。

第二,委托合同的订立以委托人和受托人之间的相互信任为前提。委托人之所以选定特定的受托人为其处理事务,是基于其对受托人办事能力和信誉的了解,相信受托人能够处理好委托的事务。而受托人之所以接受委托,也是基于其对委托人的了解和信任,愿意为委托人服务,能够完成受托事务的自信。因此,委托合同强调当事人之间的信任关系。法律要求受托人应当亲自处理委托事务。除经委托人同意或在紧急情况下受托人为维护委托人的利益需要外,受托人不得转委托。

第三,委托合同既可以是有偿合同,也可以是无偿合同。当事人可以对委托事务的报酬予以约定,当事人对受托人处理委托事务的报酬没有约定或没有特殊的交易习惯时,除个别事项由法律特别规定为商事委托是有偿外,委托人无支付报酬的义务。但不论是有偿还是无偿的委托合同,对于受托人处理委托事务的费用,委托人都应当预付或事后予以补偿。

第四,委托合同是诺成合同及不要式合同。委托合同的成立无须以交付标的物为要件,只要双方意思表示一致时,合同即告成立,因此,委托合同为诺成合同。委托合同原则上是不要式合同,当事人可以根据实际情况选择适当的形式,但法律规定或依委托事项的性质应采用书面形式的,当事人应采用书面形式,如委托不动产买卖等。

(二)委托合同与代理的区别

我国合同法长期以来没有建立独立的委托合同制度,导致理论上常常将委托和代理混为一谈,认为委托是代理产生的前提,代理是委托的必然结果。应当看到,委托和代理有着紧密的联系,有时,委托合同本身就含有代理权的授予,委托合同成为代理权产生的根据。而当事人签订委托合同的目的,通常也在于授予受托人以代理权。但二者的区别是明显的,主要表现在:

首先,委托合同是委托人和受托人之间的协议,属于对内关系;而代理属于对外关系,代理人要与相对人(即第三人)进行民事活动,不对外也就无所谓代理。

其次,委托合同的成立是委托人和受托人双方意思表示一致的结果,需受托人作出承诺的意思表示;而代理除法定代理、指定代理的代理权产生于法律规定或指定外,委托代理的代理权产生则是被代理人有单方授权行为,代理人不必为承诺的意思表示。

再次,委托合同中受托人受托处理或管理的行为可以是法律行为,也可以是事实行为;而代理人的代理行为限于法律行为,不包括事实行为。

最后,受托人在处理委托人的事务时,既可以以委托人的名义也可以以自己的名义;而代理人在对外进行代理行为时必须以被代理人的名义进行。

## 二、委托合同的效力

(一)受托人的义务

1.依照委托人的指示处理委托事务的义务。这是受托人的基本义务。《民法典》第 922 条规定:“受托人应当按照委托人的指示处理委托事务。需要变更委托人指示的,应当经委托人同意;因情况紧急,难以和委托人取得联系的,受托人应当妥善处理委托事务,但事后应当将该情况及时报告委托人。”可见,委托人有指示时,受托人应尽可能地遵守其指示处理委托事务。[①] 在情势紧急时,受托人无法与委托人取得联系的,应于变更后及时报告委托人。如果因受托人怠于报告而给委托人造成损失的,受托人应负赔偿责任。

2.亲自处理委托事务的义务。委托合同的订立以委托人和受托人之间的相互

---

① 通说认为,委托人的指示分为三种:其一为命令性的指示。此时受托人绝对不得变更委托人的指示,即使受托人的变更指示对委托人有利,也不得自行变更。其二为指导性的指示,即委托人虽有指示,但明示或者默示地给了受托人一定程度的酌情裁量权。其三为任意性的指示。此时,受托人享有独立裁量的权利,对受托的事务处理可因势而定。一般认为,民法中所称的指示,多指指导性的指示,也包括命令性的指示。

信任为前提,因此,受托人应亲自处理受托事务。除非委托人同意,受托人不得将受托事务转托由第三人处理。受托人擅自转委托的,除在紧急情况下,为了维护委托人的利益需要转委托以外,受托人应当对转委托的第三人的行为承担责任。转委托经委托人同意的,若由委托人就委托事务直接指示次受托人,由次受托人直接就委托事务向委托人负责。若由受托人向次受托人发布指示的,受托人仅对次受托人的选任及其对次受托人的指示承担责任。

3.报告义务。受托人应当按照委托人的要求,报告受托事务的处理情况。受托事务终了或者委托合同终止时,受托人应当报告受托事务的结果。受托人此项义务的具体内容由当事人根据实际需要约定。如果没有约定,报告的内容大致包括处理事务的过程、进展、方法、费用、损益和结果等。受托人作事务结果的报告时,不以有委托人的请求为前提,并应提交相关的证明文件。

4.财产移交的义务。受托人因处理委托事务所取得的财产,应当转交给委托人。这些财产,包括物品、金钱、孳息及其权利等,不论是以委托人名义还是以受托人自己名义取得的,也不论是由次受托人还是由受托人自己在处理事务时直接取得的,受托人均应将其交付予委托人。

5.损失赔偿的义务。受托人在处理受托事务时,应尽到必要的注意义务。如因受托人未尽合理的注意义务(即主观上存在过错)致委托人损害的,应承担赔偿责任。受托人过错的构成与受托人是否尽到注意义务、委托合同有偿与否有关。有偿的委托合同,因受托人的过错给委托人造成损失的,委托人可以请求赔偿损失。无偿的委托合同,因受托人的故意或者重大过失造成委托人造成损失的,委托人可以请求赔偿损失。此外,受托人超越权限给委托人造成损失的,也应承担赔偿损失的责任。

### (二)委托人的义务

1.支付费用的义务。这里的"费用"是指受托人处理委托事务所支出的合理费用,并非受托人从事委托事务的报酬。不论是有偿的委托合同还是无偿的委托合同,委托人都负有支付此项费用的义务。委托人履行此项义务可以采用预付费用的方式,也可以采用偿还费用的方式。委托人是否预付费用,应依据委托事务的性质以及受托人是否要求预付来决定。若受托人为处理委托事务垫付了必要费用,委托人应当偿还该费用并支付利息。

2.支付报酬的义务。无偿的委托合同,委托人无支付报酬的义务。有偿的委托合同,受托人完成委托事务的,委托人应当向受托人支付报酬。因不可归责于受托人的事由,委托合同解除或者委托事务不能完成的,委托人仍应当向受托人支付相应的报酬。对于因可归责于受托人的事由而致委托合同解除或委托事务不能完成的,受托人无权请求支付报酬。

3.赔偿受托人损失的义务。委托人应对自己的委托负责,如因其指示不当或其他过错致使受托人蒙受损失的，委托人应予以赔偿。若受托人在处理委托事务时，由于不可归责于自己的事由受到损害时，即使委托人没有过错，受托人也得请求委托人赔偿其所受的损失。如果委托人经受托人同意或者追认的，将委托事务委托给受托人之外的第三人处理，因此给受托人造成损失的，受托人可以向委托人请求赔偿损失。

## 三、间接代理制度

### （一）隐名代理

依据《民法典》第925条的规定，受托人以自己的名义，在委托人的授权范围内与第三人订立的合同，此时，虽然未表明被代理人的身份，但若第三人在订立合同时知道受托人与委托人之间有代理关系的，受托人的行为构成隐名代理，该合同直接约束委托人和第三人。委托人因此自动介入受托人与第三人所订立的合同中，取代了受托人的合同地位。但在有确切证据证明该合同只约束受托人和第三人的，则不适用隐名代理的规则。

### （二）委托人的介入权和第三人的选择权

1.委托人的介入权。受托人以自己的名义与第三人订立合同时，第三人不知道受托人与委托人之间存在代理关系的，受托人因第三人的原因对委托人不履行义务的，受托人应当向委托人披露第三人，委托人因此可以行使受托人对第三人的权利。因为此时第三人不履行合同，将影响委托人利益的实现。但第三人与受托人订立合同时如果知道该委托人就不会订立合同的除外，因为在这种情况下，意味着第三人不愿与委托人发生债权债务关系，若让委托人主张权利有违第三人订立合同的本意。

2.第三人的选择权。受托人因委托人的原因对第三人不履行义务，受托人应当向第三人披露委托人，第三人因此可以选择受托人或者委托人作为相对人主张其权利，但第三人不得变更选定的相对人，即如果选择受托人，在权利不能实现时，不能再向委托人主张权利；如果选择委托人，在权利不能实现时，不能再向受托人主张权利。第三人选定委托人作为其相对人的，委托人可以向第三人主张其对受托人的抗辩以及受托人对第三人的抗辩。

## 四、委托合同的终止

委托合同终止的原因包括一般原因和特殊原因。委托合同终止的一般原因，主要有委托事务处理完毕、委托合同履行已不可能、委托合同中约定的合同存续期

限届满、委托合同约定的解除条件成就等。委托合同终止的特殊原因主要表现在：

1.因合同解除而终止。在委托合同中，合同的当事人双方均享有任意解除权。一方因解除合同给对方造成损失的，除不可归责于该当事人的事由外，应当赔偿对方的损失。

2.因委托人或者受托人死亡、丧失民事行为能力或破产而终止。委托人或者受托人死亡、丧失民事行为能力或破产时，委托合同当然终止。但双方当事人另有约定或者根据委托事务的性质不宜终止的除外。因委托人死亡、丧失民事行为能力或者破产，致使委托合同终止将损害委托人利益的，在委托人的继承人、法定代理人或者清算组织承受委托事务之前，受托人应当继续处理委托事务。因受托人死亡、丧失民事行为能力或者破产，致使委托合同终止的，受托人的继承人、法定代理人或者清算组织应当及时通知委托人。因委托合同终止将损害委托人利益的，在委托人作出善后处理之前，受托人的继承人、法定代理人或者清算组织应当采取必要措施。

## 第七节　物业服务合同

### 一、物业服务合同概述

#### （一）物业服务合同的概念

物业服务合同，是物业服务人（包括物业服务企业和其他管理人）在物业服务区域内，为业主提供建筑物及其附属设施的维修养护、环境卫生和相关秩序的管理维护等物业服务，业主支付物业费的合同。

物业服务合同的内容一般包括服务事项、服务质量、服务费用的标准和收取办法、维修资金的使用、服务用房的管理和使用、服务期限、服务交接等条款。

服务事项，是双方约定的物业服务的具体事项，包括区分所有建筑物的维护、管理、修缮等内容。

服务质量，是物业服务事项应当达到的质量标准和要求。

服务费用的标准和收取办法，是约定按照何种标准收费，如每平方米收费的标准，费用缴纳的时间等。

维修资金的使用，要约定在何种项目、何种情况下使用维修基金。

服务用房的管理和使用，是约定对属于业主共有的服务用房，物业公司如何进行管理，如何使用等。

服务期限，要约定物业服务合同的起止时间。

值得一提的是，合同中还要约定服务交接条款，即约定物业服务人在物业服务合同终止时，如何向下一任物业服务人移交管理业务。

除了上述的条款外，按照我国《民法典》第470条的规定，物业服务合同还应当包括当事人的姓名或者名称和住所，履行期限、地点和方式，违约责任和解决争议的方法等条款。

另外，物业服务人公开作出的有利于业主的服务承诺，为物业服务合同的组成部分，这是对物业服务合同的特别规定。物业服务人无论是在宣传，广告，还是其他形式上对业主作出的承诺，是否具有合同效力，应视具体内容加以区分。物业服务人通过上述方式公开作出的有利于业主的服务承诺，属于物业服务合同的组成部分，对物业服务人具有合同拘束力；反之，那些不利于业主的承诺不具有合同拘束力，不是物业服务合同的内容。

### （二）物业服务合同的特征

1.物业服务合同为要式合同，应当采用书面形式订立

要式的目的是将双方当事人的权利义务关系用书面的方式固定下来，避免发生争议，或者在争议发生时，便于确认双方权利义务。

2.物业服务合同为双务、有偿、诺成合同

从我国《民法典》第937条的规定看，物业服务合同是由物业服务人提供物业服务，业主支付物业费的合同。业主和物业服务人在物业服务合同中，都享有权利，负有义务，双方之间互有义务，是为双务合同。物业服务人提供物业服务是一种经营活动，应当获得报酬，而业主负有支付物业费的义务，物业服务合同乃有偿合同。另外，物业服务合同也是诺成性合同，双方一旦达成合意，合同即产生效力，对双方当事人产生拘束力。

3.物业服务合同是涉他合同

物业服务合同的签订人，一方是物业服务人，另一方是区分所有建筑物的建设单位或者业主委员会、业主大会。业主虽然不是合同的签订者，但是业主是合同实际权利义务的享有者和承担者。由于前期物业服务合同并非是以业主为主体签订的，甚至也不是代表业主的业主委员会或者业主大会参与签订的，因此在实践中，存在业主否认前期物业服务合同效力的问题，强调自己并非合同的当事人，主张合同相对性，否认该合同对业主约束力的情况。这种观点是不正确的。我国《民法典》第939条规定："建设单位依法与物业服务人订立的前期物业服务合同，以及业主委员会与业主大会依法选聘的物业服务人订立的物业服务合同，对业主具有法律约束力。"该条文明确了物业服务合同的涉他效力。

4.物业服务合同是继续性合同

就物业服务而言，其本身并不是一次性履行即可完成的，而是需要持续一定的时间的，在此期间，物业服务企业提供不间断的物业服务。正是由于物业服务合同的继续性特征，在物业服务合同终止时，其效力是向将来发生作用的，已经提供的

服务，物业服务人仍然有权要求依据合同支付相应报酬。

### （三）前期物业服务合同与普通物业服务合同

1.物业服务合同由于选聘的物业服务人不同，分为两种类型

一是前期物业服务合同。前期物业服务合同，是由区分所有建筑物的建设单位选聘的物业服务人作为合同一方主体，没有业主参与，但是业主享有合同中的相关权利和义务。在区分所有建筑物的建设过程中，建设单位出售了商品房，虽然已经有了业主，但是，由于业主未入住或者入住不全，无法自己选聘物业服务人，同时又不能不进行物业管理，因而须先聘请物业服务人对物业进行管理。当业主入住较多了，召开了业主大会成立了业主委员会后，业主对前期物业服务合同聘任的物业服务人不满意，业主享有任意解除权，解除前期物业服务合同，重新聘任物业服务人。

二是普通物业服务合同。普通物业服务合同是由业主委员会或业主大会依法选聘物业服务人签订的物业服务合同，这是典型的物业服务合同。其主体是业主委员会或业主大会与物业服务人。

前期物业服务合同和普通物业服务合同合称为物业服务合同，没有特殊语境下，物业服务合同就涵盖了前述两类合同。虽然在签订形式上看，前期物业服务合同并没有业主以合同主体的身份参与，而普通物业服务合同由业主委员会或者业主大会参与，体现了业主的意志，但是并不影响两类合同的效力，两类合同在效力上并无二致。两类物业服务合同都是合法、有效的物业服务合同，签订之后都具有合同的法律效力，都对业主和物业服务人产生相应法律效力。

2.前期物业服务合同与普通物业服务合同的衔接

我国《民法典》第 940 条规定："建设单位依法与物业服务人订立的前期物业服务合同约定的服务期限届满前，业主委员会或者业主与新物业服务人订立的物业服务合同生效的，前期物业服务合同终止。"该条规定了前期物业服务合同终止的两种情形：一种是约定的服务期限届满，依合同而终止。另一种则是由业主委员会或业主与新的物业服务人签订普通物业服务合同，取代前期物业服务合同，前期物业服务合同终止。

在发生前期物业服务合同和普通物业服务合同交替时，前期物业服务合同是否在业主决定更换物业服务人时立即终止，涉及物业管理和业主利益问题。[①] 由于对区分所有建筑物的日常管理和维护，是一个持续不断的状态，因此，不论是哪一种物业服务合同，都必须对所管理的事务认真负责，在物业服务合同交替过程中，物业服务人的更换衔接上，不得损害业主利益。前期物业服务合同和普通物业服务合同须实现良性对接。

---

① 杨立新：《物业服务合同：从无名合同到典型合同的蜕变》，载《现代法学》2020 年第 4 期。

3.普通物业服务合同效力优先

普通物业服务合同,是由业主委员会或业主直接签订的,因而较之前期物业服务合同更能体现业主的意志。故而一旦普通物业合同生效,普通物业服务合同的效力当然优先于前期物业服务合同。特别注意的是,在普通物业服务合同生效时,若前期物业服务合同约定的服务期限尚未届满的,普通物业服务合同的效力也优先,一经生效,前期物业服务合同即行终止,普通物业服务合同的物业服务人即时取得物业管理权,履行物业管理职责,前期物业服务合同的物业服务人不得以任何理由拒绝移交管理的物业。不论双方因任何理由发生争执,都不得违背普通物业服务合同效力优先、可以对抗前期物业服务合同的规则。

## 二、物业服务合同的法律效力

物业服务合同的法律效力即物业服务合同对合同双方当事人产生的拘束力,具体体现在合同中规定的双方的权利和义务上。

### (一)物业服务人的义务

1.物业服务人的一般义务

物业服务人履行物业管理职责的依据是物业服务合同的约定和物业本身的使用性质。关于物业服务人的物业服务的职责范围,我国《民法典》第942条作了明确的规定:"物业服务人应当按照约定和物业的使用性质,妥善维修、养护、清洁、绿化和经营管理物业服务区域内的业主共有部分,维护物业服务区域内的基本秩序,采取合理措施保护业主的人身、财产安全。""对物业服务区域内违反有关治安、环保、消防等法律法规的行为,物业服务人应当及时采取合理措施制止、向有关行政主管部门报告并协助处理。"细分起来主要职责有:

妥善维修、养护、清洁、绿化和经营管理物业服务区域内的业主共有部分。维修、养护是针对建筑物及其附属设施的本身功能和寿命;清洁、绿化是对物业区划内环境的美化和保持,使业主的生活环境能够保持适宜;经营管理是对业主共有部分的利用并获得收益。

维护物业服务区域内的基本秩序,包括公共生活秩序、道路交通秩序、环境管理秩序等。例如,物业服务区域内的车辆停放管理。

采取合理措施保护业主的人身、财产安全。即物业服务人负有安全保障义务,防止建筑物对业主的危害,防范违法犯罪人员实施侵害业主人身和财产的行为,对于业主之外接近或者进入物业管理区域的人员的人身安全,也应负有职责,防止建筑物的脱落物致害他人等。另外,防范业主高空抛物、高空坠物致人损害,也是物业服务人的职责之一。

物业服务人负有纠正违法、违规行为的职责。对物业服务区域内违反有关治

安、环保、消防等法律法规的行为(行为主体不仅有外来人员,也包括自己物业管理区域的业主和物业服务人的从业人员),只要是在物业管理区域之内的人员实施上述行为,物业服务人都有权及时采取合理措施予以制止、防止损害全体业主的利益。在对上述违法、违规行为进行制止的同时,物业服务人应当及时向相关行政管理部门报告并协助处理,特别是需要采取相应措施而物业服务人并无此种权利,物业服务人自己不得实施的情况。

业主违反物业服务合同或者法律、法规、管理规约,实施妨碍物业服务与管理的行为,物业服务人得请求业主承担停止侵害、排除妨碍、恢复原状等相应民事责任。

2.亲自提供物业服务义务

物业服务人应当亲自履行提供物业服务的义务。根据我国《民法典》第 941 条的规定,物业服务人将物业服务区域内的部分专项服务事项委托给专业性服务组织或者其他第三人的,应当就该部分专项服务事项向业主负责。物业服务人不得将其应当提供的全部物业服务转委托给第三人,或者将全部物业服务支解后分别委托给第三人。该条规定至少包含了两个方面的内容:

一是物业服务人可以将部分服务项目进行转委托。由于物业服务涉及内容非常广泛,其中不乏某些专业性较强的服务内容,仅仅依靠物业服务人自己的员工来完成有一定的困难,故而允许物业服务人将部分服务事项转委托给更具有专业性的人员或者机构来完成。物业服务人将部分事项进行转委托不需要经过业主委员会或者业主同意,但是如果物业服务合同中对某些项目的转委托有限制,则应依照合同的约定进行。对于转委托部分的服务项目,依照转委托的性质处理,如果该部分的服务不符合物业服务合同的约定,业主有权要求物业服务人承担违约责任。

二是物业服务人不能将全部服务项目转委托。物业服务合同本身具有委托合同的特性,双方当事人具有一定的信任关系。在选聘物业服务人时,业主委员会或者业主重点考虑的就是物业服务人的信誉和服务质量,如果允许物业服务人将全部服务项目转委托或支解后转委托,将会打破该种信任关系。

3.物业服务人的信息公开与报告义务

物业服务人是受业主委托的受托管理人,应当按照业主的意志和利益管理物业,对业主负责。为保护业主的知情权,物业服务人在履行管理职责的同时,负有向业主报告的义务,将履行管理职责的情况及时予以公开,使全体业主掌握物业管理的实际情况,以便业主根据自己的利益,协调与物业服务人的关系。物业服务人的信息公开与报告义务,也符合我国《民法典》第 285 条的规定,即“接受业主的监督,并及时答复业主对物业服务情况提出的询问”。

物业服务人需要定期公开和报告的事项有:服务的事项、负责人员、质量要求、收费项目、收费标准、履行情况,以及维修资金使用情况、业主共有部分的经营与收益情况等。对于上述物业管理事项的具体情况,物业服务人以合理方式向业主公开并向业主大会、业主委员会报告,接受业主的监督,以便改进工作。

对业主而言,这样的规定无疑是对权利的保障。通过定期向业主大会、业主委员会报告的形式,使广大业主能够更清楚、明确地知道小区物业服务的具体内容以及物业服务费的收支情况,加强了业主的监督权。同时,也能提高小区服务的透明度,减少业主与业主委员会、物业服务企业之间的矛盾。

对物业服务人而言,该规定既带来挑战,也带来机遇。一方面,该规定势必使物业服务人的义务加重了许多。定期将服务的事项、负责人员、质量要求、收费项目、收费标准、履行情况,以及维修资金使用情况、业主共有部分的经营与收益情况等以合理方式向业主公开,势必会造成工作量的增加;同时,随着业主更加直接的监督,对物业服务的要求一定会更高。但另一方面,该规定也有利于物业服务人自身良性发展。面对新的要求,物业服务人势必努力提高物业服务水平,合理分配和使用物业服务费,为业主提供高性价比的物业服务,从而获得市场竞争力;同时,通过对物业服务费收支的公开,能够使业主了解到物业服务的成本所在,使业主能够愿意通过提高物业服务费的方式,换取更优质的服务,从而实现业主和物业服务人的双赢。

4.物业服务人的移交义务

我国《民法典》第 949 条规定了物业服务人的移交义务。物业服务合同终止的,原物业服务人应当在约定期限或者合理期限内退出物业服务区域,将物业服务用房、相关设施、物业服务所必需的相关资料等交还给业主委员会、决定自行管理的业主或者其指定的人,配合新物业服务人做好交接工作,并如实告知物业的使用和管理状况。该条规定回应了实践中常见的物业服务人以业主欠费或者质疑业主大会、业主委员会决议为由,拒绝移交相关资料、退出物业服务区域引发的物业服务项目交接难的问题。物业服务人拒不履行交接义务的,业主委员会可以向人民法院请求解除物业服务合同,并要求物业服务人退出物业服务区域、移交物业服务用房和相关设施,以及物业服务所必需的相关资料和由其代管的专项维修资金。此外,物业服务人拒绝退出、移交,并以存在事实上的物业服务关系为由,请求业主支付物业服务合同权利义务终止后的物业费的,人民法院不予支持。物业服务人不配合交接工作,造成业主损失的,应当赔偿损失。

### (二)业主的权利、义务

1.业主应当按照约定向物业服务人支付物业费

物业服务合同是有偿合同。物业服务人为业主提供物业服务,业主应当支付物业费,使物业服务人获得相应的报酬。我国《民法典》第 944 条规定:“业主应当按照约定向物业服务人支付物业费。物业服务人已经按照约定和有关规定提供服务的,业主不得以未接受或者无需接受相关物业服务为由拒绝支付物业费。”“业主违反约定逾期不支付物业费的,物业服务人可以催告其在合理期限内支付;合理期

限届满仍不支付的，物业服务人可以提起诉讼或者申请仲裁。”“物业服务人不得采取停止供电、供水、供热、供燃气等方式催交物业费。”

物业费是物业服务人的主营业务收入，业主欠费不仅违反了物业服务合同的约定，也违反了相关法律规定；不仅损害了物业服务人的合同利益，也损害了其他交费业主的合法权益。业主按照约定向物业服务人支付物业费，是业主必须履行的支付合同对价的义务。[①]

业主违反支付物业费的义务的，应当强制履行。对支付物业费义务的强制性包括以下两个方面：

一方面，业主不得无理拒绝支付物业费。物业服务人进行物业管理，是按照合同的约定和有关规定进行的，只要提供了约定的服务的，就是对全体业主提供的服务。如果业主以自己未接受或者无需接受相关物业服务为由，拒绝支付物业费，就是无理拒绝支付物业费，构成违约行为。

另一方面，业主逾期支付物业费的责任。业主违反约定，逾期不支付物业费的，首先，物业服务人可以对业主进行催告，并且确定宽限期，要求其在合理宽限期限内支付物业费。其次，业主超过宽限期仍不支付物业费的，物业服务人可以提起诉讼或者申请仲裁，由人民法院或者仲裁机构进行裁决，对支付物业费的义务赋予强制执行力。当业主拒不履行裁决确定的支付物业费义务时，可以申请人民法院强制执行。需要注意的是，物业服务人不得采取停止供电、供水、供热、供燃气等方式催交物业费。

物业服务合同是双务合同。作为双务合同，在其履行中同样存在一方当事人行使抗辩权的情况，即针对对方的请求权提出一定的事实理由以阻却其请求权实现的情形。由于物业服务合同具有履约期限长、履约行为持续的特点，物业服务企业提供服务、业主支付物业服务费的行为通常是没有先后顺序的。在许多物业服务纠纷中，业主最直接的自我救济手段就是行使同时履行抗辩权，拒交物业费，其抗辩理由往往是物业服务企业“没有按照约定和有关规定提供服务”。该理由能否成立抗辩事由，关键在于“没有按照约定和有关规定提供服务”应如何认定？我们认为，只有在物业服务人存在未履行合同主要义务时，即物业服务人出现根本性违约的情况下，业主拒交物业费的做法才有可能得到法院的支持，成为抗辩事由。而在实务中，业主提出的抗辩理由往往是认为物业服务企业所进行的保安、泊车、保洁等服务项目存在一定瑕疵，而这些情况属于一般性违约或未能全面履行合同义务，应当通过当事人协商，要求变更物业费标准、继续全面履行合同、采取补救措施或者赔偿损失等方式予以解决。

值得注意的是，物业服务人虽然有收取物业费的权利，但是物业服务人违反物业服务合同的约定或者法律、法规、部门规章规定，擅自扩大收费范围、提高收费标

---

① 陈广华、张力元：《业主交纳物业费义务之法律性质研究》，载《时代法学》2018 年第 2 期。

准或者重复收费,业主是可以以违规收费为由提出抗辩的。业主得请求物业服务人退还其已经收取的违规费用。物业服务合同的权利义务终止后,业主亦有权请求物业服务人退还已经预收,但尚未提供物业服务期间的物业费。

2.业主对专有部分装饰装修、转让、出租等负有事先告知义务

业主是建筑物区分所有权专有部分的所有权人,对其专有部分享有支配权。但是,在区分所有建筑物中,不仅有专有部分,还有共有部分和共同管理的问题,业主的一举一动都关涉其他业主的利益。因此,业主在对自己的专有部分进行装饰装修、转让、出租、设立居住权、依法改变共有部分用途的,都应当事先向物业服务人告知,使物业服务人知悉并掌握情况,便于行使管理职责。我国《民法典》第 945 条规定:"业主装饰装修房屋的,应当事先告知物业服务人,遵守物业服务人提示的合理注意事项,并配合其进行必要的现场检查。""业主转让、出租物业专有部分、设立居住权或者依法改变共有部分用途的,应当及时将相关情况告知物业服务人。"

业主的事先告知义务分为三个方面:

第一,业主装饰装修房屋,是在自己专有部分所有权的范围内行使支配权,可自主决定,但是,由于区分所有建筑物的特点,一家装修,会影响其他业主的生活安宁,装修不当,还会影响建筑物的整体安全和使用寿命,因而关乎全体业主的利益。所以,业主负有事先告知物业服务人的义务,物业服务人应当向其提示合理的注意事项,业主应当遵守,不得违反。此外,物业服务人还有权进行必要的现场检查。

第二,业主转让、出租物业专有部分、设立居住权,也是业主行使支配权的行为,他人无权干涉。但是,业主应告知物业服务人,便于其管理。

第三,业主依法改变共有部分用途而不违反物业管理公约的,也应当及时将相关情况告知物业服务人,使物业服务人掌握具体情况,便于行使管理职责,为全体业主的利益负责。

3.业主任意解除物业服务合同的权利及其限制

我国《民法典》第 946 条规定:"业主依照法定程序共同决定解聘物业服务人的,可以解除物业服务合同。决定解聘的,应当提前六十日书面通知物业服务人,但是合同对通知期限另有约定的除外。""依据前款规定解除合同造成物业服务人损失的,除不可归责于业主的事由外,业主应当赔偿损失。"业主以及业主大会、业主委员会与物业服务人之间的关系,是委托合同关系。业主有权依照自己的意志选聘物业服务人订立物业服务合同,也有权解除物业服务合同,解聘物业服务人。业主在物业服务合同中享有的解除权是任意解除权,其目的就是为了维护业主权益。

由于物业服务合同的特殊性,业主对物业服务人行使任意解除权应当有所限制:

第一,应按照法定的程序进行。业主行使任意解除权,须依照法定程序共同决定。依照我国《民法典》第 278 条的规定,选聘和解聘物业服务企业或者其他管理

人，是应当由全体业主共同决定的事项。应当由专有部分面积占比三分之二以上的业主且人数占比三分之二以上的业主参与表决。应当经参与表决专有部分面积过半数的业主且参与表决人数过半数的业主同意。按照上述程序作出行使解除权的决定后，通知物业服务人解除合同，解聘物业服务人。

第二，行使任意解除权的通知义务。决定对物业服务合同行使解除权的，应当提前60日书面通知物业服务人，给物业服务人必要的准备时间。如果物业服务合同对通知期限另有约定的，按照其约定，不适用60日的规定。

第三，行使任意解除权给物业服务人造成损害的赔偿责任。解聘物业服务人是单方解除合同，因解除物业服务合同造成物业服务人的损失，是否承担赔偿责任，关键在于解除合同是否具有可归责于业主的事由。如果解除合同不可归责于业主，而是物业服务人的责任，业主不承担赔偿责任；否则，业主应当赔偿损失。

## 三、物业服务合同的续订、不定期物业服务合同和后合同义务

### （一）物业服务合同的续订

物业服务合同是有期限的合同，因此存在期限届满续订的问题。续聘物业服务人，即续订物业服务合同，依然遵循合同的订立规则。

我国《民法典》第947条规定："物业服务期限届满前，业主依法共同决定续聘的，应当与原物业服务人在合同期限届满前续订物业服务合同。""物业服务期限届满前，物业服务人不同意续聘的，应当在合同期限届满前九十日书面通知业主或者业主委员会，但是合同对通知期限另有约定的除外。"依照这一规定，续聘与否是物业服务合同双方当事人的合意，物业服务合同期限届满，业主享有续聘权，物业服务人相应地享有拒绝续聘权。

业主在物业服务期限届满前，有权向物业服务人提出续聘的要约，若物业服务人同意，双方达成合意的，物业服务合同续订。

续订的程序上须注意：

第一，时间要求。续订合同应该在物业服务期限届满前进行续订。这主要是考虑到物业服务的延续性，实现原物业服务合同与续订合同的衔接。

第二，程序要求。物业服务合同的续订程序与物业服务合同的签订程序一致，同样属于《民法典》第278条规定的业主共同决定的事项。作出续聘决定，也须由专有部分面积占比三分之二以上的业主且人数占比三分之二以上的业主参与表决。应当经参与表决专有部分面积过半数的业主且参与表决人数过半数的业主同意。

第三，续订的物业服务合同由代表业主的业主委员会或者业主大会，与原物业服务人续订物业服务合同，原合同期限届满即开始履行新合同。

物业服务人享有拒绝续聘权，是其不同意业主提出的续聘请求的权利。物业服务人在合同到期不同意续聘的，原物业服务合同消灭，双方当事人的权利义务终止，双方不再受该合同的约束。

如果物业服务合同不续订，则存在新旧物业服务人进行交接的问题。为了保持物业服务的延续性，物业服务人提出不再续聘或者行使拒绝续聘权应在物业服务期限届满前的90日内，用书面通知的形式，通知业主或者业主委员会，如果物业服务合同对通知期限另有约定的，依照其约定。不同意续聘的后果，是服务期限届满时，物业服务合同消灭，双方不再受该合同的约束，物业服务人不再承担管理职责。

### （二）不定期物业服务合同

实践中大量存在的前期物业服务合同、物业服务合同到期，却没有及时成立业主大会重新续聘、选聘物业服务人的情形。此种情况下，物业服务人继续提供服务，业主没有拒绝的，物业服务合同继续存在，有期限的物业服务合同转变为不定期物业服务合同。我国《民法典》第948条规定："物业服务期限届满后，业主没有依法作出续聘或者另聘物业服务人的决定，物业服务人继续提供物业服务的，原物业服务合同继续有效，但是服务期限为不定期。""当事人可以随时解除不定期物业服务合同，但是应当提前六十日书面通知对方。"

物业服务合同由定期合同转变为不定期合同，应当具备必要条件。转变的条件是：第一，物业服务期限已经届满。第二，业主没有依法作出续聘或者另聘物业服务人的决定。第三，物业服务人按照原合同继续提供物业服务，业主没有拒绝。具备上述三个条件，物业服务合同就由定期合同转变为不定期合同，原物业服务合同继续有效，双方当事人仍然受到该合同的拘束。物业服务合同转变为不定期合同后，适用不定期合同的规则。不论是哪一方当事人，都可以随时解除该不定期物业服务合同，只需提前60日书面通知对方即可。

### （三）后合同义务

我国《民法典》第558条规定了债权债务终止后，当事人应承担后合同义务，于物业服务领域而言，物业服务合同终止后的后合同义务更为重要。其义务内容主要有：

1.退出与交接义务。我国《民法典》第949条规定："物业服务合同终止的，原物业服务人应当在约定期限或者合理期限内退出物业服务区域，将物业服务用房、相关设施、物业服务所必需的相关资料等交还给业主委员会、决定自行管理的业主或者其指定的人，配合新物业服务人做好交接工作，并如实告知物业的使用和管理状况。""原物业服务人违反前款规定的，不得请求业主支付物业服务合同终止后的物业费；造成业主损失的，应当赔偿损失。"可见，在物业服务合同终止后，物业服务人应当做好善后工作，完成自己应当履行的后合同义务。这些义务主要包括两方

面：一是退出义务，即在约定期限或者合理期限内退出物业服务区域，不能继续占用这些区域，以便给接任的物业服务人占有、使用，履行其服务职责。原物业服务人应当将物业服务用房、相关设施、物业服务所必需的相关资料等交还给业主委员会、决定自行管理的业主或者其指定的人，如新的物业服务人。二是配合新的物业服务人做好交接工作，使物业管理的新旧交替正常进行。如实告知物业的使用和管理状况，便于业主掌握情况，便于新的物业服务人做好物业管理工作。

原物业服务人违反上述规定的后合同义务的，不得请求业主支付物业服务合同终止后的物业费，即使物业服务合同终止后其仍然提供了物业服务的，也不得请求支付该物业费。同时原物业服务人不履行上述义务，给业主造成损失的，还应当对业主的损失承担赔偿责任。

2.原物业服务人于交接前负有继续服务的义务及报酬请求权。我国《民法典》第950条规定："物业服务合同终止后，在业主或者业主大会选聘的新物业服务人或者决定自行管理的业主接管之前，原物业服务人应当继续处理物业服务事项，并可以请求业主支付该期间的物业费。"之所以在物业服务合同中特别强调这一项后合同义务，原因在于物业服务是专业服务事项，应当是连续行为，不能中断。一旦物业服务中断，业主的权利将受到重大损害，甚至酿成危害。物业服务合同终止，如果没有新的物业服务人接替，原物业服务人又不履行继续服务义务，就会形成物业服务行为中断，上述后果就会发生。为了避免出现这样的状况，原物业服务人应当履行继续提供物业服务行为的后合同义务。物业服务合同终止后，在业主或者业主大会选聘的新物业服务人或者决定自行管理的业主接管之前，原物业服务人应当继续处理物业服务事项，不得推辞和推诿。按照权利义务相一致原则，继续处理物业服务事项的物业服务人，享有请求业主支付该期间的物业费的权利，其标准应当与已经终止的物业服务合同的约定相一致。如果原物业服务人拒不履行该继续处理物业服务事项的义务，业主可以拒付物业费，给业主造成损害的，还可以要求其承担赔偿责任。

## 第八节　行纪合同

### 一、行纪合同概述

#### （一）行纪合同的概念和特征

行纪合同是指行纪人以自己的名义为委托人从事贸易活动，委托人支付报酬的合同。行纪合同具有如下法律特征：

第一，行纪人具有主体限定性。行纪合同中的行纪人只能是经批准经营行纪业务的自然人、法人或其他组织，未经法定手续批准或核准经营行纪业务的其他组织或个人不得经营行纪业务，不能成为行纪合同的行纪人。

第二，行纪人以自己的名义为委托人的利益办理委托事务。行纪合同是由行纪人为委托人服务的，行纪人是为了委托人的利益而不是为自己的利益进行活动。行纪人所提供的服务不是一般的劳务，应是与第三人为一定的法律行为。行纪人在与第三人进行民事法律行为时，是以自己的名义而非以委托人的名义，由此产生的权利义务由行纪人承受。

第三，行纪合同是双务合同、有偿合同、诺成合同和不要式合同。行纪人负有为委托人办理受托事务，而委托人负有给付报酬的义务，二者互为对价，故行纪合同为双务、有偿合同。行纪合同的成立无须交付标的物，也无须采用特定的形式，故行纪合同是诺成合同、不要式合同。

#### （二）行纪合同与委托合同的区别

行纪合同和委托合同，都是以接受委托并为委托人提供服务的合同，二者类似，因此，我国《民法典》第 960 条规定："本章没有规定的，适用委托合同的有关规定。"但行纪合同和委托合同毕竟是两种有名合同，其区别主要在于：(1)行纪合同所谓的委托事务是特定的，仅限于买卖、寄售等贸易活动，且一般为法律行为；而委托合同中的委托事务除了贸易活动外，还可以是其他法律行为，也可以是事实行为。(2)行纪合同中的行纪人只能以自己的名义进行活动，行纪人与第三人之间所为的法律行为并不能直接对委托人发生效力；委托合同的受托人处理委托事务，可以以自己名义，也可以以委托人名义，所以受托人与第三人间订立的合同有时可对委托人直接发生效力。(3)行纪合同为有偿合同，委托合同可以是有偿合同也可以是无偿合同。

### 二、行纪合同的效力

#### （一）行纪人的义务

1.负担行纪费用的义务。我国《民法典》第 952 条明确规定："行纪人处理委托事务支出的费用，由行纪人负担，但当事人另有约定的除外。"行纪费用是指行纪人在处理委托事务时所支出的费用。我国行纪费用是以行纪人负担为原则，但当事人另有约定的除外。因为行纪人是以营利为目的进行行纪活动的，行纪人处理委托事务支出的费用，相当于为获取利润而支出的成本，行纪人通过向委托人收取报酬来弥补。

2.承担与第三人订立的合同中约定的义务。由于行纪人是以自己的名义代委托人进行交易，与第三人签订合同的，该合同的一方当事人为行纪人而非委托人，

因此我国合同法明确规定行纪人对该合同直接享有权利、承担义务。第三人履行义务时，应当向行纪人直接给付，行纪人再将所取得的利益转交委托人。因第三人不履行义务致委托人受到损害的，除双方另有约定以外，行纪人应当承担损害赔偿责任。

3.妥善保管和合理处置委托物的义务。《民法典》第 953 条规定："行纪人占有委托物的，应当妥善保管委托物。"这是由于行纪合同为有偿合同，因此行纪人在实施行纪行为的过程中，对其占有的买进或者卖出的委托物，负有妥善保管的义务。如因行纪人保管不善，造成物品的灭失、毁损等，行纪人应当承担赔偿责任。

委托人委托出卖的物品，在交付给行纪人时存在瑕疵或者容易腐烂、变质的，行纪人应及时通知委托人，经委托人同意，行纪人可以处分该物品。若无法与委托人及时取得联系的，行纪人可以自行合理处分该物品。

4.按照委托人的买卖价格指示处理事务的义务。根据我国《民法典》的规定，对于委托人所指定的卖出委托物的价格或买入价格，行纪人有遵从指示的义务。(1)行纪人以低于指定价格卖出或者高于指定价格买入的，依据民法典的规定，此时应当经委托人同意。未经委托人同意，行纪人补偿其差额的，该买卖对委托人发生效力。(2)行纪人以高于指定价格卖出或低于指定价格买进委托物的，依据合同法的规定，行纪人可以要求增加报酬。增加报酬有约定的，依其约定；没有约定或者约定不明确，依《民法典》第 510 条的规定仍不能确定的，该利益属于委托人。

### (二)委托人的义务

1.支付报酬的义务。行纪人按照合同约定完成或部分完成委托事务的，委托人应当按照约定向其支付相应的报酬。这是委托人的一项基本义务。报酬的数额应由双方当事人约定，没有约定的，应按照《民法典》第 510 条的规定来确定。行纪人全部完成或部分完成委托事务，委托人应当支付报酬却逾期不支付的，行纪人享有留置委托物，并依照法律的规定对委托物折价或从拍卖、变卖该财产所得的价款中优先受偿的权利。

2.受领或取回标的物的义务。根据合同法的规定，行纪人按照行纪合同的约定买入委托物的，委托人应当及时受领。经行纪人催告，委托人无正当理由拒绝受领的，行纪人可以提存委托物。委托物不能卖出或者委托人撤回出卖，委托人应该将委托物取回或处分。若经行纪人催告后仍不取回或处分的，行纪人有权就该委托出卖物提存。

## 三、行纪人的介入权

行纪人的介入权，是指行纪人根据委托人的指示，实施行纪行为时，有权以自己作为相对人，即自己可以作为买受人或者出卖人进行交易活动。行纪人介入合同，无须委托人的承诺，仅依行纪人的意思表示即发生效力，故行纪人的介入权为形成权。

根据《民法典》第956条的规定，行纪人行使介入权的要件包括：(1)所受委托的物品须为有市场定价的有价证券或其他商品；(2)委托人未作出反对行纪人介入的意思表示；(3)行纪人尚未对委托事务作出处理，即行纪人尚未对第三人卖出或向第三人买进。

因为行纪人的介入，一方面，在委托人和行纪人之间产生了买卖合同，法律关于买卖合同的规定，均可适用。另一方面，行纪人的介入同时也是行纪人对行纪合同的履行，因此，行纪人仍有报酬请求权。

## 第九节　中介合同

### 一、中介合同的概念和特征

中介合同，又称居间合同或中介服务合同，是指双方约定一方为他人报告订立合同的机会或者提供订立合同的媒介服务，另一方支付报酬的合同。其中，报告订约机会或提供交易媒介的一方为中介人，给付报酬的一方为委托人。中介合同具有以下法律特征：

1.中介合同的标的是中介人为委托人报告订约机会或为订约媒介。在中介合同中，中介人接受委托人的委托，寻找和介绍第三人与委托人订立合同，中介人并不以任何一方的名义或者以自己的名义订立合同，中介人不是委托人订立合同的代理人，也不是为委托人的利益而充当与第三人订立合同的当事人。中介合同的这一特征是其与委托合同、行纪合同的重要区别所在。

2.中介合同为双务、有偿、诺成、不要式合同。中介合同中的中介人为委托人提供中介服务，委托人向中介人支付报酬或佣金，两者互为对价，故中介合同是双务、有偿合同。中介合同只需双方当事人意思表示一致即成立，无须中介人现实提供中介服务为成立要件。且其订立也不需采用特定的形式，故中介合同为诺成、不要式合同。

3.报酬义务的给付具有不确定性。在中介合同中只有中介人的中介活动达到目的，委托人才负有给付报酬的义务。中介人若未促成合同成立的，不得要求委托人支付报酬，而中介人的中介活动能否达到目的，委托人与第三人之间的交易能否成功并不确定，故报酬义务的给付具有不确定性。中介合同因此被视为一种委托人的给付义务附延缓条件的合同。[①]

---

① 马俊驹、余延满：《民法原论》，法律出版社2005年第2版，第748页。

## 二、中介合同与委托合同、行纪合同的区别

中介合同与委托合同、行纪合同十分相似，均为一方当事人接受另一方当事人的委托，提供一定服务的合同，但三者都是独立的有名合同，存在明显的区别：

1.受托一方的法律地位不同。中介合同中的中介人只是介绍人，向委托人报告订约机会，或为订约媒介，中介人本人不参与委托人与第三人订立合同的过程，因此，中介人不以委托人的名义也不以自己的名义与第三人订立合同。委托合同的受托人办理委托事务时，原则上是以委托人的名义进行活动，受托人通常处于代理人的地位，委托人是合同的一方当事人，直接承受合同的权利和义务。行纪合同中的行纪人只能以自己的名义进行活动，行纪人与第三人之间所为的法律行为并不能直接只是间接地对委托人发生效力。

2.受托人处理事务的内容不同。中介合同中的中介人是为委托人报告订约机会或为订约媒介，中介人本身的行为不产生法律后果。委托合同中的受托人按照委托人的要求实施具有法律意义的行为，委托事务除了贸易活动外，还可以是其他法律行为，也可以是事实行为。行纪合同中行纪人的委托事务是特定的法律行为，仅限于买卖、寄售等贸易活动，且一般为法律行为。

3.有偿与否不同。中介合同虽为有偿合同，但中介人取得报酬的权利具有不确定性，中介人只有在促成合同成立时才得以请求报酬，并且可以从委托人和其相对人双方处取得报酬。委托合同可以是有偿合同，也可以是无偿合同。行纪合同为有偿合同，行纪合同中的行纪人和有偿的委托合同中的受托人只能从委托人处取得报酬。

## 三、中介合同的效力

### （一）中介人的义务

1.报告订立合同机会或提供合同媒介服务的义务。这是中介人在中介合同中承担的主要义务，由于中介合同的订立，是通过中介人向委托人报告订立合同的机会或提供订立合同的媒介服务，以实现与第三人缔结合同，因此中介人应当就有关订立合同的事项向委托人如实报告。我国《民法典》第 962 条第 1 款明确规定中介人的此项义务。若中介人违背了如实报告义务的，故意隐瞒与订立合同有关的重要事实或者提供虚假情况，损害委托人利益的，依据《民法典》第 962 条第 2 款的规定，中介人不得要求委托人支付报酬，并应当承担造成委托人损害的赔偿责任。

对于相对人，在报告订约机会的中介服务中，中介人不负有向相对人报告委托人有关情况的义务，但在媒介订约的中介服务中，中介人则负有将委托人有关情况向相对人报告的义务。中介人违反此义务，给相对人造成损害的，相对人有权拒绝支付约定的报酬，并要求中介人承担赔偿责任。

同时中介人对在为委托人提供中介服务时所知悉的委托人的有关商业秘密以及其他信息，成交机会以及后来的订约情况等，负有依照合同约定保密的义务。

2.负担中介活动费用的义务。中介活动的费用主要是指中介人报告订约机会或提供媒介服务所支出的通信、交通、调查等费用。当中介活动不成功，未促成委托人与第三人订立合同时，中介人无权要求支付报酬，但委托人应支付中介活动支出的必要费用。在中介人促成合同成立的情形下，从事中介活动支出的费用，应由中介人自行负担，因为中介活动的费用已通过收取报酬来获得补偿。

(二)委托人的义务

1.支付报酬的义务。在中介人报告订约机会的中介合同中，如中介人促成委托人与第三人订立合同的，应当由委托人向中介人按照合同约定支付报酬。对中介人的报酬没有约定或者约定不明确，依照《民法典》510 条的规定仍不能确定的，根据中介人的劳务合理确定。在中介人提供媒介服务的中介合同中，中介人在委托人与第三人之间传达双方的意思，为合同的成立而付出了劳动、时间、物力等，这对委托人和第三人而言是平等的，故中介人促成合同成立的，由该合同的双方当事人平均负担报酬。当然并不因此否认委托人与第三人就中介人的报酬负担依然作出约定的效力。

2.负担中介活动费用的义务。中介人的报酬请求权以取得中介结果为前提，若中介人未促成委托人与第三人订立合同，自然无法要求支付报酬，但中介人在履行其中介服务时，往往已经支出必要费用，此时，中介人可以请求委托人支付其为从事中介活动支出的必要费用。我国《民法典》第 964 条则规定，在中介人未促成合同成立的，可以请求委托人支付从事中介活动支出的必要费用。

## 第十节 培训合同

### 一、培训合同的概念和特征

培训是为提高人们的知识、技能、技术水平，以适应经济和社会发展的需要而开展的各种有组织、有计划的教育与训练活动。培训合同是指接受培训的一方为适应经济和社会发展需要而与培训机构在平等、自愿的基础上约定，对受培训者进行专门职业能力和智力开发的明确双方权利义务的协议。培训合同作为提供服务的一类合同，具有以下法律特征：

1.培训合同主体的特殊性。培训合同的一方主体是依法从事培训业经营的培

训机构，主要包括各类社会组织和个人单独或联合举办的实施技能开发的组织实体。培训实体应当是经过一定法律的批准程序或者办理了工商登记手续或其他法定的登记手续，从事培训或附带从事培训的经营主体。[①] 培训实体可以是政府，如市、县劳动和社会保障部门等，也可以是如就业训练中心、职业学校、技工学校等各类社会组织和个人单独或联合举办的实施培训的组织实体。

2.培训合同形式的附和性。培训往往以"培训班"的形式出现，因此，培训机构为了重复使用而经常预先拟定好格式条款，格式条款具有要约的广泛性、持久性和细节性，条款的单方事先决定性和不变性，因此，接受培训的一方只能概括地表示接受或不接受，而无对合同条款进行协议的自由。当然，具有附和特性的培训合同，并不排斥非格式条款的存在，如当事人可以另行约定违约责任或解决争议的办法等。

3.培训合同的双务、有偿、诺成、无名及不要式性。培训合同的培训方的主要义务是依照约定提供培训服务，而接受培训方则应依约定支付报酬，因此培训合同是双务和有偿合同。同时培训合同的成立，并不要求交付标的物或者完成其他给付，只需经双方当事人意思表示一致即告成立，故培训合同为诺成合同。此外，培训合同又为无名和不要式合同，因为法律和行政法规并未对培训合同作出规定，故对培训合同的形式也不存在法律的要求。

4.培训合同标的的智能性和履行标准的复杂性。培训合同是为了实现一定培训目的而签订的有关实施培训行为的协议，其标的是提供一定的培训服务的特定行为，这是一种传授知识、技术或技能的行为而非一般劳务。培训合同履行标准的复杂性是由于培训服务本身的非标准性和无形性以及培训对象的非标准性决定的。衡量培训机构履行合同是否全面适当，除了考察其是否设置了应有的科目课程，是否完成预定的教学任务等硬指标外，还要对培训师的培训能力、受培训者培训前后的发展状况等进行考察。

## 二、培训合同的效力

### （一）培训方的义务

1.培训机构在招生宣传时的诚信义务。培训作为一种服务，与旅游、零售等其他服务一样，给予顾客一定的承诺并切实履行，既是优质服务的一种标志，也是塑

① 如职业培训机构必须根据劳动部于1994年12月发布的《职业培训实体的管理规定》第8条的要求成立，应具备稳定的经营来源；与办学规模相适应的办学场所；与专业（工种）设置相适应的培训设备和实习场所；与办学任务相适应的师资和管理人员；必要的教学文件、教材、教具、教学仪器、图书资料和管理制度等，职业培训机构的开办在程序上还应征得有关部门同意。

造培训品牌的必要手段。因此,培训机构在招生时应如实地向社会及学员介绍办学条件、培训性质、培训内容以及培训期限、费用等。发布招生广告时,应由有关部门出具刊播广告的证明。

2.配备合格的培训教员。培训的质量,在很大程度上取决于教员的素质和能力,即取决于教员在实施培训活动中对自己所承担的各项培训工作的适应范围和承受水平。这就要求培训方所配备的教员应具备扎实的专业知识和熟练的规范的实际操作技能,有从事培训工作和教学工作的经验和能力。如培训教员不符合合同约定条件,影响培训质量的,培训方应当减收或者免收培训费。

3.依约组织培训活动并按期完成培训任务。该项义务要求培训方在合同约定的期限内完成培训任务,保证学员能够从事合同约定的专业技术工作或者掌握合同约定的专业技能。

#### (二)受培训者的主要义务

1.缴纳费用的义务。这是受培训者的主要义务,受培训者应当按照约定的时间和数额缴纳培训费用。

2.按时参加培训和遵守纪律的义务。受培训者参加培训的目的在于掌握培训任务所要求的知识和技能,因此,培训合同成立后,受培训者应当按照约定的时间、地点等参加培训活动。同时,在培训过程中,受培训者必须遵守培训机构合理的规章制度,爱护工具、仪器、机器及其他教学设施。

3.保密义务。在受培训过程中如知悉培训机构的商业秘密的,负有保守该商业秘密的义务。

## 第十一节　旅游合同

### 一、旅游合同的概念和特征

旅游合同是旅行社提供旅游服务,旅游者支付旅游费用的合同。旅游合同具有以下法律特征:

第一,旅游合同的主体的特定性。旅游合同的主体一方只能是旅游经营者——旅行社。旅行社是以营利为目的,从事招徕、组织、接待旅游者,为其提供旅游服务的企业。根据《旅游法》[①]第28条的规定,设立旅行社应当具备的条件为:有固定的经营场所,有必要的营业设施,有符合规定的注册资本,有必要的经营管

---

① 2013年4月25日第十二届全国人民代表大会常务委员会第二次会议通过《中华人民共和国旅游法》,2013年10月11日正式实施。

理人员和导游,法律、行政法规规定的其他条件。在我国,旅游业为特许经营行业,旅行社从事旅游业务须经过旅游行业政府主管部门的许可,并经过工商行政管理部门注册登记。旅行社若从事出境或边境旅游业务,应当取得相应的经营许可,且还须经过政府主管部门的特别批准。

第二,旅游合同的标的是提供旅游服务。旅游合同的标的是旅行社提供旅游服务,旅行社所经营的旅游业务,包括为旅游者代办出境、入境手续,招徕、接待旅游者,为旅游者安排食宿等有偿服务的经营活动。可见,旅游合同的标的是提供一揽子有偿服务的组合。

第三,旅游合同是不要式合同,旅行社组织和安排旅游活动,应当与旅游者订立合同。当事人可以采用书面形式,也可采用口头形式订立合同,但是,包价旅游合同是要式合同。对此,旅游法作了特别规定,要求采用书面形式订立包价旅游合同。所谓包价旅游合同是指旅游者在旅游活动开始前即将全部或部分旅游费用预付给旅行社,由旅行社相应地为旅游者安排旅游途中的吃、住、行、游、娱等活动的合同。

第四,旅游合同是双务、有偿、诺成、不要式和继续性合同。旅游合同双方当事人都负担着合同义务,旅行社要向旅游者提供合同约定的旅游服务行为,旅游者要向旅行社支付合同约定的旅游服务费用,任何一方从另一方取得利益,都必须向对方付出一定代价,所以旅游合同是双务、有偿合同。旅游合同一经当事人意思表示一致即告成立,故为诺成合同,同时又是不要式合同,当事人可以采用书面形式,也可以采用口头形式。另外,旅游服务并非一次给付即可完成,故旅游合同为继续性合同。

## 二、旅游合同当事人的义务

### (一)旅行社的义务

1.按照约定的标准向旅游者提供旅游服务的义务。[①] 这是旅行社最主要的义务。旅行社应当按照合同约定的内容全面履行其合同义务,不得擅自变更旅游合同的内容。旅行社组织、接待旅游者,不得指定具体购物场所,不得安排另行付费旅游项目。但是,经双方协商一致或者旅游者要求,且不影响其他旅游者行程安排的除外。旅行社招徕旅游者组团旅游,因未达到约定人数不能出团的,组团社可以解除合同。但是,境内旅游应当至少提前 7 日通知旅游者,出境旅游应当至少提前

① 参照我国大陆和台湾地区的旅游合同范本,这些旅游服务通常包括以下几个方面:代办出国或出游手续、安排提供交通工具、提供旅程中之餐膳、安排住宿、安排游览项目、指派导游随团服务、举办说明会等。"旅游营业人于团体成行前,应举办说明会,向游客作必要之善说明,例如当地风俗习惯、特殊法令、气候、语言、货币之介绍等,是为旅游营业人之附随义务。"(参见孙森焱:《旅游契约之研究》,载《东吴大学法律学报》1998 年第 1 期)。

30 日通知旅游者。因未达到约定人数不能出团的,组团社经征得旅游者书面同意,方可委托其他旅行社履行合同。组团社对旅游者承担责任,受委托的旅行社对组团社承担责任。若旅游者不同意的,可以解除合同。因未达到约定的成团人数解除合同的,组团社应当向旅游者退还已收取的全部费用。

2.依照合同的约定委派正规的随团人员的义务。旅行社组织团队出境旅游或者组织、接待团队入境旅游,应当按照规定安排领队或者导游全程陪同。根据旅游法的要求,旅游团的随团人员——导游人员和领队人员必须取得相应的执业资格,方能从事导游和领队工作。导游必须是参加导游资格考试成绩合格,与旅行社订立劳动合同或者在相关旅游行业组织注册,并经过申请取得导游证的人员。领队则是取得导游证,具有相应的学历、语言能力和旅游从业经历,与旅行社订立劳动合同,并经过申请取得领队证的人员。导游和领队应当严格执行旅游行程安排,不得擅自变更旅游行程或者中止服务活动,不得向旅游者索取小费,不得诱导、欺骗、强迫或者变相强迫旅游者购物或者参加另行付费旅游项目。

3.保证旅游者的人身和财产安全的义务。旅行社除了完成约定的旅游服务外,基于诚实信用原则,对于游客还产生保护、照顾、忠实告知以及协助等附随性义务。旅行社应对可能危及旅游者人身、财产安全的事项和须注意的问题,向旅游者作出真实的说明和明确的警示,并采取合理必要措施防止危害发生,旅游者人身、财产权益受到损害时,应当采取合理必要的保护和救助措施,避免旅游者人身、财产权益损失扩大。若由于可归责于旅行社的事由导致旅游者人身或财产损害,旅行社应负损害赔偿责任。游客在旅游途中发生疾病,旅行社有照顾的义务。如果旅游者在行程单安排的购物场所所购物品系假冒伪劣商品时,旅游者提出索赔的,旅行社应当积极协助旅游者进行索赔,自索赔之日起超过 60 日,旅游者无法从购物点获得赔偿的,旅行社应当先行赔付。

#### (二)旅游者的义务

1.交纳旅游费用的义务。游客的主要义务是根据合同约定的时间、数额及方式向旅行社支付旅游费用,这里的费用包括劳务报酬和服务费用等。除约定的免费服务项目外,旅行社增加的其他旅游项目,旅游者接受的,还应另外支付服务费用。

2.文明旅游的义务。旅游者在旅游的过程中,应遵守国家和地方的法律法规和有关规定,不在旅游行程中从事违法活动,不参与色情、赌博和涉毒活动;遵守公共秩序和社会公德,尊重当地的民族风俗习惯;尊重旅游服务人员的人格,举止文明,不在景观、建筑上乱刻乱画,不随地吐痰、乱扔垃圾。

3.附随义务。游客的附随义务主要是依照诚实信用原则和团体旅游的特点而产生的。[①] 此义务的履行是为了保障旅游的顺利进行。旅游者在旅游过程中应当

---

① 宁红丽:《旅游合同研究》,载《民商法论丛》(22),金桥文化出版(香港)有限公司 2002 年版。

服从旅行社作出的合理旅程安排，应当遵守法律规定和团队纪律，不得擅自活动，不得影响随团其他成员的安全及干扰他人的休息和安宁。旅游者不遵守规定的行为给旅行社造成损失的，旅游者应对旅行社承担赔偿责任。

## 真题链接

1.甲、乙两公司约定：甲公司向乙公司支付5万元研发费用，乙公司完成某专用设备的研发生产后双方订立买卖合同，将该设备出售给甲公司，价格暂定为100万元，具体条款另行商定。乙公司完成研发生产后，却将该设备以120万元卖给丙公司，甲公司得知后提出异议。下列哪一选项是正确的？（2017年）

A.甲、乙两公司之间的协议系承揽合同

B.甲、乙两公司之间的协议系附条件的买卖合同

C.乙、丙两公司之间的买卖合同无效

D.甲公司可请求乙公司承担违约责任

2.甲公司与没有建筑施工资质的某施工队签订合作施工协议，由甲公司投标乙公司的办公楼建筑工程，施工队承建并向甲公司交纳管理费。中标后，甲公司与乙公司签订建筑施工合同，工程由施工队负责施工，办公楼竣工验收合格交付给乙公司。乙公司尚有部分剩余工程款未支付。下列哪一选项是正确的？（2015年）

A.合作施工协议有效

B.建筑施工合同属于效力待定

C.施工队有权向甲公司主张工程款

D.甲公司有权拒绝支付剩余工程款

3.甲公司将建筑工程发包给乙公司，乙公司将其转包给丙公司，丙公司将部分工程包给由121个农民工组成的施工队。施工期间，丙公司拖欠施工队工程款达500万元之多，农民工因此踏上维权之路。丙公司以乙公司拖欠其工程款800万元为由、乙公司以甲公司拖欠其工程款1000万元为由均拒付欠款。施工队将甲公司诉至法院，要求甲公司支付500万元。根据社会主义法治理念，关于本案的处理，下列哪些说法是正确的？（2011年）

A.法院应驳回施工队的诉讼请求，因甲公司与施工队无合同关系。法院不应以破坏合同相对性为代价，片面实现社会效果

B.法院应支持施工队的诉讼请求。法院不能简单以坚持合同的相对性为由否定甲公司的责任，从而造成农民工不断申诉，案结事不了

C.法院应当追加乙公司和丙公司为本案当事人。法院一并解决乙公司和丙公司的欠款纠纷，以避免机械执法，就案办案

D.法院可以追加乙公司和丙公司为本案当事人。法院加强保护农民

4.甲房地产开发公司开发一个较大的花园公寓项目,作为发包人,甲公司将该项目的主体工程发包给了乙企业,签署了建设工程施工合同。乙企业一直未取得建筑施工企业资质。现该项目主体工程已封顶完工。就相关合同效力及工程价款,下列哪些说法是正确的?(2017 年)

A.该建设工程施工合同无效

B.因该项目主体工程已封顶完工,故该建设工程施工合同不应认定为无效

C.该项目主体工程经竣工验收合格,则乙企业可参照合同约定请求甲公司支付工程价款

D.该项目主体工程经竣工验收不合格,经修复后仍不合格的,乙企业不能主张工程价款

5.甲公司以一地块的建设用地使用权作抵押向乙银行借款 3000 万元,办理了抵押登记。其后,甲公司在该地块上开发建设住宅楼,由丙公司承建。甲公司在取得预售许可后与丁订立了商品房买卖合同,丁交付了 80%的购房款。现住宅楼已竣工验收,但甲公司未能按期偿还乙银行借款,并欠付丙公司工程款 1500 万元,乙银行和丙公司同时主张权利,法院拍卖了该住宅楼。下列哪些选项是正确的?(2017 年)

A.乙银行对建设用地使用权拍卖所得价款享有优先受偿权

B.乙银行对该住宅楼拍卖所得价款享有优先受偿权

C.丙公司对该住宅楼及其建设用地使用权的优先受偿权优先于乙银行的抵押权

D.丙公司对该住宅楼及其建设用地使用权的优先受偿权不得对抗丁对其所购商品房的权利

6.甲公司与乙公司签订建设工程施工合同,将工程发包给乙公司施工,约定乙公司垫资 1000 万元,未约定垫资利息。甲公司、乙公司经备案的中标合同中工程造价为 1 亿元,但双方私下约定的工程造价为 8000 万元,均未约定工程价款的支付时间。7 月 1 日,乙公司将经竣工验收合格的建设工程实际交付给甲公司,甲公司一直拖欠工程款。关于乙公司,下列哪些表述是正确的?(2012 年)

A.1000 万元垫资应按工程欠款处理

B.有权要求甲公司支付 1000 万元垫资自 7 月 1 日起的利息

C.有权要求甲公司支付 1 亿元

D.有权要求甲公司支付 1 亿元自 7 月 1 日起的利息

7.刘某与甲房屋中介公司签订合同,委托甲公司帮助出售房屋一套。关于甲公司的权利义务,下列哪一说法是错误的?(2015 年)

A.如有顾客要求上门看房时,甲公司应及时通知刘某

B.甲公司可代刘某签订房屋买卖合同

C.如促成房屋买卖合同成立,甲公司可向刘某收取报酬

D.如促成房屋买卖合同成立，甲公司自行承担居间活动费用

8.某律师事务所指派吴律师担任某案件的一、二审委托代理人。第一次开庭后，吴律师感觉案件复杂，本人和该事务所均难以胜任，建议不再继续代理。但该事务所坚持代理。一审判决委托人败诉。下列哪些表述是正确的？（2013 年）

A.律师事务所有权单方解除委托合同，但须承担赔偿责任

B.律师事务所在委托人一审败诉后不能单方解除合同

C.即使一审胜诉，委托人也可解除委托合同，但须承担赔偿责任

D.只有存在故意或者重大过失时，该律师事务所才对败诉承担赔偿责任

# 第十三章 其他有名合同

## 第一节 保证合同

### 一、保证合同的概念和特征

保证合同是指债务人以外的第三人做保证人，与债权人订立的以确保债务人能够履行债务的合同。如果债务人不履行债务，那么由第三人承担责任，从而确保债权人的权利不受损失。保证合同是保证人以自己的信用来担保债务人履行债务的合同。所以，保证人只能是债务人之外的第三人，而不能是债务人本人。

保证合同具有以下特点：

一是保证合同是从合同。保证合同依附于债务人和债权人之间的主合同，并保障主合同中的债权实现，只有主债务存在时，保证合同存在才有意义。

二是保证合同是单务合同。保证合同成立后，在保证人与债权人之间的债权债务关系上，仅保证人对债权人负担保证责任，债权人对保证人并不负对价给付义务。因此，保证合同是单务合同。

三是保证合同是无偿合同。保证合同成立后，保证人和债权人之间无互为报酬的对价给付，因此保证合同具有无偿性。

四是保证合同是要式合同。保证合同应当采用书面形式订立，以口头形式订立保证合同的，保证合同不成立。如果保证人自愿履行口头保证合同所约定的保证义务，应当认定口头保证合同成立。

五是保证合同具有独立性。虽然保证合同具有从属性，但是保证债务是独立于主债务之外的另一债务，因此具有独立性。

### 二、保证合同的一般规定

#### （一）保证合同的内容

在保证合同中，双方当事人应当就主债权的种类、数额，债务人履行债务的

期限以及保证人保证的方式、范围和期间等内容进行约定。但上述条款并非保证合同成立的必要条件。《民法典》第684条规定："保证合同的内容一般包括被保证的主债权的种类、数额，债务人履行债务的期限，保证的方式、范围和期间等条款。"上述条款只是一般性规定，保证合同中没有完备上述内容的，并不影响保证合同的效力。保证合同订立后，保证人和债权人可以根据具体情况协议增加有关内容。

### （二）保证方式

保证方式是指在债务人不履行债务时，保证人对债权承担保证责任的方式。保证方式包括一般保证和连带责任保证。

一般保证，是指在债务人不履行债务时，保证人仅对该债务负补充责任的保证。补充责任的保证是指在债务人和债权人之间的主合同纠纷经审判或者仲裁，并依法强制执行债务人财产后，债务人仍不能履行债务时，保证人才对债务人所不能履行的部分承担保证责任。

连带责任保证，是指保证人在债务人不履行债务时与债务人负连带责任的保证。连带责任保证是指当债务人发生履行期届满不履行债务的事实时，在不经过审判、仲裁或强制执行等程序，债权人即可直接要求保证人在其保证范围内承担保证责任，保证人不享有先诉抗辩权。《民法典》第688条第2款规定："连带责任保证的债务人不履行到期债务或者发生当事人约定的情形时，债权人可以请求债务人履行债务，也可以请求保证人在其保证范围内承担保证责任。"

传统民法上，保证都是以一般保证为原则，连带责任为例外。一般情况下，保证人和债权人应当在保证合同中就保证方式进行明确约定。只有在保证合同中有明确约定时，保证人才承担连带责任。如果保证合同双方当事人就保证方式没有约定或者约定不明，则推定保证人的保证方式为一般保证；如果保证合同双方当事人约定，保证人仅在债务人不能履行债务时承担保证责任的，也推定保证方式为一般保证。

### （三）保证合同的类型

#### 1.最高额保证合同

最高额保证合同是指保证人在最高债权额限度内，为一定期间连续发生的债权提供保证担保的合同。最高额保证合同具有以下特点：第一，最高额保证的生效与被保证的债务是否实际发生无关；第二，所担保的债务为一定期间内连续发生的债务；第三，最高额保证约定了保证人承担保证责任的最高限额；第四，最高额保证所担保的是债务整体，各笔债务的清偿期仅对债务人有意义，并不影响保证人承担保证责任。[①]

最高额保证与最高额抵押权之间有较多共同之处,《民法典》物权编中对最高额抵押权作了较为详细规定。因此,《民法典》第 690 条第 2 款规定:"最高额保证除适用本章规定外,参照适用本法第二编最高额抵押权的有关规定。"

2.共同保证合同

共同保证是指数个保证人就同一债务人的同一债务所做的保证。数个保证人之间应当对保证份额进行明确的约定。如果共同保证人之间明确了各自承担的份额,则相当于各共同保证人均就主债务的特定部分设定保证。此种情形下,债权人只能请求每一个保证人就其保证份额承担保证责任,无权请求其中某个保证人就全部保证债务承担责任;如果共同保证人之间未明确约定保证份额,则债权人可以请求其中任何一个保证人承担其保证范围内的保证责任。

## 三、保证合同的内容

### (一)保证的范围和期间

保证范围是指保证人在主债务人不履行债务时,向债权人承担的代为履行义务的限度。[②] 双方当事人在设立保证合同时,应当明确保证人的保证责任范围。《民法典》第 691 条规定:"保证的范围包括主债权及其利息、违约金、损害赔偿金和实现债权的费用。当事人另有约定的,按照其约定。"保证债务独立于主债务,因此保证责任的范围得由当事人自由约定。此时,保证责任的范围不必与主债务的范围相一致,但不得大于或强于主债务。当事人对保证责任的范围有明确约定的,保证人仅在约定的限度内负保证责任,对超出约定范围的债务,保证人不负保证责任。如双方当事人未约定,则应依保证责任的法定范围加以确定。保证责任的法定范围除包括主债权以外,还及于主债权的利息、违约金、损害赔偿和实现债权的费用。

约定保证责任范围具有优先于法定保证责任范围的效力,即保证人和主债权人如在保证合同中对保证责任范围作了明确约定,即使其约定与法定的保证责任范围不一致,亦应优先适用约定的保证责任范围,而排除法定保证责任范围的适用。

保证期间是指依据法律规定或者当事人的约定,保证人承担保证责任的期间。保证期间不因任何事由发生中断、中止、延长的法律后果。保证期间以约定为原

---

① 中国法制出版社:《中华人民共和国担保法注解与配套》,中国法制出版社 2017 年第 4 版,第 18 页。

② 高圣平:《担保法论》,法律出版社 2008 年版,第 164 页。

则，以法定为例外。对于双方当事人对保证期间没有约定或者约定不明确的，法律推定保证期间为主债务履行期限届满之日起六个月。而双方当事人约定的保证期间早于主债务履行期限或者与主债务履行期限同时届满的，视为没有约定。保证期间自主债务履行期限届满之日起开始计算，如果双方当事人对主债务履行期限也没有约定或者约定不明确的，法律推定保证期间自债权人请求债务人履行债务的宽限期届满之日起计算。

### （二）保证人的权利

1.先诉抗辩权

《民法典》第 687 条出于对保证人的保护，法律规定保证人具有先诉抗辩权。保证人的先诉抗辩权是指债权人在主合同纠纷未经审判或者仲裁，并未就债务人的财产依法强制执行前，不得对保证人提出履行保证责任，清偿债务人所负债务的请求。但是为了均衡当事人之间的利益，保证债权人的债权能够得到充分保障，法律特别规定行使先诉抗辩权的例外情形。《民法典》第 687 条规定："一般保证的保证人在主合同纠纷未经审判或者仲裁，并就债务人财产依法强制执行仍不能履行债务前，有权向债权人拒绝承担保证责任，但是有下列情形之一的除外：(一)债务人下落不明，且无财产可供执行；(二)人民法院已经受理债务人破产案件；(三)债权人有证据证明债务人的财产不足以履行全部债务或者丧失履行债务能力；(四)保证人书面表示放弃本款规定的权利。"在上述情形中，债权人要求保证人承担保证责任的，保证人不得以享有先诉抗辩权为由拒绝履行保证责任。

2.要求债务人提供反担保的权利

《民法典》第 689 条规定："保证人可以要求债务人提供反担保。"反担保又称求偿担保，是指为保障债务人之外的担保人将来承担担保责任后对债务人的追偿权的实现而设定的担保。反担保主要意义在于使得担保人能够安心为被担保人提供担保，解除其提供担保的后顾之忧，从而以此保证经济交往的迅速进行。反担保人的权利义务，依相应的担保方式而定[①]。

反担保人可以是债务人，也可以是债务人之外的其他人。反担保方式可以是债务人提供的抵押或者质押，也可以是其他人提供的保证、抵押或者质押。反担保与担保的区别在于，担保所担保的是主债权，而反担保所担保的是担保人的追偿权，即附条件的未来债权。

3.追偿权

《民法典》第 700 条规定："保证人承担保证责任后，除当事人另有约定外，有权在其承担保证责任的范围内向债务人追偿，享有债权人对债务人的权利，但是不得

---

① 中国法制出版社：《中华人民共和国担保法注解与配套》，中国法制出版社 2017 年第 4 版，第 5 页。

损害债权人的利益。”保证人的追偿权是指保证人在履行保证债务而对债权人进行清偿之后，可向债务人请求偿还的权利。追偿权是对保证人履行保证债务的一种补偿，因此保证人有权在其承担保证责任的范围内向债务人追偿。同时保证人还可以向债务人主张债权人对其享有的权利，但保证人不得以此损害债权人的利益。如果当事人双方约定保证人承担保证责任后不享有追偿权的，应从其约定。

4.一般抗辩权

保证人的一般抗辩权是指保证人享有债务人针对债权人的各项抗辩权。保证债务从属于主债务的属性，主债务人对于债权人所享有的任何抗辩权或者其他权利，保证人均可以主张以对抗债权人的请求。当主债务人行使了抗辩权时，该抗辩权的效力及于保证人。如果主债务人怠于行使对抗债权人的抗辩权时，由保证人自己来行使主债务人的抗辩权，则能充分保护保证人的合法利益。因此，《民法典》第701规定：“保证人可以主张债务人对债权人的抗辩。债务人放弃抗辩的，保证人仍有权向债权人主张抗辩。”

需注意的是，保证人的一般抗辩权属于其依法享有的抗辩权，独立于主债务人的抗辩权而发生效力。即保证人行使抗辩权时是以自己的名义而非主债务人代理人的身份。不论保证人的保证责任为一般保证责任还是连带保证责任，均享有一般抗辩权。但专属于债务人自身的抗辩权，保证人不得享有。

### （三）保证责任的免除

1.因保证期间届满的免除

债权人对保证人的请求权仅存在于保证期间。如果在保证期间届满前，债权人不依法定方式向保证人主张权利，保证人因此免除保证责任。判断债权人是否行使权利的标准因保证方式的不同而有所不同。在一般保证中，债权人行使权利的标准为债权人是否在保证期间届满前以仲裁或者诉讼的方式向债务人请求履行债务；而在连带责任保证中，债权人行使权利的标准为债权人是否在保证期间届满前向保证人主张保证债权。《民法典》第693条规定：“一般保证的债权人未在保证期间对债务人提起诉讼或者申请仲裁的，保证人不再承担保证责任。连带责任保证的债权人未在保证期间请求保证人承担保证责任的，保证人不再承担保证责任。”

2.因债权人消极行使权利的免除

保证责任因债权人消极行使权利的免除情形仅在一般保证责任中发生。一般保证责任是一种补充责任，仅在主合同纠纷经审判或者仲裁，并依法被强制执行债务人财产后，债权人仍不能得到清偿时，保证人才对债务人所不能履行的部分承担保证责任。如果债务人确有可供执行财产，债权人由于自身原因放弃或者怠于行使权利，错失执行机会致使债权不能够实现的，此种情形下如让保证人承担该后果并且继续履行保证债务，显著有损公平，必然会损害保证人的利益。因此，《民法

典》第698条规定："一般保证的保证人在主债务履行期限届满后，向债权人提供债务人可供执行财产的真实情况，债权人放弃或者怠于行使权利致使该财产不能被执行的，保证人在其提供可供执行财产的价值范围内不再承担保证责任。"

3.基于抵销权和撤销权的保证责任的减免

撤销权是指债务人对于债权人危害债权实现的行为，有请求人民法院撤销该行为的权利。抵销权是指当事人双方之间互相负有债务时，各自用其债权来充当债务的清偿从而使双方债务在对等范围内归于消灭。无论是抵销权亦或是撤销权，债务人有效行使该权利后，必然都能够缩小债务范围，必然会减轻保证人的保证责任。因此，《民法典》第702条规定："债务人对债权人享有抵销权或者撤销权的，保证人可以在相应范围内拒绝承担保证责任。"

### （四）债的变动对保证责任的影响

1.主合同变更对保证责任的影响

保证合同的债权人和债务人不得私自变更主合同内容。如果在当事人变更主合同，并增加主债的数额或强度时，在未经保证人同意，对超过原债额或强度的部分，径直要求保证人承担保证责任，这一方面会使债权人获得经保证人允诺以外的利益，另一方面当然也就使保证人蒙受其允诺外的不测损害，对保证人是不公平的。所以，当主合同变更加重了保证人债务的，保证人对加重的部分不承担保证责任。如果主合同的变更减轻了保证人债务的，该变更没有超出保证人允诺的利益范围，没有损害保证人的任何利益，该情况保证人仍对变更后的债务承担保证责任。但对于主债权债务合同履行期限，无论债权人和债务人限缩还是延长，只要未经保证人书面同意的，该变更对保证人没有影响，即保证人仍按照变更前的主合同确定保证期间的起算点，依法律规定或双方当事人约定确定保证期限。

2.债权让与对保证责任的影响

从性质上来看，保证合同是从属于主债务合同的从合同。根据从属性原则，主债权人转让主债权时，从债权一同转让，即债权人将全部或者部分债权转让给第三人后，保证人对受让人继续承担相应的保证责任。但是在保证合同中，保证人继续承担保证责任的前提是债权人履行了告知义务，如果债权人未将债权让与的事实告知保证人，该转让对保证人不发生效力，但不影响债权人和受让人之间的关系。

保证合同的当事人也可以约定债权人禁止转让债权。不过，禁止债权转让的约定仅对保证人是否承担保证责任产生影响，对债权人转让债权的效力不发生影响。即在此约定下，债权人仍可以转让债权，但保证人不再承担保证责任。

3.债务承担对保证责任的影响

债务的承担是指在不变更债的统一性的前提下而转移债务。在保证合同中，主债权关系的当事人应为债权人和主债务人，债权人转让其债权是其权利，保证人无权干涉。因此债权人可未经保证人书面同意，允许债务人转移全部或者部分债务。保证人对未经其同意转移的债务不再承担保证责任，如果债务人是部分转让债务的，保证人仍应当对未转让部分的债务承担保证责任，但是债权人和保证人另有约定的除外。第三人作为债务人加入主债务之中的，其加入并未加重保证人的担保责任，因此保证人的保证责任不受影响。

### （五）保证债务诉讼时效

一般诉讼时效起算点是从债权人知道或者应当知道自己权利受到侵犯时开始计算，保证债务诉讼时效起算点亦是如此。在保证合同中，当保证债权可得行使时，债权人向保证人主张保证债权受阻，即知道或者应当知道自己权利受到侵犯，此时保证债务的诉讼时效期间即开始计算。[①] 在一般保证中，因保证人有先诉抗辩权，债权人只有在主债务人确实无力履行或赔偿损失时，才能向保证人要求代为履行或赔偿损失，此时债权人的保证债权才可得行使。因此，《民法典》第 694 第 1 款规定："一般保证的债权人在保证期间届满前对债务人提起诉讼或者申请仲裁的，从保证人拒绝承担保证责任的权利消灭之日起，开始计算保证债务的诉讼时效。"在连带责任保证中，保证人与主债务人对于债务清偿处于相同地位，保证人也无抗辩权之说。因此，第 694 条第 2 款规定："连带责任保证的债权人在保证期间届满前请求保证人承担保证责任的，从债权人请求保证人承担保证责任之日起，开始计算保证债务的诉讼时效。"

# 第二节　保理合同

## 一、保理合同的概述

### （一）保理合同的概念和特征

1.保理合同的概念

保理，又称保付代理，指银行、保险公司等有资质的保理商以卖方的应收账款为前提，所提供集应收账款催收、管理、坏账担保以及融资于一体的综合性服务。保理合同是保理人为应收账款债权人提供保理服务时所订立的合同。保理合同所包括的服务内容主要有以下几种：一是资金融通。该服务是以应收账款合法、有效转让为前提的融资服务。如果仅以应收账款为质押而订立的有关合同，不属于保理合同范围。二是应收账款管理。保理人根据债权人的要求，定期或不定期向其提供关于应收账款的回收情况、逾期账款情况、对账单等财务和统计报表，协助其

① 高圣平：《担保法论》，法律出版社 2008 年版，第 134 页。

进行应收账款管理。三是应收账款催收。保理人根据应收账款账期，主动或应债权人要求对债务人进行催收。四是担保应收账款债务人付款。保理人与债权人签订保理协议后，为债务人核定信用额度，并在核准额度内，对债权人无商业纠纷的应收账款，提供约定的付款担保。

2. 保理合同的特征

保理合同具有以下几个特征：一是债权的让与，即应收账款债权人将现有的或者将有的应收账款转让给保理人。二是保理人至少需提供资金融通、应收账款管理或者催收、应收账款债务人付款担保等服务中的一项。如果仅有债权让与，则非保理；如果无债权让与，则或为借款，或为委托（收取债权、管理债权），或为担保，均非保理。[①] 三是保理合同主体法定。保理商必须是依照国家规定，经过有关主管部门批准可以开展保理业务的金融机构和商业保理公司。四是保理合同为要式合同。《民法典》第762条第2款规定："保理合同应当采用书面形式。"

### （二）保理合同的内容和分类

1.保理合同的内容

《民法典》第762条第1款规定："保理合同的内容一般包括业务类型、服务范围、服务期限、基础交易合同情况、应收账款信息、保理融资款或者服务报酬及其支付方式等条款。"法条的规定只是为规范性指导，保理合同的当事人还可以根据需要约定其他内容，缺少上述内容的对合同效力不产生影响。

2.保理合同的分类

以保理人是否有权要求债权人回购应收账款或归还融资为标准，将保理区分为有追索权保理和无追索权保理。

有追索权保理又称回购型保理，指保理商不承担为债务人核定信用额度和提供坏账担保的义务，仅提供包括融资在内的其他金融服务。无论应收账款因何种原因不能收回，保理商都有权向债权人追索已付融资款项并拒付尚未收回的差额款项，或者要求债权人回购应收账款。[②]

有追索权的保理合同的应收账款转让系债权让与担保。在外部关系上，应收账款债权已转让给保理人；从内部关系来看，保理人只是代为管理该应收账款，并将收回款项优先清偿卖方所欠付保理融资款，保理人与债权人实为信托关系；从清算程序上来看，若保理人收取的应收账款超过保理融资款，应当将余款退还给卖方，避免银行不当获利而损害债务人或第三方的利益，符合让与担保清算要件。《民法典》第766条规定："当事人约定有追索权保理的，保理人可以向应收账款债权人主张返还保理融资款本息或者回购应收账款债权，也可以向应收账款债务人

---

① 李宇：《保理合同立法论》，载《法学》2019年第12期。

② 李超：《保理合同纠纷裁判规则与典型案例》，中国法制出版社2017年版，第44页。

主张应收账款债权。保理人向应收账款债务人主张应收账款债权，在扣除保理融资款本息和相关费用后有剩余的，剩余部分应当返还给应收账款债权人。"

无追索权保理又称买断型保理，指保理商根据债权人提供的债务人核准信用额度，在信用额度内承购债权人对债务人的应收账款并提供坏账担保责任。债务人因发生信用风险未按基础合同约定按时足额支付应收账款时，保理商不能向债权人追索。[①] 无追索权保理的性质属于债权买卖，所以保理人承担债务人的信用风险，并不及于债务人主张基础交易所生抗辩、抵销权、解除权等风险，遇此情形，保理人仍有权请求应收账款让与人回购债权或承担其他违约责任。[②]《民法典》第 767 条规定："当事人约定无追索权保理的，保理人应当向应收账款债务人主张应收账款债权，保理人取得超过保理融资款本息和相关费用的部分，无需向应收账款债权人返还。"

## 二、保理合同的规则

### (一)虚构应收账款的法律后果

本条是关于应收账款债权人与债务人虚构应收账款的法律后果。在保理实务中，应收账款虚假或所谓贸易背景虚假是较为突出的问题。在债权转让中，如果债权人并非债权之权利人的，原则上不发生债权让与的效力，且债权不适用类似于物权的善意取得制度。如果应收账款债权人与债务人虚构应收账款，即使保理商已经履行了向债务人核实应收账款真实性的义务，但事后保理商向债务人主张权利时，债务人会以基础交易合同不实或应收账款虚假等为由抗辩。本条规定，上述情形中应收账款债务人不得以应收账款不存在为由对抗保理人，但保理人在订立保理合同之前已经明知应收账款为虚构的除外。

### (二)保理人的通知义务

在债权转让中，通知债务人债权转让的义务人为债权人。但在保理合同中，保理人和债权人都能及时了解债权转让情况，债权转让通知是否通知到位，直接关系到保理合同中的债权转让对债务人的效力，也关系到保理人是否有可能获取应收账款。同时，保理人也能通过应收账款转让通知向债务人核实应收账款的真实性，避免债权人虚构应收账款的情形。为此法律赋予保理人应收账款转让通知的义务，《民法典》第 764 条规定："保理人向应收账款债务人发出应收账款转让通知的，应当表明保理人身份并附有必要凭证。"保理人发出通知后，债务人是否收到通知不影响保理合同的效力。

---

① 李超：《保理合同纠纷裁判规则与典型案例》，中国法制出版社 2017 年版，第 44 页。

② 李宇：《保理合同立法论》，载《法学》2019 年第 12 期。

（三）基础交易合同变更或者终止对保理人的影响

在一般债权转让中，只要当事人协商一致，即可以变更合同。而在保理业务中，因存在应收账款的转让，债权人与债务人之间的基础合同如若仅依应收账款债权人和债务人的意志变动，则会给应收账款的稳定性带来变化，进而影响保理商取得应收账款利益的实现。《民法典》第 765 条规定："应收账款债务人接到应收账款转让通知后，应收账款债权人与债务人无正当理由协商变更或者终止基础交易合同，对保理人产生不利影响的，对保理人不发生效力。"

如果合同的修改行为发生在通知债务人之前，债务人对债权让与并不知情，并对变更或终止后的基础交易合同内容具有信赖利益，此时造成何种于保理商不利的后果，债务人不承担责任，该变更或终止对保理人发生效力。

（四）同一应收账款订立多个保理合同的受偿顺序

同一应收账款被订立多个保理合同，致使多个保理人主张权利的，应按照以下顺序受偿：首先，已办理应收账款转让登记的保理人优先受偿于未办理登记的保理人。其次，均已办理应收账款转让登记的保理人则按照登记时间的先后顺序受偿；均未办理登记的保理人，则由最先到达应收账款债务人的转让通知中载明的保理人受偿。最后，未进行应收账款转让登记，也未向债务人发出应收账款转让通知的，保理人应按照应收账款比例清偿。

（五）兜底性规定

保理合同关系虽和债权转让关系有较大的差异，但是债权转让仍是保理合同的重要组成部分。《民法典》基于保理合同的特征作出了特别规定，但对保理合同与债权转让一致的部分，《民法典》第 769 条规定："本章[①]没有规定的，适用本编第六章债权转让的有关规定。"以此避免重复。

## 第三节　技术合同

### 一、技术合同概述

（一）技术合同的概念和特征

技术合同是当事人就技术开发、转让、咨询或者服务订立的确立相互之间权利

① "本章"指的是《民法典》第十六章。

和义务的合同。技术合同是以技术为标的的合同的总称，具体包括技术开发合同、技术转让合同、技术许可合同、技术咨询合同和技术服务合同等。技术合同具有以下法律特征：

第一，技术合同的标的是提供技术行为。提供技术行为包括提供现存的技术成果、对尚未开发的技术进行开发、提供与技术有关的辅助性帮助等行为，即技术开发、技术转让、技术咨询或技术服务行为。因此，技术合同实质上属于特种买卖合同，其标的所涉及的对象不是一般商品，而是技术。

第二，技术合同是要式和诺成合同。由于技术合同的内容非常复杂，所涉及的内容方方面面且较为重大，故技术合同应采用书面形式。技术合同的成立，除法律规定必须经有关主管部门批准外，一律自双方当事人达成合意时起即告成立，因此技术合同为诺成合同。

第三，技术合同的履行具有特殊性。技术合同的履行常因涉及与技术有关的其他权利归属，如发明权、科技成果权、专利权等，故技术合同既受合同法约束，又受知识产权制度的规范。技术合同表现出法律调整的多样性。合同法中实际履行制度有时无法适用，如技术开发难度较大，开发失败，则合同义务无法履行，若强求履行，对双方当事人均不利。

### （二）技术合同的订立

1.订立技术合同的基本原则

技术合同除应遵循合同的一般原则外，还应遵循有利于科学技术进步等特殊原则，即《民法典》第 844 条的规定："订立技术合同，应当有利于知识产权的保护和科学技术的进步，加速科学技术成果的研发、转化、应用和推广。"当事人通过技术合同明确相互之间的权利、义务和责任，应当鼓励科技人员加大科研力度，多出科研成果，并尽可能地将科学技术成果运用于生产实践，转化为现实的生产力，提高质量、降低成本、改善经营管理、提高经济效益和社会效益，使先进的科学技术成果能够在工农业生产、国防以及其他各行业应用和推广。

2.技术合同的内容

技术合同的条款由当事人约定。一般应当包括：项目名称；标的内容、范围和要求；履行的计划、进度、期限、地点和方式；技术情报和资料的保密；风险责任的承担；技术成果的归属和分享；验收标准和方法；价款或者报酬及其支付方式；违约金或者损失赔偿额的计算方法；争议的解决办法；名词和术语的解释；与履行合同有关的技术背景资料、可行性论证和技术评价报告、项目任务书和计划书、技术标准、技术规范、原始设计和工艺文件，以及图纸、表格、数据和照片等，可以根据当事人的协议作为合同的组成部分。此外，技术合同涉及专利的，应当注明发明创造的名称、专利申请人和专利权人、申请日期、申请号、专利号以及专利权的有效期限。

### (三)技术合同的价款、报酬和使用费的支付

技术合同的价款、报酬和使用费如何支付,可由当事人在合同中约定。技术合同价款的支付有如下方式:(1)一次总算,一次总付。当事人将合同价款一次算清并全部一次性支付。这种支付方式的价款等费用是固定的数额,支付的期限也是明确的。(2)一次总算,分期支付。当事人将合同价款一次算清但分期分批支付。(3)提成支付方式。当事人约定提成支付的,可以按照产品价格、实施专利和使用技术秘密后新增的产值、利润或者产品销售额的一定比例提成,也可以按照约定的其他方式计算。提成支付的比例可以采取固定比例、逐年递增比例或者逐年递减比例。当事人约定采用提成支付方式的,还应当在合同中约定查阅有关会计账目的办法。(4)提成支付附加预付"入门费"方式。指受让方首先在一定期限内向转让方另外支付一部分固定的费用作为该项技术的入门费,其余价款则采用提成方式分期支付。

### (四)技术合同的无效

技术合同的无效是指因合同欠缺技术合同生效要件,而不产生法律效力。《民法典》[①]规定的合同无效的一般情形适用于技术合同。除此之外,《民法典》第 850 条还特别规定:"非法垄断技术或者侵害他人技术成果的技术合同无效。"非法垄断技术主要是指一方当事人利用合同条款限制另一方在合同技术的基础上进行新的研究开发,限制另一方从其他渠道吸收技术,或者阻碍另一方根据市场的需要,按照合同的方式充分实施专利和非专利技术等情形。由于其不利于技术进步、技术成果的转化应用和推广,违背技术合同应遵循的原则,应当受到法律的禁止,合同当然无效。侵害他人技术成果的技术合同主要是指当事人一方侵害另一方或者第三方的专利权、专利申请权、专利实施权、非专利技术使用权和转让权或者发明权、发现权以及其他科技成果权而订立的技术合同,应认定合同无效。无效的合同,从订立时起就没有法律约束力。合同部分无效,不影响其余部分的效力的,其余部分仍然有效。在处理无效技术合同时,应着重贯彻赔偿损失的原则和保护技术权益的原则。

## 二、技术开发合同

### (一)技术开发合同的概念和特征

1.技术开发合同的概念

技术开发合同是指当事人之间就新技术、新产品、新工艺、新品种或者新材料

---

① 《合同法》第 52 条关于合同无效的规定,被《民法典》第 144 条、第 146 条、第 148 条至第 150 条、第 153 条、第 154 条所取代,并细化了司法解释情形。

及其系统的研究开发所订立的合同,包括委托开发合同和合作开发合同。委托开发合同是指当事人一方委托另一方进行研究开发所订立的合同。合作开发合同是指当事人各方就共同进行研究开发所订立的合同。

在这里所指的新技术、新产品、新工艺、新品种、新材料及其系统,是指当事人在订立技术合同时尚未掌握的产品、工艺、材料及其系统等技术方案,但在技术上没有创新的现有产品改型、工艺变更、材料配方调整以及技术成果的检验、测试和使用除外。

2.技术开发合同的特征

第一,技术开发合同的标的是具有创造性的技术成果。技术开发合同的标的是一种创造性技术成果,即新技术、新产品、新工艺、新材料及其系统。这种新技术成果是当事人在订立合同时尚未掌握的,是不存在的,只有经过研究开发者的创造性科技活动才能取得。

第二,技术开发合同具有高风险。新技术成果的研究开发属于探索性的技术生产活动,本身存在失败的风险。因此,《民法典》合同编规定,在技术开发合同履行过程中,因出现无法克服的技术困难,导致研究开发失败或者部分失败的,该风险责任的承担由当事人约定。没有约定或者约定不明确的,风险责任由当事人合理分担。

第三,技术开发合同是要式、双务、有偿、诺成合同。技术开发合同的履行期限较长且存在一定的风险,为了明确当事人之间的权利和义务,《民法典》合同编规定技术开发合同应当采用书面形式,故技术开发合同为要式合同。技术开发合同的履行具有协作性。技术开发合同的双方当事人都互相负有一定的义务,每一方从他方取得利益都需支付一定代价,因此技术开发合同为双务、有偿合同。技术开发合同自双方当事人意思表示一致时起即可成立,并不以交付实物为合同成立的生效要件,故为诺成合同。

### (二)技术开发合同的效力

1.委托开发合同的效力

(1)委托方的主要权利和义务。

委托方的主要权利有:(1)在委托开发合同中,委托方有检查研究开发方履行合同和研究开发经费使用情况的权利,但不得妨碍研究开发方的正常工作。(2)委托方接受研究开发成果的权利,有免费实施该项专利的权利。(3)研究开发方就其发明创造转让专利申请权的,委托方有优先受让专利申请权的权利。(4)如果研究开发方不能按计划实施研究开发工作,委托方有要求其实施研究开发计划并采取补救措施的权利,如果研究开发方逾期两个月不实施研究开发计划,委托方有权解除合同。(5)如果研究开发方将委托方支付的研究开发经费用于履行合同以外的目的时,委托方有权制止并要求其退还相应的经费用于研究开发工作,如果研究开

发方逾期两个月仍不退还经费用于研究开发工作，委托方有权解除合同。

委托方的主要义务有：(1)按约定支付研究开发经费和报酬。(2)按约定提供技术资料、原始数据，并按约定完成协作事项。(3)按期接受研究开发成果。

(2)研究开发方的主要权利和义务。

研究开发方的主要权利有：(1)研究开发方有接受委托方支付的研究开发经费和享受科研补贴的权利。(2)研究开发方有要求委托方补充必要的背景资料和原始数据(但不得超过履行合同所需要的范围)的权利。(3)委托方逾期两个月不支付研究开发经费或者报酬时，研究开发方有解除合同的权利。(4)委托方逾期两个月不提供技术资料、原始数据和完成协作事项时，研究开发方也有权解除合同。(5)委托方逾期六个月不接受研究开发成果时，研究开发方有处分研究开发成果和请求委托方赔偿损失的权利。(6)委托开发所完成的发明创造，除合同另有约定的以外，研究开发方享有申请专利的权利。

研究开发方的主要义务有：(1)按照约定制订和实施研究开发计划。(2)合理使用研究开发经费，专款专用，不得浪费。(3)按期完成研究开发工作，交付研究开发成果，提供有关的技术资料和必要的技术指导，帮助委托方掌握研究开发成果。(4)受托人不得对第三人泄露技术开发成果的内容，也不得向第三人提供该项技术成果。

2.合作开发合同的效力

合作开发合同当事人的权利主要有：第一，合作开发合同当事人有权成立由双方代表组成的指导机构，有权对研究开发工作中的重大问题进行决策、协调和组织研究开发活动。第二，当事人一方逾期两个月不进行投资或者不履行其他约定义务的，另一方或者其他各方有权解除合同。第三，合作开发所完成的发明创造，在其申请专利的权利属于合作各方共有的条件下，如果一方转让其共有专利申请权，另一方或者其他各方有优先受让其共有的专利申请权的权利。第四，合作开发各方中一方声明放弃其共有的专利申请权的，在发明创造被授予专利权后，放弃专利申请权的一方可以免费实施该项专利。第五，合作开发各方中一方声明放弃其共有的专利申请权的时候，另一方或者其他各方均有单独申请或者共同申请的权利。第六，合作开发所完成的非专利技术成果的使用权、转让权以及利益的分配办法，在合同没有约定的情况下，当事人均有使用和转让的权利。

合作开发合同各方当事人的义务主要有：第一，按照合同约定进行投资，包括以技术进行投资。投资是指合作开发当事人以资金、设备、材料、场地、试验条件、技术情报资料、专利权、非专利技术成果等方式对研究开发项目所作的投入。采取资金以外的形式进行投资的，应当折算成相应的金额。第二，按照合同约定分工参与研究开发工作。参与研究开发工作，包括按照约定的计划和分工共同进行或者分别承担设计、工艺、试验、试制等研究开发工作，直至完成研究开发项目。在合作开发过程中，每一方所负责完成的每一部分工作对于另一方或者其他各方来说，都是非常重要的，直接关系到整个研究开发项目的成功与失败。因此，任何一方当事人，对合同中约定的应尽义务，必须认真履行，以切实保证合作开发项目的完成。第三，与其他各方协作配合。合作开发合同各方必须在约定分工的基础上与其他各方协作配合，共同完成研究开发项目。因为合作开发各方的协作配合是完成该项研究开发任务的重要保证，所以我国法律明确规定，合作开发各方必须互相协作配合，这是合作开发各方的主要义务之一。第四，合作开发合同的当事人各方应保守技术情报、资料和技术成果的秘密。

### （三）技术开发合同中技术成果的分配

1.委托开发合同技术成果的分配

委托开发合同技术成果分配按如下规则进行：

(1)发明创造权的分配。委托开发完成的发明创造，除当事人另有约定的以外，申请专利的权利属于研究开发人。研究开发人取得专利权的，委托人可以免费实施该专利；研究开发人转让专利申请权的，委托人享有以同等条件优先受让的权利。

(2)技术秘密成果的分配。委托开发完成的技术秘密成果的使用权、转让权以及利益的分配办法，由当事人约定。没有约定或者约定不明确，双方当事人可以协议补充，不能达成补充协议的，按照合同的有关条款或者交易习惯确定，仍不能确定的，当事人均有使用和转让的权利，但委托开发的研究开发人不得在向委托人交付研究开发成果之前，将研究开发成果转让给第三人。

2.合作开发合同技术成果的分配

合作开发合同技术成果的分配按如下规则进行：

(1)发明创造权的分配。合作开发完成的发明创造，除当事人另有约定的以外，申请专利的权利属于合作开发的当事人共有。当事人一方转让其共有的专利申请权的，其他各方享有以同等条件优先受让的权利；合作开发的当事人一方声明放弃其共有的专利申请权的，可以由另一方单独申请或者由其他各方共同申请。申请人取得专利权的，放弃专利申请权的一方可以免费实施该专利；合作开发的当事人一方不同意申请专利的，另一方或者其他各方不得申请专利。

(2)技术秘密成果的分配。合作开发完成的技术秘密成果的使用权、转让权以及利益的分配办法，由当事人约定。没有约定或者约定不明确，双方当事人可以协议补充，不能达成补充协议的，按照合同的有关条款或者交易习惯确定，仍不能确定的，当事人均有使用和转让的权利。

### （四）委托开发合同与合作开发合同的区别

合作开发合同与委托开发合同都是当事人之间就新技术、新产品、新工艺和新材料及其系统的研究开发所订立的合同，但二者有以下明显的区别：

(1)当事人之间权利义务的关系不同。合作开发合同的双方当事人享有和承

担着类似的权利和义务；委托开发合同的双方当事人权利和义务是相对的，委托人的主要义务也就是开发人所享有的权利，而开发人的主要义务即委托人所享有的权利。

(2)当事人进行研究开发工作的方式不同。合作开发合同的当事人共同参加研究开发工作，当然各方可以共同进行全部的研究开发工作，也可以约定进行分工，分别承担不同阶段或不同部分的研究开发工作；委托开发合同的当事人一方进行物质投资和经费投入，只有一方从事研究开发工作。

(3)研究开发成果归属不同。合作开发合同的当事人订立合同的目的是相同的，即取得研究开发成果，因而研究开发取得的成果是共有的；而委托开发合同研究开发的成果归委托人所有。

## 三、技术转让合同和技术许可合同

### (一)技术转让合同和技术许可合同的概念和特征

技术转让合同是指合法拥有技术的当事人就专利权、专利申请权、技术秘密的相关权利转让给他人所订立的合同。技术许可合同是指合法拥有技术的权利人，将现有特定的专利、技术秘密的相关权利许可他人实施、使用所订立的合同。

技术转让合同和技术许可合同具有以下特征：

1.双务合同、有偿合同、诺成合同、要式合同。在技术转让合同和技术许可合同中，让与人或许可人须转让或许可其技术成果的所有权、使用权或专利申请权，受让人须向让与人支付价金或使用费，故其为双务合同。合同当事人任何一方取得利益均须支付代价，故为有偿合同。技术转让合同并不以技术成果的实际交付为成立生效要件，而自当事人意思表示一致时起即成立生效，所以技术转让合同和技术许可合同为诺成合同。技术转让合同和技术许可合同须以书面形式订立，有的还要求特定手续，因此，为要式合同。

2.技术合同标的应当是现有的、特定的技术使用权或转让权。技术转让合同是以转让特定和现有的专利权、专利申请权、专利实施权、技术秘密使用权和转让权为内容，不包括转让尚待研究开发的技术成果或传授不涉及专利或技术秘密成果权属的知识、技术、经验和信息订立的合同。

3.技术转让合同和技术许可合同的双方当事人可以在合同中对实施专利的期限、实施专利或者使用技术秘密的地区和方式作出约定式的限制，但是，不得以合同条款限制技术竞争和技术发展。

4.合同内容可以合法地确定当事人实施专利或者使用技术秘密的范围。

5.技术转让合同和技术许可合同的时效具有长期性。技术转让合同和技术许可合同的有效期一般较长。如果当事人双方在订立合同时，约定的期限过短，一方面会使让与人觉得无利可图，不愿转让技术，另一方面受让人怕影响其吸收、消化和掌握该技术，达不到受让技术的目的。

### （二）技术转让合同和技术许可合同的类型

1.技术转让合同的类型

技术转让合同包括专利权转让合同、技术秘密转让合同及专利申请权转让合同等三种类型。

专利权转让合同，是指专利权人作为让与人将其发明创造专利的所有权或持有权移交受让人，受让人支付约定价款的合同。

技术秘密转让合同，是指受让人在合同成立以后，可以在约定的地区内，以约定的方式使用技术秘密，但双方必须严格遵守约定的保密义务的合同。

专利申请权转让合同，是指让与人将其就特定的发明创造申请专利的权利移交受让人，受让人支付约定价款的合同。

2.技术许可合同的类型

技术许可合同包括专利实施许可合同和技术秘密使用许可合同。

专利实施许可合同是指专利权人或者其授权的人作为让与人许可受让人在约定的范围内实施专利，受让人支付约定使用费用所订立的合同。

技术秘密使用许可合同是指让与人将拥有的技术秘密成果提供给受让人，明确相互之间的技术秘密成果使用权、转让权，受让人支付约定使用费所订立的合同。

### （三）技术转让合同和技术许可合同当事人的义务

1.技术转让合同当事人的义务

(1)让与人的义务

让与人应保证其专利权是通过合法的转让合同获得或者是自己提出专利申请，经专利机关审查已授予了专利权。技术秘密转让合同中，让与人要证明自己不但是该专有技术的合法所有者，而且在合同订立时尚未被他人申请专利权。专利申请权转让合同中，让与人应保证其提供的技术成果是自己或与他人合作通过创造性劳动获得或者是通过合法的委托开发合同获得。技术转让合同中，让与人应当保证自己所提供的技术完整、无误、有效，并能够达到约定的目标。

(2)受让人的义务

受让人应当按照约定使用技术，支付使用费。技术转让合同中，受让人还应当按照约定的范围和期限，对让与人提供的技术中尚未公开的秘密部分，承担保密义务。

2.技术许可合同当事人的义务

(1)许可人的义务

专利实施许可合同的许可人应当按照约定许可被许可人实施专利，交付实施

专利有关的技术资料，提供必要的技术指导。技术秘密许可合同的许可人应当按照约定提供技术资料，进行技术指导，保证技术的实用性、可靠性，承担保密义务。

(2)被许可人的义务

专利实施许可合同的被许可人应当按照约定实施专利，不得许可约定以外第三人实施该专利，并按照约定支付使用费。技术许可合同中，被许可人还应当按照约定的范围和期限，对许可人提供的技术中尚未公开的秘密部分，承担保密义务。

### (四)技术转让合同和技术许可合同的违约责任

让与人未按照约定转让技术的，应当返还部分或者全部使用费，并应当承担违约责任；实施专利或者使用技术秘密超过约定的范围的，违反约定擅自许可第三人实施该项专利或者使用该项技术秘密的，应当停止违约行为，承担违约责任；违反约定的保密义务的，应当承担违约责任。受让人按照约定实施专利、使用技术秘密侵害他人合法权益的，由让与人承担责任，但当事人另有约定的除外。许可人承担违约责任的，参照让与人的相关内容。

受让人未按照约定支付使用费的，应当补交使用费并按照约定支付违约金；不补交使用费或者支付违约金的，应当停止实施专利或者使用技术秘密，交还技术资料，承担违约责任；实施专利或者使用技术秘密超过约定的范围的，未经让与人同意，擅自许可第三人实施该专利或者使用该技术秘密的，应当停止违约行为，承担违约责任；违反约定的保密义务的，应当承担违约责任。被许可人承担违约责任的，参照受让人的相关内容。

### (五)后续改进技术成果的权益分配

后续改进是指在技术转让合同的有效期内，一方或双方对作为合同标的的专利或技术秘密所作的革新和改良。在技术转让合同中，当事人可以按照合理的原则，约定实施专利、使用技术秘密的后续改进技术成果的分享办法。在合同没有约定或者约定不明的情况下，当事人可以协议补充；不能达成补充协议的，按照合同中有关条款或交易习惯确定；依照合同有关条款或交易习惯仍不能确定的，一方后续改进的技术成果，其他各方无权分享，而由后续改进方享有。

## 四、技术咨询合同和技术服务合同

### (一)技术咨询合同和技术服务合同概述

1.技术咨询合同概述

技术咨询合同是指就特定技术项目提供可行性论证、技术预测、专题技术调查、分析评价报告等所订立的技术合同。提供咨询的一方是受托人，接受咨询报告并支付报酬的一方是委托人。技术咨询合同的法律特征主要表现在：

(1)技术咨询合同是受托人向委托人提供技术项目决策参考的软科学技术的合同。技术咨询合同是受托人向委托人提供咨询报告或者问题解答方案的合同，其技术问题解答或咨询报告是一种技术方案。

(2)技术咨询合同有其特殊的风险责任承担原则。技术咨询合同中的咨询报告实施风险，除当事人另有约定外，由委托人承担，受托人可免于承担责任。咨询报告实施风险是指委托人按照受托人符合约定要求的咨询报告和意见作出决策所造成的损失。

(3)技术咨询合同的目的在于：受托人为委托人进行科学研究、技术开发、成果推广、技术改造、工程建设、科技管理等项目提出建议、意见和方案，供委托人在决策时参考，从而使科学技术的决策和选择真正建立在民主化和科学化的基础之上。因此，技术咨询合同的履行结果并不是某些立竿见影的科技成果，而是供委托人选择的咨询报告。

2.技术服务合同概述

技术服务合同是指当事人一方以技术知识为另一方解决特定技术问题所订立的技术合同，不包括建设工程合同和承揽合同。可见，技术服务不是一方只向对方提出决策建议，而是由服务方实际、直接、具体地处理特定技术问题。技术服务合同当事人不只是提供技术，还运用技术知识解决具体技术问题。

技术服务合同在实践中包括技术辅助服务合同、技术中介合同和技术培训合同。其中技术辅助服务合同是指当事人一方利用科技知识为另一方解决特定专业技术问题所订立的合同。技术中介合同是指双方当事人约定中介人依据委托人的要求，为委托人与第三人订立技术合同提供机会或促成技术合同订立，由委托人向中介人支付约定报酬的合同。可见，技术中介合同是技术居间合同。技术培训合同是指双方当事人约定，受托人为委托人的指定人员进行特定技术培养和训练的合同。技术培训合同是国际上公认的技术服务合同形式。就技术中介合同、技术培训合同，其他法律、行政法规另有规定的，依照其规定。

### (二)技术咨询合同和技术服务合同的效力

1.技术咨询合同的效力

(1)委托人的义务

委托人的义务主要有：其一，阐明咨询的问题，并按照合同的约定向受托人提供有关技术背景资料及有关材料、数据。必要时还应当依合同约定为受托人作现场调查、测试、分析等工作提供方便。其二，按时接受咨询顾问的工作成果并按约定支付报酬。委托人迟延支付报酬的，应当承担迟延履行的违约责任；不支付报酬的，应当退还咨询报告和意见，补交报酬，赔偿损失。

(2)受托人的义务

受托人的义务主要有:按期提出咨询报告或者解答委托人提出的问题,受托人提出的咨询报告应达到约定的要求。

2.技术服务合同的效力

(1)委托人的义务

委托人的义务主要有:其一,技术服务合同的委托人应当按照约定提供工作条件,完成配合事项。其二,在技术辅助服务合同中,委托人应当按照合同约定的期限接受受托人的工作成果。其三,委托人应按照合同的约定支付报酬。

(2)受托人的义务

受托人的义务主要有:受托人应当按照约定完成服务项目,解决技术问题,保证工作质量,并传授解决技术问题的知识。

### (三)技术咨询合同和技术服务合同的违约责任

1.技术咨询合同的违约责任

委托人的违约责任:技术咨询合同的委托人未按照约定提供必要的资料和数据,影响工作进度和质量,支付的报酬不得追回,未支付的报酬应当支付。委托人不接受或者逾期接受工作成果的,支付的报酬不得追回,未支付的报酬应当支付,还应支付违约金或赔偿损失。

受托人的违约责任:技术咨询合同的受托人未按期提出咨询报告或者提出的咨询报告不符合约定的,应当承担减收或者免收报酬等违约责任。

2.技术服务合同的违约责任

委托人的违约责任:技术服务合同的委托人不履行合同义务或者履行合同义务不符合约定,影响工作进度和质量,应当承担违约责任。委托人不接受或者逾期接受工作成果的,支付的报酬不得追回,未支付的报酬应当支付,还应支付违约金,也可以要求委托人支付保管费。

受托人的违约责任:技术服务合同的受托人未按照合同约定完成服务工作的,应当承担减收或者免收报酬等违约责任。

### (四)新技术成果的权属

技术咨询合同、技术服务合同的履行过程,事实上也是当事人之间互通技术信息、交流工作成果的过程,这一过程为双方当事人创造出更新的技术成果提供了条件和机会。[①] 因此,在技术咨询合同、技术服务合同履行过程中,当事人可以约定新技术成果的归属。如当事人没有约定的,受托人利用委托人提供的技术资料和

---

① 崔建远:《合同法》,法律出版社 2003 年版,第 440 页。

工作条件完成的新的技术成果，属于受托人。委托人利用受托人的工作成果完成的新的技术成果，属于委托人。

## 第四节 合伙合同

### 一、合伙合同的概念和特征

合伙合同是指二个以上合伙人为了共同的事业目的，订立的共享利益、共担风险的协议。合伙的本质是共同出资、共同经营、共享收益和共担风险。合伙合同是认定合伙关系的基础，是确定合伙人之间权利义务的重要准则，是调整合伙人内部之间的行为规范。合伙合同具有以下特征：

1.合同主体必须为二人以上。合伙合同主体必须要两个人以上，对合伙合同的主体数量的上限并没有限制。合伙人可以包括自然人、法人、非法人组织，但是特别法有规定的从其规定。作为合伙人的自然人需要有完全的民事行为能力，限制行为能力人参与合伙的，需要其法定代理人同意或追认，无民事行为能力人不能订立合伙合同。法人、非法人组织订立合伙合同需要具有民事权利能力。

2.合同内容包括出资、利润分配和亏损负担等重要事项。在《民法典》合同编中没有特别规定合伙合同应该具备的内容和事项，但可以区分为必要条款和其他条款。如果合伙合同缺少必要条款，且未达成补充协议的，应该认定合伙合同无效；缺少其他条款，不影响合伙合同效力的认定，应允许当事人自由约定。

3.合伙合同的设立目的是两个以上的合伙人为了实现共同的事业目的，主要是经营性的目的。共同的事业目的可以是营利性的也可以是非营利性的。合伙合同目的应当遵循意思自治原则，由当事人自行商定，但是不得违反法律强制性规定、不违反公序良俗。

我国关于合伙的法律制度，形成了《民法典》总则编、《民法典》合同编、《合伙企业法》分别调整的模式。《民法典》总则编确立了合伙企业的民事主体地位，《民法典》合同编是合伙合同法律关系的一般规定，《合伙企业法》是对商事合伙的特别规定。

### 二、合伙人的出资义务

合伙人负有履行出资的义务。其中合伙人的出资方式、数额和缴付期限等由合伙人通过合同自行约定。按约定履行出资义务是指合伙人按照合伙协议约定的出资方式、数额与缴付期限向合伙投入资产的行为。

1.合伙人的出资方式

合伙人的出资方式由合伙人协商一致确定，合伙人的出资可以包括资金、实物、技术等。以资金出资，可以是现金，也可以是其他有价证券；以实物出资，可以是动产和不动产的所有权，也可以是其他用益物权，如将建设用地使用权、土地经营权等投资入股；以技术出资，可以是知识产权，也可以是技术性劳务。

2.合伙人的出资数额

合伙人的出资数额是指合伙人所占出资的合伙财产的比例或者份额。出资数额由全体合伙人在合伙合同中约定；如果合伙合同中没有约定，由合伙人补充约定；协商不成，合伙人承担数量相等的出资。

3.合伙人出资的缴付期限

合伙人出资的缴付必须有一定的期限，合伙人自行约定出资的期限，可以一次性履行出资或者分批次履行出资。如果出资的缴付期限没有约定或者约定不明，自合伙合同成立之日，合伙人负有出资义务。

## 三、合伙财产

### （一）合伙财产及其分割

合伙财产包括合伙人的出资、因合伙事务依法取得的收益和其他财产。这里的合伙财产仅包括积极财产，而不包括合伙负债。合伙财产在分割之前是以合伙人全体共有的形式存在。一般情况下，在合伙合同存续期间，合伙人不得请求分割合伙财产。当合伙合同终止后，合伙人可以请求分割合伙财产。

### （二）合伙财产份额的转让

合伙财产份额的转让分为两种情形：一是合伙人之间财产份额的转让；二是合伙人向合伙人以外的人转让财产份额。合伙人向其他合伙人转让财产份额，不涉及第三人入伙的问题，不影响合伙的稳定性和人合性，无须其他合伙人一致同意。合伙人对合伙人以外的人转让其全部或部分财产份额，需要经过其他合伙人一致同意。由于合伙人向合伙人以外的人转让其财产份额时，表面上是合伙人处分其合伙份额的行为，实质上会引起合伙人的变更，直接影响合伙合同的存续。合伙人的变更，可能影响合伙人之间的信赖关系以及合伙事务的进行，属于影响合伙稳定的重大事项，因此法律对这类转让作出了严格的限制，规定该转让须经其他合伙人一致同意方能生效。当然，对于合伙人将其合伙份额转让给他人的，如果合伙合同另有约定，则依其约定。

## 四、合伙事务的执行

### (一)合伙事务的作出

在执行合伙事务之前,需要作出执行合伙事务的决定,合伙事务的决定应当经全体合伙人一致同意。当然,合伙人可以自行在合伙合同中约定合伙事务的表决规则,可以采用过半数表决、少数服从多数等表决规则。如果没有约定或者约定不明确且无法达成补充协议的,作出合伙事务的决定应当经过全体合伙人一致同意。

### (二)合伙事务的执行

合伙事务原则上由全体合伙人共同执行,但是按照合伙合同的约定或者经全体合伙人的决定,可以委托一个或者数个合伙人执行合伙事务,其他合伙人不再执行合伙事务。因此合伙事务执行的方式包括三种类型。第一,共同执行,即全体合伙人一同执行合伙事务;第二,代表执行,即按照合伙合同的约定或者全体合伙人的决定,可以委托一个或者数个合伙人执行合伙事务。第三,分别执行,即合伙人分别执行合伙事务。

### (三)合伙人的监督权

当合伙人委托一个或者数个合伙人执行合伙事务,其他合伙人有权监督执行情况。合伙人分别执行合伙事务的,执行事务合伙人可以对其他合伙人执行的事务提出异议。合伙人提出异议后,其他合伙人应当暂停该项事务的执行。

### (四)执行合伙事务的报酬

合伙人执行合伙事务是作为合伙人的权利也是义务,不得因此请求支付报酬。合伙人是合伙组织的成员,其在合伙中的经济利益的获得是通过合伙获得利益的分红实现的,而不是在执行合伙事务中取得报酬。但是合伙合同中有约定合伙人可以请求支付报酬的除外。

## 五、合伙的利润分配和亏损负担

### (一)合伙的利润分配和亏损承担的顺序

合伙的利润分配和亏损承担的顺序如下:第一,约定优先。合伙的利润分配和亏损分担有约定的按照合伙合同的约定办理。第二,协商决定。合伙合同没有约

定或者约定不明确的，由合伙人协商决定。第三，按实缴出资比例分配、分担。协商不成的，由合伙人按照实缴出资比例分配、分担。第四，平均分配、分担。若合伙人仍然无法确定出资比例的，由合伙人平均分配、分担。

合伙合同将全部利润分配给部分合伙人或者由部分合伙人分担全部亏损，该约定无效。由于合伙合同要求要共享利益、共担风险，合伙人均有权进行利润分配，都有义务承担亏损。合伙人不能在合伙合同中约定将全部利润或者全部亏损归于某一个合伙人或者数个合伙人，否则就剥夺了合伙人利润分配的权利和免除了合伙人承担亏损的责任。

#### （二）合伙债务的承担

合伙人对合伙债务承担连带责任。合伙合同中即使有约定各个合伙人的责任份额，但是这约定是合伙人之间的内部约定，不能排除合伙人对外承担连带责任。在合伙关系内部，各个合伙人应当严格依据合伙合同的规定承担相应份额的责任。如果清偿合伙债务超过自己应当承担份额的合伙人，有权向其他合伙人追偿。

### 六、合伙人权利代位行使的禁止

债权人为保全其债权，可以行使债权人的代位权，代位行使债务人对他人行使的权利。对合伙人的债权人代位权予以禁止，即合伙人的债权人在合伙存续期间，合伙人的债权人不得代位行使合伙人基于合伙关系或者合伙合同取得的具有专属权性质的权利。这是因为，合伙人对合伙的权利有专属权性质，无法与合伙人的地位相分离，如果合伙人的债权人代位行使合伙人在合伙关系中的权利，不利于合伙事业目的的实现，会对合伙关系产生不利后果。

但是有例外情况，合伙人的债权人可以通过与合伙人签订合同以及诉讼等方式，获得合伙人享有的利益分配的请求权。合伙人享有的利益分配请求权，因其已成为合伙人自己独立享有的权利，并无专属性，所以合伙人的债权人可以对其行使债权人代位权。

### 七、不定期合伙

#### （一）不定期合伙的认定

依据合伙的期限，将合伙分为定期合伙和不定期合伙。定期合伙在合伙合同中有明确约定合伙的期限，或者依照合同性质、合同目的、交易习惯等可以确定合伙期限。不定期合伙没有确定的合伙期限。不定期合伙的认定包括以下两种情况：

合伙人对合伙期限没有约定或者约定不明确，可以协议补充。不能达成补充协议的，按照合同有关条款、合同性质、合同目的或者交易习惯确定。仍不能确定的，视为不定期合伙。

合伙期限届满，合伙人继续执行合伙事务，其他合伙人没有提出异议的，该合伙视为不定期合伙。

### （二）不定期合伙合同的解除

不定期合伙的合同是属于不定期合同，因此合伙人享有解除权。对于不定期合伙，合伙人均可以随时解除不定期合伙合同，但是应当在合理期限之前通知其他合伙人。合伙期限届满，合伙人继续执行合伙事务的，此时合伙财产、合伙债务等事项的处理，应当按照合伙合同最终解除时的情况确定，不能按照合伙期限届满时候的情况确定。

## 八、合伙合同的终止

### （一）合伙人死亡

合伙具有人合性的特征，合伙人死亡，合伙成立的基础已经不存在。自然人死亡是引起民事法律关系变动的法律事实，其权利能力因死亡而丧失。自然人死亡后，失去了作为合伙人的民事行为能力，无法继续执行合伙事务，合伙的目的无法实现，合伙合同因此终止。

### （二）合伙人丧失民事行为能力或者终止

合伙人丧失民事行为能力是指合伙人被宣告为无民事行为能力人或者限制民事行为能力人。合伙人的终止是指合伙人为法人时，因其依法被撤销、解散、宣告破产或者其他原因被终止，法人终止后民事主体资格不复存在，其民事权利能力和民事行为能力同时消灭。合伙人丧失民事行为能力或者终止时，合伙人失去履行合伙合同义务的能力，无法再行使合伙合同约定的权利，合伙合同实际履行不能。且合伙人终止时，不再具有法律人格，当然也就丧失了合伙人资格，合伙合同因此终止。

### （三）合伙合同终止的例外情况

合伙人可以在合同中另行约定合伙合同不因合伙人死亡、丧失民事行为能力或者终止而终止，或者根据合伙事务的性质不宜终止的，合伙合同不必然终止。由于无民事行为能力人或者限制民事行为能力人从事民事活动需要法定代理人代为行使，此时，合伙合同能继续行使需要无民事行为能力人或者限制民事行为能力人

的法定代理人同意，否则合伙合同终止。

(四)剩余财产的分配

合伙合同终止后，需要对合伙财产进行清算，以便分配剩余财产。合伙人结算合伙财产以合伙合同终止时的合伙企业财产状况为准。在清理债权债务、支付因终止而产生的费用后，合伙财产有剩余需要分配的，按照合伙的利润分配和亏损分担的规则进行分配：先按照合伙合同的约定处理。若合伙合同没有约定或者约定不明确的，由合伙人协商决定。协商不成的，由合伙人按照实缴出资比例分配、分担。仍然无法确定出资比例的，由合伙人平均分配、分担。

## 真题链接

1.甲企业是由自然人安琚与乙企业(个人独资)各出资50%设立的普通合伙企业，欠丙企业货款50万元，由于经营不善，甲企业全部资产仅剩20万元。现所欠货款到期，相关各方因货款清偿发生纠纷。对此，下列哪一表述是正确的？(2016年)

A.丙企业只能要求安琚与乙企业各自承担15万元的清偿责任

B.丙企业只能要求甲企业承担清偿责任

C.欠款应先以甲企业的财产偿还，不足部分由安琚与乙企业承担无限连带责任

D.就乙企业对丙企业的应偿债务，乙企业出资人不承担责任

2.甲与乙订立房屋租赁合同，约定租期5年。半年后，甲将该出租房屋出售给丙，但未通知乙。不久，乙以其房屋优先购买权受侵害为由，请求法院判决甲丙之间的房屋买卖合同无效。下列哪一表述是正确的？(2013年)

A.甲出售房屋无须通知乙

B.丙有权根据善意取得规则取得房屋所有权

C.甲侵害了乙的优先购买权，但甲丙之间的合同有效

D.甲出售房屋应当征得乙的同意

3.甲将房屋租给乙，在租赁期内未通知乙就把房屋出卖并过户给不知情的丙。乙得知后劝丙退出该交易，丙拒绝。关于乙可以采取的民事救济措施，下列哪一选项是正确的？(2015年)

A.请求解除租赁合同，因甲出卖房屋未通知乙，构成重大违约

B.请求法院确认买卖合同无效

C.主张由丙承担侵权责任，因丙侵犯了乙的优先购买权

D.主张由甲承担赔偿责任，因甲出卖房屋未通知乙而侵犯了乙的优先购买权

4.甲为出售一台挖掘机分别与乙、丙、丁、戊签订买卖合同，具体情形如下：2016 年 3 月 1 日，甲胁迫乙订立合同，约定货到付款；4 月 1 日，甲与丙签订合同，丙支付 20%的货款；5 月 1 日，甲与丁签订合同，丁支付全部货款；6 月 1 日，甲与戊签订合同，甲将挖掘机交付给戊。上述买受人均要求实际履行合同，就履行顺序产生争议。关于履行顺序，下列哪一选项是正确的？（2016 年）

A.戊、丙、丁、乙

B.戊、丁、丙、乙

C.乙、丁、丙、戊

D.丁、戊、乙、丙

5.甲将其 1 辆汽车出卖给乙，约定价款 30 万元。乙先付了 20 万元，余款在 6 个月内分期支付。在分期付款期间，甲先将汽车交付给乙，但明确约定付清全款后甲才将汽车的所有权移转给乙。嗣后，甲又将该汽车以 20 万元的价格卖给不知情的丙，并以指示交付的方式完成交付。下列哪一表述是正确的？（2012 年）

A.在乙分期付款期间，汽车已经交付给乙，乙即取得汽车的所有权

B.在乙分期付款期间，汽车虽然已经交付给乙，但甲保留了汽车的所有权，故乙不能取得汽车的所有权

C.丙对甲、乙之间的交易不知情，可以依据善意取得制度取得汽车所有权

D.丙不能依甲的指示交付取得汽车所有权

6.甲以某商铺作抵押向乙银行借款，抵押权已登记，借款到期后甲未偿还。甲提前得知乙银行将起诉自己，在乙银行起诉前将该商铺出租给不知情的丙，预收了 1 年租金。半年后经乙银行请求，该商铺被法院委托拍卖，由丁竞买取得。下列哪一选项是正确的？（2017 年）

A.甲与丙之间的租赁合同无效

B.丁有权请求丙腾退商铺，丙有权要求丁退还剩余租金

C.丁有权请求丙腾退商铺，丙无权要求丁退还剩余租金

D.丙有权要求丁继续履行租赁合同

7.甲乙约定卖方甲负责将所卖货物运送至买方乙指定的仓库。甲如约交货，乙验收收货，但甲未将产品合格证和原产地证明文件交给乙。乙已经支付 80%的货款。交货当晚，因山洪暴发，乙仓库内的货物全部毁损。下列哪些表述是正确的？（2013 年）

A.乙应当支付剩余 20%的货款

B.甲未交付产品合格证与原产地证明，构成违约，但货物损失由乙承担

C.乙有权要求解除合同，并要求甲返还已支付的 80%货款

D.甲有权要求乙支付剩余的 20%货款，但应补交已经毁损的货物

8.居民甲将房屋出租给乙，乙经甲同意对承租房进行了装修并转租给丙。丙擅自更改房屋承重结构，导致房屋受损。对此，下列哪些选项是正确的？（2016 年）

A.无论有无约定，乙均有权于租赁期满时请求甲补偿装修费用

B.甲可请求丙承担违约责任

C.甲可请求丙承担侵权责任

D.甲可请求乙承担违约责任

9.甲公司借用乙公司的一套设备，在使用过程中不慎损坏一关键部件，于是甲公司提出买下该套设备，乙公司同意出售。双方还口头约定在甲公司支付价款前，乙公司保留该套设备的所有权。不料在支付价款前，甲公司生产车间失火，造成包括该套设备在内的车间所有财物被烧毁。对此，下列哪些选项是正确的？（2016 年）

A.乙公司已经履行了交付义务，风险责任应由甲公司负担

B.在设备被烧毁时，所有权属于乙公司，风险责任应由乙公司承担

C.设备虽然已经被烧毁，但甲公司仍然需要支付原定价款

D.双方关于该套设备所有权保留的约定应采用书面形式

10.下列甲与乙签订的哪些合同有效？（2011 年）

A.甲与乙签订商铺租赁合同，约定待办理公证后合同生效。双方未办理合同公证，甲交付商铺后，乙支付了第 1 个月的租金

B.甲与乙签署股权转让协议，约定甲将其对丙公司享有的 90% 股权转让给乙，乙支付 1 亿元股权受让款。但此前甲已将该股权转让给丁

C.甲与乙签订相机买卖合同，相机尚未交付，也未付款。后甲又就出卖该相机与丙签订买卖合同

D.甲将商铺出租给丙后，将该商铺出卖给乙，但未通知丙

# 第三分编 准合同

# 第十四章 无因管理

**【引 例】**

汝南县罗店乡村民刘某、赵某和王某等三人经培训取得建造沼气资格证后,合伙为村民建造沼气池。2007 年 7 月 17 日,刘某、赵某和王某等三人为本村朱某建造沼气池,王某在沼气池拆壳子时晕倒在池中,在旁围观的村民李某抢先下去救人,也晕倒在池中,遂后李某和王某虽被在场的其他村民从池中救出,但经抢救无效二人死亡。李某的亲属向法院提起诉讼,要求刘某、赵某及朱某承担赔偿责任。

## 第一节 无因管理的概念与功能

### 一、无因管理的含义

没有法定的或者约定的义务,为他人利益而管理他人事务或提供服务,即称无因管理。其中,进行管理或者服务的当事人称为管理人,其事务受管理或服务的一方称为受益人或者本人。作为一项法律事实,无因管理是指社会生活中管理人在没有法定或者约定的义务情况下基于为受益人利益的管理意思而进行的管理或服务活动。无因管理不是指管理人的管理意思本身,管理或服务发生的法律效果也不是由法律基于管理意思而赋予的,而是由法律根据管理或服务的事实而直接赋予的。因此,无因管理属于事实行为,而非法律行为。[①] 无因管理既然属于事实行为,则其成立不以管理人和受益人有行为能力为要件。但是,在管理人方面,由于需要有为他人利益的管理意思,因此管理人应当具有相应的意思能力。

无因管理是债的发生原因之一,当事人因无因管理的存在而发生债权债务关

① 由于无因管理要求管理人必须有为了他人利益的管理意思,因此属于事实行为中的混合事实行为,即以人的精神作用为必要的事实行为,与不以人的精神作用为必要的一般事实行为相区别。

系。根据《民法典》第979条的规定，管理人没有法定的或者约定的义务，为避免他人利益受损失而管理他人事务的，可以请求受益人偿还因管理事务而支出的必要费用。据此规定，如果存在无因管理的情形，管理人有权要求受益人偿付由此而支付的必要费用，相应地，受益人负有偿还管理人为管理其事务或提供服务所支付的必要费用的义务。

## 二、无因管理制度的历史沿革

无因管理制度起源于罗马法。在罗马法上，无因管理被认为属于准契约之一，由市民法调整的无因管理产生两种诉权。其中，受益人针对管理人的诉讼称为"无因管理直接诉讼"，而管理人针对受益人的诉讼称为"无因管理反对诉讼"。

《法国民法典》继承了罗马法上的准契约概念，将无因管理也规定为准契约之一。此种立法例为《德国民法典》《瑞士债务法》及《日本民法典》所摈弃，在这些法典中，无因管理被作为独立的债的发生原因而作规定。在我国，国民政府时期颁布实施的"民法"也对无因管理制度作出了独立的规定。新中国成立后，国民政府时期施行的"民法"在台湾地区仍然沿用，而在大陆地区，1986年颁布的《民法通则》第93条将无因管理制度规定在"债权"一节中，作为债的发生根据之一。然而，在《民法典》颁行后，《民法典》沿用了上述准契约概念，将无因管理作为一种准合同，规定在合同编的第三分编"准合同"第二十八章中。

## 三、无因管理制度的基础与功能

在罗马法上，存在着"干涉他人事务违法"的原则，即个人事务应由个人自行处理，他人不得干涉，否则构成侵权行为，应当负有损害赔偿的责任。尽管在他人未经请求的情况下协助他人也符合当时的社会伦理，并不构成侵权行为，但是，由于受"干涉他人事务违法"原则的影响，为了防止他人借协助之名而侵犯本人利益，罗马法设立无因管理制度，以严格限制管理他人事务的范围，来保护本人利益。[①]

随着近代法律发展过程中对于人类团结互助美德的倚重，各国民法重视社会利益的维护，鼓励人们实施团结互助行为。相应地，民法上的无因管理制度的功能也发生变化，不再仅仅以保护受益人利益为主要目的，还同时以保护管理人的利益为目的，以实现人们团结互助的美好社会秩序。

① 郑玉波著，陈荣隆修订：《民法债篇总论》，中国政法大学出版社2004年修订2版，第72页。

## 第二节　无因管理的构成要件

根据《民法典》第979条的规定，无因管理的构成要件，共有如下三个方面：(1)管理他人事务；(2)具有为他人利益进行管理的意思；(3)无法定或约定的义务。现分述如下。

### 一、管理他人事务

所谓管理，是指诸如维护行为、利用行为、改良行为以及处分行为等处理事务的各种行为，包括管理人自己实施的行为和提供的服务。从法律上看，此类行为既可以是事实行为，如他人物品的修理，也可以是法律行为，如将他人不易保存的鲜活物品的出卖。

所谓事务，是指有关人们生活利益的一切事项，包括经济性质的事项和非经济性质的事项。从法律上看，此事务可以是事实行为，也可以是法律行为；可以是一次性行为，也可以是持续性的行为；可以管理人自己名义实施，也可以本人名义实施。由于无因管理以在当事人之间发生法律所承认的债权债务关系为目的，因此，如下事务不属于无因管理中的事务：(1)违法事项；(2)损害社会公共利益和违背社会公德的事项；(3)纯粹宗教、道德、习俗、公益范围的事项；(4)依法必须由本人亲自实施或者授权才能管理的事项；(5)单纯的不作为。

以上事务必须是他人事务，通常而言，如该事务在法律上的权利归属他人，即属于他人事务。此所谓客观上的他人事务。实践中往往存在无法根据法律上的权利归属判断是否属于他人事务的情形，如同宿舍甲同学购买乙同学准备购买的上衣。在此情形下，需要根据管理人的主观意思来确定管理人是否有为他人利益进行管理的意思，如果管理人有为他人利益进行管理的意思，则此项事务为他人事务，反之则属于自己事务。此所谓主观上的他人事务。对于主观上的他人事务，由管理人负举证责任，如果管理人不能证明属于他人事务，就推定该事务属于自己的事务，不成立无因管理。此外，如果此项事务属于管理人与他人共同事务时，也可以就属于他人的部分构成他人事务。例如，修缮他人和自己共同使用的围墙，可以就属于他人的部分成立无因管理。①

### 二、具有为他人利益进行管理的意思

如前所述，管理人应当具有管理意思，即管理人在管理他人事务时有为了他人

---

① 王家福主编：《民法债权》，法律出版社1991年版，第588页。

利益的认识。管理人有将管理他人事务所产生的利益归属于他人的“利他”意识，属于管理人的主观心理状态。此项管理意思与法律行为中的行为人意思不同。后者是指行为人企图在法律上发生一定法律效果的内心意思，并通过行为人的对外表示而客观化。法律行为的法律后果是法律根据行为人的效果意思而赋予的。而管理意思并非此类效果意思，无因管理的法律效果也不是根据该管理意思而产生，该管理意思也不需要对外表示。

对于该他人，管理人即使不知道其具体为谁，也不影响为他人利益进行管理的意思的成立。如果出现兼为他人利益和自己利益为管理的意思，也可以成立无因管理。例如，甲房屋着火，邻居乙既为甲的利益又为自己房屋免遭殃及而奋力灭火以致自己受伤，也可以成立无因管理。

值得注意的是，《民法典》第 979 条将为他人利益进行管理的意思内容限于为避免他人利益受损失，即消极增加他人利益，而不包括积极增加他人利益。对此，本书认为，为他人利益进行管理的意思内容不应当有此限制，解释上应当包括为他人利益的各种情形。《民法典》第 980 条也规定，即使管理人管理事务不具备第 979 条所规定的情形，但受益人享有管理利益的，受益人也应当负有如下义务，即在其获得的利益范围内向管理人偿还管理人管理事务而支出的必要费用，或者适当补偿管理人因管理事务受到的损失。此所谓“受益人享有管理利益”，解释上应当包括管理人管理事务而积极增加受益人利益的情形。

在实践中，往往出现管理人因误信他人事务为自己事务而管理（误信管理），或者误信自己事务为他人事务而管理（幻想管理），或者明知是他人事务而仍然作为自己事务而管理（不法管理）等情形。在此类情形中，由于管理人主观上并不具备为他人利益进行管理的意思。因此，此类管理行为都不能构成无因管理，有的学者称之为“不真正无因管理”。在此类情形中，当事人可以根据侵权行为或不当得利的规定，请求损害赔偿或者返还不当利益。但是，在不法管理的情形，由于当事人根据侵权行为或不当得利的规定向管理人请求损害赔偿或返还不当利益时，其请求范围可能会小于管理人因不法管理获得利益的范围，因此，为纠正此种法律规定的缺漏，实现社会正义，有的国家和地区的民法规定，管理人因不法管理他人事务而获取的全部利益，均应全额返还给他人。[①]

## 三、无法定或约定的义务

无法定或约定的义务，是指管理人为受益人利益进行管理或提供服务，并非出于管理人所负有的法定义务或者管理人与他人之间的约定而产生的约定义务。因此，无因管理中的“无因”，就是指没有法定或约定的义务。

---

① 此方面立法例，参见《德国民法典》第 684 条。

依法负有管理受益人事务的义务时，管理人对受益人事务的管理就不属于无因管理，不论此项义务属于私法上的义务，还是公法上的义务。例如，私法上，父母对于未成年人事务的管理，监护人对于被监护人事务的管理，皆属于法律所规定的义务，不能成立无因管理。而在公法上，消防队员实施灭火行为，警察维护治安的行为，亦属于公法上所规定的义务，不能成立无因管理。

依照约定负有管理他人事务的约定义务时，管理人根据此项义务对该他人事务进行的管理也不属于无因管理，不论此项约定义务是基于管理人与受益人的约定而产生，还是基于管理人与受益人以外的其他人的约定而产生。因此，如果管理他人事务是基于委托、承揽、保管、运输、合伙、雇佣等合同而实施的，则属于履行合同义务，并不构成无因管理。

值得注意的是，首先，虽然管理人对受益人负有法定或约定的管理事务的义务，但是，在其管理他人事务时如果超过了自己的义务范围，那么就此超过义务范围的部分事务，仍然可以成立无因管理。其次，在时间上，如果管理人在管理之初有义务，但在中途该义务消失，则自此时起成立无因管理。相反，如果管理人在管理之初无义务，但嗣后有义务，则自此时起不再成立无因管理。

## 第三节 无因管理的效力

如前所述，无因管理是债的发生原因之一，因此，根据前述的要件成立无因管理后，当事人因无因管理行为的存在而产生债权债务关系，管理人与受益人相互向对方承担相应的义务，享有相应的权利。管理人的义务也就是受益人应享有的权利，管理人的权利，也就是受益人应承担的义务。因此，从管理人的角度而言，无因管理的效力，可体现在如下方面。

### 一、管理人的义务

如前所述，无因管理本属于干涉他人事务的行为，但基于无因管理符合社会伦理，有助于维护社会公益，法律承认无因管理的正当性而认定其为合法行为，使之区别于侵权行为。据此，管理人于无因管理成立后，并不承担侵权责任，但基于无因管理事实仍然应当承担一定的义务。现分述如下。

#### （一）适当管理的义务

所谓适当管理的义务，是指管理人在管理受益人事务时，应当不违背受益人的真实意思并以有利于受益人利益的方法进行管理。因此，适当管理义务实际上包括了不违背受益人真实意思和采用有利于受益人利益的管理方法两个方面。

1.不违背受益人的真实意思

所谓不违背受益人的真实意思，是指管理人在管理受益人事务时与受益人明示的或者可推知的意思相一致。可推知的受益人意思是指受益人虽然没有明示但根据某种情形可推测出受益人通常在此情形下有某种意思。例如，乙外出未归时，甲于暴雨来临之前收存邻居乙晒于晒谷场上的谷物于自家仓库中。此情形下可推知乙具有收存谷物的真实意思。

如果管理人违背受益人的真实意思进行事务管理，则属于不当干涉他人的事务，侵害他人权益。管理人由此给受益人利益造成损害，则应当依照侵权责任法的规定，负损害赔偿责任。然而，如果受益人的真实意思明显违反法律或者违背公序良俗，尽管管理人对于受益人事务的管理不符合受益人的真实意思，仍可成立无因管理。例如，对于自杀者的救助，即属其例。①

2.采取有利于受益人利益的管理方法

《民法典》第 981 条规定，管理人管理他人事务，应当采取有利于受益人利益的管理方法。采取有利于受益人利益的管理方法，是指管理人管理受益人事务应当符合受益人的利益。对此，《民法典》第 981 条还明确了一种特定的情形，即管理人管理他人事务后，如果中断管理对受益人不利的，无正当理由不得中断。显然，这就要求管理人在管理受益人事务时应当尽到必要的注意义务。有学者认为，通常情况下，这种注意义务应当达到善良管理人之注意义务标准。②

如果管理人未尽善良管理人之注意，给受益人造成损害，应当负损害赔偿责任。然而，在管理人为避免受益人所面临的紧迫危险而管理事务时，很多国家民法规定，管理人仅在有故意或重大过失情况下给受益人造成的损害负损害赔偿责任。③

### （二）通知义务

《民法典》第 982 条规定，管理人管理他人事务，能够通知受益人的，应当及时通知受益人。管理的事务不需要紧急处理的，应当等待受益人的指示。因此，管理人开始管理他人事务时，应当及时向受益人发出通知，除非此项通知义务因不知受益人为谁，不知受益人下落，或者交通通信中断等客观原因无法完成。此项通知不仅表明管理人有管理受益人事务的管理意思，还表明了管理人对于受益人意思的充分尊重。除非事务的性质紧迫，等待受益人回复指示的通知影响事务的处理进

---

①　有鉴于此，《民法典》第 979 条第 2 款规定，管理事务不符合受益人真实意思的，就其因管理事务而支出的必要费用或者受到的损失，管理人不享有向受益人请求偿还或者给予适当补偿的权利，但是，受益人的真实意思违反法律或者违背公序良俗的除外。

②　郑玉波著，陈荣隆修订：《民法债篇总论》，中国政法大学出版社 2004 年修订 2 版，第 80 页；史尚宽：《债法总论》，中国政法大学出版社 2000 年版，第 63 页。

③　例如《日本民法典》第 698 条；《德国民法典》第 680 条；《瑞士债务法典》第 420 条。

而不利于维护受益人利益，否则，上述通知发出后，管理人应当等待受益人的回复和指示。

如果受益人回复同意由管理人继续管理事务，则自受益人回复同意时起管理人与受益人之间的法律关系转变为委托关系。反之，如果受益人可以做出回复而没有回复或者回复拒绝管理人管理其事务，管理人应当停止事务管理，否则，管理人的管理行为将构成违背受益人意思的管理，属于不当干涉他人的事务。

### （三）报告及计算的义务

《民法典》第983条规定，管理结束后，管理人应当向受益人报告管理事务的情况。管理人管理事务取得的财产，应当及时转交给受益人。其实，管理人开始管理受益人事务后，应当在可能的情况下及时将管理事务的有关情况报告给受益人，管理事务结束后，应当将整个事务管理的情况报告受益人。同时，管理人应当将管理事务所取得的财产，例如取得的钱物及其孳息、财产权利等，交付于受益人。如果取得财产权利是以管理人自己的名义取得的，则应当依照相应的财产权利转移方式将财产权利转移给受益人。

如果管理人自己使用本应交付与受益人的财产，则应当自使用之日起支付相应的利息或费用。如果管理人对应交付于受益人的财产造成损害，还应当负赔偿责任。

## 二、管理人的权利

### （一）费用偿付请求权

根据《民法典》第979条第1款的规定，管理人在无因管理中享有的权利之一是费用偿还请求权，即“可以请求受益人偿还因管理事务而支出的必要费用”。此所谓“必要费用”，解释上应当是在管理或服务活动中直接支出的、必需的、不可或缺的费用，也是管理事务所应支出的最低限度的费用。费用支出是否必要，应当以该费用支出时的客观情况加以判断。所谓“直接支出的费用”，似乎是指管理人在管理活动中直接花费的钱物，而不包括管理人自身为管理事务所付出的劳动的报酬。①

值得注意的是，有些国家和地区的民法规定，管理人还可以根据费用偿还请求

① 对此，德国通说认为，如果管理事务属于管理人的职业范围，则管理人可以请求报酬。参见王泽鉴：《债法原理（第一册）》，中国政法大学出版社2001年版，第347页。

权要求受益人偿还其管理事务所支出的有益费用，即增加受益人利益的费用。[①]在此方面，由于《民法典》将无因管理的范围仅限于"避免他人利益受损失"的情形，因此没有规定管理他人事务所支出的有益费用。但在解释上，如果我们将无因管理的范围适用于管理他人事务的各种情形，那么受益人偿还的费用范围应当包括有益费用。此外，《民法典》没有规定管理人可以请求偿还所支出费用的利息，解释上应当理解为请求偿还的费用包括自支付费用时起计算的利息。

### （二）损失补偿请求权

根据《民法典》第 979 条第 1 款的规定，管理人在无因管理中还享有损失补偿请求权，即"管理人因管理事务受到损失的，可以请求受益人给予适当补偿"。解释上，此项损失与管理人的管理事务之间须有因果关系。此外，虽然管理人享有的补偿请求权乃是无因管理效力的体现，但是，受益人对管理人此项损失仅负有适当补偿的义务。这意味着，管理人遭受的此项损失并不必然从受益人处得到全部补偿。此所谓"适当补偿"，在解释上，首先，如果管理人遭受的损失大于受益人获得的利益，则受益人负担补偿义务的范围应当仅以其获得利益范围为最大限度；其次，如果管理人对此项损失有过错，那么，即使此项损失没有超过受益人的受益范围，受益人也只需给予部分补偿。

以引例为例，原告以李某在没有法定和约定的义务下抢救他人而身故，符合《民法典》第 979 条无因管理之债的规定，原告请求受益人在受益范围内予以补偿符合法律规定。被告刘某、赵某和王某是施工合伙人，李某抢救王某的行为是为了两被告的共同利益，其目的是为了避免或减少两被告的损失，两被告作为受益人应当分担受害人的经济损失。被告朱某建造沼气池是最终受益人，李某的施救行为客观上也是为了被告朱某的利益免受损失，其也应在受益范围内对原告的损失予以分担。

### （三）负债清偿请求权

所谓负债清偿请求权，是指管理人在管理事务过程中以自己名义所负担的必要或有益的债务，可以请求受益人清偿其所负担的此项债务。在此情形下，受益人并不直接与此项债务的债权人发生债权债务关系，而是基于管理人的负债清偿请求权而为管理人代偿债务。受益人在代为清偿时，债权人不得拒绝。[②] 如果受益人不予代偿，管理人可以在自己清偿债务后向受益人请求补偿。《民法典》没有规

① 例如《法国民法典》第 1375 条；《德国民法典》第 683 条；《日本民法典》第 702 条；《瑞士债务法》第 422 条；我国台湾地区"民法"第 176 条。

② 郑玉波著，陈荣隆修订：《民法债篇总论》，中国政法大学出版社 2004 年修订 2 版，第 84 页。

定管理人可以享有负债清偿请求权。在解释上，此项负债清偿请求权可以通过费用偿付请求权去解决。

### （四）受益人承担义务的范围

在无因管理中，当管理人已尽适当管理义务时，管理人根据以上三项请求权，可以请求受益人承担相应义务。但是，如果管理人在管理事务时违背受益人意思，而管理事务的结果有利于受益人，或者管理事务属于受益人应尽的公益上的义务或者法定扶养义务等法定义务时，受益人是否仍然承担相应义务，不无疑问。对此，有些国家和地区的民法规定，如果管理人在管理事务时违背受益人意思，而管理事务的结果有利于受益人，则受益人以其所得利益为限，向管理人负担义务。[①]《民法典》第 980 条也规定，即使管理人管理事务不具备第 979 条所规定的情形，但受益人享有管理利益的，受益人也应当负有如下义务，即在其获得的利益范围内向管理人偿还管理人管理事务而支出的必要费用，或者适当补偿管理人因管理事务受到的损失。而如果管理人在管理事务时违背受益人意思，而管理事务属于受益人应尽的公益上的义务或者法定扶养义务等法定义务时，则受益人也应当向管理人承担相应义务。[②] 对此，根据《民法典》第 979 条第 2 款规定，如果受益人的真实意思明显违反法律或者违背公序良俗，即不履行应尽的公益上的义务或者法定扶养义务等法定义务，那么，即使管理人对于受益人事务的管理不符合受益人的真实意思，仍可成立无因管理，受益人仍然需承担相应义务。

## 三、无因管理事后追认的效力

根据《民法典》第 984 条的规定，管理人管理事务经受益人事后追认的，从管理事务开始时起，适用委托合同的有关规定，但是管理人另有意思表示的除外。此所谓"无因管理之承认"。[③] 据此，无因管理虽属事实行为（准合同），但其完成后，依照受益人的事后追认，可以在法律效果上拟制适用委托合同行为（即双方法律行为）的法律规定。受益人的追认属于其单独行为，具有形成权的性质。[④]《民法典》未对其形式作出规定，因此，此追认行为属于不要式行为，可采取书面方式，也可采取其他方式。

值得注意的是，既然对管理人管理事务的事后追认属于受益人的单独行为，并

---

① 例如，《德国民法典》第 684 条，第 687 条；《日本民法典》第 702 条；《瑞士债务法》第 423 条；我国台湾地区"民法"第 177 条。

② 例如，我国台湾地区"民法"第 176 条。

③ 王泽鉴：《债法原理（第一册）》，中国政法大学出版社 2001 年版，第 358 页。

④ 王泽鉴：《债法原理（第一册）》，中国政法大学出版社 2001 年版，第 359 页。

因此而适用委托合同的有关规定，那么，从规范功能角度看，《民法典》规定此种追认的目的，就应当不在于让管理人处于较无因管理更为不利的法律地位，[①]相反，应当在于让管理人处于较无因管理更加有利的地位。[②] 当然，如果管理人不同意管理事务适用委托合同的有关规定，则上述的法律效果拟制适用就不能发生。

## 第四节　无因管理与其他相关制度的区别

### 一、无因管理与代理

就管理他人事务方面而言，无因管理与代理具有相似性，但是两者在如下方面存在差异：(1)两者的成立基础不同。无因管理是管理人在没有法定义务或约定义务情况下实施行为，而代理是在有法定义务(法定代理)或者约定义务(委托代理)的情况下实施行为。(2)两者包含的意思要素不同。无因管理中管理人具有的是为了他人利益的管理意思，而代理中代理人具有的是将代理活动产生的法律后果归属于被代理人的效果意思。(3)事务的范围不同。无因管理中的管理人管理的事务既可以是事实行为，也可以是向他人做出的法律行为，而代理人管理的事务是法律行为，而且是以被代理人的名义实施的法律行为。(4)法律效果不同。无因管理中管理人的管理行为使得管理人与受益人之间产生债权债务关系，而代理中代理人的行为使得被代理人与代理行为的相对人之间产生债权债务关系。

### 二、无因管理与不当得利

就受益人基于管理人的管理行为而获利方面而言，无因管理与不当得利具有相似之处，但是两者在如下方面存在不同：(1)当事人获利的法律基础不同。无因管理中受益人基于管理人的管理行为获利属于有法律根据的获利，而不当得利中得利人的获利没有法律根据。(2)两者的性质不同。无因管理属于混合事实行为，其中包含了管理人的主观心理状态，而不当得利属于事件，与当事人的主观心理状态无关。(3)法律效果不同。基于无因管理而产生的债权债务关系中包含管理人

---

① 例如，《民法典》第 923 条规定了委托合同的受托人负有亲自处理委托事务的义务，相较于《民法典》第 981 条规定无因管理的管理人应当采取有利于受益人的方法管理事务而未要求管理人应当亲自管理事务，管理人如适用第 923 条的规定似乎处于更为不利的地位。

② 例如，《民法典》第 930 条规定，委托合同的受托人处理委托事务时，因不可归责于自己的事由受到损失的，可以向委托人请求赔偿损失。此所谓“赔偿损失”应当是损失的全额赔偿，相较于《民法典》第 979 条关于无因管理中管理人因管理事务受到损失时管理人仅可以请求受益人给予适当补偿的规定，管理人似乎可以获得更为有利的地位。

适当管理义务、通知义务、报告及计算义务，以及受益人的费用偿还义务、损失补偿义务、负债清偿义务等多方面内容，而基于不当得利产生的债权债务关系中仅包含得利人向受损失的人返还不当利益的义务。(4)限制义务履行范围的事由不同。在无因管理中，受益人向管理人承担义务以其所获利益为限，是基于管理人未尽适当管理义务而违背受益人意思的情形，而不当得利中，得利人承担返还义务以其保有的现存利益为限，是基于得利人为善意的情形。

## 真题链接

1.甲的房屋与乙的房屋相邻。乙把房屋出租给丙居住，并为该房屋在A公司买了火灾保险。某日甲见乙的房屋起火，唯恐大火蔓延自家受损，遂率家人救火，火势得到及时控制，但甲被烧伤住院治疗。下列哪一表述是正确的？(2014年)

A.甲主观上为避免自家房屋受损，不构成无因管理，应自行承担医疗费用

B.甲依据无因管理只能向乙主张医疗费赔偿，因乙是房屋所有人

C.甲依据无因管理只能向丙主张医疗费赔偿，因丙是房屋实际使用人

D.甲依据无因管理不能向A公司主张医疗费赔偿，因甲欠缺为A公司的利益实施管理的主观意思

2.下列哪一情形会引起无因管理之债？(2013年)

A.甲向乙借款，丙在明知诉讼时效已过后擅自代甲向乙还本付息

B.甲在自家门口扫雪，顺便将邻居乙的小轿车上的积雪清扫干净

C.甲与乙结婚后，乙生育一子丙，甲抚养丙5年后才得知丙是乙和丁所生

D.甲拾得乙遗失的牛，寻找失主未果后牵回暂养。因地震致屋塌牛死，甲出卖牛皮、牛肉获价款若干

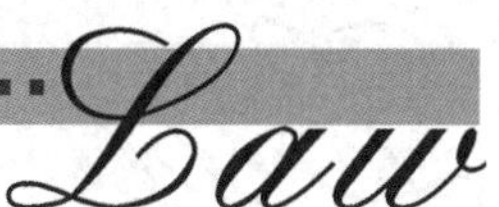

# 第十五章　不当得利

**【引　例】**

甲地原告某制药厂与乙地某新特药站签订了一份购销药品的合同，根据合同的规定，原告用“火车快件”的运输方式给新特药站发运药品10件，共计款21600元。此货到达乙地后负责送货的某运输公司工人张某，将该批货物从火车站快件房取出，误送到被告某新特药批发部处，被告职工刘某未加核实即将该药品收下，后来原告在向某新特药站索要药款时才发现药被误送，遂向被告索要药品。被告也承认收到了该批药品，声称收到药品后其中5件遭雨水浸泡已失效，另5件已卖完，因此提出可用其他药品顶账。原告不同意遂起诉要求被告返还货款21600元及利息。

## 第一节　不当得利的概念与功能

### 一、不当得利的含义

没有法律根据，取得不当利益，由此造成他人损失的，即构成不当得利。这意味着，作为一项法律事实，不当得利指的是社会生活中一方没有合法根据地取得利益致使他方受有损失的事实状态，而不是指造成这种事实状态的原因事实。造成不当得利事件的原因事实可以是人们有意识的行为，也可以是人的行为以外的某种自然事实。由此可见，不当得利属于事件，而非法律行为。

不当得利是债的发生原因之一，当事人因不当得利事件的存在而产生债权债务关系。根据《民法典》第985条的规定，如果存在不当得利的情形，受损失的人可以请求取得不当利益的人返还取得的利益。取得不当得利的人《民法典》称其为得利人，因此负有向受损失的人返还不当利益的义务。

### 二、不当得利制度的历史沿革

不当得利制度起源于罗马法。在罗马法上，不当得利被认为属于准契约之一，根据发生的原因不同不当得利分为很多种类，例如，基于非债清偿的不当得利、基于目的不能达成的不当得利、基于目的消灭的不当得利、基于盗窃的不当得利、基于不道德行为的不当得利以及基于不法原因的不当得利等。在罗马法上，不当得利并非一种独立的、统一的制度，而是依不当得利的各种发生原因而承认个别的诉权。

18 世纪自然法学派将罗马法上的不当得利诉权扩展适用于无原因给付以外的事由引起的不当得利，并基于任何人不得损人利己的公平观念，谋求在法律上建立统一的、独立的不当得利制度。受自然法学派的影响，在西方国家进入法典化时代以后，不当得利制度开始成为一项统一的、独立的法律制度。虽然统一、独立的不当得利的建立发生于西方国家的法典化时代，但由于受罗马法影响，1804 年的《法国民法典》尚未对不当得利设立概括规定，仅就因非债清偿而生的不当得利作出规定，并将之视为准契约的一种。然而，在学说和判例上，法国都承认存在一般意义上的不当得利返还请求权。正式将不当得利制度作为一项统一的、独立的制度加以规定的是 1881 年的《瑞士债务法》。此种立法例为 1898 年《德国民法典》以及 1911 年新颁行的《瑞士债务法》所沿袭。其后，受《德国民法典》以及《瑞士债务法》的影响，《日本民法典》《土耳其民法典》以及《苏俄民法典》均对不当得利制度作出了统一的规定。在我国，《大清民律草案》及国民政府时期颁布实施的“民法”都对不当得利制度作出了统一规定。1986 年颁布的《民法通则》第 92 条将不当得利制度统一规定在“债权”一节中，作为债的发生根据之一。然而，在《民法典》颁行后，《民法典》沿用了上述准契约概念，将不当得利作为一种准合同，规定在合同编的第三分编“准合同”第二十九章中。

### 三、不当得利制度的基础与功能

在罗马法上，由于物权行为与其原因债权各自独立地发生效力，因此，一项给付行为虽然没有给付原因，但是，只要其本身没有缺陷，就产生给付标的物所有权转移的效力，从而使得给付人不能基于所有权而行使所有权返还请求权。然而，给付的相对人在没有给付原因的情况下保持其所受给付而享有利益，实属损人利己，有悖于公平原则。为实现社会公平理念，法律承认给付人享有向给付的相对人请求返还不当利益的权利。由此，在罗马法上，不当得利制度是公平原则在法律上实体化而生的一项具体法律制度。后世的不当得利制度也莫不以公平原则为基础，不仅如此，还将不当得利制度的适用范围扩及基于给付以外的其他事由而生的不当利益的返还。

基于不得损人利己的公平理念，当今各国民法上的不当得利制度的主要功能，并不在于赔偿受损失的人的损失，而在于明确得利人持有不当利益的非正当性，并去除得利人所持有的不当利益而将之返还给受损失的人，以此来恢复受损失的人

与得利人之间不合社会公平理念的利益分配关系，确定利益的正当归属，保护财产的安全，维护正常的社会经济秩序。

## 第二节　不当得利的构成要件

不当得利的构成要件可分为一般构成要件和特别构成要件。一般构成要件是指各种不当得利的共同要件，而特别构成要件是指特定场合下的不当得利的构成要件。不当得利的一般构成要件，根据《民法典》第985条的规定，共有四个方面：(1)一方取得利益；(2)他方受到损失；(3)取得利益与受到损失存在一定的因果关系；(4)没有法律根据。现分述如下。

### 一、一方取得利益

此所谓“利益”，是指财产上的利益，而非精神利益。一方取得利益指的是因一定的事实而改良其财产状况，既包括财产的积极增加，也包括财产的消极增加。财产积极的增加，是指财产的范围因为权利的增强或义务的消灭而扩大。其主要表现如：(1)财产权利的取得。例如，所有权、他物权、知识产权、债权或期待权的取得。(2)财产利益的取得。例如，占有的取得，劳务的接受。(3)财产权的扩张和效力的增强。例如，因添附而扩张所有权或取得所有权，因第一顺序抵押权消灭而使得第二顺序抵押权上升为第一顺序抵押权。(4)权利限制的消灭。例如，因抵押权的消灭而使得所有权受到的限制解除。(5)债务的消灭。例如，已负担的债务的免除。财产的消极增加，是指财产本应减少但因为一定事实而未减少。主要表现如：(1)本应承担的债务不需再全部承担；(2)本应支出的费用不需再支付；(3)本应设定的权利限制不再设定。

### 二、他方受到损失

此所谓“损失”，也是指财产损失，而非精神损失。他方受到损失是指他方现有的财产减少或可得利益的丧失。财产减少的表现形式可以是所有权、他物权等财产权利的丧失；占有等财产利益的丧失；权利受到限制。可得利益的丧失，是指财产有可能增加而未增加，而非必然增加而未增加。例如，甲无合法根据耕种乙的土地而获益，即使乙在甲不耕种的情况下也会将土地抛荒，甲耕种乙的土地而获益也属于乙的可得利益的丧失。

### 三、取得利益与受到损失存在因果关系

根据《民法典》第 985 条规定的情形是，一方取得不当利益，他方受到损失。此情形下一方取得利益与他方受到损失之间存在着一定的关联关系。一般认为，这种关联关系为因果关系。然而，这种因果关系并非属于发生时序上的前因后果关系，而是指基于原因事实而发生的两个结果事实之间的关系。详言之，一方取得利益来自于他方受到损失，而他方受到损失来自于一方取得利益。如果不存在一方取得利益的情形，也就不存在他方受到损失的情形，而不存在他方受到损失的情形，也就不存在一方取得利益的情形。

虽然就取得利益与受到损失两者间存在着因果关系没有争议，但是就该因果关系的性质，存在着直接因果关系说与非直接因果关系说两种观点。直接因果关系说主张取得利益与受到损失必须是基于同一原因事实而发生的，或者受益人取得利益直接来自受害人的财产而非经由第三人的财产而间接来自受害人的财产。例如，在甲不知对乙的债务已经清偿而再为支付的情形下，乙取得利益与甲受到损失乃基于甲的给付行为（同一原因事实）而发生，因此两者存在因果关系。在甲误取乙的肥料施于丙的土地的情形下，虽然丙取得利益与乙受到损失由第三人甲的行为介入，但是丙取得肥料所有权直接来自乙的财产，而非直接来自甲的财产（此时甲没有取得肥料所有权），因此两者亦存在因果关系。而非直接因果关系说主张取得利益与受到损失不限于仅基于同一原因事实而发生，当两者是基于两个原因事实造成时，如果社会一般观念认为两者具有关联关系，那么在此情形下就可以认为两者之间存在因果关系。

由于存在以上认识的不同，对于因第三人行为介入而发生的一方取得利益与他方受到损失之间是否存在因果关系，以上两种学说的态度不同。例如，在前例所述甲误取乙的肥料施于丙的土地的情形下，虽然丙取得利益与乙受到损失因第三人甲的行为介入而发生，但是丙取得肥料所有权直接来自乙的财产，而非直接来自甲的财产。此时，依据直接因果关系说与非直接因果关系说，均可认定存在因果关系。但是，如果第三人行为介入而发生一方取得利益与他方受到损失，一方取得利益并非直接来自他方财产，则一方取得利益与他方受到损失之间是否存在因果关系，两说存在分歧。例如，在甲向乙骗取金钱而向丙作非债清偿的情形下，直接因果关系说主张，乙受到损失乃基于甲之骗取事实，而丙取得利益乃基于甲之清偿事实，两者分别基于不同事实而产生，且丙取得利益并非直接来自乙的财产（金钱所有权），因此，两者之间不存在因果关系。而非直接因果关系说主张，依社会一般观念，上述情形下乙受到损失与丙取得利益之间存在因果关系。

显然，与采取直接因果关系说相比，采取非直接因果关系说来说明一方取得利益与他方受到损失之间的关联关系，可以在社会一般观念所接受的范围内将该关

联关系扩大适用，可以将不当得利制度直接适用于更多的场合，从而可以充分保护当事人的合法权益。此外，非直接因果关系说的主张也与《民法典》第985条规定的文义能够保持一致，因为该条仅规定一方取得不当利益而他方受到损失的情形，并没有提及一方取得不当利益与他方受到损失这两个结果事实仅限于同一原因事实。因此，非直接因果关系说颇值得赞同。然而，值得注意的是，非直接因果关系说根据社会一般观念来判断受到损失与取得利益之间是否存在因果关系，使得法律的适用具有相当大的弹性，法官由此享有较大的自由裁量权，从而在一定程度上可能影响到法律适用的稳定。

## 四、没有法律根据

没有法律根据，罗马法称之为无原因，《瑞士债务法》称之为尢适法原因，《德国民法典》称之为无法律上原因，是指一方取得利益所根据的原因事实在法律上不成立或不被承认。因此，没有法律根据并不是指一方的利益获取行为本身没有法律根据。实际上，一方的利益获取行为本身有无法律根据，不是不当得利的构成要件。例如，将他人所有的玉石误以为己有而雕刻成价值连城的玉石工艺品，虽然加工人可以因为添附（单纯的加工行为）而取得他人玉石的所有权，但是加工人取得此项利益的原因事实，即未得他人同意而加工他人玉石，却不能被法律所承认，因此，属于没有法律根据。

对于没有法律根据的解释，人们的认识也不相同，存在着统一说与非统一说的分歧。统一说主张不当得利具有统一的基础，相应地，没有法律根据也应当有统一的解释。然而，主张统一说的学者对于没有法律根据的解释也存在不同的意见。公平正义说认为，不当得利制度的基础在于公平正义原则，因此所谓没有法律根据，就是指取得利益违反公平正义。正法说认为，法存在着正法与成法的区别，其中正法是形成共同生活之法律基本观念，而成法是依一定法技术制定的法律，当成法与正法冲突时，即产生不当得利。债权说主张，没有法律根据指受益人取得利益没有债权基础。相对关系说主张，没有法律根据指的是得利人与受损失的人之间不存在赋予经济价值转移以正当性的相对关系。权利说主张，没有法律根据，指的是受益人就其取得的利益不具有保有该项利益的权利。

上述统一说中的各种学说对于没有法律根据的解释，都存在着这样或那样的不足之处。公平正义说和正法说对于没有法律根据的解释，是基于不得损人利己的公平观念进行理论上的抽象解释，由于这种解释没有具体内容因此在实践中对其不易把握。而债权说和相对关系说虽然可以解释基于给付而产生的不当得利，却可能将诸如因取得时效而取得物权、遗失物因无人认领而归属于拾得人或国家的情形与不当得利情形混为一谈。权利说虽然可以解释因取得时效而取得物权、遗失物因无人认领而归属于拾得人或国家的情形与不当得利情形之间的区别，却无法解释基于添附而取得所有权的情形中存在的不当得利情形。

非统一说主张不当得利可以基于各种不同的事由而发生，因此，没有法律根据不可能采用某个统一的概念做出解释，而应当承认产生不当得利的原因事实包括多种类型。支持非统一说的学者据此将不当得利依照一定的标准划分为不同的基本类型，并主张以此为基础建立有关不当得利的完整体系。非统一说具有一定的优点，首先，通过对不当得利的类型化，非统一说可以克服自身可能趋于分散化的倾向；其次，通过类型化方法，非统一说可以明确不当得利制度的不同规范目的和构成要件，有助于实践中对不当得利法律制度的适用。

## 第三节　不当得利的类型

根据不当得利产生的基础事实不同，可将不当得利分为给付不当得利和非给付不当得利两种基本类型。给付不当得利是基于给付行为而发生的不当得利，非给付不当得利是基于给付行为以外的其他事实而发生的不当得利。

### 一、给付不当得利

#### （一）给付不当得利的产生情形

此所谓给付，是指基于给付人的意思而增加他人财产，即一种财产给予行为。[①] 这种财产给予行为既可以是提供劳务、交付某项动产等事实行为，也可以是免除债务等法律行为。“基于给付人的意思”一语，是指给付人有意识地以某种给付完成某个特定的目的，例如清偿债务、创设债权债务关系（例如定金合同中的定金支付）等。由此可见，此种意义上的给付行为不同于作为债的标的意义上的给付，后者仅与债的清偿相关联，可以包括有财产意义的给付和无财产意义的给付。

给付不当得利基于上述给付而产生，主要发生在给付原因欠缺的情形，也就是说，虽然给付人有意识地以某项给付完成特定的目的，但是该给付原因在法律上并不存在，给付人无需给付。给付原因欠缺的具体情形，可分为以下几种。

1.给付原因自始不存在

给付原因自始不存在而发生的不当得利，主要包括以下情形：(1)民事行为不成立而发生的不当得利。民事行为不成立，意味着在法律上该民事行为不存在，相应地，以该项没有成立的民事行为作为原因而完成的给付行为也就失去了给付目的，产生不当得利。(2)民事行为无效或被撤销而发生的不当得利。民事行为一旦

---

① 史尚宽：《债法总论》，中国政法大学出版社 2000 年版，第 78、87 页；王泽鉴：《债法原理（二）·不当得利》，中国政法大学出版社 2002 年版，第 37 页。

被宣告无效或被撤销，意味着在法律上该民事行为虽然成立但自始不发生法律效力。相应地，以该民事行为作为原因而发生的给付行为也就失去了法律上的原因，即失去了合法根据。(3)履行不存在的债务而发生的不当得利。这就是所谓的"非债清偿"。其包括：履行假想存在的债务，如甲根本就不欠乙金钱却误认为存在欠款而向乙支付款项，另如误以为有替他人清偿债务的义务而为给付；将他人误认为债权人而清偿债务，如甲将应向丙归还的借款误还给乙；债务履行数额超过应付债务数额，如甲误将 10 元纸币当作 5 元支付给领款人乙；履行业已履行完的债务，如甲不知对乙的欠款已还而仍然向乙清偿；错误地履行债务，如出售 A 物却误交付 B 物。

2.给付原因嗣后不存在

给付原因嗣后不存在而发生的不当得利，是指当事人一方向另一方为给付行为时存在给付原因，但嗣后该给付原因不存在，由此产生不当得利。给付原因嗣后不存在而发生的不当得利，主要包括以下情形：(1)附解除条件或解除期限的民事法律行为，其条件成就或期限到来而产生的不当得利。例如甲出国前将其房屋交由乙使用并约定在其回国后收回，甲回国后其给付原因即失去存在，乙应当交还房屋退出对房屋的使用。(2)当事人解除合同而产生的不当得利。关于合同解除有无溯及力，法律尚无明确规定，学界有人认为存在有溯及力和无溯及力两种类型。[①] 就不当得利而言，合同解除无论有无溯及力，均可发生不当得利。如果合同解除有溯及力，合同关系溯及既往地消灭，则当事人一方基于合同而完成的给付自始无给付原因，从而构成上述的给付原因自始不存在。如果合同解除无溯及力，合同关系仅向将来消灭，解除之前已经进行的合同关系仍然有效，则合同解除前一方当事人为履行将要进行的合同关系而完成的给付失去给付原因，从而产生不当得利。如甲租赁乙房屋而预付半年房租，但租赁房屋合同进行了 3 个月后解除，甲可依不当得利规定向乙主张返还剩余房屋租金。

3.给付目的不能实现

给付目的不能实现，是指给付原因虽然有效存在，但因存在障碍而无法实现。例如，以受清偿为目的而出具收据但债务并未清偿；预期条件成就而履行附停止条件的债务但条件并未成就。在此情况下均可产生不当得利。

### (二)给付不当得利返还请求权的排除

虽然在以上几种给付原因欠缺的情况下可以产生给付不当得利，受损失的人享有不当得利返还请求权，但是，当存在以下几种情形时，一般认为，受损失的人不能主张不当得利返还请求权。

---

① 王利明主编：《民法》，中国人民大学出版社 2006 年第 2 版，第 446～449 页。

1.履行道德义务的给付

所谓道德义务，指虽然在法律上无义务但根据道德或礼节规范而产生义务。例如，侄子女、外甥女对于伯叔姑舅在法律上无赡养义务，但在道德上有此项义务；养子女因收养关系而对生父母无法律上的赡养义务，但在道德上有此项义务。为维护社会公德，对于给付人基于此道德义务而发生的给付，虽无法律上的给付原因，给付人不得请求返还。[①]

2.清偿期到来前履行债务

债务清偿期尚未到来，债务并非不存在，只是不能请求债务人履行而已。如债务人进行期前清偿而债权人受领，不能认为债权人受领欠缺给付原因，而且债务人的债务也因清偿而消灭，债权人并不由此享有不当利益，因此不产生不当得利的返还问题。然而值得注意的是，债务人进行期前清偿，可能是因为错误以为清偿期已届至而为之，也可能是主动放弃其可享有的期限利益而为之。对此，存在着不同的立法例。例如，《日本民法》第 706 条规定，债务人于清偿期前因清偿而为给付者，不得请求返还其给付物，但债务人因错误而为给付时，债权人应返还因此所得之利益。而《德国民法》第 813 条第 2 款规定，附期限的债务，于期限前履行者，不得请求返还，并不得请求中间利息返还。[②] 对此，我国民法采取了类似德国民法的处理，根据《民法典》第 985 条规定，虽然受损失的人可以向没有法律根据取得不当利益的得利人请求返还其取得的利益，但是“债务到期之前清偿”的情形除外。

3.明知无债务的清偿

此所谓明知无债务的清偿，是指在进行给付时明知没有法律上的债务，也无前述的道德义务，但仍然基于清偿债务目的而为给付，且债务人的此项给付属于任意给付，无他人强制或其他不得已事由的存在。例如，给付人知道自己享有拒绝给付的抗辩权，但误以为不能证明或者嫌证明过程繁杂不愿证明而为给付，即属于明知无债务的清偿。明知无债务的清偿与前述的非债清偿比较相近，但是两者存在区别。前者实际上是给付人为给付时明确无误地知道不存在给付义务，而后者实际上是给付人消极地不知给付义务的存在或者对于给付义务是否存在抱有怀疑，基于错误而为给付行为。如果发生明知无债务的清偿，如何处理，有的学者认为可以视为赠与。[③] 对此，《民法典》第 985 条直接作出规定，虽然受损失的人可以向没有法律根据取得不当利益的得利人请求返还其取得的利益，但是“明知无给付义务而

---

① 《民法典》第 985 条虽然规定了受损失的人可以向没有法律根据取得不当利益的得利人请求返还其取得的利益，但是排除了的情形之一就是“为履行道德义务进行的给付”。

② 所谓中间利息，是指债权人自受清偿时起至清偿期届至时止，对于债务人的给付事实上所受有的利益。

③ 魏振瀛主编：《民法》，北京大学出版社 2000 年版，第 576 页；郭明瑞主编：《民法》高等教育出版社 2003 年版，第 561 页。也有学者持此观点，参见郑玉波著，陈荣隆修订：《民法债篇总论》，中国政法大学出版社 2004 年修订 2 版，第 104 页。

进行债务清偿”的情形除外。

4.不法原因的给付

一些国家的民法规定了给付人不得请求他人返还基于不法原因的给付。所谓不法原因，是指违反法律法规的强制性规定、违反公序良俗，以及违背社会公德的情形。上述情形下当事人的法律行为在法律上属于无效民事行为，因而基于不法原因而进行的给付属于没有法律根据，构成非债清偿，应当成立不当得利。但是，承认此项不当得利返还请求权有违维护社会公益的精神，因为“任何人不得以自己之不法行为为理由，而主张自己损失之回复”。[①] 例如，当事人双方从事毒品交易而向对方支付的价金或交付的毒品，各方不享有返还请求权。尽管如此，一些国家的民法在此情形下排除适用不当得利返还请求权，往往针对的是当事人均具有或者仅给付人一方具有不法原因的情形，当不法原因仅存在于给付受领人一方时，给付人方可享有不当得利返还请求权。例如，《日本民法》第 708 条规定，“因不法原因而为给付者，不得请求返还其给付，但不法原因仅存于受益人者，不在此限。”[②] 德国的民法也作类似规定。[③] 然而，值得注意的是，有人认为给付人不得请求他人返还基于不法原因的给付，往往会导致他人存在不法却保有利益的不公平情形，从而造成“不法即合法”的后果，因此主张应当对不法原因给付不得请求返还的规定作出必要的限制。[④] 而在此方面，有些国家民法规定，如不法原因存在于给付人与受领人双方的情形，给付人所为给付，给付人不得请求返还，受领人也不得受领，而应将其收缴于国库。例如，1959 年《匈牙利民法典》第 361 条第 3 款规定，即基于法律禁止或不道德行为所为给付的给付人不得请求他人返还，法院有权应检察官的请求作出将其收归国有的裁决。

5.债务人放弃时效利益的给付

根据《民法典》第 192 条第 2 款的规定，诉讼时效期间届满后，义务人同意履行的，不得以超过诉讼时效为由抗辩；义务人已经自愿履行的，不得请求返还。有学者认为，债务人放弃时效利益的给付不得请求返还，是对不当得利返还请求权的排除。[⑤] 然而，值得注意的是，由于诉讼时效期间经过并未消灭债权人的实体债权，仅使债权人丧失胜诉权，在此情形下，不能认为诉讼时效期间经过后债务人履行债务无法律根据，因此，应当无不当得利规定适用的余地。

---

① 郑玉波著，陈荣隆修订：《民法债篇总论》，中国政法大学出版社 2004 年修订 2 版，第 105 页。

② 渠涛编译：《最新日本民法》，法律出版社 2006 年版，第 151 页。

③ 参见《德国民法典》第 817 条的规定。

④ 王泽鉴：《债法原理(二)·不当得利》，中国政法大学出版社 2002 年版，第 133 页。

⑤ 郭明瑞主编：《民法》，高等教育出版社 2003 年版，第 561 页。

## 二、非给付不当得利

如前所述,非给付不当得利是基于给付行为以外的其他事实而发生的不当得利。这些给付行为以外的其他事实,可分为行为和事件两类。行为又可分为受损失的人的行为、得利人的行为以及第三人的行为。由此可见,非给付不当得利产生的情形主要包括以下情形。

### (一)受损失的人的行为

此所谓受损失的人的行为,是指受损失的人给付行为以外的其他行为。受损失的人给付行为的含义已如上述,是指受损失的人有意识地增加他人财产的行为,而受损失的人给付行为以外的其他行为,不存在财产给予的意思,不是有意识地增加他人财产,相应地,也就谈不上给付原因的有无问题。受损失的人给付行为以外的其他行为而产生的不当得利,其例甚多,例如,受损失的人将他人之牲畜误认为自己的牲畜而喂养,将他人事务误认为自己的事务而管理等。

### (二)得利人的行为

得利人的行为产生的不当得利,通常发生在得利人以其行为侵害他人权益的情形。[①] 得利人的侵害行为主要包括以下几种:(1)得利人的事实行为。例如,得利人擅自消费他人之物而受益,擅自使用他人的专利而受益。(2)得利人的无权处分行为。例如,甲擅自将乙存放于甲处的货物出卖于善意的丙而取得价金。(3)得利人的执行行为。例如,法院应甲的请求强制执行其对乙的生效判决后,该判决后因再审而撤销,乙可以根据不当得利的规定请求甲返还其所受利益。

从受损失的人所遭受侵害的权益角度看,该权益可能是受损失的人的所有权(如擅自消费他人之物而取得利益)、债权(如转让债权后仍自债务人处受领给付致债权消灭)、知识产权(如擅自使用他人专利取得利益)、占有(如擅自在他人承租的停车场停车)等财产权益,还可能是受损失的人的人身权益,如擅自使用他人照片作广告而获益。

---

① 关于侵害他人权益产生不当得利的理论基础,存在着违法性说与权益归属说的不同。违法性说重视产生不当得利的过程,认为不当得利的基础在于因侵害而获利的行为的违法性。而权益归属说重视因侵害而获利的保有的正当性,认为不当得利的基础在于侵害人欠缺因其侵害行为而获利的保有的正当性。违法性说的缺陷在于难以说明侵害人不能保有侵害而获利的正当性,权益归属说的不足在于难以界定权益归属内容的范围。参见王泽鉴:《债法原理(二)·不当得利》,中国政法大学出版社 2002 年版,第 140～141 页。

（三）第三人的行为

因得利人与受损失的人以外的第三人行为而产生的不当得利，通常也发生在第三人行为侵害他人权益的情形。例如，甲擅自利用乙的汽车为丙搬运货物，甲擅自以乙的饲料喂养丙的牲畜。此等情形中，丙所获利益属于不当得利，乙可依照不当得利的规定请求丙返还。

（四）添附

在发生添附的情形下，出于维持财产现状、免于社会经济上的不利，法律往往从技术上规定物的所有权归属于当事人一方（不动产或动产的所有人、加工人），但并不意味着在此情形下物或劳务的财产价值也转移至当事人一方，即否认其保有利益的正当性，从而规定失去物之所有权或提供劳务者的当事人一方可以根据不当得利的规定，请求取得物之所有权或劳务的一方当事人返还相应的财产价值。①

（五）自然事件

产生不当得利的自然事件，如因暴雨致使甲承包的鱼塘水位上涨，甲饲养的鱼虾自然流入乙承包的鱼塘中。在此情形下，甲可根据不当得利的规定请求乙返还因出现上述情形而增加的利益。但法律上也有例外的规定。例如，台湾地区"民法"第798条规定："果实落于邻地者，视为属于邻地。"在此情形下，不发生不当得利请求权。

## 第四节　不当得利的效力

如前所述，不当得利是债的发生原因之一，因此，根据前述的要件成立不当得利后，当事人因不当得利事件的存在而产生请求返还不当得利的债权债务关系。从权利角度而言，即产生不当得利返还请求权。不当得利的效力，体现在如下方面。

### 一、不当得利返还请求权的主体

不当得利返还请求权的权利人，为不当得利事件中受损失的人，其义务人为不

① 根据《民法典》第322条的规定，因加工、附合、混合而产生的物的归属，有约定的，按照约定；没有约定或者约定不明确的，依照法律规定；法律没有规定的，按照充分发挥物的效用以及保护无过错当事人的原则确定。因一方当事人的过错或者确定物的归属造成另一方当事人损害的，应当给予赔偿或者补偿。其中有关给予赔偿或补偿的处理规定，即有添附而产生不当得利的规范意图。

当得利事件中的得利人。当基于共同给付或共有财产权益受侵害而致受损失的人为多人时，得利人返还不当利益形成不可分债务，各受损失的人只能为全体受损失的人请求得利人返还不当利益，得利人也只能向全体受损失的人返还其所获的不当利益。当得利人为多人时，根据《民法典》第 518 条第 2 款的规定，除非各个得利人约定或法律规定负连带返还所获不当利益的义务，否则应按照各自所获不当利益负返还义务而无连带责任。[①]

## 二、不当得利返还请求权的客体

### （一）不当得利请求权的客体范围

在司法实践中，得利人应当返还其所受的不当利益，一般包括原物和原物所产生的孳息。据此，不当得利请求权的客体包括如下两个方面。

1.原物

此所谓原物，应当不限于作为物权客体的物，还应当包括物以外的其他财产权利和利益，例如得利人取得的债权、用益物权、担保物权、知识产权或对物的占有，或者受领的劳务等。

2.孳息

此所谓孳息，是指由上述原物所产生的天然孳息和法定孳息。天然孳息，包括果实、动物的产物，以及其他依物的用法所收获的出产物。法定孳息，包括利息、股息、租金，以及其他因法律关系所得的收益。

值得注意的是，此所谓孳息，并不包括利用不当得利所取得的其他利益。例如，在侵害他人专利权的情形中，如果得利人利用他人专利生产产品销售后牟取暴利，那么该项暴利不属于孳息，而属于以不当利益为手段而取得的其他利益。在解释上，对于以不当利益为手段所取得的其他利益，不属于不当得利返还请求权的客体范围，应当根据其他法律规定或公平原则加以处理。

### （二）不当利益的返还方法

1.原物返还

原物的返还，就是返还作为物权客体的物或者原权利。相应地，当原物仍然存在于得利人时，对于物，应当转移物的占有于受损失的人，对于权利，应当依照其转移方法将其转移于受损失的人。不当利益如果是在受损失的人所有的物上设定的

---

① 关于对不当得利负连带返还义务的法律规定，如《合伙企业法》第 39 条规定，合伙企业不能清偿到期债务的，合伙人承担无限连带责任。据此，如果合伙企业的到期债务是返还其所受不当利益的义务，则合伙人应当承担连带责任。

负担，应将之废除，如果属于成立的债权，应当予以免除，如果属于在自己所有的物上负担的免除，应当恢复此项负担。当孳息仍然存在于得利人时，受益人应当将该原物所生的孳息返还给受损失的人。

2.价额返还

得利人虽然以返还原物及其孳息为原则，但是当原物和孳息依其性质无法返还（例如得利人受领的是劳务）或者因某种原因原物和孳息（原物已被转让他人或者消费、原物被征用、毁损或灭失等））无法返还时，受益人应当向受损失的人返还相当于原物和孳息的价额。此价额的确定，应当以原物和孳息无法返还的原因发生时为准，其后价格虽发生变动，不应有所增减。

## 三、得利人返还义务的范围

根据《民法典》的规定，如果得利人不知道且不应当知道取得的利益没有法律根据，取得的利益已经不存在的，则不承担返还该利益的义务；相反，如果得利人知道或者应当知道取得的利益没有法律根据的，受损失的人可以请求得利人返还其取得的利益并依法赔偿损失。[①] 据此，得利人返还其受领的不当利益，其返还义务的范围应当区分得利人的主观心态为善意、恶意或有过失而存在其返还义务范围的不同。现分述如下。

### （一）得利人为善意时

当得利人为善意时，即不知道且不应当知道没有法律根据而受领不当利益时，其返还义务以现存利益为限，对已不存在的利益不负返还责任。对于所受利益不存在的事实，由得利人负举证责任。所谓现存利益，普遍认为不以原物和孳息的固有形态存在为限，可以是原物和孳息固有形态的变形物、代偿物或其价额。但是，在现存利益的确定时间上，存在着以提起返还请求之诉时为准和以受返还请求时为准的争议，而通说认为应当以受返还请求时为准。通常情况下，受损失的人提起返还之诉是在向得利人为返还请求未果的情形，因此得利人受返还请求时间通常较早于受损失的人提起返还之诉的时间，自返还请求时开始，得利人已知其受领不当利益无法律根据，不应当再受仅返还现存利益规定之保护。故本书也认为以受返还请求时为准确定现存利益为妥。正如引例中提到的案例，本案中被告未加核实收下货物并销售，获取了利益，符合不当得利的构成要件，受损失的人因此享有不当得利返还请求权。本案中被告为善意得利人，故返还利益仅以尚存的部分为限。因五件药品被雨水浸泡价值丧失，所以原告对这五件药品不能提出返还不当得利的请求。综之，被告只需返还现存的药品、销售货款及其货款所生的利息。

---

① 参见《民法典》第 986 条和第 987 条。

值得注意的是，得利人属善意的，在返还现存利益时，还可以扣除与该现存利益有因果关系的费用。主要包括：取得不当利益而支出的费用；取得不当利益而完成的对待给付；为不当利益支出的必要费用和有益费用。[①]

### （二）得利人为恶意或有过失时

当得利人为恶意或有过失时，即知道或者应当知道受领不当利益没有法律根据时，其返还义务应当是其取得的全部不当利益并附加利息，无论该不当利益是否存在。对于得利人受有利益及其恶意或有过失受领的事实，由受损失的人负举证责任。如果得利人返还其受领的不当利益及附加利息后受损失的人仍有损失的，或者得利人已经不在保有不当利益的，则应当赔偿损失。有学者认为，此项赔偿义务以受损失的人有损失为要件，无需以权利侵害事实为要件，故不同于侵权损害赔偿，属于特别赔偿义务。[②] 例如，甲向乙购买图书两册而乙交付三册图书于甲，甲知其多得一册图书无法律根据仍将该册图书低价卖与他人获利。在此情形下，甲不仅应当将转卖所获价金返还于乙，还应当向乙赔偿差价损失。值得注意的是，解释上应当于何时确定受损失的人遭受的损失，不无疑问。如前例中，究竟以甲取走图书时的市价，或转卖图书时的市价，还是以乙请求返还不当利益时的市价定乙的差价损失？本书认为，从填补受损失的人的损失目的出发，应当以市价高者为准。

有学者认为，得利人属恶意或有过失的，在返还所受不当利益时，可以扣除其支付的必要费用，但不包括有益费用。该有益费用只能在返还不当利益时现存的增加价额内可以扣除。[③]

### （三）得利人嗣后恶意时

如果得利人在取得不当利益时为善意，嗣后知道取得利益没有法律根据而转为恶意时，其返还义务应当是其转为恶意时一切尚存的不当利益。换言之，如果得利人知道取得不当利益没有法律根据之时，该不当利益已不存在的部分，得利人不负返还责任，但是，得利人应当返还在其知道取得不当利益没有法律根据之后尚存有的不当利益，并据此支付相应的利息。如果得利人返还此部分尚存的不当利益及附加利息后受损失的人仍有相应损失的，还应当赔偿损失。

---

① 史尚宽：《债法总论》，中国政法大学出版社 2000 年版，第 95 页；郑玉波著，陈荣隆修订：《民法债篇总论》，中国政法大学出版社 2004 年修订 2 版，第 109～110 页。

② 史尚宽：《债法总论》，中国政法大学出版社 2000 年版，第 95 页；郑玉波著，陈荣隆修订：《民法债篇总论》，中国政法大学出版社 2004 年修订 2 版，第 111 页。

③ 史尚宽：《债法总论》，中国政法大学出版社 2000 年版，第 95 页；郑玉波著，陈荣隆修订：《民法债篇总论》，中国政法大学出版社 2004 年修订 2 版，第 111 页。

### 四、第三人的返还义务

根据《民法典》第988条的规定，如果得利人已经将其取得的不当利益无偿转让给第三人的，则受损失的人可以请求第三人在相应范围内承担返还义务。在得利人将其取得的不当利益无偿转让给第三人的情形，该第三人取得利益的原因事实与得利人取得不当利益的原因事实之间并不存在牵连关系，因此，原则上，得利人与受损失的人之间发生的不当得利法律关系，并不涉及该第三人。然而，根据《民法典》第986条的规定，如果得利人善意取得不当利益并已经将其基于赠与或遗赠等原因无偿转让给第三人，即得利人已经不再保有该不当利益时，得利人将不负返还义务。此时，如果该第三人无偿取得且仍保有得利人本应返还的不当利益而无需返还，则不符合公平原则。有鉴于此，根据《民法典》第988条的规定，不当得利的效力将扩及上述情形下的第三人，要求该第三人"在相应范围内"承担返还义务，即该第三人的返还义务仅限于其无偿取得且仍保有的全部或部分不当利益。有学者认为，如果该第三人再次无偿转让其受领的利益于他人，则该他人也应当比照该第三人负有返还义务。[①]

## 第五节　不当得利返还请求权与其他请求权的关系

受损失的人的不当得利请求权基于得利人取得不当利益的事实而产生，而与此同时，受损失的人可能在法律上另外取得其他请求权，由此产生不当得利请求权与其他请求权的关系如何处理的问题。对此，存在着并存说与辅助说的区别。并存说认为不当得利请求权可以与其他请求权并存，德国通说和判例从之。辅助说认为不当得利请求权具有辅助性，权利人利益在行使其他请求权仍不能满足时才能主张，法国、瑞士通说和判例从之。[②] 解释上，我国学界多以采并存说，但是，由于我国民法不承认物权行为理论，故不当得利请求权与其他请求权的关系，有进一步说明的必要。

### 一、所有物返还请求权与不当得利返还请求权的关系

我国民法不承认物权行为理论，因此，民事行为不成立、无效、被撤销后，给付人基于该民事行为交付的财产并未发生财产权属的转移，受领人也未取得财产的

---

① 郑玉波主编：《民法债编论文选集》(上)，五南图书出版公司1984年版，第483页。

② 王泽鉴：《债法原理(二)·不当得利》，中国政法大学出版社2002年版，第255～256页。

权属，但受领人占有该财产。在此情形下，如果财产原有形态仍然存在，则发生请求受领人返还占有的不当得利返还请求权与所有物返还请求权的并存。如果财产原形态消灭或由他人善意取得，受领人无法返还所有物，则不产生所有物返还请求权，但可产生不当得利返还请求权。在合同关系解除的情况下，如果解除产生溯及效力导致合同关系自始无效，则其情形与上述情况相同。如果解除不产生溯及力，合同关系向将来消灭，则解除之前一方为取得他方给付目的而已为的给付，在他方未为对待给付时，由于此项给付的原因事实不存在，将产生不当得利返还请求权。

## 二、合同债务履行请求权与不当得利返还请求权的关系

合同合法成立后，当合同一方当事人未履行其基于合同而产生的债务时，如果合同另一方当事人已为给付，由于未履行义务一方当事人受领给付并非没有合法根据，且其合同债务并未消灭，完成给付的当事人可行使债务履行请求权，因此，在此情形下，并不发生不当得利返还请求权，完成给付的当事人并不能根据不当得利的规定请求返还其给付。

但是，在租赁合同等合同关系中，合同约定的租赁期届满后承租方应当按照合同的规定将租赁物返还出租方，如果承租人逾期不还租赁物，则不仅发生合同债务履行请求权，还因承租人对租赁物的占有或继续使用而发生不当得利返还请求权，从而出现了两者并存的情形。[1]

## 三、侵权行为产生的损害赔偿请求权与不当得利返还请求权的关系

当侵权人因侵权行为而受有利益时，受害人可据此而享有损害赔偿请求权和不当得利返还请求权，从而出现两种请求权并存的情形。此时，损害赔偿请求权以存在侵权行为为成立要件，以填补损害目的，而不当得利返还请求权以无合法根据而受有利益为成立要件，以去除侵害人受有的利益返还受害人为目的，因此两者并不排斥，当事人可以选择行使之。

---

① 值得注意的是，此时不仅发生债务履行请求权和不当得利返还请求权，出租方基于对租赁物的所有权还享有所有物返还请求权，从而出现 3 种请求权并存的情况。

## 真题链接

1.下列哪一情形产生了不当得利之债？（2013 年）

A.甲欠乙款超过诉讼时效后，甲向乙还款

B.甲欠乙款，提前支付全部利息后又在借期届满前提前还款

C.甲向乙支付因前晚打麻将输掉的 2000 元现金

D.甲在乙银行的存款账户因银行电脑故障多出 1 万元

2.甲将某物出售于乙，乙转售于丙，甲应乙的要求，将该物直接交付于丙。下列哪一说法是错误的？（2012 年）

A.如仅甲、乙间买卖合同无效，则甲有权向乙主张不当得利返还请求权

B.如仅乙、丙间买卖合同无效，则乙有权向丙主张不当得利返还请求权

C.如甲、乙间以及乙、丙间买卖合同均无效，甲无权向丙主张不当得利返还请求权

D.如甲、乙间以及乙、丙间买卖合同均无效，甲有权向乙、乙有权向丙主张不当得利返还请求权

# 第三编

# 侵权之债

LAW

# 第十六章　侵权行为概述

**【引　例】**

吴某出差，到某旅馆住宿。夜间，天花板上的吊灯突然脱落，正好砸到吴某身上，致吴某受伤。吴某花去医疗费3890元，要求旅馆赔偿损失，但旅馆不同意，认为吊灯是装修队安装的，旅馆没有过错。装修队认为，吊灯脱落是使用多年的螺丝磨损严重而造成，装修队不承担责任。双方相互推诿，吴某诉诸法院。

本案，旅馆和装修队的说辞似乎都有道理，似乎都不需承担责任。但如果明确了处理本案的前提：应该适用什么归责原则，那么作出最终的判断也就十分清楚了。《民法典》第1253条规定："建筑物、构筑物或者其他设施及其搁置物、悬挂物发生脱落、坠落造成他人损害，所有人、管理人或者使用人不能证明自己没有过错的，应当承担侵权责任。所有人、管理人或者使用人赔偿后，有其他责任人的，有权向其他责任人追偿。"本案的归责原则是过错推定责任原则。如果作为吊灯所有人和管理人的旅馆不能证明自己无过错，则推定其有过错，并承担损失赔偿责任。

## 第一节　侵权行为的概念和特征

### 一、侵权行为概述

#### （一）侵权行为的一般条款

张新宝教授对侵权行为一般条款作出了最早的研究。[①] 所谓侵权行为一般条款是指法律对一般侵权行为仅作一般规定，而不规定一般侵权行为的具体表现，根据这一规定便可以判断具体的造成损害的行为是否构成侵权行为。换言之，可以

① 张新宝：《侵权行为法的一般条款》，载《法学研究》2001年第4期。

直接依据一般条款作出判决。

对侵权行为一般条款的规定有两种不同的立法模式。第一种立法模式，即对侵权行为一般条款的概括仅指一般侵权行为，不包括特殊侵权行为。而且，这种侵权行为适用的是过错责任原则，是需要原告证明的过错责任原则，而不是过错推定原则。这主要体现在大陆法系中，如《德国民法典》第823条和第826条、《法国民法典》第1382条到第1386条。我国《民法典》第1165条第1款规定的是一般侵权行为，采用的是大陆法系的通常做法。第二种立法模式即为侵权行为一般条款，规定的是全部侵权行为，而不是仅仅规定一般侵权行为，这就是《埃塞俄比亚民法典》及《欧洲统一侵权行为法草案》的做法。

从多数大陆法系国家侵权行为立法观察，一般意义上，侵权行为的一般条款并不是关于概括所有的侵权行为请求权的条款，而是事关与一般侵权行为的概括性条款。[①] 本书侵权行为一般条款仅指一般侵权行为的观点。不难发现，这两种立法模式主要是从侵权责任或侵权行为之债的角度来表述侵权行为，将侵权行为与侵权责任相混淆，认为侵权行为一般条款概括的一般侵权行为的侵权责任有四个构成要件，即违法行为、损害事实、因果关系和主观过错。

1992年1月1日施行的《荷兰民法典》第6:162条规定："侵权行为是指对权利的违犯和违反法律上的义务或不成文法的利益的作为或不作为行为，但有合法或正当理由的除外。""对他人实施了可归责的侵权行为的人有义务对该侵权行为对他人造成的损害进行赔偿""加害人因自己的过错造成的损失或者依据法律或社会观念对损害负有责任时，加害人对侵权行为承担责任"。该法典明显将侵权行为与侵权责任相区别，真正实现了侵权行为的一般条款化。

针对侵权行为的一般条款化，田土城教授认为，可以概括为：一般侵权行为是指违反法定义务，侵害他人人身和财产权益的一切不法或有悖善良风俗的行为。其中，"违反法定义务"旨在强调侵权法保护的对象，即侵权行为的客体主要是绝对权；"他人的人身和财产权益"旨在强调侵权法不仅保护法定权利，亦保护尚未上升为法定权利的合法利益；"不法或有悖善良风俗"旨在强调侵权行为的本质特征在于不法性和应受责难性。[②]

我国《民法典》第1165条第1款规定："行为人因过错侵害他人民事权益造成损害的，应当承担侵权责任。"该条款规定了过错责任原则，实际具有侵权责任一般条款的意义。该条款表明：只要没有法律的特别规定，过错归责可以适用于所有侵权行为。

### （二）侵权行为的概念

在古罗马法中，有"公犯"与"私犯"之分，私犯是相对于公犯而言的，大致相当

① 王利明、杨立新等著：《民法学》，法律出版社2005年版，第761页。

② 田土城：《侵权行为的一般条款研究》，中国人民大学复印资料《民商法学》2006年第8期。

于后来的侵权行为。侵权行为在英美法中称为“tort”，法文中称为“delict”，德文则称“unerlaubte Handung”。日本则直接称之为“不法行为”。“tort”源自拉丁语中的“tortum”，意指“扭曲”“弯曲”，“delict”“unerlaubte Handung”均源自拉丁语中的“delictum”，意指“过错”“罪过”等。这些语源都喻示了侵权行为的不正当性和可责难性。

我国《民法典》第1165条第1款规定：“行为人因过错侵害他人民事权益造成损害的，应当承担侵权责任。”还在第1166条规定了特殊侵权行为：“行为人造成他人民事权益损害，不论行为人有无过错，法律规定应当承担侵权责任的，依照其规定。”因此，本书采纳我国多数学者的观点，所谓侵权行为是指行为人由于过错或在法律特别规定的情况下行为人虽无过错，侵害他人的人身或财产权利及利益，依法应承担民事责任的行为。

传统的侵权法往往作为债法的一部分而存在，认为侵权行为是债发生的一种根据，侵权责任作为债的一种。但是，违反债的义务会形成责任，而这种责任又将转化为一种债，这就形成了“债务”与“责任”周而复始、相互循环转化的理论怪圈。可见，侵权行为并不是一种债的发生的根据，但为教材内容的完整性而将侵权内容置于债法当中。

## 二、侵权行为的特征

### （一）侵权行为是侵害他人合法权益的行为

侵权行为表现为侵害他人的合法权益。首先，这种合法权益表现为民事主体依法享有的人身权、物权、知识产权、继承权等。这些权利都被称为绝对权，权利主体是特定的，而义务主体是不特定的，权利人无须义务人实施一定行为即可实现。其次，这种合法权益表现为相对权。相对权曾常被认为仅仅是违约行为所侵害的对象，因为相对权的当事人是特定的，权利人的权利必须通过义务人实施一定的行为才能得以实现。但相对权同样体现当事人的利益，事实上也可以成为侵权行为的侵害对象。

这种合法权益除表现为民事权利之外，还表现为法益。我国台湾著名学者王泽鉴教授认为：“侵权行为，指因不法侵害他人的权益，依法律规定应对所生损害负赔偿责任的行为。”[①]换言之，“必须通过对侵权行为做扩张解释：侵害的‘权’不仅包括民事权利，而且包括受到法律保护的利益。”[②]即发侵权和其他有侵害之虞的侵权行为即属此类。在我国法律中，消除危险、排除妨碍等所谓的民事责任方式，

---

① 王泽鉴：《侵权行为法》，三民书局1998年版，第66页。

② 张新宝：《侵权行为法的一般条款》，载《法学研究》2001年第4期。

正是针对这种未造成实际损害的侵权行为所设立的责任方式。

### (二)一般情况下,侵权行为是一种有过错的行为

关于侵权行为的本质是不法还是过错,国内外学者均有争议。我国台湾学者王泽鉴教授强调侵权行为的不法性;刘清波教授强调侵权行为的过错性;史尚宽先生则同时强调不法性和过错性。我国《民法典》第 1165 条第 1 款将过错作为侵权行为的构成要件。侵权行为的构成一般以主观上存在过错为要件,过错体现了法律对侵权行为的否定性评价和对行为人的谴责和非难,体现了法律规范对某些行为或事件的价值判断。一般情况下,致人损害的行为是否为侵权行为,要看行为人主观上是否有过错,有过错则构成侵权行为,无过错则不是侵权行为。史尚宽先生即认为:"侵权行为者,因故意或过失不法侵害他人之权利或故意以背于善良风俗之方法,加害于他人的行为。"[①]过错责任原则是侵权行为的一般归责原则,无过错即无责任。当然,在法律有特殊规定的情况下,行为人主观上没有过错也可能构成侵权行为,行为人应依法律的特别规定承担责任,但这只是特殊的例外现象。

### (三)侵权行为是一种违法行为

侵权行为是一种违反法律规定的行为,侵权行为违反的法律包括国家关于保护民事主体民事权利的保护性法律规范和禁止侵害民事主体民事权利的禁止性法律规范。侵权行为违法的方式,是违反法律事先规定的义务,包括作为的法定义务和不作为的法定义务。侵权行为不是合法行为,而是具有违法性的行为,侵权行为概念本身就体现了法律的谴责。违法性是侵权行为的基本性质。[②]

### (四)侵权行为是应当承担民事责任的行为

侵权行为与民事责任是紧密联系在一起的。侵权行为是民事违法行为,是依民法的规定应负侵权民事责任的行为。民事责任是法律责任的一种,其主要目的是弥补受害人因侵权行为所致的损失。为了制裁侵权行为并补偿受害人的损失,法律要求侵权者承担相应的民事责任。侵权行为是一种能引起侵害人承担民事法律责任的法律事实,因此,是承担侵权民事责任的根据。侵权行为造成损害,必然引起损害赔偿法律关系,行为人承担的主要法律后果就是损害赔偿。侵权责任以损害赔偿为主要形式,同时也包括其他形式的民事责任。

侵权行为的行为人一般以承担民事责任为责任形式,但侵犯他人权益触犯其他法律或情节严重构成犯罪的,则应依法承担行政责任甚至刑事责任。

---

① 史尚宽:《债法总论》,中国政法大学出版社 2000 年版,第 105 页。

② 杨立新:《侵权法论》,人民法院出版社 2005 年版,第 12 页。

## 三、侵权行为的分类

实践中，侵权行为十分复杂，依据各种不同的标准可以对侵权行为作出不同的分类，其主要分类如下。

### (一)一般侵权行为与特殊侵权行为

根据侵权行为的责任构成要件、归责原则等综合因素的不同，可将侵权行为分为一般侵权行为与特殊侵权行为。

一般侵权行为，是指行为人基于过错致人损害，并由行为人自己承担民事责任的行为。一般侵权行为适用统一的责任构成要求，所有的一般侵权行为都必须具备侵权行为的一般构成要件，即违法行为、损害事实、因果关系和主观过错。一般侵权行为适用过错责任原则，不仅以过错为责任的构成要件，而且以过错为责任的最终构成要件。一般侵权行为的侵权民事责任方式是直接责任，即行为人为自己的行为承担责任。在适用法律上，一般侵权行为按照统一的规定，一律适用统一的赔偿标准。在抗辩事由上，也都按照法律的统一规定进行。

特殊侵权行为，是指行为人虽无过错，但根据法律规定必须就他人损害承担民事责任的行为。特殊侵权行为的成立无需具备侵权行为成立的一般要件，其构成要件由法律根据具体情况规定，且这些特殊要件不具有普遍性。特殊侵权行为适用过错推定原则和无过错责任原则，其承担侵权民事责任的主要方式是替代责任，即行为人为特殊的行为或自己行为以外的事实对他人造成的损害承担责任。

一般侵权行为为侵权行为的常态，特殊侵权行为为侵权行为的例外，只有在法律有特别规定的情况下，特殊侵权行为才能成立。

### (二)单独侵权行为与共同侵权行为

根据侵权行为的行为主体数量的不同，可将侵权行为分为单独侵权行为与共同侵权行为。

单独侵权行为，是指加害人仅为一人并由行为人独自承担责任的侵权行为。单独侵权行为包括一个公民或一个法人实施的侵权行为。

共同侵权行为，是指加害人为两人或两人以上，基于共同的过错侵害他人合法权益的侵权行为。共同侵权行为具有主体的复合性、行为的共同性、结果的单一性等特点。主体的复合性是指共同侵权人须由两人或两人以上构成，可以是自然人也可以是法人；行为的共同性是指共同侵权行为的行为人之间，在主观上具有共同过错，基于共同的故意或者过失侵害他人合法民事权益；结果的单一性是指数个共同加害人的共同行为所造成的损害是同一的、不可分割的，其行为无论是否有分工，都造成一个统一的损害结果。

单独侵权行为是最常见、最普通的侵权行为，在民事责任的承担上较为简单，共同侵权行为由于加害人在两人以上，因此，在确定共同侵权责任的同时，还需要解决共同加害人相互间责任的划分问题。一般情况下，共同加害人应对受害人负连带赔偿责任。

### （三）积极侵权行为和消极侵权行为

根据侵权行为的行为方式不同，可将侵权行为分为积极侵权行为与消极侵权行为。

积极侵权行为，是指行为人以作为的方式违反法律规定的不作为义务而致人损害的行为。如损害他人财产、诽谤他人、假冒商标等。每一个公民和法人都是自己所享有的权利的权利人，同时又都是其他权利人的义务人，对于自己所享有的权利，可以自由行使和处分，对于他人享有的权利又都负有不可侵犯的义务。这种义务是法定义务，其绝大多数内容是法律规定的不作为义务，任何人都不得违反，违反了就构成作为的积极侵权行为。

消极侵权行为，是指行为人以不作为的方式违反法律规定的作为义务而致人损害的行为。施工人员未采取安全措施造成他人损害、母亲拒绝哺乳使子女饿毙等。作为义务不是一般的道德义务，而是法律所要求的具体义务。特定的法定作为义务的来源包括法律的直接规定、业务上或职务上的要求、行为人先前的行为等。

实践中，侵权行为以积极侵权行为居多，消极侵权行为只有某些负有特定作为义务的主体才可能构成。

另外，侵权行为还可以根据所侵害的对象的不同分为侵害财产权、知识产权、侵害公民身体和人格权的行为；根据行为主体的过错的不同分为普通过错侵权行为、共同过错侵权行为、混合过错侵权行为等。

## 四、侵权行为和相关概念的关系

### （一）侵权行为与违约行为的关系

违约行为是指合同之债的一方当事人不履行或不完全履行合同义务的违法行为。一方当事人违反合同义务，构成违约行为，也就构成了民事违法行为。侵权行为与违约行为都是民法上的概念，都属于民法调整的范围，都是违反民法的行为，是两类最典型的民事违法行为。侵权行为与违约行为在构成上有一致之处，在有些情况下，一个行为既构成侵权行为又构成违约行为，因此常发生民事责任竞合问题。侵权行为与违约行为都是要承担民事责任的违法行为，并且承担民事责任的主要方式也是一致的。

侵权行为与违约行为虽然有诸多相似之处，但它们之间的区别也是很明显的。违约行为所违反的义务一般是合同约定的义务，侵害的对象仅限于合同债权，其性质属于相对权、对人权；而侵权行为的违法性主要表现为违反法定义务，侵害的对象是他人的民事权利，即财产权利和人身权利，其性质是绝对权、对世权，虽然在特定的情况下，作为相对权的债权也能够成为侵权行为的侵害客体。违约行为产生的前提是当事人之间必须存在特定的权利义务关系，即有效的合同法律关系；而侵权行为产生之前不要求当事人之间具有特定的法律关系，当事人之间一般只存在不特定的财产权和人身权法律关系。由于违约行为是以有效合同的存在为前提，因此，违约行为的受侵害对象是特定的民事主体，即合同关系中的当事人；而侵权行为侵害的对象则是不特定的。而且由于合同当事人必须要具有相应的行为能力，因此，违约行为人也必须是完全民事行为人；而侵权行为对侵权人的行为能力则没有要求，任何民事主体都可能成为侵权行为人。违约行为一般无须违约人有过错；而侵权行为一般须以过错为要件。违约行为的归责原则是无过错责任原则。"我国违约责任的归责原则是严格责任，并以过错责任为补充，过错责任适用于分则中特别规定的合同类型"是学界通说。[①] 而侵权行为在归责上主要适用过错责任原则。侵权行为和违约行为的举证责任、承担民事责任的具体形式也有所不同，侵权行为民事责任中有赔礼道歉、恢复名誉、消除影响的责任方式，而这些方式却不适用于违约责任，对违约行为的损害赔偿也不包括人身损害和精神损害赔偿。

### （二）侵权行为与犯罪行为的关系

历史上曾有过侵权行为和犯罪行为不分的时期，各国在将法律区分为公法和私法之后，开始严格区分侵权行为和犯罪行为。

侵权行为与犯罪行为具有一定的联系，这两种行为都是违法行为，都是应当受到法律制裁的行为。同一行为有时既构成侵权行为，又构成犯罪行为。如侵害人身权利和财产权利的行为在构成犯罪的时候，无疑也构成了侵权行为，还有杀人行为、伤人行为、盗窃行为等，它们既是刑法上的犯罪，同时又构成民法上的侵权行为。在此情况下，侵权行为有时与犯罪行为竞合，但有时不竞合，行为人既要承担侵权责任，也要承担刑事责任。侵权行为和犯罪行为的另一个联系就是侵权行为法和刑法在目的、功能上的趋同，侵权行为法和刑法都具有惩戒、预防不法行为和维护社会安定的功能。

尽管如此，侵权行为毕竟不同于犯罪行为，侵权行为是民事违法行为，犯罪行为是刑事违法行为，分别由民法和刑法这两种不同的基本法来调整，无论在性质上还是在构成上都有严格区别。对罪与非罪的界定与刑事责任的追究，其依据是刑

---

① 王利民、郭明龙：《民事责任归责原则新论——过错推定规则的演进：现代归责原则的发展》，载《法学论坛》2006 年第 6 期。

法，犯罪行为是依照刑法的规定，应受刑罚处罚的行为，只有那些触犯刑律，具备了刑法规定的犯罪构成要件的行为，才能认定为犯罪行为；对侵权行为的界定和侵权责任的追究，依据的是侵权行为法，侵权行为是《民法典》规定的违法行为，所违反的法律是民事法律。在责任构成要件上，刑事责任的成立不以给受害人造成损害为要件，还要求行为人必须具有主观上的可归责性；而侵权责任的成立则以损害的发生为要件，且某些侵权责任的成立可以不以行为人的主观过错为必要。侵权行为主要是对民事权利的侵害，侵害的客体主要包括人身权利和财产权利，其他的社会关系不能成为侵权行为的客体；犯罪行为则主要表现为对社会秩序和公共利益的损害，侵害的客体既包括人身权利和财产权利，还包括受我国法律保护的一定的社会关系。犯罪行为必须是具有社会危害性的行为，不具有社会危害性的行为不能认定为犯罪行为；侵权行为不要求必须具有社会危害性，只要具备损害他人权利的违法性就可以构成。侵权行为和犯罪行为对行为人的主观恶意程度的要求也有不同，刑法要求实施犯罪行为的行为人的主观恶意必须达到一定的程度，因此，刑事犯罪主要是故意犯罪；而侵权行为的主观恶意性并不明显，侵权行为绝大多数是过失行为，如果是故意的侵权行为，则有可能还被认定为犯罪行为，如过失侵害他人身体健康致人轻伤者不构成犯罪，只构成侵权行为；故意侵害他人的身体健康致人轻伤者则可能构成伤害罪。从责任的形式来看，侵权责任主要是以财产责任为主的民事责任；犯罪行为的后果主要是以自由刑或生命刑为主的刑事责任。从责任的目的来看，刑事规范的功能主要在于惩罚和改造，对犯罪活动适用刑事制裁具有明显的惩罚性；民事规范的功能主要是补偿，对侵权行为适用民事责任，虽然也具有对有过错的不法行为实施制裁和教育的作用，但主要是为了弥补受害人受到的损失。

## 第二节 归责原则

### 一、归责原则概述

#### （一）归责原则的概念

“归责”就是确定责任的归属，“原则”则是标准与根据，“归责原则”是确定责任归属所依据的法律标准和规则，追究行为人法律责任的依据或理由。侵权行为归责原则，是为确定侵权行为人应否对其行为承担民事责任的根据和法律准则。归责原则从结果责任原则发展到过错责任原则、无过错责任原则（英美法系称危险责任原则）是法律为实现公平观念使然。结果责任原则是“有损害就有责任”，过错责任原则是“有过错才有责任”，而危险责任原则则是“有异常危险就有责任”。结果

责任原则立足于行为的损害事实——损害结果，过错责任原则立足于行为的意识因素——过错性，而危险责任原则立足的是行为的客观属性——异常危险性。行为的损害结果、行为的过错性、行为的异常危险性都是追究行为人的法律责任的核心根据与理由。

由于整个侵权法基本上就是要解决侵权行为的责任问题，因此侵权法的归责原则在整个侵权责任法中居于核心地位。一定的归责原则不仅决定着侵权责任构成要件、举证责任的负担，还影响着侵权行为的分类、免责条件、损害赔偿的原则和方法、减轻责任的根据等。因此，侵权行为归责原则体现着侵权责任法的价值取向，是侵权责任法的统率。

### （二）归责原则的发展

侵权行为归责原则的发展历史与侵权责任法的发展历史紧密相关，侵权责任法的历史发展经历了一个从严到宽、从单一化到多元化、从不合理到合理的发展过程。在侵权责任法的发展史上，归责原则不断发展、演进。

最早的侵权行为归责原则是加害责任原则，也称作客观归责原则或结果责任原则。该原则是以损害的客观后果作为归责标准，即只要行为人致他人财产或人身损害，不管其主观上是否有过错，都要承担损害赔偿责任。也就是说，一个人只要被确认是造成损害发生的人，加害事实本身就足以构成使他承担责任的充分理由。该原则是早期人类社会的归责观念，是早期社会惩罚侵权行为的原始方式。这一原则，在大陆法系和英美法系有着共同的反映。现代的过错责任原则在《法国民法典》中的确立，实现了侵权责任法立法史上革命性的变革。以法国为代表的国家曾经采纳的单一过错责任原则的模式(包括一般的过错责任原则和推定的过错责任原则)风靡一时。但是，随着科学技术巨大进步、生产力水平迅速提高、社会结构日益复杂化，单一的归责原则已不能解决日益复杂的侵权责任问题，在现代世界各国，由于侵权责任法所规范的对象的复杂性和多层次性，逐渐出现了无过错责任原则或者称之为严格责任的归责原则。如德国民法坚持过错责任原则，但是同时承认危险责任(即无过失责任)。各国也均颁布了许多特别法，在特别法上采取不问过错责任原则，如医疗事故赔偿法、产品责任法、航空法等，在这些领域内实行无过错责任原则，扩大了侵权责任法的适用范围，使归责原则本身也呈现出由过去单一的过错责任原则转变为以过错责任原则为主，而以不问过错责任原则为辅的归责体系。在英美侵权责任法中，通行的也是过错责任和严格责任。这就是，除了产品侵权责任、危险活动责任和动物致害责任之外的其他侵权行为类型，基本上都适用过错责任原则。

为适应实际需要，侵权行为归责原则的多元化趋势日益明显，如在传统的过错责任原则依然在发挥作用的同时，使用过错推定原则以减轻受害人的举证责任。类同的是英美法系国家普遍采用“事实本身证明”的规则，既保护了受害人的利益，同时也维护了过错责任原则体系内部的和谐。一些国家的法律和理论以及我国的侵权法理论，还认为公平责任原则也是侵权责任法的归责原则。当然，以往《侵权责任法》第 24 条规定："受害人和行为人对损害的发生都没有过错的，可以根据实际情况，由双方分担损失。"但《民法典》第 1186 条修改为"受害人和行为人对损害的发生都没有过错的，依照法律的规定由双方分担损失"，将"可以根据实际情况"修改为"依照法律的规定"。张新宝教授认为，这一修改也许是压垮所谓"公平责任原则"理论的"最后一根稻草"。[①]

侵权责任法的单一原则向多元化发展，逐渐形成了侵权责任法的完整的归责原则体系。值得注意的是在英美法国家，采取具体案件具体处理的方法，规定了庞大的侵权行为类型，诸如：对人身或财产的侵害，对人身或财产的非故意侵害，对人身、财产侵害的严格责任，毁损名誉，破坏家庭关系，侵害合同关系或商务关系，滥用法律程序等等。从而可以更灵活地适用各归责原则解决各种现实问题。归责原则是侵权责任法的核心问题，必须适应社会发展，就各个意外事故斟酌其危害性，及其他相关因素加以调整，使其更能公平、有效率地发挥其预防危害、填补损害的机能。

### （三）我国归责原则体系

理论界对我国侵权行为归责原则体系的争论一直不曾停息，有一元论（即认为只有一个归责原则）、二元论（即认为存在两个归责原则，至于是哪两个归责原则，学者们又有不同观点）、三元论、四元论等多种学说。《民法典》侵权责任编确认的归责原则主要有过错责任原则（包括一般的过错责任原则和过错推定责任原则）和无过错责任原则。至于《民法典》侵权责任编第 1186 条规定的公平分担损失，是依据衡平思想的补偿，仅在有限的情况下适用，不能构成归责事由，并非归责原则。

1.过错责任原则

过错责任原则是我国侵权责任法的基本归责原则，适用于一般侵权行为，调整一般侵权行为的责任归属问题。过错责任原则的性质是主观归责原则，即以行为人的主观过错作为确定其责任的必要条件，有过错即有责任，无过错即无责任。

需要特别注意的是，《民法典》对《侵权责任法》的修改。《民法典》第 1165 条第 1 款规定："行为人因过错侵害他人民事权益造成损害的，应当承担侵权责任。"而《侵权责任法》第 6 条第 1 款："行为人因过错侵害他人民事权益，应当承担侵权责任。"这种修改将归责原则内涵从"追究民事责任的根据"修改为"追究赔偿责任的根据"。所谓过错责任是指"因为有过错所以承担赔偿责任"。过错责任原则从民事责任的归责原则回归为赔偿责任的归责原则。

《民法典》第 1165 条第 2 款"依照法律规定推定行为人有过错，其不能证明自

---

① 张新宝：《侵权责任编：在承继中完善和创新》，载《中国法学》2020 年第 4 期。

己没有过错的，应当承担侵权责任”是过错责任的异化形式，即过错推定责任。过错推定原则从本质上说也是过错责任原则，过错推定责任是过错责任的一种特殊形态。过错推定仍然以过错作为归责的最终要件，其价值判断标准和责任构成要件都与一般的过错责任原则的要求相一致，过错推定责任原则所具有的制裁、教育、预防、确定行为标准等功能方面，也与过错责任基本相同。过错推定责任原则是为弥补传统的过错责任原则不足而产生的一项原则。因此，过错责任原则表现为两种形式：一是一般过错原则，二是过错推定原则。这个主张目前还是通说，而且在全国法院中也是采用这样的主张。在我国侵权责任法中，过错推定已广泛适用于一些特殊的侵权行为，而且随着社会经济的发展，过错推定的适用范围也将不断扩大。

2.无过错责任原则

《民法典》第1166条规定：“行为人造成他人民事权益损害，不论行为人有无过错，法律规定应当承担侵权责任的，依照其规定。”这是关于民事赔偿责任的无过错责任原则的规定。无过错责任原则是一个独立的归责原则，尽管有反对的意见，但是通说并不否认它是一个独立的归责原则。它调整的范围与过错责任原则、过错推定原则不同，无过错责任原则独立地调整部分特殊侵权行为的责任归属，如产品侵权责任、高度危险作业等，因此具有独立存在的价值。

无过错责任原则性质上是客观归责原则，即以损害事实和加害行为与损害事实之间的因果关系作为构成责任的充分条件，这一原则也被称为严格责任原则。无过错责任原则适用于法律特别规定的场合，加害人承担责任是看其行为与损害结果之间的因果关系，而不论加害人主观上是否有过错，加害人也不能以自己主观上没有过错为由而进行抗辩。

无过错责任并非“无论有无过错都要承担赔偿责任”，而是“侵权人行为具有高度危险性并导致了损害，才承担赔偿责任。”无过错责任仍然是一项民事赔偿责任的归责原则。

### （四）学习归责原则需注意的问题

1.侵权行为归责原则与侵权责任各规范的关系

侵权行为归责原则是侵权责任的核心规则，是贯穿于侵权责任之中，对各个侵权行为规则起着统率作用的立法指导方针，侵权责任的一切规则都建立在归责原则的基础之上。因此侵权责任的归责原则是侵权责任各具体规范的统率和灵魂，是侵权责任各规范适用的一般准则，规定着各侵权责任规范的具体适用，所有侵权责任的规范都必须接受侵权行为归责原则的统一调整。

2.归责原则与赔偿原则的区别

损害赔偿原则是在研究损害赔偿责任范围时使用的一个概念，是在处理侵权损害赔偿纠纷，确定赔偿范围时所依据的准则。归责原则与赔偿原则是侵权责任法的两种不同的原则，它们密切联系又相互区别，具体表现为：

(1)归责原则的作用是为了确定侵权行为人应否负赔偿责任。归责原则主要解决赔偿责任的承担问题。归责原则是确定赔偿责任归属的最终依据，它通常是从过错等因素出发，来确定赔偿责任的承担。而赔偿原则的作用是在确定了行为人应当承担赔偿责任以后，决定侵权行为人应当具体承担的责任的大小，解决的是损害赔偿的范围问题。赔偿原则是在确定责任以后的决定损害赔偿范围的依据，它往往要从客观事实出发来确定责任范围。

(2)归责原则包括过错责任原则、无过错责任原则等。赔偿原则则包括全部赔偿原则、损益相抵原则、过失相抵原则、财产赔偿原则和衡平原则，它们所包含的内容是不一样的。

需要说明的是，传统侵权法将侵权责任归属于债的内容，侵权责任几乎等同于赔偿责任。因此，归责原则就是侵权赔偿责任的归责原则。《民法典》侵权责任编完整体现了这一思想。

3.归责与责任的区别

责任，是指行为违反法律，其行为人所应承担的法律后果。当侵权行为发生以后，责任并非自然形成，必须有一个确定责任的过程。责任的成立与否，取决于行为人的行为及其后果是否符合责任构成要件，而归责只是为责任是否成立寻求根据，而并不以责任的成立为最终目的。[①] 从一般意义上说，归责是一个过程，而责任则是归责的结果。如果将侵权行为的损害事实作为起点，将责任作为终点，那么，归责就是连接这两个点的过程。[②]

## 二、过错责任原则

### (一)过错责任原则的概念

过错责任原则，学界又常称之为过失责任原则，是以行为人主观上的过错作为确定和追究行为人民事责任依据的归责原则。过错责任原则是一般情形下适用的归责原则，系因“故意或过失”不法侵害他人权利时，应就所产生的损害负赔偿责任。[③]

过错责任原则的性质是主观归责原则，过错责任要求在确定侵权行为人的责任时，必须以行为人主观上有无过错作为归责的依据，而不是依行为的客观方面来确定。过错责任原则以行为人主观过错作为价值判断标准，判断行为人对其造成

---

① 王利明:《侵权行为法归责原则研究》，中国政法大学出版社 1992 年版，第 18 页。

② 杨立新:《侵权法论》，人民法院出版社 2005 年版，第 117 页。

③ 王泽鉴:《侵权行为法》，中国政法大学出版社 2001 年版，第 12 页。

的损害是否应该承担赔偿责任，即过错责任原则以行为人的过错作为归责的根据和责任的最终构成要件。也就是说，该原则要求将行为人的过错作为归责的最终的决定性要件，将行为人的过错作为最后的或最基本的因素来加以考虑，坚决贯彻“无过错即无责任”的精神。

因此，在适用过错责任原则的场合，加害行为人仅在有过错的情况下对自己的致害行为负责，行为人主观上没有过错，就不承担赔偿责任。在确定赔偿责任的构成要件时，相对于损害事实及其因果关系等构成要件而言，行为人主观上的过错是损害赔偿责任构成的必要条件之一，缺少这一条件，即使加害人的行为造成了损害，也不承担民事赔偿责任。

### （二）过错责任原则的产生与发展

过错责任原则的萌芽出现在罗马法时代。公元前 287 年通过的《阿奎利亚法》首次确立了过错责任原则。通过之后罗马法学家的解释和裁判官判决的补充、注释，过错责任原则逐渐充实完备起来。随着 19 世纪罗马法的复兴，过错责任原则逐渐作为一般的归责原则彻底取代了加害责任原则。这也是资本主义经济发展的必然要求，资本主义商品经济的迅速发展，要求充分发挥经营者的生产积极性和创造性，要求经营者有自由的政治和法律权利。加害责任原则不问行为人主观上有无过错，只要其行为造成他人损害，即必须承担赔偿责任。这种动辄被追究责任的归责原则显然不利于自由经济的发展。而过错责任原则要求行为人只要尽到一定的注意义务，即可免负责任，最大限度地满足了这种需求。因此，为最大限度地保障经营者的主动性和创造性，为谋求社会经济发展的秩序和社会生活的平衡，过错责任原则得以广泛确立。这一时期自然法学的复兴和理性哲学的创立也为过错责任原则的重新确立提供了理论根据。他们认为行为只有基于作为意志的过错才能归责于行为人。

在此背景下，从 19 世纪开始，过错责任原则相继在法国、英国、日本、德国等大多数资本主义国家取得了主导地位。过错责任原则作为一般的归责原则，最早出现在 1804 年《法国民法典》中，该法第 1382 条和第 1383 条分别规定了作为和不作为的过失责任。在以后的时间里，各国民法陆续接受并采用了这一归责原则，1886 年的《日本民法典》(第 709 条)、1900 年的《德国民法典》(第 823 条)、1911 年的《瑞士债务法》(第 41 条)等都明确规定采取过错责任原则。英美法上的过失责任则由法院判例创设之。[①] 在英美法的侵权责任法的初期采取程序诉讼制度，具体的侵权行为的赔偿要进行具体的诉讼程序，没有过失的概念。而在其后的“间接侵害诉讼”中包含了过失的影子，出现了欠缺注意的过失的含义。直至晚近，英美法才在

---

① 王泽鉴:《侵权行为法》，中国政法大学出版社 2001 年版，第 13 页。

法院的判例中创设出过失的概念，接受了过错责任原则。[①] 我们还需要注意的是，大陆法系学者在研究过错的判断标准时几乎都集中在过失的判断标准上，而忽视了过错中的“故意”内容，因而也将过错责任原则几乎等同于过失责任原则。然而，传统上学界仍然将过错责任原则称为“过失责任原则”。

自 19 世纪以来，过失责任原则成为各国侵权责任法的归责原则，成为近现代法律制度上的重要原则，其发展反映了人类社会的进步。

### （三）确立过错责任原则的意义和价值

首先，过错责任原则是平衡个体行动自由价值与社会安全价值的有力工具。结果责任原则限制了人们的行动自由，是过错责任原则得以产生与发展的原因。从经济学角度考虑，“有损害结果即有责任”，行为人就不得不时时谨小慎微。时时谨小慎微就扼杀了行为人的主动性，极大限制了私权主体的行动自由。这对行为人而言十分不公，对社会的发展也十分不利。17 世纪，人类开始步入理性的时代。黑格尔所言，“行动只有作为意志的过错才能归责于我……我的意志仅以我知道自己所做的事为限，才对所为负责。”换言之，没有过错思想支配下的行为造成了损害，行为人不负责任。在这种情况下，过错责任原则用过错这个价值判断标准作为侵权责任构成的必要条件，只要行为人尽到一定的注意义务，即使是对他人造成损害也可以不必承担责任，因而该原则鼓励资产阶级大胆地放开手脚改革创新，在客观上推动了生产力的发展和社会的进步。

其次，实行过错责任原则有利于社会道德观念的树立和个人尊严的维护。依据过错责任原则，一个人因其行为给他人造成损害，只有当他对于这一行为有过错时才承担责任，也就是说，行为人负担赔偿责任是基于其行为在道德上存在的可受非难性，即如果他的行为是因其过错所致，则其行为在道德上存在可受非难性，因此必须赔偿；如果他的行为不是因其过错所致，则其行为在道德上不存在可受非难性，也就无须赔偿。这一方面体现了社会正义的要求，另一方面也为民事主体的行为确定了标准，它要求行为人尽到对他人的谨慎和注意义务，努力避免损害的发生，也要求每个人充分尊重他人的权益，尽量做到正当作为和不作为，从而为行为人确定了自由行为的范围，并体现了对个人尊严的尊重。过错责任原则维护人的自由，尊重个人的选择，肯定人们区别是非的能力，“个人基于其自由意思决定，从事某种行为，造成损害，因其具有过失，法律予以制裁，使负赔偿责任，最足表现对个人尊严的尊重”。[②]

最后，实行过错责任原则有利于侵权责任法各规范功能的有效发挥，过错责任原则在惩罚、补偿和预防等方面均有较好的作用。由于过错责任原则以过错作为

---

① 王泽鉴：《侵权行为法》，三民书局 1999 年版，第 13 页。

② 王泽鉴：《侵权行为法》，中国政法大学出版社 2001 年版，第 14 页。

归责的必备要件，因此，适用过错责任原则的过程，就是对行为人的行为进行法律评价和道德评价的过程，法律通过过错责任原则惩罚具有主观过错的行为人，补偿受害人的损失，保护受害者利益。不仅如此，过错责任原则还具有极强的教育和行为指导功能，通过赋予过错行为人以侵权责任，教育行为人行为时应该谨慎、小心，尽到必要的注意义务，努力避免损害的发生，从而达到预防损害发生的目的。

## （四）过错责任原则的一般适用

《民法典》第1165条规定："行为人因过错侵害他人民事权益造成损害的，应当承担侵权责任。依照法律规定推定行为人有过错，其不能证明自己没有过错的，应当承担侵权责任。"该条款明确了过错责任原则及其适用的特殊情形（过错推定）。过错责任原则适用于一般的侵权责任，调整一般侵权行为，特殊侵权行为不适用一般的过错责任原则。也就是说，只有在法律有特别规定的情况下才不适用过错责任原则。在适用过错责任原则确定行为人责任时应该注意以下几个问题：

### 1.过错程度与责任范围的关系

过错责任原则是将过错作为确定行为人承担民事赔偿责任的根据，而不是将其作为确定赔偿范围的根据。在一般情况下，赔偿责任的大小取决于损害的大小，过错程度对于赔偿责任的范围一般并不发生绝对的或者很大的影响。但在某些情况下，行为人的过错程度也可以作为确定责任范围的依据，如在混合过错的情况下，通常会考虑加害人和受害人之间的过错程度并对其进行比较，通过适用过错相抵规则确定加害人的责任范围；在共同侵权的情况下，数人的过错程度成为决定他们所应承担的责任范围的依据，各共同侵权人承担与各自的过错程度相适应的民事责任；在无意思联络的共同致害行为中，也需要考虑各侵害人的过错程度，依据每个行为人过错程度确定各自的责任范围；在确定精神损害赔偿责任的时候，过错的轻重也会影响损害赔偿责任的范围，故意侵权的通常承担较重的赔偿责任，而过失侵权的则一般承担较轻的赔偿责任。

但也有学者认为，过错责任原则不仅是将过错作为确定行为人承担民事赔偿责任的根据，也是作为确定赔偿范围的根据。因为过错的两种情形——故意与过失中，故意的主观恶性非过失所能比，故意与过失应当承担不同的法律责任，如同刑法中的故意与过失一样。

### 2.过错程度与责任构成的关系

《民法典》第1165条和第1166条规定侵权赔偿责任，在此两条款之后的第1167条再次规定了绝对权请求权的侵权责任。第1167条是对《民法典》其他编章内容的强调。第1167条规定："侵权行为危及他人人身、财产安全的，被侵权人有权请求侵权人承担停止侵害、排除妨碍、消除危险等侵权责任。"停止侵害、排除妨碍、消除危险等请求权属于绝对权请求权。绝对权请求权如人格权请求权、物上请求权等等。物上请求权包括《民法典》第235条的返还原物请求权、《民法典》第

236 条的排除妨害请求权和消除危险请求权。《民法典》第 995 条的停止侵害、排除妨碍、消除危险等人格权请求权。这些是绝对权请求权的侵权责任方式。第 1167 条更是对侵权损害赔偿请求权和绝对权请求权的区分。绝对权请求权的行使与归责原则无关。因为绝对权请求权行使的根据是绝对权本身,因而不再需要归责理由和根据。绝对权本身就是绝对权请求权的根据。因此,导致损害后果的损害赔偿责任构成要件是侵权作为、损害结果、主观过错和因果关系。而侵害绝对权的其他非赔偿责任的责任构成要件是侵权作为、非损害的权利侵害后果、因果关系。

3.举证责任问题

一般情况下,过错责任原则贯彻的是“谁主张,谁举证”原则,根据“谁主张,谁举证”的民事诉讼原则,侵权责任要件的举证责任全部都要由主张赔偿的受害人承担,加害人不承担举证责任。受害人在主张加害人承担民事责任时,要举证证明加害人对损害的发生具有主观过错,如果不能举证证明,则其主张不成立。虽然过错责任原则贯彻“谁主张,谁举证”的原则,但是在特定的情况下,适用过错责任原则时也采用“举证责任倒置”的方法,由加害人负责举证证明其主观上无过错,即所谓的过错推定责任原则。过错推定责任原则是过错责任原则的特殊适用方式。

### (五)过错责任原则的特殊适用——过错推定责任原则

1.过错推定责任原则的概念

推定是指根据已知的事实推出未知事实的一种判断方法或判断过程。过错推定责任原则是指在加害行为发生后,为了保护相对人或受害人的合法权益,法律规定加害人如果不能证明其没有过错,则推定其有过错,加害行为人只有在证明自己没有过错的情况下才可以不承担责任,只要不能证明自己没有过错,就应当承担赔偿责任的原则。我国《民法典》第 1165 条第 2 款规定了过错推定责任原则的适用。《民法典》第 1253 条规定:“建筑物、构筑物或者其他设施及其搁置物、悬挂物发生脱落、坠落造成他人损害,所有人、管理人或者使用人不能证明自己没有过错的,应当承担侵权责任。所有人、管理人或者使用人赔偿后,有其他责任人的,有权向其他责任人追偿。”依据这些规定,受害人只要证明加害人的不法行为造成的损害事实,在加害人自己不能证明自己没有过错的情况下,就可以从这些事实中推定加害人有过错。

过错推定是实行过错责任原则的一种特殊情况,是在实行过错责任原则时,对法律有规定的场合,对行为人的过错实行推定的方式来确定。过错推定没有脱离过错责任原则的轨道,而只是适用过错责任原则的一种方法。[①] 从实质上说,过错

① 王利明:《侵权行为法归责原则研究》,中国政法大学出版社 1991 年版,第 30、69 页。

推定责任原则仍然是过错责任原则。过错推定责任的构成要件还是过错责任的四个构成要件。过错推定责任原则的基础仍然是过错，其特殊性就在于举证责任的不同。一般的过错责任的举证责任在受害人，过错推定责任则免除了受害人对加害人的过错所承担的举证责任，实行举证责任倒置，即将举证的责任由受害人转移给了加害人，由加害人就自己没有过错承担举证责任。加害人必须证明自己没有过错，如果加害人证明不了自己没有过错，则推定其有过错，因而要承担侵权赔偿责任。尽管过错推定责任原则在这些方面与一般的过错责任原则有所区别，但其本质并没有改变，过错推定责任原则除了在某些方面与一般的过错责任原则有所不同以外，其性质还是过错责任原则。

2.适用过错推定责任原则的意义

适用过错推定责任原则的意义在于有效地保护受害人的合法权益。一方面，随着政治、经济、科学技术与人们知识水平的不断发展，过错概念本身也随之不断变化发展着。而在许多情况下，由于科技和知识水平的限制，受害人很难确定致害行为人是否具有过错，因此，借助过错推定责任原则认定行为人具有过错可以更好地保护受害人的合法权益；另一方面，在适用过错责任原则时，在某些特殊情况下，受害人难以举出证据来证明加害人有过错，但是，这时如果因为受害人证明不了加害人有过错而不判令加害人承担责任显然是不公正的，而从加害人的角度来看，加害人更了解损害发生的原因，让其承担举证责任更有利于查清事实，从而决定责任的归属，因此，此时适用过错推定责任原则也可以有效地保护受害人权益。适用过错推定责任原则，从损害事实中推定行为人有过错，就可以使受害人免除举证责任而处于有利的地位，而行为人则因负举证责任而加重了责任，因而有利于保护受害人的合法权益。

3.过错推定责任原则的适用

过错推定责任原则调整部分特殊侵权行为，只能适用于法律有特别规定的情况，在法律无特别规定时，仍然适用一般过错责任原则。过错推定责任原则作为一项归责原则主要适用于《民法典》侵权责任编规定的几种特殊侵权行为，即《民法典》第 1258 条规定的地下工作物致害责任、第 1253 条规定的建筑物及其他地上设施致害责任、第 1188 条规定的监护人的侵权责任以及法人侵权、雇主责任和事故责任。《民法典》第 1188 条规定："无民事行为能力人、限制民事行为能力人造成他人损害的，由监护人承担侵权责任。监护人尽到监护职责的，可以减轻其侵权责任。有财产的无民事行为能力人、限制民事行为能力人造成他人损害的，从本人财产中支付赔偿费用；不足部分，由监护人赔偿。"第 1253 条规定："建筑物、构筑物或者其他设施及其搁置物、悬挂物发生脱落、坠落造成他人损害，所有人、管理人或者使用人不能证明自己没有过错的，应当承担侵权责任。所有人、管理人或者使用人赔偿后，有其他责任人的，有权向其他责任人追偿。"第 1258 条规定："在公共场所或者道路上挖掘、修缮安装地下设施等造成他人损害，施工人不能证明已经设置明显标志和采取安全措施的,应当承担侵权责任。窨井等地下设施造成他人损害,管理人不能证明尽到管理职责的,应当承担侵权责任。"在过错推定责任中,举证责任发生了倒置,受害人无须就加害人的过错负举证责任,加害人只有证明自己没有过错或者存在法律规定的抗辩事由才可以免责。法律对过错推定责任的免责事由作出了严格的限定,主要包括受害人的过错、第三人的过错、不可抗力等。

4.过错责任原则和过错推定责任原则的区别

过错责任原则和过错推定责任原则都是以加害人有过错作为承担民事责任的根据,过错推定责任原则是过错责任原则的一种特殊形式,其仍然以过错责任原则为基础,其本质还是过错责任原则的性质,只是在某些方面与一般的过错责任原则有所不同而已,具体来说两者的不同之处有:

(1)举证责任不同。一般的过错责任原则贯彻"谁主张,谁举证"原则,举证责任由原告承担,而过错推定责任原则在证明主观过错要件上实行举证责任倒置,原告不承担举证责任,由被告承担举证责任。过错推定责任原则的本质是诉讼中举证责任的倒置,旨在重点保护受害人的合法权益,只有当加害人能证明自己无过错时,才无须负侵权责任。

(2)调整范围不同。两原则调整的范围完全不同。一般的过错责任原则调整侵权行为的范围是一般侵权行为,而过错推定责任原则调整的范围是法律有特别规定的部分特殊侵权行为。

(3)过错程度对责任的影响不同。适用过错责任原则时,在某些情况下需要考虑加害人的过错程度,根据加害人的过错程度确定其责任的承担与轻重,如在混合过错中严格区分受害人的过错与加害人的过错,根据双方当事人的过错程度确定双方各自应承担的责任。而在过错推定责任中,过错程度对责任的承担及轻重没有影响。因为在过错推定的情况下,加害人的过错是被推定的,过错本身具有一定的或然性,难以确定加害人的过错程度,所以也就无法对加害人与受害人双方的过错程度进行比较。在适用过错推定责任原则的特殊侵权行为中,即使能够证明受害人对于损害的发生也有过错,也不能因此而免除加害人的责任,除非损害完全是由受害人故意引起的。

## 三、无过错责任原则

### (一)无过错责任原则的概念

我国民事立法对无过错责任原则的条文化表述是在《民法典》第 1166 条:"行为人造成他人民事权益损害,不论行为人有无过错,法律规定应当承担侵权责任的,依照其规定。"基于该条文,若将无过错责任原则理解为"按照法律规定,没有过错也要承担责任的原则"是没有问题的。很多学者也是这样给无过错责任原则下

定义的，如“无过错责任，是指基于法律的特别规定，加害人对其行为造成的损害没有过错也应当承担民事责任”。[①] 其实从无过错责任原则的字面出发强调“没有过错”并不能准确地反映无过错责任原则的真实含义。正如学者所指出的“无过失责任的用语消极地指明‘无过失亦应负责’的原则，危险责任的概念较能积极地凸显无过失责任的归责原因”。[②] 实际上，“无过失责任，即侵权行为的成立不以行为人的故意或过失为要件，德国法则称之为危险责任”。[③] 所谓危险责任，“即持有或经营某特定具有危险的物品、设施或活动之人，与该物品、设施或活动所具危险的实现，致侵害他人权益时，应就所产生损害负赔偿责任，赔偿义务人对该事故的发生是否具有故意或过失，在所不问”。[④] 无过错责任仅仅是不考虑加害人的过错因素，是不考虑过错的责任，而不是没有过错的责任，至于加害人是不是有过错，是不一定的。无过错责任原则指的是以损害事实、加害行为以及二者之间的因果关系为根据确定加害人责任的归责原则，也就是说，加害人有无过错对确定民事责任没有影响。无过错责任原则的基本内涵，就是以加害行为的损害结果来确定责任，它是一种不以加害人的主观过错为责任构成要件的归责标准。无过错责任原则也常常被称为严格责任原则或者风险责任原则，在此，我们可以将其定义为：在法律有特别规定的情况下，以已经发生的损害结果为价值判断标准，不问行为人主观上是否有过错，只要其行为与损害后果间存在因果关系，就应承担侵权责任的归责原则。

### （二）无过错责任原则的发展

无过错责任原则起源于19世纪，以过错责任原则为基础的侵权责任法在19世纪正处于其鼎盛时期，无过错责任原则在这一时期兴起与资本主义经济的高度发展和法哲学理念的演变紧密相关。进入19世纪以后，随着社会化大生产的迅速发展和大型危险性工业的不断兴起，面对现代化机器大工业生产所带来的高度危险和巨大的事故损害，过错责任原则的缺陷日益显现，无过错责任原则基于自身的独特优势逐渐产生并不断发展起来。

现代工业社会是事故频发的时代，在自由资本主义时期，随着工业革命和社会化大工业的发展，具有高度危险性的工业企业大规模兴建，资本主义经济的迅猛发展必然带来许多无法预防的高度危险，工业事故、交通事故在这一时期急剧增加，公害和商品瑕疵致人损害的情况也日益严重。这些事故一般具有以下特点：一是发生频繁、损害巨大、受害者众多；二是事故多由难以发现的先进工业技术缺陷引

---

① 王利明：《民法》，中国人民大学出版社2000年版，第552～553页。

② 王泽鉴：《侵权行为法》，中国政法大学出版社2001年版，第16页。

③ 王泽鉴：《侵权行为法》，中国政法大学出版社2001年版，第16页。

④ 王泽鉴：《侵权行为法》，中国政法大学出版社2001年版，第16页。

起，难以防范，而且由于含有高技术成分，受害人对加害人是否有过错难以证明；三是造成事故的活动皆是社会发展或人民生活所必需的，是合法而必要的，而且加害人通常并无过错，其行为不具有可受非难性，例如，世界航空业认可航空事故比例为千分之一，因此在大多数情况下，航空公司对航空运输中的飞机失事事故是没有任何过错的。

在这一时期，对于事故责任实行的是过错责任原则，受害人必须证明事故的责任人在主观上有过错才能获得赔偿。然而，因为这类事故具有以上特点，要求受害人举证证明加害人主观上有过错是非常困难的，而且过错责任原则强调人的意志，这些事故通常是人的意志所难以控制的，因此，在适用过错责任原则的情况下，受害者常常无法获得赔偿。过错责任原则事实上剥夺了工人的一切保护，如果坚持过错责任原则，作为弱者的受害人的利益则得不到有力保护，社会公平将难以实现，社会秩序也难以安定下来。

为顺应社会需求，社会本位逐渐取代个人本位，法律开始强调对弱者利益的保护，强调对社会利益的保护，人们开始寻找一种新的办法来加强对受害者利益的保护，于是，反映社会本位法哲学思想的无过错责任原则便应运而生。依据无过错责任原则，作为既得利益者的企业无论其是否有过错，都应当为其经营风险带来的损害承担责任。因此，各国先后通过立法和判例，逐步确立了无过错责任原则，民事立法一方面坚持实行过错责任原则，另一方面例外地就特殊损害事故承认无过错责任，即在特定情况下，即使致人损害的一方没有过错，也应承担赔偿责任。到19世纪中后期，无过错责任作为一种归责原则，无论在民法理论中，还是在立法和判例上均得以确立。1838年普鲁士王国的《铁路企业法》首先确认了无过错责任原则；1884年德国制定的《劳工伤害保险法》也确立了事故责任的无过错责任制度，并陆续通过一系列单行立法逐步扩大无过错责任原则的适用；1898年法国制定的《劳工赔偿法》规定了工业事故的无过错责任；英国、美国也都先后用特别立法或者判例等方法，确认了这一原则，并通过各种单行立法逐渐扩大其适用范围，使之成为一个通行的归责原则。

（三）无过错责任原则的理论基础和意义

过错责任原则的基本思想是对过错行为进行制裁。依据过错责任原则，加害人之所以要对其行为所产生的损害负赔偿责任，是因为其主观上具有可受非难性。无过错责任原则的基本思想不是对不法行为进行制裁，企业的经营、汽车的使用、商品的生产销售、原子能设备的持有等虽然具有危险性，却是现代社会所必需的经济活动，为法律所允许，不能作为违法性判断的客体。无过错责任原则的基本思想是基于分配正义对不幸损害进行合理分担，即在发生损害的情况下，根据公共利益权衡冲突双方的利益，公平地分配损失。

史尚宽教授认为，无过错责任原则“系以特定危险的实现为归责理由。换言

之，即持有或经营某特定具有危险的物品、设施或活动之人，于该物品、设施或活动所具危险的实现，致侵害他人权益时，应就所生的损害负赔偿责任”。[①] 从这一意义上，无过错责任原则的称谓并不科学，与其称为无过错责任原则，不如称为危险责任原则。危险责任原则的“基本思想不在于对具有‘反社会性’行为的制裁，而在于对危险事故所致之不幸损害之合理分配，即所谓‘分配正义’。”[②]

根据无过错责任原则将意外灾害的损害由受害人转向特定企业、设备的所有人、持有人的合理性理由主要有四：理由一，特定企业、物品和设施的所有人、持有人是这些危险源的制造者，企业在生产中为了自己的利益而制造了危险，应当承担因风险导致损害而产生的责任；理由二，在一定程度上也只有该所有人或持有人能够防止或者控制这些危险；理由三，获得利益者承担风险是公平正义的要求，管理者因支配其物而获得利益，理应赔偿因此而给他人造成的损失；理由四，企业具有分散负担的能力，企业虽然负担危险责任，但是，由于法律常常事先规定了其损害赔偿的最高限额，损害赔偿责任的范围是可以预计的，企业可以通过商品服务的价格体系和保险制度对其予以分散。

无过错责任原则强调对个体公民生命财产的保护，对生产经营者提出了更高的要求。确立无过错责任原则，让事故原因的控制者承担责任，可以促使从事高度危险业务者及危险行为人、产品制造销售人员、环境污染制造者和动物饲养人等行为人，提高工作质量，高度负责，谨慎小心，不断改进生产技术及安全措施，尽力保障周围人员、环境的安全，以有效地防止事故的发生，从而切实保护人民群众人身、财产安全，更好地保护民事主体的合法权益。适用无过错责任原则的意义还在于通过加重行为人的责任，可以在造成损害的情况下，迅速查清事实，赔偿受害人的人身、财产损失，使受到损害的权利及时得到救济。无过错责任旨在使处于优势地位的一方承担更多的责任，以保护处于弱势地位的不特定的民事主体的利益。适用无过错责任原则，使无辜的损害由国家和社会合理负担，切实保护了受害人的利益。

### （四）无过错责任原则的适用范围

无过错责任原则虽然也是以损害事实作为侵权责任归责的标准，但其与结果责任原则有本质区别，表现为两个方面：一是无过错责任原则只作为过错责任原则的例外和补充，仅适用于法律有特别规定的情形；二是适用无过错责任原则的法定特殊情形一般是高度危险作业、工业事故和高技术领域的事故。

无过错责任原则仅适用于法律有特别规定的情形，其适用范围法定化的原因在于，此种责任在性质上与一般的法律责任不同，无过错责任以损害事实为根据，

① 王泽鉴：《侵权行为法（第一册）》，中国政法大学出版社 2001 年版，第 16 页。

② 王泽鉴：《民法学说与判例研究（第二册）》，北京：中国政法大学出版社，1998 年，162 页。

在法无明文规定的情况下，给加害人施加此种责任，是苛刻且不公平的，也会妨害整个侵权法规范的职能的发挥。因此，无过错责任原则必须在有法律明确规定的情形下才能采用，其责任的承担必须完全基于法律的特别规定，不得由法官或当事人任意扩大其适用范围。

无过错责任传统上是建立在形体化的特定的危险来源之上，如航空器、原子核设施，被称为危险持有人或设施责任，其后该种责任形式逐渐扩张于生产和提供具有缺陷的产品和服务，被称为行为责任。就目前发展来看，无过错责任原则并不仅仅局限于高度危险作业、产品侵权责任等传统领域，其适用范围有逐渐扩大之势。

我国《民法典》第 1166 规定了无过错责任原则。《民法典》第 1188 条【监护人责任】、第 1191 条【用人单位责任和劳务派遣单位、劳务用工单位责任】、第 1192 条【个人劳务关系中的侵权责任】、第 1202 条【产品生产者责任】、第 1229 条【污染环境、破坏生态致损的侵权责任】、第 1236 条【高度危险责任的一般规定】及第 1245 条【饲养动物致害责任的一般规定】，以及其他法律、行政法规和最高人民法院的有关司法解释规定了一系列无过错责任原则的具体适用类型。

综观以上规定，在我国，适用无过错责任原则的范围可以确定为：产品侵权责任、高度危险作业致害责任、环境污染致害责任、动物致害责任、监护人责任、机动车致害非机动车驾驶人或行人的交通事故责任、工伤事故责任等。

### （五）适用无过错责任原则时应注意的问题

1.无过错责任的构成要件

适用无过错责任原则，其责任构成必须具备两个要件：损害事实、侵权行为与损害事实之间的因果关系。具备以上两个要件，行为人就应当承担赔偿责任。对构成无过错责任的两个要件，受害人即原告应当举证证明，对此，加害人不承担举证责任。

过错责任的构成，最终取决于行为人有无过错；无过错责任的构成，不要求具备主观过错要件，无论行为人主观上是否有过错，都要承担侵权责任，受害人不需要证明行为人主观有过错，行为人也不能以自己主观上没有过错来抗辩，法院在确定行为人是否要承担侵权责任时也不必考虑行为人主观上的过错问题。值得注意的是，因果关系要件对无过错责任的构成至关重要，因果关系是决定行为人责任的基本要件，无过错责任的构成，最终取决于行为人的行为与损害结果之间有无因果关系，只要行为人的行为与损害结果之间存在因果关系，行为人就要承担侵权责任，无因果关系就不构成侵权责任。

2.无过错责任免责事由

无过错责任并非绝对，也有其免责事由。我国《民法典》规定的免责条件有：不可抗力、受害人的故意、第三人的过错等。但并非这些免责条件可以适用于所有适

用无过错责任的案件，其具体适用须以法律的具体规定为依据。

无过错责任原则不以行为人主观上有过错为侵权行为的构成要件，无论行为人主观上有无过错，都要承担侵权责任。但这并不意味着无过错责任原则不考虑受害人的过错和第三人的过错，它们有时也可以成为行为人责任减免的事由。一般来说，在无过错责任中，行为人能够证明损害是由于受害人故意或者重大过失引起的，即免除赔偿责任，即受害人的故意或者重大过失通常可以作为行为人的免责事由。原因是在适用无过错责任的场合，原告必须证明损害事实的存在以及损害事实和加害人行为间的因果关系，按照某些学者的理解，在受害人故意或重大过失造成自身损害的情况下，可以否定行为人的行为与损害结果之间因果关系的存在，因此不构成无过错责任。值得注意的是，在无过错责任中，受害人的一般过失是不能作为抗辩事由的。

3.加害人过错与无过错责任的范围

在适用无过错责任原则时，法律一般不问加害人的过错，其过错的有无对于侵权责任的构成没有意义。但是，在适用无过错责任原则的侵权行为中，并不是所有的加害人都没有过错，在很多情况下，受害人都能够证明或从损害事实中推定出加害人的故意或者过失。加害人的过错对于侵权责任的赔偿范围具有较大影响。如果加害人确实没有过错，或者没有证据证明加害人的过错，加害人的赔偿责任按照法律的一般规定确定，其所要承担的责任范围仅限于法律所要其承担的侵权赔偿责任。如果加害人对于损害的发生或者扩大具有过错，那么，将有可能扩大其赔偿责任的范围，如在产品侵权责任中，如果产品制造人对于缺陷产品是明知的，却继续销售该缺陷产品，那么，他对因此造成的损害就应当承担更多的赔偿责任，如对其责以惩罚性赔偿责任，赔偿受害人损失的两倍或者三倍。

## 真题链接

1.周某从迅达汽车贸易公司购买了1辆车，约定周某试用10天，试用期满后3天内办理登记过户手续。试用期间，周某违反交通规则将李某撞成重伤。现周某困难，无力赔偿。关于李某受到的损害，下列哪一表述是正确的？(2011年)

A.因在试用期间该车未交付，李某有权请求迅达公司赔偿

B.因该汽车未过户，不知该汽车已经出卖，李某有权请求迅达公司赔偿

C.李某有权请求周某赔偿，因周某是该汽车的使用人

D.李某有权请求周某和迅达公司承担连带赔偿责任，因周某和迅达公司是共同侵权人

2.甲系某品牌汽车制造商，发现已投入流通的某款车型刹车系统存在技术缺陷，即通过媒体和销售商发布召回该款车进行技术处理的通知。乙购买该车，看到

通知后立即驱车前往丙销售公司，途中因刹车系统失灵撞上大树，造成伤害。下列哪些说法是正确的？(2011年)

A.乙有权请求甲承担赔偿责任

B.乙有权请求丙承担赔偿责任

C.乙有权请求惩罚性赔偿

D.甲的责任是无过错责任

# 第十七章　侵权责任的构成要件

**【引　例】**

原告吴柏和被告牛顿是同学，利用午休时间与其他几位同学在学校操场上踢足球，吴柏为守门员。牛顿射门时，足球经过吴柏之手抵挡之后，打在吴柏左眼上造成伤害。医院诊断：左眼外伤性视网膜脱离，经行左网膜复位术，鉴定为十级伤残。吴柏将牛顿及学校诉至法院，请求人身赔偿损害。

本案的核心在于牛顿及学校是否构成侵权、是否具备侵权责任的构成要件。足球运动具有群体性、对抗性及人身危险性的特征，参与者无一例外地处于潜在的危险之中，既是危险的潜在制造者，又是危险的潜在承担者。牛顿的行为不违反运动规则，不存在过错，学校对原告的伤害也没有过错，因而不具备侵权责任的构成要件，牛顿与学校不构成侵权。

## 第一节　侵权责任构成要件概述

### 一、侵权责任构成要件的概念

侵权责任的构成要件，是指侵权行为人承担侵权民事责任所应当具备的条件。侵权责任的基本责任方式是损害赔偿，除此之外，侵权责任还包括其他民事责任方式，如停止侵害、排除妨害、消除危险等。在侵权责任中，损害赔偿责任是其中最为重要的责任方式，而其他侵权责任方式并不需要与侵权损害赔偿责任适用同等要求。例如，以停止侵害、排除妨害、消除危险等责任方式承担侵权责任时，一般来说，只要具备了权利侵害的事实，就可以请求权利侵害人停止侵害、排除妨害、消除危险，并非一定要到造成损害才可以请求。

侵权责任构成要件，顾名思义，应当是指所有侵权责任形式的构成要件。然而，我们通常所说的侵权责任构成要件实际上往往指代的是侵权损害赔偿责任的构成要件，而不是其他方式的侵权责任构成要件。

## 二、侵权责任构成要件与侵权责任归责原则的关系

在民法中，侵权责任的构成要件是指行为人承担侵权责任的条件，是判断行为人是否应该承担责任的根据。侵权责任构成要件与侵权责任归责原则是两个密切相关的概念。侵权责任归责原则是侵权责任构成要件的前提和基础，侵权责任构成要件则是侵权责任归责原则的具体体现。侵权责任构成要件是由侵权责任归责原则所决定的，其目的在于实现归责原则的功能和价值。

侵权责任构成要件与侵权责任归责原则间的密切联系具体表现为两个方面：一方面，侵权责任归责原则是认定侵权责任的一般原则，要具体认定某一行为是否构成侵权责任，需要司法审判人员在归责原则的指导下，结合侵权责任构成要件对行为人的行为和损害结果作综合、全面的评价；另一方面，侵权责任归责原则决定了侵权责任构成要件的内容。在传统的侵权责任法中，奉行单一的过错责任原则，各种侵权行为的构成要件都是一样的。

在当代的侵权责任法中，过错责任原则之外的特殊情形越来越多，所以，各种侵权责任的构成要件就不尽相同了。例如，当适用过错责任原则时，侵权民事责任构成必须具备行为人的主观过错要件，而且不仅以过错为构成要件，还以过错为归责的最终构成要件；当适用无过错责任原则和公平责任原则时，侵权责任构成就不需具备行为人主观过错这一要件，而是以因果关系和公平考虑的各种因素为归责的最终要件，如因高度危险作业而致受害人健康权、生命权的损害或丧失，依据《民法典》第1166条的规定，行为人不具备主观上的过错亦构成侵权民事责任。由于归责原则不是单一的，因此，侵权法中不存在适用于所有案件的统一的责任构成要件，而且，在运用不同的责任构成要件时，要正确认识不同的构成要件所赖以依据的归责原则，以及这些归责原则所要实现的功能。

## 三、侵权责任构成要件的划分

根据侵权责任归责原则的不同，侵权责任可以划分为一般侵权责任与特殊侵权责任。从我国立法和司法实践出发，我们主张采用过错责任原则确定的责任为一般侵权责任；采用无过错责任原则或公平责任原则确定的责任为特殊侵权责任。基于对侵权责任所作的一般侵权责任和特殊侵权责任的划分，在构成要件上，侵权责任的构成要件也可以划分为一般侵权责任的构成要件和特殊侵权责任的构成要件。

### （一）一般侵权责任的构成要件

一般侵权责任的构成要件，是指在采取过错责任原则的情况下，侵权行为人承

担民事责任所必须具备的条件。

大陆法系国家有两种不同的关于一般侵权责任构成要件的学说和立法，即三要件说和四要件说。三要件说以《法国民法典》和法国学理为代表，认为一般侵权责任的构成要件是过错、损害事实和因果关系；四要件说以《德国民法典》和德国学理为代表，认为一般侵权责任的构成要件为过错、行为的不法性、损害事实和因果关系。与此相对应，我国民法学界也有两种不同的关于侵权责任构成要件的学说和主张：主张三要件说的学者认为，违法行为不足以作为侵权责任的构成要件，侵权责任构成只需具备损害事实、因果关系、过错这三个要件；主张四要件说的学者认为，侵权责任构成必须具备行为的违法性、违法行为人要有过错、要有损害事实的存在、违法行为与损害事实之间有因果关系这四个要件，在一般情况下，具备以上四个要件即构成一般侵权责任。

学者对侵权责任构成要件的主要分歧在于违法行为或者违法性是否为侵权责任构成的必备要件。对此，三要件说否定之，四要件说肯定之。究其原因，“三要件说和四要件说的不同，在于对过错这一概念的理解不同。三要件说认为不法融于过错之中，过错涵盖不法；而四要件说认为，主观不法与客观不法是两个不同的概念，故在侵权责任的构成中，为两个不同的构成要件”。[①]

四要件说曾在我国理论研究占据主流地位。然而，解释“违法”一词的最终结果是，要么与侵权责任构成的“过错”或者“损害”要件同质，要么用“违反法律”来解释“违法”。[②] 违法性要件虽曾在司法解释所采用，但“违法性”在审判实践中几乎被忽略，因为难以对“违法性”要件作出实务判断。王利明教授认为，我国侵权法放弃了违法性要件。[③] 我们赞同这一观点，认为一般侵权责任的构成要件为：损害事实、因果关系、主观过错。采取三要件说，不仅可以避免“违法性”在理论上的困境，也符合审判实践。构成一般侵权责任必须具备以上三个要件，缺一不可。

《民法典》第 1165 条规定：“行为人因过错侵害他人民事权益造成损害的，应当承担侵权责任。”从该条规定来看，侵权责任应当具备三个要件：一要有过错；二要有因果关系；三要有侵害他人民事权益的后果，并不包括所谓违法性要件。因此，我国侵权责任的一般构成要件并不包括违法性要件。特别是某些无过错责任（如高度危险作业和环境侵权）中，行为人的行为往往具有合法性。公平责任也不要求分担损害者的行为具有违法性。

---

① 江平：《民法学》，中国政法大学出版社 2000 年版，第 755 页。

② 刘清生：《论侵权责任构成要件“违法性”之伪》，载《西南交通大学学报（社会科学版）》2010 年第 3 期。

③ 王利明：《我国“侵权责任法”采纳了违法性要件吗？》，载《中外法学》2012 年第 1 期。

(二)特殊侵权责任的构成要件

由于特殊侵权责任是基于无过错责任原则,因此,与一般侵权责任需要具备上述四个要件相比,特殊侵权责任则不要求具备主观过错要件,但仍然存在三要件说和二要件说的区别。三要件说认为,特殊侵权责任的构成要件包括行为的违法性、损害事实的存在、行为和损害事实之间有因果关系。而二要件说则认为,特殊侵权责任的构成要件只有损害事实、侵权行为和损害事实之间的因果关系。我们认可二要件说。

## 第二节 过错

### 一、过错的概念

在一般侵权责任的构成要件中,过错要件具有重要的地位。然而,"何为过错"在理论界经历了漫长的发展过程。罗马法中过错分为两种形态:故意和过失。故意(Dolus)是对善意的违反,指处心积虑地损人利己的意图。过失(Culpa)是对勤谨注意义务的违反。根据优士丁尼法的规定,过失又分为重过失(Culpa lata)、轻过失和最轻过失(Culpa levissima)三个等级。"故意(Vorsatz)或过失(Fahrlassigkeit)在德国民法上合称为过咎(Verschuldensprinzip),在台湾地区多译为过失责任原则,解释上当然包括故意在内。……在英美法上,侵权行为(Torts)有须以故意为要件的,亦有须以过失为要件的,台湾地区不作此区别。"[①]王泽鉴教授认为,学者往往是在讨论过错责任原则的前提下才讨论过错概念的。归纳起来,过错学说经历了以下三个阶段:

1.主观过错说。首先出现的关于过错的学说判断标准是主观标准。所谓过失是指行为人对于特定(或可以特定)损害结果的发生,应当预见且可能预见但未为预见的心理态度。预见可能性的判断标准建立在行为人主观心理状态上。由于这一理论侧重的是行为人对损害的发生是否有预见的可能,因此被称为"预见可能性说",又因该理论所强调的是行为人心理状态的非难性,根据行为人的个人的主观能力而判断,因此又被称为"主观过错说"。主观过错说是19世纪大陆法系国家民法的主导观点,以德国立法和学理为代表,我国大陆及台湾地区学理在过错的概念上也多采此说。该说把行为人行为的违法从主观和客观两方面加以区分,创造了"主观的不法"和"客观的不法"的概念。认为过错和不法行为是两个不同的问题,主观的不法即为过错,包括故意、过失,客观的不法是对行为的描述和评价。过错

① 王泽鉴:《侵权行为法(第一册)》,中国政法大学出版社2001年版,第252~253页。

不包括行为人的外部行为，与行为人的外部行为有严格的区别，因而过错和违法行为是两个不同的归责要件。该说认为过错作为主观概念，本质上是一种应受谴责的心理状态，“其基本思想是：每个具有意志能力和责任能力的人均具有意志自由，故应该对自己所选择的行为的后果负责”。[①] 主观过错说强调过错来源于行为人应受非难的主观状态，从而奠定了责任自负的基础，突出了侵权法的教育和预防职能。这种学说得到广泛的赞同，成为很多国家民法学的理论基础。

2.客观过错说。采用主观标准难以对每个行为人的预见能力作准确的判断，给民事归责带来了相当困难。主观标准没有真正解决行为准则问题。为此，对过错的判断标准，学术界提出了客观化的要求。所谓过错客观化是指以善良管理人在社会生活中所应注意的义务作为判断过错的根据。根据这一理论，过错的判断是：除有法律规定的无责任能力情况外，凡行为人的损害行为违反了善良管理人所应注意的义务，即认定为过错成立。客观过错说在法国法系中有广泛的影响，以法国学者安德烈·蒂克为典型代表，在他看来，“过错是指任何与善良公民行为相偏离的行为”。对此持相似观点的还有法国学者普兰尼奥尔，他认为过错是对事先存在的义务的违反。英美法的过错概念也接近于这种学说，认为过错主要是指行为人违反了法定的注意义务。该说认为，过错与违法行为属于一个归责要件，过错作为客观概念，并不是指行为人的主观心理态度具有应受非难性，而在于反映其意志的外部行为具有应受非难性，应该从某种客观的行为标准来判定行为人有无过错，如果行为人的行为不符合某种行为标准（如不符合一个合理的人或善良家父的行为标准），即为有过错。自21世纪以来，为适应归责客观化的需要，客观过错说得到了较大的发展，并成为西方国家侵权法中的主导学说。最近我国也有主张这种理论的学者，认为我国对过错的判断标准应当客观化，应摒弃现行的主观过错说，采用客观过错说，主张过错是指行为人未尽到一般人所能尽到的注意义务，也即违背了社会秩序要求的注意。

3.综合说。该说主张过错是综合概念，认为过错既是一种心理状态又是一种行为活动。过错首先是行为人进行某种行为时的心理状态，但是这种心理状态必须要通过行为人的具体行为体现出来，因此，判断行为人有无过错，需要和其行为联系在一起，以其行为为判断的前提和基础。如果没有具体的行为，不管人们持怎样的心理状态，都不存在法律上的过错。综合说认为过错是行为人通过违背法律和道德的行为表现出来的主观心理状态，是对行为人在进行某种行为时所具有的心理状态以及行为本身的一种法律评价和道德谴责。

在我国民法学界主观过错说占主导地位，除了少数学者坚持过错是一种行为，是客观概念外，绝大多数学者认为过错就其本质属性而言是人的主观心理状态，因而是主观概念。实质上，客观过错说和综合说也并不是说过错的本质是客观的，不

---

① 江平：《民法学》，中国政法大学出版社2000年版，第756页。

是主观的，而是主张在判断过错的标准或方式方面，应当以一种客观的衡量标准，通过人的外部行为来判断行为人主观上的心理状态，并不是说这种过错已经离开了行为人的主观世界，而成为客观上的形态。究其实质，过错永远不能离开行为人的主观世界而成为客观的实在形态，过错的有无始终是说行为人在主观上是否有一种可归责的应受非难的心理状态，过错的本质就是行为人决定其行为时所持的主观心理状态。本书赞同主观过错说。

根据此种观点，过错是指违法行为人对自己的行为及其后果所具有的一种应受非难的主观心理状态，包括故意和过失。行为人的过错是构成一般侵权责任的主观要件，也是一般侵权行为与特殊侵权行为相区别的重要标志。

## 二、过错的形态

### （一）故意

故意是指行为人已经预见到自己行为的损害后果，而仍然希望或者放任该损害后果发生的主观心理状态，是一种典型的可归责的心理状态。具体来说，故意包括两方面的内容：一是行为人预见到行为的后果。所谓预见到行为的后果，是指行为人理解了自己行为的性质，预见到自己的行为将对他人造成损害。例如，明知将石头抛向人群会将人击伤，却仍将石头抛出；明知毁坏他人汽车会给他人造成财产损失却仍将他人汽车轮胎扎坏。至于是否明确地认识到其行为的具体后果，例如造成损害的程度、范围等，并不影响故意的成立。二是希望或放任结果的发生。所谓希望，是指行为人通过一定的行为努力追求行为后果，努力造成行为后果的发生。所谓放任，是指行为人虽然不希望其行为后果发生，但并不采取避免损害后果发生的措施，以至于造成损害后果。

理论上对如何确定故意有“意思主义”和“观念主义”之争。意思主义强调故意必须有行为人对损害后果的希望，观念主义强调的是行为人认识或预见到行为的后果。本书认为，确定行为人是否存在主观故意，必须同时符合以下两个条件：一是行为人应当认识到或者预见到行为的后果，二是行为人希望或者放任该后果的发生。

### （二）过失

过失是指行为人对自己行为的结果应当预见或者能够预见而没有预见或者虽然预见到了却轻信能够避免以致造成损害结果的一种主观心理状态。过失包括疏忽和懈怠。行为人对自己行为的结果，应当预见或者能够预见而没有预见，为疏忽。例如，将玻璃酒瓶扔向窗外可能会砸伤行人，某人却于得意之际顺手将酒瓶扔出，结果砸伤了行人，该行为人即有疏忽的过失。行为人对自己行为的结果虽然预

见了却轻信可以避免,为懈怠。例如,汽车司机明明知道车辆刹车不灵,但自信技术好仍然出车,途中因刹车不灵撞伤行人,该司机即有懈怠的过失。

疏忽和懈怠都是过失,都是行为人因没有尽到自己的注意义务而导致损害后果发生。客观过失学说借鉴英美法系理论认为,民法上的过失是指加害人对应负的注意义务的违反,是行为人违反了其对他人应尽的注意义务,是行为人对受害人应负注意义务的疏忽和懈怠。因此,过失的核心在于行为人违反了对他人的注意义务并造成对他人的损害,行为人对受害人应负的注意义务的违反,是行为人负过失责任的基本依据。注意义务包括一般注意义务(即法律规定不得侵犯他人的财产和人身的注意义务)和特殊注意义务(即行为人在实施行为时应尽到的对他人的特定注意义务)。两种注意义务都要求行为人在已经或应该预见到自己的行为已经处于一种即将对他人造成损害后果的危险状态时,应当采取合理的作为或不作为来排除此种危险状态。

## 三、认定过错的标准与过错的认定

### (一)认定过错的标准

认定过错的标准是指应用何种尺度和方法来判定行为人是否具有过错。对行为人过错的判断主要有两种标准:主观标准和客观标准。

1.主观标准说

主观标准说认为,对过错的认定主要是通过分析判断行为人的主观心理状态来确定其有无过错,即如果行为人在主观上无法预见自己行为引起的后果,他对此结果则不负任何责任;如果能够预见或应当预见而没有预见此种结果,则应该承担责任。这一认定标准在适用中可以具体分为三个步骤:一是判断行为人对其行为的损害结果的发生有无预见或认识;二是如果有预见或认识,则进一步确定行为人对此种结果所持的态度,是希望其发生、放任其发生,还是轻信能够避免;三是如果没有预见或认识,则需要进一步确定行为人是否应当预见或认识,如果应当预见、认识而未预见、认识,则构成疏忽大意的过失,如果不能要求其应当预见、认识,则无过失。

2.客观标准说

客观标准说认为,应该通过某种客观的外部行为标准来衡量行为人的行为,进而确定行为人是否有过错。就过失而言,该说认为过失是一种不注意的心理状态,是行为人对自己注意义务的违反。因此,该说主张以注意义务作为衡量行为人是否有过失的客观标准。综观各国民法,对于注意义务通常确立三种不同的标准。

一是普通人的注意,也就是抽象第三人的标准,即用一个正常的、一般的第三人的标准来衡量行为人的行为。这种注意义务是按照一般人在通常情况下只用轻微的注意即能够注意到作为标准,如果在通常情况下一般人也难以注意到,那么,行为人尽管没有注意到也不能认为行为人有过失。相反,如果一般人在一般情况下能够注意到但行为人却没有注意到则为有过失。抽象第三人的标准一般适用于对一般注意义务的认定。在我国司法实践中,一般情况下是以一个合理的、谨慎的人的标准来衡量行为人的行为。如果行为人是按照一个合理的、谨慎的人那样行为或不行为时,那么他就没有过错;反之,则是有过错的。合理的、谨慎的人的行为标准,是行为人能够达到而且应该达到的行为标准,确立这一标准对于督促人们合理行为,努力避免损害的发生有积极的意义。

二是应与处理自己事务为同一注意。所谓自己事务,包括法律上、经济上、身份上一切属于自己利益范围内的事务。与处理自己事务为同一注意是指以行为人平日处理自己事务所用的注意为标准。如果行为人能证明自己像平日处理自己事务一样行为,应该认定其已经尽到了注意义务,因而没有过失,反之,则应该认定其有过失。"应与处理自己事务为同一注意"标准,要求对每个行为人的预见能力作准确的判断。人们的认识能力受每个人的智力程度、受教育程度、业务技术、专业知识、身体状况、客观环境等多方面因素的影响,因而对行为后果的认识和预见能力各不相同。采用该标准,应当充分考虑到行为人的具体特点。行为人的特点包括两方面:从主观方面看,应该具体分析行为人的生理状况、身体状况、智力程度、业务技术水平、受教育程度、专业知识、生活习惯等,以确定他在当时条件下,是否应该或能够选择合理的行为。从客观方面来看,应该分析行为人在特定的环境下所从事的行为的性质和特点、行为是否具有致他人损害的危险性和危险发生的几率、行为所危及的利益范围等,以决定行为人是否具有过错。

三是善良管理人的注意。这种注意义务与罗马法上的"善良家父之注意"和德国法上的"交易上必要之注意"相当,是以交易上的一般观念,认为具有相当知识经验的人,对于一定事件所用的注意作为标准。其具体做法是将一个合理人或"善良家父"的行为与行为人的行为进行比较,若一个合理人或"善良家父"在行为人造成损害时的客观环境中不会像该行为人那样作为或不作为,那么应该认定行为人有过错。该标准不问行为人有无尽此注意的知识和经验,以及他向来对于事物所用的注意程度,仅仅依据行为人的职业来确定其应该有的注意程度。因此,依据该标准所用的注意程度比普通人的注意和与处理自己事务为同一注意要求更高。"善良管理人的注意"标准主要适用于对特殊注意义务的认定。衡量行为人是否有过失,应该以行为人是否应注意、能注意而未注意为依据。而应注意和能注意的标准,则应该根据具体的时间、地点和条件来决定,不能作主观抽象的理解。例如,在医疗事故中,对医生、见习医生和护士的应注意和能注意的要求,就应该有所不同,不能一概而论。在确定行为人的特殊注意义务时,要求区分行为人所从事的不同职业活动,对于从事较高专业性、技术性活动的行为,必须按照专业技术人员通常应该有的注意标准提出要求;如果行为人从事的活动属于危险性活动,极易造成危

害他人的后果，行为人应该保持更高的注意义务，保持高度谨慎的态度以避免造成对他人的损害。

上述三种注意义务，从程度上分为三个层次，以普通人的注意为最低，以与处理自己事务为同一注意为较高，以善良管理人的注意为最高。

### (二)过错的认定问题

对行为人主观过错的认定，主观标准说和客观标准说各有其合理性。在实践中可以综合运用这两种标准，准确判断行为人的主观心理状态。

行为人的过错只有通过违法行为表现出来才对民事责任的认定与追究有实际意义。过错体现了行为人主观上的应受非难性，但这并不意味着将行为人的主观状态孤立化，行为人的过错总是会通过某一违法行为反映出来，实际上，在考察行为人的主观心理状态时，我们也只有通过行为人的行为才能了解与判断，若不借助外部的参照，是不能达到目的的。但是，借助行为人的外部行为并不是不考察行为人的主观心理状态，实际上，在判断过错时考察行为人的外部行为是以分析判断行为人的主观心理状态为目的的。由于过错本质上是一种主观心理状态，判断行为人是否有过错实质上就是分析行为人的主观心理状态，尤其在通过区分故意与过失、直接故意和间接故意、疏忽和懈怠来认定过错时，几乎都是基于对行为人的主观心理状态的直接考察来确定。在某些情况下，行为人的行为就足以表明行为人具有明显的故意，如甲挥拳击伤乙，无须任何证明就可以认定行为人具有致他人损害的故意。然而，主观标准说在认定过错的第三步上，即判断“行为人是否应当预见”时，实际上也需要利用客观标准来判断。

实际上，在对过失的认定上，客观标准说更具有优势。过失作为一种不注意的心理状态，是行为人对自己注意义务的违反。行为人尽到注意义务，说明行为人按照法律和道德所要求的注意付出了一定的意志努力，尽到了对他人合理的注意。而行为人对注意义务的违反，则说明行为人应该注意到或已经注意到自己的行为会损及他人利益，却因为注意力不集中、注意的对象不全面等原因没有注意到，或是没有引起足够重视，或应尽特别注意而只尽到一般注意，并由此给他人造成损害。

另外，在确定行为人应具何种注意程度时，学者还提出了三个标准：一是危险或者侵害的严重性。行为的危险性越高，所产生的侵害越重时，其注意程度应当相对提高。二是行为的效益。这是对行为的目的及效用的考虑，行为的效益越重，其注意义务就要相应减低。三是防范避免的负担。即为了除去或者减少危险而采取预防措施和替代行为所需支付的费用或不便。[①]

---

① 杨立新：《侵权法论（上）》，人民出版社 2013 年第 5 版，第 265～266 页。

## 四、过错程度与侵权责任的关系

### (一)过错程度的划分

众所周知,主观过错程度有轻重之分。行为人的过错程度是由行为人的主观心理状态决定的,行为人的心理状态不同,其过错程度以及对其谴责的程度也应该不同。

故意是最重的过错。过失可以根据注意义务的大小作进一步的分类,按其程度不同可分为重大过失、轻过失和一般过失。

重大过失包括两种情况,一是指未尽一般人对他人人身、财产的注意义务,即违反普通人的注意义务。也就是说,行为人如果仅用一般人的注意就可以预见,却怠于注意而不做相应的准备来防止损害后果发生,这种心理状态即重大过失。二是指当法律要求负有较高的注意义务时,行为人非但没有遵守这种较高的注意标准,反而连较低的注意标准也未尽到,即为重大过失。例如,行为人应负善良管理人的注意义务,而他不仅未尽此注意义务,就连与处理自己事务为同一注意或普通人的注意义务也未尽到,则为重大过失。

轻过失有具体轻过失和抽象轻过失两种形式。具体轻过失是指行为人违反应该与处理自己事务相同的注意义务。一般来说,如果行为人不能证明自己在主观上已经尽到该种义务,即存在具体轻过失。具体轻过失采取主观化的判断标准,需要考虑行为人通常的行为和秉性。[①] 抽象轻过失是指行为人违反善良管理人的注意义务。这种过失是抽象的,不以行为人的主观意志为标准,而是以客观上应不应当注意作为标准,因而这种注意义务更为严格。

一般过失低于轻过失,是一般的疏忽和懈怠,属于一般的不注意心理状态。[②] 两种轻过失,并不是一般过失或者轻微过失,而是轻于重大过失的过失,其程度重于一般过失以及轻微过失,是应当担责的过失。[③]

### (二)过错程度与侵权责任的关系

就我国当前而言,主观过错的轻重与侵权责任的关系表现在两个方面。

首先,在法律有特别规定的情况下,主观过错的轻重对侵权责任的承担有着决定性的影响。如非法干涉他人婚姻自主权、非法干涉他人行使姓名权或名称权等

---

① Jauernig/Stadler, § 277, Rn.3.参见程啸:《侵权责任法教程》,中国人民大学出版社 2017 年第 3 版,第 75 页。

② 杨立新:《侵权法论》,人民法院出版社 2005 年版,第 200～203 页。

③ 杨立新:《侵权法论(上)》,人民出版社 2013 年第 5 版,第 264～265 页。

权利的行为人仅就故意负责；建筑物上的悬挂物或者搁置物致人损害时，其所有人就具体轻过失负责；侵害他人身体权、健康权、生命权、名誉权、隐私权等权利的行为人就抽象轻过失负责。

其次，主观过错的轻重在某些情况下是确定侵权责任的范围的主要依据。在一般情况下，行为人过错程度如何，对于确定其民事责任范围并无实际意义。侵权民事责任的范围通常取决于损害的有无或者大小，并不因为行为人的故意或过失而有所不同。但是，在某些特殊情况下，如在混合过错、共同过错、第三人有过错等情况下，行为人的过错程度，就成为确定其赔偿责任的主要依据了，它直接影响到过失相抵规则的适用和各行为当事人责任的分担。此外，在对一般人格权和名誉权等精神性人格权侵害的精神损害赔偿中，也应根据行为人的过错等级或者过错程度来决定损害赔偿的数额。适用惩罚性赔偿责任，则必须具备故意，只有故意实施产品侵权，造成受害人人身严重损害的，才能适用惩罚性赔偿。不具有故意，不能适用惩罚性赔偿责任。[①]

除前述情形，我国主流理论中是否认“过错程度影响责任大小”的。其理由有四：一是认为侵权责任的根本目的在于补偿受害人的损失，“过错程度影响责任大小”造成了对加害人过于宽大而对被害人过于冷漠的结果；二是混淆了民事责任与刑事责任的界限；三是“过错程度影响责任大小”造成法官可任意根据过错确定赔偿范围，妄开法官肆意之端；四是侵权责任既然是财产责任，那么责任的大小不取决于过错程度而以损害大小为依据，从而认为“过错程度影响责任大小”与全部赔偿原则相矛盾。[②] 然而，不区分“故意”与“过失”而产生的责任，过错责任就失去了区分善恶之能力。不区分“故意”与“过失”而产生的责任，就难以实现制裁故意侵权行为的目的，难以实现侵权法的预防功能。

在特殊情况下，如果加害人过失程度较轻而其造成的损失重大，可以从案件的具体情况出发，考虑这样的实际情况，从公平的角度出发，适当减轻加害人的责任。同时，对于当事人预先作出的免除加害人的故意或重大过失责任应确认为无效。[③]

随着现代社会中侵权责任的发展，在责任范围方面完全不考虑加害人的过错程度，难以适应其发展。第一，在传统上，侵权责任是财产责任，是针对财产损害的补救。而现代侵权法越来越重视对人身损害的救济，依过错程度归责是由侵权行为的复杂性、损害的多样性决定的。在人身权侵害领域，常常并不具有实际的财产损失。所以，依据过错程度来确定行为人应负的责任形式，是十分必要的。第二，完全赔偿原则与考虑过错程度并不矛盾。即使在财产损害赔偿领域，完全赔偿是一般的原则，但也存在例外情况。例如，侵权责任法规定的相应的责任，这就是根

---

① 杨立新：《侵权法论（上）》，人民出版社 2013 年第 5 版，第 855～857、1032～1034 页。

② 王利明：《侵权行为法归责原则研究》，中国政法大学出版社 2003 年版，第 51～52 页。

③ 杨立新：《侵权法论（上）》，人民出版社 2013 年第 5 版，第 855～857 页。

据受害人的过错程度确定其应当承担的责任。更何况在精神损害赔偿、惩罚性赔偿中，很大程度上就是要考虑行为人的过错程度来确定其应当承担相应的责任。第三，根据过错程度考虑责任范围也授予了法官以一定的自由裁量权，允许法官根据侵权责任的复杂性公平合理地确定责任。依过错原则确定责任，虽给予了法官一定的自由裁量权，但这对于公平合理地确定责任是必要的。社会生活是复杂的，侵权案件也是不断变化和发展的。只有充分发挥法官的司法创造性和一定的自主性，使法官能够依据具体情况处理纠纷、确定责任，才能使过错责任原则得到准确的适用。[①]

## 第三节　因果关系

### 一、因果关系概述

#### （一）因果关系的概念

所谓因果关系，是指社会现象之间的一种客观联系，即如果一种现象在一定条件下必然引起另一种现象发生，前一种现象即是原因，后一种现象即是结果，这两种现象之间的联系，就叫因果关系。

作为侵权责任的一项构成要件，因果关系中究竟何为原因，学者意见不一。主要有三种不同的学说：一是行为原因说。该说认为民法中的因果关系是指行为人的行为及其物件与损害事实之间的因果关系。二是过错原因说。该说认为我国民法上的因果关系是过错与损害之间的关系，只有过错才能成为侵权法上的原因。三是违法行为原因说。该说认为侵权责任构成要件中的因果关系是指违法行为和损害事实之间的因果关系。还有其他关于原因的主张，如主张侵权行为为原因、主张被控行为为原因、主张加害行为为原因等。通说认为，侵权责任构成要件因果关系的原因，应当确定为侵权行为。侵权行为与损害事实之间构成因果关系，才成立侵权责任构成的因果关系要件。本书采用通说。

侵权责任法中的因果关系指的是侵权人实施的侵权行为和损害后果之间存在的因果上的联系，即违法行为作为原因，损害事实作为结果，在它们之间存在的前者引起后者，后者由前者引起的客观联系。例如，甲故意砸坏乙的汽车，造成乙损失 1000 元。在这里，甲的侵权行为与乙的损失之间存在因果上的联系，甲的不法行为是原因，乙的损失是结果，后者是由前者造成的。

民事侵权责任只有在侵权行为与损害结果之间存在因果关系时，才能构成，即

---

① 王利明、周友军、高圣平：《侵权责任法疑难问题研究》，中国法制出版社 2012 年版，第 6 页。

只有当一项损害结果是由某人的行为或应由其负责的他人的行为或物件引起时，才可能让该人承担民事责任。如果加害人虽有侵权的违法行为，但受害人的损害与此无关，则不能令其承担赔偿责任。而在实行公平责任和无过错责任的情形下，因果关系是确定责任与责任范围的直接依据。

（二）因果关系的特点

因果关系具有时间性和客观性等特点。时间性是指因果关系都具有严格的时间顺序性，即作为原因的侵权行为在前，作为后果的损害事实在后。客观性是指加害行为和损害后果之间的引起与被引起的关系，是一种客观的、不以人的主观意志为转移的关系。因果关系是可以被人们所认知的，但是实践中，以一般人能否认识作为判断有无因果关系的标准是错误的，这种做法违背了因果关系的客观性这一基本特点。由于因果关系的客观性，司法审判人员必须以客观的实际情况为依据，对侵权行为和物件、损害结果、特定环境等因素进行详细的分析判断，从而确定因果关系。

## 二、侵权责任法中因果关系的形态

在侵权责任法中，违法行为和损害后果之间的因果关系十分复杂，既有直接因果关系和间接因果关系之分，又有一因一果、一因多果、多因一果、多因多果等多种表现形式。

（一）直接因果关系和间接因果关系

直接因果关系是指某一违法行为直接引起某一损害结果，其间无其他原因介入时，该违法行为和损害结果之间的因果关系。在直接因果关系中，该违法行为即是导致该损害结果的直接原因。直接原因一般直接作用于损害结果，是必然引起某种损害后果发生的原因，它在损害的产生、发展过程中，表现出某种必然的、一定的趋向。如甲持刀杀伤乙，甲持刀伤人的行为直接导致乙受伤，是乙受伤的直接原因，两者之间存在直接因果关系。

间接因果关系是指某一违法行为不是直接和损害结果相联系，而是通过一定的中介条件，间接地对损害结果产生影响时，该违法行为和损害结果之间的因果关系。间接因果关系中的中介条件包括自然因素、第三人的行为、受害人自身因素等。在间接因果关系中，该违法行为即是导致该损害结果的间接原因，间接原因一般对损害的发生不起直接作用，通常不会引起某种损害后果发生，但因为偶然介入了其他原因，并与这些原因相结合，而造成该种损害结果。如甲当众羞辱乙，乙受辱后服毒自杀，甲当众羞辱乙是乙死亡的间接原因，两者之间存在间接因果关系；又如丙以刀刺入丁的身体，丁受感染后未能及时治疗而死亡，丙以刀刺入丁的身体是丁死亡的间接原因，两者之间也存在间接因果关系。

认定因果关系时常常需要区分直接因果关系和间接因果关系，但是不能简单地认为行为人对间接因果关系概负全责或者概不负责。间接因果关系的情况十分复杂，应该根据具体情况实事求是地分析。如在行为人实施某种行为并造成了某种损害结果以后，第三人以故意或过失的状态进一步实施了某种行为并进一步造成了损害结果的情况下，从公平正义的观念考虑，先前的行为人不应该对以后的行为人所实施的行为负责，以后的行为人也不应该对先前行为人的行为负责，因此，即使先前的行为与最终的损害结果之间有间接因果联系，先前行为人也不应该承担责任。又如，在行为人实施某种行为并造成了某种损害结果以后，偶然地介入了受害人患有某种疾病等自身的因素或者某种非人力的自然因素，从而造成了某种损害结果的情况下，因为行为人的行为与最终的损害结果之间有间接因果联系，行为人应该承担相应责任。

### (二)因果关系的不同表现形式

违法行为与损害结果之间的因果关系主要有以下几种表现形式：(1)一因一果。一因一果是指一个原因直接导致一个结果发生，其因果关系清晰明了。(2)一因多果。一因多果是指原因为一个，而结果为两个或两个以上的情况，即一个原因导致多个结果发生，每个结果与原因之间都存在因果关系。(3)多因一果。多因一果指原因有两个或两个以上，但结果只有一个，即两个以上的违法行为引起一个损害结果，如医生开错药方，护士发现后未要求医生改正而照方用药，致病人死亡。多因一果还可以具体分为三种情况：一是聚合因果关系，它指每个原因都足以导致损害结果发生并共同作用使损害结果发生的情况；二是共同的因果关系，它指几个原因事实结合起来共同导致损害结果发生的情况；三是择一的因果关系，主要指共同危险行为的情况，每一个原因事实都足以导致损害结果发生，但不知是哪一个实际导致的，这实际上是个证明问题。因此，在多因一果的情况下，需要具体区分各种原因作用力的大小来确定行为人的民事责任。(4)多因多果。多因多果指原因和结果均为复数的情况。这种情况十分复杂，常常需要根据实际情况具体分析。一般要分清导致各个结果的主要原因和次要原因，确定各个原因分别导致的结果，作为某个结果的主要原因的行为人要承担主要责任，反之则承担次要责任。在无必要作此区分时，各行为人平均分担民事责任。

## 三、确定因果关系的理论

因果关系虽然具有客观性，但对它的认识和确定却是人的主观活动的结果。由于因果关系复杂多样，违法行为和损害结果之间的因果关系有时并不是明显的，需要借助科学手段加以认定。在理论上究竟应该如何确定因果关系，学者对此众

说纷纭、观点各异，归纳起来主要有以下几种学说。

（一）条件说

该说是由德国学者弗·布里于19世纪70年代首创。该说认为，造成损害的所有条件都具有同等价值，由于缺乏任何一个条件，损害都不会发生，因此，凡是引起损害结果发生的条件，都是损害结果产生的原因，因而都与损害结果之间存在因果关系。这种理论不承认事实上的原因和法律上的原因的区别，将逻辑上导致某结果出现的所有条件都视为法律上的原因，行为人都要承担责任。

（二）原因说

该说由德国学者宾丁·库雷尔首创，后来经过不断发展，被广泛采用。原因说也叫做限制条件说，主张为了正确地确定责任应该严格区分原因和条件，仅仅认为原因与结果之间存在因果关系，而否认条件与结果之间存在因果关系，因而也将法律上的原因与事实上的原因区别开来。该说认为，原因为结果的发生提供了现实性，条件仅仅为结果的发生提供了可能性，原因是必然引起结果发生的因素，是对结果发生有重要贡献的条件，而其他条件对结果的发生只起到背景的作用，无直接的贡献，其仅仅为条件，不具有对结果发生的原因力。原因说有各种不同的主张，主要有三种：一是必要条件说，该说认为在发生结果的各种条件中，只有为结果的发生所必要的、不可缺少的条件才是原因，其他的则为单纯条件，不成为原因；二是优势条件说，该说认为条件分为两种类型，一种是对结果产生积极作用的条件，另一种则是阻碍结果发生的条件，这两种条件在通常情况下保持着均势，只有当这种均势被破坏，积极条件优于消极条件时，才会发生损害结果，这种优势的积极条件就是结果发生的原因；三是最后条件说，该说认为对于结果的产生施加最有力影响的条件就是原因，其他的只作为单纯的条件。

（三）相当因果关系说

该说是19世纪末由德国学者巴尔首创。相当因果关系说也称为适当条件说。该说认为，某一事实仅仅在某一现实情形中发生某种结果，还不能断定它们之间有因果关系，必须依据社会的一般观念，认为在有同一事实存在的情形下也会发生同一结果的时候，才能认定该事实与该结果之间有因果关系。例如，甲将乙打伤，乙在医院治疗时医院失火，乙在火灾中不幸遇难。在这里，甲将乙打伤与乙不幸遇难就现实情形而言是有关系的，但是依一般的情况，医院失火乙遇难属于意外，因此，两者不具有相当因果关系。如果甲将乙打伤，乙受伤后感染破伤风死亡，这时，依通常经验观察，在一般情形下，甲的伤害行为是会导致这种结果的，因此，甲将乙打伤与乙死亡之间具有相当因果关系。

一般认为，相当因果关系是由条件关系及相当性构成，它们是确认因果关系的两个阶段。就条件关系而言，一般采用“若无……则不”的认定检验方式，即“无此行为，必不生此种损害”。“相当性”可以表述为“有此行为，通常即生此种损害”，它又可以分为三种：一是主观说，认为应当以行为人行为时所知道的或者应当知道的事实作为判断的基础，不管该事实是否为普通人所能认知；二是客观说，认为应当以行为发生时在客观上所表现的情势及行为所发生的结果为观察对象，依社会上一般人对行为及结果能否预见为标准；三是折中说，认为应当以行为时一般人所预见或可能预见以及虽然一般人不能预见而为行为人所认识或能够认识的特别情势为基础。相当因果关系说是目前各国的通说。

### （四）盖然性因果关系说

盖然性因果关系说也叫做推定因果关系说，是在原告和被告之间分配因果关系的举证责任的理论。例如，在公害案件的诉讼中，由原告证明公害案件中的侵权行为与损害后果之间存在某种程度的因果关联的可能性，原告就完成了自己的举证责任，然后由被告反证，证明其行为与原告损害之间无因果关系，不能反证或者反证不成立，即可确认因果关系存在。

### （五）法律因果关系说

法律因果关系说是英美法系关于因果关系的主要学说。英美法系的因果关系学说不注重哲学分析，注重的是实证分析，是从大量的案件中总结出来的判断法律因果关系的规则。他们认为，在多个原因或者条件造成一个损害结果的情形下，应该将因果关系中的原因分为两个层次：一是事实上的原因，二是法律上的原因。原告要证明被告的行为与损害结果之间存在着因果关系，不仅要证明有事实上的原因，而且要证明有法律上的原因，确定事实上的原因是认定因果关系的第一步，只有证明行为与损害之间具有法律上的原因，才能认定法律因果关系的存在。

## 四、因果关系的认定规则

在认定因果关系时，首先应该明确两点：一是作为引起结果发生的原因，必然发生在结果出现之前，因此，只有先于结果出现的现象才可能成为原因，凡是后于结果发生的现象应该排除在因果关系的认定范围之外；二是作为原因的现象应当是一种客观的存在，因此，加害人的心理状态或受害人的主观臆测等均不能成为原因。

在具体的司法实践中认定因果关系时，还应当遵循以下具体规则。

1.在一因一果的因果关系类型中，一个原因行为出现，引起了一个损害结果发生，行为与结果之间具有直接因果关系，这种因果关系极为简单，无须再使用其他因果关系理论判断，直接确认其具有因果关系。在有其他条件介入时，可以确定那

些条件并不影响某一行为作为直接原因的，也可以直接认定该行为与损害事实之间具有因果关系。

2.由于行为与结果之间有其他介入的条件使因果关系判断较为困难，无法确定直接原因的，通常可以适用相当因果关系说对因果关系进行判断。具体做法是：在确定因果关系时，分两个步骤，首先，确定行为和损害之间有无事实上的联系，即证明在现实情况下某种行为已经产生了某种结果；其次，证明在通常的情况下也可能发生该结果。该规则的主要作用在于排除两事物间的偶然联系和间接联系。

适用相当因果关系说，关键在于确定违法行为是发生损害事实的适当条件。适当条件是发生该种损害结果的不可缺条件，它不仅是在特定情形下偶然地引起损害，而且是一般发生同种结果的有利条件。确认行为是损害结果发生的适当条件的，认定行为与结果之间具有因果关系，否则为不具有因果关系。相当因果关系学说的科学性在于，在事实上某种原因已经引起了这样的损害结果的情况下，它要求确定该原因事实与损害结果之间在通常情形下存在联系的可能性，这种判断要求法官依据一般社会见解，将当时社会所具有的一般知识水平和社会经验作为判断标准，只要一般人认为在同样情况下有发生同样结果的可能性即可。

3.在某些特定案件中，受害人常常处于弱势，在受害人没有办法完全证明因果关系要件的时候，为了保护受害人的利益，可以适用推定因果关系说确定因果关系。其基本做法是：在受害人没有办法完全证明因果关系要件的时候，只要受害人举证证明到一定的程度，就推定行为与损害结果之间存在因果关系，然后由被告负责举证，证明自己行为与损害发生之间没有因果关系。实行因果关系推定，就意味着受害人在因果关系的要件上，不必承担过重的举证证明责任，只是在证明了因果关系的盖然性之后，由法官实行推定。如在医疗事故侵权案件中，受害人只要证明自己在医院就医期间受到损害，并且存在因果关系的可能性，就可以向法院起诉，不必证明医院的医疗行为与损害后果有因果关系。根据“谁主张，谁举证”的一般原则，在确定侵权责任时，证明被告的行为或物件是造成原告损害的举证责任应该由原告负担，被告不承担责任。采用因果关系推定的方式来确定因果关系，对于保护由于特定原因造成的侵权损害的受害人，无疑是有利的。

应当注意的是，推定因果关系一般要在有法律特别规定的场合才能适用，除此之外的其他场合适用这一规则需要特别谨慎。随着社会的发展，因果关系推定说所适用的范围将日益广泛。新设备和新产品的相继问世使得损害原因不能仅通过一般的常识而需要有先进的科学知识才能判断。加害人往往控制了致害原因，而对几十种原因，受害人又经常处于无法证明的状态，因此一些国家在环境污染、产品致人损害、高度危险作业致人损害等案件中都采取了推定因果关系的方法。一般来说，产品致人损害案件、医疗事故侵权案件、环境污染侵权等公害案件、高科技领域中的侵权案件、高度危险作业致人损害案件等都可以采用因果关系推定的方式来确定因果关系。在我国司法实践中，在某些特定的有必要适用推定因果关系的场合，可以有条件地适当地扩大这一规则的适用范围，以更好地保护受害人的权利。对此，多数学者也持肯定态度。

4.英美法系的“法律因果关系说”也是判断因果关系的一种方法，在某些情况下，如果确认因果关系确实有困难，可以依据该理论进行判断。基本做法是：首先确定行为是否是构成损害的事实原因，即确定被告的行为是否在事实上是造成损害发生的原因。其次确定行为是否为损害的法律原因。法律上的原因也叫做近因，是一种自然的、继续的、没有被介入因素打断的原因，没有这种原因，就不会发生原告受害的结果。行为对于损害而言，既是事实原因，又是法律原因的，即可确定行为与损害之间的因果关系。

## 第四节 损害事实

### 一、损害事实概述

损害事实是指一定的行为致使权利主体的人身权利、财产权利以及其他利益受到侵害，并造成财产利益和非财产利益的减少或灭失的客观事实。[①] 损害事实不仅有质上的要求，还有量上的要求。所谓质上的要求是指，损害必须是民事权益的损害。《侵权责任法》第 2 条规定：“侵害民事权益，应当依照本法承担侵权责任。本法所称民事权益，包括生命权、健康权、姓名权、名誉权、荣誉权、肖像权、隐私权、婚姻自主权、监护权、所有权、用益物权、担保物权、著作权、专利权、商标专用权、发现权、股权、继承权等人身、财产权益。”《民法典》第 1164 条规定：“本编调整因侵害民事权益产生的民事关系。”所谓量上的要求则是损害必须达到一定的量。

侵权责任以损害事实的存在为构成要件。在侵权责任法上，一个人的行为如果没有造成损害事实，就不会承担侵权责任。同样，一个人也只有在受到损害的情况下，才能够请求侵权赔偿。因此，损害事实的客观存在是构成侵权责任的前提和最基本的条件。

损害事实作为侵权民事责任的构成要件，主要是由民事责任的功能决定的。民事责任的主要功能之一在于补偿受害人所受的损失，使其利益尽可能恢复到如同未曾受到损害的状态。这也是民事责任与刑事责任的重要区别之一。刑法的主要功能是惩罚犯罪，而侵权责任法的主要功能则是救济私权，即给予受到不法损害的合法权利和利益以适当的补偿。在刑法中，对未造成损害后果的犯罪行为也处以刑罚，而在侵权责任法中，则必须遵循“无损害即无责任”的准则，以损害事实的存在作为侵权责任构成的基础。

---

① 杨立新：《侵权法论（上）》，人民出版社 2013 年版，第 219 页。

损害事实也是确定侵权责任赔偿范围的主要依据。侵权责任以损害赔偿为主要形式，主要是一种财产责任，以财产赔偿的方式制裁致害人。既然是对损害进行赔偿，就必须以损害的确定为前提，依据损害的实际大小，确定赔偿责任的范围。

## 二、损害事实的分类

损害事实是侵权行为的结果，各种损害因行为人所侵害的对象不同而有所区别。以损害的内容为划分标准，违法行为造成的损害可以分为两大类，即财产损害和人身利益损害。

### （一）财产损害

财产损害表现为财产损失，是指因侵害权利人的财产或人身权利而造成的受害人经济上的损失。凡是权利人遭受的一切物质上的具有财产价值的损失，均可称为财产损害。财产损害通常可用金钱确定。

当然，财产损害还包括所有权以外的其他财产利益的丧失或破坏。《民法典》第 1182 条："侵害他人人身权益造成财产损失的，按照被侵权人因此受到的损失或者侵权人因此获得的利益赔偿；被侵权人因此受到的损失以及侵权人因此获得的利益难以确定，被侵权人和侵权人就赔偿数额协商不一致，向人民法院提起诉讼的，由人民法院根据实际情况确定赔偿数额。"

根据侵权行为侵害的对象不同，财产损害可以分为三类：一是侵害财产权利造成的财产损失，即对财产权益本身造成的损害。该损害一般是由于行为人对受害人的物质财富实施违法行为所引起，如毁坏他人房屋，偷盗他人车辆等。二是侵害他人生命健康权所造成的财产损失。该损害一般是由于行为人对受害人的人身实施违法行为所致，如致人伤残后受害者因此而支付医疗费、受害人丧失劳动力而造成工资收入的减少等。三是因侵害他人的姓名、肖像等人格权而造成的财产损失。如因毁损他人名誉，致使他人丧失受聘做某项工作的机会，致受害人经济上蒙受损失，或因侵害某法人的名称权，使其遭受财产利益损失。

财产损害根据损失的形态还可以分为直接损失和间接损失。直接损失又称积极损失、实际损失，是受害人现有财产的减损和既得利益的丧失，也就是加害人的不法行为侵害受害人的财产权利，致使受害人现有财产直接受到的损失，如财物被毁损、被侵占而使受害人财富减少，或致受害人医疗费、修理费等费用支出。间接损失又称消极损失，是受害人可得利益的丧失，即应当得到的利益因不法行为的侵害而没有得到，如利润损失、孳息损失等。此种损失虽不是现实利益的损失，却是对未来财产的减损，其损失的利益是可以得到的，而不是虚构的、臆想的。也就是说，如果没有侵权行为的发生，受害人是可以获得该利益的。间接损失有三个特征：首先，损失的是一种未来的可得利益，而不是既得利益。在侵害行为实施时，它只具有财产取得的可能性，还不是现实的财产利益。其次，这种丧失的未来利益是具有实际意义的，是必得利益而不是假设利益。最后，这种可得利益必须是在一定的范围之内，即侵权行为的直接影响所及的范围，超出该范围，不认为是间接损失。[①]

需要注意的是，《民法典》第 1184 条："侵害他人财产的，财产损失按照损失发生时的市场价格或者其他合理方式计算。"《民法典》第 1183 条第 2 款："因故意或者重大过失侵害自然人具有人身意义的特定物造成严重精神损害的，被侵权人有权请求精神损害赔偿。"

### （二）人身利益损害

人身利益损害即对受害人的人身权利和利益所造成的损害，人身利益损害包括人格利益损害和身份利益损害。

1.人格利益损害

基于对物质性人格权和精神性人格权的划分，人格利益损害也分为侵害物质性人格权造成的对人格利益的有形损害和侵害精神性人格权造成的对人格利益的无形损害。

（1）对人格利益的有形损害

对人格利益的有形损害即人身伤害，是指加害人的不法行为侵害他人的身体权、健康权、生命权等物质性人格权，致受害人伤残或死亡。此种损害的主要表现形态是受害人的身体、健康损伤和生命的丧失。人身伤害这种对人格利益的有形损害虽然是一种非财产损害，却常常直接引起财产利益的损失，如受害人为医治伤害、丧葬死者所支出的费用，伤残误工的工资损失，护理伤残的误工损失，丧失劳动能力或死亡所造成的其扶养人的扶养费损失等。这种财产利益上的损失，是通过人体伤害、生命丧失等非财产损害引起的，而不是由行为直接造成的财产利益损失。人身伤害本身是指自然人的生命健康权受到侵害，因此不同于财产损害。人格利益的有形的损害一般是可以用金钱估算并准确赔偿的。但是，人身伤害有时亦可导致受害人的精神损害，此时的损害则不能直接用金钱计算。

（2）对人格利益的无形损害

对人格利益的无形损害是侵害精神性人格权所造成的人格利益的损害。人格利益的无形损害与人格利益的有形损害相比，除了有形、无形的区别以外，在主体上也有区别。人格利益有形损害的主体只能是自然人，法人不会产生这种损害；人格利益无形损害的主体，既包括自然人，也包括法人，当法人的名称权、名誉权、信用权等受到侵害，均可造成人格利益的无形损害。

人格利益的无形损害可以表现为纯粹的对人格利益的损害。如自然人因其名

---

① 杨立新：《侵权法论（上）》，人民出版社 2013 年版，第 224 页。

誉权受到侵害而使其社会评价降低，自然人的隐私被他人非法披露，自然人的肖像或姓名被他人非法使用等。人格利益的无形损害也可以表现为受害人的财产损失和精神损害，因为自然人精神性人格权遭受侵害常常引起财产损失和精神损害的后果。

财产利益的损失是有形的，包括人格权本身包含的财产利益的损失和为恢复受到侵害的人格权而支出的必要费用。精神损害是无形的，包括受害人的精神创伤和精神痛苦。精神损害是指行为人侵害公民的姓名权、肖像权、名誉权、荣誉权、隐私权等使公民产生恐惧、悲伤、怨恨、绝望、羞辱等精神痛苦，以及使公民神经受到损伤等。精神损害具有无形性，不能够直接以金钱来计算和衡量。因此，人格利益的无形损害既有可计算的一面，也有不可计算的一面。《民法典》第 1183 条："侵害自然人人身权益造成严重精神损害的，被侵权人有权请求精神损害赔偿。"

需要特别指出的是，对人格利益损害的有形、无形之分，主要是基于受侵害的人格权是物质性人格权还是精神性人格权，而不是说其损害的具体表现形态是有形还是无形的。侵害物质性人格权引起的人格利益有形损害，可能造成精神痛苦、感情创伤等无形的损害后果。侵害精神性人格权造成人格利益的无形损害，也会产生财产利益损失等有形损害后果。

2.身份利益损害

身份利益是身份权人对于特定身份关系的支配性利益，包括作为配偶、父母或亲属的利益。具体的身份利益的损害常表现为以下三种形态：一是亲情关系的损害。例如，侵害配偶权使夫妻间相互依赖共同生活的亲情受到破坏以致最终丧失，侵害亲权使父母与未成年子女之间的亲情受到损害。二是财产利益的损害。身份权的客体大多包含财产利益，如夫妻相互扶养义务，父母对未成年子女的抚育义务，亲属之间的赡养、扶养义务，监护权中的财产管理、用益的权利义务。身份利益的损害，就包括扶养权利的减损或丧失，获得物质利益的权利的减损或丧失等。三是精神痛苦和感情创伤。

无论是何种类型的损害，均可适用损害赔偿责任。当然，对财产损失作出赔偿，旨在恢复财产关系的原状，而对人身伤亡和侵害其他人格权以及精神损害作出赔偿，主要是对加害人予以制裁，同时对受害人予以抚慰。精神损害虽不能以金钱来衡量，但损害事实是可以确定的，抚慰受害人的精神痛苦的物质条件是可以以金钱来衡量和支付的。

## 三、损害事实的特点

一般说来，作为侵权行为构成要件的损害事实必须具有以下特点。

### (一)损害具有可补救性

损害的可补救性是指对损害有进行法律救济的可能,任何人身或财产上的不利益,只有在法律上被认为具有补救的可能性和必要性时,才能产生民事责任。

损害的可补救性包括量和质两方面的内容。从量上来看,损害虽已经产生,但必须达到一定数量,在法律上才是可补救的。对于微量损害,法律即认为没有补救的必要。也就是说,只有在量上达到一定程度的损害才可以在法律上视为可以补救的损害。这是因为人们在社会共同体中生活,彼此之间不可避免地要产生各种摩擦和纠纷,损害的产生在所难免。为了维持社会生活的安定,法律常常要求人们容忍由他人行为造成的轻微损害,即行为人不必对轻微损害后果承担责任。例如,对于邻人因正当施工所产生的正常噪音,应适当容忍。从质上来看,损害应当属于法律认可的补救范围。损害在本质上是对权利和利益的侵害所产生的后果。

损害的可补救性,并不是说损害必须是能够计量的。而且,既然损害是指对权利和利益的侵害,那么,应予补救的损害也就不限于能够计量的损害。

### (二)损害具有确定性

损害的确定性是指损害后果和范围在客观上是可以认定的,难以确定和主观臆测的损害不能作为认定侵权责任的损害事实要件。损害的确定性具体来说包括三项内容:一是损害是已经发生的事实。尚未发生的损害不具有确定性。但行为人的行为妨碍他人行使权利时,虽还未造成实际的财产损失,也可构成损害。二是损害是真实存在的,而不是当事人主观臆想出来的。如果仅仅怀疑他人揭露了自己的隐私而感到精神痛苦,此种损害便不具有确定性。三是损害是对权利和利益的侵害。此种侵害能够依据社会一般观念或认识予以认定与衡量。例如,某商店遭受火灾,房屋和其他财物的损害是一个确定的侵害事实,但某人因商店被烧,不能正常地购买生活必需品而影响了正常的工作生活,此种损害就是一个难以确定的事实。

### (三)损害对象具有合法性

损害对象的合法性是指损害的对象是他人的合法权益,即损害是侵害合法权益的结果,针对非法权益的损害不属此列。受害人所受的损害能够获得法律上的补救,根据在于其合法权益受到不法侵害。

合法权益也就是法律所保护的权益,既包括法定权利,还包括法定权利之外的合法利益。《民法典》第 3 条:“民事主体的人身权利、财产权利以及其他合法权益受法律保护,任何组织或者个人不得侵犯。”《民法典》第 1167 条:“侵权行为危及他人人身、财产安全的,被侵权人有权请求侵权人承担停止侵害、排除妨碍、消除危险等侵权责任。”在这里,“财产”和“人身”并非仅仅限于财产权和人身权,还包括了财

产利益和人身利益。

值得注意的是，保护合法权益，并不是说任何人均可随意侵害非法利益而不承担法律责任。非法利益虽然不受法律的保护，但侵害非法利益的行为同样构成违法。例如，某人无合法授权而拆毁他人的违章建筑，未经许可擅自没收他人非法钱财等，都构成对不法利益的侵害。非法利益不受法律保护，因此，当非法利益受到侵害以后，当事人不得请求赔偿损害，也不能恢复其对不法利益的占有。但是，对不法利益的剥夺与限制必须由国家有关机关依据法定权限进行，任何人未经授权实施这种行为，都将构成对社会秩序和公共利益的侵害，行为人应当承担相应的刑事或行政责任。

## 真题链接

1.甲晚10点30分酒后驾车回家，车速每小时80公里，该路段限速60公里。为躲避乙逆向行驶的摩托车，将行人丙撞伤，丙因住院治疗花去10万元。关于丙的损害责任承担，下列哪一说法是正确的？（2010年）

A.甲应承担全部责任

B.乙应承担全部责任

C.甲、乙应承担按份责任

D.甲、乙应承担连带责任

2.梁某与甲旅游公司签订合同，约定梁某参加甲公司组织的旅游团赴某地旅游。旅游出发前15日，梁某因出差通知甲公司，由韩某替代跟团旅游。旅游行程一半，甲公司不顾韩某反对，将其旅游业务转给乙公司。乙公司组织游客参观某森林公园，该公园所属观光小火车司机操作失误致火车脱轨，韩某遭受重大损害。下列哪些表述是正确的？（2011年）

A.即使甲公司不同意，梁某仍有权将旅游合同转让给韩某

B.韩某有权请求甲公司和乙公司承担连带责任

C.韩某有权请求某森林公园承担赔偿责任

D.韩某有权请求小火车司机承担赔偿责任

# 第十八章　抗辩事由

【引　例】

甲乙均是某城市出租车公司的司机，某日同时出车。甲上车时被一歹徒劫持，且一直往郊区人烟稀少的地方行驶。甲有生命危险，一直没有得到救援，甲认为乙一定不知他被劫持而没有报警，因此寻机自救。幸好，对面正驶来了一辆"110"警车，甲急中生智将出租车向警车撞去。车停，歹徒被抓，但警车司机受伤。事实上，因乙的报警，该警车是为救援甲而从对面行驶而来的。如果警车司机要求违反交通法规的甲承担赔偿责任，是否可以成立呢？

本案的关键在于厘清该案件的法律性质，是属于交通事故还是紧急避险。显然，本案甲是故意撞车而不是过失，因而不构成交通事故。甲撞车是为了避免生命危险的发生故意而为，构成紧急避险。《民法典》第 182 条："因紧急避险造成损害的，由引起险情发生的人承担民事责任。危险由自然原因引起的，紧急避险人不承担民事责任，可以给予适当补偿。紧急避险采取措施不当或者超过必要的限度，造成不应有的损害的，紧急避险人应当承担适当的民事责任。"据此，甲可以紧急避险为由拒绝承担赔偿责任(该赔偿责任应该由引起险情发生的人即歹徒承担)。当然，案件的实情是，甲非常感激警察的救援而主动弥补了受伤警察的损失，但需注意的是，甲本身不承担该损失的赔偿责任。

## 第一节　抗辩事由概述

### 一、抗辩事由的概念

抗辩事由是指被告针对原告的侵权诉讼请求而提出的、证明原告的诉讼请求不成立或者不完全成立的事实。抗辩事由是针对承担侵权责任的请求权而提出来的，所以，有学者认为，抗辩事由又称为免责或者减轻责任的事由。[1] 从词面含义

① 王利明、杨立新：《侵权行为法》，法律出版社 1997 年版，第 76 页。

理解，抗辩即否认责任，而免责则是免除责任，抗辩事由除免责事由外，还包括其他可以不承担责任的所有事由。

抗辩有广义与狭义之分。广义的抗辩，是指在侵权案件中，被告针对原告的指控和请求，提出的一切有关免除或者减轻其民事责任的主张。而狭义的抗辩，仅指被告针对原告的指控和请求，通过提出法定的抗辩事由而免除或者减轻其民事责任的主张。在侵权责任法上，主要讨论狭义的抗辩，即讨论由法律专门规定的在构成要件之外得以减轻或者免除加害人侵权责任的特定事由。

法律规定的抗辩事由包括法律直接规定的抗辩事由以及间接认可的抗辩事由。直接规定的抗辩事由如不可抗力(《民法典》第 180 条)、正当防卫(《民法典》第 181 条)、紧急避险(《民法典》第 182 条)、受害人的过错(《民法典》第 1174 条)、第三人的过错(《民法典》第 1175 条)等。间接认可的抗辩事由如某些条件下的受害人同意、某些条件下的免责条款等。

## 二、抗辩事由成立的条件

一般认为，抗辩事由成立必须具备两个条件，即对抗性和客观性。

抗辩事由必须具有对抗性，即作为抗辩事由，必须足以对抗原告的指控和诉讼请求，能够导致对方的请求在法律上不成立或不完全成立，以达到免除或减轻被告责任的目的。抗辩事由虽然是对抗对方当事人的侵权诉讼请求，但它具体对抗的是侵权责任构成，从而导致对方当事人的侵权诉讼请求在法律上不成立。

抗辩事由必须具有客观性，即作为抗辩事由，必须是表明某种情况存在的积极的事实，如第三人的过错、不可抗力等。也就是说，抗辩事由必须是已经发生的客观事实而不是加害人一方的主观臆断或尚未发生的情况。单纯否认存在损害事实或指出原告主张的损害范围不确定、计算有误等，均不能成为抗辩事由。

## 三、抗辩事由的分类

在我国《民法典》中，经常采用的抗辩事由主要有职务授权行为、正当防卫、紧急避险、受害人的同意、自助行为、受害人过错、第三人过错、不可抗力和意外事件等。

对于这些抗辩事由有的学者将其分为两类：一般抗辩事由和特别抗辩事由。一般抗辩事由是指损害虽然是由被告的行为所引起的，但其行为是正当的、合法的，包括职务授权行为、正当防卫、紧急避险、受害人的同意、自助行为等；特别抗辩事由是指实质损害并不是由被告的行为造成的，而是由其行为以外的原因导致的，包括受害人过错、第三人过错、不可抗力、意外事件等。

在一般抗辩事由存在的情况下，行为人实施的行为已经致人损害，但由于其行为是正当合法的，因此排除了行为人行为的违法性。据此，行为人没有过错，应予免责。在特别抗辩事由存在的情况下，行为人并未实施致人损害的行为，而是由于外来原因作用于行为人，使行为人不可避免地造成了损害，因此，行为人不应当承担侵权责任。

### 四、抗辩事由的适用

侵权责任的抗辩事由是由侵权责任的归责原则和侵权行为构成要件派生出来的。适用不同的归责原则就有不同的责任构成要件，因而也就要求有与归责原则和责任构成要件相适应的特定的抗辩事由。侵权责任的归责原则多样化，与此相适应，侵权责任法的抗辩事由也有所不同。[①] 因此，不同的抗辩事由具有不同的适用范围，具体的抗辩事由应该在特定的范围内适用，各种一般抗辩事由与特别抗辩事由能否运用于具体案件，应当根据具体案件的具体情形和法律的具体规定来确定。

## 第二节　一般抗辩事由

### 一、职务授权行为

职务授权行为也称为依法执行职务，其作为一种抗辩事由，是指依照法律的授权或规定，行为人在必要时因履行法定职责而损害他人的财产和人身的行为。例如，消防队为制止火灾蔓延将临近房屋拆除；医生做必要的截肢手术；公安人员为拘捕逃犯用武力将其制服而致其伤害等。职务授权行为在实践中通常有以下几种情况：国家工作人员专门的行政执法、司法活动；军人执行军事命令的行为；受国家机关之委托，某些团体或个人在委托授权范围内进行的行政管理活动；在特定条件下，一般公民依法维护公共利益和公共秩序所为的行为，如将正在进行犯罪活动的人扭送公安机关。

职务授权行为作为抗辩事由应当具备三个条件：一是行为人必须具有合法的授权，没有合法授权的行为不是职务行为。授权的目的是保护社会公共利益和公民合法权益，职务授权行为之所以能成为抗辩事由就是因为这种行为有合法的授权。超越法定授权的行为或者行为所依据的法律和法规已经失效或者被撤销不构成职务授权行为。二是必须是依法执行职务即执行职务的行为必须合法。行为合

① 杨立新：《侵权法论》，人民法院出版社 2005 年版，第 252 页。

法包括执行职务的程序合法和方式合法。行为人必须在法律规定的范围内履行职责,才能对损害后果不负赔偿责任,程序不合法或者方式不合法而致他人损害的行为,不构成职务授权行为,行为人应承担法律责任。三是具有必需性,即造成损害后果是保证职务活动顺利执行所必需的。法律要求造成损害是执行职务所不可避免的或必要的,只有在不造成损害就不能执行职务时,执行职务的行为才能作为抗辩事由。如果在执行职务的过程中,造成的损害是可以避免或者减少的,执行职务的行为则不构成或不完全构成抗辩事由。

职务授权行为可以作为一种抗辩事由而免除行为人的侵权责任,是因为这种行为具有法律所要求的正义性和合法性,法律的尊严决定一个行为的性质及其后果之承担。因为职务授权行为是一种合法行为,行为人对造成的损害不负赔偿责任。但是,因执行职务不正当而造成损害,行为人则应当负赔偿责任。如损害超过了必要限度的职务行为;以损害他人为主要目的的职务行为;违背公共秩序和善良风俗的执行职务行为;违背诚实信用的职务行为等。

应当指出的是,如果执行的行政或军事命令具有十分明显的非正义性,行为人因执行此种命令而造成他人损害的,不能否认其责任。国家机关工作人员执行公务造成他人损害的,如果其行为违反了有关法律法规的规定,即使行为人的侵权责任可以免除,国家机关仍应承担国家赔偿责任。

## 二、正当防卫

### (一)正当防卫的概念

正当防卫是指公共利益、他人或本人的人身或者其他利益遭受不法侵害时,行为人对于正在进行的不法侵害所采取的必要的防卫措施。正当防卫行为是为了保护社会公共、自身或者他人合法权益,对于正在进行的非法侵害予以适度的还击,以排除或减轻不法侵害可能造成的损害。正当防卫作为一种保护性措施,是一种合法行为,因此,因正当防卫造成的损害,防卫人不负赔偿责任。其理论依据是社会公共利益和帮助扶助弱者等法哲学理念。《民法典》第181条规定:“因正当防卫造成损害的,不承担民事责任。正当防卫超过必要的限度,造成不应有的损害的,正当防卫人应当承担适当的民事责任。”

### (二)构成正当防卫的条件

只有在特定条件下,行为人才可以实施正当防卫并以此作为抗辩事由而不需承担侵权责任。正当防卫作为抗辩事由应当具备以下条件:

1.必须以侵害行为的存在为前提

正当防卫是对正在发生的侵害行为进行的防卫,所防卫的侵害行为必须是现实存在的侵害行为，没有侵权事实不得进行防卫。实施正当防卫应当是在不法侵害行为已经开始并且尚未结束的时间内进行。想象中的侵害、没发生的侵害、实施终了的侵害都不能成为正当防卫的对象。但是，一个不法侵害行为既可能是突发性的也可能是需要经过必要的准备。如果某准备行为已经具有现实危险性，如为了伤害他人而非法制造枪支，也可实施适当程度的防卫。所谓“不法侵害行为已经结束”是指加害人已经完成了一个侵害行为并转入一个相对稳定、现实危险性大大降低或消除的状况。对于已经结束的不法侵害行为的行为人进行事后防卫不属于正当防卫。但是，如果不法侵害行为具有连续性的，则不认为其现实危险性已大大降低或消除，防卫人可以实施适当程度的防卫。

2.侵害必须为不法

正当防卫是对不法侵害行为进行的，正当防卫的对象必须是不法的侵害行为，对于依法执行公务等合法行为不能实施防卫。例如，对逃犯的追捕就不得以正当防卫为借口而拒捕；被扭送到司法机关的在逃犯罪分子不得对实施扭送行为的群众进行防卫；被当众抓获的盗窃犯不得对抓获他的人实施防卫。

3.须以保护合法权益为目的

正当防卫必须具有保护合法权益的目的性，防卫人在进行正当防卫的时候必须以保护公共的、他人的或本人的权益为目的，使公共利益、本人或者他人的人身和其他权利免受正在进行的不法侵害。以加害对方为目的，对其进行挑拨、激怒或引诱，然后以“正当防卫”为借口实施侵害的行为，不具备正当防卫目的之合法性和正当性，应当构成侵权。在相互的非法侵害行为中，如打架斗殴，因为都有侵害他人的不法目的，因此一般不能认为其中一方或双方属于正当防卫。但一方已明确放弃侵害，另一方却穷追不舍继续加害，放弃侵害的一方不得已而进行反击，也可以认定为正当防卫。

4.必须为法律或者公共道德所认可

自助行为的手段必须是合法，不违反公序良俗的。行为人以违法或不符合公共道德要求的方式方法实施自助行为造成义务人权利受损害的，应当承担侵权责任。

5.必须对义务人本人实施

自助行为必须是针对义务人的财产或人身实施，不得对第三人实施。例如，对于义务人亲属的人身或财产，不得实施自助行为。

6.不得超过必要限度

必要限度是为了制止不法侵害所必需的，足以有效制止侵害行为的限度。只要是为了制止侵害所必需，就不能认为是超越了正当防卫的必要限度。正当防卫不能超过必要限度是指防卫的方式和强度应当适当，即防卫所使用的方式和强度必须与侵害强度相适应。防卫的方式和强度是密切联系的，一种比较温和的防卫方式一般所能达到的强度有限，而一种比较激烈的防卫方式则能达到很高的强度。

判断正当防卫的方式和强度是否适当常常以是否足以抵抗现实存在的、正在发生的侵害行为为标准。在这个基本标准的范围内，防卫人可以根据当时当地的具体情况选择有利和有效的防卫方式。如对于一个持枪作案的歹徒可以就地射杀。防卫没有超过必要限度，防卫人就不负赔偿责任；防卫超过必要的限度，则可能构成防卫过当。

（三）防卫过当及其责任

民法上的正当防卫要求防卫行为只能与不法侵害相适应，一般不应超过不法侵害的强度。防卫过当即正当防卫超过必要限度，是指防卫人实施的防卫行为因超过必要的强度而造成被防卫人过重的或不应有的人身或财产损失。一般来说，凡是侵害行为本身强度不大，只要用缓和手段就足以制止或者排除的侵害，而采用较强烈的手段，将构成防卫过当。例如，为了阻止偷窃行为而致其轻伤是正当防卫，但重伤或杀死小偷就是防卫过当。有时判断防卫过当还涉及一个利益衡量的问题，即衡量防卫行为所保护的利益与防卫行为所破坏的利益的大小，所防卫的权益应当与防卫反击行为的强度相适应，如果为了一个较小的合法利益而采取损失巨大的防卫方式，或者用较重的反击行为来保护较小的财产利益，均可认为超过了必要限度，是不被法律所认可的。

我国《民法典》181 条规定："因正当防卫造成损害的，不承担民事责任。正当防卫超过必要的限度，造成不应有的损害的，正当防卫人应当承担适当的民事责任。"按照这些规定，在必要限度内进行正当防卫，即使给被防卫人造成损害，也不承担民事责任。但是如果防卫超过必要的限度，造成不应有的损失，则应当承担适当的民事责任。

在此，"适当的民事责任"应当理解为一种减轻或从减的民事责任。也就是说，防卫过当的赔偿范围应当减除防卫在必要限度内的损害部分，限于超出防卫限度的那部分损害，并在"不应有的"那部分损害的范围内酌情确定赔偿数额。但是，在防卫过程中故意对不法侵害者采取加害行为的，对其超出必要限度的损害应当全部赔偿。这是因为，在这种情况下，防卫人已经明知道会超出必要限度而故意进行，是故意违法行为，应当负担全部责任。

这一规定将防卫过当的民事责任与一般不法侵害行为的民事责任区别开来，主要是基于以下考虑：一是出现防卫过当的前提是侵害人的不法侵害，若无不法侵害就不会造成防卫过当的后果；二是防卫人在防卫过程中，特别是在紧急情况下，对反击行为的节制和后果的预见是受限制的。该规定有利于鼓励公众自觉地同不法侵害行为进行斗争，保护本人、他人的合法民事权益和公共利益。

## 三、紧急避险

### (一)紧急避险的概念

紧急避险是指为了使社会公共利益、自身或者他人的合法权利免遭正在发生的、实际存在的危险,在不得已的情况下采取的造成他人较少损害以避免遭受较大损害的紧急行为。紧急避险是一种合法行为,是在两种合法利益不可能同时得到保护的情况下,不得已而采取牺牲其中较轻利益、保全较大利益的行为。

紧急避险与正当防卫既有相似之处,又有明显区别。其相同点主要有三:一是都是为了保护公共利益、本人或他人的合法民事权益;二是都是对正在发生的侵害或危险采取相应措施;三是都要求在必要限度内进行。其区别主要有三点:一是正当防卫主要针对他人的不法侵害行为,紧急避险的危险既可能是由他人的行为造成的,也可能是由自然原因引起的;二是正当防卫的对象是不法侵害行为人本人,紧急避险施加于第三人,造成第三人人身或财产的损失;三是任何人均不对必要限度内的正当防卫负赔偿责任,紧急避险即使是在必要限度内,受害的第三人原则上也应该获得一定补偿。

### (二)紧急避险的构成要件

紧急避险必须具备以下构成要件:

1.危险正在发生,并威胁着公共的、本人或者他人的利益

紧急避险是针对正在发生,并威胁着公共的、本人或者他人的利益的危险采取的紧急措施。虽然有危险发生,但威胁已经消除,或者危险已经发生但不会造成合法利益的损害的,不得采取紧急避险。此外,不能对尚未发生的危险、想象的危险实施避险行为。

2.采取避险措施必须是不得已

所谓不得已,是指采取的措施确实是避免危险所必要的,但也并不要求避险人选择的手段只能是唯一的,只要避险人的避险行为所造成的损害小于可能发生的损害,避险措施就是适当的。

3.避险行为不得超过必要的限度

必要的限度是指紧急避险行为所引起的损害应轻于所避免的损害。如果避险行为所保护的利益大于其所造成的损害,则认为紧急避险符合“必要限度”的要求;如果避险行为不仅没有减少损失,反而使造成的损害大于或者等于可能发生的损害,避险行为就超过了必要限度。

（三）紧急避险的法律后果

我国《民法典》第 182 条规定："因紧急避险造成损害的，由引起险情发生的人承担民事责任。危险由自然原因引起的，紧急避险人不承担民事责任，可以给予适当补偿。紧急避险采取措施不当或者超过必要的限度，造成不应有的损害的，紧急避险人应当承担适当的民事责任。"该条文是处理紧急避险的重要法律依据。

根据该规定，在一般情况下，如果有引起险情发生的人，应该由引起险情发生的人承担民事责任。险情发生可以由紧急避险人、避险行为的受害人、第三人引起。引起人对自己过错负责的范围应该以紧急避险必要限度或者避险措施得当所造成的损失为标准，超过部分不应负担。

如果危险是由自然原因引起，承担民事责任有两种情况：一是在一般情况下，紧急避险人不承担民事责任，对造成的损失不赔偿；二是在特殊情况下，避险人也可以承担适当的民事责任，即行为人承担公平责任。按照《民法典》第 1186 条规定："受害人和行为人对损害的发生都没有过错的，依照法律的规定由双方分担损失。"公平责任要求受害者和行为者都没有过错，其责任之承担需要依法律之规定。公平责任不等于平均分担责任，而是要考虑行为方式、损失大小、影响程度、当事人的经济能力等实际因素，并确定各自的责任大小。

紧急避险采取措施不当或者超过必要限度，造成不应有的损害的，应当承担适当的民事责任。紧急避险超过必要限度，是指避险行为所造成的损害大于其所保护的公共利益或本人、他人的合法权益。适当责任虽不应免除责任，但是可以减轻责任，也可以对过当部分全部负责。在此，还有必要对紧急避险人承担的"适当的民事责任"进行具体分析：如果险情是由自然原因引起的，紧急避险人只需对超过必要限度部分的损害承担适当的民事责任，对于受害人在紧急避险的必要限度内的损失由受益人给予适当补偿；如果险情是由第三人引起的，紧急避险人只需对超过必要限度部分的损害承担适当的民事责任，对于受害人在紧急避险的必要限度内的损失由险情的引起者承担全部赔偿责任；如果险情是由避险行为人自己引起的，则其应该对避险行为造成的一切损害后果承担民事责任。

此外，如果既没有第三者的过错，也没有实施紧急避险行为人本身的过错，而遭受损害的人与受益人又不是同一个人时，受益人应当适当补偿受害人的损失。这是因为，受益人的利益能得到保全或者减少损失是靠牺牲受害人的利益实现的。

## 四、受害人同意

（一）受害人同意的概念

受害人的同意指受害人事先明确表示的容许他人侵害其权利，自愿承担某种损害后果或致损危险且不违背法律和公共道德的意思表示。以受害人的同意作为抗辩事由，行为人在受害人所明确表示的自愿承担的损害结果的范围内对其实施侵害，对该侵害行为不承担民事责任。行为人对受害人实施侵害，超过受害人同意的范围和限度，应对超出范围和限度的损害承担赔偿责任。

(二)构成受害人同意的要件

受害人同意构成一种抗辩事由，应当同时具备以下要件：

1.必须有处分该权利的能力与权限

允许他人侵害其权利的前提是，该权利人对于该项权利有处分的能力与权限，没有处分该权利的能力或权限的人作出的承诺，不构成抗辩事由。

2.必须遵守一般的意思表示规则

受害人承诺的意思表示应当遵守一般的意思表示规则，必须具备一般意思表示的生效要件。受害人的意思表示必须是真实的，凡因欺诈、胁迫、重大误解等原因作出的“同意”接受某种损害后果的意思表示，都是不真实的，不能认定为受害人的同意。

3.必须事先有明确承诺

受害人的同意应当是在侵害行为之前表示出来的意思，而不是事后表示的意思。受害人同意侵害自己的权利应当采用明示的方式，如发表单方面的声明、订立免责条款等。权利人没有明示准许侵害自己的权利的，一般不能采取推定的方式。但在某些条件下，符合法律要求或民事习惯的受害人默示的意思表示也可得到承认。例如，当事人参加某些特别活动本身可以推定为其“同意”。在实践中，人们参加对抗性激烈的体育竞技，如拳击，就意味着受到某种伤害的可能。如果一方将另一方击伤或者碰撞致伤，一般不能认为该伤害是侵权责任法意义上的伤害，而应当认定受害人在参加此等竞技前就作出了“同意”受到伤害的默示承诺。除非证明加害人存在恶意伤害的主观过错，例如故意严重违反比赛规则、不顾裁判人员阻止等，否则不承担责任。

4.必须不违法，不违背社会道德及善良风俗

《民法典》第8条：“民事主体从事民事活动，不得违反法律，不得违背公序良俗。”受害人同意的内容不得违反法律、社会道德及善良风俗，否则不发生免除或减轻加害人民事责任的效果。受害人同意免责的情形主要是在一些不违背法律与公序良俗的范围内。在一般情况下，承诺侵害自己的财产权利，应当为有效。承诺侵害自己的人身权利，则应区分具体情况：如承诺他人将自己身体致以轻微伤害，属于正当的意思表示；如承诺他人将自己杀害或者致以重伤，则不属于抗辩事由。无论受害人是以何种方式同意，都不得违反法律法规之规定，不得损害社会公共利益，不得违反社会公德。因此，某些片面保护行为人利益的免责条款尽管包含有“受害人同意”的内容，也被确认无效。

## 五、自助行为

### (一)自助行为的概念

自助行为是指权利人为了保护自己的权益,于情势紧急无法及时请求国家机关保护自己的合法权益时,对义务人的财产或人身实施的一种符合必要限度要求的,且为法律或者社会公德所认可的强制性措施。

自助行为属于私力救济,是一种事实行为。由于自助行为造成的损害,行为人不承担侵权责任。但是,如果自助行为超过必要限度或自助行为人趁机损坏义务人的财产、加害其人身,造成不应有的损失的,行为人应当承担相应的民事责任。

《民法典》第1177条规定:"合法权益受到侵害,情况紧迫且不能及时获得国家机关保护,不立即采取措施将使其合法权益受到难以弥补的损害的,受害人可以在保护自己合法权益的必要范围内采取扣留侵权人的财物等合理措施;但是,应当立即请求有关国家机关处理。受害人采取的措施不当造成他人损害的,应当承担侵权责任。"

### (二)构成自助行为的要件

构成自助行为必须具备以下要件:

1.必须以保护自己合法权利为目的

行为人实施自助行为,其目的是保护自己的合法权益。这与正当防卫和紧急避险的目的和条件不尽相同,后二者可以是为了保护他人合法利益或公共利益。对于非法利益,不得采取自助方式进行保护。

2.必须是在情势紧迫来不及请求国家机关处理的情况下

自助行为必须在情势紧急而无法求助公力救济的时候实施。如果存在请求国家机关处理的可能,应当请求国家机关来保护自己的合法权益。

3.自助方法是为了保护其权益所必需

采取自助的方法必须是行为人保护其权益所必需的,即不采取自助行为,其权益保护将难以实现。

4.必须为法律或者公共道德所认可

自助行为必须是针对义务人的财产或人身实施,不得对第三人实施。例如,对于义务人亲属的人身或财产,不得实施自助行为。

5.不得超过必要限度

实施自助行为不得超过必要限度。如果是对义务人的财产实施扣押,以足以保护权利人的权益为限;如果是对其人身实施强制,以足以控制义务人使其无法脱逃为限。

一般来说,民事纠纷宜通过当事人之间的平等协商解决,协商不成应努力寻求国家机关的裁判和救济,原则上不鼓励私人之间以强权的方式加以解决。虽然自助行为可以及时地保障权利人的权益,但其只是为促进纠纷的解决创造条件,并没有解决纠纷。自助行为有严格的条件限制,而且只是临时的,行为人实施自助行为以后,必须立即向有关机关请求处理。行为人无故拖延的,应当立即释放义务人或者把扣押的财产归还义务人,造成损害的应赔偿损失。行为人的自助行为如果不被有关国家机关事后认可,则必须立即停止侵害并对受害人负赔偿责任。

## 第三节　特殊抗辩事由

### 一、受害人过错

#### (一)受害人过错的概念

受害人过错即受害人对于损害的发生也有过错。在侵权损害中,损害在一般情况下是由于加害人过错造成的,但是,受害人在侵权损害中也常常存在过错。例如,如果受害人故意挑逗加害人而遭受损害,则受害人对损害的发生具有过错;如果受害人受损害后不及时予以处理导致损害扩大,则受害人对损害的扩大具有过错等。《民法典》第 1174 条规定:“损害是因受害人故意造成的,行为人不承担责任。”《民法典》第 1176 条规定:“自愿参加具有一定风险的文体活动,因其他参加者的行为受到损害的,受害人不得请求其他参加者承担侵权责任;但是,其他参加者对损害的发生有故意或者重大过失的除外。”

当受害人的过错是造成损害发生或者扩大的部分或全部原因时,受害人过错可以作为特殊抗辩事由。加害人以受害人有过错作为抗辩事由,对于加害人一方而言,其对损害的民事责任得到减免;对于受害人一方而言,其对损害所主张的赔偿请求将被否定或削减。将受害人过错作为一种抗辩事由,实质上是从“外来原因”的角度来考虑对损害后果的分担。从某种意义来说,它是因果关系理论在抗辩中的延伸和具体运用。受害人的过错行为是损害后果发生或扩大的全部或部分原因,受害人应承担全部或部分损害后果,而加害人也因此减轻或免除民事责任。

#### (二)受害人过错的法律后果

实践中,基于不同的现实情况,以受害人过错作为抗辩事由的法律后果是不一样的。受害人过错通常表现为三种情形:

1.受害人的过错是损害后果发生的全部原因

如果损害完全是由受害人的过错所致,即受害人的过错是损害发生的唯一原

因，加害人对损害的发生没有任何过错，受害人过错则可以构成免责抗辩事由，加害人不承担民事责任。在这里，不管受害人的过错是故意、重大过失还是一般过失，只要受害人的过错是损害发生的全部原因，就应使加害人免责。需要注意的是，加害人引诱、诱惑受害人故意从事某种行为对自己造成损害，应当认为损害是由加害人过错造成的，而不是由受害人过错造成的。在此情况下，加害人只是利用了受害人的行为实施了侵权行为。

2.受害人的过错与第三人的过错共同构成损害后果发生的原因

在这种情况下，虽然受害人的过错不是损害后果发生的全部原因，但对于损害，受害人有过错而加害人无过错，因此加害人可以以受害人过错作为抗辩事由而不承担民事责任。

3.受害人的过错与加害人的过错共同构成损害后果发生的原因

受害人的过错与加害人的过错共同构成损害后果发生的原因，即对于损害后果的发生受害人与加害人都具有过错。我国《民法通则》第 131 条曾规定："受害人对于损害的发生也有过错的，可以减轻侵害人的民事责任。"按照该规定，对于损害的发生，如果受害人也有过错，可以减轻加害人的民事责任，即应由受害人与加害人分担损失。在大陆法系民法理论中，加害人与受害人均有过错的情形称为与有过失，而处理与有过失所致损害的规则是过失相抵。

具体适用过失相抵时主要考虑双方当事人的行为对损害结果发生的原因力与过错程度。在一般侵权中，针对与有过失的情形可以按以下规则处理：

(1)如果损害主要是由加害人的行为造成的，应较少减轻或不减轻加害人的责任。如加害人因故意或重大过失尤其是恶意致人损害，不可以免除或减轻加害人的赔偿责任。

(2)如果损害主要是由受害人的行为造成的，应大部分减轻或免除加害人的责任。《民法典》第 1173 条规定："被侵权人对同一损害的发生或者扩大有过错的，可以减轻侵权人的责任。"一般情况下，如果受害人有故意、重大过失而加害人也有一般过错，可以减轻加害人的责任。受害人具有故意或重大过失而加害人只具有轻微过失，可以免除加害人的责任。但是，无民事行为能力人的故意不视为法律上的故意过错。如果无民事行为能力人造成自己损害时也介入了加害人的轻微过失，加害人也应当承担适当的民事责任。[①]

值得注意的是，在适用无过错责任原则的情况下，法律对受害人的故意、过错或重大过错在确定加害人的民事责任中的作用作了专门规定的，从其规定。例如，《民法典》第 1238 条规定："民用航空器造成他人损害的，民用航空器的经营者应当承担侵权责任；但是，能够证明损害是因受害人故意造成的，不承担责任。"

---

① 王利明、杨立新：《侵权行为法》，法律出版社 1997 年版，第 88 页。

## 二、第三人过错

### （一）第三人过错的概念

第三人过错作为抗辩事由是指受害人和加害人之外的第三人对受害人损害的发生或扩大具有过错。在侵权案件中，由于受害人和加害人之外的第三人的过错使损害发生或扩大时，加害人可以依此主张减轻或者免除侵权责任，而有过错的第三人应对损害后果承担部分或全部赔偿责任。《民法典》第1175条规定："损害是因第三人造成的，第三人应当承担侵权责任。"

以第三人过错作为抗辩事由必须符合以下条件：

1.过错主体是第三人

有过错的不是加害人或者受害人，而是受害人和加害人之外的第三人。也就是说，第三人是过错主体。

2.第三人与当事人没有过错联系

这意味着第三人过错仅是指第三人自己的过错。如果第三人与加害人都有过错，则第三人和加害人之间只要不存在共同的故意或过失，就不能构成共同侵权行为。如果第三人和加害人之间基于共同的意思联络而致受害人损害，他们将作为共同侵权行为人而对受害人负连带的民事责任。根据连带责任的原理，此时，加害人不得以第三人过错为抗辩事由主张减责或免责，而应对全部损害后果承担赔偿责任。在有些情况下，即使第三人和加害人的行为可能构成无意思联络的共同行为，这也不属于共同侵权，行为人应该分别按照按份责任对受害人负责。[①] 因此，在以第三人过错为抗辩的情形下，第三人的行为应当是介入性的，第三人的过错应当是孤立的。

3.第三人的行为具有违法性

第三人不仅在主观上具有过错，而且实施了某种损害他人合法民事权益的行为，即其行为有违法性。

4.第三人的行为构成损害发生或扩大的原因

只有在第三人的行为构成损害发生或者扩大的原因时，加害人才得以"第三人过错"为抗辩主张减轻或者免除侵权责任。虽然第三人有过错并实施了具有违法性的行为，但如果该行为与损害的发生或扩大不存在因果关系，加害人也不能以第三人过错主张减轻或免除责任。

5.必须对第三人过错进行举证

加害人以第三人过错作为抗辩事由主张减轻或者免除侵权责任时，应该对第

---

① 杨立新：《侵权法论》，人民法院出版社2005年版，第266页。

三人的过错进行举证和证明。如果加害人不能举证或者证明不足，则由加害人承担责任。

### （二）第三人过错的法律后果

第三人过错的法律后果是减轻或者免除加害人的赔偿责任，有过错的第三人应对损害后果承担部分或全部赔偿责任。以第三人过错为抗辩时，判断免除还是减轻以及在何种程度上减轻加害人的责任的依据，是第三人过错对损害发生所产生的原因力。因此，基于第三人与加害人的过错比例与过错程度的不同，我们提出以下规则：

1.损害的发生是由第三人的过错行为引起的，则应由第三人单独承担责任，加害人应免除责任。《民法典》第 1175 条规定："损害是因第三人造成的，第三人应当承担侵权责任。"这就是说，如果第三人的过错是损害发生或者扩大的唯一原因，由于损害完全由第三人的过错所致，加害人对此没有过错，其行为与损害之间的因果关系完全中断，因此，应免除其责任，而由第三人承担责任。

需要注意的是，《民法典》第 1250 条规定："因第三人的过错致使动物造成他人损害的，被侵权人可以向动物饲养人或者管理人请求赔偿，也可以向第三人请求赔偿。动物饲养人或者管理人赔偿后，有权向第三人追偿。"第三人过错致使动物造成他人损害，被侵权人也可以向动物饲养人或者管理人请求赔偿。

2.第三人和加害人对于损害的产生或扩大都有过错时，第三人过错主要是减轻加害人责任的事由。在这种情形下，一般根据第三人过错的比例，免除或者减轻加害人的责任，具体规则如下：

（1）如果第三人的过错是损害发生或者扩大的主要原因，应当减轻或免除加害人的大部分民事责任。如第三人具有故意或者重大过失，加害人仅仅具有轻微过失的，第三人过错构成加害人的免责事由；第三人具有故意或者重大过失，加害人具有一般过失的，加害人不能被完全免除责任，但可以减轻大部分责任。

（2）如果第三人的过错是损害发生或扩大的重要原因，应当减轻加害人相应部分的民事责任，即根据第三人和加害人的过错程度作适当比例的调整，一般说来，故意或重大过失者应适当增加承担责任的比例，而过失或一般过失者应适当减轻承担责任的比例。

（3）如果第三人的过错是损害发生或扩大的次要原因，应根据具体情况较少减轻或不减轻加害人的民事责任。如加害人有故意或重大过失，第三人只存在一般过失的情形。

值得注意的是，以第三人过错作为抗辩事由，可以认为是因果关系理论和过错责任理论的延伸，因此它一般地适用于过错责任的侵权案件。在无过错责任领域，法律对第三人的故意或过失在确定加害人的民事责任中的作用作了专门规定的，从其规定。如《民法典》第 1250 条规定："因第三人的过错致使动物造成他人损害的，被侵权人可以向动物饲养人或者管理人请求赔偿，也可以向第三人请求赔偿。动物饲养人或者管理人赔偿后，有权向第三人追偿。”《海洋环境保护法》第43条规定：“完全是由于第三者的故意或者过失造成污染损害海洋环境的，由第三者承担赔偿责任。”《水污染防治法》第41条规定：“水污染损失由第三者故意或者过失所引起的，第三者应当承担责任。”

## 三、不可抗力

### （一）不可抗力的概念

我国《民法典》第180条规定：“因不可抗力不能履行民事义务的，不承担民事责任。法律另有规定的，依照其规定。不可抗力是不能预见、不能避免且不能克服的客观情况。”不可抗力是指“不能预见、不能避免并且不能克服的客观情况”，即凡是基于外来因素而发生的，当事人以最大谨慎和最大努力仍不能防止的事件为不可抗力。[①] 不可抗力是各国立法通行的减轻或者免除当事人违约责任和侵权责任的抗辩事由。不可抗力作为人力所不可抗拒的力量，属于客观事由抗辩，是独立于人的行为之外，并且不受当事人的意志所支配的现象。不可抗力包括自然原因的不可抗力（如达到一定强度的地震、台风、洪水、海啸等）和社会原因的不可抗力（如战争、武装冲突等），自然原因的不可抗力构成不可抗力的主要部分。不可抗力在法律上具有客观性、因果性和相对性等特点。客观性指不可抗力是独立于当事人意志之外的客观情况；因果性指不可抗力是损害结果发生的原因；相对性指相对于现有的科学技术水平，不可抗力是人力无法控制且不可抗拒的。

### （二）确定不可抗力的方法

不可抗力是指不能预见、不能避免并且不能克服的客观情况。根据此概念，可以依据以下方法确定不可抗力。

首先，不可抗力是不可预见的。行为人对于某些具有强大强制力的自然或社会现象能否预见是确定不可抗力的条件之一。不可预见是从人的主观认识能力上来考虑不可抗力因素，是指根据现有的技术水平，一般人对某种事件的发生无法预料。能否预见的标准是依一个普通人以一般善意之人的认识能力和关注程度为判断；对于负有特殊义务或责任的人应依一个具有相关专业知识的认识能力和特别关注程度为判断。在实践中，某些具有强大强制力的自然现象，如台风、洪水，虽然不可抗拒，但现代气象预报在大多数情况下可以预报。如果气象部门已经发出预报，行为人未能注意预报，则不符合不可预见性的要求。

---

① 王利明、杨立新：《侵权行为法》，法律出版社1997年版，第93页。

其次，不可抗力是不可避免并且不能克服的。不可抗力作为一种客观偶然性，作为一种自然的和不可避免的必然性，是一般人无法抗御的重大外来的强制或强迫。不可避免并且不能克服是指当事人已经尽到最大努力并采取一切可以采取的措施，仍然不能避免某种事情的发生并克服事件造成的损害后果。不可避免和不能克服，表明事件的发生和事件造成损害具有必然性。这一条件要求作为不可抗力的自然或社会现象具有巨大的强制力，足以产生一般人无法抵抗的破坏后果。即使当事人尽到一个一般善意之人乃至专业人员应尽的各种努力，也不能免于损害。

最后，不可抗力是客观的，即属于客观情况。属于客观情况是指外在于人的行为的自然性。不可抗力作为独立于人的行为之外的事件，不包括单个人的行为。作为不可抗力的自然或社会原因，总是客观的，而不是任何单个人的行为造成的，它排除了原告、被告、第三人的过错因素。如第三人的行为对被告来说是不可预见并不能避免，但他并不具有外在于人的行为的客观性的特点，第三人的行为不能作为不可抗力对待。[①]

总之，判断是否存在不可抗力的标准包括事件的性质及外部特征，当事人的注意程度、预见能力、抗御能力等。该标准既强调不可抗力是一种客观的外部因素，也强调当事人应该以最大的注意预见不可抗力、以最大的努力避免和克服不可抗力。如果已尽了最大注意仍然不能预见、避免或防止某一客观原因导致损害后果的发生，即认定为不可抗力。

### （三）不可抗力的法律后果

我国《民法典》第180条规定："因不可抗力不能履行民事义务的，不承担民事责任。法律另有规定的，依照其规定。"不可抗力作为抗辩事由的法律后果是指被告一方以不可抗力作为抗辩事由，达到免除或减轻其民事责任的后果。将不可抗力作为免责事由，要求不可抗力是损害后果发生的原因。由于不可抗力造成的损害是人力不能控制的客观原因造成的，因此，对于该损害，当事人一般不承担民事责任。

以不可抗力作为抗辩事由时，由于不可抗力对损害发生或扩大的原因力不同，其所达到的抗辩效果也不相同，具体说明如下：

1.不可抗力是损害发生或扩大的唯一原因时，损害完全是由不可抗力引起，被告没有过错，其行为与损害结果之间毫无因果关系，因此当事人应该被免除责任。《民法典》第590条规定："当事人一方因不可抗力不能履行合同的，根据不可抗力的影响，部分或者全部免除责任，但是法律另有规定的除外。因不可抗力不能履行合同的，应当及时通知对方，以减轻可能给对方造成的损失，并应当在合理期限内

① 杨立新：《侵权法论》，人民法院出版社2005年版，第269页。

提供证明。"《民法典》第 1239 条规定:"占有或者使用易燃、易爆、剧毒、高放射性、强腐蚀性、高致病性等高度危险物造成他人损害的,占有人或者使用人应当承担侵权责任;但是,能够证明损害是因受害人故意或者不可抗力造成的,不承担责任。被侵权人对损害的发生有重大过失的,可以减轻占有人或者使用人的责任。"第 1240 条规定:"从事高空、高压、地下挖掘活动或者使用高速轨道运输工具造成他人损害的,经营者应当承担侵权责任;但是,能够证明损害是因受害人故意或者不可抗力造成的,不承担责任。被侵权人对损害的发生有重大过失的,可以减轻经营者的责任。"

2.不可抗力是损害发生的部分原因时,当事人对不可抗力所致损害的发生或扩大有过错的,不能依不可抗力而免除责任,一般只能根据其原因力的大小,适当减轻当事人的侵权责任。在实践中,不可抗力是损害发生和扩大的部分原因,而损害之发生或扩大还可能与被告、第三人或受害人的过错有关。在此情形下,应本着"部分原因应当引起部分责任"的精神,主张不可抗力的抗辩只能部分减轻行为人的侵权责任,而剩余的部分责任则应由有过错的相关当事人按其行为的过错程度及原因力大小分担。

以上以不可抗力作为抗辩事由的法律后果普遍见于以过错责任为归责原则的侵权案件中。在以无过错责任为归责原则的侵权案件中,由于对当事人的责任要求更为严格,以不可抗力作为抗辩事由的效果也常常不同于上述情形。《民法典》第 180 条所称"法律另有规定的除外",即在此体现。法律有时特别规定不可抗力不作为免责事由的情形。例如,《邮政法》第 48 条规定:汇款和保价邮件的损失即使是不可抗力造成,邮政企业也不得免除赔偿责任。法律有时特别规定不可抗力虽然可以作为免责事由,但要附加其他条件。例如,《环境保护法》第 41 条第 3 款规定:"完全由于不可抗拒的自然灾害,并经及时采取合理措施,仍然不能避免造成环境损害的,免予承担责任。"其中就对不可抗力作了附加"经及时采取合理措施,仍然不能避免造成环境损害"条件的规定。《海洋环境保护法》第 92 条、《大气污染防治法》第 63 条也都作了类似的规定。因此,在考虑以不可抗力作为免责的抗辩事由时,要注意这些法律有特别规定的情况,避免错误适用法律。

## 四、意外事件

### (一)意外事件的概念

意外事件是指非因当事人的故意或者过失,而是当事人不能预见的、意志以外的原因,偶然发生的事故。关于意外事件能否作为一种独立的抗辩事由以减轻或免除当事人的民事侵权责任,各国立法和学说均有分歧。主要有两种不同的观点:一种观点是肯定说,认为意外事件和不可抗力一样都应成为抗辩事由;另一种观点

是否定说，认为只有不可抗力才是抗辩事由，意外事件并不是法定的抗辩事由。我国民法没有规定意外事件为抗辩事由，但在司法实践中，通常把意外事件作为抗辩事由对待，认为意外事件造成的损失表明当事人没有过错，因而应该使其免责。

### （二）意外事件的构成

意外事件作为免责事由应该具备三个条件：

1.不可预见性。意外事件应该是不可预见的。确定意外事件的不可预见性的标准一般是主观的，即以当事人的主观意识为标准，判断当事人在当时的环境下是否能够通过合理的注意而预见。

2.归于行为人自身以外的原因。也就是说，损害是由外在原因而不是当事人的行为所致，即行为人已经尽到了他在当时应当尽到和能够尽到的注意，采取了合理的措施仍然不能防止或避免事故的发生。

3.仅指偶发事件。意外事件是偶然发生的事件，并不包括第三人的行为。

### （三）不可抗力与意外事件的区别

不可抗力和意外事件的区别主要在于：主观上，意外事件的不可预见性是指特定的当事人尽到合理的注意而不可预见；不可抗力则是即使尽到高度的注意和谨慎也不可预见，具有更强的难以预见性。客观上，意外事件虽然具有不可预见性，但它是能够避免和克服的；不可抗力则即使预见到也是不能避免和克服的。此外，意外事件只适用于过错责任，即只有在过错责任中意外事件才能成为免责事由，对于法律明确规定了具体的免责要件而不包括意外事件的责任来说，不能成为免责事由；而不可抗力在除法律另有规定外，应作为免责事由。[①]

### （四）自甘风险

《民法典》第1176条规定："自愿参加具有一定风险的文体活动，因其他参加者的行为受到损害的，受害人不得请求其他参加者承担侵权责任；但是，其他参加者对损害的发生有故意或者重大过失的除外。

活动组织者的责任适用本法第一千一百九十八条至第一千二百零一条的规定。"

《民法典》第1176条是自甘风险规则。该规则确立了在具有一定风险的文体运动中，其他参加者除非具有故意或重大过失否则不承担侵权责任的原则。

### （五）好意同乘

《民法典》第1217条规定："非营运机动车发生交通事故造成无偿搭乘人损害，

---

① 杨立新：《侵权法论》，人民法院出版社2005年版，第270～271页。

属于该机动车一方责任的，应当减轻其赔偿责任，但是机动车使用人有故意或者重大过失的除外。”

无偿搭乘他人，是好意施惠的道德行为，符合社会主义核心价值观的要求。《民法典》第1217条确立了“驾驶员无过错不担责”的原则。但如果交通事故责任属于该机动车驾驶员，则在驾驶员无故意或重大过失的前提下减轻驾驶员的赔偿责任。

## 真题链接

1.赵某在行驶中的地铁车厢内站立，因只顾看手机而未抓扶手，在地铁紧急制动时摔倒受伤，遂诉至法院要求赔偿。法院认为，《侵权责任法》规定，被侵权人对损害的发生有过失的，可以减轻经营者的责任。地铁公司在车厢内循环播放“站稳扶好”来提醒乘客，而赵某因看手机未抓扶手，故存在重大过失，应承担主要责任。综合各种因素，判决地铁公司按40％的比例承担赔偿责任。对此，下列哪些说法是正确的？（2017年）

A.该案中赵某是否违反注意义务，是衡量法律责任轻重的重要标准

B.该案的民事诉讼法律关系属第二性的法律关系

C.若经法院调解后赵某放弃索赔，则构成协议免责

D.法官对责任分摊比例的自由裁量不受任何限制

# 第十九章　侵权损害赔偿

【引　例】

原告系广东省生产腊肠的知名食品企业，为扩大生产借资建设新厂房。该工程内容分为保温材料组装、土建工程和钢结构工程。分别由海口新华、南昌滕玉和广州天架公司施工，由城乡建设工程监理公司进行工程监理。计划于2004年12月10日竣工投产。不幸的是，新华公司在施工中严重违章作业，导致火灾，大火将新建厂房严重焚毁。主要生产车间均须重建方可使用。原告诉诸法院，要求被告赔偿损失。双方对损害是依公安消防部门认定的损失，还是市房屋鉴定勘测设计院和市价格认证中心认定的损失进行赔偿产生了争议。

## 第一节　侵权损害赔偿概述

### 一、侵权损害赔偿的概念及其特征

#### （一）侵权损害赔偿概念

侵权损害赔偿，是指当事人一方因侵权行为造成他方损害时，在当事人之间产生请求赔偿权利和赔偿义务的债，在债务人不履行该赔偿义务时，所应承担的赔偿对方损失的民事责任方式。侵权损害赔偿具有债和民事责任的双重性质。首先，侵权损害赔偿表现为债的性质。债通常是按照合同的约定或法律的规定，在当事人之间产生的权利义务关系。侵权损害赔偿是由侵权责任法所规定的，在侵权人与被侵权人之间产生的以损害赔偿请求权和损害赔偿义务为内容的法律关系。其次，侵权损害赔偿表现为民事责任性质，它完全符合民事责任的所有特征。《民法典》明确将“赔偿损失”规定为民事责任方式，也是承担侵权责任的主要方式之一。侵权损害赔偿的两种性质，是先后两个阶段的不同性质，中间经过了一个转变过程，即如果侵权损害赔偿义务人拒不履行赔偿义务，从而转化为损害赔偿的民事责任。所以,侵权行为是债发生的重要原因。

### (二)侵权损害赔偿法律特征

侵权损害赔偿具有以下法律特征:第一,侵权损害赔偿的目的是救济受害人损害,恢复其权利。赔偿的目的是填补损失,使受害人的权利得到救济。同时,侵权损害赔偿也具有制裁民事违法行为和抚慰受害人的作用。民事赔偿的基本原则是"有损害才有赔偿"。第二,侵权损害赔偿主要是一种财产性民事责任。人身损害、财产损害的赔偿责任是财产性民事责任;精神损害的赔偿责任方式主要有消除影响、恢复名誉、赔礼道歉以及支付抚慰金。支付抚慰金的赔偿方式也是一种财产性民事责任。第三,侵权损害赔偿由于具有债的性质,因此也具备相对性。损害赔偿只发生在特定的权利主体与特定的义务主体之间。受害人只能向特定的实施侵权行为的人请求赔偿。第四,侵权损害赔偿因具有债和民事责任的双重性质,在赔偿义务人拒不履行义务时,损害赔偿由债的性质转化为民事责任的性质。

《民法典》第 1165 条和第 1166 条规定,行为人过错侵害他人民事权益,应当承担相应的侵权责任;即使没有过错,法律规定应当承担侵权责任的,依照其规定。加害人如何承担相应的侵权责任?世界各国在立法例上,存在以恢复原状为主和以损害赔偿为主两种基本观点。前者称为恢复原状主义,即要求加害人恢复到损害没有发生前的状态,只有恢复原状不能时,才能退而求其次地选择损害赔偿;后者称为损害赔偿主义,即以金钱赔偿受害人的损失为基本原则。损害赔偿是鉴于恢复原状受到诸多条件限制而构建的比较务实的方案。《民法典》第 179 条规定了 11 种承担民事责任的方式,其中可作为侵权责任适用的有:(1)停止侵害;(2)排除妨碍;(3)消除危险;(4)返还财产;(5)恢复原状;(6)赔偿损失;(7)赔礼道歉;(8)消除影响、恢复名誉。以上承担侵权责任的方式,可以单独适用,也可以合并适用。通说根据民法学体系解释以及历史解释,认为我国民法是采用恢复原状主义,即以恢复原状为主,损害赔偿为辅。

## 二、侵权损害赔偿法律关系

侵权损害赔偿法律关系是因责任人的侵权行为或法律特别规定而发生的损害赔偿的权利义务关系。它具备所有民事法律关系的三个要素,即主体、客体和内容。

侵权损害赔偿法律关系的主体是指侵权损害赔偿的权利享有者和义务承担者。权利主体一般是受害人,义务主体一般是加害人。权利主体和义务主体均可以是自然人、法人或非法人组织。

侵权损害赔偿法律关系的内容,是指侵权行为的受害人所享有的请求加害人或责任人赔偿损失的权利以及加害人或责任人所承担的赔偿损失的义务。侵权损

害赔偿权利的性质是请求权、相对权和财产权。

侵权损害赔偿法律关系的客体是指侵权损害赔偿权利和赔偿义务共同指向的对象，即赔偿损失的给付行为。

导致侵权损害赔偿法律关系发生、变更、消灭的原因主要是侵权行为和侵权事件。侵权行为是指自然人、法人或非法人组织违反民事义务、侵害他人民事权益，依法应当承担侵权责任的行为，是与人的主观意志有关的法律事实。侵权事件是指虽然与人的主观意志无关，但依法律规定产生侵权损害赔偿关系变动的法律事实，如建筑物自然倒塌、物件的坠落致人损害等。

## 三、侵权损害赔偿规则

### （一）全部赔偿规则

1.全部赔偿规则的概念。全部赔偿是损害赔偿的基本规则，也是侵权损害赔偿的基本规则，是指赔偿义务（责任）人承担赔偿责任的大小，应当以实际损失为依据，全部予以赔偿。侵权损害赔偿采用全部赔偿规则是由损害赔偿填补损失的功能所决定的。

全部赔偿与全额赔偿是两个相互联系但有所区别的概念。前者包括了赔偿范围和赔偿数额两方面内容，后者仅指赔偿数额。前者包含了人身损害、财产损害和精神损害的赔偿范围和赔偿数额；后者只包含对财产损失的赔偿数额。精神痛苦、时间的无谓消耗和其他非财产损害，尽管无法用金钱来衡量，但为了维护受害人的合法权益，抚慰受害人，制裁民事违法行为，《民法典》仍规定给予赔偿一定数量的损害赔偿金。非财产损害赔偿属全部赔偿范畴，不能称之为全额赔偿。

2.全部赔偿规则的适用。全部赔偿规则适用时应当遵循以下规则：第一，在确定损害赔偿数额时，应当以实际损害作为标准，全部予以赔偿。确定赔偿数额，既不能以加害人的过错程度作为损害赔偿数额的依据，也不能以行为的社会危险性大小为依据，只能以实际损失为依据。但行为人的主观过错程度以及行为对损害产生的原因力大小对确定精神损害赔偿责任起重要作用。第二，全部赔偿损失包括直接损失和间接损失。间接损失只要是当事人已经预见或者能够预见的利益，并且是可以期待、必然得到的，就应当予以赔偿。第三，全部赔偿应当包括对受害人为恢复权利、减少损害而支出的必要费用的赔偿。第四，全部赔偿所赔偿的只能是合理损失，不合理的损失不应赔偿。受害人借故增加开支、做大排场而增大赔偿范围的部分，加害人无须赔偿。

### （二）损益相抵规则

1.损益相抵规则的概念。损益相抵规则，是指赔偿请求权人基于发生损害的同一原因获得利益的，在计算责任人的赔偿数额时应当对该利益予以扣除，赔偿义务人仅赔偿扣除后数额损失的规则。

2.损益相抵规则的特征。损益相抵规则具有以下特征：第一，它是损害赔偿法的基本原则。第二，它是确定侵权损害赔偿责任范围大小及如何承担的原则。第三，依它确定的赔偿数额，是基于同一行为而产生的损害与获利之差额。第四，它应由法官依职权行使，在私力救济的场合，当事人也可参考适用。

3.损益相抵规则的构成要件。适用损益相抵规则，应当具备以下构成要件：第一，侵权损害赔偿之债合法有效成立，这是适用本规则的前提。第二，受害人须获得利益，包括积极利益和消极利益。第三，侵权行为既是损害发生的原因，也是利益获得的原因。如果损害的发生与利益的获得不是基于同一原因，无本规则适用的余地。在以下情况下，尽管损益基于同一原因，但不适用本规则：一是第三人因同情对受害人赠与的财产；二是受慈善机构捐助或国家单位补助的财产；三是因继承而获得的财产；四是退休金、抚恤金、慰问金等。

4.损益相抵规则的适用。损益相抵规则通常依下列方法进行：第一，一般方法：赔偿数额＝实际损失－获得利益。第二，对于已经使用的财产之损失：赔偿数额＝原有价值－(原有价值÷可用时间)×已用时间－新生利益。第三，实物赔偿时，采用以下方法：退还数额＝赔偿的新物价格－(原有价值÷可用时间)×已用时间。第四，返还原物时，可采用以下方法：赔偿数额＝该物的租金＋(侵权前价值－侵权后价值)。第五，在人身损害致伤、致死一次性给付时，可以采用霍夫曼计算法：设经过 n 年之后，应当一次性给付金额为 A，现在金额为 X，利率为 r，则公式为：$A=X(1+rn)$。

### （三）过错相抵规则

1.过错相抵规则的概念。过错相抵，既是侵权责任的形态之一，又是损害赔偿的规则之一。它是指在侵权行为中，行为人与受害人对于损害的发生和扩大都存在过错，确定损害赔偿数额时，以双方当事人的过错程度以及原因力大小为计算依据的规则。

2.过错相抵规则的特征。过错相抵规则具有以下特征：第一，过错相抵是双方当事人对侵权损害的发生和扩大都有过错的法律后果。第二，过错相抵规则运用的结果是减轻加害人的赔偿责任。第三，它应由法官依职权行使，在私力救济的场合，当事人也可参考适用。

3.过错相抵规则的构成要件。适用过错相抵规则应当具备以下构成要件：第一，受害人的过错行为是损害发生或扩大的因素之一。第二，受害人的行为须为不当。构成过错相抵，受害人的行为无须违法，只需不当即可。不当行为指为自己的利益或在伦理观念上为不当。不当行为既可以是积极行为，又可以是消极行为。第三，受害人行为时主观上存在过错。受害人的代理人对于损害的发生或扩大有

过错时，视为受害人的过错。即使在加害人无过错的场合，如果受害人有过错，过错相抵规则仍有适用的余地。

4.过错相抵规则的适用。在适用过错相抵规则确定侵权损害赔偿数额时，应当根据双方当事人的过错程度以及原因力大小来进行。首先是确定双方当事人的过错程度，其次是确定双方过错行为的原因力大小。

在确定过错时，将双方当事人的过错程度具体确定为一定比例，从而确定责任：过错比例为 91%～100%的当事人，对损害后果负全部责任；过错比例为 51%～90%的当事人，对损害后果负主要责任；过错比例为 10%～50%的当事人，对损害后果负次要责任；过错比例不足 10%的当事人，对损害后果不负责任。确定过错比例时，应考量以下因素：(1)行为的危险性大小；(2)危险回避能力强弱；(3)注意义务的内容和标准。据此，过错轻重的标准是：(1)受害人具有故意或重大过失，加害人只有轻微过失的，加害人的过错比例为不足 10%；(2)受害人具有故意或重大过失，加害人只有一般过失的，加害人的过错比例为 10%～25%；(3)受害人具有故意，加害人有重大过失的，加害人的过错比例为 26%～49%；(4)受害人、加害人均具有故意或重大过失的，且程度相当，加害人的过错比例为 50%；(5)受害人具有重大过失，加害人有故意的，加害人的过错比例为 51%～74%；(6)受害人具有一般过失，加害人有故意或重大过失的，加害人的过错比例为 75%～90%；(7)受害人仅有轻微过失，加害人有故意或重大过失的，加害人的过错比例为 91%以上。①

原因力是构成损害结果的多个原因中，每一个原因行为对于损害结果发生或扩大所发挥的作用力。原因力对过错相抵规则适用的影响是相对的，因为过错相抵规则适用的主要因素是过错程度。原因力大小对过错责任范围的影响，受双方当事人过错程度的制约，主要表现在以下两个方面：一是在双方当事人过错程度无法确定时，以各自行为的原因力大小确定各自责任比例；二是在双方当事人过错程度能够确定时，各自行为的原因力大小对责任比例的确定起“微调”作用。②

## 第二节　人身损害赔偿

### 一、人身损害赔偿概述

人身损害赔偿，是指自然人的生命权、健康权、身体权等人身权利受到不法侵害，出现致伤、致残、致死等损害后果，权利人以财产赔偿等方法进行救济和保护的

① 杨立新：《侵权行为法专论》，高等教育出版社 2005 年版，第 275～276 页。

② 杨立新：《侵权行为法专论》，高等教育出版社 2005 年版，第 276～277 页。

侵权损害赔偿制度。关于人身损害赔偿数额的理算,《民法典》没有详细规定。《国家赔偿法》《消费者权益保护法》《道路交通安全法》《医疗事故处理条例》等法律、法规对人身损害赔偿作了一些较为详细的规定,最高人民法院《关于审理人身损害赔偿案件适用法律若干问题的解释》(以下简称《人身损害解释》)对此也有很详尽的规定。《人身损害解释》第 17 条规定:"受害人遭受人身损害,因就医治疗支出的各项费用以及因误工减少的收入,包括医疗费、误工费、护理费、交通费、住宿费、住院伙食补助费、必要的营养费,赔偿义务人应当予以赔偿。受害人因伤致残的,其因增加生活上需要所支出的必要费用以及因丧失劳动能力导致的收入损失,包括残疾赔偿金、残疾辅助器具费、被扶养人生活费,以及因康复护理,继续治疗实际发生的必要的康复费、护理费、后续治疗费,赔偿义务人也应当予以赔偿。受害人死亡的,赔偿义务人除应当根据抢救治疗情况赔偿本条第一款规定的相关费用外,还应当赔偿丧葬费、被扶养人生活费、死亡补偿费以及受害人亲属办理丧葬事宜支出的交通费、住宿费和误工损失等其他合理费用。"《侵权责任法》第 16 条规定:"侵害他人造成人身损害的,应当赔偿医疗费、护理费、交通费等为治疗和康复支出的合理费用,以及因误工减少的收入。造成残疾的,还应当赔偿残疾生活辅助器具费和残疾赔偿金。造成死亡的,还应当赔偿丧葬费和死亡赔偿金。"《民法典》第 1179 条规定"侵害他人造成人身损害的,应当赔偿医疗费、护理费、交通费、营养费、住院伙食补助费等为治疗和康复支出的合理费用,以及因误工减少的收入。造成残疾的,还应当赔偿辅助器具费和残疾赔偿金;造成死亡的,还应当赔偿丧葬费和死亡赔偿金。"该条对《侵权责任法》第 16 条增加了"营养费和住院伙食补助费"两个项目。据此,根据对自然人人身受损害的程度,可分为一般伤害、人身伤残、死亡三种。另外,如果侵犯自然人人身权利同时造成精神损害的,其抚慰金计算,参阅本章第四节。

## 二、一般伤害的赔偿额理算

一般伤害,是指自然人的身体、健康因受到伤害,通过治疗可以得到康复的侵害。加害人对一般伤害的赔偿范围包括为治疗和康复支出的合理费用,以及因误工而减少的收入两部分。具体而言,包括医疗费、护理费、交通费、住宿费、住院伙食补助费、必要的营养费等为治疗和康复支出的合理费用,因误工而减少的收入。

### (一)为治疗和康复支出的合理费用

1.医疗费。医疗费应当根据医疗机构出具的医药费、住院费等收款凭证,结合病历和诊断证明等相关证据确定,通常包括挂号费、检查费、药费、治疗费、康复费等费用项目。赔偿义务人对治疗的必要性和合理性有异议的,应当承担相应的举证责任。医疗费的赔偿数额,按照一审法庭辩论终结前,实际发生的数额确定。器

官功能恢复训练所必需的康复费、适当的整容费以及其他后续治疗费，受害人可以待实际发生之后另行起诉。但根据医疗证明或者鉴定结论确定必要发生的费用，可以与已经发生的医疗费一并予以计算，由加害人赔偿。

在计算医疗费时，应注意以下两个问题：(1)医院选择问题，因为不同的医院治疗同一种病时，医疗费可能差距甚大。受害人就医时应当根据“就近适当原则”选择医院，即受害人应当选择能够治愈的、最近的医院就医。(2)侵权行为只是疾病的诱发原因时，首先应当根据相当因果关系规则确定行为与疾病发生之间是否存在因果关系。在确定行为与疾病存在因果关系的前提下，然后根据原因力大小，计算加害人应当承担的损害赔偿额。

2.护理费。护理费是指受害人因受到损害导致生活不能自理，需要有人进行护理而产生的支出费用。护理费根据护理人员的收入状况和护理人数、护理期限确定。护理人员有收入的，参照误工费的规定计算；护埋人员没有收入或者雇佣护工的，参照当地护工从事同等级别护理的劳务报酬标准计算。护理人员原则上为一人，但医疗机构或者鉴定机构有明确意见的，可以参照确定护理人员人数。护理期限应计算至受害人恢复生活自理能力时止。受害人因残疾不能恢复自理能力的，可以根据其年龄、健康状况等因素确定合理的护理期限，但最长不超过20年。

3.交通费。交通费根据受害人及其必要的陪护人员因就医或者转院治疗实际发生的费用来计算。交通费应当以医院与家庭住址之间合理的交通运送方式为准，应当以正式票据为凭；有关凭据应当与就医地点、时间、人数、次数相符合。

4.住院伙食补助费。住院伙食补助费可以参照当地国家机关一般工作人员的出差伙食补助标准予以确定。受害人确有必要到外地治疗，因客观原因不能住院，受害人本人及其陪护人员实际发生的住宿费和伙食费，其合理部分应予赔偿。

5.营养费。营养费应当根据受害人伤害情况参照医疗机构的意见确定。受害人实际需要补充的营养，必须是因侵权行受到损害，为弥补该损害而需要补充的营养。至于营养费的给付标准，实践中一般参照受害人的伤害情况酌定。

### (二)因误工而减少的收入

因误工而减少的收入是指受害人由于受到人身伤害，无法从事正常工作或者劳动而失去或者减少的工作或者劳动收入。因误工而减少的收入应当根据受害人的误工时间和受伤害之前的收入状况确定。误工时间根据受害人接受治疗的医疗机构出具的证明确定。受害人有固定收入的，误工费是按照实际减少的收入计算；受害人无固定收入的，按照其最近三年的平均收入计算；受害人不能举证证明其最近三年的平均收入状况的，可以参照受诉法院所在地相同或者相近行业上一年度职工的平均工资计算。

## 三、人身伤残的赔偿额理算

人身伤残，指对他人造成的伤害经治疗不能康复，而丧失或部分丧失劳动能力的人身伤害。加害人对人身伤残的赔偿范围包括为治疗和康复支出的合理费用，因误工而减少的收入，残疾赔偿金和残疾辅助器具费，被扶养人的必要生活费，以及因康复护理、继续治疗实际发生的必要的康复费、护理费、后续治疗费。

### (一)为治疗和康复支出的合理费用

为治疗和康复支出的合理费用包括医疗费、护理费、交通费、住宿费、住院伙食补助费、必要的营养费等。其中护理费的计算与一般伤害护理费计算略有不同，在人身伤残的护理费计算中，受害人不仅住院治疗期间发生了必要的护理费用，而且因残疾不能恢复生活自理能力产生必要护理费用。护理期限可以根据其年龄、健康状况等因素合理确定，但最长不超过 20 年；其护理级别应当根据其护理依赖程度并结合配制残疾辅助器具的情况确定。

### (二)因误工而减少的收入

与一般伤残相比，计算的方法和项目略有不同：(1)两者计算时间不同。人身伤残的误工费的计算时间是计算至定残日前一天；而一般伤害误工费的计算时间由医疗机构出具的证明确定。(2)计算的项目不同。人身伤残误工费，受害人不仅包括住院治疗期间因误工而减少的收入，而且包括因残疾不能恢复生活自理能力、丧失部分或者全部劳动能力而减少的收入。

### (三)残疾赔偿金

残疾赔偿金是受害人残疾后所特有的一个赔偿项目，其性质在理论界和司法实务界，均存在很大争议。有的认为是精神损害抚慰金；有的认为是受害人未来收入的损失；有的认为既是受害人未来收入的损失，又是对其因残疾丧失的一些精神生活的赔偿。从域外立法例来看，残疾赔偿金计算主要有三种模式：一是收入所得丧失主义，即在计算残疾赔偿金时，是以受害人受到伤害之前的收入与受到伤害之后的收入之间的差额作为赔偿数额。该立法例虽然可操作性强，但其缺点是，如果受害人是无业者或者家庭主妇、儿童等无收入或低收入群体，将不能获得或者获得很少的赔偿，这对他们非常不公平。二是生活来源丧失主义，即受害人残疾导致其生活来源丧失或者减少，侵权行为人应当赔偿受害人的生活费用，使其生活来源能够恢复到未受伤之前。该立法例虽有一定的可操作性，但仅赔偿生活费显然过低，不利于保护受害人的利益，也起不到对侵权行为人的惩戒作用。三是劳动能力丧失主义，即侵权行为人应当对劳动能力的丧失进行赔偿，即根据劳动力价值额在残

疾前与残疾后之间的差额进行计算。该立法例虽然比较符合损害发生予以赔偿时的实际情况，但没有考虑到受害人未来劳动能力的提高和精神生活受到损害的情况，且完全忽视了受害人的具体情况，如受教育程度、年龄、实际收入等因素。以上三种立法例，各有利弊，有一个共同的弊端就是均未考虑到受害人残疾之后精神上所受到的压力和痛苦，如何弥补受害人精神上的伤害。

根据2022年修正的《最高人民法院关于审理人身损害赔偿案件适用法律若干问题的解释》(以下简称新《人身损害解释》)的规定，我国法院是根据受害人丧失劳动能力程度或者伤残等级，按照受诉法院所在地上一年度城镇居民人均可支配收入标准，自定残之日起按20年计算。但60周岁以上的，年龄每增加1岁减少1年；75周岁以上的，按5年计算.受害人因伤致残但实际收入没有减少，或者伤残等级较轻但造成职业妨害严重影响其劳动就业的，可以对残疾赔偿金作相应调整；如果受害人能够举证证明其住所地或者经常居住地城镇居民人均可支配收入高于受诉法院所在地标准的，残疾赔偿金可以按照其住所地或者经常居住地的相关标准计算。

(四)残疾辅助器具费

残疾辅助器具费是指受害人因残疾而造成身体功能全部或部分丧失后需要配制具有补偿功能的残疾辅助器具的费用。残疾辅助器具主要有义肢及其零部件、义眼、助听器、盲人阅读器、助视器、矫形器等。残疾辅助器具费用按照普通适用器具的合理费用标准计算。伤情有特殊需要的，可以参照辅助器具配制机构的意见确定相应的合理费用标准。辅助器具的更换周期和赔偿期限参照配制机构的意见确定。

## 四、死亡的赔偿额理算

死亡赔偿是指自然人因生命权受到侵害而死亡，侵权人所承担的损害赔偿责任。侵害生命权造成受害人死亡的，由受害人的近亲属行使侵权赔偿请求权。其近亲属行使侵权赔偿请求权的法理依据何在？在我国存在“民事权利能力转化说”“加害人赔偿义务说”“同一人格代位说”“间隙取得请求权说”“双重受害人说”等各种观点。[①] 本书依据“双重受害人说”来解释，近亲属行使侵权赔偿请求权的法理依据，即在侵害生命权的场合，存在双重受害人：一是丧失生命权的直接受害人；二是因救治、丧葬死亡的受害人而受到财产损害和精神损害的近亲属。因此，死者的近亲属的损害赔偿请求权的来源有二种途径，一条途径是其受到财产和精神损害的事实；另一条途径是通过继承已经死亡的受害人的损害赔偿请求权。

① 杨立新：《人身权法论》，中国检察出版社1996年版，第412～414页。

加害人的侵权行为导致受害人死亡，其赔偿范围的立法如下：根据《民法通则》第119条的规定，除应当赔偿医疗费、因误工减少的收入等费用外，还应当支付丧葬费、死者生前扶养的人必要的生活费等费用。《消费者权益保护法》第49条、《产品质量法》第44条和《国家赔偿法》第34条规定，因侵权行为造成他人死亡的，除赔偿医疗费、护理费、交通费等费用外，还应当支付丧葬费、人身损害死亡赔偿金以及由死者生前扶养的人所必需的生活费等费用。《人身损害解释》第17条规定，受害人死亡的，赔偿义务人除应当根据抢救治疗情况赔偿医疗费、护理费、营养费等相关费用外，还应当赔偿丧葬费、被扶养人生活费、死亡补偿费以及受害人亲属办理丧葬事宜支出的交通费、住宿费和误工损失等其他合理费用。《侵权责任法》第16条规定，侵害他人造成死亡的，除应当赔偿医疗费、护理费、交通费等合理费用外，还应当赔偿丧葬费和死亡赔偿金。《侵权责任法》的规定与以前的法律及司法解释规定的死亡赔偿的项目所存在的差别在于，没有被扶养人生活费这一项。而丧葬费可以解释为“受害人亲属办理丧葬事宜支出的交通费、住宿费和误工损失等其他合理费用”。《民法典》第1179条规定，侵害他人造成死亡的，还应当赔偿丧葬费和死亡赔偿金；第1180条规定，因同一侵权行为造成多人死亡的，可以以相同数额确定死亡赔偿金。因此，行为人侵权致使受害人死亡的，目前，其损害赔偿的项目包括医疗费、护理费、交通费等合理费用，丧葬费和死亡赔偿金。详言之：

1.医疗费、护理费、交通费等合理费用。

2.丧葬费。丧葬费是指已死亡的受害人亲属办理丧葬事宜所支出的各种费用。如受害人亲属办理丧葬事宜支出的交通费、住宿费和误工损失，殡葬的各种费用，如运尸费、停尸费、火化费、骨灰盒费、其他殡葬服务费等。根据法院通常的做法，丧葬费按照受诉法院所在地上一年度职工月平均工资标准，以六个月总额计算。

3.死亡赔偿金。在侵权责任法立法过程中，大家对如何规定死亡赔偿金的争议较大。争论的焦点在于如何确定死亡赔偿对象、赔偿范围和赔偿标准。关于死亡赔偿金的赔偿对象的认识，我国经历了由“精神抚慰”到“物质损害赔偿”的转变。依据最高人民法院《人身损害解释》的规定，死亡赔偿金是对“余命”的赔偿。在过去的司法实践中，法院根据《人身损害解释》的规定，对农村居民和城市居民按不同标准支付死亡赔偿金，导致城市居民获得的死亡赔偿金比农村居民高，有的高出三至四倍，一度引发了“同命不同价”的争论。为了便于解决纠纷，使受害人及时有效地获得赔偿，对因同一侵权行为造成多人死亡的情况，《民法典》沿袭《侵权责任法》第17条的规定在第1180条明确规定，可以以相同数额确定死亡赔偿金。而2022年5月1日起施行的新《人身损害司法解释》规定一律按照受诉法院所在地上一年度城镇居民人均可支配收入标准计算，统一了城乡居民赔偿标准。《侵权责任法》曾试图对死亡赔偿金的标准作明确规定。但是，最终考虑到实践中的人身损害死亡赔偿案件千差万别，我国各地的经济情况差异较大，个体之间的实际情况也不完

全相同，情况非常复杂，法律规定的任何赔偿标准都有可能无法照顾到这些差异，都有可能引起较大争议。

从域外的立法经验来看，多数国家都没有在法律中对人身损害死亡赔偿金的赔偿标准作明确规定，主要由法官在司法实践中根据具体案件自由裁量。因此我国《侵权责任法》对死亡赔偿金的赔偿标准没有作具体规定。《民法典》继续《侵权责任法》的做法，没有具体规定死亡赔偿金的赔偿标准。

实践中，依据新《人身损害解释》的相关规定，按照当地上一年度城镇居民人均可支配收入，按 20 年来计算受害人死亡赔偿金。但 60 周岁以上的，年龄每增加 1 岁减少 1 年；75 周岁以上的，按 5 年计算。具体来说死亡赔偿金的计算公式如下：(1)60 周岁以下人员的死亡赔偿金＝上一年度城镇居民人均可支配收入×20 年；(2)60－75 周岁人员的死亡赔偿金＝上一年度城镇居民人均可支配收入×[20－(实际年龄－60)]；(3)75 周岁以上人员的死亡赔偿金＝上一年度城镇居民人均可支配收入×5 年。

值得注意的是，若侵权人在受害人房屋内侵害其生命权，造成死亡，该房屋也成为“凶宅”，那么受害人的近亲属可否向侵权人请求房屋变“凶宅”致价值贬损的损害？在日本，“凶宅”称为“事故物件”，也叫“心理性瑕疵物件”，是指因杀人、自杀、火灾等事故事件，而出现过死者的不动产。事故物件甚至包括附近是否住着黑帮，是否有罪犯居住，是否在坟场、殡仪馆旁边等不吉利情况。事故物件业主将房屋卖出或者出租，必须告知买受人或承租人这一重要信息。事故物件出卖或者出租的价格都会低于正常价格。

## 第三节　财产损害赔偿

### 一、财产损害赔偿概述

#### (一)财产损害的概念及特征

财产损害，指侵权行为的客体是侵害财产权，导致受害人遭受的损害。此处的财产包括有形财产和无形财产。财产损害的客体是财产权，该财产权既可能产生于财产(包括有形财产和无形财产)，也可能产生于人身利益(如基于肖像而享有的财产方面的权利)。财产权遭受侵害，一般造成受害人财产上的损失，但某些侵权行为造成对有特殊纪念意义的物的侵害，不仅造成受害人财产损失，而且使受害人精神上受到伤害。如将他人结婚照的底片曝光，不仅造成胶片这一财产受到损害，而且使这对夫妻精神上受到伤害。因此，财产损害主要是受害人因其财产受到侵害而造成的经济损失，对有特殊精神利益的物的损害，还存在精神损害。

财产损害具有以下特征：第一，损害是违法行为侵害财产权造成的客观后果。财产损害是侵权责任的构成要件之一，决定着侵权责任是否成立。同时，财产损害也决定了责任人的侵权损害赔偿责任是否存在，以及损害赔偿责任范围的大小。第二，财产损害是指财产的价值量的减少，价值量减少的形式可以是财产价值贬损、损失或灭失。财产损害在物理形态上，表现为财产的侵占和毁损；在价值形态上，表现为财产价值的减少。财产包括有形财产和无形财产，也包括积极财产和消极财产。积极财产是指对权利主体产生积极、有益收益的财产，如物权、债权、知识产权等；消极财产是指对主体产生负面收益的财产，如债务、担保、负担等。第三，侵犯财产权的损害表现形式是非法占有他人财产、损毁他人财产和损害其他财产利益。非法占有是指侵权人非法取得财产的占有权。损毁财产指侵权行为导致他人的财产外形或内部成分发生变化，致使财产价值减少。其他财产利益损害指除所有权以外的其他财产权所受到的损害。

### （二）财产损害的种类

财产损害的种类包括：(1)侵占财产。侵占财产是指以对他人所有的财产非法占有为目的，使该财产的所有人对该财产丧失占有乃至丧失所有权，如偷窃、抢夺他人财产。(2)损毁财产。损毁财产是指以对他人所有的财产进行毁损为目的，使该财产的价值或使用功能遭受破坏，甚至完全丧失价值或使用功能。损毁财产是财产损害的典型形态。损毁财产的表现形式有“量变”和“质变”。从程度上看，损毁财产包括财产损坏和财产毁灭两种。财产损坏，责任人承担的侵权责任方式主要是以恢复原状为原则，赔偿损害为例外；财产毁灭，责任人承担的侵权责任方式以金钱赔偿为主，恢复原状为辅。(3)其他财产利益损失。其他财产利益损失是指除所有权以外的其他财产权受到损害而损失的财产价值和利益。如侵害债权导致债权人的财产利益受损，侵害占有权导致合法占有人的利益受损。

## 二、财产损害赔偿数额的理算

### （一）侵害财产造成损害的赔偿数额理算

侵权人如何承担财产损害的赔偿责任，《侵权责任法》第 19 条规定，侵害他人财产的，财产损失按照损失发生时的市场价格或者其他合理方式计算。《民法典》第 1184 条沿袭《侵权责任法》第 19 条的规定。财产损害，无论表现为何种形式，都可以分为直接损失和间接损失。侵权人应当负担的赔偿数额＝直接损失＋间接损失。侵害他人财产，造成受害人精神损害时，还包括精神抚慰金的赔偿。关于精神抚慰金的理算，本章第四节有详论。

1.直接损失的理算

直接损失是因侵权行为直接导致被侵害的财产权的价值量的实际减少。对于直接损失,适用全部赔偿规则,即加害人全额赔偿受害人所有的直接损失。行为人的侵权行为致使原物灭失的,以原物实际价值进行赔偿;致使原物损坏的,应返还原物或恢复原状,并以原物损害之前的价值与现存价值之差额进行赔偿。

(1)原物灭失的,应按以下方法计算直接损失。

第一,直接损失的赔偿公式是:赔偿数额=原物价格×(1-折旧率)。对该公式的说明:①该公式适用的前提是原物以使用为目的。②原物价格是指原物的原有价格还是现有价格?实践和通说都认为是指原物的现有市场价格。如何确定原物的现有市场价格?如果原物的同类产品在市场上普遍存在,则依该同类产品的现有市场价格计算。如果原物价格上涨,依价格上涨是否明显决定现有价格,在价格上涨不明显或没有上涨甚至下跌时,以原物灭失时的市场价格计算;价格明显上涨时,以赔偿时的市场价格计算。如甲盗窃乙的捷达牌小轿车,导致原车难以返还的情况下,设 2005 年购买时的价格是 12 万元,2009 年 10 月 1 日被盗时在市场上与该车同型号的价格为 9 万元,2010 年 3 月 3 日法院判决赔偿时为 8.5 万元,则法院应当认定,原物的现有市场价格为 9 万元。如果原物的同类产品在市场上不存在或难以买到,则不适用上述计算方法。本书认为,如果损害的物品属贵重物品,如是某厂家已经停产的车型,应由相应的价格评估机构对该物进行合理估价,以该估价为原物价格。如果损害的物品不属于贵重物品,应由双方当事人自由协商合理估价,以该估价为原物价格。③折旧率。如果被损害的财物有固定折旧率的,则以该折旧率计算;没有固定折旧率的,依经验公式(折旧率=已用时间÷总的可用时间,该公式不考虑折旧率的实际变动多数情况下折旧率是递减的,如根据现在市场行情,汽车的折旧率是逐年递减的)计算。

第二,如果原物不是以使用为目的,而是以收藏、投资为目的,如徐悲鸿的名贵画、市面上稀有邮票、发行量不大的纪念币等。如果损害的物品系贵重物品,应由相应的价格评估机构对该物进行合理估价,该估价视为受害人的直接损失;如果损害的物品不属贵重物品,则由双方当事人通过协商,对该物进行合理估价,直接损失就是该估价。损害的物品是否属于贵重物品,可以由双方协商。

(2)原物损坏的,则依以下公式计算直接损失。

直接损失赔偿数额=原物灭失的赔偿数额-原物的残留价值。对该公式的说明:①该公式适用的前提是原物残留价值由受害人保有,否则赔偿数额依原物灭失的计算方法计算。②原物灭失的赔偿数额计算方法同上,不再赘述。③原物的残留价值由双方当事人协商确定,不能协商确定的,可以由双方协商的价格评估机构予以评估,以评估价格作为原物的残留价值,也可以由法官合理确定。

2.间接损失的理算

间接损失是因侵权行为导致受害人可得利益的减少。“间接损失”是未来的、一定范围内的可得利益，且具有实际意义。间接损失是违法行为对处于增值状态中的财产直接侵害的结果。人们用于生产经营的财产就是处于增值状态中的财产，仅用于消费的财产是不会增值的。

在间接损失的计算过程中，应当注意以下三个问题：一是财产的损害本身不是间接损失，而是直接损失；二是被侵害的财产一定处于生产、经营的状态中；三是计算间接损失时，不能再计算受害人停产的误工工资，因为这两项是同一性的损失。①

(1)在持续性增值场合，间接损失的计算公式：间接损失＝单位时间增值效益×时间。对本公式的说明：本公式中的"时间"，是指实际影响到财产增值的时间，如甲侵害乙经营的出租车，致使乙 10 天没有运营，乙为使自己情绪平静休息了 2 天。实际影响财产增值的时间是 10 天，而不是 12 天。

本公式中的"单位时间增值效益"，根据情况采用以下方法确定：①平均收益法，即计算出受害人在受害之前一定时间里的单位时间平均收益值，即单位时间增值效益＝一定时间内总增值÷一定时间。如甲的侵权行为致使乙 10 天没有运营出租车，乙的单位时间增值效益＝上一年度运营出租车的总收入÷365(或 366)。使用平均收益法时应注意的是受害之前一定时间，不宜过短，最好是一个周期，因为有些领域的财产增值存在季节性。②同类比照法，即条件相同或基本相同的同类生产、经营者，以其为对象，计算该人在同等条件下的平均收益值，作为受害人损失的单位时间增值效益的数额，按此数额确定受害人的单位时间增值效益。使用这种计算方法要注意的是，严格确立所谓"同等条件"，如同等劳力、同等财产、同等生产经营等因素，条件越接近，计算越准确。③综合法，即将以上两种方法综合使用，计算结果更趋准确。②

(2)在一时性增值场合，间接损失的计算公式：间接损失＝可得价值－原物价值。本公式主要适用于流通领域。如甲向乙购买西瓜 10000 千克，每千克 1 元；后与丙、丁等人签订合同，以每千克 1.2 元将西瓜售出。因戊的过错行为致使甲的 10000 千克西瓜全部溃烂，则甲的直接损失＝1 元/千克×10000 千克＝10000 元；甲的间接损失＝(1.2－1)元/千克×10000 千克＝2000 元。

### (二)侵害人身权益造成财产损害的理算

侵害他人人身权益造成财产损害的，根据《侵权责任法》第 20 条的规定，按照被侵权人因此受到的损失赔偿；被侵权人的损失难以确定，侵权人因此获得利益的，按照其获得的利益赔偿；侵权人因此获得的利益难以确定，被侵权人和侵权人就赔偿数额协商不一致，向人民法院提起诉讼的，由人民法院根据实际情况确定赔

---

① 杨立新：《侵权行为法专论》，高等教育出版社 2005 年版，第 363 页。

② 杨立新：《侵权行为法专论》，高等教育出版社 2005 年版，第 363 页。

偿数额。《民法典》第1182条改变了《侵权责任法》第20条规定的规则，规定：侵害他人人身权益造成财产损失的，按照被侵权人因此受到的损失或者侵权人因此获得的利益赔偿。即《侵权责任法》的规则是侵权人先赔偿被侵权人的损失，被侵权人的损失难以确定的情况下，侵权人赔偿侵权人因此所得；而《民法典》的规则是侵权人如何赔偿，由被侵权人选择对自己最有利的计算方式，或者是自己的损失，或者是侵权人所得。

就引例而言，该案是因失火造成原告的财产损失，根据《民法典》第1184条的规定，侵害他人财产的，财产损失按照损失发生时的市场价格或者其他合理方式计算。被告根据公安消防部门认定的损失，不能作为赔偿损失的依据。因为公安消防部门作为处理火灾事故的法定主管部门，其主要职责是预防、消灭火灾，分析火灾原因，认定火灾事故责任。它在火灾事故责任书中核定火灾损失，是出于管理，其目的划分火灾事故的大小、等级。原告委托的市房屋鉴定勘测设计院和市价格认证中心对原告因火灾造成的直接财产损失进行鉴定，确定原告厂房毁损部分的财产损失为6920700元。而该损失是按照损失发生时的市场价格计算，应该依法予以认定。

## 第四节 精神损害赔偿

### 一、精神抚慰金赔偿概述

加害人的侵权行为致使受害人受到的不仅是人身损害，而且受到精神损害，或者使死者近亲属受到精神损害，加害人是否应当以一定金钱的方式向精神受损害者表示抚慰？在我国，2001年3月10日最高人民法院《关于确定民事侵权精神损害赔偿责任若干问题的解释》(以下简称《精神损害解释》)实施前，学界存在争议，但在诉讼实务中经常有法院支持原告精神抚慰金的诉讼请求。《精神损害解释》实施后，学界观点获得了空前统一，即肯定精神抚慰金赔偿。法律设立精神抚慰金赔偿制度的目的在于加强对民事主体人格权的保护。《民法通则》第120条规定：“公民的姓名权、肖像权、名誉权、荣誉权受到侵害的，有权要求停止侵害，恢复名誉，消除影响，赔礼道歉，并可以要求赔偿损失。”有学者认为，该条在立法上羞羞答答地肯定了精神抚慰金赔偿。《人身损害解释》第18条第1款之规定明确肯定精神抚慰金赔偿。《精神损害解释》在一定程度上解决了两个问题，即精神损害的范围和精神抚慰金的赔偿标准。《侵权责任法》第22条规定，侵害他人人身权益，造成他人严重精神损害的，被侵权人可以请求精神损害赔偿。《民法典》第1183条规定，侵害自然人人身权益造成严重精神损害的，被侵权人有权请求精神损害赔偿。因故意或重大过失侵害自然人具有人身意义的特定物造成严重精神损害的，被侵权人有权请求精神损害赔偿。

精神损害赔偿尽管是因侵害人身权益或某些特殊物品而产生的，但其性质是财产赔偿责任。根据有三：第一，精神损害赔偿包括赔偿损失、停止侵害、恢复名誉、消除影响和赔礼道歉，但其中最主要、最基本的救济方式是赔偿损失。第二，精神损害赔偿具有补偿、惩罚、抚慰等功能，但是作为财产赔偿，其基本功能是填补损害。第三，《民法典》第 1183 条规定造成自然人严重精神损害的，被侵权人可以请求精神损害赔偿。《精神损害解释》第 18 条第 1 款明确规定精神抚慰金赔偿，即精神损害赔偿就是精神抚慰金赔偿，其性质自然是财产赔偿责任。

## 二、精神抚慰金赔偿请求权人

精神抚慰金的请求权人，只能是自然人，法人或非法人组织不得请求精神损害赔偿。民法学界尽管对此争议很大，但现行《精神损害解释》第 4 条规定，显然否定了法人或非法人组织的精神损害赔偿请求权："法人或者非法人组织以名誉权、荣誉权、名称权遭受侵害为由，向人民法院起诉请求精神损害赔偿的，人民法院不予支持。"《民法典》第 1183 条再次确定精神抚慰金的请求权人，只能是自然人。

精神抚慰金的请求权，由受害人本人行使，不得让与或者继承。但赔偿义务人已经以书面方式承诺给予金钱赔偿，或者赔偿权利人已经向人民法院起诉的除外。

自然人的生命权受到侵害，致使自然人死亡，其近亲属可请求加害人赔偿精神抚慰金。原因在于，侵权人致使受害人死亡，受害人近亲属因此而遭受悲伤、难过甚至压抑等精神痛苦。精神受伤害的是其近亲属，而非死者。近亲属是指死者的配偶、父母和子女；没有以上近亲属的，也可以是其他近亲属，如祖父母、外祖父母、兄弟姐妹等。

## 三、精神抚慰金赔偿的范围

精神损害赔偿范围，指自然人哪些权利受到非法侵害，加害人应当支付精神抚慰金。根据《民法典》及最高人民法院的司法解释等相关规定，精神抚慰金赔偿的范围包括侵害自然人的人格权、身份权以及特殊之物。

### （一）人格权

根据《民法典》及最高人民法院的司法解释等相关规定，自然人的生命权、健康权、身体权、姓名权、肖像权、名誉权、荣誉权、人格尊严权、人身自由权以及隐私权等人格权遭受非法侵害时，造成被侵权人精神上受到伤害，侵权人应当赔偿精神抚慰金。如果侵权人以违反社会公共利益、社会公德的其他方式侵害他人隐私或者其他人格利益，也应当赔偿精神抚慰金。

自然人的生命权受到侵害，致使自然人死亡，其近亲属可请求侵权人赔偿精神抚慰金。近亲属是指死者的配偶、父母和子女，没有以上近亲属的，也可以是其他近亲属，如祖父母、外祖父母、兄弟姐妹等。《精神损害解释》规定，在以下情况下，侵权人也应当赔偿精神抚慰金：(1)以侮辱、诽谤、贬损、丑化或者违反社会公共利益、社会公德的其他方式，侵害死者姓名权、肖像权、名誉权、荣誉权；(2)非法披露、利用死者隐私，或者以违反社会公共利益、社会公德的其他方式侵害死者隐私；(3)非法利用、损害遗体、遗骨，或者以违反社会公共利益、社会公德的其他方式侵害遗体、遗骨。

（二）身份权

我国著名民法学家梁慧星先生，通过对民法人身权制度的历史考察后认为，自罗马法以来，民法人身权制度的发展，呈现出两种截然相反的趋势：一方面是身份权日益萎缩，另一方面是人格权日益膨胀。我国不存在以支配为内容的身份权制度。[①] 更多的学者认为，身份权是由一定的身份关系所产生的权利。它并不是对他人的支配权利，而是以法律上的人格平等为前提和基础。现代民法上的身份权概念与传统的以支配为内容的身份权概念相比，发生了实质性变化。[②] 因此，加害人侵害他人基于基本身份关系而产生的身份权造成他人精神伤害的，应当承担精神抚慰金赔偿责任。

根据《民法典·婚姻家庭编》的相关规定，非法破坏他人之间的亲子关系，亲属关系或夫妻关系，加害人应当赔偿精神抚慰金。如《精神损害解释》第 2 条规定，非法使被监护人脱离监护，导致亲子关系或者近亲属间的亲属关系遭受严重损害，监护人有权请求赔偿精神抚慰金。最高人民法院相关司法解释也规定，《婚姻法》第 46 条规定的“损害赔偿”，包括物质损害赔偿和精神损害赔偿。涉及精神损害赔偿的，适用最高人民法院《关于确定民事侵权精神损害赔偿责任若干问题的解释》的有关规定。

（三）特殊之物

特殊之物，指具有人格象征意义的特定纪念物品以及所有权人对该物存在特殊感情的物品，比如初恋的信件，结婚照片，结婚典礼的录影带，骨灰，尸体等特殊之物。《精神损害解释》第 1 条的规定，因人身权益或者具有人身意义的特定物受到侵害，自然人或者其近亲属有权要求加害人予以赔偿精神抚慰金。《民法典》第 1183 条第 2 款对此明确规定了“故意或者重大过失侵害自然人具有人身意义的特

---

① 梁慧星：《人身权研究》，载梁慧星：《中国民法经济法诸问题》，中国法制出版社 1999 年版，第 40 页以下。

② 王利明等：《人格法》，法律出版社 1997 年版，第 10～11 页。

定物”的侵权人承担精神损害赔偿责任。

## 四、精神抚慰金的计算

精神损害本质上是受害人对痛苦的主观感受，法律责令加害人赔偿抚慰金的目的，一方面是保护受害人的合法权益，以金钱的方式在某种程度上抚慰受害人心灵上的痛楚，填补其精神上的伤害；另一方面是对加害人的不法行为予以适度的惩罚。因此，在计算抚慰金数额时，应着眼于受害人。与财产损害赔偿金相比，精神抚慰金的计算有其明显的特点：(1)浓厚的主观性。因精神上的痛苦是受害人主观上的感受，不容易为人辨识，其损害程度没有外在客观表现特征，难以用金钱度量，因此在计算精神抚慰金时，具有明显的、浓厚的主观性。(2)抚慰金额的不确定性。受害人精神上的伤害因侵害手段、过错程度、时间、地点、场合、环境等各种因素而有所差异。(3)抚慰金计算没有客观标准。(4)抚慰金的计算方法具有多样性。正因为抚慰金计算时所具有的上述特点，导致各国无法在立法上规定抚慰金的计算方法。我国也不例外，最高人民法院的《精神损害解释》第 5 条规定了影响法院确定精神抚慰金数额的因素。这些因素包括：(1)侵权人的过错程度，法律另有规定的除外；(2)侵害的手段、场合、行为方式等具体情节；(3)侵权行为所造成的后果；(4)侵权人的获利情况；(5)侵权人承担责任的经济能力；(6)受诉法院所在地的平均生活水平。

根据法院裁判精神损害赔偿案件的实践，精神损害抚慰金的算定，由法官根据《精神损害解释》第 5 条规定的“影响法院确定精神抚慰金数额的因素”，综合各项精神损害的赔偿数额，酌情确定精神抚慰金总额。具体做法是，法官将案件情况根据加害人的过错程度，精神伤害的后果，侵权人获利情况，侵害的具体情节，侵权人承担责任的经济能力和当地的平均生活水平，首先按照当地精神损害抚慰金的一般限额，分成低、中、高三个档次，并在考虑加害人的过错程度、精神伤害的后果、侵权人获利情况三个因素的基础上确定适用哪个档次，其次按其他侵害的具体情节、侵权人承担责任的经济能力和当地的平均生活水平三个因素在该档次幅度范围内上下浮动，最后确定具体的精神抚慰金的赔偿数额。

## 五、支付方式

根据《人身损害解释》的相关规定，物质损害赔偿金与精神抚慰金原则上应当一次性给付。《侵权责任法》第 25 条肯定了“一次性给付原则”，《民法典》于第 1187 条再次肯定该原则：“损害发生后，当事人可以协商赔偿费用的支付方式。协商不一致的，赔偿费用应当一次性支付；一次性支付确有困难的，可以分期支付，但是被侵权人有权请求提供相应的担保。”如果加害人请求以定期金方式给付，法院

可以满足其请求，可以根据被侵权人的请求，责令加害人提供相应的担保。法院可以根据赔偿义务人的给付能力和提供担保的情况，确定以定期金方式给付相关费用。但一审法庭辩论终结前已经发生的费用、死亡赔偿金以及精神抚慰金，应当一次性给付。

## 真题链接

1.周某从迅达汽车贸易公司购买了1辆车，约定周某试用10天，试用期满后3天内办理登记过户手续。试用期间，周某违反交通规则将李某撞成重伤。现周某困难，无力赔偿。关于李某受到的损害，下列哪一表述是正确的？(2011年)

A.因在试用期间该车未交付，李某有权请求迅达公司赔偿

B.因该汽车未过户，不知该汽车已经出卖，李某有权请求迅达公司赔偿

C.李某有权请求周某赔偿，因周某是该汽车的使用人

D.李某有权请求周某和迅达公司承担连带赔偿责任，因周某和迅达公司是共同侵权人

2.甲为父亲祝寿宴请亲友，请乙帮忙买酒，乙骑摩托车回村途中被货车撞成重伤，公安部门认定货车司机丙承担全部责任。经查：丙无赔偿能力。丁为货车车主，该货车一年前被盗，未买任何保险。关于乙人身损害的赔偿责任承担，下列哪一选项是正确的？(2010年)

A.甲承担全部赔偿责任

B.甲予以适当补偿

C.丁承担全部赔偿责任

D.丁予以适当补偿

3.小牛在从甲小学放学回家的路上，将石块扔向路上正常行驶的出租车，致使乘客张某受伤，张某经治疗后脸上仍留下一块大伤疤。出租车为乙公司所有。下列哪些选项是错误的？(2008年)

A.张某有权要求乙公司赔偿医药费及精神损害

B.甲小学和乙公司应向张某承担连带赔偿责任

C.张某有权要求甲小学赔偿医疗费及精神损害

D.张某有权要求小牛的监护人赔偿医疗费及精神损害

# 第二十章 特殊侵权责任[①]

**【引例一】**

2004年6月15日，四川省成都市某临街小百货店的老板魏某准备回家吃午饭，刚刚迈出店门，突然就有一个东西砸在头上，疼得他大叫起来，赶紧用手捂住头部，鲜血从指缝中流了出来。他的妻子和儿子急忙上前扶住，发现其头部被砸伤。同时发现，"肇事者"原来是从楼上掉下来的一只圆盘大小的乌龟。魏某的小百货店在小区的一楼，上面还有2到7层是居民住宅，乌龟肯定是住在2至7层的居民在阳台上饲养的，是从上面掉下来的。魏某的儿子拿着乌龟从2楼找到7楼敲门让邻居认领，但是这些邻居均不承认自己饲养乌龟。报警后，魏某表示，希望养龟的住户能够自觉承认，承担责任，如果无人承认，他将向2至7楼的居民集体索赔。

**【引例二】**

广州市花都区某村是国家AAA级旅游景区，村委会在河道旁种植了杨梅树。2017年5月19日，该村村民吴某爬上树采摘杨梅，不慎跌落受伤，经抢救无效死亡。其近亲属以村委会未采取安全风险防范措施、未及时救助为由，将村委会诉至花都区法院。一审、二审认为吴某与村委会均有过错，酌定村委会承担5%的赔偿责任，判令向吴某的亲属赔偿4.5万余元。广州市中级人民法院经审查，依法裁定对该案进行再审。再审认为，吴某因私自爬树采摘杨梅跌落坠亡，后果令人痛惜，但行为有违村规民约和公序良俗，且村委会并未违反安全保障义务，不应承担赔偿责任，驳回了吴某近亲属要求村委会承担赔偿责任的请求。

## 第一节 责任主体特殊的侵权责任

立法机关在制定《侵权责任法》的过程中，曾经发生过是否将国家机关及其工

① 特殊侵权责任是指《民法典·侵权责任编》特别列出的侵权责任类型。它通常表现为当事人基于与自己有关的行为、物件、事件或者其他特别原因致人损害而应当承担的民事责任。

作人员违法行使职权造成他人损害的侵权责任纳入本法的争议。最终结果是国家机关及其工作人员的职务侵权责任排除在《侵权责任法》范围之外，由《国家赔偿法》去调整。《民法典·侵权责任编》规定了“监护人责任”“用人者责任”“网络服务提供者责任”“经营场所的经营者、公共场所的管理者或者群众性活动组织者责任”和“教育机构责任”等五种责任主体特殊的侵权责任。

## 一、监护人责任

### （一）监护人责任的概念及性质

1.监护人责任的概念。监护人责任是指无民事行为能力人或限制民事行为能力人造成他人损害，由其监护人所承担的损害赔偿责任。由于无民事行为能力人或限制民事行为能力人不能认识或不能完全认识自己的行为并加以控制，为了保护其利益，在法律上设置了监护人制度。在监护人管教不严的情况下，被监护人实施了不法侵害他人行为并造成损害的，依法应由监护人承担民事赔偿责任。

2.监护人责任的性质。监护人承担的责任是替代责任还是补充责任，学者对此多有争议。从法律条文看，既有替代责任的性质（《民法典》第1188条第1款规定，无民事行为能力人、限制民事行为能力人造成他人损害的，由监护人承担侵权责任。监护人尽到监护责任的，可以减轻其侵权责任），又有补充责任的性质（《民法典》第1188条第2款规定，有财产的无民事行为能力人、限制民事行为能力人造成他人损害的，从本人财产中支付赔偿费用；不足部分，由监护人赔偿）。监护人承担侵权责任的应当依下列顺序进行：首先，法院应当审理被监护人的行为是否构成侵权责任；其次，在被监护人行为构成侵权责任前提下，查明被监护人是否有财产；如果有财产，则从被监护人的财产中支付赔偿费用，不足部分由监护人承担；如果被监护人没有财产，全部赔偿责任由监护人承担。因此，从操作程序上看，监护人责任是补充性的替代责任。

3.当事人。在监护人责任中，涉及两个法律关系，即监护法律关系和侵权法律关系；存在三个民事法律关系主体，即监护人、被监护人、受害人。行为人是被监护人；责任人是行为人和监护人；赔偿请求权人是受害人。损害赔偿请求权一般由受害人向监护人行使。

### （二）监护人责任的基本规则

1.归责原则。监护人责任适用何种归责原则，学理上多有争议，概括而论之，主要有四种观点：一是他人行为说。该说认为监护人的赔偿责任，是对他人的侵权行为承担的责任，它属无过错责任范畴。二是本人行为说。该说认为监护人的赔偿责任，是基于其因故意或过失违反监护职责行为而承担的侵权责任，所以，它属于过错责任的范畴。三是中间责任说。该说认为监护人的赔偿责任，从客观条件上说是对他人的侵权行为负责，而从主观上说是对自己的过错行为负责，所以其责任的成立推定过错为要件，但如果监护人能证明其未疏于监护则予以减轻其责任。四是结合责任说。持该说的学者中，部分学者认为是不纯粹的过错责任与不纯粹的无过错责任的结合；部分学者认为，是过错责任与公平责任的结合；部分学者认为，是过错责任与无过错责任的结合；还有部分学者认为是过错责任、过错推定责任与公平责任的结合。无论以哪一种方式结合，都不是单一归责原因。[①] 有学者认为，从《民法通则》第 133 条确立的“保护被监护人利益”的规范目的看，我国民法上应当采用过错推定责任。衡量过错的标准是“监护人是否尽到监督义务”。借鉴欧洲国家的理论，监护人的监督义务应该随着未成年人的年龄增大而减轻，或随着精神病人的病情加重而加重。[②]

2.免责事由。监护人对被监护人的侵权行为承担赔偿责任是否存在免责事由？根据《民法典》第 1188 条第 1 款的规定，监护人责任不存在免责事由，但是，“尽到监护职责”是减轻监护人责任的事由。从实践的处理情况看，受害人过错、第三人过错、不可抗力、正当防卫和紧急避险均非监护人责任的免责事由。受害人过错、第三人过错、不可抗力、正当防卫和紧急避险等事由，是阻断被监护人的行为与受害人的损害结果之间因果关系的事由，被监护人的行为不具备侵权责任的一般构成要件。

### （三）监护人责任的特殊规则

原则上，侵权行为实施时年满 18 周岁的行为人，应当承担侵权责任。但是，依我国现行的教育制度和社会实际情况，刚年满 18 周岁的成年人，通常还在求学，多数没有独立的经济收入，行为人无法对自己的侵权行为承担损害赔偿责任。基于此，实践中经常采用由父母亲垫付或延期给付。

### （四）委托监护情况下的监护人责任

在现实生活中，监护人将对被监护人的监护职责委托给他人情况比较普遍。在受托人履行监护职责过程中，被监护人造成他人损害的情况时有发生，而《侵权责任法》并未规定监护人将被监护人托付给他人监护的情况下，造成第三人损害的侵权责任。为了完善监护人责任制度，《民法典》第 1189 条规定“无民事行为能力人、限制民事行为能力人造成他人损害，监护人将监护职责委托给他人的，监护人应当承担侵权责任；受托人有过错的，承担相应的责任。”与最高人民法院相关司法解释（指最高人民法院《关于贯彻执行〈中华人民共和国民法通则〉若干问题的意见

---

① 房绍坤：《民商法问题研究与适用》，北京大学出版社 2002 年版，第 451～452 页。

② 兰仁迅：《监护人责任归责原则研究》，载《广西政法管理干部学院学报》2004 年第 4 期。

（试行）》）比，《民法典》作了两处修改：一是删除了司法解释中“另有约定的除外”，即明确规定在委托监护情形下，被监护人造成他人损害的，由监护人承担责任。如果委托人与受托人就被监护人造成他人损害的侵权责任如何承担，有明确约定的，这也是委托人与受托人之间的内部约定，对受害人也没有法律约束力（因合同的效力具有相对性），受害人仍然有权向监护人行使侵权损害赔偿请求权。二是将司法解释中规定“有过错的受托人”承担“连带责任”修改为“相应的责任”，明显减轻了受托人的责任。如何理解“相应的责任”？本书认为，“相应的责任”是指受托人对“被监护人造成他人损害”存在过错，承担与其过错程度相当的侵权责任。

## 二、用人者责任

### （一）用人者责任概述

1.用人者责任的概念。劳动者在劳动的过程中，可能发生损害赔偿关系的情况主要有四种：一是第三人对劳动者的损害，二是用人者对劳动者的损害，三是劳动者对用人者的损害，四是劳动者对第三人的损害。狭义的用人者责任在此专指第四种情况；广义的用人者责任包括第一、第二、第四种情况。用人者责任，又称为“雇主责任”，是指劳动者在执行工作任务或提供劳务过程中造成他人损害，由其用人者所承担的民事赔偿责任。《民法典》第 1191 条规定了用人者责任：“用人单位的工作人员因执行工作任务造成他人损害的，由用人单位承担侵权责任。劳务派遣期间，被派遣的工作人员因执行工作任务造成他人损害的，由接受劳务派遣的用工单位承担侵权责任；劳务派遣单位有过错的，承担相应的补充责任。”用人者对其劳动者的职务侵权行为承担责任的理由是用人者与劳动者之间存在特定关系，这种特定劳动关系主要表现为：一是两者之间具有特定的人身关系，即劳动者在工作期间，其行为受用人单位的意志支配或约束；二是用人单位与劳动者致人损害之间存在特定的因果关系，即损害事实与用人单位的选任劳动者不当，或疏于监督和管理，或缺乏操作、作业和安全等方面培训等行为之间具有一定的因果关系；三是两者之间有特定的利益关系，即劳动者在工作期间所实施的职务行为，直接为用人者创造经济利益以及其他物质利益，而劳动者从中仅获得微薄的报酬。

2.用人者责任的性质与追偿权。用人单位因劳动者的侵权行为而承担民事责任，该责任具有以下两个性质：第一，用人者责任是无过错责任。用人单位的工作人员因执行职务或完成工作任务过程中造成他人损害，无论用人单位是否有过错，均应承担侵权责任。第二，用人者责任是替代责任。在用人者责任中，实施侵权行为的人是劳动者，而承担侵权责任的人是用人单位。这种行为主体与责任主体相分离的情形，是一种典型的替代责任。

用人单位承担了替代责任之后，可依据《民法典》第 1191 条第 1 款的规定，向有故意或者重大过失的工作人员行使追偿权。

3.当事人。在用人者责任中,涉及两个法律关系,即劳动法律关系和侵权法律关系;存在三个法律关系的主体,即用人单位、劳动者和受害人。侵权损害赔偿请求权一般由受害人向用人单位行使。

(二)用人单位责任的基本规则

1.归责原则。用人者责任的归责原则是过错责任、过错推定责任还是无过错责任?学界众说纷纭。《侵权责任法》颁行之前,多数学者认为用人者是过错推定责任,即用人单位必须证明其无过错,才不承担此责任。如何判定用人单位无过错?他们认为,用人单位在选任、管理及监督其员工执行职务时如果已尽相当的注意义务和勤勉义务,即无过错,且必须就此负举证责任。用人者责任采过错推定责任原则的理由在于:一是《民法通则》第 106 条第 3 款规定,没有过错,但法律规定应当承担民事责任的,应当承担民事责任。既然《民法通则》中没有规定用人单位承担无过错责任,就不能认定用人者承担无过错责任。二是若采无过错责任原则,易造成劳动者养成怠惰、疏忽大意等疏于职守的恶劣习惯。采用过错推定原则,加重用人单位的举证责任,可以促使用人单位精于选任和监督,勤于管理和教育,促使雇员忠于职守。自《侵权责任法》颁行后,学界多数人观点已经发生了变化,他们依据该法第 34 条规定的内容分析,认为用人单位承担的是无过错责任。由于无过错责任容易造成劳动者怠惰、疏忽大意等疏于职守缺乏责任心等不好的职业习惯,《民法典》第 1191 条规定,用人者承担了侵权责任之后,可以向有故意或重大过错的行为人进行追偿。这一规定,在一定的程度上弥补了用人者无过错责任的弊端。

2.如何确定用人者责任。首先确定用人者地位。(1)行为人与责任人之间是否存在劳动法律关系,主要从以下几方面判断:第一,看双方当事人有无劳动合同;第二,劳动者有无从用人单位获取报酬;第三,劳动者有无提供劳务;第四,劳动者是否接受用人单位的监督。如酒店与其厨师、送货员之间的关系,可以根据这四个方面因素来加以确定,厨师与酒店存在劳动法律关系,而送货员与酒店不存在劳动法律关系。(2)存在劳务派遣关系。劳务派遣,是指劳务派遣单位与接受劳务派遣的单位签订劳务协议,由派遣单位将其工作人员派往接受单位,接受单位有权指挥、监督该工作人员,接受其提供的劳动成果。在劳务派遣法律关系中,存在三个主体,即劳务派遣单位,接受单位与被派遣的工作人员。劳务派遣单位与被派遣的工作人员之间存在劳动关系,接受单位与被派遣的工作人员之间存在劳务关系。在派遣期间,被派遣的工作人员为接受单位提供劳务,接受单位对派遣的工作人员的工作任务予以指示、管理和监督。被派遣的工作人员因执行工作任务造成他人损害时,应由接受单位承担侵权责任,派遣单位有过错的,承担相应的责任。

其次确定劳动者的行为是否构成侵权责任。用人者责任是替代责任,替代行为人承担侵权责任。因此,用人者承担侵权责任的前提条件之一是劳动者执行职

务的行为符合相应的侵权责任构成要件：①行为具有违法性；②他人客观上存在损害；③劳动者的职务行为与损害后果之间存在因果关系；④劳动者在执行职务行为时存在过错。工作人员在执行职务时主观上存在过错，通常表现为行为时违反注意义务而具有过失。如某运输公司委派司机甲将货物运往目的地，甲违章行驶造成乙损害。再如某商场明确指示保安人员对涉嫌偷窃的人进行盘查，必要时可以搜身。保安人员甲在盘查涉嫌偷窃物品的乙时，强行对乙搜身，甲实施侵害乙的权利的行为时，是否有过错？答案是肯定的。原因是甲强行对乙搜身时，应当预见到自己行为的结果而没有预见，或者虽然预见却轻信这种结果可以避免（“有事商场顶着”）。

最后确定劳动者的侵权行为是否属于执行职务的行为，这是用人者承担替代责任的决定性因素。如何判定劳动者是否在执行职务，学说上有主观说和客观说。(1)主观说又有雇员主观说和雇主主观说。雇员主观说认为，以雇员的主观愿望为标准，只要雇员主观上是以执行职务为意愿，为了雇主谋利益而为之，即使超出了雇主的指示范围，其行为也应该认定为执行职务的行为。雇主主观说认为，以雇主的主观意思确定职务范围，雇员只有在雇主指示办理事务的范围内，才能被认定为执行职务的行为，否则认为是个人行为。(2)客观说认为，应以雇员行为的外在表现形态为标准，如果其行为在客观上表现为与雇主指示办理的事件要求相一致，应当认定为执行职务的行为。雇员主观说体现了“保护弱者”的法学思潮，本书采雇员主观说。超越职责的行为、擅自委托行为、违反禁止行为、借用机会办私事行为等行为不是执行职务的行为。雇佣活动是指从事雇主授权或指示范围内的生活经营活动或其他劳务活动。根据雇员主观说对该条款的理解，即雇员的行为超出授权范围，只要雇员主观认为是从事雇佣活动的行为，且其行为表现形式是履行职务或者与履行职务有内在联系的，应当认定为“从事雇佣活动”。

## 三、个人劳务关系中的责任

### （一）个人劳务关系中的责任概述

个人之间的劳务关系是指自然人一方提供劳务，自然人另一方接受劳务并依约支付报酬的民事权利义务关系。现代社会分工越来越细，生活节奏越来越快，人越来越繁忙。个人的部分事务可能需要交由他人打理，如教育小孩、做家务、搬家等个人事务或家庭事务交由他人去做，由此个人之间形成劳务关系的情况越来越多，个人劳务关系中的伤害事件也越来越多。为了适应和解决个人劳务关系中的伤害事件所产生的纠纷，《侵权责任法》第35条规定，个人之间形成劳务关系，提供劳务一方因劳务造成他人损害的，由接受劳务一方承担侵权责任。提供劳务一方因劳务自己受到损害的，根据双方各自的过错承担相应的责任。《民法典》进一步完善该侵权责任制度，第1192条规定，个人之间形成劳务关系，提供劳务一方因劳务造成他人损害的，由接受劳务一方承担侵权责任。接受劳务一方承担侵权责任后，可以向有故意或者重大过失的提供劳务一方追偿。提供劳务一方因劳务受到损害的，根据双方各自的过错承担相应的责任。提供劳务期间，因第三人的行为造成提供劳务一方损害的，提供劳务一方有权请求第三人承担侵权责任，也有权请求接受劳务一方给予补偿。接受劳务一方补偿后，可以向第三人追偿。

个人劳务关系中的责任，是指在个人之间的劳务关系中，提供劳务一方因劳务而造成他人或者自己损害，以及提供劳务期间因第三人的行为造成自己损害，而产生的民事赔偿责任。个人劳务关系中的责任包括三种类型：一是提供劳务者因劳务造成他人损害而产生的侵权责任；二是提供劳务者因劳务造成自己损害而产生的侵权责任；三是提供劳务者在提供劳务期间因第三人的行为受到损害而产生的侵权责任。个人劳务关系是自然人之间通过签订合同形成的劳务法律关系，一方提供劳务，另一方是接受劳务。个人之间的劳务关系，可以是有偿的，如聘请家庭老师或保姆；也可以是无偿的，如甲盖民房，邻居乙、丙、丁前来帮忙。

劳务关系与劳动关系虽然有很多相似之处，但两者之间存在很多差别，主要表现在：(1)前者主要由《民法典》进行规范和调整，后者主要由劳动法规范和调整。(2)前者主要发生在自然人与自然人之间，后者主要发生在自然人与用人单位之间。(3)前者不存在隶属关系，后者的劳动者与用人单位之间存在隶属关系。(4)前者中接受劳务一方没有必要为提供劳务一方缴纳社会保险，后者用人单位必须为劳动者缴纳社会保险。(5)前者任何一方都可以任意解除合同，后者任何一方均不得随意解除合同。(6)前者的报酬完全由双方当事人约定，但不得低于当地的最低工资标准；后者的工资或报酬虽由双方约定，但应遵循按劳分配、同工同酬、不得低于最低工资标准的原则。因劳务关系与劳动关系存在较大差别，导致个人劳务关系中的责任与用人者责任之间也存在一定的差别，如个人劳务关系中的责任不涉及工伤保险，而后者涉及；前者提供劳务者因劳务受到损害时，存在责任分担问题，而后者不存在责任分担。

### (二)个人劳务关系中的责任的构成要件

1.提供劳务者因劳务造成他人损害而产生的侵权责任，由接受劳务者承担。通常，应当具备以下条件：(1)双方当事人之间存在个人劳务关系。即提供劳务一方是自然人，接受劳务一方也是自然人，且双方通过民事合同建立个人劳务关系。提供劳务一方所提供的劳务存在瑕疵，且第三人因该瑕疵劳务受到损害。这里需要讨论的问题是“他人”是否包括接受劳务一方的家庭成员？如保姆虐待小孩，造成小孩人身受到损害的，难道由接受劳务一方的父母承担侵权责任？再如，张三雇李四为其专职驾驶员，李四驾车送张三儿子上学路途中因违章造成儿子受伤，由接受劳务一方的张三承担侵权责任合理吗？因此，本书认为《民法典》第1192条规定

的“他人”不应包括接受劳务一方的家庭成员。(2)提供劳务者依合同提供劳务的行为，符合相应的侵权责任构成要件：①行为具有违法性；②他人客观上存在损害；③劳动者的提供劳务行为与损害后果之间存在因果关系；④提供劳务者在履行劳务合同行为时存在过错。提供劳务者在履行劳务合同时主观上存在过错，通常表现为行为时违反注意义务而具有过失。

2.提供劳务者因劳务造成自己损害而产生的侵权责任，根据双方各自的过错承担相应的责任。其责任构成要件：(1)双方之间存在个人劳务关系；(2)提供劳务者的行为造成自己损害；(3)提供劳务者和接受劳务者均有过错。

3.提供劳务者在提供劳务期间因第三人的行为受到损害而产生的侵权责任。其责任构成要件：(1)双方之间存在个人劳务关系；(2)提供劳务者的损害是第三人行为造成的；(3)损害是在提供劳务期间；(4)提供劳务者选择了接受劳务者予以补偿。接受劳务者向提供劳务者作出补偿后，有权向侵权人追偿。

## 四、网络服务提供者的侵权责任

1.网络服务提供者的侵权责任的规范背景与目的。随着计算机应用及通信技术的发展，网络已经辐射到社会各个领域，互联网的广泛应用改变了人们的生活与生产方式，网络成为人们日常生活中不可或缺的工具。与此同时，也有部分人利用网络侵犯他人民事权益，这种现象日益增多。一方面，由于网络的匿名性、分散性、广泛性等特点，受害人很难找到侵权人，即使可以找到侵权人，受害人维权成本很高，因此，社会上很多人要求网络服务提供者承担相应的侵权责任；另一方面，网络上存在的信息是海量的，网络服务提供者无法对所有信息一一审查，要求其对所有侵权信息承担责任也是不公平的。由于网络用户和网络服务提供者利用网络侵害他人民事权益的行为是否构成侵权责任以及如何承担侵权责任等问题，并无特殊之处，完全可以依据按照关于一般侵权的规定解决。网络环境下产生的侵权责任，网络用户与网络服务提供者如何分担？这才是法学界所思考的主要问题。因此，《侵权责任法》第 36 条对网络用户和网络服务提供者如何承担责任作了具体规定：(1)网络用户、网络服务提供者利用网络侵害他人民事权益的，应当承担侵权责任。(2)网络用户利用网络服务实施侵权行为的，被侵权人有权通知网络服务提供者采取删除、屏蔽、断开链接等必要措施。网络服务提供者接到通知后未及时采取必要措施的，对损害的扩大部分与该网络用户承担连带责任。(3)网络服务提供者知道网络用户利用其网络服务侵害他人民事权益，未采取必要措施的，与该网络用户承担连带责任。

《民法典》增加了 3 个条文进一步完善网络用户和网络服务提供者的侵权责任制度，第 1194 条“网络用户、网络服务提供者利用网络侵害他人民事权益的，应当承担侵权责任。法律另有规定的，依照其规定。”第 1195 条“网络用户利用网络服务实施侵权行为的，权利人有权通知网络服务提供者采取删除、屏蔽、断开链接等必要措施。通知应当包括构成侵权的初步证据及权利人的真实身份信息。网络服务提供者接到通知后，应当及时将该通知转送相关网络用户，并根据构成侵权的初步证据和服务类型采取必要措施；未及时采取必要措施的，对损害的扩大部分与该网络用户承担连带责任。权利人因错误通知造成网络用户或者网络服务提供者损害的，应当承担侵权责任。法律另有规定的，依照其规定。”第 1196 条“网络用户接到转送的通知后，可以向网络服务提供者提交不存在侵权行为的声明。声明应当包括不存在侵权行为的初步证据及网络用户的真实身份信息。网络服务提供者接到声明后，应当将该声明转送发出通知的权利人，并告知其可以向有关部门投诉或者向人民法院提起诉讼。网络服务提供者在转送声明到达权利人后的合理期限内，未收到权利人已经投诉或者提起诉讼通知的，应当及时终止所采取的措施。”第 1197 条“网络服务提供者知道或者应当知道网络用户利用其网络服务侵害他人民事权益，未采取必要措施的，与该网络用户承担连带责任。”

《民法典》之所以规范网络服务提供者的侵权责任，原因在于，网络服务提供者为网络用户提供接入、传输、存储、通信、搜索等技术性服务，有些网络用户利用网络技术服务，实施侵害他人民事权益的行为，如果该网络服务提供者知道或应当知道该侵权行为存在，不采取必要的技术措施预防和阻止该行为的发生，不管不顾，任由网络侵权行为发生，显然不利于保护网络用户的合法权益，净化网络利用环境。因此，民法上必须对网络服务提供者课以一定的注意义务，需要法律对网络服务提供者的侵权责任作出合理细致的规范。

2.网络服务提供者侵权责任概念及其特征。网络服务提供者侵权责任是指网络用户利用网络服务技术，在互联网上实施各种侵害他人合法民事权益的行为，网络服务提供者没有尽到法律规定的注意义务，而承担的侵权责任。这里的网络侵权不是侵害某种特定权益的具体侵权行为，也不属于在构成要件方面具有某种特殊性的特殊侵权行为，而是泛指发生在网络环境中的侵权行为。与传统侵权行为相比，具有以下特征：(1)侵权主体匿名性。由于网络空间的开放性，每天有大量信息上传到网络，包括各种侵权信息，而我国目前并没有实行网络实名制，侵权人很容易隐藏其真实身份。(2)侵害对象的广泛性和特殊性。网络侵权对象已不仅包括传统领域，还包括网络著作权、网络虚拟财产等新领域。(3)损害后果的难以判断性。网络信息的便捷性和传播的迅速性，导致网络侵权的损害后果难以判断。(4)管辖的难以确定性。确定网络侵权案件的管辖法院非常困难，原因是全球网络终端通过互联网共同组成了一个瞬间连接的交互式网络，网络传播不受地域限制的特征和网站之间的无限链接以及加害行为实施地和损害结果地的认定十分困难，使得管辖法院的确定也十分困难。

3.网络服务提供者侵权责任的构成要件。网络服务提供者承担侵权责任应当具备以下要件：(1)网络用户实施了网络侵权行为。网络服务提供者承担侵权责任

的前提是网络用户利用网络服务提供者的网络技术服务和内容服务实施了侵权行为。(2)网络服务提供者违反了法定的注意义务而存在过错。根据《民法典》第1195条规定,网络侵权的受害人有权通知网络服务提供者采用必要措施,防止网络侵权损害继续扩大。否则,网络服务提供者就损害扩大的部分与该网络用户承担连带责任。通知形式应当以书面形式或者网络服务提供者公示的方式。权利人的通知包含以下内容,法院才会认定有效:第一,通知人的姓名或名称以及联系方式;第二,要求采取必要措施的网址或者足以准确定位侵权内容的相关信息;第三,要求网络服务提供者采取必要措施的理由。根据《民法典》第1197条规定,网络服务提供者知道或者应当知道网络用户利用其网络服务侵害他人民事权益的,如未采取必要措施,与该网络用户一起承担连带责任。尽管网络服务提供者不可能也无力识别所有的利用其网络服务实施的侵权行为,但某些网络侵权行为的识别和监控,在常识上或法律法规中很容易判别,在技术上也具有可行性,网络技术服务者可以做到,也应当做到。(3)存在损害事实或者损害继续扩大事实。(4)行为与损害事实或损失继续扩大的事实之间具有因果关系。

4.通知移除规则、声明及其法律后果。《侵权责任法》第36条第2款和第3款规定了"通知与移除"规则。如何规范该规则,侵权责任法在起草过程中,曾出现过"是否需要规范权利人的通知",以及网络服务提供者"'明知'还是'知道'网络用户利用网络侵权"的争议。对此,立法机关进行了深入调查,针对第一个争议,立法机关认为,在法律中规定通知内容还不成熟,可由司法机关根据实务审判的积累经验来制定司法解释,予以规范。最终,最高人民法院出台《关于审理利用信息网络侵害人身权益民事纠纷案件适用法律若干问题的规定》第5条规定,被侵权人应当以"书面形式或者网络服务提供者公示的方式"向网络服务提供者发出通知,并且该通知还需要包含下列内容,人民法院才会认定有效:一是通知人的姓名或名称以及联系方式;二是要求采取必要措施的网址或者足以准确定位侵权内容的相关信息;三是要求网络服务提供者采取必要措施的理由。《民法典》在总结司法实践经验的基础上,制定了第1195条规定内容,要求通知应当包括构成侵权的初步证据及权利人的真实身份信息。针对第二个问题,立法机关认为,其一,要求被侵权人证明网络服务提供者具有"明知"的主观状态,难度太大,可能使得网络服务提供者逃脱责任,这显然不符合制定本条规定的本意。其二,虽然网络上的信息是海量的,侵权信息混杂其中,难以逐一辨别,但有些侵权信息是可以通过技术措施进行控制的,某些领域的过滤技术已经比较成熟,而且运用这种技术不会给网络服务提供者在经济上造成过重的负担。目前,很多网站正在以技术措施加人工审查的方式对网络用户上传的信息进行过滤,取得了很好的效果。其三,网络上的某些侵权事实已为社会大众所共识,如盗版音乐作品、盗版影视作品、明显具有恶意攻击意图的文章广泛传播等,但很多网络服务提供者却视而不见,甚至以此获得高点击量、高流量和高额利润,长此以往,不利于净化网络环境,也不利于培育行业道德规范,更不利于网络行业的正常发展。其四，要求网络服务提供者在过错而不仅在故意的情形下承担侵权责任，符合其他国家和地区的发展趋势以及国际惯例，并没有给我国网络服务提供者施加过重的义务。基于这些考虑，立法机关将二次审议稿中的"明知"修改为"知道"。

通知移除规则、声明(反通知)的法律后果：

第一，网络服务提供者接到通知后，未及时采取必要措施的，对损害的扩大部分与该侵权网络用户承担连带责任。网络用户利用网络服务侵害他人民事权益，作为直接责任人，当然要对被侵权人的所有损害承担赔偿责任。网络服务提供者未及时采取必要措施，仅就损害扩大部分负连带责任。

第二，权利人因错误通知造成网络用户或者网络服务提供者损害的，应当承担侵权责任。法律另有规定的，依照其规定。网络服务提供者根据权利人的错误通知，采取了删除、屏蔽、断开链接等必要措施，造成网络用户和网络服务提供者损失的，该权利人的错误通知构成了侵权，应当对他们的损害承担赔偿责任。

第三，网络服务提供者转送声明到达权利人后的合理期限内，未收到权利人已经投诉或起诉通知的，及时终止所采取的删除、屏蔽、断开链接等措施。网络服务提供者如果未及时终止措施，导致自身受到损害的，无权向权利人请求损害赔偿；造成网络用户损失扩大的，应当承担相应的责任。

第四，网络服务提供者知道网络用户利用其网络服务侵害他人民事权益的，未根据服务类型采取必要的删除、屏蔽、断开链接等必要措施的，与该网络用户承担连带责任。该连带责任的范围仅限于网络服务提供者"知道"有网络用户网络侵权之后的损害，在此之前的损害仍由网络用户本人承担。

5.网络侵权处理程序。根据《民法典》第 1194 条至第 1197 条的规定，网络侵权处理按下列程序进行：权利人认为有网络用户利用网络服务实施侵权行为→通知(包含构成侵权的初步证据及权利人的真实身份信息)网络服务提供者→网络服务提供者接到通知后，立即根据构成侵权的初步证据和服务类型采取删除、屏蔽、断开链接等必要措施，同时将权利人的通知及时转送相关网络用户→网络用户接到转送的通知后，可以向网络服务提供者提交不存在侵权行为的声明(包含不存在侵权行为的初步证据及网络用户的真实身份信息)→网络服务提供者接到声明后，应当将该声明转送发出通知的权利人，并告知其可以向有关部门投诉或者向人民法院起诉→网络服务提供者转送声明到达权利人后的合理期限内，未收到权利人已经投诉或起诉通知的，及时终止所采取的删除、屏蔽、断开链接等措施。

有人认为，《民法典》对《侵权责任法》规定的网络侵权处理机制的修改及完善，呈现了七大亮点：一是明确了网络服务提供者对于权利人通知的转通知义务，增加了反通知的规定，优化的"通知删除规则"；二是明确网络服务提供者可以根据服务类型的不同采取必要措施，给云计算及小程序等新类型的网络侵权处理留有空间；三是明确了权利人错误通知造成损害应当承担侵权责任，有利于打击恶意投诉行

为;四是增加要求权利人的通知和网络用户的声明中提供初步证据及真实身份信息的规定,有利于降低提交虚假证据材料的风险;五是增加了网络用户反通知的声明权利,以对抗权利人的通知,为被投诉人提供了有效的救济渠道;六是规定了网络服务提供者转送声明到达权利人后的合理期限内,未收到投诉或起诉通知的,及时终止所采取的必要措施,优化了《电子商务法》15 天等待期的规定;七是明确了网络服务提供者在提供服务时的注意义务,即网络服务提供者知道或应当知道网络用户利用其网络服务实施侵权行为。[①]

## 五、违反安全保障义务的侵权责任

### (一)安全保障义务的概念及法律特征

1.安全保障义务概念。安全保障义务是指宾馆、商场、银行、车站、机场、体育场馆、娱乐场所等经营场所、公共场所的经营者、管理者或者群众性活动的组织者,所负担的在合理限度范围内的保护他人人身和财产安全的注意义务。理解安全保障义务概念时,需要注意以下几个问题:

第一,承担安全保障义务的主体范围。《人身损害解释》第 6 条规定:承担安全保障义务的主体范围是"从事住宿、餐饮、娱乐等经营活动或者其他社会活动的自然人、法人和其他组织"。《侵权责任法》以人为本,对社会生活中可能发生危险的场所或活动,要求行为人履行必要的防范损害发生义务,以充分保护广大人民群众的人身和财产安全,又考虑我国国情,从促进社会和谐稳定的目的出发,避免盲目地扩大安全保障义务人的范围,通过第 37 条对安全保障义务主体范围作了规定:"宾馆、商场、银行、车站、娱乐场所等公共场所的管理人"和"群众性活动的组织者"。公共场所是指供不特定人出入、通行、活动的场所,既包括以公众为对象进行商业性经营的场所,也包括对公众提供服务的场所,如机场、码头、公园、餐厅等地。群众性活动是指法人或者非法人组织面向社会公众举办的参加人数较多的活动,如体育比赛,演唱会,音乐会,展览会,展销会,游园,灯会,庙会,花会,焰火晚会,人才招聘,现场开奖的彩票销售等活动。公共场所管理人,是指对公共场所具有事实上的管理与控制能力的自然人、法人与非法人组织。群众性活动组织者是指负责具体组织实施群众性活动的单位或个人。《民法典》第 1198 条相对于《侵权责任法》第 37 条,增加了机场和体育场馆的经营者或管理者作为安全保障义务主体。

第二,安全保障义务保护的对象。安全保障义务所保护的对象,《民法典》第 1198 条并没有明确规定,只是说安全保障义务主体未尽到安全保障义务,造成"他

---

① 易镁金:《七大亮点深度解读:〈民法典侵权责任编〉网络侵权处理机制》,载搜狐网,http:/www.sohu.com,最后访问时间:2021 年 1 月 28 日。

人"损害的,应当承担侵权责任。实践中哪些人属于民法典规定的"他人"范围,应当根据具体情况来加以判断。而学说上认为,安全保障义务的保护对象,应当与安全保障义务主体之间存在某种关系,并非毫无关联的人。

第三,安全保障义务的内容和判断标准。由于安全保障义务人的范围很广,保护对象又不特定,不同安全保障义务人对于不同保护对象所负的安全保障义务也不完全相同,因此,《民法典》对安全保障义务的内容和判断标准均未规定。实践中在确定安全保障义务的内容和义务人是否尽到义务的判断标准时,应考虑以下因素:①所在行业的普遍情况或者举行此类活动通常采取的安全保障措施;②所在地区的具体条件;③所组织活动的规模;④侵权行为的性质和实施强度;⑤义务人的安保能力,发生侵权行为前后所采取的具体防范措施;⑥制止侵权行为的状况,等等,根据实际情况综合进行判断。

2.安全保障义务特征。安全保障义务具有以下法律特征:第一,旨在保护他人人身与财产安全。义务人违反了安全保障义务的,无论是造成他人人身伤亡还是财产损害,均应承担侵权责任。第二,负有安全保障义务的人是特定的主体。《民法典》第 1198 条规定,安全保障义务主体是"宾馆、商场、银行、车站、机场、体育场馆、娱乐场所等经营场所的经营者、公共场所的管理者"和"群众性活动的组织者"。第三,违反安全保障义务产生的是侵权责任。《民法典》第 1198 条明确规定,违反安全保障义务,造成他人损害时,应当承担侵权责任。即使是第三人的行为造成他人损害,安全义务保障人如果没有尽到该义务的,也需要承担相应的补充责任。如果安全保障义务人与受害人之间存在某种合同关系,可能会发生侵权责任与违约责任之间的竞合。

3.安全保障义务的功能。学界通常认为,安全保障义务具有以下功能:第一,维护公共安全的功能。无论是经营场所、公共场所,还是群众性活动,均涉及不特定多数人的人身与财产的公共安全。第二,作为典型消极侵权行为判断标准。在不作为侵权的场合,责任人承担侵权责任的重要要件是他没有履行积极的作为义务。安全保障义务人没有履行积极的作为义务,并造成他人损害,应当承担侵权责任。

### (二)违反安全保障义务责任的构成要件

第一,安全保障义务人未尽到安全保障义务。安全保障义务人只有在没有尽到安全保障义务时,才需要承担侵权责任。由于同情形下的安全保障义务内容不尽相同,因而,法官要根据法律法规的规定、危险程度、预防与控制能力、是否获利等因素确定安全保障义务。如大型超市一般配备保安,以履行安全保障义务;而小超市就没有必要了。

第二,他人遭受了损害。损害包括人身伤亡和财产损失。"他人"是指安全保障义务人及其人员之外的人。他们可能与安全保障义务人之间存在某种合同关

系，如储蓄合同、买卖合同等，也可能不存在某种合同关系，但有其他关联，跟随朋友一起造访的人，安全保障义务人也应该尽到相应的安全保障义务。

### （三）违反安全保障义务的责任

在确定违反安全保障义务的责任之前，先对安全保障义务作分类，因为不同类型的安全保障义务人承担责任的条件、顺序、范围等都是不同的。

根据安全保障义务内容的不同，可以将其分为两大类：一是防止他人遭受义务人侵害的安全保障义务，即安全保障义务人负有不因自己的行为或提供的服务而直接使得他人的人身或财产受到侵害的义务，包括装备设施未尽安全保障义务、工作人员未尽安全保障义务、违反因先前行为而产生的安全保护义务等；二是防止他人遭受第三人侵害的安全保障义务，即安全保障义务人负有不因自己的不作为而使他人的人身或财产遭受第三人侵害的义务，包括未尽防范第三人侵害的安全保障义务、未尽制止第三人侵害的安全保障义务等。

未尽前类安全保障义务者，因未涉及第三人，义务人直接承担侵权责任。当然，义务人是否承担侵权责任，还必须考虑义务人未尽该安全保障义务与受害人遭受损害之间的因果关系。未尽后类安全保障义务者，不作为与第三人的侵权行为相互结合时才导致他人损害的，义务人承担相应的补充责任。法官在裁判义务人承担补充责任时应当注意以下两点：第一，第三人的直接侵权责任与安全保障义务人的补充责任存在先后顺序，有直接责任人的，该直接责任人承担侵权责任；在无法找到直接责任人或直接责任人无力承担全部赔偿责任时，才由安全保障义务人承担补充责任。第二，安全保障义务人承担的补充责任是相应的，不是全部补充责任。安全保障义务人承担的侵权责任是否“相应”，应当根据安全保障义务人未尽到的安全保障义务的程度、原因力等因素进行综合判定。

引例二的案情并不复杂，问题的关键是村委会作为该村景区管理人，对景区内的杨梅树是否存在安全保障义务？根据《民法典》第 1198 条规定，经营场所、公共场所的经营者和管理者未尽到安全保障义务，造成他人损害，应当承担侵权责任。村委会作为景区管理人，杨梅树的种植人和管理人，在旅游景区内对进入景区的人应尽到安全保障义务。具体到本案，如果该村民在景区内散步，被杨梅树枝砸到致死，村委会因未尽到安全保障义务而需要承担侵权责任。然而，本案的事实是该村民爬树采杨梅摔下受伤致死，杨梅树并非公共场所，村委会对非公共场所并没有安全保障义务；因村委会并没有开发杨梅采摘活动，并没有经营杨梅树，杨梅树也不能认定为经营场所，村委会也不是经营者，因此没有经营者的安全保障义务。该村民作为一个具备完全民事行为能力且具有丰富生活经验的人，完全能够预知爬树有风险。且未经杨梅树所有人（即村委会）同意，私自闯入他人私产，爬树行为本身是非法的。因此该村民应该对自己死亡的后果存在重大过错，且其行为违法，应该承担全部民事责任，而村委会没有任何责任。因此，再审判决中，法院认为该村民私自爬树摘杨梅的行为，有违乡规民约和公序良俗，且村委会并未违反安全保障义务，不应承担赔偿责任，驳回了该村民亲属的诉讼请求。

## 六、教育机构的侵权责任

### （一）教育机构的侵权责任的概念及特征

教育机构的侵权责任，是指幼儿园、学校和其他教育机构在教育、教学活动中或者教育机构负有管理责任的校舍、场地、其他教育教学设施、生活设施等，由于幼儿园、学校或其他教育机构未尽教育管理职责，致使学习或者生活中的无民事行为能力人、限制民事行为能力人遭受损害或者致他人损害的，教育机构所应当承担的与其过错相应的侵权责任。

随着经济的快速增长和社会的明显进步，我国的教育事业获得了蓬勃发展。在校就读学生的人身安全牵动着所有家长的心。但是，一个严峻的事实是，近年来学校学生人身伤害事故频频发生。导致学生人身伤害事故频发的原因很多，主要表现为：(1)教育机构的教学和生活的设施设备不符合安全标准，或管理维护不当；(2)教育机构提供的食品、药品、饮用水、教学用具或其他物品不合格；(3)体育竞技活动不当；(4)体罚或变相体罚；(5)组织实验或劳动时发生人身伤害；(6)学生之间的打闹；(7)教育机构及其工作人员组织外出活动；(8)学生自身的原因；(9)不可抗力；(10)其他因素。这些因素，有些是教育机构存在过错，有些是教育机构不存在过错，有些是教育机构有一定的过错。

教育机构的侵权责任具有以下法律特征：第一，教育机构侵权责任仅仅是因无民事行为能力人或限制行为能力人在校期间遭受人身损害而承担的侵权责任。第二，教育机构承担侵权责任的前提是因为自身没有尽到教育、管理职责。教育机构责任的性质是过错或者过错推定责任，而不是无过错责任。

### （二）教育机构的侵权责任类型

1.教育机构直接侵权时的责任。教育机构直接侵权责任，是指由于教育机构没有尽到教育、管理职责而造成在校无民事行为能力或限制民事行为能力的学生损害时，应当承担的侵权责任。教育机构直接侵权的责任，根据侵害的对象是无民事行为能力人还是限制行为能力人不同，区分为过错推定责任和过错责任。《民法典》第 1199 条规定，无民事行为能力人在幼儿园、学校或者其他教育机构学习、生活期间受到人身损害的，幼儿园、学校或者其他教育机构应当承担侵权责任；但是，能够证明尽到教育、管理职责的，不承担侵权责任。此为教育机构承担过错推定责任的法律依据。《民法典》第 1200 条规定，限制民事行为能力人在学校或者其他教育机构学习、生活期间受到人身损害，学校或者其他教育机构未尽到教育、管理职

责的，应当承担侵权责任。此为教育机构承担过错责任的法律依据。过错推定责任与过错责任的差别就在于，教育机构是否尽到教育管理职责的举证责任在教育机构还是未成年的学生。

2.第三人侵权时教育机构的侵权责任。第三人侵权时教育机构的侵权责任是指幼儿园、学校或者其他教育机构以外的人员造成无民事行为能力人或者限制行为能力人损害的，教育机构未尽到管理职责而应当承担的相应的补充责任。《民法典》第 1201 条规定，无民事行为能力人或者限制民事行为能力人在幼儿园、学校或者其他教育机构学习、生活期间，受到幼儿园、学校或者其他教育机构以外的第三人人身损害的，由第三人承担侵权责任；幼儿园、学校或者其他教育机构未尽到管理职责的，承担相应的补充责任。幼儿园、学校或者其他教育机构承担补充责任后，可以向第三人追偿。“幼儿园、学校或者其他教育机构以外的第三人”是指非教育机构的工作人员和非在校学习的学生。

第三人侵权时教育机构的侵权责任与教育机构的直接侵权责任相比，有两个显著区别：第一，过错表现的形式不同。根据《民法典》的规定，前者的过错表现形式是“教育机构未尽到管理职责”；后者的过错表现形式是“教育机构未尽到教育、管理职责”。形成此差别的原因在于，教育机构对第三人无法尽教育职责，只能尽管理职责，只能通过管理防止第三人对学生实施侵权行为。第二，承担的责任不同。前者，教育机构承担的是“相应的补充责任”，第一责任人是第三人；后者，教育机构承担的是直接责任、全部责任。

### （三）教育机构侵权责任的归责原则

其他国家或地区一般采取过错归责原则，如法国、美国、加拿大等国，不同的是有些国家在过错责任的基础上，实行过错推定，如德国、意大利、日本、俄罗斯、越南等国。我国《民法典》采过错归责原则：(1)对限制民事行为能力人，根据《民法典》第 1199 条的规定，教育机构承担过错责任；(2)对无民事行为能力人，根据《民法典》第 1200 条的规定，教育机构承担过错推定责任；过错责任与过错推定责任之间最大的差别在于举证责任由学生承担还是由教育机构承担。(3)第三人侵权在校学生的权利时，根据《民法典》第 1201 条的规定，教育机构承担过错责任、相应补充责任。

教育机构承担侵权责任的侵权行为范围应当限于：(1)发生在幼儿园、学校和其他教育机构的教育、教学活动中的侵权行为；(2)教育机构负有管理责任的校舍、场地、教育教学设施、生活设施中的侵权行为；(3)至于是否包括学生自行到教育机构，或放学后滞留在教育机构受到的损害学界存在不同意见。由于这个问题较为复杂，且与教育机构的教育管理职责密切相关，实践中个案的情况也千差万别，《民法典》统一作出具体规定存在困难，宜由法院在具体案件审判过程中根据具体案情作出判断更为合适。

如何确定教育机构的教育、管理职责。由于《教育法》《未成年人保护法》以及一些地方性法规和部门规章对教育机构的教育、管理职责已经作了广泛、具体的规定，所以《民法典》不再作具体规定。

## 第二节 产品责任

### 一、产品责任的概述

#### （一）产品概念

在阐述产品责任概念之前，必须先界定产品的概念。何谓产品？产品概念在学说上众说纷纭，立法上也各不相同。如英国 1987 年的《消费者保护法》第 1 条规定："产品是指任何物品或电力，同时包括组成另一产品的产品，不论是作为零部件还是作为原材料或是其他形式构成前者。"1985 年《欧洲经济共同体产品责任令》第 2 条规定："本指令中的产品是指所有动产，包括组装到另一动产或不动产中的动产，但初级农产品和捕获物除外。"我国《产品质量法》第 2 条规定："产品是经过加工、制作，用于销售的产品"。参与制定该法的我国著名的民法学家梁慧星先生对产品的解释是："本条所指的'产品'是工业产品，无体物之电力、煤气也应包括在内。土地、畜牧、渔业产品和猎物经加工者，也应包括在内。"[①]英国学者斯蒂芬森提出了一个颇具争议的问题：图书或其他信息产品（如计算机软件）引起的有形损失能否适用产品责任法？[②] 例如农民甲去书店买了一本关于苹果树管理的图书，并完全按照该书管理自己的苹果园，结果因该书中的错误而致使果园受损，甲能否依《产品质量法》就该重大损失向作者及出版社提起损害赔偿之讼？再如，消费者依照张悟本《把吃出来的病吃回去》一书所描写的"养生之道"，生吃大量茄子，结果不但没有"养生"，反而吃出胃病，该消费者能否依《产品质量法》和侵权责任法相关规定请求损害赔偿？

产品是劳动产品的简称，是指人们有目的的生产劳动所创造，能满足人们某种需要，用于销售的物品，包括无体物的电力和经过制作或加工用于销售的动产。按其用途划分，产品分为生产资料和消费资料。在不同的生产力水平下，产品的品种、性能、质量等也会不同，并且随着生产力的发展而发生变化，直接影响到法定免责事由的判断。比如现代社会人们消费的物品，如家用电器等，在奴隶社会、封建

① 梁慧星：《民法学说判例与立法研究》，中国政法大学出版社 1993 年版，第 143 页。

② ［英］斯蒂芬森・W.海维特：《产品责任法概述》，陈丽洁译，中国标准出版社 1992 年版，第 99 页。

社会就没有，因为当时社会生产力的水平达不到。产品的形成离不开消费，没有消费，产品就不能被最终证实。在商品经济条件下，产品呈现为商品的形式。

### （二）产品责任的概念

产品责任是指有缺陷的产品造成他人人身、财产损害，该产品的制造者或者销售者所应承担的民事赔偿责任。产品责任具有以下特征：第一，产品责任是侵权责任而非违约责任；无论受害人与产品的生产者、销售者之间有无合同关系，受害人均可请求产品责任人承担民事赔偿责任。第二，产品责任是一种特殊的侵权责任。因为产品责任是由法律特别加以规定的无过错责任。《民法典》第 1202 条规定，因产品存在缺陷造成他人损害的，生产者应当承担侵权责任。第 1203 条规定，因产品存在缺陷造成他人损害的，被侵权人可以向产品的生产者请求赔偿，也可以向产品的销售者请求赔偿。产品缺陷由生产者造成的，销售者赔偿后，有权向生产者追偿。因销售者的过错使产品存在缺陷的，生产者赔偿后，有权向销售者追偿。第 1204 条规定，因运输者、仓储者等第三人的过错使产品存在缺陷，造成他人损害的，产品的生产者、销售者赔偿后，有权向第三人追偿。

产品缺陷与产品质量不合格是两个相近但又不相同的概念。产品质量不合格是指产品质量不符合有关法律、法规规定的质量标准或者合同约定的产品性能要求。按照国家有关规定，产品质量应当具有满足使用要求的特性，一般包括五个方面：(1)性能，指产品为满足使用目的所具备的技术特征。(2)寿命，指产品能够正常使用的期限。(3)可靠性，指产品在规定时间和条件下，完成规定功能的性质。(4)安全性，指产品在流通、操作过程中保证安全的程度。(5)经济性，指产品从设计、制造到使用寿命周期的成本的大小。侵权责任法上所称的“产品缺陷”，是指产品所存在的危及他人人身、财产安全的不合理危险，主要是从安全性角度来认定产品是否符合要求。

### （三）产品责任的性质

产品责任是侵权责任还是违约责任？有学者认为，产品因缺陷而造成人身伤害和造成缺陷产品以外的其他财产损害的，是产品侵权责任；产品自身质量问题和产品自身损坏造成损失的，是产品违约责任。因此，他们认为产品责任是侵权责任与违约责任的聚合。本书认为，产品责任是指产品在生产、经销、储运过程中存在危及他人人身和财产安全的不合理危险，造成他人损害而由生产者、销售者承担的民事赔偿责任。产品责任在性质上是一种特殊的侵权责任，无过错责任，既非违约责任，也非侵权与违约的聚合责任。

## 二、产品责任的构成要件

产品责任的构成要件有三：

第一，产品存在缺陷。产品缺陷，根据《产品质量法》第46条的规定，指产品存在危及他人人身、财产安全的不合理危险。产品有保障人体健康和人身、财产安全的国家标准或者行业标准的，产品缺陷是指不符合该标准。如何判断某产品存在不合理危险？判断某一产品是否存在不合理危险的标准是一般安全标准，即一个普通人在正常情况下对产品所应具备的安全性的理性期望，如果某一产品达不到这一安全性的理性标准，应当认定为存在不合理危险；否则就应认定为不存在不合理危险。产品缺陷主要指产品的安全性能标准。产品缺陷包括设计缺陷、制造缺陷和经营缺陷。设计缺陷是指产品设计不合理而导致产品存有不合理的危险；制造缺陷是指产品的原材料、配件、工艺、程序等存在问题而导致产品存有不合理的危险；经营缺陷是指产品在经营或流通过程中存在的不合理危险。《产品质量法》第26条规定的缺陷情况有三种：(1)存在危及人身、财产安全的不合理的危险，有保障人体健康和人身、财产安全的国家标准、行业标准的，不符合该标准；(2)不具备产品应当具备的使用性能，并且没有对产品存在的使用性能的瑕疵作出说明；(3)不符合在产品或者其包装上注明采用的产品标准，不符合以产品说明、实物样品等方式表明的质量状况。

与产品缺陷有联系且又存在区别的两个概念是产品质量不合格和产品瑕疵。前者是指产品的性质、寿命、可靠性、安全性和经济性等方面不符合相关的国家标准、行业标准或约定标准；后者指的是除产品安全性能之外的其他产品质量不符合当事人约定或法律规定的标准或要求。

第二，造成他人人身、财产损害。

第三，产品存在的缺陷和损害之间存在因果关系。产品责任中，要认定产品缺陷与损害之间存在因果关系有时很困难。一方面原因是现有的科学技术水平尚无法证明产品缺陷与损害之间是否存在因果关系；另一方面原因是，受害人的损害往往是多因一果或多因多果，产品缺陷并非受害人损害的唯一原因。因此，我们不能认为受害人在使用产品的过程中遭受损害就是缺陷所致。英美法系国家，在涉及科学技术含量较高的产品责任案件中，法官可以根据推定因果关系加以认定。

根据《产品质量法》以及《民法典》等法律的规定，产品责任不以责任人的过错为要件。

## 三、责任人确定

《侵权责任法》与《民法通则》相比，产品责任人确定的立法精神有比较大的改

变。《侵权责任法》是根据产品缺陷的产生环节来确定：(1)原则上缺陷产品的生产者是责任人。(2)如果缺陷是因销售者的过错，或者销售者不能指明缺陷产品的生产者或供货者的，缺陷产品的销售者是责任人。(3)如果缺陷是因运输者或仓储者等第三人过错造成的，产品的生产者、销售者是不真正连带责任人，运输者或仓储者是最终责任人。在实际的案件中，被侵权人因产品存在缺陷造成损害后，往往不清楚这一缺陷究竟是谁造成的，因此也就不知道应当向谁请求赔偿。为解决这一问题，《侵权责任法》第 43 条规定了生产者和销售者互相承担不真正连带责任：因产品存在缺陷造成损害的，被侵权人可以向产品的生产者请求赔偿，也可以向产品的销售者请求赔偿。产品缺陷由生产者造成的，销售者赔偿后，有权向生产者追偿。因销售者的过错使产品存在缺陷的，生产者赔偿后，有权向销售者追偿。第 44 条规定了生产者和销售者对运输者、仓储者等第三人的过错承担不真正连带责任：因运输者、仓储者等第三人的过错使产品存在缺陷，造成他人损害的，产品的生产者、销售者赔偿后，有权向第三人追偿。《侵权责任法》之所以如此规定，其目的在于方便被侵害人维护自己的合法权益。实践证明，《侵权责任法》第 43 条、第 44 条的规定，行之有效，符合我国实际情况，《民法典》第 1203 条和第 1204 条继续维持该内容。

另外，根据《消费者权益保护法》第 40 条、第 42 条、第 43 条、第 44 条、第 45 条的规定，在消费领域，产品缺陷的责任人依下列情形确定：(1)消费者及其他受害人可以向缺陷产品的生产者、销售者要求损害赔偿；(2)消费者及其他受害人可以向缺陷产品的销售者(即营业执照使用人)或者营业执照持有人要求损害赔偿；(3)消费者及其他受害人可以向缺陷产品的销售者要求损害赔偿，也可在展销会或柜台租赁期满后，向展销会的举办者或柜台的出租者要求损害赔偿。(4)消费者通过网络交易平台购买缺陷产品的，可以向经营者要求损害赔偿。网络交易平台提供者不能提供销售者的真实名称、地址和有效联系方式的，消费者也可以向网络交易平台提供者要求损害赔偿。(5)消费者因经营者利用虚假广告提供缺陷产品，消费者可以向经营者要求损害赔偿；虚假广告的经营者、发布者不提供经营者的真实名称、地址和有效联系方式的，应当承担损害赔偿责任。

根据《民法典》第 1202 条规定，缺陷产品的生产者是责任人。如果一个缺陷产品是由多个生产者合作生产的，如何确定缺陷产品生产者？对此《产品质量法》没有作出规定。本书认为，应当以产品成品时质量控制的生产厂家作为生产者。如汽车整车生产厂家通过采购其他厂家生产的发动机、天窗、刹车系统、轮胎等各种部件生产整车，如果因发动机、天窗、刹车系统、轮胎等部件的质量问题致人损害的，该汽车生产厂家为缺陷产品的生产者，责任人并不是这些部件的实际生产厂家。由产品成品时质量控制的生产厂家作为生产者，其原因在于：它对产品质量有最终且最重要的控制力，可以督促该部件的实际提供者并严格控制成品的质量，也可以确定最终责任主体，有利于保护消费者。如果生产同一产品的厂家有多个，导致难以确定缺陷产品的生产者时，有学者建议借鉴美国侵权法上的“市场份额责任理论”。该理论的主要内容是，原告虽不能确定缺陷产品的具体生产者，但可确定与缺陷产品同类的产品生产者，则这些生产者都被确定为被告。任何一个被告只有证明自己的产品未被原告使用，才能免责。不能证明自己的产品未被原告使用的，被告应当根据各自产品占有的市场份额承担损害赔偿责任。“市场份额责任理论”根据是：一般说来，所占市场份额越大，其产品侵权的机会越大，所获利润越多，其应承担的赔偿数额也就越大，符合实质公正精神。①

## 四、产品责任的范围

缺陷产品造成的损害形式多种多样，概括起来主要有两种：人身损害和财产损害。人身损害包括身体、健康和精神受到损害；财产损害包括直接损失、间接损失及纯经济损失。纯经济损失指纯粹财产上损害或对财产本身的损害，美国法称为“商品自伤”(product injuries only itself)。在我国，学界和实务界在赔偿责任范围上争议最大的有两个问题：一是受害人能否向责任人提出精神损害赔偿，二是受害人能否向责任人提出纯经济损失的赔偿。从我国的司法实践看，我国是有限地承认产品责任赔偿范围包括精神损害赔偿。根据最高人民法院《关于确定民事侵权精神损害赔偿责任若干问题的解释》第 4 条的规定，具有人格象征意义的特定纪念物品，因侵权行为而永久性灭失或者毁损，物品所有人以侵权为由，向人民法院起诉请求赔偿精神损害的，人民法院应当依法予以受理。至于是否包括纯经济损失，从《产品质量法》第 44 条和《民法典》第 1165 条的规定来看，我国立法似乎持肯定态度：前者规定的内容是产品存在缺陷造成受害人因此遭受其他重大损失的，侵害人应当赔偿损失；后者规定的内容是侵害民事权益应当依照该法承担侵权责任。综合这两条规定的内容，我们可以得出上述结论。

## 五、产品责任的特别形式责任

在责任形式方面，产品责任人除承担赔偿损失责任外，造成人身伤害的，还应当赔礼道歉。除此之外，还承担以下特别形式的责任：(1)排除妨碍、消除危险。由于产品缺陷是产品所存在的不合理危险，因此《民法典》第 1205 条规定，因产品缺陷危及他人人身、财产安全的，被侵权人有权请求生产者、销售者承担停止侵害、排除妨碍、消除危险等侵权责任。被侵权人在请求停止侵害、排除妨碍、消除危险时，应当具备以下条件：第一，妨碍必须是不法的；第二，妨碍既可以是已经发生的，也可以是可能发生的；第三，必须构成了对权利人行使权利的妨碍。(2)停止销售、警

① 张新宝：《中国侵权行为法》，中国社会科学出版社 1998 年第 2 版，第 487～488 页。

示、召回等补救措施。《民法典》第1206条规定,产品投入流通后发现存在缺陷的,生产者、销售者应当及时采取停止销售、警示、召回等补救措施。未及时采取补救措施或者补救措施不力造成损害扩大的,生产者、销售者对扩大的损害也应当承担侵权责任。依据前款规定采取召回措施的,生产者、销售者应当负担被侵权人因此支出的必要费用。

## 六、惩罚性赔偿

民事赔偿以补偿性赔偿为原则,以惩罚性赔偿为例外。我国《消费者权益保护法》第49条、《食品安全法》第96条第2款等规定了惩罚性赔偿。惩罚性赔偿是加害人给付受害人的赔偿数额超过了受害人的实际损害的一种赔偿责任。由于惩罚性赔偿具有补偿受害人、惩罚加害人、遏制侵权行为等三位一体的功能,从我国实际情况看,明知产品存在缺陷仍然生产、销售的行为时有发生。例如,出售假药导致患者死亡,出售劣质奶粉导致幼儿死亡等现象时有发生。对这些缺陷产品的恶意生产者、销售者予以惩罚性赔偿,以体现侵权责任法的制裁和遏制功能。因此,《民法典》秉承《侵权责任法》第47条之规定精神,在第1207条规定产品责任惩罚性赔偿:"明知产品存在缺陷仍然生产、销售,或者没有依据前条规定采取有效补救措施,造成他人死亡或者健康严重损害的,被侵权人有权请求相应的惩罚性赔偿。"据此,对产品责任人适用惩罚性赔偿应当具备以下条件:第一,侵权人在主观上是明知状态,明知是缺陷产品仍然生产或销售,或者产品投入流通后发现存在缺陷而没有采取有效补救措施;第二,存在严重损害事实,造成他人死亡或者健康严重损害的;第三,缺陷产品与严重损害事实之间具有因果关系。

为防止滥用惩罚性赔偿制度,避免被侵权人提出过高的赔偿数额,《民法典》第1207条还明确规定,被侵权人有权请求"相应的"惩罚性赔偿。被侵权人请求多少数额的赔偿,才能被认可为"相应的"惩罚性赔偿?一般而言,被侵权人要求的惩罚性赔偿金额应当与侵权人的主观恶意、造成的严重损害后果、对侵权人的威慑等因素相当,具体数额由人民法院根据个案具体判定。

## 七、免责事由

根据我国《产品质量法》第41条的规定,生产者能够证明有下列情况之一的,不承担赔偿责任:(1)未将产品投入流通;(2)产品流通时引起损害的缺陷不存在;(3)产品流通时的科技水平尚不能发现缺陷的存在。除此之外,还应包括:受害人的过错,非正常使用或错误使用等[①]

---

① 江平:《民法学》,中国政法大学出版社2000年版,第778页。

### 八、诉讼时效

《产品质量法》第45条规定,因产品存在缺陷造成损害要求赔偿的诉讼时效的期限是2年,自知道或应当知道其权益受到侵害之日起算。因产品存在缺陷造成损害要求赔偿的请求权,在造成损害的产品交付最初用户、消费者满10年丧失,但是尚未超过明示的安全使用期的除外。《民法典》第188条规定,向人民法院请求保护民事权利的诉讼时效期间为三年。诉讼时效期间自权利人知道或者应当知道权利受到损害以及义务人之日起计算。但是,自权利受到损害之日起超过二十年的,人民法院不予保护,有特殊情况的,人民法院可以根据权利人的申请决定延长。

## 第三节 机动车交通事故责任

### 一、机动车交通事故责任及其相关的概念

随着我国经济、汽车工业高速发展和机动车保有量急剧增加,机动车交通事故纠纷已经成为我国最常见的侵权纠纷之一。交通事故包括道路交通事故、水路交通事故、航空事故、铁路事故。道路交通事故又可以区分为机动车交通事故和非机动车交通事故。所谓机动车交通事故责任,是指在道路上进行与机动车交通活动有关的人员因交通事故造成他人损害而承担的民事责任。

《道路交通安全法》第119条对相关概念有明确的规定:"本法中下列用语的含义:(一)'道路',是指公路、城市道路和虽在单位管辖范围但允许社会机动车通行的地方,包括广场、公共停车场等用于公众通行的场所。(二)'车辆',是指机动车和非机动车。(三)'机动车'是指以动力装置驱动或者牵引,上道路行驶的供人员乘用或者用于运送物品以及进行工程专项作业的轮式车辆。(四)'非机动车',是指以人力或者畜力驱动,上道路行驶的交通工具,以及虽有动力装置驱动但设计最高时速、空车质量、外形尺寸符合有关国家标准的残疾人机动轮椅车、电动自行车等交通工具。(五)'交通事故',是指车辆在道路上因过错或者意外造成的人身伤亡或者财产损失的事件。"

### 二、机动车交通事故责任的一般规则

《民法典》第1208条规定:"机动车发生交通事故造成损害的,依照道路交通安全法律和本法的有关规定承担赔偿责任。"本条是机动车发生交通事故责任的一般规定。本条所称"依照道路交通安全法律和本法的有关规定"是指依照《道路交通

安全法》第76条和《民法典》侵权责任编第五章"机动车交通事故责任"等规定。《道路交通安全法》第76条规定:"机动车发生交通事故造成人身伤亡、财产损失的,由保险公司在机动车第三者责任强制保险责任限额范围内予以赔偿;不足的部分,按照下列规定承担赔偿责任:(一)机动车之间发生交通事故的,由有过错的一方承担赔偿责任;双方都有过错的,按照各自过错的比例分担责任。(二)机动车与非机动车驾驶人、行人之间发生交通事故,非机动车驾驶人、行人没有过错的,由机动车一方承担赔偿责任;有证据证明非机动车驾驶人、行人有过错的,根据过错程度适当减轻机动车一方的赔偿责任;机动车一方没有过错的,承担不超过百分之十的赔偿责任。交通事故的损失是由非机动车驾驶人、行人故意碰撞机动车造成的,机动车一方不承担赔偿责任。"

据此,机动车交通事故责任依以下规则处理:

第一,发生交通事故,通过道路交通事故保险理赔。道路交通事故保险是指机动车交通事故责任强制第三者险。道路交通事故保险责任是无过错责任。

第二,保险赔偿不足部分,在机动车与机动车之间发生事故的,按照双方过错大小承担责任。这种责任是过错责任。有学者认为,在机动车与机动车之间发生事故的,除按照双方过错大小外,还必须考虑发生交通事故的原因力大小。例如,轿车与摩托车之间发生交通事故,不仅应当考虑轿车驾驶人、摩托车驾驶人的过错,还应当考虑造成事故后果的原因力大小,通常是轿车的原因力大而摩托车的原因力小,所以即使双方的过错相同,轿车驾驶人承担的责任也要大些。

第三,保险赔偿不足部分,机动车致使非机动车驾驶人或行人受到损害的,机动车一方承担赔偿责任。这种责任是无过错责任。无过错责任不等同于"撞了不白撞",非机动车驾驶人或行人违反道路交通法律法规,机动车驾驶人已经采取了必要处理措施的,应减轻机动车驾驶人的责任。如何减轻,在我国立法和实务中都存在较大争议。本书认为,在此种情况下,机动车驾驶人根据非机动车驾驶人或行人的过错程度承担一定比例的责任是比较妥当的。原因在于:一方面是鼓励遵守交通规则的人;另一方面是对违反交通规则的人进行一定的惩罚,以维护整个交通秩序和保证交通安全。机动车一方没有过错的,承担不超过百分之十的赔偿责任。

第四,非机动车驾驶人或行人违反道路交通法律法规,机动车驾驶人没有采取必要处理措施的,适用过失相抵规则。实行过失相抵,应当进行过错程度和原因力大小比较。在实行无过错责任的场合,无法进行无过错轻重比较。因此,在机动车致害非机动车驾驶人或行人的,实行过失相抵只能进行原因力大小比较,根据各自行为对于损害发生或者扩大的原因力大小,确定减轻机动车一方的责任幅度。在确定原因力大小时,根据"优者危险负担"原则,由机动性能强、回避能力强的一方多承担责任,以体现保护弱者的法律思想。

## 三、机动车交通事故责任的构成要件

机动车交通事故责任通常须具有以下构成要件：

第一，机动车造成了他人损害。“他人”是指其他机动车上的人员、本车上的人员、非机动车驾驶人和行人。“损害”包括人身伤亡、财产损失，甚至精神损害。机动车与机动车、非机动车、行人发生了交通事故，造成了损害，才会产生侵权损害赔偿责任。

第二，机动车在道路上运行。“机动车”包括各种汽车、电动车、摩托车、拖拉机、轮式专用机械车等。“道路”是指公路、城市道路和虽在单位管辖范围内但允许社会机动车通行的地方，包括广场、公共停车场等公众通行的场所。机动车在道路上表明机动车作为交通工具已经投入运行中。只有机动车在道路上，才会对周围环境中的人身、财产权益造成危险。

第三，机动车运行与损害之间存在因果关系。受害人的损害必须是由于机动车运行所致。受害人的损害不要求机动车与机动车、非机动车、行人之间发生物理上的接触。

第四，机动车之间发生交通事故的，驾驶员存在过错。依据《道路交通安全法》第 76 条第 1 款第 1 项的规定，机动车之间发生交通事故的，适用过错责任。因此，驾驶员对于交通事故发生具有过错时，才承担损害赔偿责任。过错认定，采客观标准，即依据双方是否违反道路交通安全法律、法规来判断各自有无过错及过错大小。司法实践中，法院主要以交警道路交通事故责任认定书作为确定机动车双方有无过错及过错大小的主要依据。

## 四、责任人确定

### （一）交通事故责任人的确定标准

我国学者通说认为，确定机动车交通事故责任人的标准有是“运行支配”和“运行利益”。即交通事故机动车一方的责任由谁承担，是根据机动车由谁支配运行和由谁享有运行利益来确定。[①] 在司法实践中，当事人容易发生争议的是“运行支配”和“运行利益”如何判定。所谓运行支配，是指谁可以在事实上支配管领机动车的运行。所谓运行利益，是指仅限于因车辆运行本身而生的利益。对于运行支配不能理解为纯粹的直接客观支配，而应依据法律标准和社会观念进行确定。运行支配不限于对机动车运行存在直接的、现实的支配的场合，只要处于事实上能够支

① 梁慧星：《论制定道路交通事故赔偿法》，载《法学研究》1991 年第 2 期。

配、管理机动车运行的地位,甚至对机动车运行应该能够下指示、控制的地位即可确认为对机动车具有运行支配力,这种认定是以间接支配或者有支配可能性为充分条件的。是否运行支配可从车辆所有人与驾驶员的身份关系、机动车的日常管理状况等方面予以考量。运行利益也应当不限于机动车运行而生的利益,还应当包括间接或可期待利益。运行利益首先是对机动车拥有运行支配权的人获得。并且,这种利益既可以是单纯的观念性的种类,也可以是为了获得便利。从《民法典》的相关规定来判断,交通事故责任人的确定标准基本上贯彻了"运行支配"和"运行利益"标准。

### (二)交通事故责任人的具体确定

交通事故责任人的具体确定,有强制保险的,是指保险公司在机动车强制保险责任限额范围内理赔之后,不足部分的责任人确定;没有强制保险的,直接确定机动车一方的责任人。

1.原则上,机动车所有人是交通事故责任人。我国实行机动车登记制度,任何个人和单位购买机动车之后,都应依法办理机动车所有权注册登记。因此,确定交通事故责任人,首先看是不是机动车所有人。

2.驾驶员与机动车所有人存在劳动关系或劳务关系情形下,交通事故责任人的确定。劳动者或劳务提供者在驾驶机动车执行职务时,发生交通事故,机动车方一方的责任由用人单位或接受劳务者承担。在上下班过程中发生交通事故的,机动车方的责任由劳动者或者劳务提供者承担。有学者认为根据机动车是由谁提供来确定责任人:若机动车由用人单位或接受劳务一方提供,交通事故责任人是用人单位或接受劳务者;若机动车由劳动者或劳务提供者提供,责任人是该劳动者或劳务提供者本人。

3.机动车所有人、管理人与使用人不是同一人情形下,交通事故责任人的确定。机动车所有人与使用人不是同一人时,发生交通事故后属于该机动车一方责任的,根据《民法典》第1209条的规定,责任人是机动车使用人;如果所有人、管理人对损害的发生有过错的,承担相应的赔偿责任。

4.因未办理车辆过户手续造成登记的所有人与实际的所有人不一致的,交通事故责任人的确定。根据《民法典》第1210条的规定,当事人之间已经以买卖等方式转让并交付机动车但是未办理所有权转移登记,发生交通事故后属于该机动车一方责任的,交通事故责任人是机动车受让人。《民法典》第1214条规定,以买卖或者其他方式转让拼装或者已达到报废标准的机动车,发生交通事故造成损害的,责任人是转让人和受让人,且两者承担连带责任。

5.机动车挂靠情形下,交通事故责任人的确定。《民法典》第1211条规定,以挂靠形式从事道路运输经营活动的机动车,发生交通事故造成损害,属于该机动车一方责任的,由挂靠人和被挂靠人承担连带责任。

6.分期付款购买机动车的，买受人为交通事故责任人。

7.因盗窃、抢劫或者抢夺的机动车情形下，交通事故责任人的确定。《民法典》第1215条规定，盗窃、抢劫或者抢夺的机动车发生交通事故造成损害的，由盗窃人、抢劫人或者抢夺人承担赔偿责任。盗窃人、抢劫人或者抢夺人与机动车使用人不是同一人，发生交通事故造成损害，属于该机动车一方责任的，由盗窃人、抢劫人或者抢夺人与机动车使用人承担连带责任。保险人在机动车强制保险责任限额范围内垫付抢救费用的，有权向交通事故责任人追偿。

8.第三人未经所有人同意擅自驾驶情形下，交通事故责任人的确定。《民法典》第1212条规定，未经允许驾驶他人机动车，发生交通事故造成损害，属于该机动车一方责任的，由机动车使用人承担赔偿责任；机动车所有人、管理人对损害的发生有过错的，承担相应的赔偿责任，但是本章另有规定的除外。

9.搭便车时发生交通事故导致搭乘人损害的情形下，交通事故责任人的确定。搭便车，也称为好意同乘，是指免费搭乘他人机动车。如果是有偿搭乘他人机动车，发生交通事故导致乘客损害的，交通工具的提供者应当依照旅客运送合同规定承担民事赔偿责任。如果是免费搭乘他人机动车，发生交通事故导致搭乘者损害的，依据《民法典》第1217条的规定"属于该机动车一方责任的，应当减轻其赔偿责任，但是机动车使用人有故意或者重大过失的除外"，责任人是机动车使用人。

10.套牌他人机动车情形下，交通事故责任人的确定。套牌机动车是指悬挂与他人机动车牌照号码相同的伪造号牌的机动车。套牌行为是严重违法行为。《民法典》对此种情形没有规定。《道路交通事故损害赔偿解释》第5条规定，套牌机动车发生交通事故造成损害，属于该机动车一方责任，当事人请求由套牌机动车的所有人或者管理人承担赔偿责任的，人民法院予以支持；被套牌机动车所有人或者管理人同意套牌的，应当与套牌机动车的所有人或者管理人承担连带责任。

11.驾校学员在驾驶培训中发生交通事故的情形下，交通事故责任人的确定。《民法典》没有规定此种情形下如何确定交通事故责任人。《道路交通事故损害赔偿解释》第7条规定，接受机动车驾驶培训的人员，在培训活动中驾驶机动车发生交通事故造成损害的，属于该机动车一方责任，当事人请求驾驶培训单位承担赔偿责任的，人民法院应予支持。

12.试乘过程中发生交通事故的情形下，交通事故责任人的确定。试乘试驾是汽车销售商为了推销汽车而提供的一种服务。虽然是免费的，但其根本目的在于推销汽车，是汽车销售商推销汽车服务的一部分。《民法典》对此没有规定。《道路交通事故损害赔偿解释》第8条规定，机动车在试乘过程中发生交通事故造成试乘人损害，当事人请求试乘服务提供者承担赔偿责任的，人民法院予以支持。试乘人有过错的，应当减轻试乘服务提供者的赔偿责任。如果试乘中发生交通事故，造成车外人员伤害或者其他机动车损害的，由机动车一方承担责任。

### 五、驾驶人逃逸时对被侵权人的救济

驾驶人在发生交通事故后之所以逃逸，通常是驾驶人对造成交通事故存在过错，需要负担部分或全部责任。驾驶人逃逸后，如何对被侵权人进行救济？根据《民法典》第1216条的规定对被侵权人予以救济，机动车驾驶人发生交通事故后逃逸，该机动车参加强制保险的，由保险人在机动车强制保险责任限额范围内予以赔偿；机动车不明、该机动车未参加强制保险或者抢救费用超过机动车强制保险责任限额，需要支付被侵权人人身伤亡的抢救、丧葬等费用的，由道路交通事故社会救助基金垫付。道路交通事故社会救助基金垫付后，其管理机构有权向交通事故责任人追偿。归纳起来，可以按照以下两种途径进行：一是该机动车参加强制保险的，由保险公司在机动车强制保险责任限额范围内予以赔偿；二是机动车不明或者该机动车没有参加强制保险，需要支付被侵权人人身伤亡的抢救、丧葬等费用的，由道路交通事故社会救助基金垫付。根据《道路交通安全法》的规定，道路交通事故社会救助基金由国家设立，是用于垫付机动车道路交通事故中受害人人身伤亡的丧葬费用、部分或全部抢救费用的社会专项基金。

### 六、免责事由

根据《民法典》和《道路交通安全法》的有关规定，交通事故责任的免责事由有受害人故意、不可抗力、正当防卫和紧急避险。

## 第四节　医疗损害责任

### 一、医疗损害责任的概念

医疗事故纠纷已经成为我国最常见的侵权纠纷之一，国务院为此专门制定了《医疗事故处理条例》进行规范。医疗损害责任，指医疗机构及其医务人员因其具有过错的诊疗活动致使患者在诊疗活动中身体权、健康权和生命权受到损害，由医疗机构所承担的损害赔偿责任。医疗损害责任是一种专家责任，因为造成患者损害的主体是医疗机构及其医务人员，他们是具有专业知识的机构和人员，且损害是在提供专业性诊疗服务过程中造成的。正因为损害者具有医疗专业背景，且在专业诊疗活动过程中造成患者损害，因而医疗损害责任在过错和因果关系的判断上均有其特殊性，需要法律的特别规范。

与医疗损害责任相关的概念有诊疗活动、医疗事故等。所谓诊疗活动，包括诊断、治疗、护理等环节，是指通过各种检查，使用药物、器械及手术等方法，对疾病作出判断并消除疾病、缓解病情、减轻痛苦、改善功能、延长生命、帮助患者恢复健康的活动。所谓医疗事故，指医疗机构及其医务人员在医疗活动中，违反医疗卫生管理法律、行政法规、部门规章和诊疗护理规范、常规，过失造成患者人身损害的事故。根据《医疗事故处理条例》第 4 条的规定，医疗事故分为四级，即造成死亡或重度残疾的，造成中度残疾导致严重功能障碍的，造成轻度残疾导致一般功能障碍的，造成明显人身损害的其他后果的。

在医疗损害责任法律关系中，侵权行为主体是医务人员，责任主体是医疗机构。因为医务人员的诊疗行为是职务行为，受害人是患者。医务人员是指具备行医资格的医生。没有行医资格的“医生”非法行医致人损害的，不构成医疗损害责任，而构成一般侵权行为责任。

## 二、医疗损害责任的归责原则

确定医疗损害责任的归责原则，必须充分考虑诊疗活动的特点。诊疗活动主要有以下特点：(1)未知性。医学是一门探索性、经验性的学科，即使时至今日，仍然存在很多疾病不知其发生原因，已知发生原因的，也有很多疾病难以治愈，此外，科学对许多药品的副作用认识非常有限。(2)特异性。人体的基因不同，体质不同，情绪不同，所处环境不同，因此患者的疾病表现、治疗效果也不尽相同。(3)专业性。据了解，培养一名专科医师至少需要 15 年时间。在卫生部《医疗机构诊疗科目名录》中，一级科目有 32 类，二级科目有 130 类。

由于诊疗活动的上述特点，疾病的发生有患者原因，治疗还需患者配合，因此诊疗纠纷不能适用无过错责任。2001 年最高人民法院《关于民事诉讼证据的若干规定》(以下简称《证据规定》)第 4 条第 8 款规定了医疗损害的过错推定责任。医疗损害的过错推定责任实行至今，已经在医学界产生了医疗机构采用保守医疗方案，不利于医学进步的严重后果。因此，《侵权责任法》如何确定医疗损害责任的归责原则引人注目。根据《侵权责任法》第 54 条、第 58 条的规定，医疗损害责任，原则上采用一般过错责任，即医疗机构及其医务人员有过错的，医疗机构才承担赔偿责任，原则上由原告承担诊疗过程中医疗机构及其医疗人员有过错的举证责任；在特殊情况下，即符合第 58 条规定“违反法律、行政法规、规章以及其他有关诊疗规范的规定，隐匿或者拒绝提供与纠纷有关的病历资料，伪造、篡改或者销毁病历资料”的，推定医疗机构有过错，适用过错推定责任，并发生举证责任倒置。至于患者与医院之间的信息不对称问题，应当通过信息交流和信息公开等办法解决，而不是通过举证责任倒置方式解决。《民法典》第 1218 条和第 1222 条承继《侵权责任法》第 54 条和第 58 条的规定，确立医疗损害责任为过错责任和过错推定责任。因此，医疗损害责任的归责原则是过错责任原则。

## 三、医疗损害责任的构成要件

医疗损害责任应具备以下构成要件：

第一，医疗机构及其医务人员在医疗活动中实施了诊疗行为。诊疗活动是医疗机构及其医务人员借助医学知识、专业技术、仪器设备及药物等手段，为患者提供的检查、诊断、治疗、救治、护理和保健，以维护患者生命、身体、健康所必需的活动。诊疗行为是医疗机构及其工作人员在诊疗活动过程中的作为或不作为。

第二，患者在诊疗活动过程中人身受到损害。医疗机构及其医务人员在诊疗活动过程中对患者的人身造成了损害。如果患者的人身损害不是发生在诊疗活动过程中，或者与诊疗活动不存在因果关系，医疗机构无需承担侵权责任。

第三，医疗机构及其医务人员在实施诊疗行为时存在过错。医疗损害责任是过错责任，受害人应当证明医疗机构及其医务人员存在过错。根据《民法典》第1218条规定，患者在诊疗活动中受到损害，医疗机构或者其医务人员有过错的，由医疗机构承担赔偿责任。《民法典》第1219条和第1221条规定了两种医疗过错的判断方法：一是是否尽到病情和医疗措施的说明义务，在此前提下，是否取得患者明确同意；在不能或不宜向患者说明的情况下，是否向患者近亲属尽到病情和医疗措施的说明义务，并取得其明确同意。二是是否违反诊疗义务，即医务人员在诊疗活动中是否尽到与当时的医疗水平相应的诊疗义务。由于诊疗活动的专业性、未知性和结果不确定性等特点，因而过错的证明责任不能完全由没有专业知识的患者来承担，在法律规定的情况下，由医疗机构及其医务人员证明不存在过错，实行过错推定责任。根据《民法典》第1222条规定，患者在诊疗活动中受到损害，有下列情形之一的，推定医疗机构有过错：(1)违反法律、行政法规、规章以及其他有关诊疗规范的规定；(2)隐匿或者拒绝提供与纠纷有关的病历资料；(3)遗失、伪造、篡改或者违法销毁病历资料。

第四，医疗机构及其医务人员的诊疗行为与损害后果之间存在因果关系。根据《证据规定》第4条第8款的规定，对医疗事故侵权纠纷中的因果关系实行举证责任倒置，即由医疗机构负责证明其诊疗行为与患者损害后果之间不存在因果关系。实行举证责任倒置的前提是在受害人处于弱势的场合，没有办法完全举证证明因果关系要件时，只要原告举证证明到一定程度，就推定违法行为与损害后果之间存在因果关系，然后由被告举证证明自己的行为与损害结果之间没有因果关系。《民法典》并未就医疗机构及其医务人员的诊疗行为与患者的损害结果之间的因果关系进行推定，因此，受害人应当证明诊疗活动与损害之间存在因果关系。

## 四、医疗机构实施诊疗行为过程中的义务

### (一)说明、告知义务

医疗机构的说明、告知义务表现为:医务人员在诊疗活动中应当向患者说明病情和医疗措施,这是医务人员在诊疗活动中一般应尽的义务。除此之外,如果需要实施手术、特殊检查、特殊治疗的,还应当及时向患者说明医疗风险、替代医疗方案等情况,并取得其书面同意。上述说明内容,如果不能或不宜向患者说明,医务人员应当向患者的近亲属说明,并取得其书面同意。医疗机构及其医务人员未尽说明、告知义务造成患者损害的,应当承担赔偿责任。《民法典》之所以较为细致地规定医务人员的说明、告知义务,目的是保障患者的知情权、选择权、同意权的行使。为了更加方便患者行使这三种权利,本书认为,医务人员还应告知诊疗措施、诊疗方案的大致费用,以便当事人基于自己的经济状况选择诊疗方案。

紧急情况下告知义务的例外。《民法典》第 1220 条规定,因抢救生命垂危的患者等紧急情况,不能取得患者或者其近亲属意见的,经医疗机构负责人或者授权的负责人批准,可以立即实施相应的医疗措施。"不能取得患者或者其近亲属意见",主要是指患者不能表达自己意志,又无近亲属陪伴,又联系不到近亲属的情况。不包括患者或者其近亲属明确表示拒绝采取医疗措施的情况。

### (二)诊疗义务

根据《民法典》第 1221 条的规定,医务人员在诊疗活动中应当尽到与当时的医疗水平相应的诊疗义务。否则,造成患者损害的,医疗机构应当承担赔偿责任。"尽到与当时的医疗水平相应的诊疗义务"体现了《民法典》确立医务人员的注意义务。医务人员未尽到此义务,表明其主观上存在过错。诊疗义务的最低标准是诊疗行为必须符合医疗卫生管理法律、行政法规、部门规章和诊疗护理规范、常规的有关要求。但并不是说诊疗行为达到最低标准就没有过失,是否有过失的判断标准是医务人员是否"尽到与当时的医疗水平相应的诊疗义务"。现在我国医疗机构进行医疗的过程中存在的一个比较大的问题就是医院的"过度检查"。医疗机构为了尽到相应的诊疗义务,就对患者进行"全面查检",造成患者医疗费用高昂。宁波市卫生局曾对卫生系统行风进行问卷调查,结果表明,老百姓最不满意的问题就是"过度检查"和"过度用药"。针对这种现象,《民法典》第 1227 条规定,医疗机构及其医务人员不得违反诊疗规范实施不必要的检查。

诊疗活动过程中,医务人员具体注意义务涉及三方面的内容:(1)问诊义务,即问诊是否充分。医务人员仅对患者进行简单询问是不够的,应当对患者的病情、病征等各个方面进行具体而详细的询问,否则,可以认定医务人员未尽注意义务。

(2)诊断义务，即医务人员是否尽到与当时医疗水平相应的诊断义务。诊断过程中医务人员的误诊并非都可判定为过失，而是该误诊是否尽到与当时平均医疗水平义务造成的。因为人体生理的复杂性及许多疾病在症状上的相似性常使医务人员难以一次性诊断正确。(3)治疗义务，即医务人员是否尽到与当时医疗水平相应的治疗义务。由于治疗措施本身就有一定的危险性，只有当此种医疗措施无必要或者在施行过程中有严重错误时，方能认定医务人员在治疗时未尽到注意义务。

### (三)如实填写、妥善保管和提供病历资料的义务

基于医疗机构及其医务人员的诊疗技术与保护患者隐私的考虑，医疗服务内容和过程是不公开的。因此，记录诊疗内容和诊疗过程的病历资料均由医务人员填写和制作。而病历资料又是医疗侵权诉讼中最为关键的证据，将直接导致医疗侵权诉讼的成败。由于医疗病历资料由医务人员制作，医疗服务内容和过程的不公开性的特点，决定了病历资料应当由医疗机构妥善保管，因此，法律应当在合理限度内赋予患者查阅和复制病历资料的权利，以平衡双方当事人的举证能力。医疗机构履行该义务的关键是病历资料的范围。《医疗机构病历管理规定》对“病历”作了界定：病历是指医务人员在医疗活动过程中形成的文字、符号、图表、影像、切片等资料的总和，包括门(急)诊病历和住院病历。同时，该规定还对“病历资料”作了进一步明确，规定医疗机构可以为申请人复印或者复制的病历资料包括：门(急)诊病历和住院病历中的住院志(即入院记录)、体温单、医嘱单、化验单(检验报告)、医学影像检查资料、特殊检查(治疗)同意书、手术同意书、手术及麻醉记录单、病理报告、护理记录、出院记录。病历资料是一系列医学文书资料的总和。从分类上说，病历包括门(急)病历和住院病历；从内容上说，病历包括体温单、医嘱单、化验单(检验报告)、医学影像检查资料、手术及麻醉记录单、病理报告、护理记录等一系列医学文书资料。因此，《民法典》第 1225 条规定，医疗机构及其医务人员应当按照规定填写并妥善保管住院志、医嘱单、检验报告、手术及麻醉记录、病理资料、护理记录等病历资料。患者要求查阅、复制病历资料的，医疗机构应当提供。

### (四)对患者的隐私保密的义务

由于患者的身体缺陷、健康状况、病史与其爱好、婚恋史等私人生活信息一样，构成患者隐私的内容，而医疗机构作为患者的身体缺陷、健康状况、病史了解者和掌握者，未经患者同意不得向外人披露此等私人生活信息，因此，《民法典》第 1226 条规定，医疗机构及其医务人员应当对患者的隐私保密。泄露患者的隐私和个人信息，或者未经患者同意公开其病历资料，应当承担侵权责任。

## 五、药品、消毒产品、医疗器械缺陷或者不合格血液输入的责任

《民法典》第1223条规定，因药品、消毒产品、医疗器械的缺陷，或者输入不合格的血液造成患者损害的，患者可以向药品上市许可持有人、生产者、血液提供机构请求赔偿，也可以向医疗机构请求赔偿。患者向医疗机构请求赔偿的，医疗机构赔偿后，有权向负有责任的药品上市许可持有人、生产者、血液提供机构追偿。

因药品、消毒药品、医疗器械属于产品范畴，医用产品的缺陷致人损害的侵权责任，可以适用《民法典》有关产品责任的规定。医用产品责任的立法精神与产品责任一致。

医疗机构为患者输入不合格的血液，是否与医用缺陷产品生产者、销售者承担相同的责任，在《侵权责任法》立法过程中存在很大的争议，争议焦点在于"血液"是否属于产品，不合格的血液是否属于"缺陷产品"。由于我国实行无偿献血制度，血液从血站经医疗机构到患者的费用和价格并不是通过商业化运作的，卫生部和发改委对于血站向医疗机构供应血液的价格（该价格包括血站采集、储存、分离、检验的费用）有严格控制，并确定了相应的临床用血收费标准，医疗机构按血站供应价格向血站支付费用，留取储血费和配血费，因此，血站向医疗机构提供血液，医疗机构向患者输入血液，均不以营利为目的。血液与以营利为目的的"产品"相比是不相同的。但立法机关考虑到，近年来因输血导致患者受到损害的事例时有发生，为了加强血站和医疗机构的责任感，履行适当的注意义务，将血液视为"产品"，采用拟制的立法技术，让提供血液的血站、输入血液的医疗机构承担与产品生产、销售者相同的法律责任，是立法机构的合理选择。医疗机构承担的产品责任，是不真正的连带责任。

## 六、医疗机构及其医务人员的合法权益的保护

当前，医患矛盾属于社会关注的焦点问题之一，近年来医疗纠纷明显增多。产生医患矛盾主要有以下几方面的原因：(1)由于医保制度的普及，老百姓就医看病呈明显上升趋势，门诊及住院量大幅度上升，而医疗机构由于多年来投入不足，导致其医疗条件有限，一时难以满足患者的就医需求，出现各种医患矛盾和纠纷。(2)部分患者对医学科学期望值过高，认为进了医院如同进了保险箱，个别患者对有些疾病无法治愈不理解，将矛盾转嫁给医院和医务人员，以至于产生医疗纠纷。(3)长期以来医疗卫生事业投入不足，导致医院不得不注重经济效益挣钱养人，患者对看病难、看病贵的意见很大，对医疗机构产生积怨，借以释放。(4)一些医院管理不到位，制度执行不严，一些医务人员医疗技术水平不高，业务素质及修养缺失，对患者人文关怀不够，缺乏医患沟通。

实践中，解决医疗纠纷的难点主要表现为以下几个方面：(1)医患双方信息不对称，导致医院取信患者难。医疗服务专业性很强，普通患者及其家属对出现医疗事故的原因无从分辨，不懂得如何取得对自己有利的证据，导致患方一开始就与医方处在完全不对等的位置，其举证和维权处于相对被动的地位。而部分医疗机构也存在为了维护自身利益，利用自身的强势地位，最大限度地减轻医疗责任，隐瞒部分医疗信息，使患方权利难以得到保证，引起患方对医疗机构的不信任，常常导致矛盾激化。(2)医疗纠纷取证难，导致责任认定难。由于医疗行为具有高度的技术性、专业性和复杂性，医疗行为未知数多，不可控因素多，又因为患者个体差异等因素，除少数事实可以由双方当事人自行认定外，大多数需要经医学鉴定作出。然而，对医疗事故鉴定的公正性一直受到患者的质疑，认为是“老子为儿子鉴定”，导致患者宁肯“医闹”也不信任医疗鉴定的现象发生。(3)患者对公正解决纠纷缺乏信心，一些患者及其家属不愿按法律程序解决问题。医疗事故处理有协商、调解和诉讼三种途径，但在实际操作中却遇到种种困难。由于医患双方缺乏信任，往往难以通过协商达成协议。由于患方认为卫生行政部门和医疗机构是“父子”关系，对卫生行政部门调解的公正性也存在顾虑，而不愿去调解。由于诉讼时间长、诉讼代理和申请鉴定成本高等原因，无论是患者还是医疗机构，都不倾向用诉讼方式处理纠纷。纠纷发生后，一些患者及其家属不愿按法律程序解决问题，而是采取动员亲属形成群体，一味采用“闹医”“闹访”的办法，甚至存在威胁医疗机构和侮辱、殴打医护人员等过激行为。社会上还存在一种“职业医闹”，哪里出了患者死亡、伤残的事情，他们就去找家属谈揽“生意”，然后纠集一些人找医院闹，闹来赔偿后与家属分成。对于该类事件，政府和卫生、司法部门也往往从维护社会稳定大局出发，本着息事宁人、息诉罢访的原则，采取医疗机构赔偿了事的办法，化解医疗纠纷，一定程度上给社会上造成了医疗纠纷“大闹大解决，小闹小解决”的认识，助长了患者家属闹医、闹访的心理倾向，给医疗单位造成了不同程度的负担。

为了解决这些问题，保障医疗机构及其医务人员的合法权益，《民法典》第1228条规定，医疗机构及其医务人员的合法权益受法律保护。干扰医疗秩序，妨害医务人员工作、生活，侵害医务人员合法权益的，应当依法承担法律责任。

## 七、免责事由

医疗损害责任的免责事由除一般免责事由外，根据《民法典》第1224条及其他相关法律法规的规定，还具有以下特殊免责事由：(1)患者或者其近亲属不配合医疗机构进行符合诊疗规范的诊疗；医疗机构或者医务人员也有过错的，应当承担相应的赔偿责任；(2)医务人员在抢救生命垂危的患者等紧急情况下已经尽到了合理的诊疗义务；(3)限于当时的医疗水平难以诊疗；(4)患者病情异常或者患者体质特殊；(5)在现有医学科学技术条件下，发生无法预料或不能防范的不良后果的。

## 第五节 环境污染和生态破坏责任

### 一、环境污染和生态破坏责任概述

#### (一)环境污染、生态破坏及其对人类的影响

环境通常是指影响人类生存和发展的各种天然的和经过人工改造的自然因素的总体,包括大气、水、海洋、土地、矿藏、森林、草原、野生生物、自然遗迹、人文遗迹、自然保护区、风景名胜区、城市和乡村等自然因素。环境污染是指由于人为的原因,致使对生态系统有害的物质进入环境后对生态系统造成的干扰和损害,从而影响人类健康和生产生活,影响生物生存和发展的现象。具体来说就是有害物质或有害因子进入环境,并在环境中发生扩散、迁移、转化,并与生态系统的诸要素发生作用,使生态系统的结构与功能发生变化,对人类以及其他生物的生存和发展产生不利影响。

环境污染除了给生态系统造成直接的破坏和影响外,污染物的积累和迁移、转化还会引起多种衍生的环境效应,给生态系统和人类社会造成间接危害。有时这种间接的环境效应的危害比当时造成的直接影响危害更大,也更难消除。温室效应、酸雨和臭氧层破坏就是由大气污染衍生出的环境效应。环境污染衍生的环境效应具有滞后性,污染时不易被察觉或预料到,一旦发生就表示环境污染已经发展到相当严重的地步。环境污染最直接、最容易被人所感受的后果是使人类生存环境的质量下降,影响人类的生活质量、身体健康和生产活动。例如城市的空气污染造成空气污浊,人们的发病率上升等,水污染使水环境质量恶化,饮用水源的质量普遍下降,威胁人的身体健康,引起胎儿早产或畸形等。严重的污染事件不仅带来健康问题,也造成社会问题。环境污染已经成为人类公害。

《侵权责任法》仅 4 个条文规定:(1)环境污染责任是无过错责任;(2)污染者的反证责任;(3)共同污染责任;(4)第三人过错引起的环境污染责任。《民法典·侵权责任编》增加规定了“生态破坏责任”,章名调整为“环境污染和生态破坏责任”,增加规定惩罚性赔偿、修复责任和生态环境损害赔偿等内容。

#### (二)环境污染和生态破坏责任的概念

行为人的环境污染行为,可能产生三种法律后果:一是有具体损害人,造成他人人身、财产损害的后果,为“私害”;二是没有具体损害人,造成单纯的生态功能损害的后果,为“公害”;三是两者兼而有之,既有私害又有公害。环境污染责任指污染者因环境污染行为对他人造成的人身、财产上的损害而应当承担的侵权赔偿责

任，是私法责任。生态破坏责任是指污染者因环境污染行为对“相对单纯的环境”污染造成的生态功能损害而应当承担的生态修复责任。过去的《民法通则》和《侵权责任法》仅规定了环境污染责任，《民法典》不仅规定了环境污染责任，而且规定了生态破坏责任。根据体系解释，污染者承担的生态修复责任，也是一种私法责任，是侵权责任。

## 二、环境污染责任

### （一）环境污染责任概述

从侵权纠纷角度研究环境污染责任，根据不同的污染源，应当适用不同的归责原则：居民之间的生活污染，主要由物权法规定的相邻法律关系来解决，适用过错责任；而企业的生产污染等污染环境的侵权行为，主要由侵权责任法、环境保护法、大气污染防治法、水污染防治法等相关法律调整，采用无过错责任。对于企业的生产污染适用无过错责任原则，可以促使各生产企业排放废物时增强责任感，从而加强保护生态环境和社会公众的人身、财产安全。

在侵权责任法立法过程中，对环境污染责任采用无过错责任的归责原则争议不大，究其原因，主要有三：(1)环境污染已经成为我国经济发展中最为突出的问题。环境问题关系到人民群众的切身利益，关系到人与自然和谐相处和经济社会永续发展的问题。而我国有些企业一方面大量开发和利用资源，获取高额利润，另一方面为节省成本大量排污，造成环境急剧恶化。环境污染责任采用无过错责任有利于追究侵权人的责任，促使其积极治理污染，预防和减少污染，保护环境。(2)现行的环境保护法律规定的环境污染责任的归责原则均采无过错责任原则。(3)环境污染责任采用无过错责任原则，是国际上通行的做法。

### （二）环境污染责任的构成要件

环境污染责任应当具备以下构成要件：

第一，行为人排放了污染环境的物质。在我国侵权责任法制定前，也有学者根据《民法通则》第124条之规定，认为污染物排放标准是通过权威部门科学合理检测确定的标准，超过此标准才构成对生态环境系统的破坏，否则很难说存在损害。因此，未超过标准的排污行为造成他人损害是难以成立的。也有学者认为，企业排放废物即使没有超过排放标准，但如果该排放行为造成他人损害，也应承担损害赔偿责任。因为污染排放标准只是环保部门决定排污单位是否需要交纳超标排污费和进行环保管理的依据，而不是确定排污单位是否承担赔偿责任的界限。[①]《民法

① 江平：《民法学》，中国政法大学出版社2000年版，第763～765页。

典》第1229条的规定就采纳了后一观点。

第二,造成他人人身或财产的损害。由于环境污染致人损害具有潜伏性和广泛性特点,因此,法院在认定受害人的损害时,不应给环境污染损害设定时间点。如果损害是由两个以上侵权人的排污行为造成的,法院在确定多个排污者的责任大小时,根据《民法典》第1231条的规定,责任主体"承担责任的大小,根据污染物的种类、浓度、排放量,以及行为对损害后果所起的作用等因素确定"。

第三,排污行为与损害结果之间存在因果关系。环境污染责任实行因果关系推定。由于环境污染行为的复杂性、渐进性和多因性,以及损害的潜伏性和广泛性等特点,其因果关系的证明要比一般侵权行为责任的因果关系困难得多。因此,法院在认定排污行为与损害之间的因果关系时,采取因果关系推定规则,如果侵权人不能证明不存在因果关系,应推定行为与损害之间存在因果关系。在举证责任方面,根据《民法典》第1230条的规定,"行为人应当就其行为与损害之间不存在因果关系承担举证责任",将排污行为与损害结果之间不存在因果关系的证明责任交由侵权人承担。

### (三)免责事由

《民法典》除规定了一般免责事由外,没有针对环境污染责任的免责事由特别作出规定。但根据环境保护法等环保法律规定,环境污染责任的免责事由主要有:

1.完全不可抗拒的自然灾害。可预见、可避免的自然灾害不能成为免责事由。

2.受害人过错。

3.战争行为。战争行为作为免责事由须具备以下两个先决条件:第一,仅适用于污染海洋,不适用于污染大气、污染水源等;第二,只有当事人采取了合理措施仍不能避免对海洋造成污染的,战争行为方可作为免责事由。

第三人过错是否为环境污染责任的免责事由,学者之间存在争议。有学者持肯定观点,并提出第三人过错构成免责事由应当具备以下三个条件才能适用:第一,当事人采取了合理措施仍不能避免污染损害的发生;第二,加害人须有确切证据证明第三人过错行为造成排污;第三,仅适用于对环境污染造成的损害和对水污染造成的损害,不适用于对大气污染造成的损害。本书认为,根据《民法典》第1233条规定,"因第三人的过错污染环境的,被侵权人可以向侵权人请求赔偿,也可以向第三人请求赔偿。侵权人赔偿后,有权向第三人追偿",侵权人对因第三人过错导致污染环境造成他人损害的侵权责任,承担不真正连带责任。第三人的过错并不能免除侵权人的环境侵权责任。

## 三、生态破坏责任

### (一)生态破坏责任概述

随着我国大面积土地污染修复,特别是对新出现的土地污染由行为人承担生态修复责任的情况出现,国家也出台了一些特别规范予以规定,在环境惨遭污染导致生态被破坏的情况下,生态修复责任逐渐成为一种独特的民事责任形式。生态环境修复对象不仅包括土壤,也包括水资源和大气环境。生态修复责任与民事责任中恢复原状责任之间是什么关系?前者是后者的一种特别责任形式还是两者并存于民事责任形式之中,有进一步探讨的必要。民法总则草案第一稿,依据部分学者和最高院的意见,并列规定了"恢复原状"和"修复生态环境"。有些学者,特别是环境法学者,认为"修复生态环境"是侵权人对国家的责任,是一种公法关系,应由环境法规定。恢复原状是恢复到损害发生之前的状态;而修复生态环境是恢复自然生态功能,与恢复到原来状态不同。最终通过的民法总则在"民事责任"一章中,并没有规定"修复生态环境"作为民事责任形式之一。《民法典》总则编对此仍然不作规定,而是在侵权责任编中与环境污染责任规定在一起,名为"环境污染和生态破坏责任"。本书认为,生态环境修复责任是恢复原状的一种特殊责任形式。第一,生态环境修复与恢复原状虽有不同,但其本质是相同的,即生态环境修复至被破坏前的生态功能。第二,生态被破坏与环境被污染均是侵权人的污染行为造成的后果,生态被破坏虽没有具体受害人,但生态环境总是指一定范围内的,比如某地空气被污染、水资源被污染、海域被污染,其破坏的生态总是一定范围内的,所以生态被破坏的范围内的任何人都有可能成为具体受害者,该范围内的人其实就是生态被破坏的区域内,在某种程度上予以特定化,公益诉讼越来越多的体现为民事诉讼形式。第三,从比较法观察,生态环境被破坏的修复责任的立法模式虽有不同,但都没有脱离私法的规范模式。如法国在2000年修改民法典时,将"纯粹环境损害"纳入民法典加以规定。

### (二)生态破坏责任的构成要件

生态破坏责任应当具备以下构成要件:

第一,侵权人实施了污染环境的行为。污染环境的行为包括大气污染、水污染、环境噪声污染、固体废物污染、海洋环境污染以及放射性污染等行为。实践中,生产企业的排放行为是否属于排污行为,要看该排放是否超标,如果超标则为排污行为,如果不超标原则上不属于排污行为。是否超标,通常需要由有关机构(环境监测部门)出具的检测报告予以证明。如果生产企业排放行为没有超标,符合排污标准,但客观上造成损害,生态被破坏,同样构成污染环境的行为。排放符合国家标准或地方标准，并不能作为侵权人减轻或者免除责任的理由。

第二，造成了生态被破坏环境受损害。生态破坏责任只有环境污染行为造成生态被破坏环境受损害的情况下，才可能产生侵权人的修复生态责任。

第三，污染环境的行为与生态被破坏环境受损害之间存在因果关系。根据《民法典》第 1230 条的规定，生态破坏责任实行因果关系推定，即国家规定的机关或者法律规定的组织无须证明污染行为与生态被破坏环境受损害之间存在因果关系，而是由污染者就其行为与环境受损害之间不存在因果关系负举证责任。生态破坏责任实行因果关系推定规则的理由，与环境污染责任相同，此处不再赘述。

### （三）生态破坏责任的承担

侵权人的排污行为造成生态被破坏环境受损害的后果，如何承担侵权责任？根据《民法典》第 1234 条的规定“违反国家规定造成生态环境损害，生态环境能够修复的，国家规定的机关或者法律规定的组织有权请求侵权人在合理期限内承担修复责任。侵权人在期限内未修复的，国家规定的机关或者法律规定的组织可以自行或者委托他人进行修复，所需费用由侵权人负担”，侵权人在合理期限内承担生态修复责任；在期限内未修复的，侵权人承担国家规定的机关或法律规定的组织自行或者委托他人进行修复所需费用。根据《民法典》第 1235 条的规定“违反国家规定造成生态环境损害的，国家规定的机关或者法律规定的组织有权请求侵权人赔偿下列损失和费用：（一）生态环境受到损害至修复完成期间服务功能丧失导致的损失；（二）生态环境功能永久性损害造成的损失；（三）生态环境损害调查、鉴定评估等费用；（四）清除污染、修复生态环境费用；（五）防止损害的发生和扩大所支出的合理费用”，侵权人还需要承担赔偿损失的责任。

## 四、环境污染和生态破坏责任的惩罚性赔偿

《民法典》第 1232 条规定：“侵权人违反法律规定故意污染环境、破坏生态造成严重后果的，被侵害人有权请求相应的惩罚金赔偿。”据此规定，本书认为，侵权人承担惩罚性赔偿责任应当遵循下列规则：第一，侵权人污染环境是出于故意。《民法典草案》审议过程中，有委员提出“过失”造成严重损害后果的，也应适用惩罚性赔偿，否则不利于对排污企业起到警示作用。但《民法典》并没有如此规定，说明立法机关对惩罚性赔偿制度的适用非常谨慎。第二，故意侵权行为不仅造成环境被污染，生态被破坏，而且造成严重后果。有学者主张，司法实践中对后果严重性的认定，可参照两高《关于办理环境污染刑事案件适用法律若干问题的解释》的相关

规定。[①] 第三，惩罚性赔偿的请求权人是被侵权人。第1232条将请求权主体限定为“被侵权人”，不包括国家规定的机关和法律规定的组织，与第1234条、第1235条规定的请求权主体不同。据此，本书认为，惩罚性赔偿只针对纯粹的私益诉讼，不包括公益诉讼。被侵权人的人身、财产权益造成严重后果系因侵权人故意实施污染环境、破坏生态的污染行为所致。第四，侵权人承担“相应的”惩罚性赔偿。“相应的”是模糊性的法律用语，需要司法机关根据具体个案的情况作出“相应的”惩罚性赔偿。国内外既有立法例中，有的以固定数额，有的以实际损害为基数计算惩罚赔偿数额，有的设定惩罚赔偿数额上限下限，这些做法均可供法院在作环境侵权惩罚性赔偿裁决时予以借鉴。

## 第六节　高度危险责任

### 一、高度危险责任的概念

高度危险责任，是指从事对周围环境有高度危险的作业或占有对周围环境有高度危险的物品对他人造成的人身或财产上的损害而承担的侵权责任。所谓“周围环境”，指作业人或作业物以外的，处于该危险作业及其所发生事故可能危及的范围内的一切人和财产。如铁路、高速公路沿线两旁一定范围内的居民和财产；机场周围的居民和财产；高压线路下的人和财产；飞机坠落地点一定范围内的居民和财产等。

如何确定高度危险作业的范围？学说上以损害发生的概率表明某项作业是否属高度危险作业。在理论和实践中，一般认为高度危险作业应当具备以下三个条件：一是该项作业本身具有高度的危险性；二是高度危险作业即使采取安全措施并尽到了相当的注意义务也无法避免损害的发生；三是不考虑高度危险作业人对造成损害是否有过错。《民法通则》第123条以列举的方式规定了七类高度危险作业：高空、高压、易燃、易爆、剧毒、放射性、高速运输作业。美国相关立法除了对高度危险作业进行抽象定义外，还确立了一些确认高度危险作业标准的具体因素。美国侵权行为法重述第519条规定，(1)从事某种高度危险作业行为，即使尽其最大注意，也应对其行为给他人造成的损害承担责任；(2)这一严格责任仅适用于那种使得行为具有高度危险性的损害或风险。第520条规定，决定某一行为是否为高度危险行为，宜考虑以下因素：(1)该行为对他人人身、财产是否具有高度危险；(2)该行为产生损害的概率；(3)通过合理注意是否能避免危险的发生；(4)该行为

---

① 刘辉：《民法典笔谈｜民法典侵权责任规定在环境检察公益诉讼中的适用》，载《检察日报》2020年7月5日。

是否为一常用的作业;(5)该行为实施地点是否为通常的地点;(6)该行为对公众的价值。

《侵权责任法》一反《民法通则》采用列举式的做法,通过第69条对高度危险责任作了一般规定:"从事高度危险作业造成他人损害的,应当承担侵权责任。"为什么选择采用"一般规定"方式,而不采用《民法通则》第123条的方式,将常见、典型的高度危险作业列举出来?主要是基于以下四点考虑:第一,采用列举方式难以将所有常见的高度危险作业全部列举出来,即使列举出来也可能使得条文显得烦琐;第二,列举方式在实践中容易让人产生误解,以为高度危险行为仅指列明的那几种;第三,错误的列举可能导致某些行为人承担不合理的责任;第四,《侵权责任法》第九章已经对运行民用核设施,使用民用航空器,占有或者使用易燃、易爆、剧毒和放射性等高度危险物,从事高空、高压、地下采掘活动,使用高速轨道运输工具等高度危险作业作了专门的规定,没有必要在一般规定中再列明这些高度危险作业的形式。该法第69条采用的"高度危险作业"的表述,是一个开放性的概念。

《民法典》继续沿用《侵权责任法》"一般规定"的做法。

## 二、高度危险责任的归责原则

高度危险责任以无过错为归责原则,学者对此无异议,《民法典》第1236条再次确定了无过错责任原则。高度危险作业责任适用无过错责任,其理论依据有风险说、公平说、遏制说、利益均衡说等学说。风险说认为,为自己利益而经营某项事业者应当承担由此产生的风险;公平说认为,从其所支配的物或作业中获得利益应对此产生的损害承担责任;遏制说认为,由事故原因的控制者承担责任,可以促使其采取危险防范措施,以遏制危险事故的发生;利益均衡说认为,适用无过错责任是为了实现损失的合理分配。其目的在于促使从事高度危险作业的组织提高责任心和不断改进技术安全措施,从而保障社会公众的人身、财产安全。由于我国司法实践中也普遍接受高度危险作业实行无过错责任,《民法典》的规定与我国已有的法律规定、实践相一致,也符合世界其他国家的主流做法,有利于迅速解决纠纷,及时救济受害人。

## 三、高度危险责任的构成要件

构成高度危险责任应当具备以下构成要件:第一,加害人从事对周围环境有高度危险的作业。该项作业行为与一般侵权行为不同的是,它不一定具有违法性,如火车高速运行造成他人损害;输送高压电的线路造成他人损害。第二,须造成他人人身或财产上损害的后果。最高院《民通意见》第154条规定:"从事高度危险作业,没有按有关规定采取必要的安全防护措施,严重威胁他人人身、财产安全的,人

民法院应当根据他人的要求，责令作业人消除危险”，该条司法解释规定有两个独特内容，一是高度危险责任构成不以损害为必要条件；二是承担侵权责任的方式不是赔偿损失，而是责令作业人消除危险。第三，高度危险作业与损害后果之间存在因果关系。是否存在因果关系，根据推定因果关系规则认定。

## 四、高度危险责任的免责事由探讨

《民法典》第1236条没有规定免责事由，是否意味着不存在免责事由？能否直接适用《民法典》规定的民事责任的一般免责事由和“侵权责任编”针对侵权责任的一般免责事由？学界通说认为，高度危险责任不能直接适用一般免责事由的规定。从理论上说，受害人的故意、不可抗力应当作为高度危险责任的一般免责事由。梁慧星先生根据《民法通则》第123条的规定，运用历史解释方法，认为高度危险责任的免责事由只有受害人故意，并不包括不可抗力、受害人过失及第三人过错。我国有些民事特别法规定了不可抗力作为某些高度危险作业的免责事由，如《铁路法》第18条、第58条。

然而，《民法典》第1243条规定：“未经许可进入高度危险活动区域或者高度危险物存放区域受到损害，管理人能够证明已经采取足够安全措施并尽到充分警示义务的，可以减轻或者不承担责任。”这是否为法定的高度危险责任的免责事由？值得探讨。有学者认为，由于高度危险责任的类型非常复杂，对于高度危险作业活动，作业人积极、主动地对周围环境实施了高度危险活动，作业人承担无过错责任。除积极主动的高度危险作业外，还有一类非积极主动实施对周围环境造成高度危险的活动，而是因其管理控制的场所、区域具有高度危险性，如果未经许可擅自进入该区域，则易导致损害发生。因此，对于此类非积极主动的高度危险活动区域或者高度危险物存放区域，承担过错推定责任。本书认为，与其如此晦涩地解释，不如将该规定理解为判断“受害人故意”的标准，即如果管理人在已经采取了足够安全措施并尽到充分警示义务的前提下，受害人未经许可擅自进入高度危险活动区域或者高度危险物存放区域的，其主观上存在故意。如受害人不听管理人劝阻，一意孤行擅自进入高度危险区域，可认定为直接故意；如看到警示标志，未经许可，超过安全措施进入高度危险区域，可认定为间接故意。受害人直接故意的，免除管理人责任；受害人间接故意的，减轻管理人责任。

## 五、各类高度危险责任

### （一）高度危险责任的类型

《民法典》规定的各类高度危险责任，本书归为两大类。

1.高度危险物品责任。高度危险物品责任是指因某种设施或某种物品具有造成他人损害的高度危险性,从而使该设施和物品的所有人、管理人、占有人,甚至经营者承担的无过错责任。根据《民法典》第1237条、第1238条、第1239条的规定,高度危险物责任包括:民用核设施致害责任,民用航空器致害责任和易燃、易爆、剧毒、高放射性、强腐蚀性、高致病性等高度危险物致害责任三种。

2.高度危险活动责任。高度危险活动责任是指因某种活动具有造成他人损害的高度危险性,从而使从事该活动的民事主体承担的无过错责任。《民法典》也规定了三种高度危险活动责任,一是第1240条规定的"高空、高压、地下挖掘活动或者使用高速轨道运输工具致害责任";二是第1241条规定的"遗失、抛弃高度危险物致害责任";三是第1242条规定的"非法占有高度危险物致害责任"。

### (二)民用核事故责任

核科学技术的发展和核能的和平利用是20世纪人类最伟大的成就之一。自核工业形成以来,核电保持了良好的运行安全记录。总的来说,核能是一种安全、经济、清洁的能源。尽管核事故发生的概率很小,但核电站一旦发生核事故,其后果极为严重,如1968年的图勒核事故、1979年的三里岛核事故、1986年的切尔诺贝利核泄漏事故、1987年的戈亚尼亚核事故、1999年的东海村核事故、2011年的福岛核泄漏事故等核事故,都造成了十分严重、可怕的后果。因此,针对民用核设施,必须采取最严格措施保证核设施安全稳定地运行。我国一直十分重视核安全管理,已经建立起一套比较完善的核安全管理法律体系,但关于核设施发生核事故的民事责任,在法律层面上规定得较为原则。2007年,国务院针对核事故损害赔偿责任,向国家原子能机构作出《国务院关于核事故损害赔偿责任问题的批复》。该批复对核损害赔偿责任的主体、归责原则、赔偿限额等问题作了规定。《民法典》第1237条也对民用核事故责任作出规定:"民用核设施或者运入运出核设施的核材料发生核事故造成他人损害的,民用核设施的营运单位应当承担侵权责任;但是,能够证明损害是因战争、武装冲突、暴乱等情形或者受害人故意造成的,不承担责任。"

1.民用核事故责任的概念。民用核事故是指民用核设施或者运入运出核设施的核材料发生了意外情况,造成放射性物质外泄,致使工作人员和公众受到超过或相当于规定限值的放射性物质照射,造成他人损害的,民用核设施的营运单位所承担的侵权责任。核设施,根据放射性污染防治法的规定,是指核动力厂和其他反应堆,核燃料生产、加工、贮存和后处理设施,放射性废物的处理和处置设施,等等,包括民用核设施和军用核设施。

2.民用核事故责任的构成要件。构成民用核事故责任应当具备以下要件:(1)发生了核事故。(2)在民用核设施内发生了核事故。如果在军用核设施内发生了核事故,造成了他人损害的,则依据其他法律规定进行国家赔偿或补偿。(3)造成

了他人损害的后果。(4)核事故与损害后果之间存在因果关系。是否存在因果关系由侵权人证明。民用核事故责任适用无过错责任原则。

3.免责事由。根据《民法典》第1237条的规定，民用核事故责任的免责事由有：(1)战争、武装冲突、暴乱等情形；(2)受害人故意。不可抗力、第三人过错等不作为核事故责任的免责事由，符合国际上通行做法。

4.责任方式和限额。民用核设施的营运单位就核事故所承担的民事责任，不仅仅是损害赔偿责任，还应当承担污染环境责任和修复生态责任。由于核事故对周围环境带来很大的危害，破坏一定区域的生态，因此，民用核设施营运单位不仅应在事后向受害人进行损害赔偿，而且在整改时就应当积极采取停止侵害、消除危险、修复生态等措施，并开展积极救助受害人的活动。为了兼顾核工业的正常发展和保护受害人的权益，国际通行做法是通过立法规定核事故的赔偿限额。2007年我国国务院的批复规定，核电站的营运者对一次核事故所造成的核事故损害的最高赔偿额为3亿元人民币。核事故损害的应赔总额超过规定的最高赔偿额的，国家提供最高限额为8亿元人民币的财政补偿。《民法典》第1244条规定："承担高度危险责任，法律规定赔偿限额的，依照其规定，但是行为人故意或者重大过失的除外。"

### (三)民用航空器致害责任

1.民用航空器致害责任的概念。航空器是指通过空气的反作用，而不是由对地面发生的反作用，在大气中取得支承的任何机器，主要包括固定翼飞机、滑翔机、直升机等飞机，以及热气球、飞艇等。民用航空器是指除用于执行军事、海关、警察飞行任务以外的航空器。民用航空器致害责任，是指因民用航空器致使他人受到损害，民用航空器经营者所承担的侵权责任。《民法典》第1238条规定："民用航空器造成他人损害的，民用航空器的经营者应当承担侵权责任；但是，能够证明损害是因受害人故意造成的，不承担责任。"

2.民用航空器致害责任的构成要件。民用航空器致害责任的构成要件主要有以下几个：(1)发生了航空器坠落、爆炸等事故。(2)发生事故的航空器从使用用途上看是民用的。如果执行军事、海关、警察飞行任务发生了事故，造成了他人损害，则依据其他法律规定进行国家赔偿或补偿。(3)造成了损害后果。(4)民用航空器坠落、爆炸等事故与损害后果之间存在因果关系。是否存在因果关系由侵权人证明。民用航空器致害责任适用无过错责任，不需要被侵权人主张并证明侵权人是否有过错。

3.免责事由。根据《民法典》第1238条的规定，民用航空器致害责任的免责事由只有"受害人故意"一项。

(四)高度危险物致害责任

1.高度危险物致害责任的概念。近年来,我国因烟花爆竹爆炸、矿山瓦斯爆炸、危险化学品泄漏等因高度危险物品致人伤亡的重大事故时有发生,因此有必要对高度危险物品致人损害责任在高度危险责任中单独规定。《民法典》第1239条规定:"占有或者使用易燃、易爆、剧毒、高放射性、强腐蚀性、高致病性等高度危险物造成他人损害的,占有人或者使用人应当承担侵权责任;但是,能够证明损害是因受害人故意或者不可抗力造成的,不承担责任。被侵权人对损害的发生有重大过失的,可以减轻占有人或者使用人的责任。"

根据《危险货物分类和品名编号》的规定,危险物是指具有爆炸、易燃、毒害、感染、腐蚀、放射性等危险特性,在运输、储存、生产、经营、使用和处置中,容易造成人身伤亡、财产损毁或环境污染而需要特别防护的物质和物品。《民法典》第1239条规定的高度危险物与《危险货物分类和品名编号》规定的"危险货物"相比,其要求更高(如"高"放射性、"强"腐蚀性),范围更广(包括了高致病性)。

高度危险物致人损害责任,是指占有人、使用人因占有、使用易燃、易爆、剧毒、高放射性、强腐蚀性、高致病性等高度危险物造成他人损害所应当承担的侵权责任。"占有"和"使用"包括生产、储存、运输高度危险物,以及将高度危险物作为原料或工具进行生产等行为。因高度危险物具有易爆、易燃、易毒害、易感染、易腐蚀、高放射性、强腐蚀性、高致病性等危险特性,因此高度危险物的占有人或使用人必须采取可靠的安全措施,避免高度危险物造成他人损害。

2.高度危险物致害责任的的构成要件。构成高度危险物致人损害责任应当具备以下条件:(1)造成了他人损害;(2)他人损害是因高度危险物发生爆炸、燃烧、毒害、感染、腐蚀、放射性等原因所造成;(3)责任主体是高度危险物的占有人或者使用人,而不是所有人。《民法典》之所以如此规定,原因在于占有人、使用人是高度危险物即高度危险源的实际控制者,且一旦发生事故后,占有人或者使用人能够迅速采取有效措施,组织抢救,防止事故扩大,以尽量减少人员伤亡和财产损失。

3.免责事由。《民法典》第1239条规定了高度危险物致人损害责任的免责事由有:(1)受害人故意;(2)不可抗力。该条规定的减轻责任的事由是被侵权人对损害的发生有重大过失。

4.遗失、抛弃高度危险物致人损害的责任。高度危险物的所有人或者管理人应当严格按照有关安全规范,对其占有、使用的高度危险物进行储存或者处理。如果违反有关安全规范规定,抛弃或遗失高度危险物,造成他人损害的,根据《民法典》第1241条的规定,由所有人承担侵权责任。如果所有人将高度危险物交由他人管理的,由管理人承担侵权责任,因为,此时的高度危险物的管理人是高度危险源的实际控制者。所有人有过错的,与管理人承担连带责任。所有人将高度危险物交由他人管理,应当选择有相应资质的管理单位,并如实说明高度危险物的名

称、性质、数量、危害、应急措施等情况。所有人如果未尽选任管理人的义务或者未尽向管理人如实说明有关情况的义务，即有过错。所有人应当就管理人因抛弃、遗失高度危险物造成他人的损害，与管理人承担连带责任。

这里的侵权责任不仅仅是对受害人的赔偿责任，还包括积极采取补救措施，立即将抛弃的高度危险物妥善回收，防止损害扩大，或者立即组织力量追查寻找遗失的高度危险物，采取一切可能的警示措施。同时，还要立即报告公安、环保等有关主管部门并配合采取应急措施。

5.非法占有高度危险物造成致人损害的责任。在现实生活中，有些储存、使用高度危险物的所有人或者管理人的安全措施不到位，导致高度危险物被盗，对周围的人民群众的生命健康和财产安全产生巨大威胁，甚至造成了人员伤亡事故。因此，《民法典》第 1242 条规定："非法占有高度危险物造成他人损害的，由非法占有人承担侵权责任。所有人、管理人不能证明对防止他人非法占有尽到高度注意义务的，与非法占有人承担连带责任。"非法占有是指通过非法手段将他人物品进行管领和控制。非法手段主要有盗窃、抢劫、抢夺等非法形式。高度危险责任的基本原则是高度危险源由谁控制，责任就应当由谁承担。非法占有人实际控制了高度危险物（即危险源），侵权责任由非法占有人承担。但是，如果所有人或管理人未妥善保管高度危险物，导致高度危险物被非法流出的，在法律上应当认定所有人或管理人未尽到高度注意义务而具有过失，应当与非法占有人承担连带责任。

### （五）高度危险作业致害责任

1.高度危险作业致害责任的概念。高度危险作业的范围，根据《民法典》第 1240 条的规定，包括高空作业、高压作业、地下挖掘作业和使用高速轨道运输工具四种。高空作业，又称为高处作业，根据高处作业标准规定，是指凡距坠落高度基准面 2 米及其以上，有可能坠落的在高处进行的作业。坠落高度基准面是指从作业位置到最低坠落着落点的水平面。坠落高度是指从作业位置到坠落高度基准面的垂直距离。高空作业在实践中很常见，包括高层建筑施工、在建筑物顶部安装广告牌、对高层建筑物表面进行清洁工作等，都属于高空作业。操作民用航空器不属于高空作业，在民用航空器飞行中坠落的物体造成地面人员损害的，适用《民用航空法》有关规定和《民法典》第 1238 条的规定，并非第 1240 条。高压作业，根据 2001 年《最高人民法院关于审理触电人身损害赔偿案件若干问题的解释》，是指从事 1 千伏以上的电压作业。地下挖掘作业是指从事在地表下一定深度进行挖掘行为的作业，如地下采矿作业、地下施工作业、城市隧道施工作业，等等。高速轨道运输工具包括在铁路、地铁、轻轨、磁悬浮等轨道上高速运行的机动车。

高度危险作业致害责任，是指从事高空作业、高压作业、地下挖掘作业和使用高速轨道运输工具，造成他人损害，经营者应当承担的侵权责任。

2.免责事由。根据《民法典》第 1240 条的规定，高度危险作业致害责任的免责事由主要有:(1)受害人故意;(2)不可抗力。减轻责任的事由是被侵权人的过失。法律之所以规定不可抗力和被侵权人的过失成为高度危险作业致害责任的免责或减责事由,其原因有二:一是从事高空、高压、地下挖掘活动或者使用高速轨道运输工具等高度危险作业,与使用民用核设施、民用航空器和高度危险物相比,其危险性稍低;二是高度危险作业已经成为人们生产、生活中不可或缺的部分,如乘地铁上班、高空建设施工作业、高压电的运输、自然矿物质的采掘作业,人们对这些行业的依存度远高于对民用核设施、民用航空器和高度危险物的依存度。如果让这些从事高度危险作业的经营者在被侵害人有过失的情况下承担全部责任,则可能给他们带来沉重负担,不利于这些企业的发展。

## 第七节 饲养动物损害责任

### 一、饲养动物损害责任的概念

饲养动物损害责任指饲养的动物造成他人人身、财产损害的,动物饲养人或管理人所承担的民事责任。《民法典·侵权责任编》第九章第1245条至第1251条共7个条文规定了饲养动物损害责任。在各类侵权行为中,饲养动物致人损害责任是一种特殊的责任形式,其特殊性表现在它是一种间接侵权而引发的直接责任。其加害行为是人的行为与饲养动物动作的复合。人的行为是指人对动物的占有、饲养和管理,动物的动作是直接的致人损害的动作。人的行为与动物的动作相结合,才能构成侵权行为。

### 二、饲养动物损害责任的归责原则

关于饲养动物损害责任的归责原则,《民法典》秉承《侵权责任法》的规定,采用无过错责任。根据第1245条规定,饲养的动物造成他人损害的,动物饲养人或者管理人应当承担责任,无论饲养人、管理人是否存在过错。该条虽然规定了饲养人、管理人的无过错责任,但存在责任人免责或者减轻责任的法定事由,即被侵权人故意或重大过失。第1246条规定,在饲养人、管理人有"违反管理规定,未对动物采取安全措施"过失的情况下,没有免责事由,被侵权人的故意也降格为减轻责任事由。第1247条规定,动物饲养人、管理人饲养、管理的是"禁止饲养的烈性犬等危险动物"致人损害的,承担无过错责任,且不存在免责事由和减轻责任事由,是最严格的侵权责任。第1248条规定了动物园的动物致人损害的侵权责任。根据该规定,动物园的动物造成他人损害的,动物园应当承担侵权责任;但是,能够证明尽到管理职责的,不承担责任。动物园的责任是过错推定责任,而非无过错责任。

第 1249 条规定，遗弃、逃逸的动物在遗弃、逃逸期间造成他人损害的，动物原饲养人、管理人承担侵权责任，是无过错责任。

因此，《民法典》规定的饲养动物损害责任的归责原则有二，即动物园的过错推定责任和其他责任主体的无过错责任。

## 三、饲养动物损害责任的构成要件

构成饲养动物致人损害责任应当具备以下要件：

1.须为饲养的动物。如果不是饲养的动物，而是野生动物，则不能适用《民法典・侵权责任编》第九章的规定，而是适用其他的相关法律。如何界定饲养的范围？如某山里人每天准时给野猪喂养食物，该野猪偶尔会去糟蹋附近农民的农作物。该山里人是否承担动物损害责任？自然保护区内的动物是否为饲养动物？在国家森林公园内的动物是否为饲养动物？饲养的动物逃离、迷失至何种程度，才不算"饲养"？有人认为，不管是什么性质的动物，只要是人工饲养的动物，均包括在内；有人认为，饲养的动物既应包括以食用、谋利为目的的动物，也应包括以观赏为目的的动物；有人认为只要属于在人的控制下，主要依靠人的供给食物生存的动物，都应包括在这个范围内。判断动物是否为饲养，张新宝教授提出了四条标准：第一，它为特定人所有或占有，即它为特定人所饲养或管理状态。依此，野生状态的动物不属于。第二，饲养者或管理者对动物具有适当程度的控制力。依此，自然保护区的野兽不属于。第三，该动物依其自身的特性，有可能对他人的人身、财产造成损害的。依此，养在鱼缸里的金鱼不属于。第四，该动物为家畜、家禽、宠物或驯养的野兽、爬行类动物等。① 此标准有借鉴意义。

2.动物基于本能致害他人。须注意的是，动物致害是指动物出于本能致人损害。如果动物被利用成为侵害他人权益的工具，则不适用本规定，而是根据一般侵权责任规定来认定其侵权责任。如甲饲养的动物因带有传染病菌，导致该病菌传染到乙，损害乙身体健康。乙的损害是否为动物致害？再如患有口蹄疫的牛将口蹄疫传染到其他牛群；带有狂犬病毒的狗或猫咬伤他人并传染狂犬病；被侵权人的损害是否为动物致害？本书认为，应当视具体情况而定，即他人受损是否经过中间的传播媒介（如动物撕咬），是否因外界因素所致。如果没有经过中间传播媒介，没有外界因素介入，则为动物致害；否则，不属于动物致害。另外，被动物的外貌、声音等外部特征所惊吓是否属于动物致害？如甲喂食动物园的老虎时，老虎突然大吼一声，导致甲受到惊吓，能否认定为动物致害？这是难以回答的问题，学界对此争议较大。本书采否定说。理由是一般人对被饲养的动物有基本认识，特别是动物的外貌特征（包括声音），所以某人准备接触某动物就应当有相应的心理准备，以

---

① 张新宝：《中国侵权行为法》，中国社会科学出版社 1998 年第 2 版，第 551 页。

免受该动物惊吓。另外，动物的喜怒哀乐并不能为其所有人或管理人所左右。

3.有他人受损害的事实。

4.动物致害动作与损害后果之间具有因果关系。

动物园对饲养的动物致人损害的动作存在过错时，承担侵权责任。该过错无需被侵权人证明，而是由动物园证明自己没有过错，即证明自己尽到了管理职责。

## 四、责任人

在动物致害责任的赔偿法律关系中，当事人包括受害人和责任人。责任人是动物的所有人、管理人、非法占有人。本书认为，非法占有人也应成为责任人。因为非法占有人是有过错的第三人，根据《民法典》第1250条的规定，应当是赔偿义务主体。受害人也可以向动物所有人或管理人请求赔偿，动物所有人或管理人赔偿后，有权向非法占有人追偿。如动物的偷窃者、抢劫者、抢夺者等，对偷窃、抢劫、抢夺的动物致人损害应承担赔偿责任。

动物饲养人遗弃动物或者动物逃逸，在动物遗弃、逃逸期间造成他人损害的，根据《民法典》第1249条的规定，原动物饲养人或管理人是责任人。如何认定遗弃或逃逸？本书认为，如果饲养的动物本性是野生动物，遗弃是指将该动物弃之于不适于其生存的地方或环境，否则不能认定为遗弃，而是放生。野生动物不存在逃逸问题，因为本性是野生动物的，一旦逃离饲养人或管理人，饲养人或管理人已经丧失了对它的控制，根据《野生动物保护法》的相关规定，该动物应当属于国家。对于本性是家养动物的，将该动物弃之于任何地方或环境，均应认定为遗弃；只要不在饲养人或管理人控制范围内就应认定为逃逸。

因第三人过错，致使动物造成他人损害的，根据《民法典》第1250条的规定，责任人是第三人和动物饲养人或者管理人。其中，第三人是最终责任人，动物饲养人或管理人是不真正连带责任人。不真正连带责任人承担赔偿责任后，有权向最终责任人追偿。

## 五、免责事由

动物致人损害的责任，责任人的免责事由包括：不可抗力、受害人过错和约定的免责事由。约定的免责事由，如动物的所有人或管理人与驯兽师、兽医等专业服务人员之间约定的免责事由。当然，与非专业服务人员之间约定的免责事由是无效的。

## 第八节 物件损害责任

### 一、建筑物等物件损害责任

#### (一)建筑物等物件损害责任的概念

建筑物等物件损害责任是指建筑物、构筑物或者其他设施及其搁置物、悬挂物发生脱落、坠落,或者建筑物、构筑物或者其他设施发生倒塌,造成他人人身、财产上损害,其所有人、管理人或使用人所承担的侵权责任,或者建设单位与施工单位所承担的连带责任。《民法典》第1252条规定:"建筑物、构筑物或者其他设施倒塌、塌陷造成他人损害的,由建设单位与施工单位承担连带责任,但是建设单位与施工单位能够证明不存在质量缺陷的除外。建设单位、施工单位赔偿后,有其他责任人的,有权向其他责任人追偿。因所有人、管理人、使用人或者第三人的原因,建筑物、构筑物或者其他设施倒塌、塌陷造成他人损害的,由所有人、管理人、使用人或者第三人承担侵权责任。"第1253条规定:"建筑物、构筑物或者其他设施及其搁置物、悬挂物发生脱落、坠落造成他人损害,所有人、管理人或者使用人不能证明自己没有过错的,应当承担侵权责任。所有人、管理人或者使用人赔偿后,有其他责任人的,有权向其他责任人追偿。"

关于建筑物等物件损害责任,《侵权责任法》与《民法通则》的规定相比,不同之处在于:《侵权责任法》就建筑物及搁置物、悬挂物等物件脱落、坠落的原因和建筑物等物件倒塌的原因区分开来,用两个条文分别规定了不同的责任人,承担不同形式的责任。《侵权责任法》之所以区分建筑物倒塌与脱落、坠落的不同责任,原因在于建筑物倒塌严重危害人民群众的人身、财产安全,对此作出严格规定,有助于促使建设单位、施工单位提高建设工程的质量,杜绝"豆腐渣"工程,保障人民群众的生命和财产安全。《民法典》第1252条的规定与《侵权责任法》第86条的规定相比,改变不大,只是在第2款中明确规定了"其他责任人"的范围,即所有人、管理人、使用人或者第三人。

建筑物等物件包括建筑物、构筑物、附属设施、其他设施及其搁置物、悬挂物,不包括堆放物。理由一是根据《民通意见》第155条规定,因堆放物品倒塌造成他人损害的,当事人均无过错,应当根据公平原则酌情处理。而《民法典》第1255条规定的堆放物倒塌、滚落、滑落致人损害的责任,采取过错推定责任,即堆放人应当证明自己没有过错才承担责任。理由二是《民法典》第1255条专门规定了堆放物损害责任,第1256条规定了在公共道路上堆放物品损害责任。因此,建筑物等物件并不包括堆放物。建筑物等物件是否包括在建筑物内，但与建筑物没有关系的物件（如房屋内的烟灰缸、锅、碗、瓢、盘、盆）？即“建筑物上的搁置物或悬挂物”能否作扩张解释，解释为包括“在建筑物内但与建筑物本身没有关系的物件”？根据《民法典》第1254条的规定，不能作扩张解释，因为该条对建筑物内的不明抛掷物、坠落物作了专门规定，不能适用第1253条的规定。公路、街道两旁的树木是否可以解释为“其他设施”？我国有学者主张将公路管理段解释为管理者，将公路、街道两旁的树木解释为“其他设施”。[①] 本书对此持相反意见，因为公路、街道两旁的树木致人损害的责任，可以适用《民法典》第1257条规定的林木折断致人损害责任。侵权事实是否仅限于“倒塌、脱落和坠落”？在此可以采扩张解释，应包括其他可能造成他人损害的侵权事实。如索道断裂、表面塌陷等事实。

### （二）建筑物等物件损害责任的归责原则

建筑物等物件损害责任采用了过错推定责任与无过错责任的混合责任的归责原则：第1253条规定的建筑物等物件因脱落、坠落致人损害的责任采过错推定责任原则；第1252条规定的建筑物等物件因倒塌致人损害的责任采无过错责任原则。

### （三）建筑物等物件致害责任的构成要件

构成建筑物等物件致害责任应当具备以下构成要件：

1.须具有建筑物等物件发生移位的事实。

2.须有造成他人人身或财产上损害的事实。

3.建筑物等物件移位与损害之间存在因果关系。

所有人、管理人或使用人对建筑物等物件发生脱落、坠落等方式的移位有过错（法律推定）。所有人、管理人或使用人能够证明自己已经采取相应措施，是否达到无过错的证明标准？显然不能，因为建筑物等物件发生移位事实本身，有力地证明所有人、管理人或使用人所采取的安全措施未达到消除危险的标准。所有人、管理人或使用人必须证明建筑物或其物件移位系因不可抗力等原因造成，才能达到自己没有过错的证明标准。如窗户已经关了是否能证明户主对窗户上的玻璃破碎致人损害没有过错？当然不能。所有人必须证明窗户已插上插销和玻璃达一定强度，玻璃破碎系因狂风吹破所致。

如果建筑物等物件因倒塌原因移位而造成他人人身或财产上损害，被侵权人无须证明责任人是否有过错，即使责任人能够证明自己没有过错，建设单位与施工单位也应承担连带侵权责任。

---

① 张新宝：《中国侵权行为法》，中国社会科学出版社1998年第2版，第449页。

(四)责任人

根据《民法典》第1252条和第1253条的规定:(1)建筑物等物件因倒塌的原因致人损害的,责任人是建设单位和施工单位。(2)建筑物等物件倒塌因所有人、管理人、使用人或者第三人原因造成的,责任人是所有人、管理人、使用人或者第三人。建设单位和施工单位是不真正连带责任人,建设单位和施工单位赔偿后,有权向其他责任人追偿。(3)建筑物等物件因脱落、坠落的原因致人损害的,责任人是建筑物等物件的所有人、管理人和使用人。(4)建筑物等物件脱落、坠落是因第三人原因造成的,最终责任人是第三人,建筑物等物件的所有人、管理人和使用人是不真正连带责任人。

(五)免责事由

建筑物等物件损害责任的免责事由包括不可抗力和受害人过错。

## 二、不明抛掷物或坠落物致人损害的补偿

(一)不明抛掷物或坠落物致人损害的补偿的概念

不明抛掷物或者坠落物致人损害的补偿,是指从建筑物中抛掷物品或者从建筑物上坠落的物品,造成他人人身、财产损害的,且难以确定具体侵权人,由可能加害的建筑物使用人给予补偿。实践中,建筑物中不明抛掷物、坠落物致人损害的情况时有发生,比较典型的有"重庆烟灰缸案""济南菜板案"和"深圳玻璃案"。在《侵权责任法》对此加以规定之前,没有任何法律对此加以规定,实践中不同的法院对案件的处理结果也大相径庭:在"重庆烟灰缸案"中,法院根据过错推定原则,判决24户居民中的不能证明自己没有抛掷烟灰缸的22户居民分担16万余元的赔偿责任;而在"济南菜板案"中,法院根据《民事诉讼法》第108条第2款的规定,认为原告在起诉中无法确定致原告母亲死亡的加害人,缺乏明确的被告,裁定驳回起诉。为了解决这一困扰司法实践多年的难题,填补受害人的损失,体现侵权责任法"促进社会和谐稳定"的立法目的,该法第87条规定:"从建筑物中抛掷物品或者从建筑物上坠落的物品造成他人损害,难以确定具体侵权人的,除能够证明自己不是侵权人的外,由可能加害的建筑物使用人给予补偿。"

在此基础上,《民法典》第1254条进一步规定,"禁止从建筑物中抛掷物品。从建筑物中抛掷物品或者从建筑物上坠落的物品造成他人损害的,由侵权人依法承担侵权责任;经调查难以确定具体侵权人的,除能够证明自己不是侵权人的外,由可能加害的建筑物使用人给予补偿。可能加害的建筑物使用人补偿后,有权向侵权人追偿。物业服务企业等建筑物管理人应当采取必要的安全保障措施防止前款

规定情形的发生;未采取必要的安全保障措施的,应当依法承担未履行安全保障义务的侵权责任。发生本条第一款规定的情形的,公安等机关应当依法及时调查,查清责任人。"《民法典》第1254条与《侵权责任法》第87条规定相比,增加了三个方面的内容:一是确定了责任人,即侵权人和物业服务企业。侵权人是建筑物的所有人或者使用人。物业服务企业等建筑物管理人承担未履行安全保障义务范围内的侵权责任。二是确定了可能加害的建筑物使用人补偿后的追偿权。建筑物使用人补偿后,有权向侵权人追偿。三是要求公安等机关应当依法及时调查,查清责任人。

### (二)不明抛掷物或坠落物致人损害的补偿的构成要件

建筑物使用人承担不明抛掷物或坠落物致人损害的补偿义务,应当具备以下条件:

1.物件须为建筑物中的不明抛掷物、坠落物,且该物件与建筑物没有物理或结构上的联系。如果物件与建筑物存在物理上或结构上的联系,则适用《民法典》第1253条的规定。本条规定能否对"建筑物"进行扩张解释,将"建筑物"解释为包括"建筑物、构筑物或者其他设施"? 本书认为不能进行扩张解释。

2.须有造成他人人身、财产上损害的事实。

3.不明抛掷物或坠落物与损害之间存在因果关系。

4.难以确定具体侵权人。如果能够确定具体侵权人的,由侵权人依法承担侵权责任。

5.补偿义务人是可能加害的建筑物使用人。可能加害的建筑物使用人是该建筑物内所有可能实施加害行为的人。补偿义务人不承担补偿义务的前提是能够证明自己不是侵权人。

在此需要说明的是,补偿义务人的补偿义务仅限于侵权人应当承担的那部分侵权责任,不包括物业服务企业等建筑物管理人未履行安全保障义务的侵权责任。

## 三、堆放物倒塌损害责任

堆放物是指堆放在土地上或其他地方的物品,它并非固定或半固定在其他物体上,如堆放的砖块、木头。堆放物"倒塌"与建筑物等物件"倒塌"不同,是指堆放物整体倒塌和部分脱落、坠落、滑落、滚落等。堆放物倒塌损害责任是指堆放物发生整体倒塌或部分脱落、坠落、滚落、滑落,造成他人人身、财产损害,堆放人所承担的责任。

堆放物倒塌损害责任,根据《民法典》第1255条规定"堆放物倒塌、滚落或者滑落造成他人损害,堆放人不能证明自己没有过错的,应当承担侵权责任",属于过错推定责任。

## 四、妨碍通行物损害责任

妨碍通行物损害责任是指在公共道路上堆放、倾倒、遗撒物品妨碍他人通行且造成他人人身、财产上损害，由行为人所承担的侵权责任。公共道路是指任何供机动车、人或家畜通行的道路，包括广场、停车场等可供通行的场地、建筑区划内属于业主共有但允许不特定的公众通行的道路。行为人主要是指堆放、倾倒、遗撒妨碍通行物的单位或个人，也包括因疏于对物品的管理或者疏于对公共道路的管理和维护，导致物品妨碍公共道路通行的单位或个人，如因行为人没有将运输货物束紧导致撒落，运输人和对公共道路负有管理维护义务的单位或个人均应对该撒落物品致人损害承担责任。为了保障公共道路良好的通行使用状态，《公路法》等有关法律规定，公共道路的管理维护者要及时发现道路上出现的妨碍通行的情况并采取合理措施。

妨碍通行物致人损害责任，根据《民法典》第 1256 条规定“在公共道路上堆放、倾倒、遗撒妨碍通行的物品造成他人损害的，由行为人承担侵权责任。公共道路管理人不能证明已经尽到清理、防护、警示等义务的，应当承担相应的责任”，属于无过错责任。公共道路管理人承担过错推定责任，在证明自己尽到清理、防护、警示等义务的情况下，没有过错，不承担侵权责任。

## 五、林木折断损害责任

林木折断损害责任是指因林木折断、倾倒，树枝坠落等原因，造成他人人身、财产损害，林木所有人或者管理人承担的侵权责任。根据《森林法》等法律的规定，林木的所有人或者管理人应当对林木进行合理的维护，以防止林木出现危害他人安全的情形，如及时修剪树枝或采伐干枯的树木，及时清理树枝上的积雪，及时采摘成熟的果实等，在林木出现可能危害他人的安全的情形时，要设置明显标志并采取相应的安全措施。

林木折断损害责任，根据《民法典》第 1257 条规定“因林木折断、倾倒或者果实坠落等造成他人损害，林木的所有人或者管理人不能证明自己没有过错的，应当承担侵权责任”，属于过错推定责任。

## 六、地面施工或地下设施损害责任

### (一)地面施工或地下设施损害责任的概念

地面施工或地下设施损害责任指因地面施工没有采取安全措施或设置明显标

志，或者因窨井等地下设施管理人没有尽到管理职责，造成他人人身、财产上损害而应当承担的侵权责任。在公共场所、道路或者通道上施工，施工人不仅要注意自己的安全，还应注意他人的安全。因此，施工人负有适当的注意义务，以免致他人损害。

《民法典》第 1258 条规定："在公共场所或者道路上挖掘、修缮安装地下设施等造成他人损害，施工人不能证明已经设置明显标志和采取安全措施的，应当承担侵权责任。窨井等地下设施造成他人损害，管理人不能证明尽到管理职责的，应当承担侵权责任。"

### （二）地面施工或地下设施损害责任的基本规则

1.地面施工或地下设施损害责任的构成要件。构成地面施工或地下设施损害责任应具备以下要件：

(1)存在地面施工或地下设施的事实。地面施工，是指在公共场所、道旁或者通道上挖掘、修缮安装地下设施等。在上述场所之外，施工人是否需要承担民事责任？本书认为，施工人应当承担民事责任。其原因在于：第一，尽管不在公共场所施工，但这额外的危险是由施工人造成的；第二，在不为人熟悉的地方施工，对他人的危险性更大，一般人不会注意，实属意料之外的危险；第三，在上述场所之外施工，施工人承担责任的本质与在上述场所施工承担责任的本质是相同的。因此，此处可以采用扩张解释方法，在包含上述场所之外的地方施工造成他人损害的，施工人应当承担民事责任。

(2)施工人、管理人有过错。施工人、管理人的过错由《民法典》规定，在他们不能证明自己没有过错的情况下，应当承担侵权责任。法律事先推定施工人未尽"设置明显标志和采取安全措施"的安全保障义务，或者管理人没有尽到管理职责，施工人和管理人存在过错。未尽安全保障义务，是指施工人没有设置明显标志和采取安全措施，或者设置的标志不足以警示他人，或者采取的安全措施不合理，未起到保证他人安全的作用。应注意以下两个问题：一是该标准究竟是对任何人而言还是对普通人而言？通说认为是对普通人而言。施工人不可能也难以做到对任何人设置明显标志并采取安全措施，否则施工人的注意义务将无穷无尽。二是设置明显标志与采取安全措施之间究竟是并用还是选择性适用？从字面上理解，"和"系并用的关系，这无疑加重了施工人负担的举证责任。从现实角度看，有些通过设置警示标志即可，有些采取安全措施即可，有些不仅需要设置警示标志，还需采取安全措施。因此，采用选择性适用关系更符合现实情况。在公共场所施工，应有明显标志并采取安全措施，在非公共场所，采用明显标志即可。

(3)存在损害事实。

(4)损害后果和地面施工行为之间存在因果关系。

2.地面施工或地下设施损害责任的归责原则。根据《民法典》第 1258 条的规

定，地面施工或地下设施损害责任属于过错推定责任，由施工人证明尽到“设置明显标志和采取安全措施”的安全保障义务，或者由管理人证明尽到管理职责，否则，施工人或管理人应当承担侵权责任。

3.责任人。根据《民法典》第1258条的规定，地面施工或地下设施损害责任的责任人是施工人或者地下设施管理人。因为施工人或地下设施管理人直接控制着施工场地或地下设施，对施工场地或地下设施承担管理和维护义务，以保障他人安全。如何认定施工人？可以依以下规则进行：(1)当直接进行施工的人为独立承包建筑商时，该独立承包建筑商为施工人；(2)当某项地面工程以某一特定人的名义进行施工的，该特定名义人为施工人；(3)工程的所有人、管理人雇佣零散人员进行施工的或者受害人无法判断施工人的，应推定工程所有人、管理人为施工人，但允许工程所有人、管理人提出反证推翻。

引例一的案件案情非常简单，但是认定事实却十分复杂。本案主要涉及的事实是动物致人损害，还是建筑物等物件脱落、坠落致人损害，或者是不明抛掷物或坠落物致人损害？以下将对该案一一分析。

构成动物致人损害责任须具备以下构成要件：第一，须为饲养的动物；第二，动物致害行为基于本能；第三，有他人受损害的事实；第四，动物致害行为与损害后果之间具有因果关系。本案是乌龟从楼上坠落，砸伤受害人，不是基于动物本能的致害行为，因此，本案不能认定为动物致人损害，因而，不能适用《民法典》第1245条的规定。

构成建筑物等物件致害责任应当具备以下构成要件：第一，须具有建筑物等物件发生移位的事实，该物件应该与建筑物有一定的联系；第二，须有造成他人人身、财产上损害的事实；第三，建筑物等物件移位与损害之间存在因果关系；第四，所有人或管理人对建筑物等物件发生脱落、坠落等方式的移位有过错（法律推定）。本案中，乌龟与该幢建筑物没有任何关系，建筑物的所有人或管理人无法控制动物坠落伤害事件的危险，因此，法律不能推定所有人或管理人有过错，因而，本案也不能认定为建筑物等物件致害事实，不能适用《民法典》第1253条的规定。本案系乌龟从楼上坠落，砸伤受害人。乌龟是从建筑物上坠落的不明物，且该物件与建筑物没有物理或结构上的联系。乌龟从楼上坠落，造成原告的损害事实，该不明坠落乌龟与损害之间存在因果关系。且本案难以确定具体侵权人，基本上符合《民法典》第1254条的规定。为什么是基本上符合呢？因为乌龟是动物，有生命，而本条规定的不明抛掷物或坠落物，通常是指物件，无生命。乌龟坠落不是基于生命的本能，与生命没有任何关系，完全可以将动物看成石块。因而，本案事实应认定为不明抛掷物或坠落物致人损害，适用《民法典》第1254条的规定。

## 真题链接

1.丁某在自家后院种植了葡萄,并垒起围墙。谭某(12岁)和马某(10岁)爬上围墙攀摘葡萄,在争抢中谭某将马某挤下围墙,围墙上松动的石头将马某砸伤。下列哪些选项是正确的?(2007年)

A.丁某应当承担赔偿责任

B.谭某的监护人应当承担民事责任

C.马某自己有过失,应当减轻赔偿人的赔偿责任

D.本案应适用特殊侵权规则

2.某旅行社导游李某带团游览一处地势险峻的景点时,众人争相拍照,李某未提示注意安全,该团游客崔某不慎将唐某撞下陡坡摔伤。下列哪些选项是正确的?(2007年)

A.旅行社对损害结果不承担赔偿责任

B.崔某应当对唐某承担赔偿责任

C.旅行社应当承担补充赔偿责任

D.李某应当对唐某承担侵权责任

3.甲公司为劳务派遣单位,根据合同约定向乙公司派遣搬运工。搬运工丙脾气暴躁常与人争吵,乙公司要求甲公司更换丙或对其教育管理,甲公司不予理会。一天,乙公司安排丙为顾客丁免费搬运电视机,丙与丁发生激烈争吵故意摔坏电视机。对此,下列哪些说法是错误的?(2010年)

A.甲公司和乙公司承担连带赔偿责任

B.甲公司承担赔偿责任,乙公司承担补充责任

C.丙承担赔偿责任,甲公司承担补充责任

D.甲公司和丙承担连带赔偿责任

# 真题答案

## 第一章

1. C　2. D　3. D　4. AD

## 第二章

1. ACD　2. B　3. D

## 第三章

1. BC　2. AB　3. C

## 第四章

1. C　2. ACD　3. A

## 第五章

1. AB　2. B

## 第六章

1. C　2. C　3. BC　4. C

## 第七章

1. D　2. C　3. AB　4. C

## 第八章

1. AB　2. ABC　3. C　4. ABC

## 第九章

1. ABD　2. C　3. AB　4. B　5. D

## 第十章

1. ABCD　2. BCD　3. ABCD

## 第十一章

1. C 2. D 3. B 4. CD 5. ABD
6. ACD 7. ABC 8. BD 9. ABCD 10. AC

## 第十二章

1. D 2. C 3. BD 4. ACD 5. ACD
6. ABCD 7. C 8. AC

## 第十三章

1. C 2. C 3. D 4. A 5. B
6. C 7. A 8. CD 9. AC 10. ACD

## 第十四章

1. D 2. D

## 第十五章

1. D 2. C

## 第十六章

1. C 2. ABD

## 第十七章

1. D 2. ABC

## 第十八章

1. ABC

## 第十九章

1. C 2. B 3. ABC

## 第二十章

1. BCD 2. BC 3. ABCD